U0873012

"十二五"普通高等教育本科国家级规划教材
普通高等教育"十一五"国家级规划教材

海洋生态学

（第三版）

沈国英　黄凌风
郭　丰　施并章　编著

科学出版社
北京

内 容 简 介

全书包括三个部分，共14章。第一部分海洋生态学总论，以海洋生态系统生态学为中心，介绍海洋环境及生态因子对海洋生物的作用、海洋生态系统的生物组织（种群、群落）及其动态、初级生产力、能量流动和生物地化循环等内容。第二部分分别介绍浅海和深海各种生态系统类型的环境、生物组成特征以及相关的生态过程。第三部分介绍海洋面临的威胁及生物多样性保护、海洋管理的生态学基本原则和海洋保护的基本途径。

本书可作为高等院校海洋科学各有关专业本科生的基础课教材以及研究生的选修课教材，也可供从事海洋科学、水产科学和环境保护的科技工作者参考。

图书在版编目(CIP)数据

海洋生态学/沈国英等编著. —3版. —北京：科学出版社，2010
“十二五”普通高等教育本科国家级规划教材　普通高等教育“十一五”国家级规划教材
ISBN 978-7-03-026337-7

Ⅰ. 海…　Ⅱ. 沈…　Ⅲ. 海洋生态学-高等学校-教材　Ⅳ. Q178.53

中国版本图书馆CIP数据核字(2009)第242618号

责任编辑：刘　丹　王国栋　刘　晶 / 责任校对：钟　洋
责任印制：赵　博 / 封面设计：耕者设计工作室

科学出版社出版
北京东黄城根北街16号
邮政编码：100717
http://www.sciencep.com
北京市金木堂数码科技有限公司印刷
科学出版社发行　各地新华书店经销
*
1990年4月第　一　版　厦门大学出版社
2002年1月第　二　版　科学出版社
2010年1月第　三　版　开本：787×1092　1/16
2025年7月第十九次印刷　印张：23 1/2
字数：626 000

定价：79.80元

（如有印装质量问题，我社负责调换）

序

海洋是生物圈中最大的生态单位，占地球总面积的 2/3 以上，是全球生命支持系统的一个基本组成部分。海洋科学研究海洋中各种自然现象的过程及变化规律，是多学科交叉的综合性学科体系，在自然科学领域中占有非常重要的地位。海洋生态学研究海洋环境系统与生物系统相互联系、相互作用的各种生态过程，是海洋科学体系的重要组成部分。因此，海洋生态学与其他海洋分支学科之间的联系最为密切，同时它也是一门新兴且发展快速的前沿学科。

近十几年来，特别是在地球系统科学思想指导下，国际地圈生物圈计划（IGBP）中多个与海洋生态系统直接相关的全球变化核心研究计划（如 GLOBEC、IMBER 等）的实施，大大提高了人们对海洋及海洋中各种生态过程的认识，推动着海洋生态学的发展。现代海洋生态学研究的主流已由生物种群生态学向海洋生态系统生态学发展，研究海洋生态系统结构、功能、各种生态动力学过程及其相互作用。此外，工业化以来人类很多活动使海洋承受着巨大的生态压力，以生态学的原理来分析和对待海洋面临的威胁已逐渐成为人们的共识，也成为推动海洋生态学发展的动力。

沈国英教授等编著的《海洋生态学》（第三版）包括海洋生态学总论、海洋主要生态系统类型和海洋面临的威胁及生物多样性保护三部分内容。全书以生态系统生态学为主线，系统介绍了海洋生态学的基础知识和基本原理，不但突出反映了当代海洋生态学的研究方向和最新研究成果，而且以生态系统整体性思想分析海洋过度捕捞和养殖、海洋富营养化与近岸环境破坏以及全球变暖的生态效应，阐述生态系统水平的海洋保护与管理原则。全书编写指导思想正确，内容全面丰富，各章节编排结构合理、层次清晰，可以说为我国涉海高校及相关专业提供了一部优秀的本科生基础课教材，同时也为未曾系统研修该课程的研究生提供了一部不可或缺的参考书。该书也可供从事水域生态、资源管理以及环境保护的科技工作者参考。我相信该书的出版对促进我国高校海洋科学类的教材建设有积极意义。

中国科协副主席、中国工程院院士

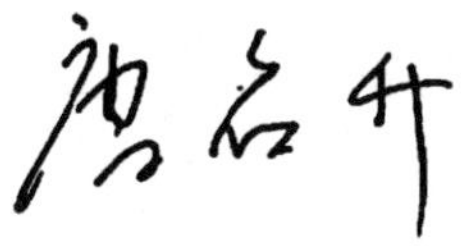

2009 年 10 月

前　言

海洋生态学是海洋科学的重要组成部分。现代海洋生态学研究更加强调海洋物理、化学环境对海洋生物系统以至生物圈的作用，这种发展趋势反映了海洋科学本身就是各相关学科相互交叉的综合性学科体系。同时，海洋生态学又是一门应用性很强的学科，其理论在实践上的应用与人类的生活有非常密切的关系，因而也就成为一门发展很快的前沿学科。近 20 年来，我国与海洋科学有关的高等院校已陆续开设海洋生态学课程。

本书第二版（2002 年）列入厦门大学新世纪教材大系由科学出版社出版，随后被纳入普通高等教育“十一五”国家级规划教材的出版计划。借此机会，编者对各章节的内容进行了必要的修订与补充。全书以生态系统生态学为中心，包括三个部分。第一部分为海洋生态学总论，介绍海洋环境与海洋生物生态类群以及主要生态因子对海洋生物的作用、海洋生态系统的生物组织（种群、群落）及其动态、海洋初级生产力、能量流动和生物地化循环等生态学基础知识。第二部分为海洋主要生态系统类型，分别介绍浅海和深海各类生态系统的环境、生物组成及包括生产力和能流等在内的相应的功能特征。第三部分为海洋面临的威胁及生物多样性保护，主要介绍全球变化背景下生物资源的过度利用和海洋污染、环境破坏的现状及其生态效应，以及保护海洋环境和生物多样性的意义和海洋生态系统管理的基本原则与途径。新版力求反映海洋科学的综合性学科性质以及生态学理论与应用密切联系的特点，在保持教材系统性的基础上重点增补现代海洋生态学研究的新进展。在应用生态学部分突出以生态系统的整体性来分析海洋面临的生态危机与海洋保护的原则。

本书编写具体分工如下：绪论由沈国英编写；第一部分（第一～八章）由沈国英、施并章（郭丰负责图表录入整理）编写；第二部分（第九～十一章）由郭丰编写；第三部分（第十二～十四章）由黄凌风编写。全书由沈国英统稿。

衷心感谢唐启升院士在百忙中审阅本书并欣然作序。

在本书编写过程中，国家海洋局第三海洋研究所黄宗国研究员和第二海洋研究所宁修仁研究员、中国海洋大学潘克厚教授、中国水产科学研究院黄海水产研究所庄志猛研究员和东海水产研究所徐兆礼研究员、集美大学张雅芝教授以及厦门大学海洋与环境学院丘书院教授、黄奕普教授、胡明辉教授和胡建宇教授给予热情的关心与帮助、惠赐资料或对初稿提出宝贵意见，编者谨致以衷心的谢意。在此还要感谢科学出版社高等教育出版中心为本书的出版给予的大力支持。

由于海洋生态学内容涉及海洋科学各相关学科的知识，而编者的业务水平有限，因此书中一定存在不少错漏之处，谨请各位专家和读者批评指正*。

沈国英

2009 年 10 月于厦门大学

* 作者联系方式：huanglf@xmu. edu. cn 或 fguo@xmu. edu. cn

目　录

第二部分　海洋主要生态系统类型

第三部分　海洋面临的威胁及生物多样性保护

绪　论

一、生态学的定义、研究对象和研究意义

（一）定　义

生态学（ecology）一词是德国生物学家 Haeckel 于 1869 年首先提出来的。“ecology”来源于希腊文的两个词根 oikos 和 logos，前者表示住所或栖息地，后者表示学问，因此生态学的一般定义是：**研究生物有机体与其栖息地环境之间相互关系的科学**。

随着生态学的发展，一些生态学家认为上述定义过于广泛并提出自己的看法。1945 年，苏联生态学家 Кашкаров 认为生态学研究生物的形态、生理和行为上的适应性。随后一些学者则强调生态学主要是研究种群动态的科学，例如，1954 年澳大利亚的 Andrewartha 给生态学下的定义是：研究有机体的分布和多度的科学，其中心是强调种群的动态，反映了生态学的研究重心由研究生物的形态、生理和行为上的适应性转向研究种群动态的种群生态学。1971 年美国著名生态学家 Odum 认为，由于生态学特别注意到生物群体的生物学以及在陆地、海洋和淡水中的功能过程，应该把生态学定义为**研究生态系统的结构与功能的科学**。我国学者马世骏提出生态学是**研究生命系统和环境系统相互关系的科学**，强调必须把生物看成是有一定结构和调节功能的生命系统，把环境看成是诸要素相互作用组成的一个环境系统。

应当指出，过去生态学主要以生物为主来研究各种自然环境中的生态现象和规律，很少涉及人类活动对自然界的影响。但是，第二次世界大战以后，随着人口增长和生产活动增强，对环境与资源造成极大的压力，人类迫切需要以生态学原则来调整人与自然、资源及环境的关系，必须使发展经济和保护生存环境协调和持续发展。因此，更多学者认为现代生态学发展至今已不仅是生物科学中揭示生物与环境相互关系的一门分支学科，而已经成为指导人类对自然的行为准则的一门学科。马世骏和王如松（1984）提出“社会－经济－自然复合生态系统”的概念，反映了现代生态学研究的新观念。1992 年，德国生态学家 Lieth 将生态学高度概括为“人类生存的科学”。我国自然科学基金委员会在 1997 年出版的《自然科学学科发展战略调研报告——生态学》一书中提出，生态学可定义为：**“研究生物生存条件、生物及其群体与环境相互作用的过程及其规律的科学；其目的是指导人与生物圈（即自然、资源与环境）的协调发展。”**

由此可见，不同时期有关生态学定义的差别反映了生态学发展中不同阶段研究重点的不同。不过，“生态学是研究生物之间以及生物与其栖息环境之间相互关系的科学”这一经典定义仍被各种教科书所沿用。

（二）研究对象

Odum（1971）用**组织层次**（levels of organization）或称为**“生物学谱”**（biological spectrum）的概念来表示生态学的研究对象（图 0.1）。每个组织层次和其环境的相互作用（物质和能量）组成了其独有的功能系统。虽然多数生态学家认为生态学只涉及谱的右侧部分，即个体以上的系统层次，但是微观生态学方面的研究也已引起人们的高度重视。

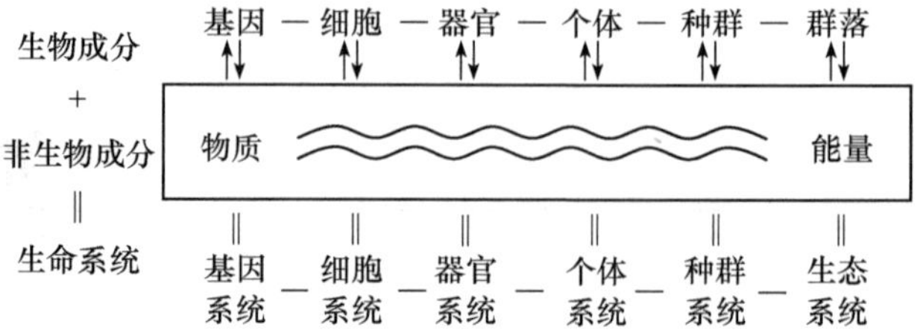

图 0.1 组织层次的谱（仿 Odum，1971）

1. 分子生态学（molecular ecology）

以分子生物学方法（主要是分子遗传标记检测）研究分子进化、种群遗传、物种形成与进化等生态学效应与规律。这是生态学向微观方向发展的重要领域。

2. 个体生态学（autecology）

以生物个体为研究对象，探讨生物与环境之间的关系，特别是生物体对环境的适应性及其机理。它可以通过控制条件下的实验研究，检验生物体对各种环境因子的要求、耐受和适应范围。个体生态学的核心是生理生态学，在现代生态学理论和应用实践中仍占有重要位置。

3. 种群生态学（population ecology）

研究栖息于同一地区同种生物个体的集合体所具有的特性，包括种群的年龄组成、性比、数量变动与调节等及其与环境的关系。研究种群生态学对保护和合理利用生物资源以及防治有害生物具有特别重要的意义。

4. 群落生态学（community ecology）

群落生态学研究栖息于同一地域中所有种群集合体的组合特点、它们之间及其与环境之间的相互关系、群落的形成与发展等。群落生态学对保护自然环境和生物多样性有重要指导意义。

5. 生态系统生态学（ecosystem ecology）

生态系统是生物群落与其栖息环境相互作用所构成的自然整体。生态系统生态学主要研究特定环境中的生物组成特征以及系统的能量流动、物质循环和稳态调节机制，这是现代生态学的主流与核心。

以具有相互作用的生态系统的集合所组成的景观层次为研究对象的生态学称为**景观生态学**（landscape ecology）。景观生态学的研究内容包括：景观结构（景观组成单位、空间关系及形成机制）；景观生态过程（景观要素之间的相互联系方式与相互作用，包括物流、能流等）；景观动态（景观结构与生态过程随时间而变化的特点与规律）；景观资源的保护与管理。

6. 生物圈生态学（biosphere ecology）

生物圈（biosphere）或称**生态圈**（ecosphere）是地球上全部生物及与之发生相互作用的物理环境的总和。其范围大体上包括大气圈的下层、岩石圈的上层以及整个水圈和土圈。地球上所有生命都在这个“薄层”里生活，故称生物圈。当前生物圈生态主要研究生命必需元素和重要污染物在大气、海洋、陆地之间的生物地球化学循环，海—气交换过程，陆—海相互作用，以及人类活动对生物圈的影响及其在全球变化中的作用等，正在形成一门新兴的生物圈生态学或**全球生态学**（global ecology）。

Odum（1971）指出，从互相依存、互相作用和生存的观点看，上述组织层次的“谱”不可能有明显的断裂，而且每个层次都有自己的特点。此外，下一个较低层次的知识只能部分地说明上一个层次的特性，但不能预测后者的所有特性。正如我们只知道氢和氧的性质却不能推测水的性质一样，不能从各个分离的种群知识来推测生态系统的特性。因此，我们既要研究森林（整体），又要研究树木（部分），Fiebleman 把这个重要法则称为**“整合层次的理论”**（theory of integrative levels）。

生态学理论与资源、环境和人口等实际联系，产生了**应用生态学**（applied ecology），它是研究人对生物圈的破坏机理及自然资源合理利用原则的科学，也有人把它的内容扩大至“生态学中一切与人类实际利益有某种关系的各个方面”。应用生态学运用生态学理论成果，沿着生态学发展的轨迹进行，其焦点集中于以可持续发展的概念来对待人口、资源、环境问题，同时，应用生态学也是推动生态学理论与基础研究的动力。目前，应用生态学已发展成一些独立的生态学分支学科，诸如资源生态学（resource ecology）、污染生态学（pollution ecology）、农业生态学（agroecology）和渔业生态学（fishery ecology）等。

此外，生态学与其他学科相互渗透，形成一系列的边缘学科，如化学生态学（chemical ecology）、数学生态学（mathematical ecology）、经济生态学（economical ecology）等。这些交叉学科对推动生态学的发展具有重要意义。

（三）生态学的研究意义

20 世纪 60 年代以来，生态学以前所未有的速度发展，这与迫切需要解决关系到人类生存的人口、资源、环境等严峻问题有关。第二次世界大战以后，科学技术的进步和工业化生产的迅速发展，既给人类带来幸福与进步，同时也带来环境不断被破坏、资源日益衰竭的严重生态危机。有些问题已经是超越国界的全球性问题，包括与全球气候变化有关的温室效应、酸雨以及热带雨林的破坏、沙漠化的迅速扩展等。这些生态危机都是人类活动造成的。人类曾一度自诩为主宰地球的力量，但无数事实说明，如果不按生态规律办事，就不能逃脱作为其生存环境的地球的种种变化对人类本身前途的影响。从无数的教训中，人们开始认识到地球的环境是脆弱的，各种资源也不是取之不尽的，当环境被破坏、资源被过度利用以后是很难恢复的。正如恩格斯早就告诫的：**“我们不要过分陶醉于我们对自然的胜利，对于每一次的胜利，自然界都报复了我们。每一次胜利在第一步都确实取得了我们预期的结果，但是在第二步和第三步都有了完全不同的出乎意料的影响，常常把第一个结果给取消了。”**人们也逐渐认识到，必须依赖于生态学原理和方法才能使维护人类赖以生存的环境和持续利用各种资源成为可能。

从生态学的基本观点看，人类是自然界生物的一员而不是主人。人类只能依赖于自然提供的各种条件才能生存与发展。我们呼吸的空气、饮用的水和吃的食物，这些最基本的生存条件都是自然系统各种生态过程所提供的服务。此外，自然系统为人类服务的限度是不能超过其环境负载容量和资源持续更新的能力。人们应当根据自然生态系统的运转规律来指导人与自然有关的各种活动，才能持续获得自然生态过程给予人类生存的支持。例如，“循环经济”的概念就是一种以资源的高效利用和循环利用为核心，在生产过程中坚持原料低消耗、废物低排放，把经济活动组成一个“自然资源开发—物质生产消费—废物再生利用的反馈流程”，以便使经济活动对自然环境的影响降到尽可能小的程度。循环经济的概念符合自然生态系统的能量流动和物质循环的规律，强调社会经济与自然生态系统的和谐共生，使经济发展纳入了可持续性的轨道。

应当指出，解决人类面临的生态危机在科学上并不仅仅取决于生态学的发展，同时还需要其他自然科学、社会科学的发展，特别是政府管理部门的决策。但是生态学起着核心的作用和具有特殊的意义，这是由生态学本身的性质所决定的。所以说，生态学是一门“**基础性强、研究范围广、学科间渗透面大、应用范围宽的正在蓬勃发展的前沿学科**”。

（四）生态学的发展趋势与重点研究领域

随着人口增长和工农业生产的发展，全球出现越来越多的生态危机，人类活动已经达到可以影响生物圈生态平衡的程度。因此，现代生态学已不仅是通常意义上的研究生物与环境之间的关系，而是必须运用生态学原理，探讨人与自然的协调关系和对策，以达到可持续的生物圈的目的，这是现代生态学发展的明显趋势。

1991 年，世界自然保护同盟、联合国环境规划署和世界野生生物基金会共同发表《保护地球：持续生存策略》，把**可持续发展**（sustainable development）定义为“**在生存与不超过维持生态系统承载力的情况下，改善人类的生活质量**”，指出“**发展不应以其他集团或后代为代价，也不应危及其他物种的生存**”。

美国生态学会于 1991 年发表了可持续的生物圈动议（sustainable biosphere initiative）的报告，提出以下三个方面是优先研究的领域：①**全球变化**（global change），包括气候、大气、陆地和水域变化的生态学原因和后果；②**生物多样性**（biodiversity），决定生物多样性的生态因素和保护生物多样性的意义，全球性和区域性变化对生物多样性的影响；③**可持续的生态系统**（sustainable ecosystem），探讨可持续生态系统的生态学原理和策略以及受损生态系统的恢复与重建的原理和技术。以上三个优先研究领域实际上阐明了生态学优先发展的领域和当前急需解决的问题。

由于生态学面临一些亟待解决的全球性生态问题，因此，生态学的发展有围绕某一重大课题，组织全球性跨国联合研究的趋势。例如，1964 年开始进行的“国际生物学计划”（International Biological Programme，IBP），主要研究自然生态系统结构、功能和生产力。1972 年由联合国教科文组织正式通过的“人与生物圈计划”（Man and the Biosphere Programme，MAB），主要研究人类各种活动对生物圈各类生态系统的影响。1986 年的“国际地圈生物圈计划”（International Geosphere-Biosphere Programme，IGBP），目的在于了解控制整个地球生态系统的物理、化学和生物学作用过程。

二、现代海洋生态学的研究进展

自古以来，人类就因捕鱼、晒盐、航海等活动与海洋发生联系，逐步了解一些海洋生物组成与海洋环境的关系。但是，海洋生态学作为一门系统的学科历史较短。18 世纪初，一些科学家开始进行零星的海洋调查。英国的 Forbs 用底拖网采集并观察底栖生物，提出海洋生物垂直分布的分带现象——潮间带（littoral zone）、昆布带（laminarian zone）、珊瑚藻带（coralline algae zone）以及深海珊瑚带（deep sea coral zone），他因此被称为海洋生态学的奠基人。以后西欧各海洋国家相继进行多次大范围的海洋生物调查。在各国派遣的海洋远征队中，最有代表性的是英国的“挑战者号”（Challenger）于 1872～1876 年进行的调查。这次调查航程近 130 000 km，涉及太平洋、大西洋和印度洋的主要部分，发现了大量新的种、属，初步分析了海洋生物与海洋环境的关系（主要是与生物分布有关的环境特征）。调查结果经过 20 年的整理，编写了 50 本《挑战者号远征队报告》。此外，生态学的一些概念、术语也陆续被提出来。例如，1887 年 Hensen 首先使用了“浮游生物”（plankton）一词，1891 年德国的 Haeckel 首先提出“底栖生物”（benthos）和“游泳生物”（nekton）两个名词，这是迄今仍继续沿用的海洋生物三大生态类群。与此同时，一些滨海国家相继建立最早的海洋研究机构，对学科初期的发展作出贡献。1859 年出版的《欧洲海的自然史》一书被认为是海洋生态学的第一部著作。总之，18 世纪末至 19 世纪末是海洋生态学发展的初始阶段。

20 世纪初至 50 年代可以认为是海洋生态学发展的第二阶段，这个时期海洋生态学发展的主要特点是在大量定性研究的基础上开展定量研究。例如，对浮游生物和底栖生物的数量分布、群落组成及其与环境的关系进行了较深入的研究。在游泳生物方面，对一些经济鱼类的种群生态（包括分布、洄游和数量变化规律等）以及人类捕捞对种群的影响进行了很多研究，为渔业资源的合理开发利用积累了很多有价值的资料，并提出了“剩余生产力理论”和“最适渔获量理论”等。与此同时，欧洲各国继续开展各种类型的海洋调查，在调查船只、测量仪器和调查方法上都不断改进，扩大了海洋调查的规模，提高了海洋调查的质量。例如，50 年代丹麦的“铠甲虾号”和苏联的“勇士号”通过调查获得大量的深海资料，证明在 10 000 m 深的深海沟都有生物生存，这一发现促进了深海生态的研究。

20 世纪 60 年代以来，海洋生态学进入一个新的发展阶段，兹从以下三方面简单说明现代海洋生态学的发展趋势。

1. 海洋科学各分支学科联合开展的综合性海洋调查推动海洋生态学成为一门发展迅速的前沿学科

过去，海洋科学的各分支学科在较长时期内是相对独立地进行其本学科研究，海洋生态学侧重于生命系统本身的组成结构和循环系统的研究。几十年来海洋科学的研究表明，很多海洋生态过程实际上是生物、物理、化学等相互作用的过程。例如，海洋生物的时空分布、再生产和循环过程等与海洋环流、中尺度涡旋、风生混合层、海水层化结构等有密切关系，因此，海洋生态学的发展离不开多学科的协作。此外，当今所有重大的海洋研究课题，包括全球海洋通量联合研究（JGOFS)、沿岸带陆海相互作用研究（LOICZ)、全球海洋真光层研究（GOEZS）和全球海洋生态系统动力学（GLOBEC）研究等，都是通过海洋各分支学科的联合研究才取得实质性的重大研究进展。例如，海洋中碳及生源要素通量就涉及碳在大气、真光层与海底各界面交换及时空变化规律、碳的各种形态间相互转化的生物、化学过程、颗粒有机碳在海水中的停留时间、生物利用能力、食物链传递结构及矿化过程等生物地球化学内容。可见海洋的碳体系和生源要素通量本身就包含有生物的、化学的、物理水文的各种过程的相互作用，只有通过跨学科的研究才能真正揭示其规律和机理。因此，现代海洋科学越来越重视多学科交叉的综合研究，海洋科学本身就是一门综合性学科，各分支学科从相对独立研究到多学科综合研究是海洋科学发展的必然趋势。从这个意义上说，现代海洋生态学取得的重要研究进展是海洋科学各相关学科的共同成果。

通过空前规模的多学科综合性调查，海洋科学（包括海洋生态学）已获得很多重大进展。例如，在海洋初级生产力方面通过现场调查和卫星水色遥感资料已对海洋浮游植物的区域分布、生产力水平和影响因素有了相当的了解，发现初级生产力是由再生生产力和新生产力两部分组成，初步估计新生产力在总初级生产力中所占比例，并且与海洋生物泵过程及海—气之间的 CO_2 交换联系起来。在食物网结构研究中发现微型生物食物网结构及其在海洋生态系统能流、物流中的作用。在生物地化循环方面对包括以碳为主的各种元素循环的源、汇及其与全球生态平衡的关系等方面都取得重要进展。此外，发现海洋中以化学合成（而不是光合作用）支持的独特生态系统——热液口、冷渗口生态系统，对深海底的生物多样性也有新的认识。很多研究进展可称为划时代的海洋基础研究成果，使人们对占地球面积 2/3 以上的海洋及其各种生态过程有了崭新的认识。

2. 人类面临的生态危机推动了生态学基础研究与应用实践的紧密结合

近半个世纪以来，海洋与陆地一样面临着前所未有的生态压力，包括全球变化、海洋生物的过度利用、海洋污染和环境破坏、生物多样性损失等。人类尚未充分认识的海洋也处于危机之中。这种局面推动海洋生态学研究朝着基础理论研究和解决面临的生态危机实践紧密结合的方向发展，体现在海洋生态系统动力学研究、大海洋生态系管理以及建立海洋自然保护区等方面。

“全球海洋生态系统动力学研究”是“国际地圈—生物圈计划”的核心内容。其研究重点是在了解海洋生态系统及其主要亚系统的结构、功能等生态过程的基础上，探讨全球变化和人类干扰对海洋生态系统的影响，并且应用模型预测其变化的结果。当前特别关注海洋生物资源可持续利用、渔业资源变动及其影响因素等问题。例如，美国的 GLOBEC 计划主要研究目标是了解控制海洋浮游动物和鱼类资源动态的气候压力、物理过程和生物过程之间的联系和耦合度，进而评估和预测气候变化对海洋生态系统的影响。日本主要研究生态系统的长期变化以及浮游动物动态、西北太平洋中上层鱼类交替机制，以狭鳕—磷虾—气候关系为其主要研究课题。中国也是最早开展 GLOBEC 计划的国家之一，近期研究目标是在我国近海海域对生态系统关键物理过程、化学过程、生物生产过程及其相互作用进行重点研究和建模，对生物资源开发利用的可持续性进行探讨和预测。在实施过程中已取得丰硕成果，并出版《中国海洋生态系统动力学研究》专著两部（唐启升等，2000；苏纪兰等，2002）。

大海洋生态系（large marine ecosystems，LMEs）的概念早在 20 世纪 80 年代就被提出，即在近岸到陆架和近海外边缘水域（200 000 km^2 以上）这些脆弱的区域性生态系统进行基础调查以及资源和环境质量监测，为生态系统维持生物多样性、稳定性、生产力和复原能力提供管理策略。目前全球已划出 60 多个大海洋生态系统进行调查研究（包括与我国相关的黄海、东海和南海大海洋生态系）。

生物多样性包括物种多样性、遗传多样性和生态系统多样性三个基本层次。近几十年来，与海洋生物多样性保护有关的主要进展有：①先后签署诸如《联合国湿地公约》、《南极海洋资源保护公约》和《生物多样性保护公约》等；②陆续建立各种海洋自然保护区，包括生态系统保护区、物种保护区、水产资源保护区和自然遗迹保护区四种类型，明确保护生物多样性的最有效方法是防止生物栖息地环境的损害或退化；③开展针对生物多样性保护的基础研究，如遗传变异、集合种群动态、种群灭绝内在机制和生物群落退行性演替等。

3. 新技术的开发应用加速海洋生态学发展

现代海洋科学的快速发展得益于调查研究中各种新技术的开发与应用。例如，海洋水色卫星遥感技术的应用克服了过去海洋现场难以大范围充分取样的难题，使得对全球海洋初级生产力及时间序列变化的研究成为可能；荧光显微技术和流式细胞测定技术的应用使人们发现蓝细菌和原绿球藻等极微细的自养生物在海洋中的大量存在，为微型生物食物网的研究提供保证；由于深潜器的发明与应用才发现深海依靠化学合成支持的独特生态系统和深海底生物的高度多样性；水下连续监测装置与传输技术为现场调查提供宝贵的时间序列数据；等等。因此，海洋生态学（包括海洋科学各相关学科）近几十年来取得的重大研究成果是与各种新技术的发明和应用分不开的。下面简单说明同位素的应用对海洋学研究的贡献。

海洋中存在许多天然放射性同位素和稳定同位素，它们各自具备特定的核性质和各种不同的化学性质，已经被应用于研究包括海洋物理学、化学、地质学和生态学等各种海洋过程。在海洋科学研究中，人们常常发现在很多情况下常规的分析测定方法不仅非常繁杂又不易得到准确的结果，而结合同位素方法的应用却可迎刃而解，获得较为可靠的结果。虽然同位素应用于海洋学的研究历史并不长，但由于具备上述特点，近几十年来发展很快，业已形成一门由核科学、核技术与海洋学相互渗透、结合的新兴边缘学科——同位素海洋学（isotopic oceanography）。例如，我国学者黄奕普教授领导的同位素海洋学研究组 40 多年来已应用 30 余种同位素研究范围广泛的各种海洋过程。这些研究内容不仅包括海水中各种同位素本身的存在形式、分布和迁移变化，而且应用于海—气交换、各种尺度的环流、水团年龄及组成、海洋初级生产力、新生产力和生物泵运转、海水中颗粒物及有机碳分布和垂直通量、沉积物的元素分布和沉积速率等。研究海域除中国沿海及南海和南沙群岛海域外，还包括北冰洋、白令海、南极邻近海域、太平洋、南印度洋、南大西洋等沿岸、近海和深海大洋区等有关海域。该研究组已发表近200篇研究论文，并汇集出版《同位素海洋学文集》共5卷（黄奕普等，2006a，2006b，2006c，2006d，2006e），为同位素海洋学的发展做出显著贡献。

总之，近半世纪来海洋生态学已取得很多重大研究进展。1998年在美国国家基金会的支持下，数十位科学家对生物海洋学近50年来的成就和未来的发展趋势进行总结，其总题目就是“海洋生态学：研究进展和展望”。不过，就人类迄今对海洋的认识以及全球变化和人类活动对海洋的威胁而言，海洋生态学还面临着非常繁重的研究任务。

绪论提要

生态学的经典定义是研究生物有机体与其栖息地环境之间相互关系的科学。现代生态学研究向微观和宏观两个方向发展，生态系统生态学已成为生态学研究的主流。随着生态学的发展，其定义也被赋予新的内涵。当今人类活动已经达到可以影响生物圈平衡的程度，全球出现严重的生态危机。生态学已不仅是通常意义上的研究生物与环境之间的关系，而是以生态系统的结构、功能及其控制机制为重点的研究内容。运用生态学特别是生态系统生态学的原理探讨人与自然的协调关系和对策，以达到可持续生物圈的目的，是现代生态学研究的明显趋势。当今生态学研究的优先领域包括全球变化中与人类活动有关的因素及其生态后果、全球和区域性生物多样性的现状与保护，以及可持续的生态系统的对策。

近几十年来，海洋生态学发展的明显趋势可概括如下。

(1) 海洋生态学与海洋物理、水文学、化学、生物学和地质学等各海洋分支学科相互配合，对各种海洋过程进行多学科的综合性调查研究，反映了海洋科学本身就是多学科交叉的综合性学科体系的性质。通过这些研究获得了很多可称为划时代的海洋基础研究成果，大大丰富了人们对占地球面积2/3以上的海洋及其各种生态过程的认识。

(2) 海洋面临的生态危机推动海洋生态学的基础研究与应用实践紧密结合。当前人类对海洋的威胁除温室效应外还表现在海洋生物的过度利用、近岸海洋污染和生境破坏、生物多样性损失等方面。海洋生态学正根据这些现实的生态问题朝着基础研究和应用实践相结合的方向发展。全球海洋生态系统动力学研究、大海洋生态系管理以及为保护生物多样性而建立各种类型海洋保护区等是理论与应用紧密结合的突出领域。

(3) 海洋现场调查与室内实验分析新技术的开发应用推动了海洋生态学的发展。这些新技术包括卫星水色遥感、深潜器的应用、水下连续监测与传输技术、荧光显微镜和流速细胞测定技术以及同位素应用。其中同位素广泛应用于调查分析各种海洋过程，已形成一门新兴的学科——同位素海洋学。

虽然近半世纪以来海洋生态学已取得很多重大研究进展，但就人类迄今对海洋的认识以及全球变化和人类活动对海洋的威胁而言，海洋生态学还面临着非常繁重的研究任务。

思考题

1. 随着生态学的发展，关于生态学的定义有何新的内涵？
2. 举例说明研究生态学的重要意义。
3. 海洋生态学有哪些重要的发展趋势和研究成果？

第一部分
海洋生态学总论

第一章
生态系统及其功能概论

生态系统生态学是现代生态学研究的主流，也是宏观生态学发展的必然趋势。本章扼要介绍生态系统的概念、组织结构和功能以及生态系统各种生态过程对人类提供服务的内容与意义，作为全书内容的基本概括。

第一节　生态系统的组成结构与功能

一、什么叫生态系统

地球上的森林、草原、湖泊、海洋等自然环境的外貌千差万别，生物的组成也各不相同，但它们有一个共同特征，即其中的生物与环境共同构成一个相互作用的整体。**生态系统**（ecological system，ecosystem）是指一定时间和空间范围内，生物（一个或多个生物群落）与非生物环境通过能量流动和物质循环所形成的一个相互联系、相互作用并具有自动调节机制的自然整体。

生态系统是一个广泛的概念，其范围根据研究目的和研究对象而定。一个湖泊、一片草地或一片森林都可以视为一个相对独立的生态系统。从大的范围来说，整个陆地或海洋也可视为两个巨大的生态系统。同样，海洋还包括沿岸浅海生态系统和深海生态系统两大相对独立又紧密联系的生态系统类型。生物圈则是一个行星水平的巨大生态系统。空气、水、土壤和岩石维持着地球表面层里生物的生命，地球上各种生物之间，以及生物与非生物环境之间互相作用，进行着物质和能量的交换。

生态系统概念是英国生态学家 Tansley 于 1935 年首先提出来的，强调系统中生物和非生物组分在结构上和功能上的统一。他指出："更基本的概念是……完整的系统，它不仅包括生物复合体，而且也包括人们称之为环境的全部物理因素的复合体。"因此，生态系统这个概念主要强调生物与环境的整体性，它在生态学思想中的主要功能在于强调相互关系、相互依存和因果联系。认识这种整体性概念对于保护人类赖以生存的自然环境和合理利用自然资源等全局性重大课题有非常重要的指导意义。

生态系统概念的提出将生态学推上一个新的研究层次。随后许多生态学家对生态系统的理论和实践作出巨大贡献。例如，Thienemann 提出有关营养阶层的论述；Leibing 提出生态能量学的概念；Brige 和 Juday 在 20 世纪 40 年代就提出“初级生产”的思想，并提出营养动力学的概念。美国耶鲁大学湖沼生态学家 Lindeman 早在 1942 年就对湖沼生态系统营养级间能量转移的效率进行研究，为生态系统能流的定量分析奠定了基础。半个多世纪以来，生态系统的理论不断完善，并且在处理人与自然、资源和环境的关系上得到广泛的应用。

二、生态系统的基本组成成分

生态系统的基本组成可概括为非生物和生物两大部分，或者说包括非生物环境、生产者、消费者和分解者四种基本成分。不同类型的生态系统，其非生物环境和生物种类组合是不一样的，代表着各自的特点，不过它们都包含这四个基本成分。

- 生态系统
  - 非生物部分（非生物环境）
    - 能源：太阳能、其他能源
    - 气候：光照、温度、降水、风等
    - 基质和介质：岩石、土壤、水、空气等
    - 物质代谢原料
      - CO_2、H_2O、O_2、N_2 等
      - 无机盐（矿物质原料）
      - 碳水化合物、蛋白质、脂肪、腐殖质等（连接生物和非生物部分的有机物）
  - 生物部分
    - 生产者：绿色植物、光合细菌、化能细菌等
    - 消费者
      - 食草动物：一级消费者
      - 食肉动物：二级、三级、四级消费者
      - 杂食动物：碎屑消费者、腐食消费者
    - 分解者：微生物（细菌、真菌等）、原生动物、小型无脊椎动物等

1. 非生物成分

非生物成分（abiotic component）是生态系统的生命支持系统，它提供生态系统中各种生物生活的栖息场所，具备生物生存所必需的物质条件，也是生物能量的源泉。

2. 生物成分

生物成分（biotic component）是执行生态系统功能的主体。生态系统的生物种类繁多，通常按营养关系将它们划分为以下几类。

（1）**生产者**（producer）包括所有绿色植物，它们具有光合色素，能利用太阳能进行光合作用，将 CO_2、H_2O 和无机营养盐类合成碳水化合物、脂肪、蛋白质、核酸等有机物用于本身的生产，称为**自养生物**（autotrophs）。此外，光合细菌和化能合成细菌也属自养生物。生产者制造的有机物是地球上一切生物（包括人类）的食物来源，在生态系统的能量流动和物质循环中居首要地位。

（2）**消费者**（consumer）指不能从无机物制造有机物的全部动物，它们直接或间接依靠生产者制造的有机物为生，所以称为**异养生物**（heterotrophs）。消费者通过对生产者的摄食、同化和吸收过程，起着对初级生产者的加工和本身再生产的作用。

（3）**分解者**（decomposer）也属异养生物，主要包括异养细菌、真菌、放线菌、原生动物等微小生物，它们在生态系统中连续地进行着与光合作用相反的分解作用。微生物种类复杂，分解

能力因种而异，但是，每一种生物产生的有机物基本上都能被已经存在于自然界中的微生物所分解。

Odum（1971）提出，不能把某些特定生物视为“分解者”，而应该把**分解作用**（decomposition）看成是一个过程，包含有全部生物（和非生物因素）参与的过程更为合适。

以上三大功能群构成生态系统中生物成分的三个亚系统（图 1.1），并且与环境要素共同形成统一的整体。只有通过这个整体，才能执行生态系统能量流动和物质循环的基本功能，或者说系统中任一要素都不能分开或独立完成上述功能。结构与功能的统一表明生态系统是更高层次的生命系统，与其中任何一个亚系统相比较已经有了质的变化。正如 Odum 所指出的，“在系统的水平，其主要特征和过程并非起因于生物群落和非生物环境的总和，而是起因于它们之间的协调。”

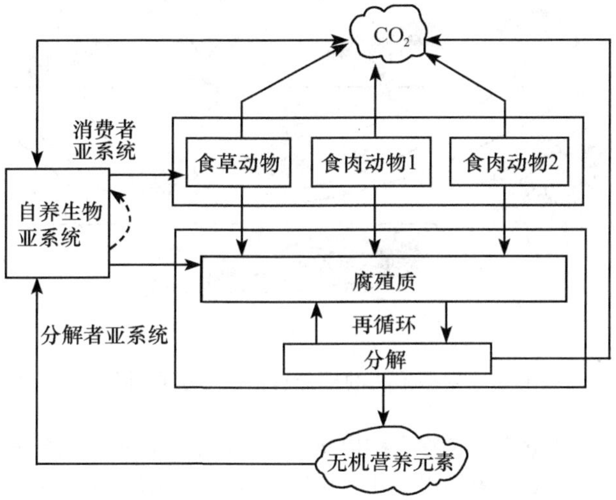

图 1.1　生态系统划分为三个亚系统（Anderson，1981，转引自戈峰，2002）

三、生态系统的营养结构和空间结构

（一）生态系统的营养结构

生态系统的生产者与消费者以及消费者之间通过食物链连成一个整体。所谓**食物链**（food chain）是指生物之间通过食与被食形成一环套一环的链状营养关系，即物质和能量从植物开始，然后一级一级地转移至大型食肉动物。食物链上每一个环节称为**营养级**（trophic class）。中国有句古话叫“螳螂捕蝉、黄雀在后”，实际上含有食物链的内涵；还有一句话叫“大鱼吃小鱼、小鱼吃虾米”，就是反映水域中的一条食物链。

根据食物链的起点，可将它分成两种基本类型：①**牧食食物链**或称**植食食物链**（grazing food chain），是从活体植物开始，然后是草食动物、一级肉食动物、二级肉食动物等；②**碎屑食物链**（detritus food chain）是从动植物死亡尸体分解物开始，如陆地土壤中的有机碎屑→蚯蚓→线虫→节肢动物或海洋中的有机碎屑→底栖小虾蟹→底栖小鱼等。

一个生态系统往往存在许多条食物链，这是因为生物种类繁多，一种生物往往有多种食物对象，同一种生物也可被多种摄食者取食，因此一种生物不可能固定在一条食物链上。生态系统中许多食物链纵横交错，形成网状营养结构，称为**食物网**（food web）。这样，食物网就更真实地反映了生态系统内各种生物有机体之间的营养位置和相互关系（图 1.2）。生态系统的食物网结构对保持系统的结构、功能稳定性有重要作用。

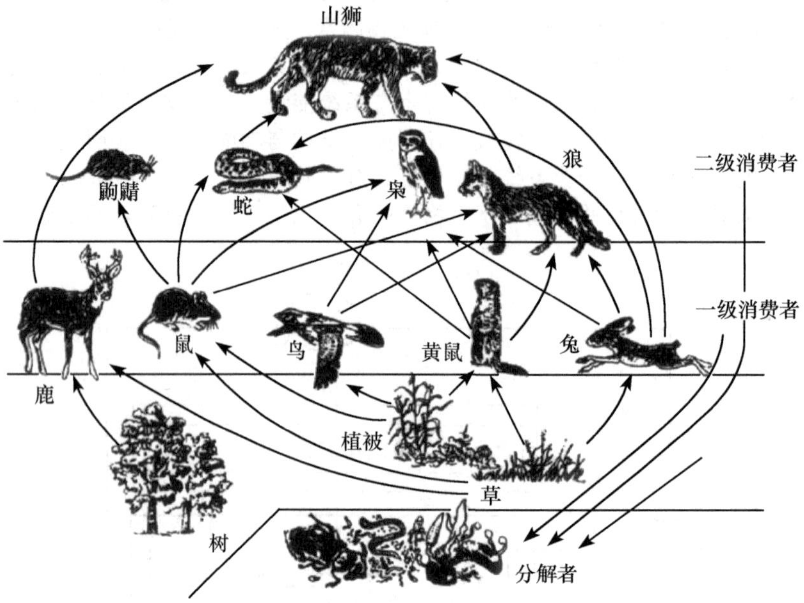

图 1.2　一个陆地生态系统的部分食物网（引自孙儒泳等，2002）

组成食物网的生物种类繁多，食物网结构非常复杂，很难按物种划分来研究生态系统中各物种之间的能量传递过程。生态学家提出“营养层次”或“营养阶”（trophic level）的概念，即将食物网中处于同一营养位置的所有生物作为一个营养层次来对待，并且将营养层次与食物链环节等术语归为同一概念范畴。同一营养层次包含有很多种生物，而且同一种生物的幼体和成体可能处于不同的营养层次。在不同季节或不同年份，同一营养层次的生物种类和它们的数量比例会有变化，但并不影响生态系统中各营养层次之间能流过程的分析。

（二）生态系统的空间结构

自然生态系统的自养成分和异养成分在空间上通常是分层的。上层的“绿色带”自养代谢最旺盛，称为生产层；下层（陆地土壤或水域沉积物）则是光照条件很差或无光照的“褐色带”，异养代谢最为旺盛。例如，森林生态系统的光合作用主要在林冠上占优势，在乔木层之下依次还有灌木层、草本层和地被层，共四个基本结构层次，它们适应不同的光照条件。相当部分的合成产物从生产层掉落到地面或土壤内，在这里进行异养分解作用。动物的空间分布也相应有明显的分层现象，鸟类、昆虫、兔子、老鼠、蚂蚁、蚯蚓等分布在林地的不同垂直空间。

湖泊、池塘等水域生态系统也有明显的分层现象（图 1.3）。浮游植物主要在表层进行光合作用，浮游动物和鱼虾等生活在水中，蛤、蚌栖息于水底，而底层沉积物有大量的细菌等微生物生活。同样，海洋生态系统的生产层仅位于光线可以透入的水层，其下方广大水体和底部沉积物中的异养代谢最为强烈。这种情况意味着与海洋巨大的立体空间相比较，植物生活的空间只限于接近海面的一薄层。此外，几千米的深海仍有生物生活，因此很多海洋生物群落是存在于没有植物性成分的环境中的。

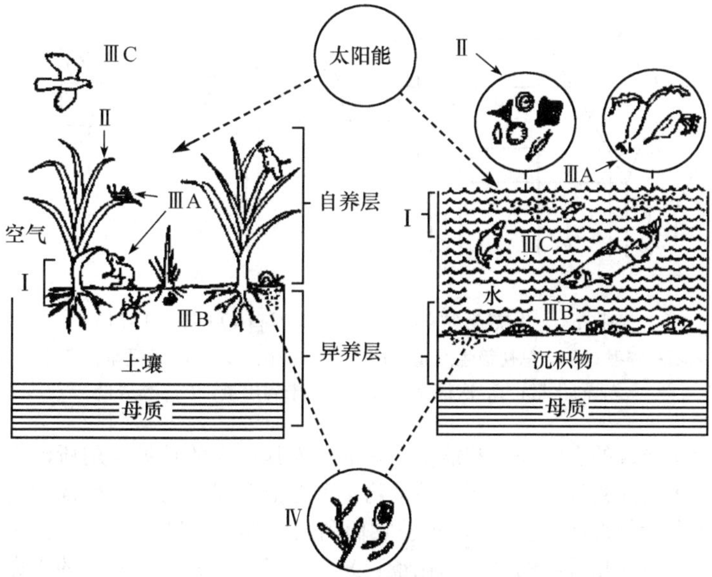

图 1.3　陆地生态系统（草地）和水域生态系统（池塘）的结构比较（引自 Odum，1989）

Ⅰ. 非生物环境：太阳、水等；Ⅱ. 生产者：陆地是绿色植物，水域中是浮游植物；Ⅲ. 消费者：A. 陆地有蝗虫、田鼠等，水域中是浮游动物；B. 食碎屑动物，陆地土壤有无脊椎动物，水域中多为底栖无脊椎动物；C. 食肉动物（鹰或大鱼）；Ⅳ. 分解者：细菌和真菌

四、生态系统能量流动和物质循环的基本过程

（一）生态系统的能量流动

生物的生命活动需要能量，没有能量的流动与转化，就没有地球上的生命，也就没有生态系统了。生态系统的能源来自太阳，光合作用固定的能量成为进入生态系统可利用的基本能源（初级生产量）。这些能量在生态系统各成分间不断地流动转移，使得生态系统的各种功能过程得以正常运行。

光合作用的基本反应可概括表示为：

$$6CO_2+12H_2O\xrightarrow[\text{叶绿素}]{\text{光能}}C_6H_{12}O_6+6O_2+6H_2O$$

从生态系统的能流过程看，食物链是把绿色植物（和某些营光合作用的细菌）固定的太阳能经过多次取食的有序环节，使一种形式的化学能转化为另一种形式化学能的过程。因此，食物链本质上是生态系统的能流途径，也是绿色植物固定的能量通过生态系统不断释放所经过的途径。

生态系统中的**能量流动**（energy transfer）与转化是服从热力学定律的。热力学第一定律表明，能量可以从一种形态转化为另一种形态，但不能创造它，也不能消灭它，即能量守恒定律。例如，光能可以在不同情况下转化为功、热或食物的潜能，但它一点也不会消灭。热力学第二定律表明，能量流动是非循环性的，由于能量在转化过程中有部分能量消散为不能利用的热能，因此没有任何能量（如光）能够百分之百有效地自然转变为潜能（如原生质）。通过光合作用进入生态系统的能量在其流动过程中不断损耗，最后全部以废能形式散发出去，达到热力学的动态平衡。生态系统的能量流动过程可用图 1.4 所示的基本模型来表示。

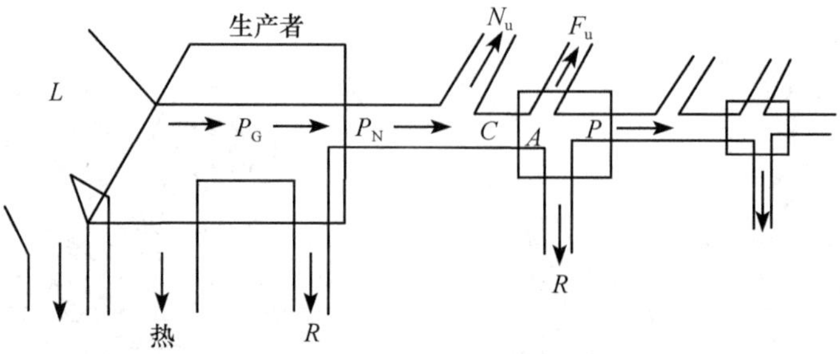

图 1.4 生态系统能流模式图（引自 Odum，1971）

L. 太阳总辐射；P_G. 总初级生产量；P_N. 净初级生产量；*R*. 呼吸量；*C*. 消耗量；*A*. 同化量；*P*. 次级生产量；N_u. 未利用量；F_u. 粪尿量

植物光合作用所形成的有机物质和能量，一部分为其本身的呼吸作用所消耗，剩余的才是能够提供给后一营养级的净初级产量。植食性动物不可能把全部净初级产量都消耗掉（这部分损失的能量可能进入碎屑食物链能流），而真正被它们利用的部分（摄食量）也有一些不能被同化而形成粪块排出体外。被同化吸收的量（同化量）又有相当一部分用于机体的生命活动，转变成热能而散失，还有一部分以代谢废物（如尿液）的形式排出。其余的才是转化为植食性动物的繁殖与生长所需的能量（植食性动物的次级产量），也就是能够提供给后一营养级利用的总能量。肉食性动物对植食性动物能量的利用及消耗的基本模型也是这样。在能量流动过程中各不同环节之间的能量比值统称为传递效率或**转化效率**（transfer efficiency）。

由于生态系统能流过程是能量通过营养级不断消耗的过程，意味着任何一个生态系统的食物链环节不可能很长。陆地食物链比海洋的短，通常只有 3～4 级，海洋食物链较长，但也很少超过 6 级。因为能量随营养级增加而不断减少，意味着生物数量必定不断地下降，而生物种群要能维持正常的繁殖功能需要有一定数量保证。

（二）生态系统的物质循环

物质循环是生态系统持续存在的基本条件之一。生态系统不仅要有能量以维持动植物的生命，而且必须有生命需要的各种物质，其中，碳、氢、氧、氮是生物体大量需要的。这些物质既是维持生命、进行生物化学活动的结构基础，又是贮存能量的运输工具。植物在光合作用过程中同时吸收各种养分，主要是无机物质（如 NO_3^-、PO_4^{3-} 等），这样，生态系统中物质从无机形态转变为生物体中各种有机物质（如碳水化合物、蛋白质、核酸等）。它们通过绿色植物吸收进入食物链，并在各营养级之间传递、转化。当生物死亡后，机体内各种有机物质被微生物分解成为无机物释回环境中，然后再一次被植物吸收利用，重新进入食物链，参加生态系统的物质再循环。任何物质或元素都处在循环的某个阶段，它们通过生态系统中生物有机体和环境之间的循环活动过程就叫做生态系统的**物质循环**（cycle of matter）。生态系统的营养物质循环（生物循环）是在环境、生产者、消费者和分解者之间进行的；而生态系统之间各种物质或元素的输入和输出以及它们在大气圈、水圈、土壤圈、岩石圈之间的交换叫做**生物地化循环**（biogeochemical cycle）。生态系统的物质循环与生物地化大循环紧密联系，是组成生物地化循环的基础。

生态系统的物质循环和能量流动是紧密联系、不可分割的，能量是通过物质载体来流动的，但是，两者又有根本区别。能量来源于太阳，在食物链中向着一个方向逐级流动，不断消耗和散失；而营养物质来源于地球并可被生物多次利用，在生态系统中不断地循环，或从一个生态系统消失而又在另一个生态系统出现（图 1.5）。

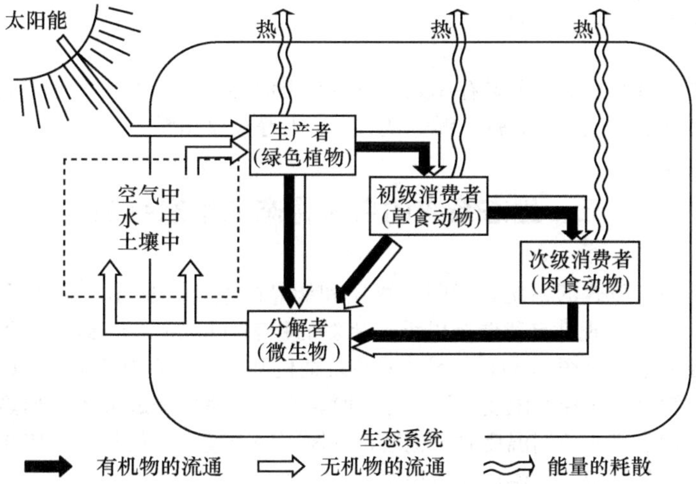

图 1.5　生态系统内部的物质循环和能量流动（引自夏伟生，1984）

研究物质在生态系统中的循环常用库（pool）这个概念表示某一物质在生物或非生物环境中贮存的数量。物质循环就是某物质或元素在库与库之间的迁移。按照物质活动的情况，一般分为**贮存库**（reservoir pool）和**交换库或循环库**（exchange or cycling pool）两种。前者容量很大，但活动缓慢（它们从库里释出的速度很慢，如岩层中的碳）；后者容量较小，但通过库的迁移速度快，在生物体和周围的环境之间进行迅速的交换（如海洋生物体中的有机碳库和海水中的二氧化碳库间的交换）。

物质在生态系统中库与库之间流通的速率称为流通率，用单位时间、单位面积（或体积）通过的数量来表示。某物质的流通率与库含量之比即为周转率，周转率的倒数即为周转时间。周转率越快，周转时间就越短。

$$\text{周转率}=\frac{\text{流通率}}{\text{库中营养物质量}}$$

$$\text{周转时间}=\frac{\text{库中营养物质量}}{\text{流通率}}$$

在正常情况下，各个库之间的物质流动（输入和输出）应该平衡，否则生态系统的功能将会发生障碍。

生物地化循环按物质贮存库的性质分为三种循环类型。

1. 水循环（water cycle）

水是生态系统中生命必需元素得以无限运动的介质，没有水循环也就没有生物地化循环。水循环的主要途径是由太阳能所推动的由大气、海洋和陆地形成的一个全球性水循环系统。水的循环处于稳定状态，因为总的降雨量与总蒸发量相平衡。在陆地，降雨量大于蒸发量；在海洋，蒸发量大于降雨量，而陆地的径流量则补偿了海洋的蒸发量。

2. 气态循环（gaseous cycle）

气态循环是指循环物质的主要贮存库是大气，并在大气中以气态出现。属气态循环的物质以氧、碳、氮为代表。气态循环把海洋和大气紧密联系起来。

3. 沉积循环（sedimentary cycle）

沉积循环是指循环物质的主要贮存库是岩石圈和土壤圈，基本上与大气无关。属沉积循环的物质以磷、硅等为代表，还有钙、钾、镁、铁、锰、铜等金属元素。

五、生态系统的自校稳态和生态平衡

自然生态系统是开放式的系统，不断有物质和能量的输入与输出。生态系统通过**反馈机制**（feedback mechanism）实现其自我调控以维持相对的**稳态**（homeostasis）。所谓反馈就是系统的输出反过来又决定其输入（图 1.6），当系统具有反馈机制时，就成为控制论系统，正如恒温箱的调控功能。当箱内温度低于控制温度（置位点）时，通过反馈环变成输入，加热器启动，使箱内温度上升；当箱内温度高于控制温度时，也通过反馈环变成输入，使加热器停止加热或开动制冷器，以这种反馈机制使恒温箱的温度保持稳态。

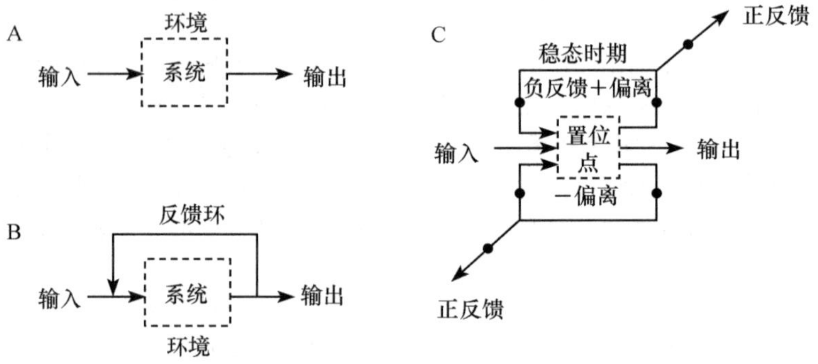

图 1.6 反馈系统示意图（引自 Smith，1980）

A. 开放系统，表示系统的输入和输出；B. 具有一个反馈环的系统使系统成为控制论系统；C. 具有一个置位点的控制论系统

反馈有**正反馈**（positive feedback）和**负反馈**（negative feedback）之分。正反馈是系统中的部分输出通过一定路线又变成输入，起促进和加强的作用，例如，生物在生长过程中身体越来越大，在种群持续增长过程中，个体数量不断上升。负反馈（上述恒温箱例子属负反馈）是输出反过来起削弱和减低输入的作用，例如，很多种群可以通过行为机制、密度反馈来调节自身密度，从而使种群保持在一定的极限波动范围内。生物群落内不同种群之间的数量调控，多出现于植物与植物、植物与动物以及动物之间的各种相互关系上，其中以捕食者与被食者的正反馈和负反馈相互作用最为明显。被食者种群增长可促进捕食者种群增长，而捕食者种群增长后对被食者造成更大的压力，促使捕食者种群下降。生态系统通过各种反馈机制来实现生物之间以及生物与环境之间相互适应的自我调控以维持相对的稳态。

应当指出，虽然上述正反馈作用是生物生长和存活所常见的现象，但是正反馈不能保持系统的稳态，而是会使系统有偏离平衡的趋势，只有通过负反馈控制才能使系统维持稳态。同时，稳态控制是有限度的，超过这个限度，不受限制的正反馈可导致死亡。Odum（1971）指出，应当把“稳态台阶”看作一列台阶，当应力加强时，系统虽然还能实现控制，但已经不能正好回到原来的同一水平。人类燃烧大量石化燃料，释放大量的 CO_2 进入大气，被海洋的碳酸盐系统所吸收，但不能完全被吸收；随着输入增加，新的平衡水平比原来的略高，在这种场合下，即使轻微的变化也可以产生深远的影响。真正良好的稳态控制只有在经过进化适应时期以后才能形成。新的生态系统（如新型的农业）比成熟的系统（其组成得以形成相互适应）波动较剧烈，抵抗外界扰动的能力也较差。

一般地，如果生态系统能量和物质的输入大于输出，生物量增加；反之，生物量减少。如果输入和输出在较长时间趋于平衡，系统的结构与功能长期处于稳定状态（这时动、植物的种类和数量也保持相对稳定，环境的生产潜力得以充分发挥，能流途径畅通），在外来干扰下能通过自我调节恢复到原初的稳定状态，生态系统的这种状态称**生态平衡**（ecological equilibrium）。

一个相对稳定的生态系统是经过不同演替阶段而发展起来的。在各个演替发展阶段，系统内部的结构与功能之间相互适应的水平是不同的，因而对外界干扰的敏感程度也不同。在发展的初期阶段，其结构比较简单，功能效率不高，因而比较不稳定，对外界干扰的抵抗能力较差；而当生态系统发展到成熟阶段，结构就变得更加复杂起来，其功能效率也相应提高了。即使有来自外部的影响，由于自我调节能力的增强，也就比较可能维持本身的稳定性。因此，生态平衡是一种自然平衡，是长期生态适应的结果。如果没有外界干扰的话，它将朝着更成熟、更稳定和更复杂的方向发展。

虽然生态系统具有自我调节功能，但是这种调节功能是有限度的。只有在某一限度内可以自我调节自然界或人类施加的干扰，这个限度就叫做“生态阈限”。在生态阈限范围内，生态系统才得以维持相对平衡。当外界压力超过阈限时，它的自我调节能力随之降低，甚至失去作用。此时，生态平衡遭到破坏，生态系统的结构、功能趋向衰退，系统中有机体的数量减少，生物量和物种多样性下降，能量流动和物质循环发生障碍，这就是通常所说的“生态平衡失调”（或“生态失调”）。生态平衡被破坏的主要因素有两类：第一类是自然因素所带来的失调，如气候变化、火山爆发、地震等；另一类是人为因素，就是人类的干扰对生态系统造成的影响，甚至带来灾难性的危害，如环境破坏、污染和过度利用生物资源，这是当前必须更加引起重视的一个问题。

当外界压力持续超过生态系统本身的调节能力时，其结构破坏和功能衰退更为严重，即便采取措施消除造成这种破坏的人为因素，必须很长时间才能恢复生态系统的相对平衡状态（甚至不可能恢复）。因此，人们对各种自然资源的开发利用必须首先明确这些开发活动应以不超过生态阈限和维护生态系统健康为基本原则。

第二节　生物圈的形成与进化

地球上的生物从无到有，从简单到复杂，当今丰富多彩的生物圈是经过非常漫长的地质年代发展起来的，并且是诸物种**协同进化**（coevolution）的历史。

地球上的原始生命出现于30多亿年以前的原始海洋。当时大气中没有氧气，原始的大气圈主要是火山爆发产生的气体，包括CO_2、CH_4、H_2S、NH_3、H_2、N_2和H_2O（水蒸气）等。有人认为地球上最早的生物就是生活在原始海底热液喷口附近的异养原始细菌*Ecobacterium*。原始生态系统就是由原始异养生物、原始海洋、原始大气圈和太阳辐射构成的还原性自然生态系统。它不同于一般的物理、化学系统，而是具有复制机能并不断进行物质、能量的交换。

大约距今35亿年前，虽然大气圈和水圈还没有O_2，但从35亿年的岩石中发现叠层石意味着某种自养微生物形态已经进化出来，后来从另外的叠层石和似乎是蓝绿菌或其祖先的化石残余中得出结论：释放O_2的光合作用确实在28亿年前出现（图1.7）。

原始生命通过发酵获得呼吸所需的能量。由于发酵的效率比氧化呼吸低得多，因而原始生命不可能超过单细胞期，并且只能生活在无紫外线伤害的水层中，其营养来源也很有限。有机食物的贫乏可能成为选择性压力，促使产生能进行光合作用的原核自养生物，以及真核自养生物。绿

事　件	距今时间/亿年	表现形式	氧含量/%	伴随的事件和结果
完全氧化状态	4	 大的鱼类，第一批陆生植物	100	向着现在世界格局的生物圈演化
出现带壳后生动物	5.5	 寒武纪动物群	约 10	穴居习性开始及随后的进化
出现后生动物	6.7	 埃迪卡拉动物群	约 7	显生宙开始；后生动物化石和痕迹
发现第一批真核细胞	14	 直径较大的细胞	>1	红层激增，多细胞生物；有丝分裂，成熟分裂，遗传重组
耐氧蓝绿藻	约 20	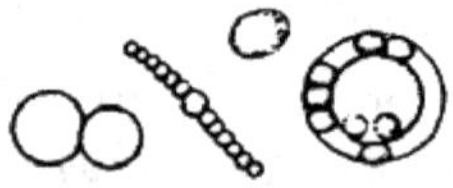 藻丝状体间隔处扩大的厚壁细胞	约 1	氧化代谢，臭氧屏蔽，最老的红层被最年轻的条带状含铁建造超覆
光合自养，可能释放分子氧	>28	 叠层石，蓝绿藻的祖先	<1	叶绿素 a 和细胞色素 b 的合成；条带状含铁建造和其他的氧贮库；温室效应减弱
自养（甲烷的生成?）（硫的氧化?）	>35	 叠层石，硫酸根，轻碳	（无氧的）	生物圈的持续性
生命起源	约 38?	 轻碳	（无氧的）	生物圈进化开始

图 1.7　生物圈早期进化的主要阶段（Cloud，1984，转引自蔡晓明和尚玉昌，1995）

色植物的出现是地球发展史上的重要里程碑。生活于水里的单细胞绿色植物光合作用使水中的氧气逐渐增加，于是原始生态系统的营养方式由异养型逐渐发展为自养型和异养型两种。

需氧呼吸出现后，因其效率高，从而为出现复杂的多细胞生物创造了必需条件。大约在 6 亿年前开始出现最早的多细胞生物。在寒武纪时期，地球上的生物界开始发生飞跃的进化，出现海洋动物的原始祖先，形成原始食物链和生产者、消费者、分解者共同组成的生物系统。

距今约 4.2 亿年的志留纪晚期，大气氧含量上升，在雷电和太阳紫外线作用下，高空形成臭氧层。由于臭氧层的积累吸收了大量紫外线，为生物到达海面和登上陆地创造了条件，首先登陆的是体型较小且没有根、茎、叶分化的裸蕨类植物。植物的枯落物及残体经过分解与原始风化物相互作用，地球上有了最早的土壤，成为各种易于淋溶矿物养分的贮存库。随着陆地植物的发展，昆虫和其他节肢动物也相继出现，并为后来脊椎动物的登陆创造了食物和生活条件。

距今约3.5亿年的石炭纪，随着大气中游离氧的不断增加，气候也十分温暖、潮湿，为陆生植物的进一步繁荣提供了有利条件。这个时期原先低矮的裸蕨类植物发展为有根、茎、叶分化的、高大的种类，其宽大的叶片扩大了光合作用面积，根部则可吸收更多的水分和矿物养分，茎具较完善的输导系统——维管束，因而初级生产力大为提高，并且在海滨或沼泽湿地陆续出现草本植物、灌林和乔林，构成地球上首批原始林地。根据古生物学资料判断，总鳍鱼类及两栖类的祖先等是脊椎动物中最早登陆的种类。

在距今1.85亿年的侏罗纪，裸子植物（苏铁和松杉类）大量发展起来，植物开始用种子繁殖，花粉管的形成使植物的受精作用不再借水为媒介，从而能在干旱环境中繁殖后代。苏铁类在侏罗纪特别繁茂，是中生代陆生动物恐龙的主要食物。森林生态系统的主要食物链是苏铁→草食恐龙→肉食恐龙。

裸子植物到第三纪（距今0.7亿～0.1亿年）因环境变化而逐渐衰退，代之而起的是被子植物。被子植物叶形多样、叶片宽阔，加大了与阳光的接触面积，而且有更发达的输导系统，为适应寒冷干燥季节逐渐形成落叶型，这些特征更能适应复杂多变的环境。由于被子植物种类繁多，适应性强，可为哺乳动物提供大量食物（因为哺乳动物需要更多能量以维持正常体温），因而能促使后者的繁荣昌盛。

第三纪以后，地球上的气候不断发生旱化和寒化，到第四纪还出现过几次大冰期，已经形成的各类生态系统不断分化，由热带雨林生态系统渐次分化出亚热带常绿阔叶林、温带落叶阔叶林和针叶林、草原以及荒漠等生态系统。

在上述生物圈生态系统的形成与发展中，大气圈、水圈、土圈等组成特征也随之产生相应变化，例如，从还原性大气圈发展为含氧的大气圈。从古生代开始大气的含氧量逐渐增加，古生代中期氧含量比现在的大气氧含量高，到了古生代中后期，氧的消耗超过氧的生产，大气氧含量不断下降。随后，氧含量有时上升，有时下降，到古生代后期，出现氧含量的明显下降（可能仅为现在水平的5%）和CO_2明显上升的时期，同时气候也有变化。CO_2的增加引起自养生物的大繁荣（它们成为现代人类使用的化石燃料的来源），以后又逐渐回到高O_2、低CO_2的大气，O_2/CO_2比例保持在一种“波动性稳定状态”之中（当今人类活动产生的CO_2和烟尘污染，可能使这种脆弱的平衡变得更加不稳定）（图1.8）。

当今生物圈的生态系统已发展为包括陆地生态系统、水域生态系统以及人工生态系统三大类：

- 陆地生态系统
  - 森林生态系统
    - 热带森林生态系统
    - 温带森林生态系统
  - 草原生态系统
  - 荒漠生态系统
- 水域生态系统
  - 湖泊生态系统
  - 河流生态系统
  - 海洋生态系统
    - 海岸带生态系统（潮上带、潮间带、河口）
    - 岛屿生态系统
    - 浅海生态系统
    - 外海和大洋生态系统
- 人工生态系统
  - 农田生态系统
  - 城市生态系统

按人类对生态系统的影响，则有**自然生态系统**（natural ecosystem）和**人工生态系统**（artificial ecosystem）之分。自然生态系统指未受到人类活动的影响或仅受轻度影响的生态系统，这类

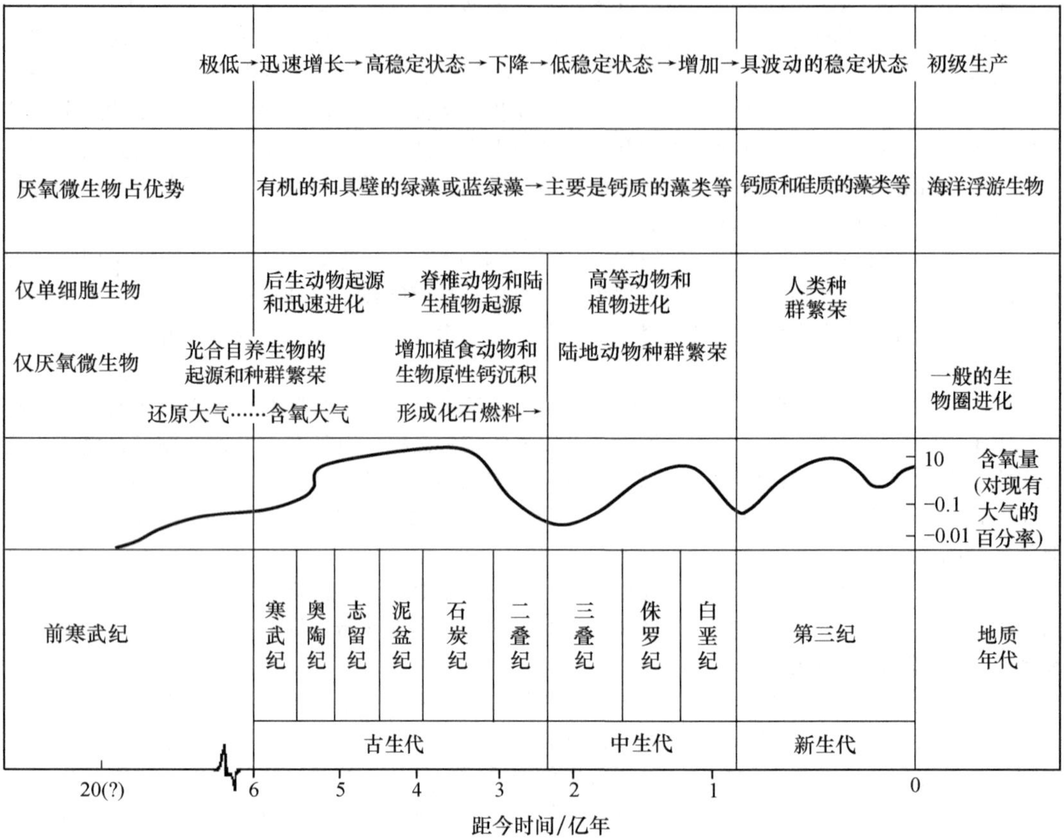

图 1.8 生物圈及其含氧大气的进化（Odum，1983，转引自蔡晓明和尚玉昌，1995）

生态系统的生物与生物以及生物与环境是经过长期的相互适应形成与发展起来的，结构、功能协调一致，具有较完善的自我维持、自我调节机制。但是，由于当今的地球上实际已很难找到不受人类活动影响的地方，只是影响的程度不同而已，因此，在自然生态系统和人工生态系统之间已很难划清绝对的界限。人工生态系统是人类根据自身的需要对自然生态系统进行重大改造而形成的一类生态系统。它们与自然生态系统有很大的差别，其生物结构简单、系统的自我调控能力差，但通过人类干预可获得比自然生态系统高得多的生产力。

自从地球上出现人类以后，自然生态系统就不断受到人类的干扰。不过，古代人类活动对自然的干预是微不足道的。近百年来，地球上的人口爆炸式地增长，加上工、农业和科学技术的发展，人类活动已能遍及整个生物圈，并且根据自身的需求对自然生态系统进行重大冲击（主要是无节制地掠取自然资源和破坏、污染环境），自然生态系统已经无法“独善其身”了。人类在干预自然的实践中（包括无数惨痛的教训），逐渐认识到人与自然必须和谐相处，才能获得自然生态系统为人类服务的效益和保证人类的生存与发展。在这种形势下，生态学家提出上述“社会-自然-经济复合生态系统”的概念。这种复合生态系统的发展需要经历很漫长的时间，并且这个过程肯定会有曲折和反复。但是，凭借人类的良知与智慧将沿着这个总方向促进生态系统的持续存在与健康发展。

第三节　生态系统服务

一、生态系统服务的概念及其基本特征

（一）什么是生态系统服务

生态系统服务这一概念最早由 Holdren 和 Ehrlich 于 1974 年首先提出来，随即受到生态学界的极大重视。地球上各类生态系统是人类生存的支持系统。自然生态系统在运转过程中包含着各种生态过程，这些生态过程同时就产生了对人类生存具有重大意义的各种服务功能，包括生态系统为人类提供食物和治病药物、气候调节、环境净化、水土保持等各种效益，从而为人类提供了生存的条件。这种由自然生态系统（包括其中的各种生物种群）在其生态运转过程中所产生的物质及其所维持的生活环境对人类产生的服务功能就称为**生态系统服务**（ecosystem service）。

（二）生态系统服务的基本特征

（1）生态系统服务是客观存在的。在地球上出现人类之前，自然系统就已经存在，出现人类之后，生态系统的结构与功能就与人类的生存利益紧密联系，成为支持人类生存与发展的必要条件，或者说“它们并不需要人类，而人类却需要它们。”

（2）生态系统服务是生态系统的自然属性。生态系统服务是与其中各种生物之间的相互关系、生物的生产、能量的流动以及以水为核心的物质环境等各种生态过程密切联系的，或者说是生态系统本身的各种生态过程客观上产生了为人类提供各种服务的功能。

（3）自然生态系统在进化发展过程中，生物多样性（包括生态系统多样性、物种多样性和基因多样性）越来越丰富。正是这种进化过程才形成对人类很完善的服务效益。从理论上说，若没有外力（包括自然的和人类的）严重干扰，这种服务功能将随着科学技术的进步向更高级的方向发展。

二、生态系统服务的主要内容

美国生态学家 Costanza 等将生态系统服务归纳为 17 种项目（表 1.1）。

表 1.1　生态系统服务项目一览表（Costanza et al.，1997，转引自蔡晓明，2000）

序　号	生态系统服务	生态系统功能	举　例
1	气体调节	大气化学成分调节	CO_2/O_2 平衡，O_3 防紫外线，SO_x 水平
2	气候调节	全球温度、降水及其他由生物媒介的全球及地区性气候调节	温室气体调节，影响云形成的 DMS 产物
3	干扰调节	生态系统对环境波动的容量、衰减和综合反应	风暴防止、洪水控制、干旱恢复等生境对主要受植被结构控制的环境变化的反应
4	水调节	水文流动调节	为农业、工业和运输提供用水
5	水供应	水的贮存和保持	向集水区、水库和含水岩层供水

续表

序　号	生态系统服务	生态系统功能	举　例
6	控制侵蚀和保持沉积物	生态系统内的土壤保持	防止土壤被风、水侵蚀，把淤泥保存在湖泊或湿地中
7	土壤形成	土壤形成过程	岩石风化和有机物积累
8	养分循环	养分的贮存、内循环和获取	固氮，N、P 和其他元素及养分循环
9	废物处理	易流失养分的再获取，过多或外来养分、化合物的去除或降解	废物处理，污染控制，解除毒性
10	传粉	有花植物配子的运动	提供传粉者以便植物种群繁殖
11	生物防治	生物种群的营养动力学控制	关键捕食者控制被食者种群，顶位捕食者使食草动物减少
12	避难所	为常居和迁徙种群提供生境	育雏地、迁徙动物栖息地、当地收获物种栖息地或越冬场所
13	食物生产	总初级生产中可用为食物的部分	通过渔、猎、采集和农耕收获的鱼、鸟兽、作物、坚果、水果等
14	原材料	总初级生产中可用为原材料的部分	木材、燃料和饲料产品
15	基因资源	独一无二的生物材料和产品的来源	医药、材料科学产品，用于农作物抗病和抗虫的基因，家养物种（宠物和植物栽培品种）
16	休闲娱乐	提供休闲旅游活动机会	生态旅游、钓鱼运动及其他户外游乐活动
17	文化	提供非商业性用途的机会	生态系统的美学、艺术、教育、精神及科学价值

从表 1.1 可以看出，生态系统服务的内容与人类的生存与发展有多么密切的关系。兹就其中几项服务内容作简单的说明。

1. 食物、药物和其他原料

首先，自古以来，人类的食物都来源于生态系统的初级生产和次级生产的产品（包括碳水化合物、蛋白质、脂肪和各种维生素等）。虽然当今科学技术发展很快，但人类不能自己制造维持生命所需的食物（或许永远都不能）。即使一些食物是人类种植或养殖获得的，但要保持和提高其生产潜力（包括新的养殖种类）还需要依靠生态系统固有的物种多样性与基因多样性。其次，生态系统的很多生物产品是治疗人类各种疾病的天然药物。例如，毒蛇的毒液既可置人于死地，但也已经被开发利用成一种很重要的生物药品。随着科学技术的发展，越来越多的生物药品被陆续发现，其潜力也在不断地发挥出来。还有，人类利用的木材和各种燃料也是生物产品，即便是现代大量使用的煤、石油等化石燃料（及其附属的化工原料）也是远古时代埋藏在地下的生物残体演变而来的。

2. 水的调节与供应

水是地球上一切生命活动所必需的基本物质，人类生活和工农业生产活动需要连续不断的水循环供应。海洋是水的主要来源，其蒸发量超过降水量，很多水蒸气被风带到陆地上空，以雨水的形式降落地面。陆地上的森林植被对维持水循环过程起关键作用。它们的枝叶、树冠可缓冲雨水对地面的直接冲刷，根系和土壤孔隙具有吸收与保留水分以维持土壤肥力和植物吸收水分的作用，同时森林、植被和土壤对水有很强的下渗能力。据测算，一片 10 万亩* 的森林相当于一个 200 万平方米的水库。湿地生态系统也有很强的保水能力。植物及其根系和土壤保存的水一部分

* 1 亩＝666.7 平方米。

通过蒸腾作用和蒸发过程补充大气的水蒸气并再形成降雨，另一部分通过地下水或江河再进入海洋，从而形成海洋—大气—陆地—海洋的全球水循环系统。如果没有植物和土壤，就不可能完成水的循环，生命所需要的水就不可能得到连续不断的供应，干旱和水灾将连续交替出现，水就会由水利变成水害。同时，陆地上的森林植被从土壤吸收水分并通过叶片的蒸腾作用将水蒸气释放到大气中的过程也影响当地的气温、云量和降雨，从而起着调节气候的作用。

3. 大气组分调节和空气净化

生态系统在长期演化过程中引起大气成分发生了巨大变化。一方面，人类和其他一切生物都有呼吸作用（吸入 O_2 和释出 CO_2 的过程），各种燃料的燃烧以及绝大部分有机物质的分解也需要氧气并且产生 CO_2；另一方面，地球上绿色植物的光合作用过程却是吸收 CO_2 和释出 O_2 的过程，有效地调节了空气的成分。同时，高空中臭氧（O_3）的积累可以防止太阳紫外线对各种生物（包括人类）的伤害。此外，绿色植物还能过滤很多种有害物质（如 CO_2、氟化物等），从而起着净化或改善空气质量的作用，被称为“天然过滤器”。

4. 养分循环

养分循环在生态系统服务中占有非常重要的作用。生态系统生产者所需要的各种无机营养物质（如 N、P 等无机盐类）是系统内部不断循环、反复利用的过程。各种生物（当然也包括人类在内）代谢产生的有机废物和死亡残体通过系统中分解者的分解作用可以重新变成无机养分供绿色植物再次利用。有机物的分解和养分的循环利用是生态系统的一个基本生态过程，如果没有这个过程，地球上将满满堆积着生物尸体和各种有机废物，而植物生产者所需要的养分也就得不到源源不断的补充，生态系统和人类的生存环境也就不复存在了。不管是陆地或海洋，分解作用主要依靠微生物和各种微小型动物的反复作用而完成的。土壤层是经过长期的生物、物理和化学过程逐渐形成的分解作用的主要场所。土壤中各种微生物在分解作用中起最重要的作用，而其他土壤生物（如蚯蚓）通过摄食、消化和排泄也参与有机物的分解过程，对改善土壤质量（如透气性）和促进养分循环起重要作用。

5. 传粉与生物防治

地球上的动、植物和微生物种类繁多，它们之间具有各种复杂的相互关系，保持和利用这些相互关系对人类有重要意义。昆虫传粉就是生物之间相互关系的一种体现，也是维持生态系统平衡的一种机制。陆地上已知繁殖方式的植物中，大多数依靠动物传粉或传播种子，这些动物中最重要的是各种昆虫和鸟类等。人们不能小看它们的作用，如果其中一些动物因某种原因消失的话，则世界农业就会有很大损失。例如，蜜蜂是一种重要的传粉昆虫，很多水果和农作物都需要蜜蜂的授粉，每年依靠其授粉的农作物价值超过百亿美元。2007 年欧美发生数十亿只蜜蜂“集体失踪”的死亡事件，引起农业部门的高度关注，拨出巨资加以研究，但原因尚未查清，据说可能与农作物长期使用农药不当造成蜜蜂患病并传播有关。另外，在自然生态系统中被称为“天敌”的生物，它们发挥着控制某些有害生物数量的作用，也是生物间相互关系以维持生态平衡的一种体现。

6. 休闲旅游与文化教育

自然界长期演化的结果形成了各种各样的自然景观，是人类休闲旅游的自然资源。长期紧张工作的“现代人”可以利用假期旅游投入到大自然的怀抱，参观原始森林、野生动物或者潜游珊瑚礁看海底世界等，这些自然资源对提高人类的生活质量有重要意义。同时，在休闲旅游中（包括有意识的野外调查）认识大自然及其中各种生物之间的关系，有助于提高人们的文化素质。人们在野外采集的各种动、植物标本也是城市自然博物馆传播自然知识的源泉。不管是发达国家或发展中国家，旅游业都是一个正在蓬勃发展的新兴行业。

值得注意的是，不同生态系统类型在各种生态系统服务项目中的相对重要性是有差别的。例如，陆地森林系统涉及的服务项目较多，从其价值来看，依次为养分循环、原材料生产、气候调节、防止侵蚀和休闲旅游等。湿地生态系统的服务项目也不少，主要是干扰调节、水供应和废物处理（控制污染和解除毒性）、文化和旅游以及为常居及迁徙种群提供生活环境等。湖泊河流则对水调节、水供应、废物处理及休闲旅游有主要贡献。近海水域（包括河口湿地）对养分循环、食物生产（特别是优质动物蛋白）、抗干扰、缓和岸线侵蚀和休闲旅游有重要作用。

尽管人类接受的只是整个自然生态过程产生的效益的一小部分，但是这“一小部分”对于人类的生存或生活质量的保证却是必不可少的条件。任何一个生态系统遭到破坏都会使生态系统至少在局部范围内对人类的服务功能受到影响。因此，为了人类自身的生存与发展，亟须减少并消除对自然生态系统的人为破坏。

本章提要

1. 生态系统是指一定时间和空间范围内，生物群落与非生物环境通过能量流动和物质循环所形成的一个相互联系、相互作用并具有自动调节机制的自然整体。生态系统概念主要强调自然界生物与环境之间不可分割的整体性，树立这种整体性思想使人类认识自然的具有革命性的进步。生态系统生态学是现代生态学的核心。

2. 生态系统的组分按其功能划分包括非生物环境、生产者、消费者和分解者四个基本成分，其中生物成分是生态系统的主体，非生物环境是生态系统的生命支持系统。不同类型的生态系统其环境和生物种类组合不同，代表着各自的特点，但都包含这四个基本成分。

3. 生态系统的营养结构指生物之间通过被食—捕食的营养关系形成食物链，食物链包括牧食食物链和碎屑食物链两种基本类型，两种食物链往往是同时存在的。生态系统中所有食物链联结成食物网，绝大多数食物网结构是非常复杂的。生态系统的空间结构显示自养成分和异养成分在空间上是分层的，上层（生产层）自养代谢最旺盛，下层（分解层）异养代谢最旺盛。

4. 生态系统的能源主要来自太阳，绿色植物通过光合作用制造有机物，将光能转化为有机分子键中的化学潜能，通过食物链在各成分之间不断流动，每经过一个营养环节，就有一部分能量通过呼吸消耗变为废能（以热的形式）散失到环境中。食物链本质上是绿色植物固定的能量在生态系统中不断释放所经过的途径。

5. 生命所需要的各种元素和物质以无机形态被植物吸收、转变为生物体中的各种有机物质，并通过食物链在营养级之间传递、转化。当生物死亡后，有机物质被各种分解者分解回到环境中，然后再一次被植物吸收，重新进入食物链。生态系统的营养物质来源于地球，并可被生物多次利用，在生态系统中不断地循环，或从一个生态系统转移到另一个生态系统。

6. 自然生态系统是开放式系统，不断有物质和能量的输入和输出。生态系统通过负反馈机制实现自我调控以维持相对的稳态。但是，生态系统的自校稳态功能是有限的，当外界压力（自然的和人为的因素）超过生态系统本身的调节能力时，其稳态机制就失去作用，生态系统就受到破坏，失去平衡甚至崩溃。

7. 地球上的生命从无到有，从简单到复杂，现在的生物圈是经过 30 多亿年的漫长年代，从原始生命的进化逐渐发展起来的，并且是诸物种协调进化的历史。在生物圈生态系统形成与发展过程中，大气圈、水圈、土圈等的组成特征也随之产生相应的变化。当今大气圈 O_2/CO_2 比例保持在一种“波动性稳定状态”之中，但人类活动可能使这种脆弱的平衡变得更加不稳定。

8. 自然生态系统在运转过程中为人类提供了食物和药物、气候调节、环境净化和水土保持等各种服务功能，成为人类生存的支持系统。生态系统服务是客观存在的，是生态系统的自然属性，而且这些服务在自然系统进化过程中不断完善。但是，如果人类滥用自然的这种属性就会影响自然生态系统的正常运转，后果将是不断削弱生态系统的服务功能。这是树立人类与自然和谐共处（绝不是人类可以驾驭自然）观点的理论基础。

思考题

1. 生态系统概念所强调的核心思想是什么？
2. 生态系统有哪些基本组分？它们各自执行什么功能？
3. 生态系统的能量是怎样流动的？有哪些特点？
4. 生态系统的物质是怎样循环的？有哪些特点？
5. 生态系统是怎样实现自校稳态的？
6. 能进行光合作用的生物出现后对促进生物进化、增加地球上的生物多样性有何重大意义？
7. 何谓生态系统服务？生态系统服务有哪些基本特征？
8. 生态系统服务的理论对处理人类与自然关系的实践有何指导意义？

第二章 海洋环境与海洋生物生态类群

第一节 海洋环境

一、海洋环境的基本特征

地球表面大部分为海水所覆盖，海洋面积为 362×10^6 km^2，约占地球面积的 71%，平均深度为 3800 m，最深处超过 10 000 m。海洋的空间总体积达 1370×10^6 km^3，比陆地和淡水中生命存在空间大 300 倍。可见地球看上去更像一个广阔无垠的蔚蓝色“水球”。

大洋区是海洋的主体，包括**太平洋**（Pacific Ocean）、**大西洋**（Atlantic Ocean）、**印度洋**（Indian Ocean）和**北冰洋**（Arctic Ocean）。四大洋中太平洋面积（包括附属海，下同）最大（179.7×10^6 km^2），几乎占整个海洋面积的一半；大西洋其次（93.4×10^6 km^2）；再次是印度洋（74.9×10^6 km^2）；北冰洋面积最小（13.1×10^6 km^2），它是以北极为中心被西欧和北美洲所环抱的大洋。

太平洋、大西洋和印度洋在南半球的中高纬度海域围绕南极大陆而连成一片，并且具有自成体系的环流系统和独特的水团结构，对大洋环流起重要作用，也是大洋底层水的主要源地。因此，通常将 40°S 以南（或从南半球亚热带辐合线明显处）至南极大陆之间的海域称为南大洋（或南极海域）。

海洋具有三大**环境梯度**（environmental gradient），即从赤道到两极的纬度梯度、从海面到深海海底的深度梯度以及从沿岸到开阔大洋的水平梯度，它们对海洋生物的生活、生产力时空分布等都有重要影响。纬度梯度主要表现为赤道向两极的太阳辐射强度逐渐减弱，季节差异逐渐增大，每日光照持续时间不同，从而直接影响光合作用的季节差异和不同纬度海区的温跃层模式。深度梯度主要由于光照只能透入海水的表层，其下方只有微弱的光或是无光世界。同时，温度也有明显的垂直变化，表层因太阳辐射而温度较高，底层温度很低且较恒定，压力也随深度而不断增加，有机食物在深层很稀少。在水平方向上，从沿海向外延伸到开阔大洋的梯度主要涉及深度、营养物含量和海水混合作用的变化，也包括其他环境因素（如温度、盐度）的波动呈现从沿岸向外洋减弱的变化。

二、海水某些物理特性的生态学意义

浩瀚的海洋孕育着各种各样与陆地很不同的生物，海水的一些性质为海洋生物提供良好的生存条件，其中海水的溶解性、透光性、流动性、浮力及缓冲性能等特性具有重要的生态学意义。

海洋植物（除岸边的高等植物外）不可能像陆地植物那样依靠根系从土壤中吸收养分，最主要的生产者是单细胞浮游植物，它们直接吸收溶解于海水中的各种养分。由于海水具有很强的溶

解性，浮游植物进行光合作用所必需的氮、磷等无机盐都以适合于浮游植物吸收的形式存在于海水中，便于浮游植物的直接吸收。同时，海水具有透光性，光线可以透入一定的深度，为浮游植物光合作用提供必需的光照条件。此外，海水中的 CO_2 和碳酸氢盐含量非常丰富。有了上述这些条件，生活于海洋表层的大量浮游植物就可以通过光合作用制造碳水化合物等有机物质。这些光合作用产物是所有海洋动物直接或间接的食物来源，是维持海洋生态系统正常运转的基本能源。

在海洋环境中，大量个体小、结构简单而脆弱的生物得以生存，这是由于海水浮力对这些生物有支撑、传送和保护作用，从而使它们可以有简单的繁殖过程和减少结构的复杂性（包括运动器官、骨骼或保护外壳）。在水环境中，个体小的生物是比较有利的，表面积/体积比率大可减慢下沉速度，并有利于从稀溶液中吸收各种有用的成分，个体小通常也能较快地繁殖。此外，海水的浮力也对大型藻类（如长达 20～30 m 的巨藻）和大型动物起支撑作用，海洋中有重达数十吨的巨型动物（如某些鲸类），这在陆地生态系统是不可能存在的。

相对于陆地来说，海洋环境是比较稳定的。由于海洋水体大，海水有较高的比热，加上混合作用，使得热量分布相对均匀，因而海洋的温差较小，温度变化也比较缓慢。此外，海水的组分稳定，缓冲性能好，即使有生物的活动，其 pH 也是相对稳定的。这些环境条件在相当大的距离内较为恒定，使得海洋生物可分布在很大的范围内。此外，由于海洋表面与大气接触，加上光合作用产生 O_2，所以表层 O_2 含量基本上是饱和的。高纬度表层海水冷却下沉并向低纬海底流动，就把含 O_2 量高的表层水带到底层，因而海洋的所有深度都有生物生存。

三、海洋环境的主要分区

尽管从总体来看，海洋是一个连续整体，但在海洋的不同区域，其环境要素仍有很大区别，不同生境栖息着不同种类的生物，没有一种生物能生活在海洋的一切环境中。

海洋分为水层部分和海底部分，前者指海洋的整个水体，后者指整个海底，它们各自又可分成不同的环境区域。海洋生物的主要生活方式也有两大类，即在水层中过漂浮或游泳生活的种类和栖息于海洋底部（底上或底内）的种类。图 2.1 是参考 Tait（1981）提出来的海洋主要分区。

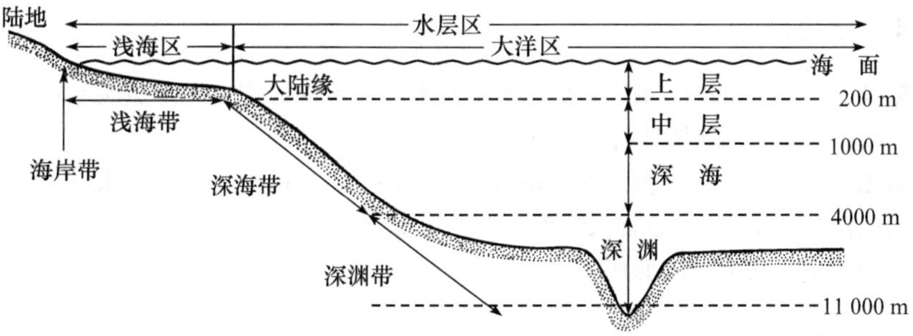

图 2.1 海洋环境主要分区示意图（引自 Tait，1981）

（一）水层部分（pelagic division）

在水平方向上分为**浅海区**（neritic province）和**大洋区**（oceanic province）。

1. 浅海区

大陆架上的水体，平均深度一般不超过200 m，宽度变化很大，平均约为80 km。本区由于受大陆影响，水文、物理、化学等要素相对来说是比较复杂多变的。

2. 大洋区

大陆缘以外的水体，这是海洋的主体，其理化环境条件比浅海区较为稳定。

大洋区的不同深度，其环境条件也有很大不同，从垂直方向看，把大洋水体分为以下几层。

（1）**上层**（epipelagic zone）：从海面至150～200 m深，这里不仅光照强度随深度增加而呈指数式下降，有的海区温度也有明显的昼夜和季节差异。很多海域温度出现所谓不连续面或温跃层。

（2）**中层**（mesopelagic zone）：从上层的下限至约800～1000 m深的水层，这里光线极为微弱或几乎没有光线透入，温度梯度不明显，且没有明显的季节变化，由于不能进行有效的光合作用，加之上方下沉的有机物不断分解，所以常出现氧最小值和硝酸盐、磷酸盐最大值的层次。

（3）**深海**（bathypelagic zone）：1000～4000 m深水层，这里除了生物发光以外，几乎是黑暗的环境，水温低而恒定，水压大。

（4）**深渊**（abyssopelagic zone）：超过4000 m的深海区，这里是又黑暗、又寒冷、压力最大、食物最少的世界。

（二）海底部分（benthic division）

海底可划分为大陆边缘和大洋底两大部分。具体包括以下几个方面。

1. 海岸带

包括**潮间带**（tidal zone）和高潮时浪花可溅到的岸线，是海洋与陆地之间一个狭窄的过渡带，潮间带交替地受到干露和海水淹没的影响。在低潮线以下约10～20 m深的海底称为**潮下带**（subtidal zone）。

2. 大陆架和大陆边缘

（1）**大陆架**（continental shelf）是从潮下带至大陆边缘的海底，地形较为平缓、坡度小，水深平均约200 m。大陆缘（陆架坡折）是其外界。

（2）**大陆坡**（continental slope）和**大陆隆**（continental rise）。大陆坡是大陆缘外坡度较大的海底，深度变化较大。大陆隆（也称大陆裙）是大陆坡下方缓缓趋向洋底的扇形地，水深约2000～5000 m，主要是由沉积物堆积的海底。

3. 大洋底

（1）**深海平原**（abyseal plain）。这是大洋海底的主体，平均水深3800 m。

（2）**洋中脊**（mid-oceanic ridges）。深海平原中贯穿世界大洋的绵长海底山脉，它们可向上延伸至水面以下2000 m左右（有时以洋中岛的形式露出水面）。洋中脊的轴部有断裂的中央裂谷，是海底扩张中心，常有火山活动。

（3）**深海沟**（abyseal trench）。最深处超过10 000 m。

四、海洋沉积物

海洋底部覆盖着各种来源和性质不同的物质，通过物理、化学和生物的沉积作用构成**海洋沉积物**（marine sediment）。

海洋沉积物按其来源可分为陆源沉积和远洋沉积两大类。

（一）大陆边缘沉积（陆源沉积）

大陆边缘沉积是经河流、风、冰川等作用从大陆或邻近岛屿携带入海的陆源碎屑。

1. 岸滨及陆架沉积

分布于潮间带和大陆架上的沉积物，大部分是已经分解的各种矿物，主要有石英、长石、黏土矿物，也包括一些生物遗体。其粒度组成变化很大，但以砂及泥为主。这部分海底沉积物由于受底部地貌形态以及海浪、潮汐和海流的影响，又可细分成很多类型：河口及三角洲沉积、海湾沉积、海峡沉积、火山沉积、造礁珊瑚沉积等。在一些沉积盆地，其沉积物类型多、厚度大，有机质含量较高。

2. 陆坡及陆裾沉积（半深海沉积）

分布于大陆斜坡及其陡坡下的平缓地带的沉积物，除局部以生物或火山物质为主外，绝大多数海区也是由陆源碎屑组成，包括各种类型的砂、粉砂、泥等。在热带和亚热带海洋中，还出现珊瑚沉积，它是由珊瑚的破坏产物（如珊瑚砾及其他石灰质生物残骸）组成。此外，还存在由流速很大的浊流所形成的浊流沉积，当浊流到达坡度平缓的海底（如大陆裾）时，将所带的泥沙大量沉积下来。浊流沉积的特点是分选性好、粒度较粗，往往含有一些浅海生物遗骸。

（二）远洋沉积（深海沉积）

1. 红黏土软泥

是从大陆带来的红色（褐色）黏土矿物以及部分火山物质在海底风化形成的沉积物。红黏土软泥沉积物主要分布在大洋的低生产力区，在太平洋洋底沉积物中约占一半面积，在大西洋、印度洋中各占1/4面积。北冰洋属冰川海洋沉积类型，主要是陆源性的黏土软泥沉积。黏土沉积物中有机质含量比较少。

2. 钙质软泥

主要由有孔虫类的抱球虫和浮游软体动物的翼足类以及异足类的介壳组成，分别称为抱球虫软泥和翼足类软泥。钙质软泥广泛分布于太平洋、大西洋和印度洋，覆盖世界洋底面积的47%左右（其中抱球虫软泥面积比翼足类软泥的大得多）。由于碳酸钙的溶解度随温度升高而下降，随压力增加而升高，所以钙质软泥一般分布在热带和亚热带、水深不超过4700 m的深海底，更深处为黏土或硅质软泥所取代。

3. 硅质软泥

主要由硅藻的细胞壁和放射虫骨针所组成的硅质沉积，分别称为硅藻软泥和放射虫软泥。前者在洋底的覆盖面积比后者大，但比上述钙质沉积物的面积小得多（图2.2）。

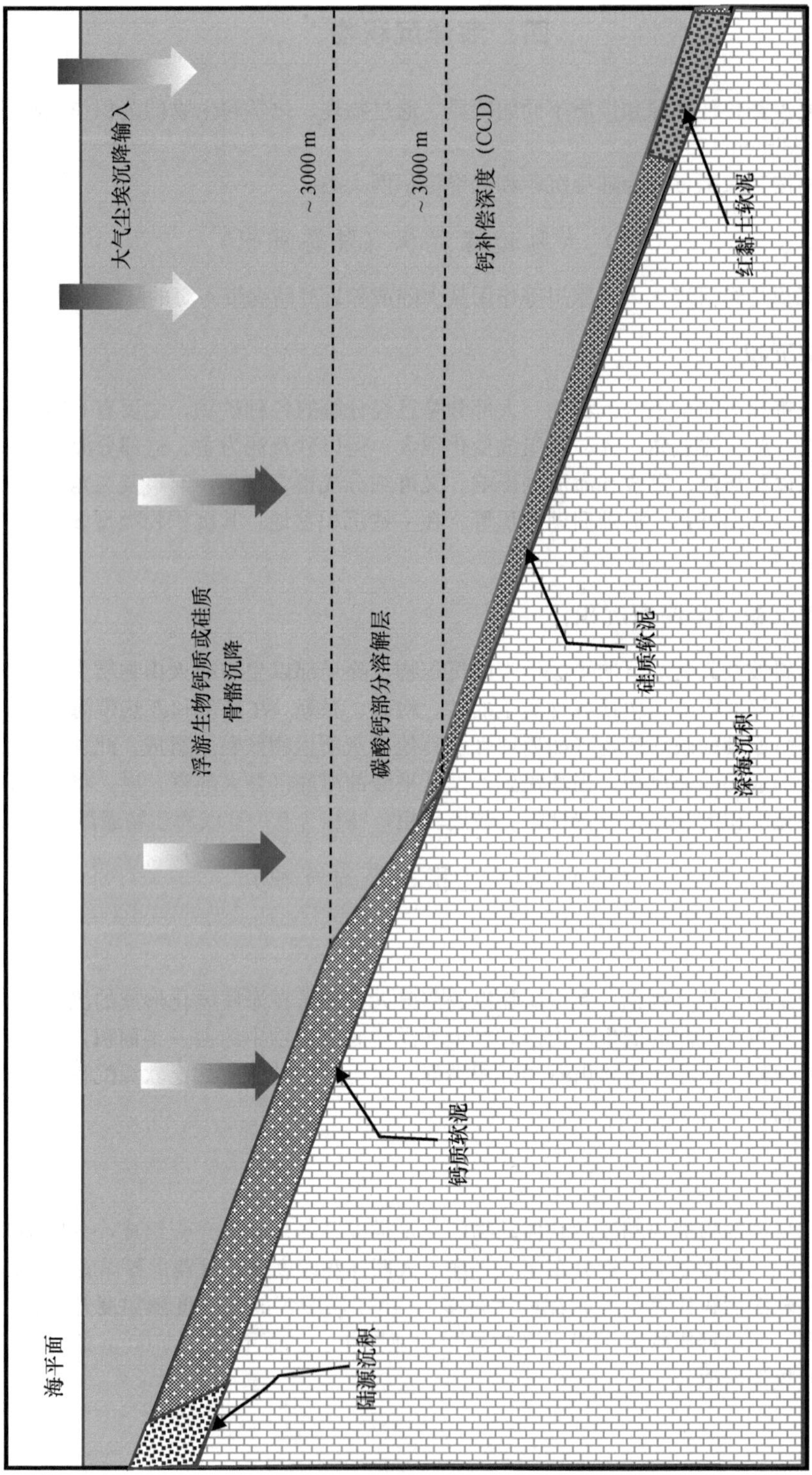

图 2.2　海洋沉积的主要类型及分布示意图

第二节 海洋浮游生物

已知的海洋生物大约有20多万种（估计其真实的种数比此高10倍），海洋生物根据其生活方式分为浮游生物、游泳生物和底栖生物三大生态类群。

一、浮游生物概述

浮游生物（plankton）是指在水流运动的作用下，被动地漂浮在水层中的生物群。它们的共同特点是缺乏发达的运动器官，运动能力弱或完全没有运动能力，只能随水流移动，具有多种多样适应浮游生活的结构。浮游生物一般个体都很小，多数种类必须借助显微镜或解剖镜才能看清楚它们的身体构造。这些生物隶属于不同的门类，因此，浮游生物这个名词主要指的是生态学上的意义（郑重等，1984）。

浮游生物虽然个体小，但是在海洋生态系统中占有非常重要的地位。它们的数量多、分布广，是海洋生产力的基础，也是海洋生态系统能量流动和物质循环的最主要环节。**浮游植物**（phytoplankton）光合作用的产物基本上要通过浮游动物这个环节才能被其他动物所利用。**浮游动物**（zooplankton）通过捕食影响或控制初级生产力，同时其种群动态变化又可能影响许多鱼类和其他动物资源群体的生物量。例如，飞马哲水蚤（*Calanus finmarchicus*）是北大西洋浮游动物功能群中的关键种，其无节幼体是许多经济鱼类（特别是鳕鱼）幼鱼的重要饵料，后期幼体和成体又是上层鱼类（特别是鲱科鱼类）的重要饵料。因此，了解控制优势桡足类种群动力学的物理生物学过程和影响其生殖和年补充量的物理因素和生物学因素间的相互关系，预测它们的种群动态以及对渔业资源的调控作用是当前海洋生态系统动力学研究的重点之一。中华哲水蚤（*C. sinicus*）是我国沿海最重要的浮游动物，它与渔场的渔获量有密切关系（徐兆礼，2006），因此是我国正在进行的海洋生态系统动力学研究中的重要内容（陈亚瞿和徐兆礼，2000；李少菁和陈钢，2000）。此外，有些浮游生物（如毛虾、海蜇）本身就是渔业对象。有的浮游生物可以作为判别水团、海流的**指示种**（indicator species），有助于了解海流和水团的移动，判断不同海流的交汇锋面，对探索一个海流余脉的分布有重要的作用。一些浮游生物尸骸沉积海底，这些沉积物对海洋地质及海底环境的研究有一定帮助。

由于采集浮游生物通常是用不同孔径的筛绢网进行的，或用采水器采集再经过不同孔径的过滤器收集，因此，按浮游生物的个体大小可分为以下几种类别。

（1）**微微型浮游生物**（picoplankton）：<2 μm。

（2）**微型浮游生物**（nanoplankton）：2～20 μm。

（3）**小型浮游生物**（microplankton）：20～200 μm。

（4）**中型浮游生物**（mesoplankton）：200～2000 μm。

（5）**大型浮游生物**（macroplankton）：2000 μm～20 mm。

（6）**巨型浮游生物**（megaplankton）：>20 mm。

根据上述按大小区分的类别，微微型浮游生物几乎全部是细菌浮游生物；微型浮游生物几乎全是微型的浮游植物和原生动物［有的将微微型和微型浮游生物中<5 μm的种类统称为**超微型浮游生物**（ultraplankton）］；小型浮游生物包括浮游植物和部分较大的原生动物及浮游动物的幼体；中型浮游生物基本是后生浮游动物，而大型和巨型浮游生物则几乎都是大型浮游动物。

由于粒径>200 μm的浮游生物主要是各类浮游动物，通常将它们单独划分为三个功能群。

（1）**小型浮游动物**（microzooplankton）：<500 μm的种类。

（2）**中型浮游动物**（mesozooplankton）：500～1000 μm 的种类。

（3）**大型浮游动物**（macrozooplankton）：>1000 μm 的种类。

应该说明，上述类别的大小范围是比较人为的划分，但是在研究海洋食物链能流时，按大小划分是有重要意义的，因为这种大小等级划分往往包含相应的摄食者—被食者的营养关系。

按浮游生活阶段在生活史中所占时期长短，浮游生物可分为以下三类。

（1）**终生浮游生物**（holoplankton）：大多数浮游生物属于这一类。

（2）**阶段性浮游生物**（meroplankton）：即在生活史的某一阶段（一般为幼体阶段）营浮游生活，成体则营底栖生活（或游泳生活），特别是在热带、亚热带沿岸浅海区常见。由于不同底栖动物的繁殖季节和浮游幼体期时间长短不一，因而在海洋表层各个季节都有底栖动物的浮游幼体，它们是浮游生物的重要组成部分。

（3）**暂时性浮游生物**（tychoplankton）：这类原非浮游生物，仅有时（如夜晚）短暂地离开底层营浮游生活，如涟虫类、糠虾类、等足类和介形类等底栖动物。

二、浮游植物主要类别

单细胞浮游植物是海洋生态系统最主要的自养生物，包括硅藻、甲藻、蓝藻、金藻、绿藻、黄藻等（图 2.3，其中 J～L 为浮游动物）。

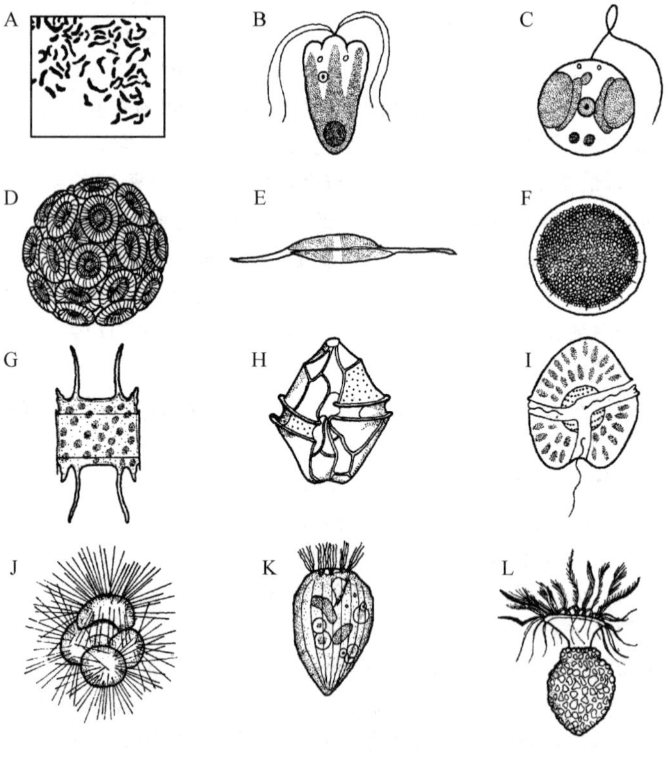

图 2.3 浮游生物的超微型、微型及小型代表（引自 Barnes and Hughes，1982）
A. 细菌；B、C. 鞭毛类；D. 颗石藻；E～G. 硅藻；
H、I. 甲藻；J. 有孔虫；K. 纤毛虫；L. 砂壳纤毛虫

1. 硅藻类

硅藻类（Diatom）是很重要的一类浮游植物，细胞具有硅质外壳（上、下壳），细胞较大（2～200 μm，个别可达 1000 μm），单个细胞或组成链状。硅藻广泛分布于世界各海洋，在温带和高纬度海区以及沿岸和上升流区最为丰富。硅藻通常进行简单的无性繁殖，分裂后母细胞下壳成为子细胞上壳，并各自重新形成一个略小的下壳。经过多次无性分裂后细胞逐渐变小至其临界值，这时可以通过有性繁殖产生复大孢子（auxospores），细胞重新恢复到原初大小（有性繁殖并非以细胞变小作为必要条件）。某些硅藻，特别是沿岸性种类在环境条件不利时会出现原生质收缩，并被一硬壳包裹，形成**休眠孢子**（resting spores）沉至海底，当有利的环境条件出现时再萌发成正常浮游细胞。

2. 甲藻类

甲藻类（Dinoflagellates）或称腰鞭毛藻，也是一类很重要的浮游植物。大多数甲藻细胞壁有原生质分泌的相当坚厚的表质膜，其上排列着若干纤维素壳板，壳板以横沟分成上、下壳，在细胞腹面有一条纵沟，2 条鞭毛分别环绕横沟和从纵沟伸向后端，如角藻（*Ceratium*）、膝沟藻（*Gonyaulax*）等。有的种类细胞裸露，无坚厚的表质膜和壳板（但仍有横沟和纵沟），如裸甲藻（*Gymnodinium*）。另有少数甲藻没有横沟和纵沟，细胞壁由左右两壳瓣组成，细胞前端生出 2 条鞭毛，如原甲藻（*Prorocentrum*）。甲藻通常通过简单的无性分裂形成两个等大的子细胞，这种繁殖方式可在环境条件有利时使种群迅速增长。在条件不利时可形成厚壁的休眠细胞（包囊期）沉入海底（可达数年），当环境改善时再萌发成游动细胞。有些甲藻也进行有性繁殖。甲藻过度繁殖时可形成甲藻赤潮，很多种类［如裸甲藻、亚历山大藻（*Alexandrium*）］含有甲藻毒素。

甲藻广泛分布于世界各海区，通常在夏、秋季硅藻水华衰退之后大量出现。由于甲藻多数能昼夜垂直移动，白天在表层进行光合作用，晚上向有较高营养盐含量的深处移动，因而在贫营养的热带、亚热带层化水域中数量丰富。

3. 金藻类

金藻类（Chrysophyta）在海洋中的种类较少，最重要的是球石藻类（coccolithophorids），细胞具 2 根鞭毛（生活史有无鞭毛期），多数个体小于 20 μm，细胞壁具钙化球石。球石藻分布较广，但多数生活于较温暖的海区，并且可适应较低的光照条件。有的种类在清澈的热带大洋区 100 m 左右深处有最大丰度。球石藻死亡后其石灰质壳沉入海底，形成生物性沉积物。金藻类中的等鞭金藻（*Isochrysis*）细胞壁不具石灰质小板，常被人工培养作为海洋经济动物幼体的饵料。

硅鞭藻（silicoflagellate）是另一类金藻，细胞内有硅质骨针（siliceous spicules），个体大小范围为 10～250 μm，通常出现在较寒冷的水域。

4. 原核自养生物

海洋中有一些细胞裸露和不具鞭毛的微细原核自养生物（photosynthetic prokaryotes）蓝细菌（*Cyanobacteria*）称为蓝绿藻（blue-green algae）或蓝绿菌（blue-green bacteria）。其中聚球菌（*Synechococcus*）是很重要的属，其个体很小（0.5～1.5 μm），数量很丰富，广泛分布于温带和热带大洋和沿岸透光层，甚至在南极海区也有发现（宁修仁，1997a）。还有一类原绿球藻（菌）（*Prochlorococcus*），其个体更小（粒径仅 0.6～0.8 μm），在大洋区和沿岸区均有出现，其数量也很丰富。对这些过去未被发现或忽略的极微细自养生物的生物量、生产力及能流特点的研究是当前海洋生态系统研究的重要前沿课题之一。

束毛藻属（*Trichodesmium*）是人们较熟悉的一类能进行固氮作用的原核生物或称固氮蓝细菌，细胞可相连成单条长藻丝，有时这些藻丝成群结团，直径可达数毫米。束毛藻最重要的生态特征是能利用溶解于海水中的气态氮（N_2），由于具有固氮能力，因而是氮营养盐缺乏的热带水域的重要自养生物。

三、浮游动物主要类别

浮游动物种类繁多，生态学上比较重要的有以下几类。

1. 原生动物

原生动物（Protists）是一类最小的、具有重要生态学意义的单细胞浮游动物，包括鞭毛类、有孔虫类和纤毛类原生动物。其中**腰鞭毛虫类**（dinoflagellates）包含完全异养和部分异养的种类（自养的种类已在前面“甲藻类”中介绍）。完全异养的种类主要摄食细菌或微细的硅藻及其他鞭毛虫和纤毛虫，多数种类仅几微米至几十微米。夜光虫（*Noctiluca scintillans*）是其最常见的大型种类（直径可达 1 mm 以上），常在近岸高度密集甚至形成赤潮。夜光虫摄食小型浮游动物（包括鱼卵），也摄食硅藻和其他浮游植物。

另一类称为动鞭类（zooflagellates）的鞭毛生物是不具叶绿素和其他植物色素的严格意义上的异养生物。虽然它们个体都很小（典型的仅 2～5 μm），但有很高的潜在增殖率，在适宜条件下能大量繁殖。

有孔虫类（Foraminifera）这类原生动物具有分室的钙质壳，伪足从壳孔伸出。大多数营底栖生活，浮游种类仅 40 种左右，个体大小从 30 μm 至几毫米。它们以伪足捕食，食物包括细菌、浮游植物或小型浮游动物，广泛分布于 40°N～40°S 的海区，通常生活在 1000 m 水柱中。有孔虫死亡后壳体下沉，大量沉积于海底，形成有孔虫软泥（foraminiferan ooze）。

纤毛虫类（Ciliates）的浮游种类是广泛分布于世界各海区、数量丰富的原生动物。纤毛是其运动和摄食胞器，以细菌、浮游植物和鞭毛虫为食。砂壳纤毛虫（Tintinnids）是其中最为重要的一类，种类数超过 1000 种。这类原生动物个体大小约为 20～640 μm，具有蛋白质组分的花瓶状外壳（由于这种外壳能降解，因此不会堆积在沉积物中），主要摄食浮游硅藻和鞭毛藻。

2. 浮游甲壳动物

桡足类（Copepoda）是浮游甲壳动物（crustacean plankton）的最主要类别（图 2.4A），其中完全营浮游生活的哲水蚤目（Calanoida）有 1800 种左右，广泛分布于各类海区，通常占网采浮游动物的 70%以上，体长很少超过 6 mm。很多种类以浮游植物（特别是硅藻）为生，肉食性种类摄食各种小型浮游动物，也有杂食性种类。雌雄异体，受精卵孵化后经无节幼体、桡足幼体期（共 12 次蜕皮）才成为成体。桡足类中的剑水蚤目（Cyclopoida）的触角和后体部的分节与哲水蚤略有不同，种类也超过 1000 种，主要生活在底栖藻类和沉积物中，浮游种类仅 250 种左右。猛水蚤目（Harpacticoida）多为小型种类（体长<1 mm），主要是沿岸底栖种类，仅少数营完全的浮游生活。

磷虾类（Euphaussids）是海洋高等浮游甲壳动物，体长多数为 15～20 mm，大的种类可达 60～80 mm。外形类似小虾，但具有指状足鳃（podobranchia）和发光器（phrophore），胸肢完全相似，没有分化为颚足（图 2.4B）。磷虾分布很广，是北太平洋和北大西洋以及南极海区的重要浮游动物。这种动物属杂食性种类，摄食浮游植物、小型浮游动物和碎屑，其本身是鱼类和须鲸类的主要食物。南极磷虾（*Euphausia superba*）数量非常丰富，是其他较大型动物的食物，也是很有前景的商业开发对象。

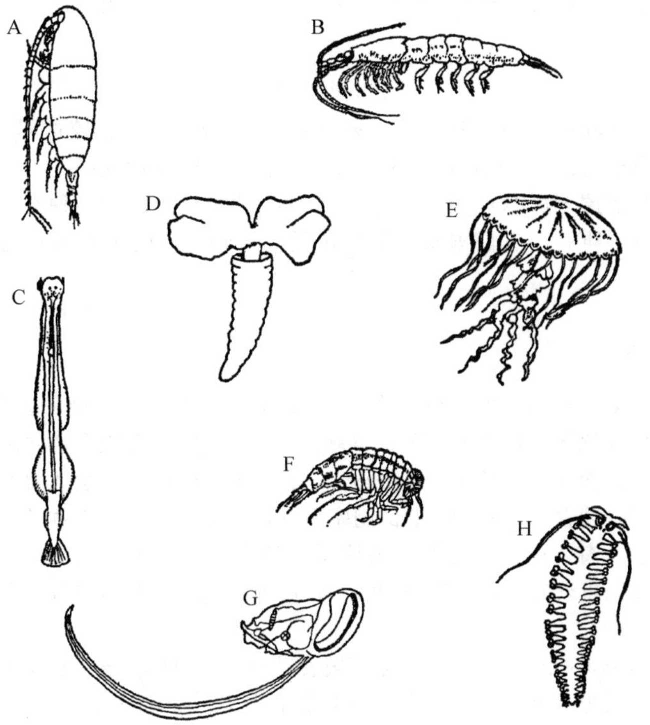

图 2.4　大型及巨型浮游生物的代表（引自 Barnes and Hughes，1982）
A. 桡足类；B. 磷虾；C. 毛颚动物；D. 翼足类；E. 水母；F. 蛾类；G. 有尾类；H. 多毛类

端足类（Amphipods）中的蛾亚目（Hyperiidea）是真正营浮游生活的种类。其主要特征是身体两侧扁平、分节明显、没有背甲、复眼发达（图 2.4F）。它们常以其他浮游甲壳类、幼鱼及腔肠动物为食，而本身则是鱼类的食物。有些端足类常与胶质浮游动物（如水母）营共生（或拟寄生）生活，有的种类可作为水团、海流的指标种。

樱虾类（Sergestidae）体形也与普通虾类相似，分头胸部（背甲覆盖）和腹部。樱虾类种类不多，但数量大，也是鱼类的食物对象，有的种类（如毛虾）是捕捞对象。

其他浮游甲壳类还有枝角类（Cladocera）、介形类（Ostracoda）、糠虾类（Mysids）、涟虫类（Cumacea）、等足类（Isopoda）中的一些浮游种类。

3. 水母类和栉水母类

水母类（Medusae）是重要的肉食性浮游动物。其种类多、数量大，广泛分布于大洋和沿岸区。水母身体柔软、透明，含有大量水分，具有触手（tentacles）和独特的刺胞（nematocyst）用于捕食各种浮游动物。多数水母类生活史中具有无性底栖阶段，即水螅（无性世代）和浮游的水母型（有性世代）的世代交替。多数水母个体大小为数毫米，最大的北极霞水母（*Cyanea capillata*）其伞径为 300～500 mm，最大的可达 2 m 左右。有些水母是渔业捕捞对象（如海蜇），还有的水母可作为海流指标种（图 2.4E）。

栉水母类（Ctenophores）身体也是柔软透明的，但没有刺细胞（除个别种外）和世代交替，具有栉板（活动器官）和黏胞（用于捕食），因此分类上另立一门。有的栉水母［如侧腕水母（*Pleurobrachia*）］身体两侧有细长触手，有的种类［如瓜水母（*Beroë*）］没有触手，用宽大的口吞咽食物。栉水母基本上都为肉食性，摄食小型浮游动物、贝类虾类幼体和鱼卵、仔鱼等。

4. 毛颚类

毛颚类（Chaetognatha）又称**箭虫**（arrow worms），身体长形、较透明，体长不超过 4 cm，前端具有颚刺（捕食器官），全部海生（图 2.4C）。毛颚类虽然种类不多，但其分布很广（从寒带海区至热带海区，从表层至深海），而且数量大。这类动物也是肉食性种类，主要捕食桡足类和其他浮游动物以及仔、稚鱼。它们本身是很多鱼类的食物，有的种类可作为海流、水团的指示生物。

5. 被囊动物有尾类

有尾类（Sppendicularians）也称**幼形类**（Larvaceans），是一类小型、透明的浮游动物，身体分为体部和尾部，尾部比体部长得多（图 2.4G）。其显著特征是有胶质"住屋"（mucoid house），体部通常仅数毫米长，而住屋可长达 5～40 mm。尾部运动产生水流引入食物（微型浮游生物和细菌）至口部。由于过滤食物过程中引起的阻塞和住屋膨胀，因而经常抛弃旧住屋，分泌新住屋（可在几分钟内完成），海水中这种被抛弃的住屋数量很大，可达 1000 个/m^3，是形成海雪的基础。有尾类生长快速，世代时间短（1～3 周），分布于各海区，在沿岸和大陆架水域最多，密度可达 1000 个/m^3。

海樽类（Thaliacea，salps）是另一类浮游被囊动物，其身体具透明的胶质囊，呈酒桶状，两端是进、出水孔，生活史有世代交替现象。其食物粒径约 1 μm～1 mm，包括浮游植物和细菌。由于这类动物经常密集分布，并且有很高的摄食率（可比桡足类的清滤率高数百倍），对食物的大量消耗可导致周围海水中的微小生物密度大为降低。海樽类（如纽鳃樽、火体虫及海樽等）是热带外海区浮游动物的重要成员。

6. 其他浮游动物

翼足类（Pteropoda）和**异足类**（Heteropoda）是终生营浮游生活的软体动物，其外壳退化或缺失以适应浮游生活，多生活在海洋表层。**轮虫类**（Rotatoria）在海洋中的种类较少，主要分布在沿岸低盐海区。

四、漂 浮 生 物

漂浮生物（neuston）特指那些生活在海水最表层中和表面膜上的一类生物（图 2.5），又称海洋水表生物。

漂浮生物包括**水漂生物**（pleuston）、**表上漂浮生物**（epineuston）和**表下漂浮生物**（hyponeuston）三种类型，分别生活于海气界面、海水表面膜上和表层 5 cm 内的海水中，由单细胞藻类、腔肠动物、软体动物、甲壳动物等门类中的一些成员组成。对漂浮生活具有独特的适应机制，如僧帽水母有充满气体的浮囊体；海蜗牛可捕捉气泡；海神鳃能吞入空气，在胃中形成气泡；船蛸具轻薄如纸的贝壳，壳内腔可保持气体等。海蝇等表上漂浮生物则受海水表面张力的支持，能有效地控制自己在海表面上运动。这类生物自 20 世纪 60 年代以来已被列为专门的生态类别进行较为系统的研究（如对离开固着生活而继续生长的漂浮马尾藻叶片上的各种藻类和动物组成的水漂马尾藻生物群落研究）。

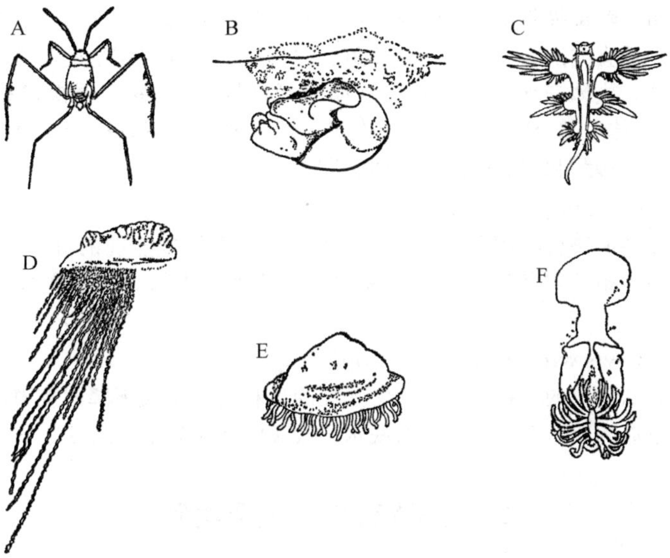

图 2.5　漂浮动物的代表（引自 Barnes and Hughes，1982）
A. 海蝇；B. 海蜗牛；C. 海神鳃；D. 僧帽水母；E. 帆水母；F. 茗荷

第三节　游泳生物

一、概　　述

游泳生物（自游生物）（Nekton，Necton）是具有发达的运动器官、游泳能力很强的一类大型动物，包括海洋鱼类、哺乳类（鲸、海豚、海豹、海牛）、爬行类（海蛇、海龟）、海鸟以及某些软体动物（乌贼）和一些虾类等。从种类和数量上看，鱼类是最重要的游泳生物。游泳生物大部分是肉食性种类，草食性和碎屑食性的种类较少，很多种类是海洋生态系统中的高级消费者。

游泳动物需要在很大空间内寻找食物，同时在静止时也需要克服重力的影响，因此是水层物种中能量需求量最大的种类。

游泳动物在水中运动时，必然要克服水介质对其身体的阻力，它们在体型上通常都具有鱼雷形（流线型）的身体，这种体形在运动时遇到的阻力最小。一些海洋哺乳类身上的毛消失或变短、乳腺扁平，都有减少运动阻力的作用。这是动物在进化的历史过程中适应环境的结果。

游泳动物停止运动时为了保持身体的漂浮状态，必须具备某些浮力适应机制，大部分鱼类具气鳔，其体积约占身体体积的 5%～10%，它们能调节气鳔内的气体含量，从而使身体得以保持悬浮在一定的水层里。进行空气呼吸的游泳动物，具备肺这种充气腔，有助于保持浮力。有的鱼类（如鲨鱼）是在体内增加脂类物质，这些比海水轻的物质可沉积在肌肉、内部器官和体腔等部位。例如，鲨鱼的脂类物质主要贮存在肝脏，而海洋哺乳动物的脂类物质通常是贮藏在皮下（脂肪层），不仅可增加浮力，还可减少身体热量散失。

很多海洋游泳动物有周期性的**洄游**（migration）习性，鱼类洄游通常包括下述三种类型，它们往往代表游泳动物生命过程中的三个主要环节，或性成熟后生活周期的三个主要阶段。

1）*产卵洄游*（spawning migration）

产卵季节前集群游向产卵场的洄游。根据产卵场的不同又分为：①由外海向近岸浅海的洄游，如我国的小黄鱼、鲐鱼等每年春季洄游到黄海北部和渤海湾内产卵；②溯河洄游，由大海游向河口并溯河而上到适宜的产卵场产卵，如鲑鱼、鲟鱼等都有溯河洄游的习性，随后幼体洄游到海洋继续成长至成体，成体产卵后有的死亡（如太平洋鲑），有的可再次进行洄游（如大西洋鲑）；③降海洄游，成体大部分时间在淡水中度过，性成熟后向河口移动，聚集成群游向深海产卵，然后死去，如美洲鳗鲡和欧洲鳗鲡的产卵洄游。

2）索饵洄游（feeding migration）

为寻找或追逐食料所进行的洄游，在产卵后的亲体群和性成熟前的群体中表现得较为明显。例如，鲸在温带水域生殖，越冬后夏季游向南大洋或北冰洋索饵。太平洋金枪鱼也有索饵洄游习性。

3）越冬洄游（overwintering migration）

主要是暖水性游泳动物的一种习性，通常是在晚秋和初冬水温下降时集群游至适于过冬的海区，如我国黄海、渤海的小黄鱼总是游向海底水温较高的济州岛附近越冬。

二、游泳动物的主要类别

游泳动物的主要代表类别见图 2.6，其中鱼类是海洋中最主要的游泳动物。

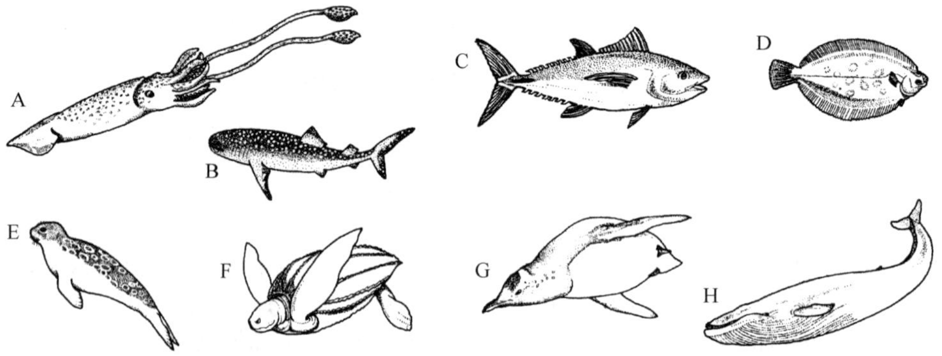

图 2.6 游泳动物的代表（引自 Barnes and Hughes，1982）
A. 乌贼；B. 鲨鱼；C. 金枪鱼；D. 鲆；E. 海豹；F. 海龟；G. 企鹅；H. 鲸

1. 鱼类

鱼类是海洋中最重要的游泳动物，在分类上包括以下三个纲。

1）圆口纲（Cyclostomata）

属最古老种类，如七鳃鳗和盲鳗，口部为吸盘环绕，体壁类似鳗鲡，无鳞片。七鳃鳗是寄生性种类，用吸盘吸附在其他鱼类体上进行摄食。圆口纲现存 50 种左右，有的能生活在淡水中。

2）软骨鱼纲（Chondrichthyes）

软骨鱼类也称板鳃鱼类，其特征是软骨，无骨鳞，如鲨、鳐和魟，现存大约 300 种。鲨鱼是其中最重要的类群，多为捕食性，不过，鲨鱼中个体最大的姥鲨（*Cetorhinus maximus*）和鲸鲨（*Rhincodon typhus*）却是食浮游生物的种类（用特化的鳃耙过滤浮游生物），其长度分别可达 14 m 和 20 m 左右。鳐身体侧扁，多生活在底层，捕食底栖动物，其中的大型种类蝠鲼是食浮游生物的。

鲨和鳐通常行体内受精，只产生少量的大型卵，大多数的鲨鱼和所有的魟产出的是幼鱼；鳐产的卵则有保护袋（黏附在基质上），几周或几个月后才孵出幼体。这种繁殖方式的特点是生殖率低，但后代的成活率高。

3）硬骨鱼纲（Osteichthyes）

硬骨鱼类具有硬骨骼，现存海洋鱼类多属这一纲，约有 2 万多种。硬骨鱼类的食性包括食浮游生物者和食鱼者，前者如鲱鱼、沙丁鱼和鳀鱼，体型较小，由于处在较低的营养级，所以产量很高。大型鱼类（如鳕鱼）幼体可摄食浮游生物，成体则捕食其他鱼类。大型的大洋鱼类（如金枪鱼和鲹科鱼类）则属食鱼的种类。一些底栖鱼类（如舌鳎）只摄食底栖生物（蛤、蠕虫和甲壳类），另一些底栖鱼类（如鲽、鲆）则摄食小鱼。珊瑚礁鱼类比较特殊，适应于摄食珊瑚虫和珊瑚礁等其他生物。

生活于海洋中层（300～1000 m）的鱼类有 1000 多种，其中大多数种类个体较小（25～70 mm），其中有 300 多种巨口鱼类，具典型的大颚，上有很多尖齿，捕食浮游动物、乌贼和其他鱼类。很多种类的消化器官伸缩性很强，可容纳大型猎物。另一类是灯笼鱼，有 200～250 种。以上两种鱼类都具有发光器，有共生的发光细菌，发出的光作为诱饵、寻找猎物或配偶用。

深海（超过 1000 m 深）鱼类较少，其中主要是鮟鱇鱼类，同样有发光器，有些鮟鱇鱼的雄体附着在雌体上。由于深海生物数量稀少，这类“雌雄同体”有利于繁殖后代。

绝大多数硬骨鱼类是体外受精，并产生很多浮游性卵，幼体构成季节性浮游生物。

2. 其他游泳动物

1）甲壳类

绝大部分商业性捕捞的甲壳类是底栖的虾、蟹。南极磷虾（*Euphausia superba*）游泳能力相对较强，所以有时候也将它归入营游泳生活的甲壳类，估计其潜在年渔获量至少为 2500 万～3000 万 t，目前仅少量捕捞。另一种太平洋磷虾（*Euphausia pacifica*）集群性很强，也被捕捞，日本每年约捕捞 6 万 t。

2）头足类

鱿鱼是最重要的头足类游泳动物，占头足类总捕捞量的 70%，而且人们认为还有捕捞潜力，不过对它的生物学和生态学了解还不多。乌贼也是主要的头足类，其食量很大，可以大量捕食各种动物，据说其深海种类的个体可能是最大型的无脊椎动物。有些国家曾使用大型流网捕捞乌贼，1989 年日本、朝鲜和中国台湾在太平洋的渔获量达 30 万 t，但是这种作业非选择性地将其他一些鱼类、哺乳类、鸟类等也一并捕杀，现已被禁止。

3）海洋爬行类

海洋爬行类包括海龟、海蛇、蜥蜴等。海龟有 8 种，通常生活在热带海域，有的在外海捕食水母或鱼类，有的摄食浅水的海草，但都要回到海岸沙滩筑巢产卵。这些卵有相当部分被天敌捕食和人类采收，孵出的幼龟在返回海洋途中也可能被鸟类、蟹类捕食，因此海龟已成为一种濒危种类。海蛇有 60 种左右，生活在印度洋和太平洋的温暖浅水区。海蛇有毒牙喷出毒液以杀死小鱼或乌贼作为食物。海蛇的蛇毒有重要的潜在药用价值。

4）海洋哺乳类

海洋哺乳类有 3 个目。

（1）鲸目。鲸目约有 30 多种，包括鲸和海豚，其中有的种类体长可达 30 m，是迄今生活的最大型动物。鲸类中的须鲸亚目多数有鲸须（或鲸骨特化的角质板）来滤食浮游动物；不过，有的种类也能捕食较大型的鱼类或吮食底栖动物。一些大型须鲸（如灰鲸、座头鲸）冬季在热带海域产仔（温度较高，子代生长快），夏季游向极地摄食（冷水环境中的夏季食物丰度大大超过热带海区）。齿鲸亚目则没有鲸须，但有牙齿，包括除须鲸外的其余鲸类、海豚和小型齿鲸。齿鲸类是凶猛性捕食者，其中的虎鲸甚至可捕食其他海洋哺乳动物。

鲸类每年消耗的食物量是很惊人的，有的海区（如乔治滩）每年鲸类消耗的食物大大超过商业渔获量，南极须鲸在商业性大量捕杀使种群下降之前，每年捕食的磷虾数量竟相当于人类全部渔获量的2倍。

(2) 鳍足目。包括海豹、海狮和海象，鳍足目与鲸目不同，是在陆地（或浮冰上）集群产仔和休息，大多数分布在南北极海域。

(3) 海牛目。海牛最大的特点是摄食大型水生植物，所以分布于近岸浅水区和河口湾。海牛也因被人类捕杀而数量大减，其中斯特勒海牛（*Hydrodamalis gigas*）已于1768年灭绝。

5) 海鸟

海鸟（与海洋爬行类和哺乳动物一样）也是由陆地种类演化而来，目前大约有260～285种，它们在海上生活、觅食，但却在陆地筑巢产卵。海鸟演化出很多捕食不同类型猎物的适应方法，主要反映在嘴和翅膀的结构上，以适应分别捕食表层及较深处的浮游动物、鱼类和其他动物。虽然海鸟分布于世界各海域，但主要群体集中于高生产力海区。南极企鹅是最重要的种类之一，估计有数百万只，那里有极为丰富的磷虾、鱼类等食物，南美西部海岸上升流高产区也是最著名的海鸟集居处。

很多海鸟有随海洋季节周期而经历迁徙的行为习性，而且其种类和数量也随食物丰歉而波动（秘鲁上升流区是最为典型的例子）。

第四节 底 栖 生 物

底栖生物（benthos）是由生活在海洋基底表面或沉积物中的各种生物所组成。海洋底栖生物种类繁多，它的群落有多种生产者、消费者和分解者。底栖植物只能生活在有光照的近岸区。通过底栖生物的营养关系，水层沉降的有机碎屑得以充分利用，并且促进营养物质的分解，在海洋生态系统的能量流动和物质循环中起很重要的作用。此外，很多底栖生物也是人类可直接利用的海洋生物资源。

由于底栖生境十分多样化，因此底栖生物是一个很大的生态类群，其种类组成和生活方式都比浮游生物和游泳生物复杂。

一、底栖生物的主要类别

1. 底栖植物

底栖植物有单细胞底栖藻类、海藻和维管植物（表2.1，图2.7）。

表2.1 底栖植物主要类别

单细胞植物	蓝藻细菌（蓝绿藻） 硅藻类（羽纹硅藻） 甲藻类
海藻	绿藻类（如石莼、浒苔、仙掌藻） 褐藻类（如海带、巨藻、墨角藻、马尾藻等） 红藻类（如紫菜、石花菜、江蓠等）
维管植物	双子叶植物（如红树、秋茄、木榄、桐花树等） 单子叶植物（如大叶藻、喜盐草、大米草等）

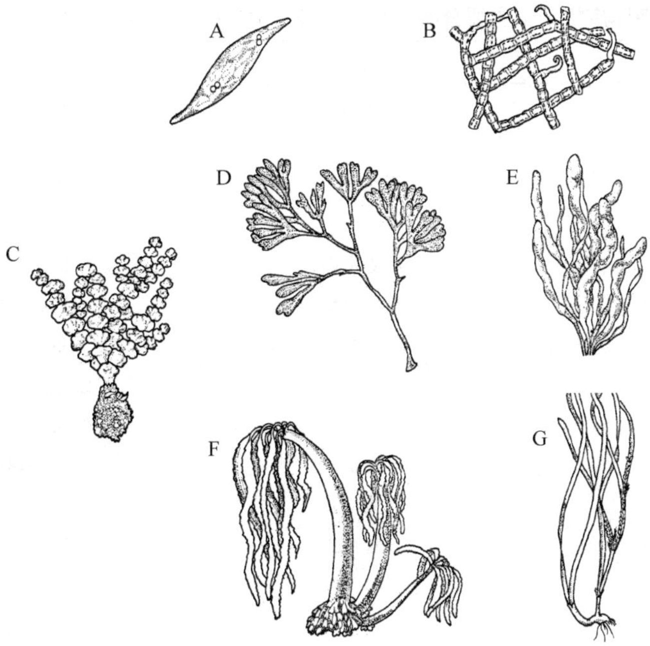

图 2.7 底栖植物的代表（引自 Barnes and Hughes，1982）
A. 底栖硅藻；B. 丛状藻类；C. 珊瑚藻；D. 墨角藻；
E. 浒苔；F. 大型海藻 *Postelsia*；G. 海草

单细胞藻类生活在砂粒、泥滩或其他基底（如大型藻类叶片）的表面。它们的数量很大，是浅水区初级生产者的重要成员。甲藻有营自由生活的，也有与珊瑚虫共生的。微型蓝藻细菌在某些海区可年复一年地生长，形成岩石状的礁藻，与碳酸钙沉积形成连续的堆积层，每年沉积速率约为 0.5 mm。

最常见的大型海藻是生活在浅水区的绿藻，稍深处褐藻占优势，其中特别重要的是生活在温带海区硬质底上的巨藻，它们可形成大片的水下森林。红藻多生活在潮下带。海藻这种垂直分布格式与其含有不同色素对不同波长光的吸收与反射特性有关。不过，在潮间带也常见几种海藻混杂生活在同一层次，因此，海藻的分布也与环境（如波浪、干露影响）和动物的选择性摄食有关。海藻对分布的变化有生理适应性，例如，生活在浅水处的红藻具有大量类胡萝卜素，甚至使藻体呈褐色，这些色素的作用很可能是阻挡太强的蓝光。

红树是生活在热带、亚热带潮间带的双子叶被子植物，它们从潮间带向陆地方向延伸，依次生长着不同的种类。河口盐沼则以大米草这类盐沼植物占优势，红树植物与盐沼植物都属半陆生性质的植物。大叶藻这类海草则多集中于潮间带的下部和潮下带，是完全海生的，只有少数几个种分布到整个潮间带。

底栖单细胞植物和大型藻类都可以被海洋动物直接摄食，但大型藻类、沼泽植物和海草多形成大量的碎屑，被食碎屑的动物所利用。

2. 底栖动物

底栖动物包括各大分类单元（门、纲）的代表（表 2.2，图 2.8）。

表 2.2 海洋底栖动物主要分类类群和代表种类（引自 Lalli and Parsons，1997）

门	亚类群	普通名称/代表种
原生动物	有孔虫	有孔虫
	衣笠虫	—
	纤毛亚门	纤毛虫
海绵动物		海绵
有刺胞动物	水螅虫纲	水螅虫
（原名：腔肠动物）	珊瑚虫纲	海葵，珊瑚
扁形动物	涡虫纲	涡虫
线虫动物		线虫
纽形动物		纽虫
环节动物	多毛纲	多毛类蠕虫
	须腕动物	须蠕虫
	长管艳虫	长管艳虫（一种蠕虫）
星虫		星虫（花生蠕虫）
螠虫		螠虫（匙蠕虫）
半索动物	肠鳃纲	橡果蠕虫
软体动物	腹足纲	蜗牛，裸鳃海牛
	瓣鳃纲	蛤类，贻贝
	多板纲	石鳖
	无板纲	无板动物
	掘足纲	角贝
	头足纲	章鱼
棘皮动物	海星纲	海星
	蛇尾纲	海蛇尾
	海胆纲	海胆，沙钱
	海参纲	海参
	海百合纲	锯羽枝，海百合
外肛动物		苔藓虫（地衣动物）
腕足动物		腕足动物
节肢动物（甲壳钢）		
	介形亚纲	介形虫
	桡足亚纲	剑水蚤，猛水蚤
	异足目	异足虫
	等足目	等足虫
	端足目	钩虾
	蔓足目	藤壶
	十足目	蟹，龙虾，虾
脊索动物	海鞘纲	海鞘，海喷虫

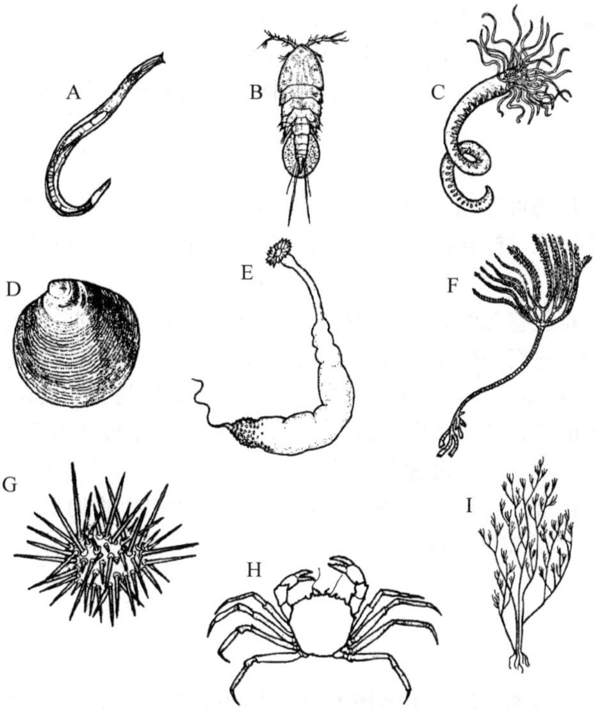

图 2.8 底栖动物的代表（一）（引自 Barnes and Hughes，1982）
A. 线虫；B. 猛水蚤类；C. 多毛类；D. 双壳类；E. 星虫类；
F. 柄海百合类；G. 海胆；H. 蟹类；I. 苔藓虫

底栖动物中有的门类种类、数量很多，例如，软体动物有 5 万种，其中的瓣鳃类（双壳类）就有 1.5 万种，甲壳类已发现的有 3 万～4 万种，其他如环节动物（多毛类）、棘皮动物等都是很重要的底栖动物。统称蠕虫的一类底栖动物（线虫、扁形动物、星虫、螠虫等）的数量也很大，例如，海洋线虫至少有 4000 多种，在有的海区每平方米海底淤泥中竟有 450 万条小型底栖线虫。

二、根据底栖生物与底质关系划分的生态类群

由于水底本身的物理性质，如岩石、砾石、沙滩、泥滩的区别，以及水底环境，特别是沿岸浅水海域光线、温度、波浪、潮汐、水流等理化因素的千变万化，促使生活在其间的有机体在形态构造、生活习性上的复杂变化。根据底栖生物与底质的关系，可以区分为底表、底内和底游三种生活类型。

1. 底表生活型

底表生活型包括在各种底质上部营固着、附着和底表移动等生态类群。

1） 固着生物

固着生物包括固定在基物上营固着生活的植物和动物。它们自孢子或幼体固着变态后，终生不再移动。固着动物包括几乎全部海绵动物、苔藓动物和大部分腔肠动物及其他门类的一些动物。

固着动物由于它们固着不动的生活方式，所以它们营被动的摄食方式，主要依靠海水流动带来的食物供给它们的营养；同时，它们的卵和幼虫也是依靠海流的携带而扩大它们的分布区域。

因此，这类生物的分布和生活与水流有密切关系，往往在流速大的海区种数和密度都较大。例如，藤壶的幼体就有迎着水流附着而在静水中不附着的习性。

固着动物由于它们这种不活动的生活方式，引起了它们在形态上、生理上和生态上的一系列变化和适应。

2） 附着生物

这类生物附着生长后仍可移动。例如，贻贝、扇贝、珠母贝等常以发达的足丝附着在基底上，附着的贝类可以把旧足丝放弃稍作移动，再分泌新的足丝固着在新的环境。

3） 匍匐动物

指栖居于水底表面稍能移动的动物。包括大部分腹足类软体动物、海星类、海胆类、一些蛇尾类和双壳类软体动物。它们一般都具有宽大基部和扁平的体型，以便在海底上保持平衡状态。

污损生物（fouling organisms）过去也称周丛生物、固着生物或附着生物，系指附着在船底、浮标和一切人工设施上的动、植物和微生物的总称。污损生物是包括以固着生物为主体的复杂群落，其种类繁多，包括细菌、附着硅藻和许多大型的藻类以及自原生动物至脊椎动物的多种门类。据统计，世界海洋污损生物约2000种，我国沿海主要污损生物约200种，其中危害性最大的有藤壶、牡蛎、贻贝、盘管虫等种类。

2. 底内生活型

1） 管栖动物

这类动物主要包括一些能分泌管子埋栖于沙泥中的种类。如有的沙蚕生活在“U”形革质管内，管外壁黏附沙粒和壳片，绝大部分埋入泥沙中，管的两端有开口，虫体终生栖居管中，身体中段疣足的腹肢变为腹吸盘吸住管壁，背肢变为扇状体（或称鼓动器），可鼓动管内的水流动。这些变异是对管栖生活适应的结果。

2） 埋栖动物（底埋动物）

栖息于泥沙中的一类动物，也包括挖洞穴居的动物，有多毛类环节动物、双壳类软体动物、部分甲壳动物、棘皮动物（海蛇尾）和部分脊索动物（柱头虫、文昌鱼）等（图 2.9）。

3） 钻蚀生物（或钻孔生物）

有些海洋生物具有特殊的机能，可以通过机械的或化学的方式钻蚀坚硬的岩石或木材等物体，它们生活在自己所钻蚀的管道中，所以称为钻蚀生物。按照钻蚀物体的性质，又可分为两类：

（1）凿石类钻蚀生物。这类生物包括微小的藻类，乃至 10 cm 左右的动物（如海笋 *Pholas*）。它们分布极广，通常钻蚀比较松软的岩石或贝壳（紫菜在其生活史上的果孢子阶段，就是钻蚀在贝壳上的）；但个别种类（如某些软体动物和海胆），甚至可以钻蚀坚硬的花岗岩。

（2）钻木类钻蚀生物。这类生物包括一些等足类甲壳动物和双壳类软体动物，其中最有名的是双壳类软体动物中的船蛆科（Teredinide）；另一类凿木动物是等足类的蛀木水虱（*Limnoria lignorum*）和光背团水虱（*Sphaeroma retroavis*），前者是世界性广分布种，后者局限在暖海。

3. 底游生活型

这是一类经常在水底游动的动物，它们具有较发达的运动器官（如附肢），具有一定的游泳能力。这类动物主要是水底生活的甲壳动物（蟹类、虾类和口足目等）和某些鱼类。水底游动动物有各种各样的运动方法，甲壳动物在游泳时是利用胸肢（蟹类）或腹肢（虾类），这些附肢的动作和普通划桨相似，双壳类软体动物中的扇贝利用反射原理活动，它们把水从经常活动着的壳瓣下射出而移动。

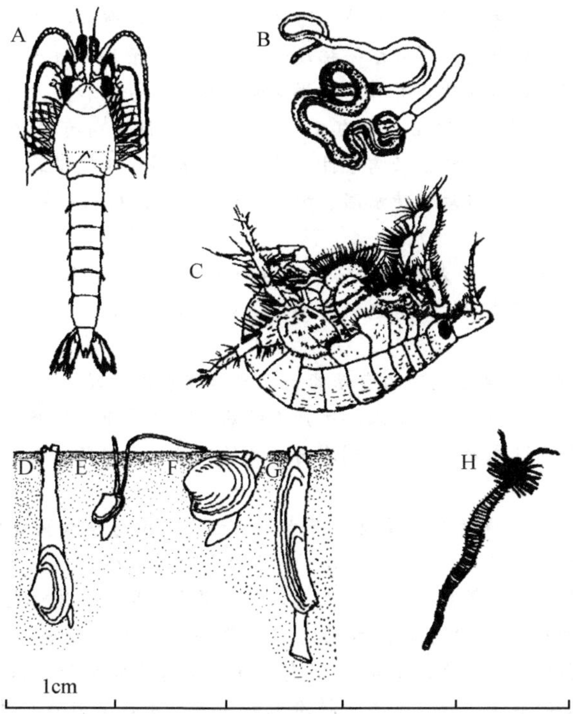

图 2.9　底栖动物的代表（二）（引自 Parsons et al.，1984）

A. 糠虾 *Heteromysis*；B. 半索动物 *Saccoglossus*；C. 端足类 *Bathyporeia*；
D～G. 软体动物 *Mya*、*Tellina*、*Mercenaria* 和 *Ensis*；H. 多毛类 *Dodecaceria*

以上的生活类型说明，大部分底栖动物活动范围很小，有的甚至固着不动。但是，它们也以不同方式发展着一些防御捕食者的适应机制。例如，藤壶、牡蛎、蛤类、螺类等很多种类坚固的石灰质外壳，海胆尖利的棘刺以及腔肠动物的刺胞，都有防御捕食者的作用。那些营底埋生活方式的种类，利用了沉积物的隐蔽作用，管栖沙蚕还具有革质管，钻蚀种类以钻蚀对象（木头、岩石）保护自己，天敌很难侵害它们。

三、根据个体大小划分的底栖类群

如同浮游生物一样，底栖生物按大小划分的类群在底栖系统的能流、物流研究中也有很重要的生态学意义（虽然国际上对它们的划分尚无统一规定）。在底栖动物的调查中常用不同筛网（几何级数系列）将收集的生物划分为以下三类。

（1）**微型底栖生物**（microbenthos）：可通过 0.05 mm 筛网的种类，包括细菌、微型藻类（滨海带）、原生动物。

（2）**小型底栖生物**（meiobenthos）：可被 0.05～0.5 mm 筛网截留的种类，包括原生动物（特别是有孔虫）以及线虫、介形类、涡虫类、腹毛类、猛水蚤类和端足类等多种类别，也包含有大型底栖动物（如多毛类、双壳类）的幼体。

（3）**大型底栖生物**（macrobenthos）：不能通过 0.5 mm 筛网的类别。除了海岸带有大型藻类之外，大型底栖生物都是动物。

本章提要

1. 地球表面大部分（71%）被海水覆盖，海洋平均深度 3800 m，最深处超过 10 000 m，海洋中生命存在的空间比陆地、淡水之和还大300倍。海洋环境具有从赤道到两极的纬度梯度、从海面到深海底的垂直梯度以及从沿岸到开阔大洋的水平梯度。海洋的光照条件、海水温度、压力和营养物质的分布随这三大环境梯度有规律地变化，并且对海洋生物的生活、分布和生产力等有直接影响。

2. 海水的溶解性、透光性、流动性、浮力及缓冲性能等特性为所有海洋生物提供了良好的生存条件，包括为浮游植物的光合作用提供必需条件，为水层的各种生物提供氧气、浮力和为水层生物提供的支撑作用，海水的热容量及流动性使水温、pH等环境因素保持相对稳定和有利于生物的分布和扩散。

3. 海洋环境分为水层和海底两大部分，它们又各自划分为不同的环境区域。海洋生物也相应地生活在水层中或栖息于海底环境中，前者包括浮游生物和游泳生物，后者包括各种底栖生物，这是海洋生物的三大生态类群。

4. 浮游生物的个体很小，缺乏主动的运动能力，只能随水流移动，它们有多种多样适应浮游生活的机制。浮游生物数量多、分布广，是海洋生产力的基础，也是海洋生态系统能量流动和物质循环的最重要环节。浮游动物通过捕食影响和控制浮游植物的数量，同时其种群动态的变化又可影响鱼类资源量的变化。

5. 硅藻类和甲藻类是很重要的浮游植物生产者，新近发现聚球菌和蓝绿藻对海洋初级生产力也有重要贡献。浮游动物的种类繁多，其中桡足类、磷虾类等甲壳动物和水母类、毛颚类等是最重要的浮游动物。浮游原生动物（主要是鞭毛类、纤毛类）对海洋生态系统能流也起重要作用。

6. 游泳动物是具有发达的运动器官、运动能力很强的一类大型动物，包括海洋鱼类、哺乳类（鲸、海豹、海牛等）、爬行类（海龟、海蛇）、海鸟以及某些游泳能力强的头足类和虾类。从种类和数量上看，鱼类是最重要的游泳动物，也是海洋渔业的主要对象，多数鱼类生活于1000 m以浅的水层。游泳动物多属肉食性种类，处于食物链中的较高层次，包括海洋生态系统的顶级捕食者。

7. 很多游泳动物（特别是鱼类）有周期性的洄游习性，包括产卵洄游、索饵洄游和越冬洄游，代表着它们生活史中的不同阶段。

8. 海底各种生境多样复杂，因而生活在海底表面或沉积物中的各种底栖生物的种类组成及所代表的门类都比浮游生物和游泳生物丰富得多。底栖植物有单细胞藻类、大型海藻和被子植物。底栖动物是海洋生物中最多样化的一个生态类群，几乎各个门类都有其代表，有的类别种类数量非常丰富（如软体动物的瓣鳃类、节肢动物的甲壳类等）。

9. 底栖动物可充分利用水层沉降的有机碎屑，并通过营养关系促进有机物质的分解，因而通过底栖—水层耦合过程使海洋生态系统连接成为一个整体。许多底栖植物（如大型藻类）和底栖动物（如很多种类的软体动物和甲壳动物）也是人类直接利用的海洋生物资源。

10. 浮游生物按其身体大小划分为微微型、微型、小型、中型、大型和巨型浮游生物，反映了它们的主要种类类别组成和营养关系。底栖生物也按其身体大小划分为微型、小型和大型底栖生物，这种划分在底栖系统中的能流、物流研究中也有重要生态学意义。

思考题

1. 为什么说海洋是地球上最大的生态单位？联系海洋主要分区说明海洋在纬度、深度和从近岸到大洋三大环境梯度特征。
2. 海水的溶解性、透光性、流动性及pH缓冲性能对海洋生物有何重要意义？
3. 简要说明大陆边缘沉积与深海沉积类型的差别。
4. 简述海洋浮游生物的共同特点及其在海洋生态系统中的作用。
5. 按个体大小可将浮游生物划分为哪些类别？这样划分的类别有何重要生态学意义？
6. 海洋游泳动物包括哪些主要门类？说明鱼类生活周期中的洄游行为及其意义。
7. 结合底栖生物的生活方式谈谈海洋底栖生物种类繁多的原因。

第三章 海洋主要生态因子及其对生物的作用

第一节　生态因子作用的一般规律

一、环境与生态因子

环境（environment）的概念是对某一特定主体而言的。生物学所指的环境是以生物为主体，环境就是生物之外所有自然条件的总和，包括生物栖息的空间和直接或间接影响生物的各种环境因素，这些因素本身形成一个相互作用的系统。

环境有相对大小之分，大环境指大的地区中各种自然因素的组合，包括大气环流、地理纬度、海陆分布和大范围的地形地貌，生活在这些大环境中的生物组合称为**生物群系**（biome）。小环境是范围小的区域性环境，是某些特定生物种群或群落栖息地的生态环境，这类小环境也称为**生境**（habitat）。

生态学上将环境中对生物生长、发育、生殖、行为和分布有直接或间接影响的环境要素称为**生态因子**（ecological factors）。各种生态因子对有机体的影响程度并不一样，有些对生物的生存和繁殖有决定性作用，例如，食物、影响新陈代谢的理化因素、种内和种间关系、生活空间和生活基质；另外一些可能对某一特定生物种不具直接的影响，而是间接地影响有机体。但是，对于每个物种来说，周围环境中完全无关的因子实际上是不存在的，因为这些因子都是相互联系、相互影响的。

通常将生态因子归纳为以下两大类。

（1）**非生物因子**（abiotic factors）或称理化因子。海洋环境的主要非生物因子包括光照、温度、盐度、海流和各种溶解气体等。它们对海洋生物的分布、生长、繁殖和生产力等方面有重要的影响。

（2）**生物因子**（biotic factors）。生物周围的同种和异种的其他生物，各种生物互为环境中的生物因子，它们之间的关系主要是营养关系，也就是能量的转移和物质的转化问题。此外还有各种形式的竞争、共生等关系（见第五章）。种内的个体间相互联系和相互影响决定着一个种的种群结构、地盘及其资源利用的方法，以及种的生活方式和繁殖等。

应当指出，当今人类活动对环境有重大影响，其作用是其他生物因子所不能比拟的。因此，除了上述两类生态因子外，还应把**人为因子**（anthropogenic factors）作为一种重要的环境因子，以强调人的作用与其他生物有原则性的区别。

生态因子作用的主要特征如下。

（1）综合作用。环境中各种生态因子之间是相互联系、相互作用的，因而必须从因子的综合作用来分析它们对生物的影响。例如，太阳辐照和营养盐供应是海洋真光层浮游植物进行光合作用的必备条件。太阳辐照又会使表层海水温度上升，从而增加海水的垂直稳定性，阻碍深层富营养水向上补充。

（2）主导因子作用。环境的生态因子很多，但对生物的影响并不一样，其中对生物的生活、生长、发育起决定作用的因子称为主导因子。在生物生活史的不同阶段，主导因子往往会有转换。例如，在很多海洋动物的胚胎发育期，温度是影响发育的主导因子，而产卵孵化后幼体的食物供应就成为其存活的主导因子。

（3）直接作用和间接作用。生态因子对生物的作用有直接和间接之分。例如，海水中游离 CO_2 的含量本身往往并不对海洋生物构成直接的影响，但却通过 CO_2 体系的平衡过程而改变海水的 pH，海水中 CO_2 含量升高就通过 pH 的下降而间接地对生物产生作用（有的生物对 pH 是很敏感的）。

二、限制因子的原理

一种生物要能在某环境中生存和繁衍，必须从环境中不断得到生长和繁殖所需的各种基本物质，同时还要有适宜的各种理化条件。在所有这些生态因子中，任何接近或超过某种生物的耐受极限而阻碍其生存、生长、繁殖或扩散的因素，称为**限制因子**（limiting factors）。

1. 利比希最小因子定律

利比希（Liebig）研究各种环境生态因子对植物生长的影响，发现作物的产量并非经常受到大量需要的物质（如 CO_2 和 H_2O）的限制（因为它们在自然环境中很丰富），而是受到一些微量物质（如硼）的限制，它们的需要量虽小，但在土壤中非常稀少。他提出**“植物的生长取决于处在最小量状况的必需物质”**。也就是说，一种生物必须有不可缺少的物质供其生长和繁殖，这些基本的必需物质随种类和不同情况而异。当环境中某物质的量接近于植物所需的最低量时，该物质就对植物生长和繁殖起限制作用，成为限制因子，这就是**利比希最小因子定律**（Liebig's Law of Minimum）。例如，海洋浮游植物生长需要各种营养物质和微量元素，但其生长速率是受某种在海水中的含量接近浮游植物生长的最小需要量的物质或元素（如 Fe）所限制的，即使其他物质的供应量都很充足，也不能起促进生长的作用，在这种情况下该物质（Fe）就是浮游植物生长的限制因子。

应当指出，利比希最小因子定律只在稳定的条件下（即能量和物质的输入和输出处于平衡）才适用。当环境条件变化或平衡被打破后，系统内各种物质成分的比例就随之产生变化，在达到新的稳定条件时，限制浮游植物生长速率的因子也会随之改变（如 Fe 的供应增加时，浮游植物生长速率可能由 Fe 限制变为受氮或磷或硅所限制），这种海水成分比例的改变也可能引起群落生物组成结构和比例的改变。

2. 谢尔福德耐受性定律

环境因子不仅由于其性质不同（如温度、盐度、光照的不同），对生物产生不同的影响，而且同一种因子的量太多或太少都影响生物生存与繁殖。这样，生物对各种环境因子的适应就有一个生态学上的最小量和最大量，它们之间的幅度称为**耐受限度**（limits of tolerance）。如果某一因子的量增加或降低到接近或超过这个界限，生物的生长和发育就受到影响，甚至死亡。生物只能在耐受限度所规定的生态环境中生存，这种最大量和最小量限制作用的概念就是所谓**谢尔福德耐受性定律**（Shelford's Law of Tolerance）。生物可能调节其活动范围，避开耐受极限，而其中有些较为强壮的个体也能在不良条件下生存下来。所以一个生物种群的数量，实际上在未达到适应范围的极限之前就已减少了（图 3.1）。此外，生物对任何一种环境因子都能在其适应范围内的不同

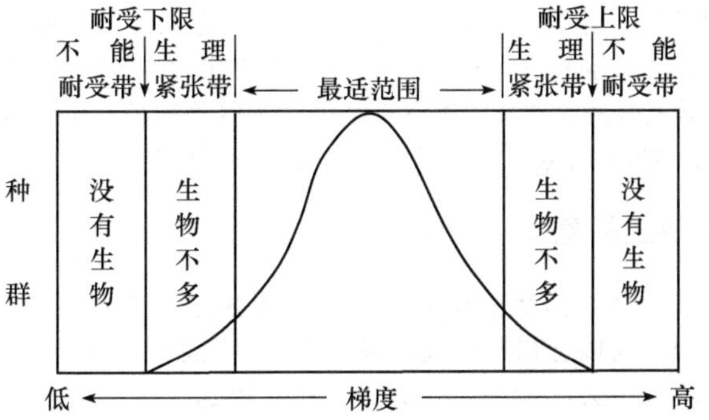

图 3.1　耐受性定律与生物分布和种群水平的关系（引自 Shelford，1911）

点上找到它们最适宜的生存条件（最适量），这时生物在保证本身代谢正常条件下消耗的能量最少。

耐受限度表示某种生物对于环境改变有一定的适应能力，环境因素对生物发生影响的范围称为**生态幅**（ecological amplitude），它与各种生物的代谢特点有关。有些生物能适应较大幅度的环境变化，有些生物则只能适应较小幅度的环境变化。生态学上通常使用一些名词来表示耐受性的相对程度。分布广而能栖居于多种环境条件、具有宽广生态幅的生物称为**广适性生物**（eurytropic organism）；反之，则称为**狭适性生物**（stenotropic organism）。例如，石珊瑚是一类典型的狭适性生物，只能生活在水温不低于 20℃、盐度变化很小和坚硬的底质上。而一种肉足虫 *Cyphoderia ampulla* 是典型的广适性生物，在海水、混盐水和淡水中都可以生活，在温水池塘和冷水湖泊中均能见到。同样，可按生物对个别环境因素的适应幅度区分，例如，对温度而言，则有广温性和狭温性生物；对盐度而言，则有广盐性和狭盐性生物；等等。

物种生活的环境变化越剧烈，其生态幅就越大。例如，在海洋沿岸生活的种类，就较大洋种类更能适应温度和盐度的变化（图 3.2）。

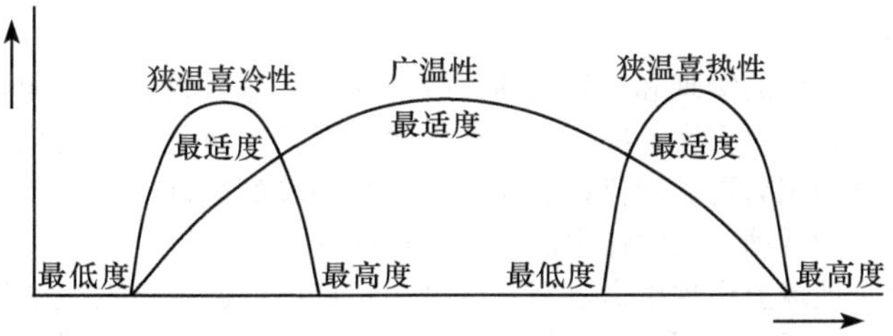

图 3.2　广温性和狭温性生物的生态幅比较（引自孙儒泳，1992）

对耐受性定律的一些补充原理可概括如下。

（1）生物可能对某一生态因子的耐受范围很广，而对另一个因子又很窄。例如，我们用所谓“广温狭盐性动物”来表示那些对温度变化的适应范围很宽，而对盐度的变化则很敏感的海洋生物。

（2）当某种生物对某一特定生态因子不是处在最适度（optimum）状态时，对其他生态因子的耐受限度可能随之下降，或者说要考虑某一因子的改变可能引起生物对其他因子适应能力的改变。这是因为生物处在不利条件下，要进行生理调节就需要额外付出能量，从而降低对其他生态因子的耐受限度。

（3）在自然界中常可看到生物实际上并不在某一特定生态因子的最适范围内生活，这是由于其他一些因子（包括竞争、捕食等）的相互作用表现出更大的重要性，妨碍生物利用最适宜的环境条件。

(4) 生物对环境因子的耐受限度在其生活史中往往不是恒定的，而是随年龄（或发育阶段）以及其他条件而改变的。多数动物在繁殖期以及卵、胚胎和幼体阶段的耐受限度较低。

应当指出，在生态学上有重要意义的不仅是某一因子的绝对值，还要考虑其变化速率。如果变化不快，有机体较易逐渐适应；而急剧的、骤然的变化，对有机体的压力就大得多，使之难以适应。

3. 限制因子概念在实践上的意义

耐受限度与限制因子的概念为我们研究复杂环境提供了一个出发点，在研究某个特定环境时，首先应该考虑那些很可能接近临界的或者限制性的环境条件。如果生物对某个因子的耐受限度很大，而这个因子在环境中又比较稳定，数量适中，那这个因子就不可能成为一个限制因子。相反，如果生物对某个因子耐受限度有限，而这个因子在环境中又容易变化，它就可能是一个限制因子，应该仔细研究这个因子的情况。例如，在陆地上生活的动物一般不会有缺氧现象，但是，氧气在水中的含量比在空气中的低得多。在高密度养殖池塘中，溶解氧含量就往往成为限制因子，在水质监测中是一个必测的生态因子。

三、生物与环境的辩证关系

环境作用于生物，生物的活动对环境也有反作用，生物与环境的关系是相互的、辩证的。

首先必须明确，生物只能生活和适应于特定的环境中，环境条件决定着生物的分布和数量特征。例如，海洋大环境中的物理因素（如光照、温度和海流）决定着各大环境中的生物组合、生物量的时空变化以及各种海洋生态系统的动力学过程，包括生物的再生产、物质循环过程和生物多样性之间的耦合关系。

但是，生物的活动也会在一定范围内和一定程度上影响环境。生态学强调有机体与环境的统一。一方面，生物不断地从环境中吸取对它适宜的物质以建造其本身和维持生命活动所需要的能量而得以生长繁殖；另一方面，生命活动的产物又被释回外界环境中去，从而直接影响周围环境的理化性质。

生物经常地使惰性物质的物理和化学性质改变，使新的化合物和能量回到环境中。海洋水体及其底质的化学组成，在很大程度上决定于海洋生物的活动。海底沉积的化学、物理性质受生物的明显影响。南太平洋珊瑚岛更是有机体影响其非生物环境的最好实例，整个珊瑚岛都是通过动物（珊瑚虫等）和植物的活动，从海洋中的简单原料建立起来的。

从长期的角度看，地球上出现生命之后，本身在有机体的影响下发生了根本的变化，促进了生物多样性发展，也改变了生物圈并使它复杂化，即环境条件的多样性增加了。这种多样性也要求生物对它适应，因而也成为动、植物进一步发展的条件。有机体类型多样化的扩大，要求产生种的特殊性，以便按不同方式来利用周围环境的物种得以共同生存和发展。因此，现在丰富多彩的生物世界是生物与环境相互作用、共同演化的结果。

第二节　光　　照

一、光在海洋中的垂直分布和水平分布

（一）海水中光的衰减

到达海面的太阳总辐射能，一部分因海面反射而损失，反射回大气的量与太阳照射角度

(sun angle) 有关。日光射入海水后，一部分被海水吸收（变为热能），同时，其中悬浮的或溶解的有机物和无机物对光有选择性地吸收与散射。因而海水中的光照强度随着深度增加而减弱，可用下式表示其总衰减规律：

$$I_D = I_0 e^{-KD} \quad (3.1)$$

式中，I_D 和 I_0 分别表示在深度 D 处和海面的光强；K 是平均**消光系数**或称**衰减系数**（extinction coefficient）；e 为自然对数的底；D 是深度。不同水域（近岸、外海）的 K 值不同。

根据式（3.1）可求 K 值

$$K = (\ln I_0 - \ln I_D)/D \quad (3.2)$$

例如，某海区 10 m 深处的光强是表面光强的 50%，则按上式计算得 K=0.07/m。

应当指出，海水对各种波长的吸收情况是有差异的。透入海水的光大约有 50%是由波长大于 780 nm 的红外辐射组成，并且很快被吸收转换为热能，还有很少量波长小于 380 nm 的紫外辐射进入海水后也迅速地被吸收、散射，其余 50%左右的可见光（400～700 nm）可透入较深水层，基本上是光合作用所利用的波长，称为**光合作用有效辐照**（photosynthetically active radiation，PAR）。在 PAR 中红光很快被海水吸收，在最清净海水中 10 m 深处只剩 1%左右，蓝光穿透最深，在 150 m 深处仍有 1%。这告诉我们，海面以下各水层的光谱组成同海面附近是很不同的。

由于光在海水中随深度迅速衰减，根据在垂直方向上的光照条件分为几个层次（图 3.3）。

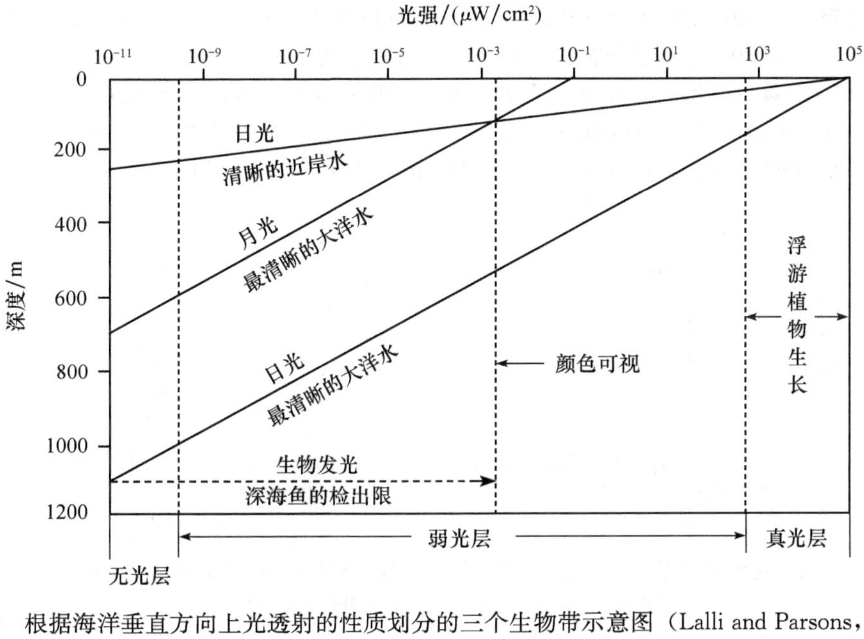

图 3.3　根据海洋垂直方向上光透射的性质划分的三个生物带示意图（Lalli and Parsons，1997）

（1）**透光层**，也称**真光层**（euphotic zone 或 photic zone）。有足够的光可供植物进行光合作用，其光合作用的量超过植物的呼吸消耗。透光层在不同海区是不一样的，在清澈的大洋区，透光层深度可超过 150 m，而在沿岸区可减少到 20 m 甚至更少。相对于海洋深度来说，透光层仅占海洋上部的一薄层。

（2）**弱光层**（disphotic zone）。在透光层下方，植物的光合作用量少于其呼吸消耗，但其有限的光线却足够动物对其产生反应。

（3）**无光层**（aphotic zone）。在弱光层的下方直到大洋海底的水层，除了生物发光外，没有从上方透入的有生物学意义的光线。

（二）光在海洋中的水平分布

地球表面的太阳辐照强度与照射时间具有明显的纬度梯度和季节周期，除两极外的其他地区有昼夜交替现象。光照强度从赤道向高纬度地区逐渐减弱，而且夏季光照最强，冬季最弱，低纬度地区短波光多，随纬度的增加长波部分也增加。从日照时间上看，除赤道附近昼夜时间整年都基本一样外，其他纬度上只有春分和秋分时昼夜时间大致相等，其余季节的昼夜时间不同。例如，北半球从春分开始白昼时间逐渐变长，到夏至时白昼时间最长。从秋分至春分呈昼短夜长，冬至时黑夜时间最长。在南半球，这种光照强度与昼夜时间的变化也是类似的，但从季节上看这种分布规律与北半球相反，即北半球昼长夜短的季节在南半球则是夜长昼短的季节。在南极和北极有连续数月的“极昼”和连续数月的“极夜”交替现象，即“夏季”24 小时都是白昼，“冬季”24 小时都是黑夜（北极的“夏季”就是南极的“冬季”）。

二、海洋藻类光合色素对光谱中不同波长的吸收

光是绿色植物进行光合作用的能量来源。海洋自养生物细胞内有吸收光能的不同色素，其中叶绿素 a（chl-a）是光合作用的主要色素。但是，chl-a 主要吸收蓝光（最大吸收峰为 430 nm）和红光（最大吸收为 680 nm），可见 chl-a 仅利用辐照光谱中的一部分。不过，藻类的一些其他色素则可分别吸收光谱中的另一部分波长。例如，类胡萝卜素（carotenoides）中的 β 胡萝卜素（β-carotine）和岩藻黄素（fucoxanthin）以及叶绿素 b 吸收 400～500 nm 波长的绿光，而藻青素（phycocyanins）则吸收 550～630 nm 的黄绿光（图 3.4）。这些吸收光谱中不同波长的光的色素统称为辅助色素（accessory pigments）。辅助色素使藻类吸收可见光的范围扩大为 400～700 nm。

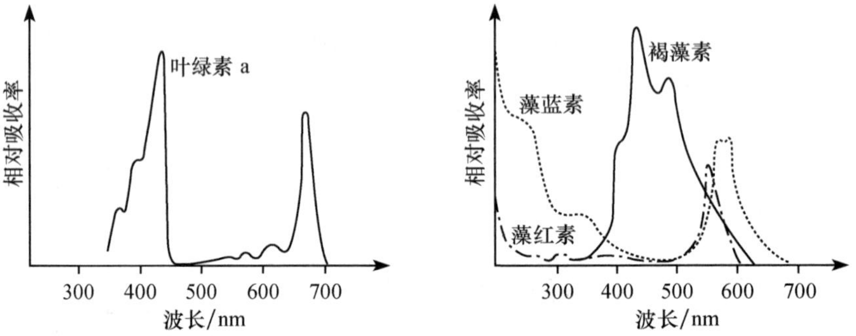

图 3.4 几种海洋浮游植物色素对光吸收关系的示意图（Lalli and Parsons，1997）
图中的垂直坐标仅代表色素对光吸收率的相对值

海洋中能进行光合作用的细菌具有细菌叶绿素（bacteria-chlorophylls），其吸收光谱与藻类有很大不同，主要吸收红光和红外线等长波能量。由于它们在光合作用中需要还原性物质，因此只能生活在有光线透入而又缺氧的环境中。例如，近岸沉积物表层生活着底栖藻类（吸收光谱中的可见光），其下方一薄层则生长着适应于利用光谱中长波部分的营光合作用细菌。

有关光与海洋初级生产力的关系将在第六章讨论。

三、光与海洋动物的分布和昼夜垂直移动现象

很多海洋动物对光照强度有一定的要求，它们在海洋中的垂直分布除了与它们的生物学特性

以及环境理化条件的分层特点相联系外，光照条件也是引起这种垂直分布的一项重要生态因子。这种现象在浮游动物方面最为普遍。浮游动物的垂直分布除了因种类不同以外，即使是同种的不同发育阶段也有垂直分布上的差异。

很多海洋动物特别是浮游动物具有**昼夜垂直移动**（diel vertical migration）的现象，它们在夜晚升到表层，随着黎明的来临又重新下降。这种现象在许多种浮游甲壳类中表现最为明显。其他浮游动物包括水母、管水母、栉水母、毛颚类、翼足类以及很多鱼类、头足类等也都有昼夜垂直移动的习性。

深层采样和声散射层的研究也表明，很多海洋生物昼夜垂直洄游总的格式是：白天，每一个种集中靠近一特定水层，临近黄昏时，它们开始上升并持续整个黄昏时间，到达表面后，在完全黑暗的夜间，种群趋于分散。临近天亮时再集中于表层，然后迅速下降，直到原先白天栖息的水层。应当指出，不同种类其洄游的范围、上升或下降的速度以及每天洄游活动的时间是有差别的。昼夜垂直移动的模式在同一种类的不同发育阶段也可能有差别，而且有的种类雄性个体和雌性个体的移动现象也不完全相同。

由于上述的垂直移动与昼夜交替有密切关系，因此，一般认为光是影响动物昼夜垂直移动的最重要的生态因子。所谓“最适光强”假说即认为浮游动物是停留在最适光强区，当光照超过其最适光强时，动物表现为负的向光性；低于最适光强时，表现为正的向光性，从而引起动物白天下降、夜晚上升的行为。

昼夜垂直移动是生物在长期进化过程中形成的一种很重要的适应机制，有利于生存和繁衍后代。这些机制如下。

（1）逃避捕食者。浮游动物夜间到表层来摄食浮游植物，可以避开那些依靠视觉捕获食物的捕食者。

（2）能量代谢上的好处。夜间在食物丰富的表层摄食后向下迁移到温度较低的下层度过白天，可以减少代谢消耗，所摄取的食物营养可以较多地用于生长和繁殖。

（3）有利于遗传交换。由于表层和深层水运动速度和方向不同，进行垂直移动的个体间又有洄游速度和范围的差别，这种情况可增加个体间遗传物质交换和重新组合的机会。

（4）避免紫外线的伤害。

综上所述，垂直移动是海洋生物（特别是浮游动物）的一个重要习性，光是产生这种现象的主要生态因子，而其他一些因子如温度、压力、食物以及生物本身的生理特点也与动物垂直移动有关。这是一个很复杂的生态问题，不可能用一种假说来解释所有的昼夜垂直移动现象。

四、海洋生物的发光现象

自然界很多生物能发光，人们把生物产生光的现象称为**生物发光**（bioluminescence）。海洋生物能发光的种类特别多，从细菌到脊椎动物几乎每一门类都有发光的种类。其中以细菌、腰鞭毛虫、水母、头足类、甲壳类、被囊类和鱼类较为重要。在海洋中，鱼类、甲壳类和头足类发出的光最明亮，这些动物具有特化的发光器。据报道，深海鱼类约有 2/3 能发光，头足类约有一半能发光。

生物发光的生物学意义有以下几个方面。

（1）作为同种集群的识别信号（识别同类、控制集群、引诱异性）。

（2）作为对捕获物的一种引诱，如深海鱼类。

（3）作为一种照明和对肉食性敌害的一种警告或利用光幕来掩护自己。

应当指出，许多种类（如某些细菌、原生动物等）的发光意义目前尚不清楚。

第三节 温　　度

一、海洋水温分布

（一）表层水温变化

海洋表层温度呈现明显的自低纬度到高纬度递减的梯度，与太阳辐射及海流有密切关系。在热带海区，表层水温经常保持在26～30℃，而在高纬度海区，表层水温降至0～2℃左右（盐度为35时海水的冰点为－1.91℃）。海洋表层水等温线分布大致与纬度平行，特别是在40°S以南的南大洋更为明显。在两半球的亚热带和温带海区，等温线与纬度线有偏离现象。

由于海流不断运动以及海水有巨大的热容量（有很高的比热，在吸收或散发大量的热量过程中，水温变化并不大），因而海洋水温的变化范围比陆地的小得多。尽管某些低纬度局部封闭海区的夏季水温可能达到35℃，潮间带小水坑的水温可能超过50℃，海底热泉附近的温度更高，但从海洋整体来说，最高和最低温度之间的变化幅度不超过30℃。对于每一个特定海区来说，温度变化幅度比这小得多。

从温度的日变化看，开阔大洋表层昼夜水温变化通常小于0.3℃，且仅在海面至10 m层以内波动，即使在浅海区，表层水温的日变化也小于2℃。海洋表层水温的周年变动范围也是不大的。特别是高纬度和热带海区，表层水温周年变化并没有明显的生物学意义。温带和亚热带海区表层水温周年变化较明显，处于纬度30°～40°的大洋区年最高和最低温差约6～7℃。另外，在受大陆气候影响的近岸浅水区的水温周年变化也较大。

与海洋水温变化有关的**厄尔尼诺**（El Niño）现象是指赤道太平洋东部表层水温异常升高（有时竟比常年高5～6℃）的现象。厄尔尼诺每隔2～10年发生一次，但间隔时间和每次出现的持续时间都不确定。它可引发全球气候的异常变化。

（二）水温的垂直分布

在低纬度海区，表层海水吸收热量，产生一温度较高、密度较小的表层水，其下方出现**温跃层**（thermocline），通常位于100～500 m，温度随深度增加而急剧下降，这一水层即所谓**不连续层**（discontinuity layer），其上方海水由于混合作用而形成相当均匀的高温水层，称为**热成层**（thermosphere）。温跃层的下方水温低，并且直到底层，温度变化不明显。由于低纬度海区太阳辐射强度常年变化不大，因此其形成的温跃层属**恒定温跃层**（permanent thermocline）（图3.5）。

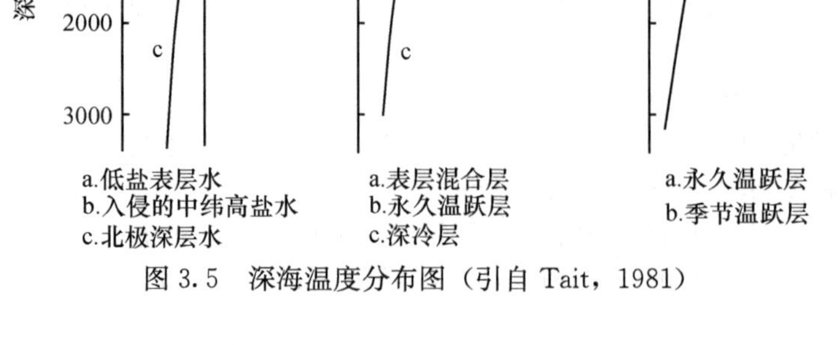

图3.5 深海温度分布图（引自Tait，1981）

在中纬度海区，夏季水温增高，接近表面（通常在15～40 m深）形成一个暂时的**季节性温跃层**（seasonal thermocline）。到了冬季，表层水温下降，上述温跃层消失，对流混合可延伸至几百米深。在对流混合下限的下方（500～1500 m）有一永久性的但温度变化较不明显的温跃层。

在高纬度海区，热量从海水散发至大气，表层水冷却加上结冰过程引起密度增大产生对流混合，从而与下层水温略有不同。从表层到底层的温度范围约为－1.8～1.8℃。在1000 m以内深海处，通常有一不规则的温度梯度，这是由于从较低纬度流入的温度略高的水层。超过1000 m直到底层，温度几乎是一致的，仅随深度增加而稍微下降。

二、海洋生物对温度的耐受限度及海洋生物的地理分布

（一）广温性与狭温性海洋生物

生物只能在一个相对狭窄的温度范围内生活，不同生物所能忍受的温度范围是不同的，而海洋生物对温度的耐受幅度比陆地或淡水生物小得多。另外，大多数海洋生物的生命最适温度是接近最大耐受温度界限（温度上限）的，而安全因素在温度下限这一侧的耐受能力比在上限一侧大。也就是说，低温对生命的破坏作用在某些方面不如高温的大。

根据海洋生物对外界温度的适应范围分为**广温性**（eurythermic）和**狭温性**（stenothermic）种类。广温性种类多分布在沿岸海区。狭温性种类又分为喜冷性和喜热性两大类，前者常见于寒带水域，后者多为热带种类。某些喜热的珊瑚虫（腔肠动物）只能在超过20℃水温的条件下才能繁殖。因此，一般认为琉球群岛是珊瑚礁的北限。大部分被囊类的纽鳃樽（*Salpa*）和软体动物中的全部异足类（Heteropoda）和多数的翼足类（Pteropoda）也有同样的情况。许多热带鱼类以及水母类也是喜热性动物。喜冷性种类栖息于高纬度，如飞马哲水蚤、鳟、白鲑。深海鱼类以及南极的企鹅和北极的海雀等也都是喜冷性动物。狭温性种类分布的区域比较小。

（二）温度与海洋生物的地理分布与迁移

1. 温度与海洋生物的地理分布

海水温度对海洋生物分布有重要影响，海洋生物地理分布与海水等温线密切相关。按生物对分布区水温的适应能力，海洋上层的生物种群可以分为以下几种。

（1）**暖水种**（warm-water species）。一般生长、生殖适温高于20℃，自然分布区月平均水温高于15℃，包括**热带种**（tropical species）和**亚热带种**（subtropical species）。前者适温高于25℃，后者适温为20～25℃。我国南海南部、东海东部和台湾东岸水域都是热带海区。东海西部和东北部海域和南海北部海域的近岸水域都是亚热带海区。海南岛以南水域，暖水种占主导地位。暖水种发源于赤道附近的热带海区，主要依靠暖流（如黑潮及其分支的影响）分布到中纬度海区。

（2）**温水种**（temperate-water species）。一般生长、生殖适温范围较广，为4～20℃。自然分布区月平均水温变化幅度很大，为0～25℃，包括冷温种和暖温种，前者适温为4～12℃，后者适温为12～20℃。我国北部的渤海和黄海海域属暖温带海区，有很多温水种。温水种发源于中纬度的温带海域，并向南北两方向分布。

（3）**冷水种**（cold-water species）。一般生长、生殖适温低于4℃，其自然分布区月平均水温不高于10℃，包括寒带种和亚寒带种。前者适温为0℃左右，后者为0～4℃左右。我国近海没有寒带、亚寒带和冷温带海区，但冬季受大陆气候和沿岸流的影响，渤海和黄海近岸水温很低，因而有部分冷水性种类存在。冷水种发源于极地海洋及邻近寒冷海区，主要依靠寒流侵入中纬度

海区。

2. 两极同源和热带沉降

与温度分布密切关联的另一个普遍现象是海洋生物分布的两极性，就是说南北两半球中高纬度的生物在系统分类上表现有密切的关系，有相应的种、属、科存在，这些种类在热带海区消失。这种情况称为**两极分布**（bipolar distribution）或称为**两极同源**（biopolarity），如曳鳃虫属的尾曳鳃虫（*Priapulus caudatus*）分布于北极—北温带海区，刺管曳鳃虫（*P. fuberculatospinosus*）则栖息于南极—南温带海区。另一种分布模式是所谓**热带沉降**（tropical submergence），即某些广盐性和广深性的冷水种，其分布可能从南、北两半球高纬度的表层通过赤道区的深水层而成为一个连续的分布（赤道深层的水温相当于高纬度表层水温）。

3. 温度与海洋生物的迁移

海洋动物的迁移（如鱼类的洄游）与海水的温度有关。例如，我国东海的带鱼在春季水温上升时，栖息于外海的越冬鱼群开始向近海移动，并向北进行生殖洄游。5、6月份产卵场主要在鱼山、大陈近海和舟山近海，产卵活动一直延续至10月份。生殖后鱼群在长江近海索饵，一部分鱼群可继续往北进行索饵洄游，有的年份可到达青岛外海，与黄渤海群体混群索饵。秋末冬初水温下降，索饵鱼群开始往南洄游，在嵊山形成著名的带鱼冬汛渔场。随着水温继续下降，鱼群继续南下或向外海越冬（罗秉征，1991）。其他很多鱼类（如大黄鱼、小黄鱼）的洄游路线也与海水温度的季节变化密切相关。因此，水温是渔期、渔区预报的重要指标之一。

三、温度对新陈代谢和发育生长的影响

（一）温度与新陈代谢速率的关系

温度直接影响生物有机体的新陈代谢速率，在适宜温度范围内，当温度升高时，新陈代谢速率随之加快（氧的消耗也相应增加）。温度与生物代谢速率的关系可以用**温度系数**（temperature coefficient，Q_{10}）来描述（温度每升高10℃时反应速率的变化）：

$$Q_{10}=\frac{T\ ℃\ \text{时的代谢速率}}{(T-10℃)\ \text{时的代谢速率}} \tag{3.3}$$

应当指出，有机体的生物化学过程是在复杂的胶体体系中进行的，而且它们是很多平行的连锁反应的总和。温度升高时，它们具有不同的加速系数，且在不同程度上又是相互依赖的。但是，在适温范围内，随着温度的升高，代谢速率加快这一总的规律则是确定的。生物学上的Q_{10}一般为2～3（$Q_{10}=1$时表示反应速率不受温度影响）。

（二）温度与生殖、生长和发育的关系

1. 生殖区与不育区

生物在不同的发育阶段往往对温度条件有不同的要求，繁殖和发育时期的要求特别严格，许多海洋动物不到一定的水温是不会产卵的。有的时候海洋动物能在某一海区生活，但由于不能满足繁殖和发育所要求的条件（包括适宜温度及持续的时间），这些动物在这一海区就不能完成繁殖和发育，因而有所谓生殖区和不育区之别。

2. 有效积温法则

有机体必须在温度达到一定界限以上才能开始发育。一般把这一界限称为**生物学零度**（biological zero），它因生物种类不同而异。在生物学零度以上，水温的提高可加速有机体的发育。很多研究表明，胚胎发育所必需的总热量基本上是一个常数，称为**热常数**（thermal constant），即指发育期的平均水温（有效温度）与发育所经过的天数或时数的乘积是一个常数，这个常数因种类不同而有差异，此即所谓有效积温法则。

应当指出，有效积温法则只适用于一定的适温范围之内。实际上，在高温区，发育速度往往低于预测值；而在低温区，则常高于预测值。同时，在自然条件下，发育速度除了取决于温度外，还与其他条件有关。

第四节　海　　流

一、海流的类型

海流中最重要的是大洋环流，包括表层环流和深层环流。前者取决于表面风场，故称风生环流；后者起源于极地或亚极地海域，由海水冷却下沉及海水结冰造成的高盐冷水下沉并沿大洋深层流动，故称深层环流。大洋环流的流向几乎是恒定的，但流速和流量则可以随季节变化。

海流按温度特征（相对于周围海水温度而言）可分为**寒流**（cold current）和**暖流**（warm current）两种。所谓寒流是指水温低于流经海区水温的海流，通常是从高纬度流向低纬度（如千岛寒流），寒流一般低温低盐，透明度较小。暖流是指水温高于流经海区水温的海流，通常是从低纬度流向高纬度（如黑潮暖流），暖流一般高温高盐，透明度也较大。

上述的海流或环流指的是恒定的海水运动，另一种周期性的海水运动形式是潮流。在天体（主要是月球）引潮力作用下，海水产生的周期性水平运动称为潮流，而周期性垂直涨落称为潮汐。潮流、潮汐现象是潮间带最重要的环境特征。

此外，由于风的作用或地形因素产生深层水向上涌升的海流称为**上升流**（upwelling）；表层海水辐聚向次层下降称为**下降流**（downwelling）。

二、大洋表层的风生环流

大洋表层环流是在风作用下产生的，因此与主要风系有关，并且受科氏力及其随纬度变化以及大陆分布的影响。大洋表层环流系统十分复杂，下面以太平洋为例加以说明。

在信风和盛行西风的作用下，南、北太平洋表层都形成以亚热带为中心的**反气旋型环流**（anticyclonic gyre）。

在北半球赤道以北海域，受东北信风作用海水由东向西流动，形成**北赤道流**（N. Equatorial Current）。该海流到达西部的大陆边界后向北转向，沿中国东部边界大陆架/坡大约 200 m 等深线向北流至日本东岸大陆架/坡并继续向北流去，形成**黑潮**（Kuroshio）。黑潮主流到了 35°N 左右受盛行西风的影响开始转向东流入太平洋中部，成为**北太平洋海流**（N. Pacific Current）的组成部分。北太平洋海流到达大洋东部边界后其主流转向南部低纬度流动，形成**加利福尼亚海流**（California Current），最后在赤道附近再汇入北赤道流。以上四支海流构成北太平洋副热带海域的反气旋型环流系统，其流向是顺时针的（图 3.6）。

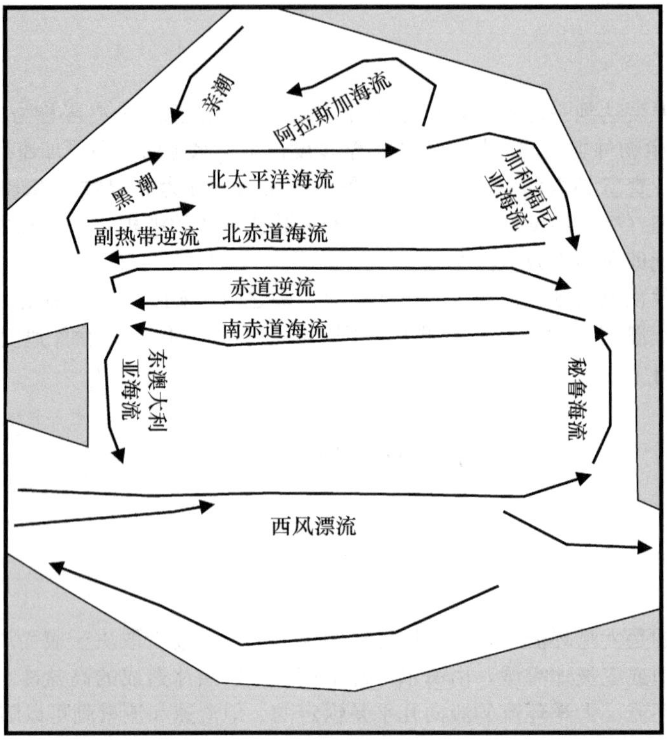

图 3.6 太平洋主要表层海流流况示意图（引自胡建宇，1995）

在南半球，受东南信风作用，赤道以南海域海水也由东向西流去，形成**南赤道流**（S. Equatorial Current）。南赤道流到了西部边界沿澳大利亚东岸向南流动，称为**东澳大利亚海流**（E. Australia Current）。到了南半球西风带，在 40°S 以南转向东流去，即**西风漂流**（West Wind Drift）。西风漂流到了东部边界有一部分转向低纬流动，形成**秘鲁海流**（Peru Current），最后在赤道附近再受东南信风作用汇入南赤道流，从而构成南太平洋的反气旋型环流系统，其流向是逆时针的。

北太平洋的亚极区存在一个围绕中高纬度的**气旋型环流**（cyclonic gyre）。上述北太平洋海流到达加拿大沿岸有一分支向北流动，即**阿拉斯加海流**（Alaska Current），与阿留申海流汇合并与起源于白令海的**千岛寒流**（也称亲潮）相遇，再沿大陆边界南下，这支寒流有一部分与黑潮北上分支汇合并从西向东流去，成为北太平洋海流的组成部分，从而构成一个围绕中高纬度的气旋型环流系统，其流向是逆时针的。

在南半球的南大洋因没有大陆阻隔，强劲的西风漂流跨三大洋形成围绕南极大陆自西向东流动的**南极绕极流**（Antarctic Circumpolar Current）。在南极大陆边缘的狭窄范围内，由于极地东风的作用，形成一支自东向西围绕南极大陆的小环流，称为南极东风环流。

大西洋的表层风生海流模式与太平洋的基本相似，在南、北半球也各存在一个大的反气旋型环流和范围较小的北半球气旋型环流。例如，其北半球的反气旋型环流由北赤道流、**湾流**（Gulf Stream，相当于太平洋的黑潮）、北大西洋海流和**加那利海流**（Canary Current，相当于太平洋的加利福尼亚海流）构成。

印度洋的表层海流与太平洋和大西洋有些差别。虽然在南印度洋也同样有一个反气旋型的亚热带环流，但在印度洋北部则没有足够宽阔的海域供环流发展，其风生环流受季风的影响。

三、海流对海洋生物的作用

海流对海洋生物最重要、最直接的影响在于海流散播和维持生物群的作用。暖流可将南方喜热性动物带到较高纬度海区，而寒流则可将北方喜冷性动物带到较低纬度海区。海流也有助于某些鱼类完成“被动洄游”。例如，欧洲鳗鲡的产卵场在大西洋西部的热带水域，幼鱼洄游时是海流把它们带到欧洲沿岸，其行程达数千公里，历时三年。

中国海的鱿鱼在较低水温的1～4月份于东海陆架上产卵孵化后随着黑潮逐渐向北漂移，在此过程中幼体逐渐长大，到了夏季已随黑潮迁移至日本东海岸，成为该水域最佳的鱿鱼捕捞渔场。在夏季，水温已不成为其繁殖的限制条件（营养条件也较好），其产卵地也从大陆架范围扩展至近岸海域。幼鱼和仔鱼在西南季风或长江冲淡水所产生的偏东向流动驱使下也漂入黑潮并随之北移，最终穿越对马海峡、朝鲜海峡进入日本海，使日本海沿岸成为另一个鱿鱼捕捞渔场。

在不同性质的海流里，栖息着不同种类的浮游生物，这些浮游生物可以作为海流的指标种。研究海流指标种有助于了解海流及水团的移动，尤其是判断不同性质海流的交汇锋面，这对探索一个海流余脉的分布具有重要的标志作用。

浅水区内的底栖动物各有其一定的生活环境，在其生活史中几乎都经过浮游性的卵和幼体的阶段，它们能被海流带到远处扩大分布范围，到达适宜栖息的地方，在变态后就定居下来。在散播过程中，也有很多幼体将被带到不适于其生存的地方而死亡。因此，它们的生物学适应表现在每一个体将生产大量的幼体，以便其中一部分幼体能被带到适宜的环境而得以生存。沿岸底栖动物的幼体被散播的距离，取决于海流的速度及幼体的适应性，特别是浮游幼体期的长短。

在某些海区，由于海流性质的关系，在一定程度上，依靠从外地输入幼体来维持其生物群，而其本身的幼体则由海流输向别的地区。在海湾和海港内，由于潮流的周期性流动而导致幼体损失不多，在某些程度上该港湾可以维持一个独立的生物群。在北大西洋的藻海中，微弱的反气旋型环流形成一个半永久性的闭合系统，这里堆积了随着海流漂流而来的大量岸边的固着植物马尾藻，形成一个特殊的生物群。

潮流对潮间带底栖生物的生活有重要作用，例如：

（1）潮流同样有扩散生物分布的作用，特别对潮间带固着生物的幼体扩散和定居有重要意义。

（2）潮流有助于增加底栖固着动物获得食物的机会，同时也有助于清除其排泄物。

（3）潮间带生物易受各种污染物的伤害，潮流是稀释这些污染物的重要过程。

海流与光照、温度的共同作用是控制各种海洋生态过程的主要因素。海洋主要生产者的生长受光透射深度的控制，只能生活在海洋表层，所以大部分海洋生物的活动也主要发生在海面以下几百米的表层。大洋表层的气旋型和反气旋型环流以及各种流系交汇的海洋锋引起海水的辐散、辐聚和混合。这些过程控制着初级生产的营养盐供应特征，进而对不同海域浮游植物的种类组成和初级生产力分布产生直接影响。初级生产者的组成（主要是粒径大小）、生产力水平又与不同海域的能流、物流模式有关。此外，大洋深层环流可将表层含氧水带到深层（加上从上层沉降的各种有机物质提供的食物条件），从而保证即使在大洋深层海底也有生物生存。有关海流、光、温度综合作用的这些重要生态作用将在后面相关章节详细讨论。

第五节　盐　　度

一、海水主要无机组分与盐度

海水可以看成是纯水中溶解一系列物质的溶液。海水的溶解物质包括无机物、有机物和溶解气体。表 3.1 列出了海水中主要无机物的组成。

表 3.1 海水的主要和次要组分（盐度：34.8）

离子		质量分数/%
主要组分	Cl^-	55.04
	Na^+	30.61
	SO_4^{2-}	7.68
	Mg^{2+}	3.69
	Ca^{2+}	1.16
	K^+	1.10
		99.28
次要组分	HCO_3^-	0.41
	Br^-	0.19
	H_3BO_3	0.07
	Sr^{2+}	0.04
		0.71
合计		99.99

一些具有生态学重要意义的无机盐类（硝酸盐、磷酸盐等）在海洋中的浓度很低，不足以明显影响盐度测值，故未列入表中，但它们是限制海洋初级生产力的重要因素（第六章和第八章将详细讨论）。

盐度（salinity）是海水总含盐量的度量单位，它的经典定义是在 1 kg 海水中，当碳酸盐全部转化为氧化物，溴和碘已为氯当量所取代，所有有机物均已完全氧化后所含全部固体物质的总克数，或简单地定义为溶解于 1 kg 海水中的无机盐总量（克数）。

尽管大洋海水盐度会因各海区蒸发和降水的不平衡而有差异，但其主要离子组分之间的含量比例却几乎是恒定的，称为**“海水组分恒定性规律”**，或称“Marcet 原则”。因此，过去通常以海水中含量最高的氯含量测定值来换算成盐度值（S‰）。由于海水是一种电解质，现在已采用其导电率代替氯度滴定来换算成盐度值，称为实用盐度值，并且不再沿用“‰”符号。

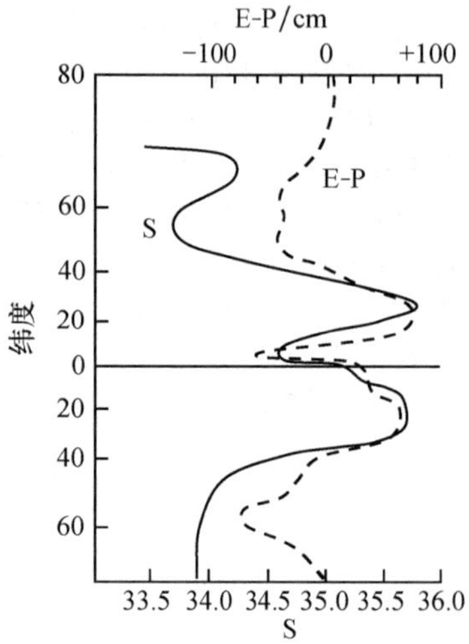

图 3.7 不同纬度年均表层盐度（实线）及年平均蒸发量与降雨量差值（虚线）分布图（引自 Lalli and Parsons，1997）

大洋表层盐度变化范围为 34～36（图 3.7），主要与不同纬度海区的降水量与蒸发量比例有关。赤道海区由于降水量大而蒸发量少（风速小），所以盐度较低（约 34.5）。副热带海区（两半球纬度 20°～30°的海区）盐度最高（约 36），随之向温带海区逐渐下降（至与赤道海区的盐度值相当）。两极海区盐度最低（约 34），与极地融冰过程有关。

大洋表层以下的海水是从不同纬度表层水辐聚下沉、扩展而形成的。除了与其上方表层水的盐度有关外，也与温度（因而也与密度）有关，因此大洋表层下方的盐度分布具有与上述因素相关的分层特征。

大洋表层以下盐度的垂直分层大体如下。

（1）大洋次表层（高盐）水：从南北两半球副热带高盐表层水下沉后向赤道方向扩展。

（2）大洋中层（低盐）水：从南北两半球中高纬度表层水下沉并向低纬方向扩展。在中、低纬度高盐次表层水与低盐中层水之间等密度线特别密集，形成垂直方向上的明显**盐跃层**（halocline），与温跃层相对应。

（3）大洋深层水和底层水：它们分别是从高纬度和极地海区的低盐低温上层水下沉后向大洋底扩散。深层水盐度约 35，温度约 3℃；底层水的盐度约 34.6，温度约－1.9℃，均比深层水低。

应当指出以上仅是大洋盐度垂直分层的大体情况，各大洋的不同盐度层的深度与分布范围是有差别的。

浅海区受大陆淡水影响，盐度较大洋的低，且波动范围也较大（27～30），而半封闭海区（如波罗的海）盐度则低于 25。河口区受淡水影响更为明显，盐度变化更大（0～30）。以上这些海水和淡水混合而盐度下降的海水称为**半咸水**或**咸淡水**（brackish water）。另外，有的海区（如红海、热带近岸泻湖）盐度可超过 40，称为**超盐水**（hypersaline）。

二、盐度对海洋生物的影响

（一）盐度与海洋生物的渗透压

大部分海洋无脊椎动物和某些较原始鱼类（如鲨、鳐类）的血液和体液浓度与海水的含盐量相似，而硬骨鱼类的血液盐含量仅是周围海水含盐量的 30%～50%。当环境盐度变化时，就会出现**渗透过程**（osmosis），即浓度低的一边通过半透膜向浓度高的一边渗透，直至**渗透平衡**（osmotic balance）为止。因此，由于渗透压的不同和产生渗透作用，那些没有**渗透调节机制**（mechanisms of osmoregulation）的海洋生物就可能出现细胞膨胀或产生质壁分离，从而出现代谢失调甚至导致死亡。

很多海洋动物对上述渗透平衡具有一定的调节机能。大部分海洋硬骨鱼类经常通过鳃把多余的盐排出体外或减少尿排出量或提高尿液浓度等方式来实现体液与周围介质的渗透压调节。软骨鱼类则以提高血液的尿素含量（可达 2%～2.5%）来维持体液的高渗压（尿素本来是有机体应当排出的含氮废物）。一些生活史经历海水和淡水间洄游的鱼类，通过降低体表渗透性（如鳗鲡体表黏液）或调整肾的排尿量（在淡水中增加排尿量、在海水中减少排尿量）或在海水中鳃组织排出盐而在淡水中摄取盐等方式来进行渗透压调节。其他较高等海洋动物也有各种渗透压调节机能，如鲸饮海水或吃高盐食物，其肾脏能产生含 Cl^- 比海水更高的尿液，通过排出高浓度的尿素来维持体液含盐量水平。

多数海洋无脊椎动物体液的渗透压与周围海水相同，虽然它们能在一定程度上忍耐周围海水的盐度变化（体液渗透压出现相应的变化），但不具备主动渗透压调节来适应外界环境的渗透压变化，因此一般都不能离开海水而生活。

（二）盐度与海洋生物的分布（狭盐性生物与广盐性生物）

（1）**狭盐性生物**（stenohaline）：对盐度变化很敏感，只能生活在盐度稳定的环境中。深海和大洋中的生物，是典型的狭盐性生物。这类生物如被风或流带到盐度变化大的沿岸海区、河口地带，就会很快死亡。

（2）**广盐性生物**（euryhaline）：对于海水盐度的变化有很大的适应性，能忍受海水盐度的剧烈变化，沿海和河口地区的生物以及洄游性动物都属于广盐性生物。例如，弹涂鱼能生活在淡水中，也能生活在海水中，这是因为它们生活的环境中盐度变化无常，经过长期的适应，对盐度变化的抵抗力就大大增强。鲻鱼、梭鱼等对盐度的适应性也很强。

（三）不同盐度海区物种数量的差异

大量的调查资料表明，不同海区中动物种类的丰歉程度与盐度状况是相联系的，盐度的降低和变动，通常伴随着物种数目的减少（表 3.2）。这是因为海洋动物区系在生态学上的重要特点是以狭盐性变渗压种类为主的，尤其是无脊椎动物，这一点是与海水盐度的稳定性有关的。因此，在盐度降低的条件下，就逐渐地减少了狭盐性种类。

表 3.2　地中海、黑海、亚速海的物种数目与盐度的关系

海区盐度	地中海 S=38	黑海 S=17	亚速海 S=11
腔肠动物	208	44	4
多毛类	516	123	23
甲壳动物	1174	290	58
软体动物	145	123	23
棘皮动物	101	4	—
鱼类	549	121	84
其他	1277	405	20
总数	3970	1110	212

第六节　溶 解 气 体

海水溶有大气中所有的各种气体，其中 O_2、N_2 和 CO_2 的含量很高。缺乏溶解氧的水体或沉积物中常有硫化氢（H_2S）出现，以及有机物分解和腐解而产生的其他还原性气体（如 CH_4），它们与生物作用密切相关，与前面那些与大气交换的气体不同。

影响海水中溶解气体含量的主要因素包括：①各种气体在水中的溶解度不同；②温度、盐度的影响，通常是温度和盐度越低，溶解量越高；③与生物活动有关，主要是 O_2 和 CO_2（这一点是与光、温、流等物理因素的重要区别）。

一、溶解氧（O_2）

海水中溶解氧含量范围为 0～8.5 mg/L，生物对海水氧含量有非常重要的作用。

大气中的氧气可大量地溶入表层海水，绿色植物进行光合作用所放出的游离氧也是海洋溶解氧的重要来源。相反，海洋生物的呼吸作用以及有机物质分解成各种无机物质消耗了大量的氧气。因此，海洋溶解氧的含量分布变化，成为许多海洋过程研究的内容。

表层海水由于与空气接触，加上浮游植物在表层的光合作用旺盛，因此，表层氧含量很高，通常处于相应的大气压和海水温度条件下的饱和状态。在浮游植物大量繁殖的海区，水中溶解氧出现暂时的过饱和现象，饱和度可达 100%～140%。

透光层下方缺乏光合作用的氧气补充，溶解氧含量逐渐下降。在 400～800 m 深处，由于密度梯度变化和温跃层的影响，从上层沉降的颗粒有机物（主要是浮游动物粪团等）较集中在这个层次，细菌的分解作用很旺盛。此外，动物的呼吸作用也大量消耗氧气，加上底层富氧水未能补充到这里，于是出现垂直分布的**最小含氧层**（oxygen minimum layer），氧含量可从正常值（5～6 mg/L）下降至 2～3 mg/L。

超过 1000 m 深的水层，氧含量并不随深度的增加而连续下降，而是在最小值后又开始上升。大洋下层潜流着从极区表层下沉而来的低温富氧的水团，加上大洋深层生物量较少，呼吸和分解作用的耗氧也较少是引起最小含氧层下方溶解氧又有上升的原因。当然，在上述总的分布模式下，世界各大洋氧的垂直分布曲线还有各自的特征（图 3.8）。例如，在大西洋，受两极注入大量新的富氧冷水的影响，在 2000～3000 m 深处氧含量仍属正常范围，而在太平洋北界以及印度洋，则有陆地所阻隔，深层水循环较差，加上长期较多的有机质被氧化，其氧含量就较低。因此，深层水的氧含量取决于它们是从高纬度来的“新冷水”或者是“静止水”。氧的垂直分布曲线有助于鉴别不同大洋的水系。

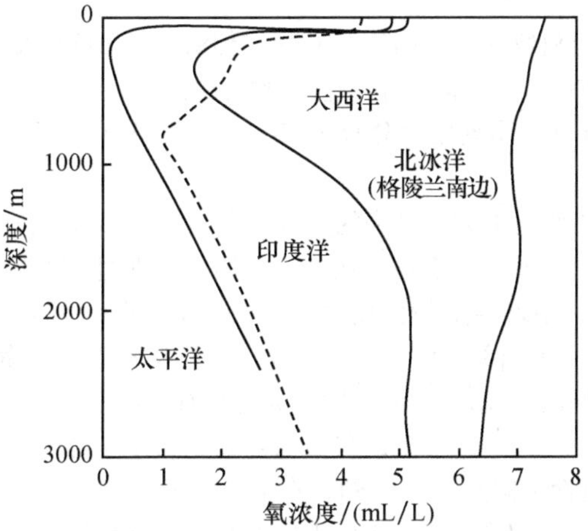

图 3.8　大西洋、太平洋和印度洋以及大西洋深层水形成区中氧含量的特征垂直分布图（引自 Dietrich，1963）

在某些孤立海盆内，由于海水停滞不动，含氧量不足而出现 H_2S，使近底层水中，除了厌氧生物之外，没有其他生物生存。最典型的例子是黑海，其最大深度为 2104 m，而动物生存的下界，大概只到 130～190 m 为止。在缺氧条件下，由于厌氧细菌的活动，硫酸盐经过还原作用而形成硫化氢。因此，硫化氢的存在为缺氧的标记。

有些海区（如波罗的海）的近底层有硫化氢暂时积聚的现象，往往是有海槛阻止了其内外海水的交换。在夏季，又由于表层水的受热以及淡水的流入，海水出现强烈的层化现象，或在长久风平浪静时，也有硫化氢积聚现象发生。到秋天，海水变冷，在浅海区由于风的吹动，海水的垂直对流运动增加，溶解氧由表层进入深层，硫化氢被氧化，积聚现象随之消失。

二、二氧化碳（CO_2）和 pH

海水中 CO_2 的溶解度比 O_2 和 N_2 为高，其总量约介于 34～56 mg/L。CO_2 除了从空气溶入外，动植物和微生物的呼吸作用、有机物质的氧化分解以及少量 $CaCO_3$ 溶解都是海水中 CO_2 的来源。CO_2 的消耗主要是海洋植物的光合作用吸收，此外一些 $CaCO_3$ 形成也消耗海水中的 CO_2。

海水中的 CO_2 系统包括以下几种存在形式：游离 CO_2、H_2CO_3、离子态 HCO_3^- 和 CO_3^{2-}，其总量称为总 CO_2（ΣCO_2）。可以用下式表示二氧化碳-碳酸盐体系：

$$\underbrace{CO_2+H_2O}_{\text{溶解}} \rightleftharpoons H_2C\underbrace{O_3 \rightleftharpoons HCO_3^- + H^+ \rightleftharpoons CO_3^{2-}+2}_{\text{离解}}H^+$$

上述平衡过程控制着海水的 pH，使海水具有缓冲溶液的特点。温度、盐度、压力一定的情况下，海水的 pH 主要取决于 H_2CO_3 各种离解形式的比值，或者说根据 pH 测定值可以推算出二氧化碳-碳酸盐体系中各种成分的比值。在海水的 pH（7.5～8.5）范围内，主要（80%以上）以 HCO_3^- 的形式存在，其次是 CO_3^{2-}，游离的 CO_2 很少，H_2CO_3 更少。

由于海水中二氧化碳-碳酸盐平衡体系的存在，所以尽管光合作用过程吸收了大量的 CO_2，但它绝不会成为海洋初级生产力的限制因子。

世界各大洋表层水 CO_2 是未饱和的，但在某些热带海区（如赤道太平洋靠近南美海岸和印度洋接近赤道处）存在着 CO_2 浓度比其与大气平衡应有浓度高的区域。从垂直方向上看，透光层的 CO_2 含量较低，其下方由于死亡有机体分解产生 CO_2 以及 CO_2 溶解度随压力增大而增大，所以 CO_2 含量很快上升。

海洋生物的呼吸以及有机物质氧化时产生 CO_2，使海水的 pH 降低。表层以下海水的 CO_2 不能与大气发生交换作用，因此，pH 的大小和生物的活动有关。在光合作用层以下的最小氧量层，pH 达到低值，这是由于有机残体氧化时分解出 CO_2。如在北太平洋东部约 800 m 深处，海水的 pH 只达到 7.5。

总的来说，海水的 pH 变化不大（平均约为 8.1 左右），pH 变化直接或间接地影响海洋生物的营养和消化、呼吸、生长、发育和繁殖。例如，海胆的卵在过度酸性或过度碱性的海水中不能发育，pH 在 4.8～6.2 时，不发生受精作用；pH 降到 4.6 时，海胆的卵就死亡。卤虫则与之相反，对碱性环境的忍耐力很差，pH 为 7.8～8.2 时，生长就不正常。海水 pH 对鱼类的呼吸速度和代谢过程的影响也是明显的。总之，各种海洋生物都有其生长发育的最适 pH，这是长期适应的结果。过高或过低的 pH 对其生命活动是有害的。海水中 pH 的变化往往反映海洋化学环境的变化。例如，pH 降低与氧含量降低是一致的，在 pH 降低和氧缺乏的环境中也往往产生对生物具有毒性作用的 H_2S。所以人们常常把 pH 作为反映水层或沉积物综合性质的指标。

海洋表层的溶解 CO_2 可以与大气中的 CO_2 进行交换。由于海水中的 CO_2 在浮游植物光合作用中被吸收，转变为生物颗粒，通过生物泵的运转沉降到深海，因此海洋就有吸收大气 CO_2 的功能。这个过程起着调节大气 CO_2 含量的作用，从而对减轻因人类活动大量排放 CO_2 所形成的温室效应危害有重要意义（详见第八章）。

三、氮（N_2）和二甲基硫（DMS）

氮是大气的主要成分，并且能大量溶入海水中。相对于 O_2 和 CO_2 而言，游离态分子氮是属于惰性气体，与生物的关系不大。但是，海洋中有一些蓝藻有固氮作用，以分子态氮作为合成有机物的氮源，对某些寡营养盐海区的初级生产力有重要贡献。另外，在某些缺氧环境细菌作用下的脱氮作用，可使硝酸盐和亚硝酸盐转变为分子态氮。

海洋浮游植物的代谢产物可产生二甲基硫丙酸（DMSP），在酶的作用下 DMSP 分解为二甲基硫（DMS）和丙烯酸。DMS 是海洋中硫的主要存在形式，具有挥发性，可大量释放到大气中形成凝云结核，从而增加太阳辐射的云反射。因此，DMS 与 CO_2 相反，成为一种起着“负温室效应”作用的气体（见第八章）。

本章提要

1.“环境”这一概念是对某特定主体而言的，生物的环境泛指生物周围存在的一切事物，它是由很多因素组成的一个相互作用的系统。环境中对生物的分布、生长、发育、生殖、行为有直接或间接影响的因素称为生态因子，生态因子包括非生物因子和生物因子两大类。当今人类的很多活动对环境和生物都有重大影响。

2. 生态因子中接近或超过某种生物的耐受极限而影响其生存的因素就成为限制因子。利比希最小因子定律和谢尔福德耐受性定律是限制因子概念的两个基本内容。分布广的具有较宽生态幅的生物称为广适性生物，反之则为狭适性生物。

3. 生物只能生活和适应于特定的环境中，环境的条件决定着生物的分布和数量特征。生物的生命活动也影响和改变环境。从长期的角度看，地球上出现生命之后，环境就在生物的影响下发生变化，现在丰富多彩的生物世界是生物与环境相互作用、共同演化的结果。因此，生物与环境之间是辩证统一的关系。

4. 光线透入海水后呈指数式衰减，不同波长的光在海水中的衰减系数是不一样的。自然海区光照强度自低纬度向高纬度递减。不同海区光照与黑暗的时间也随纬度而呈有规律的变化。光是海洋浮游植物进行光合作用的必需条件，浮游植物有不同的光合色素以吸收不同波长的光。很多海洋动物的垂直分布和昼夜垂直迁移与光有直接关系。

5. 海洋表层水温分布与太阳辐照的纬度分布大致相同，从热带向两极递减。表层海水温度因太阳照射而上升，形成密度较低的水层，因而出现永久性温跃层（热带海区）或季节性温跃层（温带海区）。深海水温常年保持低温且波动很小。近岸区水温因陆地气候影响而呈较大波动。海洋生物地理分布与海水等温线相当一致，有暖水种、温水种和冷水种之分。在适温范围内，生物的新陈代谢速率随温度升高而加速；胚胎发育期的平均水温与发育所经历时间的乘积基本上是一个常数。

6. 海水是不断流动着的。大洋海流包括表层风生环流和深层盐跃环流，前者主要与风系有关，并受科氏力的影响，后者起源于极区或亚极区高盐冷水的下沉并沿洋底流动。此外，还有周期性运动的潮流。海流按温度特征（相对于周围海水温度而言）有寒流与暖流之分。海流对各类生物扩大分布范围、维持种群生存有重要作用。潮流有助于潮间带生物获取食物和稀释环境中的污染物。不同海流产生的锋面以及海水的辐散与辐聚对海洋生态系统的生产力分布和能流、物流模式起控制作用。

7. 海水有很高的溶解性能，盐度是海水无机盐总含量的度量单位。海洋表层盐度的纬度分布呈双峰形，赤道盐度较低，两半球20°～30°海区的盐度较高，接近两极盐度又下降。这种分布特征是海区降水和蒸发比例不同的结果。尽管大洋海水盐度是可变的，但其主要组分的含量比例却几乎是恒定的。盐度直接影响海洋生物体液的渗透压，对于那些没有渗透调节能力的种类，盐度变化将导致代谢失衡或死亡。大洋和深海的种类多属狭盐性生物，而沿岸、河口区的种类多属广盐性生物。

8. 大气中各种气体会溶入海洋表层，最重要的有氧气和二氧化碳，它们的含量和在各海区的垂直分布明显地取决于各种生物学过程，包括浮游植物的光合作用、所有生物的代谢过程以及有机物质的分解过程等。海水的pH与二氧化碳体系密切相关，pH可作为反映生物栖息环境的综合性化学指标。生物固氮作用和脱氮作用直接影响着N_2的海气交换。DMS也是来源于生物代谢产物，它向大气的释出有“负温室效应”的作用。

思考题

1. 什么叫环境和生态因子？
2. 何谓限制因子？说明利比希最小因子定律和谢尔福德耐受性定律的主要内容。
3. 如何用辩证统一的观点来理解生物与环境的关系？
4. 简述光在海洋中的分布规律及其主要生态作用。
5. 为什么说浮游植物辅助色素对利用太阳光有重要作用？
6. 简述海水温度的水平和垂直分布规律及其主要生态作用。
7. 简述大洋表层环流模式及海流的生态作用。
8. 说明海洋中盐度分布及其生态作用。
9. 说明海水中O_2、CO_2的来源与消耗途径。为什么说pH可作为反映海洋生物栖息环境化学特征的综合指标？

第四章

生态系统中的生物种群与动态

第一节 种群的概念与种群统计学基本参数

一、种群的概念

（一）种群的定义

物种在自然界的分布并不是均匀和连续的，而是形成几个多少被隔离的、相对独立的群体。所谓**种群**（population）就是指特定时间内栖息于特定空间的同种生物的集合群。种群内部的个体可以自由交配繁衍后代，从而与其他地区的种群在形态上和生态特征上彼此存在一定的差异。种群是物种的普遍存在形式，或者说物种是以种群形式出现的而不是以个体的形式出现。

从生态学观点看，种群不是许多同种个体一般的堆集，而是具有一定程度自我调节机制的有机单元。种群较之个体，已经是生命组织层次的一个新水平。这种组织层次使有机体在进化过程中能更充分地利用环境资源，对物种本身的生存与发展极为有利。

种群与个体的差别还表现在种群具有个体所没有的属性，这些属性包括出生率、死亡率、年龄分布、性比和种内社群结构等。当然，种群不能离开组成种群的个体，个体与种群的关系是哲学上部分与整体关系的一种体现。

种群是生态系统中生物群落的基本组成单元，每一种群在群落中处于一定地位，并且与群落中的其他种群保持相互联系，共同执行生态系统的能量转化、物质循环和保持稳态机制的功能。此外，种群也是人类保护和利用自然生物资源的具体对象。当今由于人类过度开发和掠夺生物资源，很多重要的种群（甚至物种）已经消失了。因此，研究种群生态学（特别是种群的数量变动及其影响因素）有重要的理论和应用意义。

（二）自然种群基本特征

（1）空间分布特征：种群有一定的分布范围（虽然很多种群的空间分布界限并不十分固定），在分布范围内有适于种群生存的各种环境资源条件。分布中心条件最合适，种群密度也较高。边缘地区环境资源条件和种群密度的波动则较大。

（2）数量特征：种群的数量都随时间而变动，并且有一定的数量变动规律。在正常情况下，每一种群变动都有一个基本范围，这与各种群特有的出生率、死亡率、生长率和年龄结构等生物学特性有关。

（3）遗传特征：种群由彼此可进行杂交的同种个体所组成，而每个个体都携带一定的基因组合，因此，种群是一个**基因库**（gene pool），有一定的遗传特征。同时，种群中个体之间通过交换遗传因子而促进种群的繁荣。

海洋生物的种群研究较多的是鱼类（特别是经济种类）。海洋鱼类在其物种分布区并非均匀地分布着，而是形成多少被隔离的、相对独立的群体。这种群体是鱼类生存和活动的单位，即为上述定义的种群，其内部个体可以充分杂交，从而与邻近地区的种群在形态上和生态特征上彼此存在一定的差异。各个种群具有独立的洄游路线，并在一定水域产卵、索饵和越冬。

二、种群密度与阿利氏规律

（一）种群的密度

种群的大小（size）是一定区域内种群个体的数量（或生物量），但实际上大多数种群往往很难以绝对数量加以度量，而是以种群的密度作为相对的度量。

种群密度（population density）指单位面积或单位空间内有机体的数量。因为组成种群的个体数量随时间进程而变化，因此，这里所指的数量通常是**即时数量**（instantaneous quantity）。

海洋生物种群数量统计主要方法如下。

（1）所有个体的直接计数：计数某区域中生活的某种动物的全部数量。在一些大型而明显易见的生物（如集中于繁殖地的海豹）直接计数全部个体才是可能的。

（2）取样调查方法：绝大多数种群是不能直接计数全部个体的，只能抽取一部分样本来作为代表性的数量指标，用以估计种群总体。在很多情况下这是一种唯一可用的方法。

（3）标记重捕法：对活动能力强和分布范围广的动物（如鱼类）在调查区域捕获一部分个体，做上记号（标记）再放回去。过一段时间重新捕获该种动物，根据其中标记与无标记的个体数量比例推算该种群的总个体数。不过，这种方法因影响回捕率的因素很多，实际应用中常遇到困难。

在渔业统计学中常用单位捕捞力量渔获量（鱼的尾数或生物量）作为该鱼类种群大小的相对指标。

种群的密度是种群生存的一个重要参数，它与种群中个体的生长、繁殖等功能有密切关系。外界环境条件对种群的数量（密度）有影响，而种群本身也具有一定程度的调节密度机制，以响应外界环境的变化。

（二）阿利氏规律

很多研究表明，种群密度的增加，倘若是在一定水平内，常常能提高成活率、降低死亡率，其种群增长状况优于密度过低时的增长状况。但是，种群密度过度增高可能产生拥挤的负效应，个体生活所必需的各种条件变差，机体生理状态变坏，导致出生率下降、死亡率上升，这种拥挤效应将对整个种群带来不利影响。相反，种群密度过低，雌雄个体相遇机会太少，也会导致种群的出生率下降，并产生一系列生态后果。因此，种群密度过疏和过密对种群的生存与发展都是不利的，每一种生物种群都有自己的**最适密度**（optimum density），这就是所谓**阿利氏规律**（Allee’s law）。阿利氏规律对于濒临灭绝的珍稀动物的保护有特别重要的指导意义，要保护这些珍稀动物，首先要保证其具有一定的密度，若数量过小或密度过低，就可能导致保护失败。图 4.1 概括了种群的密度与存活率或者其他生理效应的相互关系。

（三）种群个体的空间分布类型与集群现象

1. 种群个体的空间分布类型

种群中个体的静态分布类型有三种（图 4.2）。

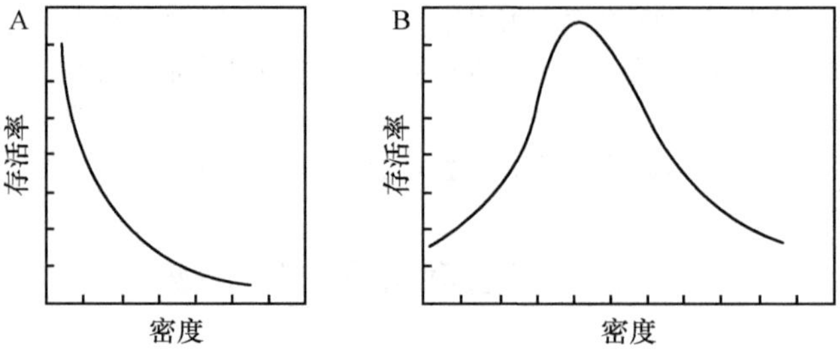

图 4.1 图示阿利氏规律（引自 Odum，1971）
A. 在某些种群增长中，种群小时，存活率最高；B. 另一些种群，在种群中等大小时最有利，在后一种情况下，过疏和过密都是有害的

图 4.2 种群的 3 种内分布型或格局（引自孙儒泳等，2002）

(1) 均匀（uniform）分布：个体间的距离基本相等，这是很少见的。在某一水文条件较一致时的浮游生物分布可能趋于均匀分布。

(2) 随机（random）分布：个体的分布是无规则的、随机性的，如潮间带的泥滩，某些蛤类常呈这种分布。

(3) 成群（clumped）分布：个体成群或成簇分布，可能是由环境特点（如风、水流）引起的，更多的情况是由生物本身的集群习性造成的。

2. 集群现象及其生物学意义

自然种群在空间分布上往往形成或大或小的群，它是种群利用空间的一种形式。例如，许多海洋鱼类在产卵、觅食、越冬洄游时表现出明显的**集群现象**（schooling），鱼群的形状、大小因种而异。动物的集群生活往往有很重要的生态学意义，例如，鱼类的集群有利于个体交配与繁殖（如洄游性鱼类的产卵洄游）。集群对种群内各个体间起很大的互助作用，当鱼类遇到外来袭击时，可能立即结群进行防卫，往往只有离群的个体才被凶猛的袭击者所捕食。群体的集群索饵也显示出有利的作用，当鱼群中一部分遇到较好的食物环境时，会停留在这个区域，其余部分也将以更快速度围绕这一地区环游，以便都能获得较好的食物。还有，鱼群在游动时可形成有利于游泳的动力学条件，比单独行动时减低阻力，游泳的效率最高。此外，集群也可能改变环境的化学性质，已有研究证明，鱼类在集群条件下比营个体生活时对有毒物质的抵御能力更强，这可能与集群分泌黏液和其他物质以分解或中和毒物有关。当然，鱼类的结群活动也存在着不利的方面，如目标大，有造成被大量捕食（或捕捞）的危险，还有争食和食物限制的不利影响。

浮游生物的**斑状分布**（patchiness）也是一种集群现象。大的斑状分布可能与局部海区海水的物理混合过程产生丰富营养水进入透光层有关；小尺度斑状分布可能与水团的内部某些区域的温、盐变化以及营养盐分布的不均匀有关。

有些海洋动物的群聚纯属偶然，如有的底栖动物由于波浪作用而沿着海岸集中分布。

三、种群的年龄结构和性比

（一）种群的年龄结构

很多动物种群包含着不同年龄、不同性别的个体。年龄结构是指种群中各年龄期个体的百分比，即各年龄级的相对比率，称**年龄级比**（age ratio）或称**年龄分布**（age distribution）。

种群的年龄结构（age structure of population）对出生率和死亡率有很大影响，种群中的繁殖能力仅限于某些年龄，死亡率也会随年龄而不同。因此，通过对年龄结构的分析可以预测种群变化的动向。

从理论上说，种群在一个恒定的环境里，迁入及迁出保持平衡或者不存在，且当其出生率与死亡率相等时，各年龄级的个体数基本上保持不变。这种稳定年龄结构的概念很重要，是可以帮助我们解决许多变量的一个“常数”，尽管在自然条件下，这种稳定状态不可能长期存在下去。

种群的年龄结构既取决于种的遗传特性，同时也取决于具体的环境条件，表现出对环境的适应关系。应当指出，海洋经济鱼类种群的年龄组成在很大程度上决定于捕捞特点，通常是高年龄个体的相对数量小。例如，我国东海大黄鱼由于被过度捕捞而导致资源衰退，年龄结构就发生明显变化（表 4.1），其变化特征表现为高龄鱼消失，因而种群的年龄结构趋于简单。

表 4.1 东海大黄鱼的种群数量与年龄结构

年 份	资源生物量/万 t	资源尾数/亿尾	年龄范围/a	优势年龄组/a	平均年龄/a	产量/万 t
1957	57.6	14.96	1～14 95.2%	2～8 79.6%	5.5	17.8
1967	49.9	13.28	1～14 97.8%	2～7 81.8%	4.5	19.6
1977	15.6	3.78	1～14 99.7%	1～4 96.9%	2.7	8.9

种群中的个体生长到一定年龄，性腺开始发育达性成熟。种群的个体成熟的早晚明显受到生长好坏的影响，同时，性成熟作为种群数量调节的一种适应属性，当种群数量减少或增加时，其性成熟年龄可能提早或推迟。因此，在研究海洋鱼类种群时，常常将性成熟的体长、体重组成作为种群结构及变化的一个重要内容，以反映外界（如环境与捕捞）对种群的影响。

（二）种群的性比

种群雌雄个体的数量及其相对比率称为**性比**（sex ratio of population）。性比是种群结构特点和变化的一种反映。种群性比的变化也是种群自然调节的一种方式。例如，鱼类种群在生活条件（主要是营养条件）良好时，增加雌性个体的比例以增强种群的繁殖力，反之增加雄性个体以降低繁殖率，这是对环境条件变化的一种适应。

海洋经济鱼类由于捕捞的影响也会影响种群的性别组成。例如，20 世纪 60 年代中期，我国东海北部带鱼全年性别组成是雌多于雄。以后由于捕捞增大，大个体带鱼数量减少，70～80 年代全年性别组成则是雄多于雌（罗秉征等，1983）。

四、出生率和死亡率

种群数量变动取决于出生和死亡、迁入和迁出四种过程，也即生死与迁移，如果还考虑生物量的变动，则须加入生长因素。

（一）出生率与死亡率

1. 出生率

出生率指任何生物产生新个体的能力，研究种群出生率（繁殖率）对于预测种群的数量动态有重要意义。各种动物出生率差别很大，许多海洋鱼类每次产卵数为数百到数百万，翻车鱼产卵可达千万的数量，而鲸每胎只产一仔。还有繁殖频率的影响，鲸 2～3 年产仔一次，大麻哈鱼一年产卵一次，而有的低等甲壳动物几个月甚至几周就可能繁殖一次。高的出生率往往是对高的死亡率的适应。

2. 死亡率

死亡是种群数量减少的重要原因。死亡的原因很多：①达到生理寿命而衰老死亡；②食料不足，饥饿而死；③疾病（包括病毒、细菌、原生动物等寄生性敌害引起的死亡）；④被捕食和被人类捕捞；⑤灾害，如污染等；⑥完全偶然的死亡。

多数海洋动物的后代数量并不一定依产卵的多少而定，更重要的是能受精的卵子数量以及各发育阶段死亡率的高低。大多数海洋动物的幼体期死亡率高于成体期。

（二）生命表和存活曲线

种群的存活率或死亡率常随年龄而改变，**生命表**（life table）是用来分析种群死亡过程的有用工具。生命表有两种类型：①**动态生命表**（dynamic life table）或称**股群生命表**（cohort life table）是根据观察一群同期出生的生物的存活（或死亡）情况所得数据而编制的，又称为特定年龄生命表；②**静态生命表**（static life table）是根据某一特定时间，对种群作年龄分布的调查结果而编制的，所以又称为特定时间生命表（图 4.3）。动态生命表要获得数据往往是困难的，静态生命表则较容易获得所需的数据，但静态生命表相当于假定种群所经历的环境不随时间而变化，即假定种群年龄组成是不变的（鱼类种群分析常采用这种方法），这种生命表只代表该时间内的大致估计，因此这两类生命表描述的死亡过程有所区别。

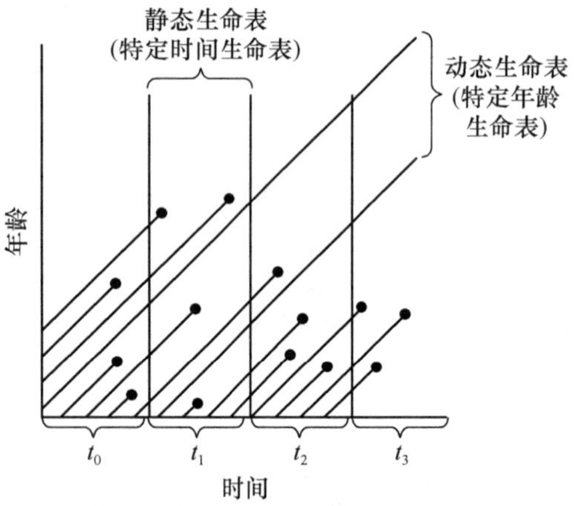

图 4.3　动态生命表和静态生命表的关系
（引自 Begon and Mortimer，1981）

现以藤壶为例说明编制生命表的具体方法。表 4.2 各栏符号的含义已注明于表中。只要具有 n_x 或 d_x 的实际观察值，就可以计算其他各栏，关系式如下：

$$l_x = n_x/n_0;\quad d_x = n_x - n_{x+1};\quad q_x = d_x/n_x$$

计算 e_x 较为麻烦，首先计算每年龄期的平均存活数目 L_x，$L_x=(n_x+n_{x+1})/2$；其次计算“个体年”的累积数 $T_x=\sum_x^{\infty} L_x$；最后计算平均期望寿命 $e_x=T_x/n_x$。

表 4.2　藤壶（*Balanus glandula*）的生命表*

年龄/a　x	各年龄开始的存活数目 n_x	各年龄开始的存活分数 l_x	各年龄死亡个体数 d_x	各年龄死亡率 q_x	生命期望平均余年 e_x
0	142	1.000	80	0.563	1.58
1	62	0.437	28	0.452	1.97
2	34	0.239	14	0.412	2.18
3	20	0.141	4.5	0.225	2.35
4	15.5	0.109	4.5	0.290	1.89
5	11	0.077	4.5	0.409	1.45
6	6.5	0.046	4.5	0.692	1.12
7	2	0.014	0	0.000	1.50
8	2	0.014	2	1.000	0.50
9	0	0	—	—	—

* 对 1959 年固着的种群进行逐年观察，到 1968 年全部死亡。资料根据康内尔（Conell，1970，转引自 Krebs，1978）。

海洋渔业资源管理中早已应用渔获物编制生命表计算捕捞对象的死亡率。在浮游生物方面，一些各期幼体鉴定技术很成熟的浮游动物（如黄、东海优势种中华哲水蚤）可以通过调查获得种群各发育龄期结构数据，应用生命表计算各龄期死亡率并联系温、盐、流、食物、捕食者等因子分析影响种群变动的关键因子。

根据生命表可作存活曲线，存活曲线是以年龄为横坐标，存活的相对数为纵坐标构成的曲线。横坐标以相对年龄（即平均寿命的百分比）表示，以便比较不同寿命的动物。

图 4.4 表示几种不同存活曲线：A. 种群在接近生理寿命之前死亡率很低；B. 每时期死亡率基本保持不变；C. 幼体死亡率很高（如牡蛎浮游幼虫期死亡率很高，一旦固着于合适的基底，死亡率就很低）。

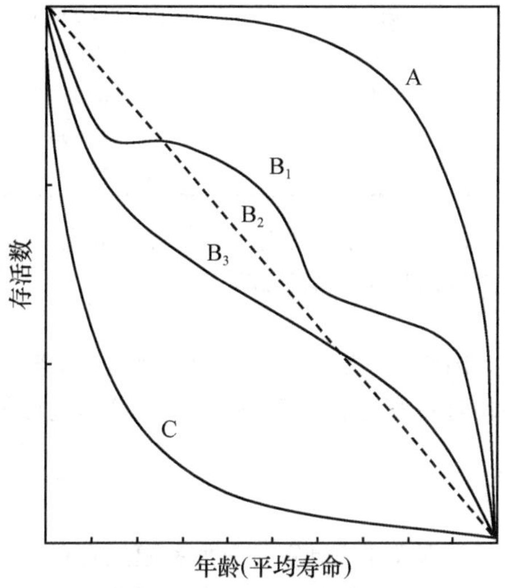

图 4.4　存活曲线的类型（引自 Odum，1971）

五、种群增长率和世代时间

在自然界，种群的数量是不断变化着的，种群的增长率与出生率、死亡率有直接联系。当条件有利时，种群数量增加，增长率是正值；当条件不利时，种群数量下降，增长率是负值。种群的瞬时增长率（r）是瞬时出生率（b）与瞬时死亡率（d）之差。当种群处于最适条件下（食物、空间不受限制，理化环境处于最佳状态，没有天敌出现，等等），种群的增长率称为**内禀增长率**（intrinsic rate of increase），也即种群的**最大增长率**（maximum rate of increase，r_{max}）。通常人们通过在实验室提供最有利的条件来近似地测定种群的内禀增长率。

决定种群增长或下降的速率，不仅与种群个体随时间推移的存活或死亡数量有关，还与特定年龄的出生率有关。它是平均每雌体的产雌率（因为只有雌体才产生后代），但常将种群当作雌体产生更多的雌体来处理，从而暂不考虑性比问题。表 4.3 是计算 r 值的一个实例，其中 x、l_x

的定义与上述存活生命表所表示的一样，新增加的 m_x 一栏代表特定年龄出生率，l_xm_x 栏是各年龄组的 l_x 与 m_x 的乘积，其和 $\sum l_xm_x$ 称为净生殖率（R_0）(net reproductive rate)。因为 R_0 是从各年龄组的 l_x、m_x 计算出来的，它包括种群的出生率和存活率，也就代表经过一个世代以后的净增长率或定义为每世代的增殖率。

表 4.3　拟沙丁鱼（*Sardinops caeruea*）存活率和出生率生命表

x/a	l_x	m_x	l_xm_x
0	1.000 000 000	0	0
2	0.000 014 084	36 543	0.5147
3	0.000 009 410	96 687	0.9098
4	0.000 006 328	119 414	0.7557
5	0.000 004 242	133 593	0.5667
6	0.000 002 843	143 824	0.4090
7	0.000 001 928	151 641	0.2890
8	0.000 001 277	158 743	0.2028
9	0.000 000 856	161 070	0.1379
10	0.000 000 574	161 070	0.0926
11	0.000 000 384	161 070	0.0619
12	0.000 000 257	161 070	0.0415
13	0.000 000 173	161 070	0.0279

由于 R_0 是子世代个体数与母世代个体数的比值，$R_0=N_T/N_0$，所以 $N_T/N_0=e^{rT}=R_0$。这里 T 为世代时间。取对数后得

$$r = \ln R_0/T \tag{4.1}$$

因此，已知每世代的增殖率后还必须求出世代平均时间 T，它以母世代生殖到子世代生殖的平均时间来度量，可通过下式得到其近似值（因大部分种群后代不是同时出生）。

$$T = \frac{\sum xl_xm_x}{\sum l_xm_x} = \frac{\sum xl_xm_x}{R_0} \tag{4.2}$$

根据表 4.3 计算，对加利福尼亚的沙丁鱼来说，T=4.111 年，R_0=4.0125。有了每世代的增殖率和世代平均时间，我们就能够求出种群的瞬时增长率：

$$r = \ln 4.0125/4.111 = 0.338$$

从这个例子可以看出，这种沙丁鱼种群增长速度是相当快的（R_0=4.0125），已知这种鱼类的种群密度经历着较大的变化，上面计算所得较高的净增殖率表明它在适宜条件下能快速增长来恢复其种群密度。

第二节　种群的数量变动与生态对策

一、种群增长的数学模型

严格来说，单种种群在自然条件下并不能存在，为了便于研究种群的增长与变动规律，首先分析单种种群。

某个种群经过一段时间后，其增长（或下降）可以用生物量的变化（ΔB）或个体数量的变化

(ΔN) 来表示。这些变化是由这段时间内出生和死亡、个体的生长以及迁出和迁入的差数所决定的。研究种群增长模型通常只考虑个体数的变化，同时假设个体的迁入与迁出是相等的。

(一) 种群的指数式增长模型

这是一个理想种群在无限环境下的增长模型。假设一个种群在开始时 (t_0) 的个体数为 N_0，经过一个世代（或一个单位时间，如一年）后，其个体数加倍，则在 1，2，3，…，n 个世代的个体数分别 2^1N_0，2^2N_0，2^3N_0，…，2^nN_0，即

$$N_n = 2^nN_0 \quad 或 \; N_t = N_0\lambda^t$$

这里的 λ 即为每经过一个世代（或一个单位时间）的增长倍数，称为**周限增长率** (finite rate of increase)。

上面讨论的是世代不相重叠的情况，如果世代之间有重叠，种群的数量以连续的方式改变，则可用微分方程来描述这种指数式增长过程

$$dN/dt = rN \tag{4.3}$$

积分后得

$$N_t = N_0e^{rt} \tag{4.4}$$

瞬时增长率 r 和周限增长率 λ 的关系为：$\lambda=e^r$，$r=\ln\lambda$，它们有 4 种情况并影响种群的变化（表 4.4）。

表 4.4　瞬时增长率 r 和周限增长率 λ 的关系

r	λ	种群变化
r 为正值	$\lambda>1$	种群上升
$r=0$	$\lambda=1$	种群稳定
r 为负值	$0<\lambda<1$	种群下降
$r=-\infty$	$\lambda=0$	雌性无生殖，种群死亡

上述种群增长形式称为几何级数式增长或指数式增长。以 t 为横坐标、N_t 为纵坐标作图，曲线呈“J”形，所以指数式增长模型又称为“J”形增长模型（图 4.5）。如果知道了参数值 r，只要给予初始种群 N_0，就能描述种群在无限环境中指数式增长的过程。

根据式 4.4 可以计算种群数量的**加倍时间** (doubling time, t)，在海洋浮游植物种群增长中加倍时间多以天为时间单位：

$$N_1/N_2 = 2 = e^{rt}, \quad t = \ln2/r = 0.69/r$$

加倍时间的倒数即为每天增加的世代数。

应当指出，自然种群只有在食物丰盛、没有拥挤现象、没有天敌等条件下才能表现出短时间的指数式增长。在这种条件下，种群内每个个体的繁殖速度不变，种群以巨大速度增大（如浮游植物的“水华期”、害虫的爆发或细菌在新培养基中的生长）。但是，这种指数增长不可能长期维持下去，当 N 达到上限时会立即下降。

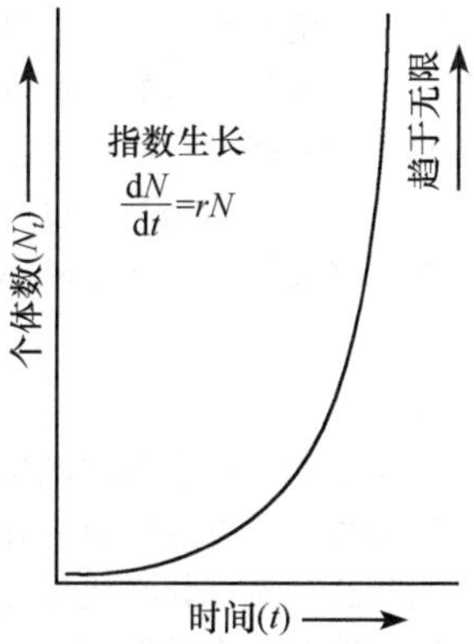

图 4.5　种群指数生长曲线
（引自 Emmel，1976）

(二) 种群的逻辑斯谛增长（饱和增长）模型

达尔文指出，没有一个自然种群能无限制地增长。种群增长实际上是有限的，因为环境是有限的，若种群按“J”形增长的话，大增长现象不可能持久，随后而来的必然是种群的大幅度下降。因此，无限的增长是暂时的，有限的增长是必然的。随着种群密度的上升，食物、空间等条件对每个个体来说，日益恶化，被捕食和得病等机会也会增多，必然是死亡率增加，出生率降低，

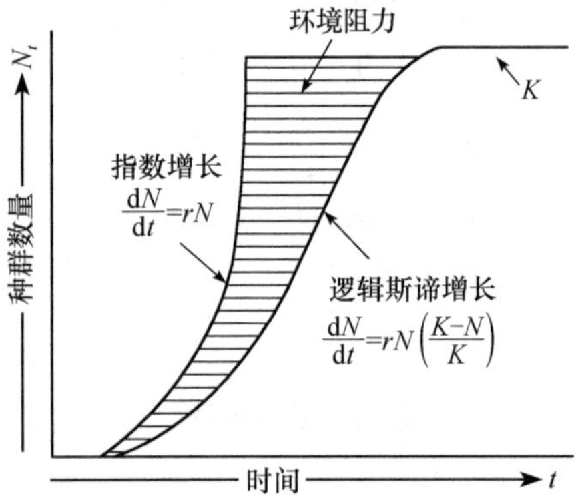

图 4.6 种群增长型
(引自 Kendeigh，1974)

从而降低种群的实际增长率，一直到停止增长，甚至种群下降。根据以上分析，设想在一个稳定的环境里，使种群增长率降低的影响是随着种群密度上升而逐渐地、按比例地增加。即种群实际增长率随着种群密度本身的提高而降低。同时设想有一个环境资源可能容纳的最大种群值，称为**环境负载能力**（environmental carrying capacity），通常用 K 表示。当种群达到 K 值时，种群将不再增长，即 $dN/dt=0$。**逻辑斯谛方程**（Logistic equation）就是用来描述这种增长模式的，也称“S”形增长模式（图 4.6）。逻辑斯谛方程的微分形式为

$$dN/dt = rN(1-N/K) \tag{4.5}$$

从式中可以看出，种群数量（N）越接近环境负荷量（K）时，（$K-N)/K$ 之值越小，增长速度下降，当 $N=K$ 时，增长率即等于零，种群数量保持稳定。

逻辑斯谛方程所描述的增长动态既有在数学上简单的特点，又符合一些实验种群的增长形式，因此它又有现实性的特征，因为自然界不存在无限的环境条件。

逻辑斯谛方程描述这样一种机制，当种群密度上升时，种群能实现的有效增长率逐渐降低。在种群密度与增长率之间，存在着负反馈机制，这是一种十分明显的密度制约作用（还有其他的方程式能形成“S”形曲线，只要负反馈作用是以某种方式随着种群密度上升而增加）。虽然“S”形增长理论尚不完善，但它是研究单种群动态和多种群间相互关系的理论基础。

海洋生物由于食物（营养物质）和空间的限制而影响种群增长的例子是很多的。Branch (1975) 对南非岩岸的一种笠贝（*Patella cochlear*）的密度效应进行了研究，发现笠贝幼体在高密度时会增加死亡率。其原因是减少了定居空间，同时每个个体的食物供应也受到限制。相反，种群密度较低时，幼体的死亡率较低，因为大部分幼体可在岩石表面定居，并且由于有充足的摄食空间，生长加快，能够达到较大的个体。所有这些都可促进繁殖更多的幼体，然后这些幼体进入水中而与亲代群体的密度无关。这些数量较大的幼体选择波浪作用较强的地方沉着下来，形成较高的种群密度区；而在波浪作用较弱的地方形成较低的种群密度区，这样就完成了调节周期。

以上讨论的是高密度降低种群生长的例子，很多自然种群的情况是这样的。但是，种群大小对种群增长效应要从正的密度相关和负的密度相关两方面来考虑。

（三）时滞影响的种群动态

当种群在一个有限的空间中增长时，随着种群密度上升而引起种群增长率下降的这种自我调节能力往往不是立即就起作用的。负反馈信息的传递和调节机制生效都需要一段时间，这就是种群调节的时滞，如有机体以改变出生率和死亡率应答不利的拥挤情况所需的时间，它是种群数量产生波动的一个重要因素。

上面讨论的逻辑斯谛生长方程并没有考虑到时滞的影响。如果我们在模型中加入反应时滞（即从环境条件改变到相应的种群增长率改变之间的时滞），则

$$dN/dt = rN[(1-N_{(t-T)}/K)] \tag{4.6}$$

式中，T 为反应时滞。加入反应时滞后的逻辑斯谛方程，Nicholson (1954) 称之为“延滞性密度调节型”(tardy density conditioned pattern)，其动态曲线有很多类型（图 4.7），取决于 rT 之积。如果 r 值不变，则时滞（T）越长，种群数量越不稳定。它表示“S”形增长中当种群数量达到环境负载能力时，将可能下降或波动。

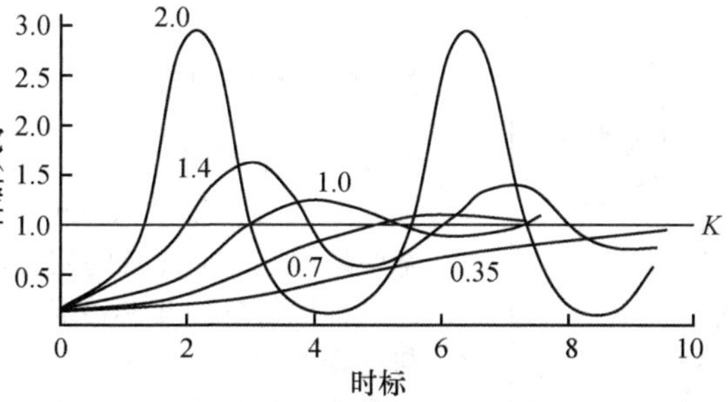

图 4.7　具不同时滞的逻辑斯谛增长模型所表现的种群增长动态（引自 Krebs，1978）
曲线边的数字是 r 与 T 的乘积

由于时滞影响，种群在开始时的增长速率比没有时滞更慢，但是在超过平衡点后还会继续增长，称为“超越”。然后，高密度的拥挤效应引起种群密度下降，但同样由于时滞的影响，会下降到平衡点以下，这叫做“超补偿”。如果超越与超补偿相继出现，就形成振荡。

以上介绍种群增长的三种有代表性的模型。广义地说，“J”形增长是不完全的“S”形增长，即突发性的限制效应出现在种群内自我限制效应尚未成为重要因素之前的情况。“S”形增长反映了许多生活史简单、体型小的生物的种群增长情况。而具时滞的种群增长模型则更能反映很多种群的增长情况，即开始时呈“S”形曲线增长，然后出现有中等程度的超越和超补偿波动现象。

二、自然种群的数量变动

（一）自然种群数量变动

任何种群都有数量变动的特征，它是环境因素和种群适应性相互作用的结果。自然种群的数量波动，有的是有规则的波动，有的是不规则的波动。

1. 季节变化

季节变化（seasonal variation）是指种群在一年中的不同季节（月份）的数量变化。这是人们熟悉的情况，我们甚至可以预料不同种群的季节消长规律。一年中只有一次繁殖季节的种群，则该季节的种群数量最多，以后由于环境条件的季节变化、自然死亡或被其他动物捕食，其数量就逐渐下降，直至翌年的繁殖季节，例如，温带水域不同浮游生物种群的季节变化也因不同种类繁殖高峰期而异。

有的浮游动物虽然整年都可能繁殖，但繁殖高峰期的时间不同，所以在不同季节中的种群数量有很大变化。例如，渤海常见的小拟哲水蚤（*Paracalanus parous*）的种群数量高峰主要在夏季；强额拟哲水蚤（*Paracalanus crassirostris*）则在 8 月份出现最高峰，12 月份有一个次高峰；双毛纺锤水蚤（*Acartia bifilosa*）的高峰期则在春季和初夏（王荣等，2002b）。

很多海洋浮游生物在环境条件不利时会产生**滞育**（diapause）现象（包括卵、幼体或成体滞育），待种群适合的环境条件（如适宜水温）出现时继续正常的生长发育。Marcus 在研究桡足类的滞育时发现，通常情况下，低光照和低温会诱导夏、秋种产生滞育卵，而长光照和高温会诱导冬、春种产生滞育卵。滞育卵会沉降到海底度过环境不利期，待环境适宜的季节重新孵化，补充水层中的种群数量。有的浮游动物的滞育卵可在数年甚至数十年后才孵化成幼体。对于浮游植物来说，环境不利时则形成**休眠孢子**（resting spore）下沉到海底，待环境适宜时再重新萌发。滞育或休眠可通过基因固定下来遗传给后代，是保证种群生存和繁荣的一种生活史对策。

各种生物所特有的种群季节消长特点，主要受环境的季节性变化和生物本身的生活史的适应性所调节，同时也受种间关系（主要是食物关系）所影响。

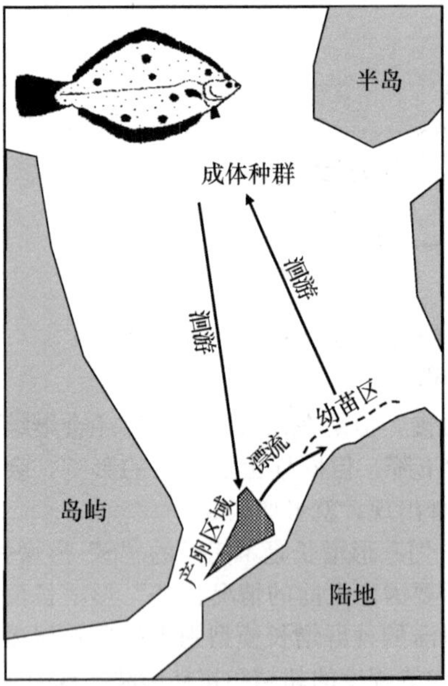

图 4.8 一种鲽鱼（*Pleuronectes platessa*）在其生活史中的洄游环路示意图（改自 Barnes & Hughes，1982）

2. 年（际）变动

种群在不同年份之间的数量变动是很普遍的，称为年（际）变动（annual variation），它是种群动态中最引起人们注意的问题。

种群数量的年际变化常与环境（包括理化因素与食物条件等）有密切关系。一些洄游性鱼类往往从成体种群栖息地洄游到产卵场，产卵后成体再洄游到原栖息地。卵和刚孵化的幼体是漂浮性的，并被海流带到有充足食物（浮游生物）的幼体栖息地，幼体在这里生长到一定阶段后再移栖到原成体栖息地（图 4.8）。在这个过程中，幼体能否从产卵场适时地漂移到幼体索饵地，取决于海流的流速和流向是否有变化。如果流速和流向有改变，则可能使幼体推迟或提前到达索饵地，从而可能由于缺乏必需的大量饵料（浮游植物大量繁殖前）或错过食物繁盛期并因此而遭遇潜在竞争者和捕食者而导致幼鱼有极高的死亡率，使种群的补充量产生变化，种群数量就产生年际波动。

不同种类的波动幅度是不同的。例如，沙丁鱼无论在大西洋或太平洋，其渔获量在近 50 年内就变动 100 倍；北大西洋的鲱鱼和鳕鱼，丰产世代比歉产世代高出几十倍；而加拿大和美国太平洋沿岸鳙鲽，1915～1945 年间最高渔获量比最小渔获量只多 1.5 倍。

3. 种群数量的暴发

种群的暴发是在一定条件下某种生物种群出现连续的指数式增长，其数量在短时间内大大超过该种群正常的波动范围。陆地上在干旱和高温条件下出现的蝗灾就是典型的种群暴发现象，对农作物有极大的危害。在海洋中，随着水体富营养化加剧，在一定促发条件下近岸海域常会出现某种浮游生物的大暴发，被称为有害藻华（赤潮）。有害藻华与通常所说的浮游植物春季水华不同，前者繁殖数量惊人，足以使海水变成红色或褐色，有的种类还分泌毒素，可造成很多海洋生物窒息或中毒死亡；后者是海区（特别是温带海区）春季光照、温度适宜和营养盐供应充足而出现的浮游植物数量春季高峰期，是一种正常的季节波动现象。

（二）种群数量的相对稳定性

尽管种群的数量变动是普遍现象，但是种群数量也有相对稳定的一面。在环境发生剧烈变化时，种群数量可能发生大幅度的变化。在条件相对稳定的情况下，环境生产力的限制使种群数量不会无限制地增长，它在生态系统各要素（包括各种种间关系）的相互作用下，进行能量交换和自然调节，维持一定数量的水平，只在一定范围内发生较小的波动，从而具有相对的稳定性。相对稳定性说明种群的变动有一定的上、下限，也有可能有个长期的平均水平。当种群密度离开平均水平上升或下降时，就有一种使种群重返原来水平的倾向，这种倾向随密度而变化，属密度制约负反馈。种群数量明显的减少（甚至灭亡）和增加（甚至猖獗）大都与环境的突变或人类的干扰有关。

对于种群数量的变动和相对稳定性问题，应该用辩证唯物主义的观点来加以分析。事物的运动变化是绝对的，平衡和统一是相对的。种群数量处于永恒的变动状态（有出生、死亡），但并不否认相对的稳定性和暂时的平衡。各种动物种群的稳定性程度并不一样，可划分为：种群数量极不稳定、较不稳定和较为稳定三种类型，这些不同的类型与其生态寿命长短及出生率高低有关。由于寿命与出生率情况各异，因此在稳定类型与不稳定类型之间，有一系列过渡的中间类型。

三、种群的生殖对策

（一）r-选择和K-选择的典型特征

在复杂的自然环境条件下，每一种生物都具有其独特的出生率、寿命、大小和存活率等特征，这些特征反映其生活史类型以及它们与栖息地环境和生物特点相关的进化对策，是在长期的进化过程中，生物体与环境相互作用中形成的。这些相互关联的生态特征是组成不同种群动态类型的基础，是使生物在某环境中的适应性发展到最大限度的对策。***r*-选择**（*r*-selected）和 ***K*-选择**（*K*-selected）的概念可以对这些生活史类型作出合理的解释。这里的 r 和 K 即前面所述逻辑斯谛生长曲线的两个基本参数。r 表示种群的内禀增长能力，K 表示环境所能负载的最大种群密度。

r-选择的这类生物可称 ***r*-对策者**（*r*-strategist），种群密度很不稳定，因为其生境不稳定，种群超过环境容纳量不致造成进化上的不良后果，它们必然尽可能利用资源，增加繁殖，充分发挥内禀增长率。这类动物通常是出生率高，寿命短，个体小，缺乏保护后代的机制。子代死亡率高，具较强的扩散能力，适应于多变的栖息生境。

K-选择的这类生物可称 ***K*-对策者**（*K*-strategist），其种群密度比较稳定，经常处于环境容纳量 K 值上下。因为其生境是长期稳定的，环境容纳量也相当稳定，种群超过 K 值反而会由于资源的破坏而导致 K 值变小，从而对后代不利。在这种稳定的生境里，种间竞争很剧烈。这类动物通常是出生率低，寿命长，个体大，具较完善的保护后代的机制。子代死亡率低，扩散能力较差，适应于稳定的栖息生境。其进化方向是使种群保持在平衡密度上下和增加种间竞争的能力。

从进化论的观点讲，生态对策是生物适应于不同栖息生境，朝这两个不同方向进化的“对策”。r-对策者和 K-对策者是两个进化方向不同的类型，K-对策者把较多的能量用于逃避死亡和提高竞争能力，r-对策者把较多能量用于繁殖。

表 4.5 列出 r-选择和 K-选择的典型特征。

表 4.5 海洋 *r*-选择和 *K*-选择的生活史比较（引自 Lalli and Parsons，1997）

项 目	r-选择（机会种，opportunistic species）	K-选择（平衡种，equilibrium species）
气候	多变，难以预测，不确定	稳定，可预测，较确定
成体大小	小	大
生长率	快	慢
性成熟时间	早	迟
繁殖周期	多	少
幼体数量	多	少
扩散能力	高	低
种群大小	可变，常＜K 值	相对稳定，接近 K 值
竞争能力	低	高
死亡率	高，非密度制约	低，密度制约
生命周期	短（＜1a）	长（＞1a）
水层与底栖的比率	高	低

（二）生活史模式的多样化

生物种类繁多，不同种类对竞争、捕食和环境变化有不同的对策。因此，对于很多种类不能简单地归入上述r-选择或K-选择。实际上，即使同一类生物，其中有的比较趋向于r-选择，有的比较趋向K-选择。就大的分类单位之间的生态对策加以比较，可以把海鸟、海洋哺乳类视为K-选择，而把浮游植物、甲壳类等视为r-选择。但是，每一大类中也会有各种过渡类型。r-选择和K-选择是一个相对的概念，不能以非此即彼的绝对化归类。例如，海洋鱼类就有不同的选择偏向，大部分海洋真骨鱼类是偏向于r-选择，或称开发性选择（exploitatively selected）。它们产生数量很多的小型卵，直径约为 1 mm 左右。每次繁殖可生产 10^4～10^6 个卵，小的幼体（长 3～10 mm）孵化后在水中经历一段危险的漂浮期，幼体死亡率很高。据报道，黑线鳕每天幼体死亡率为 10%（Jones，1973）；一种鲽鱼，每月的死亡率也达 80%（Cushing，1975）；一种北极鳕可产 400 万个卵，而平均只有 2 个卵能发育生长到性成熟的年龄。但是，很多软骨鱼类（鲨、鳐）趋向于K-选择，或称饱和选择（saturation selected），其幼体在出生后能很好发育到与成体相似的阶段。每次产生的幼体比其他鱼类少得多。

浮游植物通常属于r-选择类别，但如果深入分析，也可发现有的也具有K-选择的特征。下面我们分析一下浮游植物对环境中营养物质含量的稳定性具有的适应对策。在营养盐并非常年保持很高含量的某些温带海区，当营养盐丰富的时候，有些浮游植物种群（“r-选择”特征）充分利用这种暂时的营养富集而迅速增殖，直至由于大量繁殖产生光线的掩蔽作用和营养物质耗尽为止。相反，在热带贫营养水域，常年环境稳定、光线充足但营养贫瘠。在这种情况下，那些能用最少能量繁殖的物种才成为竞争的胜者，其结果是那些对光照有较高要求、能从低浓度介质中有效吸收营养物质并以最大代谢速率利用营养物质的种类（“K-选择”特征），在资源短缺时比前一类浮游植物更具优势。

大多数海洋底栖动物的有性繁殖产生浮游性的卵和幼体，依赖海流以被动的（但却节省能量）的方式扩散，其扩散能力随浮游阶段的持续时间而定。在扩散过程中，卵或幼体的死亡率很高（遇到不利环境和被捕食）。扩散对种群的影响取决于适合定居的场所的空间分布及其稳定性状况，有一类底栖动物亲代产生小型卵且产卵量很大，卵黄含量很低，孵化的幼体很小，且需摄食水层中的浮游生物才能完成其发育过程。由于幼体可以从外界吸收营养，因此扩散的时间可以持续较久，扩散范围较广。例如，太平洋中一些棘皮动物的幼虫浮游时间可持续 36 周，使其有充分的时间随海流跨越大洋。但是，散布能力的增加是以增加幼虫死亡率为代价实现的。这类底栖动物趋向于采取r-选择对策，是对无法预测的（不稳定的）栖息场所的一种适应。另一类底栖动物产生的卵卵径大（卵黄含量高），卵内贮存的营养可在孵化前为胚胎提供营养直至完成整个变态过程。孵化的幼体个体也较大，对存活率更有利。但是，可供亲代产卵的能量是有限的，因此产卵量就较少。这种繁殖方式是对那些幼体空间扩散距离较近的、有可预见的定居地的一种适应，即趋向于K-选择的对策。

（三）r-选择和K-选择概念的实践意义

r-对策者的种群数量不稳定，但它有很大的种群增长速率，当超过环境负载量以后，其数量会迅速下降。由于它有很高的增殖能力，因此，在数量很少时也不易灭绝。而K-对策者种群数量较为稳定，反映在它们的增长曲线也有明显差异。从图 4.9 可以看出，K-对策者种群有一个稳定平衡点（S），当种群数量高于或低于平衡密度时，都有向平衡密度收敛的趋势。同时，K-对策者种群还有一个灭绝点（X），当种群数量低于 X 时则会走向灭绝。地球上很多珍稀物种都属于典型的K-对策者，由于各种原因（特别是人类对其生境的破坏或无节制的捕杀），都面临着灭绝

（或已经灭绝）的厄运。因此，我们特别要注意对珍稀物种的保护，而 K-选择的概念就是保护珍稀物种的理论依据。

在海洋渔业生产实践中，同样也必须谨慎对待 K-对策者的资源保护。例如，大部分板鳃鱼类的低繁殖率和生长率的结果是它们经常不能维持资源的开发利用。一些渔业如加利福尼亚的鳍鲨（*Galeothinus zyopterus*），澳大利亚的 *G. australis* 和角鲨（*Squalus acanthias*）等的开发都不很成功或者只有很少的渔获物。由于产生的幼体少，补充可能与亲代的密度或亲代的大小有关。当捕捞降低成体的密度时，补充就受到影响。相反，大部分水层真骨鱼类的补充比较少受产卵量的影响。亲代群体减少对补充的影响较小，因为繁殖群体的减少并不必然地减少种群的增长速率。

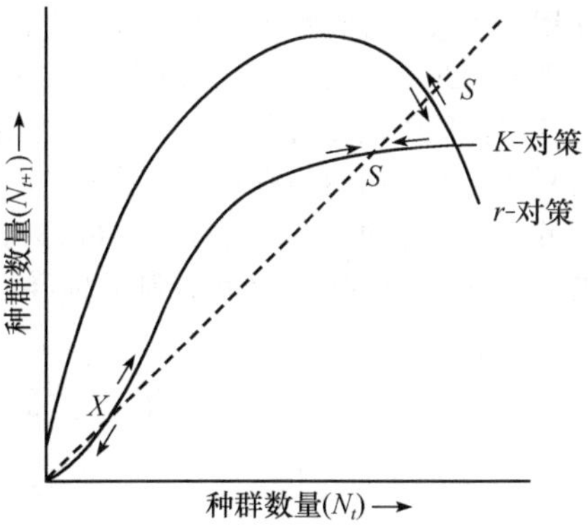

图 4.9　r-对策和 K-对策种群的种群数量增长曲线（引自尚玉昌和蔡晓明，1992）
S 是稳定平衡点；X 是绝灭点

r-对策者由于低密度下可以快速增长，所以只有一个平衡点 S，种群易在平衡点作剧烈波动，但没有灭绝点，这是很多有害生物（如害虫、杂草等）很难灭绝的原因。由于任何天敌的繁殖速度都赶不上这些典型的 r-对策者的种群繁殖速度，因此利用生物防治手段也难以有效控制其种群数量（天敌因素对 K-对策者的数量控制是很重要的）。

四、种 群 调 节

种群调节（regulation of population）就是指种群变动过程中趋向恢复到其平均密度的机制。种群调节因素可分为非密度制约因素和密度制约因素两大类，也可将它分为外源性因素和内源性因素两大类。长期以来，有关种群调节的决定性因素问题，不同学派有不同的见解。

非密度制约（density-independent）因素，这类因素对种群的影响程度与种群本身的密度无关，即其作用的强度是独立于种群密度之外的，在任何密度下，种群总是有一个固定的百分数受到影响或被杀死。非密度制约因素主要是一些非生物因素（即环境因素）。

密度制约（density-dependent）因素，这类因素的作用强度随种群密度而变动，当种群达到一定大小时，某些与密度相关的因素就会发生作用，而且种群受到影响部分的比例也与种群大小有关。密度制约因素主要是生物性因素，包括种内关系和种间关系（捕食、竞争、寄生、共生等）。如一种传染病在密度大的种群中比在密度小的种群中更容易传播。藤壶、盘管虫常与牡蛎竞争附着基也与种群密度大小有关。

除上述划分的两类因素外，还把种群调节划分为内源性因素（内因）和外源性因素（外因）。前者指调节种群密度的原因在种群内部，即种内关系，如行为调节、内分泌调节、遗传调节；外源性因素指调节种群密度的原因在于种群外部，如非生物因素和种间关系（竞争、捕食等）。

因为种群动态的机制是极其复杂的，生态学家在这方面的讨论特别热烈，由此产生许多不同学说来解释种群动态的机理。例如，早期有生物学派、气候学派，后来又发展了行为调节学说、内分泌调节学说等。而且种群种类繁多，要用一个或有限的几个概括性的控制因子来解释所有的种群动态，即使不是绝对不可能，也是困难的。

种群调节问题是很复杂的生态学理论问题。这是因为种群数量变动与许多内外因素有关，而且生物种类繁多，有的种群本身有较强的自我调节能力，有的种群这种调节能力较弱或根本没有调节能力，情况复杂。一般认为，栖息于不稳定环境中的 r-对策者更多地经受非密度制约因素的作用，栖息于有利的稳定的环境中的K-对策者则更多地经受密度制约因素的调节。美国著名的生态学家Odum认为："在结构简单，受物理压力或其他不规则或难以预计的外部影响较大的生态系统中，种群数量通常是受物理因素所调节，例如，天气、水流、化学限制因子、污染等。在结构复杂、不受物理胁迫的生态系统中，种群通常受生物因素所调节。所有生态系统，都表现出强烈的倾向，即通过自然选择，种群都向自我调节进化（因为种群数量过剩对任何种群都是不利的），当然，这对于受外因控制的种群是较难达到的。"

第三节　种群的衰退与灭绝

一、种群的建立和种群的衰退与灭绝

一个种群从原栖息地侵入到新的栖息地之后，经过适应新的环境和逐渐扩展，实现种群的增长，最后建立新栖息地的种群。随后，该种群的数量可能较长期地维持在一定水平范围内或经历有规律的波动（regular fluctuation）和无规律的波动（irregular fluctuation）（图4.10）。一般认为，一个种群的数量减少到对群落其他种群的影响微不足道时，则这个种群就可能处在**生态灭绝**（ecological extinct）的状态。

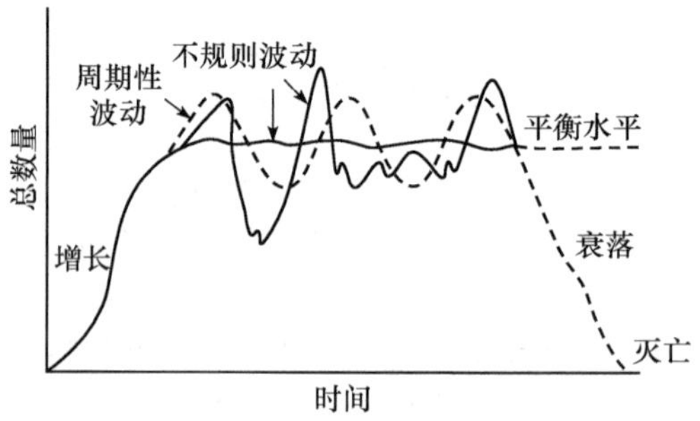

图4.10　种群数量在时间过程中的动态（引自Clarke，1954）

自然环境和生物群落的随机变化，都会引起种群数量的变化。例如，自然灾害有可能消灭一个种群中一定数量的个体，甚至一个地域的种群。在生物群落中某一特定种群的捕食者如果猖獗发展，或该种群的食物持续减少，以及受到寄生虫和疾病蔓延的影响，或者由于生物群落的演替等影响种群数量的外部因素，都可能导致一个大种群变成小种群。应当特别指出的是，人类的干预（包括破坏环境和掠夺性开发利用等）是当今造成很多种群衰退的重要原因。在海洋中，人类捕捞活动的不断加强对经济动物种群的持续生存构成严重威胁。从理论上说只有在捕捞渔获量小于该种群自身的补偿能力时，捕捞量才能由种群的自我更新获得补偿。如果捕捞量持续超过种群自身的补充能力，种群数量就将不断减少直至增殖能力完全受破坏的程度，从而导致种群的衰退甚至灭亡。那些个体大、出生率低、生长慢和成熟晚的K-选择生物种群最容易因人类过度捕捞（或栖息地环境被破坏）而出现衰退或灭亡。图4.11表明几种鲸类种群数量（以捕捞量为指标）由于被过度捕杀而迅速下降直至濒临灭亡的过程。

当大种群衰落成为小种群时，种群的灭绝就是一个很现实的问题了。因为在这种状态下，种群灭绝的内在机制（包括遗传学的和统计学的因素）就将起重要作用。

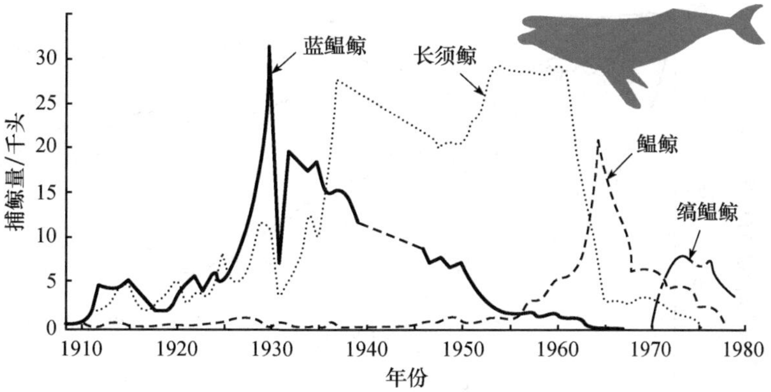

图 4.11 南半球鲸鱼渔获量的变化（MacKenzie et al.，1998，转引自孙儒泳等，2002）

根据以上种群动态分析，有的学者提出**“最小生存种群”**（minimum viable population，MVP）的概念，即“种群为免遭灭绝所必须维持的最低个体数量”。Shaffer（1981）试图为测定最小生存种群提供一种定量方法，即“对于任何一个生境中的任何一个物种，不论可预见的统计因素、环境因素、遗传随机性和自然灾害如何影响它，该种的最小生存种群或最小孤立种群能在1000年内有99%的概率保存下来”。同时，Shaffer也强调了这个定义是试用性的，认为生存概率可能在95%或99%，时限也可以调整为100年或500年，关键在于最小生存种群数量对于如何保存一个物种的可能性做出定量估计。Lande（1988）强调对数量波动程度不同的种群来说，其MVP是有差别的，提出对于脊椎动物来说，保护1000个个体就可免于灭绝，而对于种群数量变化大的物种（如某些无脊椎动物和一年生草本植物）则要保护10 000个个体才有效。有关种群生存力分析是利用统计、遗传、环境和自然灾害资料来估计一个种群在某一环境中生存的可能性，确定最小生存种群数量。目前有关生态学家正在尝试进行这方面的研究。

二、导致种群灭绝的内在机制

（一）遗传变化——遗传变异性的丧失

种群内个体具有不同形态的同源基因，即**等位基因**（alleles），是产生**遗传变异**（genetic variability）的分子基础，丰富的遗传变异有助于种群适应不断变化的环境。种群内的个体数量与遗传变异丰度密切相关。相对于小种群，一般大种群的基因座位的杂合性水平高，多型基因比例大，等位基因的平均数量也较多。另外，在小种群内，等位基因的频率从一个世代到下个世代易发生较大变化，从而引起种群遗传变异性的逐渐丧失。这种由于随机因素而逐渐丧失遗传变异性的现象称为**遗传漂变**（genetic drift）（图 4.12）。等位基因的频率越低时，发生漂变的可能性就越大。

遗传变异的丧失将限制一个种群对环境长期变化作出反应的能力，Allendorf 和 Leary（1986）指出，稀有等位基因以及那些未显示出直接优势的等位基因的独特组合可能非常适应环境条件的变化（如重金属污染）。小种群的稀有等位基因丧失以及杂合性下降，导致没有多少合适的遗传选择来适应环境变化，结果促使该种群的灭绝。

此外，小种群比大种群容易出现近亲交配，从而产生**近交衰退**（inbreeding depression），其特征是子代数量少或子代衰弱或子代不育。这是因为近交导致有害的等位基因得到表达，并对子代产生有害影响。

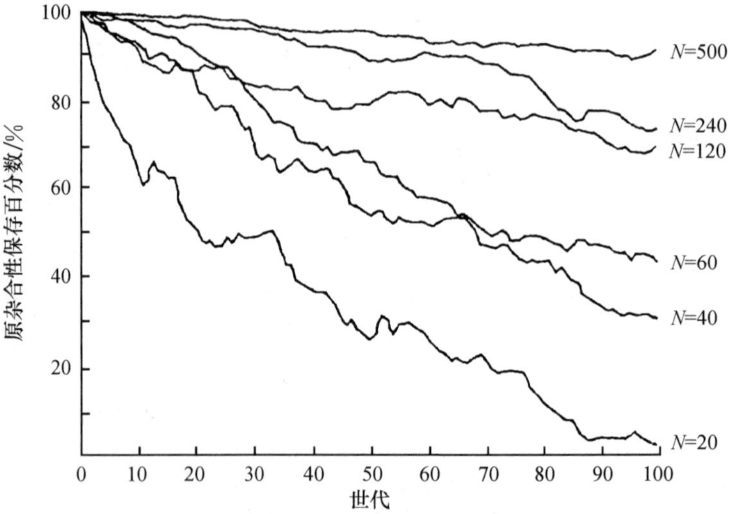

图 4.12 遗传漂变对大种群和小种群影响的差异（转引自 Primack，1993）

（二）统计变化——种群数量的剧烈波动

在一个稳定的环境里，某个种群将不断增长直至达到环境的承载能力（K）为止，这时每个个体的平均出生率（b）与平均死亡率（d）相当，种群数量没有净变化（本章第二节）。虽然个体产生后代的数量有差别，但只要种群的数量大，种群的平均出生率就可基本保持不变；与此类似，种群的平均死亡率也基本保持不变。可是，当种群个体数量一旦下降到某一水平以后，个体出生率和死亡率的差异就开始引起种群数量的上下随机波动，平均出生率可能高于平均死亡率，或反之。当种群数量向上随机波动（出生率大于死亡率），将受到环境承载能力的限制，种群可能重新向下波动。如果种群数量很少且随机波动又是向下的（死亡率大于出生率），种群对下个世代的统计波动就更加敏感，最终可能导致灭绝。也就是说，一旦种群由于多种原因而变小，则统计变化变得更加重要，种群走向灭绝的可能性更大。

随机统计变化对于出生率低的物种（K-选择）来说，其灭绝的概率更大，因为这些物种从种群数量偶然减少中恢复过来需要较长时间（参见本章有关生态对策的内容）。同时，一旦其种群密度低于一定值时，它们就很难找到配偶，影响其繁殖过程，平均出生率就将下降，使种群变得更小，这就是本章已讨论过的 Allee’s 效应。此外，种群密度变得太小时，也会影响一些喜欢成群捕食的动物的有效捕食或影响其发挥社会结构的功能（如自我防卫、抵御攻击等），种群数量的不稳性加剧，导致种群进一步衰落甚至灭绝。

三、灭 绝 旋 涡

综上所述，自然灾害、环境变化或人类干扰会引起种群数量的随机波动，导致大种群变成小种群，而小种群更易引起遗传变异性的丧失和出现近交衰退。同样，小种群因统计变化也更易引起种群数量继续下降，导致更大的统计波动和更大的灭绝概率。这里应当强调的是，环境变化、统计变化和遗传因子的共同效应使得由一个因素引起的种群数量下降反过来又加剧其他因素的敏感性，产生旋涡效应（图 4.13），加速种群走向灭绝，这种旋涡效应被比拟为**灭绝旋涡**（extinction vortices）。一个物种的所有种群都灭绝了，这个物种也就从地球上消失了。

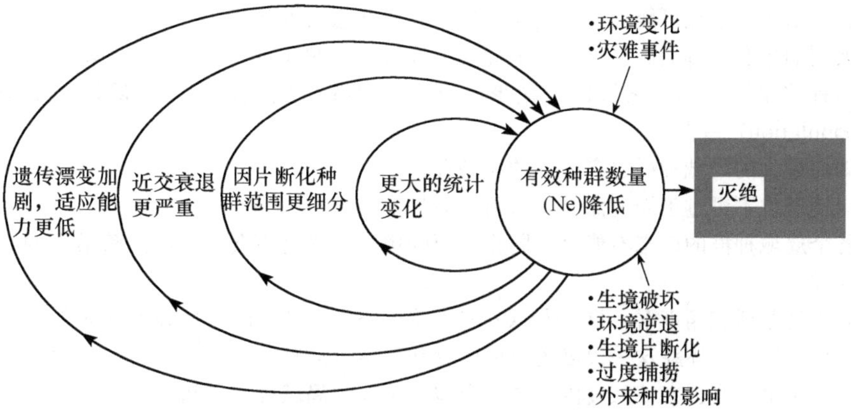

图 4.13　灭绝旋涡示意图（引自 Primack，1993）
灭绝旋涡使种群数量逐渐降低，导致物种的局部灭绝。当物种进入旋涡时，其种群数量逐渐降低，于是进一步增加了旋涡的负效应。

第四节　集合种群

一、集合种群的概念

集合种群的概念属于空间生态学的范畴。

生物的自然分布区内的生境特征多数不是均匀一致的，而是表现为由若干称为生境斑块（habitat patch）的区域构成的斑块网络（patch network）所组成，生境斑块之间存在不同程度的生境梯度连续性。分布在生境斑块中的种群称为**局域种群**（local population），局域种群内个体相互之间关系密切，在该生境斑块中生存与繁殖。**集合种群**（meta population）就是在一定时间内具有相互作用的局域种群的集合，即由局域种群之间通过某种程度的个体迁移、扩散而相互联系的区域种群。在这个定义中必须注意：①集合种群的时间概念，因为每个局域种群都会因随机波动而灭绝，所以局域种群之间的相互作用或联系在时间上是有限的；②局域种群之间是可在一定程度上相互作用的，即生境斑块不是完全隔离的，局域种群之间可以通过个体的迁移而彼此联系（图 4.14）。

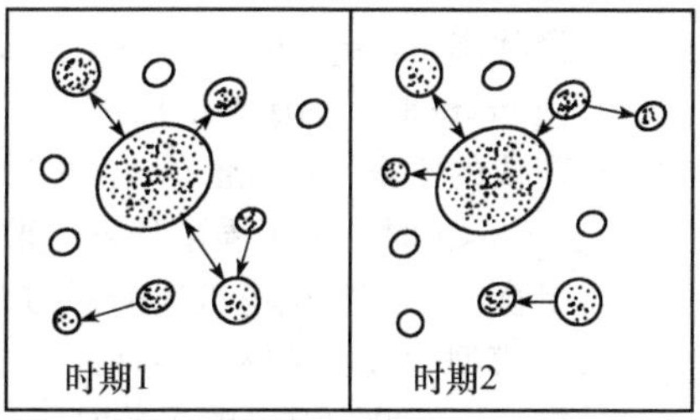

图 4.14　集合种群及其动态模式图
（Krebs，2000，转引自孙儒泳等，2002）
圆圈代表生境斑块；点代表生物个体。箭头表示个体在斑块间的迁移。随着时间推移，集合种群整体的数量的变化小于各局域的数量变化。

集合种群的概念是 Levins（1969）首先提出的，后来有的文献将集合种群称为（一些）种群的种群（a population of populations），意味着它是种群概念在更高层次上的概括。

根据集合种群的概念，局域种群的个体数量可能由于出生率、死亡率以及迁入和迁出等原因而变动很大，甚至走向灭绝（即局域种群从它所栖息的斑块生境中消失）。但是，对于集合种群而言，却可由局域种群的个体通过迁移或扩散进入空的生境斑块建立新的局域种群。因此，集合种群由于空斑块可以被重新占据而持续存在。换句话说，所有的局域种群都可能趋于灭绝，只有在集合种群的水平上才较可能续存，这就是集合种群概念的重要意义。

一个典型的集合种群应满足以下4个标准（Hanski，2000）：

（1）适宜的生境以相对离散的斑块形式存在，这些生境斑块可以被**局域繁殖种群**（local breeding population）占据；

（2）即使最大的局域种群也有灭绝的风险存在；

（3）生境斑块不可过于隔离而阻碍重新侵占的发生；

（4）各个局域种群的动态不能完全同步，否则集合种群就不会比灭绝风险最小的局域种群续存更长的时间。

从空间生态学研究角度看，Hanski（1991）将生态学的“空间”划分为以下3个尺度：

（1）局域尺度：个体在这一尺度内完成取食和繁殖等活动；

（2）集合种群尺度：在该尺度内，扩散个体在不同的局域种群之间迁移；

（3）地理尺度：一个物种所占据的整个地理区域，个体一般不会扩散出该区域。

二、集合种群动态的 Levins 模型

集合种群动态表现为局域种群的连续周转过程，即局域种群的灭绝以及从现存局域种群扩散出去的个体在尚未被占据的生境斑块内建立新的局域繁殖种群的过程（灭绝-重新定居过程）。集合种群之所以比局域种群更有机会延续存在也取决于这种周转过程。

集合种群在 t 时刻的大小 $p(t)$ 是以在这一时刻已被一个种占据的生境斑块与未被占据斑块的比例来表示的，集合种群的动态是指被占据生境的比例随时间的变化率。Levins（1969，1970）用下式表示集合种群动态变化率：

$$\mathrm{d}p/\mathrm{d}t = mp(1-p) - ep \tag{4.7}$$

式中，p、m 和 e 分别表示集合种群的大小、局域种群的重建率（侵占参数）和灭绝率。

模型反映了集合种群的基本属性：

在平衡状态时，$\mathrm{d}p/\mathrm{d}t=0 \quad p=1-e/m$

（1）当 $m>e$ 时，局域种群的重建速率足以弥补灭绝速率，集合种群可以继续生存下去，而且被占据斑块的比率（p）随 e/m 值的减小而增大；

（2）当 $m<e$ 时，由于局域种群的重建速率比灭绝速率小，集合种群最终会走向灭绝；

（3）平衡时 p 值随生境斑块的平均大小及密度的减少而减少。

Levins 模型的假设条件主要有：

（1）在一个区域内有足够多的空间分离的生境斑块，物种生存的生境斑块在生态学上是完全相同的，个体在不同生境斑块之间的迁移过程也是完全相同的；

（2）集合种群的动态只考虑生境斑块是被局域种群占据或者生境斑块未被占据（包括局域种群已从该斑块灭绝）两种状态，局域种群本身的动态是被忽略的；

（3）新的局域种群的建立速率不仅与集合种群的大小 $p(t)$ 成正比，同时也与尚未被占据的生境斑块的比例 $1-p(t)$ 成正比；

（4）灭绝和定居过程是持续不断的。

如果将 Levins 模型改写为另一个完全等值的形式

$$\mathrm{d}p/\mathrm{d}t = (m-e)p[1-p/(1-e/m)] \tag{4.8}$$

则 Levins 模型就与经典种群动态中的逻辑斯谛模型 $\mathrm{d}N/\mathrm{d}t=rN(1-N/K)$ 非常相似。其中（$m-e$）可以看作一个集合种群的内在增长率，而（$1-e/m$）是与逻辑斯谛模型中的“环境容量”等价的值。

三、集合种群研究的应用意义

集合种群的概念及其理论和模型的研究已被应用于保护生物学的领域，主要涉及环境破碎化和种群动态、遗传变化的结局以及自然保护区的设计原理。

Levins 建立集合种群模型的目的之一是解决大范围害虫的防治问题。他发现 p 值的大小随局域种群的瞬间变异度的增加而减小，因此他建议一种害虫的防治措施应当在充分大的范围内同步进行。Hanski 等（1994，1995）对芬兰一个岛上的庆网蛱蝶集合种群的研究发现，小斑块面积倾向于支持小的局域种群，它们有较高的局域种群灭绝风险；斑块之间隔离程度越大，再被局域种群侵占的概率越低，其研究结果给了景观管理很多启示。Brown（1971）对山顶小哺乳动物的研究表明，对于总的灭绝过程来说，绝大多数的种是在缓慢地下降，在这种情况下提供人工迁移以防止种的灭绝是一种有效的管理方法。由此可见，集合种群的研究在保护生物学的应用上有重要的指导意义。

如上所述，集合种群是生境斑块中的局域种群通过某种程度的个体迁移而相互联系的。尽管海洋一些环境要素（如温、盐、流等）梯度不像陆地景观那样容易被人们的肉眼辨认，但海洋的生态空间也常呈现区域斑块和梯度连续的特征。同时，很多海洋生物种群也具有各种扩散机制。因此，海洋生物也有区域性集合种群的空间分布格局，这种空间分布格式的变化也同样会影响海洋生物的种群动态。例如，潮间带沉积物从泥质-砂质之间的过渡带表现出粒径组成比例的连续变化，一个物种的种群数量分布也呈现既连续又逐渐变化的特征。在水动力学的作用下，往往也出现具有一定距离的分散的生境斑块。生活在一定底质类型的底栖生物就在这些生境斑块中形成若干局域种群。此外，很多海洋底栖动物产生浮游性的幼体，这些幼体会离开亲体栖息地随波逐流迁移到其他生境斑块，在适宜的底质环境中重新定居下来。这种幼体的散布可以理解为局域种群的一种扩散和定居过程，从而在一个较大的潮间带空间环境中形成集合种群中局域种群之间某种程度的相互联系。下面从生境破碎化和局域种群扩散功能的角度看集合种群理论在生境保护和建立海洋保护区方面的应用意义。

1. 人为加剧生境破碎化的生态效应

近岸内湾和潮间带是人类活动最频繁和容易造成生境人为破碎化的海洋环境。人们为了各种目的进行的港工建设（如修堤筑坝、围海造田等）常使原先连续分布的种群生境破碎化而转变成集合种群。根据集合种群的理论，这种人为加剧生境破碎化对保护内湾、潮间带生态环境和生物物种的生存是极为有害的。这是因为：①一个刚刚破碎化的栖息生境中生存的种群由于个体迁移能力差而不具备集合种群的功能；②生境隔离程度越明显，局域种群个体的扩散受阻碍越明显，增加其灭绝的风险；③原先的区域大种群逐渐转变为一些孤立的小种群，其结果是引起遗传变异的丧失和随机波动的加剧，从而增加局域种群灭绝的速率；④人为造成的空间破碎化会改变内湾和潮间带的水动力学过程，使之失去原来生态环境的特征（生境退化）并导致该环境中的生物群落结构也发生变化。由此可见，内湾、潮间带人为造成的生境破碎化将会造成很多负面效应，集合种群的理论对人们进行港工建设时有重要的指导意义。

2. 海洋保护区的资源溢出

为了保护海洋生物多样性或各种渔业资源，各海洋国家陆续建立了不同类型的海洋保护区。海洋保护区的关键功能之一就是生物的扩散效应，与集合种群概念中的周转过程密切相关。这个过程除了保护本区域内的生物物种，还可以通过个体的扩散使保护区外的物种也保持较高的种群丰度。人们发现，经过选择而设立的保护区内的生物丰度可比保护区外的高出很多倍（但不会长期超出其环境容纳量）。同时，保护区内各种生物（幼体或成体）的对外扩散可以补充保护区外相关物种的丰度，即所谓“资源溢出”效应。实践证明，渔民在渔业保护区周围水域进行捕捞作业比远离保护区捕捞可以获得更高的渔产量，体现了保护区的资源溢出效应。

在多数情况下建立海洋保护区不仅是为了保护某些物种，而是为了保护物种多样性。由于不同生物从栖息地扩散出去的扩散机制和扩散距离的差别，这就需考虑所谓“集合种群”的问题。在建立保护区时，往往面临着到底是建立一个大的保护区还是几个相互联系的小保护区网络至今还无定论。由于目前已建立的海洋保护区的数量有限，尚难以对此获得实践验证。不过，一些集合种群理论的研究可提供有关保护区的设计参考。

本章提要

1. 种群是指特定时间内栖息于特定空间的同种生物的集合群，是生态系统中生物组分的基本单位。种群具有与个体不同的属性，不同种群在空间分布、数量变动规律和遗传学等方面有各自的特征。种群的数量动态是种群生态学研究的中心内容，研究种群数量变动规律在理论上和实践上都具有重要意义。

2. 出生率和死亡率是种群数量变动的基本参数，不同种群繁殖率有很大差别，高出生率是对高死亡率的一种适应。种群的年龄结构与性比对出生率和死亡率有重要影响。

3. 生命表有动态生命表和静态生命表，通过生命表可以分析种群出生、死亡过程，还可以研究环境条件变化对种群动态的影响，因而是种群动力学研究中的有用工具。

4. 种群增长可以用数学模型来表示。种群逻辑斯谛增长模型的主要参数是瞬时增长率（r）和环境负载量（K），它描述一种与密度有关的反馈机制，具有数学上简单的特点，又符合一些实验种群的增长形式。具时滞的逻辑斯谛增长模型反映了负反馈信息的传递和调节机制生效之间的时滞，它是使种群增长曲线产生波动的一种机制。

5. 自然种群的数量经常处于变动之中，包括季节波动、年（际）波动以及非周期性波动。这些波动既有种群本身的因素（如繁殖周期），更多的是外部因素引起的（如食物丰歉、被捕食强度、环境条件的变化、人类的干扰等）。种群也具有相对稳定的特征，主要受环境生产力和其他资源限制以及受各种种间相互关系所制约。

6. 每一种生物都具有独特的出生率、寿命、大小和存活率等特征，这些特征反映其生活史类型，是它们适应栖息地的环境和生物特点所选择的进化对策。r-对策者适应于变化大的环境，具有产生后代多、死亡率高、生活周期短、扩散能力强等生活史特征；K-对策者生活于较稳定的环境中，具有出生率低、死亡率也低、寿命长和扩散能力差等生活史特征。r-对策者把较多能量用于繁殖，而K-对策者把更多能量用于提高竞争能力。

7. r-对策者的种群数量极不稳定。由于它有很高的繁殖率，因此可以快速超过环境的负载能力，随后种群数量就迅速下降。由于有很高的增殖能力，因此在数量很少时也不易灭绝。K-对策者种群数量较稳定，一般不会超过环境负载能力，当它们的数量下降到一定程度以后，由于繁殖率很低，种群不易恢复，可能导致灭绝。因此，对典型的K-对策者要特别注意保护。

8. 种群调节的因素可归纳为非密度制约因素和密度制约因素两大类，前者主要是一些非生物因素（如温度、盐度、气候等），后者主要是种内和种间的生物因素（如种内的拥挤效应，种间的捕食、竞争、寄生、共生等）。在结构简单、受物理压力或其他不规则或难以预计的外部影响较大的生态系统中，种群数量通常是受物理因素所调节；而在结构复杂、不受物理胁迫的生态系统中，种群数量通常受生物因素所调节。

9. 当种群数量由于某种原因大幅度下降成为“小种群”时，由于近亲交配可导致遗传变异性丧失（近交衰退）、子代数量少、存活率低。同时，小种群中出生率和死亡率的变化（统计变化）比大种群更容易导致种群数量的剧烈波动。当种群数量向下波动时，对这种统计变化更加敏感。因而，由于小种群的近交衰退和统计变化共同效应使得由一个因素引起的种群数量下降反过来又加剧对其他影响因素的敏感性，加速种群走向衰退甚至灭绝。当前，人类干扰是造成很多种群衰退与灭绝的主要因素。

10. 集合种群是在一定时间内分布在生境斑块中的局域种群之间通过个体扩散而相互联系的集合体。集合种群是种群概念在更高层次上的概括，也称为“种群的种群”。集合种群环境中的空斑块生境可由局域种群的个体扩散所重新占据，所以集合种群比局域种群更有持续生存的机会。人为加剧生境破碎化将使原先大的局域种群变成集合种群、大种群变成小种群，对生物种群的生存是极为有害的。此外，自然保护区或渔业保护区可因局域种群之间的个体扩散而产生“资源溢出效应”，对增加保护区外的种群丰度有明显作用，因此对集合种群的理论和应用研究有很重要的意义。

思考题

1. 什么是种群？种群有哪些与个体特征不同的群体特征？
2. 什么叫阿利氏规律？种群的集群现象有何生态学意义？
3. 动态生命表与静态生命表有什么不同？为什么说应用生命表可以分析种群动态及其影响因素？
4. 种群逻辑斯谛增长模型的假设条件是什么？为什么说该模型描述了种群密度与增长率之间存在的负反馈机制？
5. r-对策者和K-对策者的生活史类型有哪些差别？举例说明种群生活史类型的多样化。
6. 为什么说人们更应该注意珍稀物种的保护？
7. 试从小种群对遗传变异性和统计变化的敏感性分析种群灭绝的内在机制。
8. 什么叫集合种群？研究集合种群对生物保护有何重要意义？

第五章
生物群落的组成结构、种间关系和生态演替

第一节 生物群落概述

一、生物群落的定义及特征

地球上各种不同的自然条件下生活着不同生物的组合，所谓**生物群落**（biotic community 或 biocoenosis）是在一定时间内生活在一定地理区域或自然生境里的各种生物种群所组成的一个集合体。这个集合体中的生物在种间保持着各种形式的、紧密程度不同的相互联系，并且共同参与对环境的反应，组成一个具有相对独立的成分、结构和机能的“生物社会”。生物群落由植物群落、动物群落和微生物群落组成。群落与环境之间互相依存、互相制约、共同发展，形成一个自然整体。由生物群落和它们的环境构成的整体就是生态系统，或者说整个生态系统中有生命的那一部分就是生物群落。不过，一个生态系统可能包含有若干不同等级的群落。因此，生物群落这个概念可以用来指明各种不同大小及自然特征的生物集合。由于环境可大可小，因此生物群落是一个非常泛指的概念。人们将那些具有充分大的范围、其组成结构有一定的完整性（有自养成分、异养成分及营养循环功能）可独立存在的生物集合体称为**主要群落**（major community），而将那些不能独立存在、必须依赖于邻近群落（如能量摄取来源于其他群落）的生物集合体称为**次要群落**（minor community）。

在自然条件下，有的群落的边界较为明显（如池塘、湖泊、岛屿）。更多的情况是群落之间的环境梯度连续缓慢地变化，群落的边界就不明显（如陆地森林群落和草原群落之间，海洋潮间带与陆地、潮间带与浅海之间的边界）。虽然群落间常常不存在明显的边界（其中的生物组成也不是固定不变的），但经过分析，仍然可以把它们划分开来。所以也可将群落定义为：“群落就是出现在一个特定环境中的一群生物，它们彼此之间及其与环境之间相互作用，借助生态学调查能够与其他类群相区别”。

群落在外界条件保持相对稳定的情况下，以相对稳定的组成出现。群落中各物种间产生很多相互适应的特征（动物与植物、捕食者与被食者、寄生物与寄主、竞争者、同居者等）。群落中这种相互适应特征的存在，使其中所含物种的数量相互调节得到保证，并且组成也因此而达到相对的稳定性。

但是这种相互适应是相对的，因此，群落种类组成也只有相对稳定性。由于不同原因，包括由无机界的变化而引起的（地质形态的、气候的变化），或者是种间关系中那些慢慢积累的矛盾的结果，可导致群落种类组成的生态演替。人为因素的过分干扰也可能引起生物群落中各物种关系的严重破坏乃至不可逆的变化。

二、群落间种类组成相似性与边缘效应

（一）群落间种类组成相似性分析

如上所述，群落之间常常不存在明显的界限，即种的分布是连续的，但是多数生态学家认为，每一群落或其样方尽管可能与邻近的很相似，但是随着距离的加大，其区别就变得更大，因此，群落的相似性并不排斥相隔较远的群落间明显的不相似性。

相似性系数是测量群落间或样方间种类组成上的相似程度的一种指标。群落相似系数（S）可表示为

$$S = 2c/(a+b) \tag{5.1}$$

式中，a 和 b 分别为两处样品中的总种数；c 为两处样品中共有的种数。S 值越大，表示两处群落越相似，S 值接近 100%时，表示两处样品属于同一群落。相反，S 值越小则表示两处样品不相似程度越高，当 $S=0$ 时，两个群落的种类组成完全不同。应用相似性系数通过计算机进行聚类分析和树系图就可以对群落进行分类。因此，相似性系数是进行群落划分所必需的基础资料。

（二）群落交错区与边缘效应

不同生物群落之间往往有过渡地带称为**群落交错区**（ecotone）或群落边缘带、生态过渡带。群落交错区的环境条件往往与其邻近群落内部核心区有明显差别。交错区可包含一些具有邻近群落特征的种类和仅生活于交错区的生物，其能量流和物质流具有特殊性，所以交错区具有“过滤膜”和通道的作用，调控物质、能量等生态流及生物在系统内的流动。交错区可能具有较多的生物种类和种群密度，称为**边缘效应**（edge effect），这种情况在发育良好的交错区较为明显。例如，海陆交界的潮间带，其环境（温度、盐度、海水淹没及干露等）变化大，使许多海洋和陆地生物难以生存。但是，通过长期进化历史形成适应这种环境波动的种类（如大米草、多毛类和许多贝类以及鸟类等）已经形成具有自身适应特点的群落，其中有些种类可达到很高的种群密度。不过，交错区的种类和密度增加并非普遍规律，有时候会出现相反情况。就系统的稳定性而言，新形成的交错区稳定性较差，而形成已久的交错区稳定性较高。

交错区的另一特点是环境改变速率快，对生态变化的敏感性高，在抵抗外界干扰、维持系统稳定以及资源竞争等方面都具有脆弱性。当前特别要注意人类干扰（如围海造田、建坝筑堤或建设道路等）可能造成交错区生境片断化（增加许多边界、缩小交错区面积）和切断动物迁移路线从而对小生境的物种生存和组成造成巨大的影响。

群落交错区及边缘效应问题已被人们日益重视。在 1988 年召开的第七届联合国“人与生物圈计划”的 SCOPE 大会上，有学者呼吁生态学界开展各种类型的生态界面及形成机制研究。有的学者已提出边际生态学的概念，并认为它对群落（或生态系统）交错区的研究是人类进行早期预警和生态管理理论探索与实践的重要问题。

三、群落中不同物种的作用

构成群落的不同物种对群落的贡献（作用）是不一样的。

（一）优 势 种

优势种（dominant species）是群落中数量和生物量所占比例最多的一个或几个物种，也是反

映群落特征的种类。例如，耐盐红树是红树林沼泽生物群落的优势种，造礁珊瑚虫是珊瑚礁生物群落的优势种，大型褐藻是藻场生物群落的优势种。优势种也是群落能流、物质流的主要环节。如果将优势种去除，群落将失去原来的特征，同时将导致群落性质和环境的改变，可见优势种对维持群落（和生态系统）的特征有重要作用。

北方海域群落的优势种较为集中，南方群落优势种可能由多个种组成，优势度比较不明显，因而优势种的确定也较不容易。

优势种的优势度有多种方法表示，式（5.2）是测定优势度（Y）的一种方法

$$Y=\frac{n_i}{N}\cdot f_i \tag{5.2}$$

式中，n_i 为第 i 种的个体数；f_i 为该种在各站位出现的频率；N 为每个种出现的总个体数。徐兆礼等（1989）在研究东黄海浮游动物优势种时，为了把优势种数目控制在一定范围内，规定当 $Y>0.02$ 时该种为优势种。结果表明秋季北部鲐鱼索饵渔场的浮游动物优势种有 4 种，南部渔场有 8 种。但是，北部渔场优势种的优势度较明显。例如，同样是中华哲水蚤（*Calanus sinicus*）和肥胖箭虫（*Sagitta enflata*），在北部渔场优势度分别是 0.1857 和 0.1583，南部渔场分别是 0.1127 和 0.1450。

（二）关　键　种

群落的**关键种**（keystone species）概念与优势种不同，关键种不是生物量占优势，而是对群落的组成结构和物种多样性（包括生态系统的稳定性方面）具有决定性作用的物种，而这种作用相对于其丰度而言是非常不成比例的。如果关键种因某种原因（如人为捕获）而消失，则可导致其他一些物种的丧失或被另一些物种所取代，整个群落结构就改变了。关键种对群落结构的控制主要是通过捕食作用来实现的，称为关键捕食者或关键被食者。此外，还有关键竞争者、关键互惠共生种等各种作用方式。

由于关键种消失或衰退将导致整个生物群落结构发生根本性的变化，因此关键种的概念在实践中也受到重视，成为物种多样性保护的优先保护对象。同时，关键种在受损生态系统的恢复与重建过程中也被重点关注。

（三）冗　余　种

生态系统中的生物群落从功能上看通常由一些物种结合起来扮演着相同的角色，构成某一特定功能群。同一功能群中的物种在生态位方面有相当程度的重叠，它们之间既存在竞争关系，又在生态系统中执行同一功能作用。在这一特定功能群中，有的种类起主导（关键）的作用，而有的种类则是次要或冗余的。**冗余种**（redundant species）的一个重要特点是当从群落中被去除时，由于它的功能作用可被其他物种所代替而不会对群落的结构、功能产生太大影响，因此，在保护生物学实践中常常未被关注。

应当指出，尽管冗余种不如该特定功能群中起主要作用的物种重要，但并不意味它们是真正“多余的种”。当生态系统遭到破坏或环境不断恶化时，冗余种就可能转变为起重要作用的优势或关键种，是生态系统功能丧失的一种保险，因此我们应当以辩证的观点来理解冗余种的作用。

四、群落种类组成的季节动态

很多海洋生物群落（特别是浮游生物）的种类组成（主要是优势种）表现出季节变化的特征，这种季节变化也叫**季节演替**（seasonal succession）。尽管不同海区群落的优势种季节变化类

型有差异，但季节变化的现象是很普遍的（并且有一定的规律性），在温带海区特别明显，在热带海区甚至极区也存在这种现象。

季节演替的原因是很复杂的。例如，浮游植物种类组成季节变化的影响因素包括环境要素有规律的季节波动，如营养盐的供应、温度、水的运动、密度分布等因素的变化；同时也与不同种类的生态特征有关，包括对温度和盐度的忍受范围、对营养物的需要量和忍受范围，生长速率、繁殖季节和竞争特征以及作为捕获物的适宜性等。同时，这种季节演替过程在各海区的表现是不同的。

生物群落季节演替的特点是演替的基本过程是周期性重复的。图 5.1 所示为爱尔兰海（Irish Sea）14 年中浮游植物优势种的季节演替规律。当然，群落的这种季节动态并不意味着群落组成没有明显的年际差异。但是这种差异仍属于群落内部的变化，与后面要介绍的群落生态演替有根本不同。

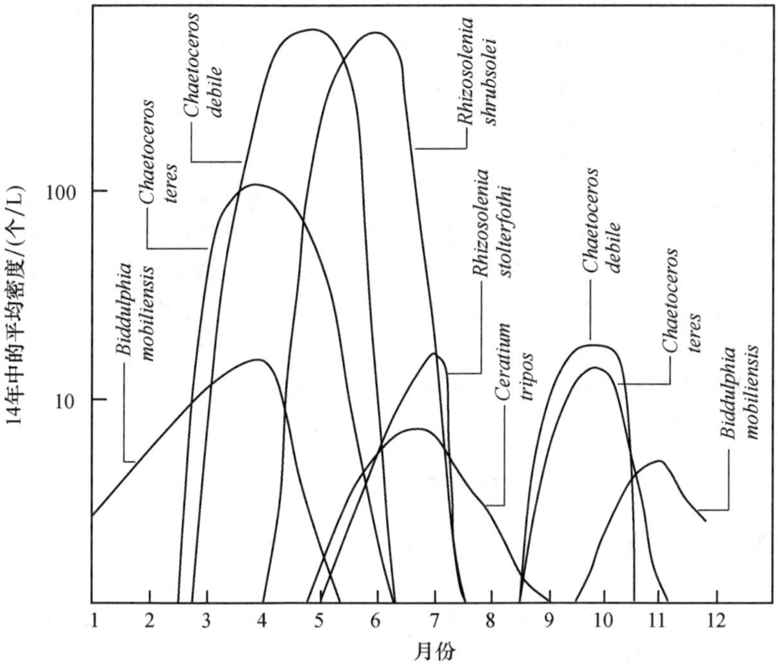

图 5.1　爱尔兰海 14 年中浮游植物优势种的季节演替
（Barnes and Huges，1999，转引自 Kaiser et al.，2005）

第二节　海洋生物群落中的种间关系

一、种间食物关系

生活于同一生境中不同生物的捕食和被捕食关系是最重要的一种种间关系，对维持生物群落稳定性有重要作用。同时，食物关系也是生态系统能流的途径（见第七章）。一般所指的**捕食现象**（predation）是指生物群落中一种生物（**捕食者**，predator）吃另一种生物（**被食者**，prey）的现象。但是，广义地说，寄生现象也是一种捕食现象，而同类相食（cannibalism）是一种特殊捕食现象，即捕食者与被食者属于同一种类（如成体捕食幼体），这种现象在海洋生物中也是常见的。

（一）海洋动物对食物的选择性

目前，对于海洋动物的摄食研究越来越多。大量材料说明，很多海洋动物不是毫无区别地对待任何食物对象，而是有一定的选择性。动物对其周围环境中原来有一定比例关系的各种食物对象，具有选择某几种食物的能力。

表示动物对食物的选择性，可以应用选择指数（E）来确定，其公式为

$$E=(r_i-P_i)/(r_i+P_i) \tag{5.3}$$

式中，r_i 为食物中某一成分的百分数；P_i 为食料基础中该种成分的百分数。这个公式计算出来的选择指数为＋1至－1的范围，选择指数为0时表示没有选择性。

海洋中大多数捕食者与被捕食者的个体大小有一定的比例范围。通常被食者的大小为捕食者的1/100～1/10。在这个范围内，很多捕食者偏向于猎取较大的猎物以提高摄食效率，不过也有少数捕食者的食物大小是超出上述范围的。例如，一种栉水母 *Boroe nata* 能攻击比其本身大的另一种栉水母 *Bolinopsis*，并取食猎物的一部分身体组织；而有一些体长1 cm以上的软体动物却将仅1 μm大小的微微型藻类或细菌作为其主要的食物对象。桡足类通常被认为是以附肢摆动推动水流并通过口器附肢上刚毛组成的“滤网”从水流中截获浮游植物，它们获取的食物大小与口器附肢上的“筛孔”大小有关。当周围水体中的小型浮游植物密度很大时，比其“筛孔”小的食物也会被截留下来一并被吞食（这些都属于被动式的滤食过程）。但是，桡足类还可以通过食物的化学信息选择其偏好的食物。新近以微型电影图像记录技术的研究发现，浮游植物（或其他被食者）在黏性层化的流体介质中会留下一道化学痕迹，桡足类口器的附肢上有很多“化学感受器”可跟踪这种化学痕迹以取食其偏好的食物。因此，有的学者提出将“滤食性动物”（filter feeder）这一术语改为“悬浮颗粒摄食者”（suspension feeders）更为恰当，因为后者除包含被动式滤食过程外还包含选择性的摄食行为。

（二）捕食者和被食者的辩证关系

捕食者对被食者的种群数量具有重大的影响，这是容易理解的。例如，由于捕食性鸟类（如秋沙鸭和翠雀）捕食很多太平洋鲑鱼的幼鱼，使这种经济鱼类资源减少；如果去除害鸟，就能提高鱼苗和幼鲑的存活率并使入海的鲑鱼增加。同样，有人用鳃网去除捕食大麻哈鱼的凶猛鱼类，使仔鱼的存活率提高，入海时的平均体重更大，并且洄游回来的成鱼数也有增加。

但是，捕食者与被食者的相互关系及其意义并不这么简单，一方面，因为如果没有捕食者，被食者的种群可能产生剧烈波动。长期去除捕食者动物，可能破坏捕食者-被食者系统的平衡，引起后者的过度增殖而最终出现“崩溃”的局面，因此，捕食者对被食者种群的相对稳定也起重要作用。另一方面，捕食者往往首先捕食那些没有个体领域的“剩余”个体，后者如果不死于被捕食，也必然要死于其他原因。当捕食者是捕食被食者种群中那些体弱或有病的个体时，不仅对被食者的繁殖和增长无损害，反而对提高被食者的种群素质有利。

由此可见，捕食者和被食者（包括寄生者和宿主）的相互关系是很复杂的。捕食者不仅吞食被食者，同时对被食者的种群调节也起重要作用。反之，被食者的种群数量变化对捕食者也有影响（即食物丰歉）。有时两者甚至形成难以分离的相对稳定系统，或者说互为生存条件。

海洋中有很多可以摄食多种不同类群动物（或植物）的广食性动物，当一种食物变得稀少时，它们就转为捕食另一种食物，这样可以阻止被食者密度进一步降低；反之，当一种被食者密度较高时，它们可能更多地捕食这种被食者，从而阻碍后者密度继续上升，因而有避免被食者种群剧烈波动的作用。

捕食者和被食者的复杂关系是在生态系统长期进化过程中形成的。在共同进化中，对捕食者来说，自然选择有利于更有效的捕食，对被食者来说，自然选择有利于逃避捕食。

（三）洛特卡-沃尔泰勒（Votka-Voterra）的捕食模型

洛特卡-沃尔泰勒捕食模型的假定条件是在没有捕食者的情况，被食者按指数式增长，即

$$dN/dt = r_1 N \tag{5.4}$$

式中，N 为被食者密度；t 为时间；r_1 为被食者的种群增长率。

对于捕食者而言，假定在没有被食者的条件下，种群按下式减少，即

$$dP/dt = - r_2 P \tag{5.5}$$

式中，P 为捕食者密度；r_2 为捕食者在没有被食者时的种群死亡率。

假如捕食者和被食者共存于一个有限的空间内，那么被食者的种群增长率就会因有捕食者而降低，这个降低的因素还随着捕食者密度而变化，因此

$$dN/dt = (r_1 - \varepsilon P)N \tag{5.6}$$

这就是被食者种群方程，其中 ε 是测度捕食压力的常数。可以设想，如果 $\varepsilon=0$，那么 $-\varepsilon PN$ 这一项等于零，表示被食者完全地逃脱了捕食者的捕食。ε 值越大，就表示捕食者对于被食者的压力也越大。

同样，捕食者种群的增长率也将依赖于被食者的种群密度。捕食者种群方程

$$dP/dt = (- r_2 + \theta N)P \tag{5.7}$$

式中，θ 是测度捕食者捕杀被食者效率的常数。θ 值愈大，捕食效率越大，对于捕食者种群的增长效应也就越大。

式（5.6）和式（5.7）就是洛特卡-沃尔泰勒的捕食者-被捕食者的模型。它们的解答具有这样的特征：一个捕食者种群和一个被食者种群在理想的环境中有可能产生周期性的振荡，即捕食者和被食者种群动态是随着时间而改变的，被食者的密度逐渐增加，捕食者的密度也随着增加，但是时间上落后一步（即时滞），由于捕食者密度的上升，必将减少被食者的密度，而随着被食者密度的减少，捕食者也将减少，从而又造成了被食者增加的条件，于是又重复以前的过程，如此循环不息。

应当指出，在自然界，由于捕食者种群和被捕食者种群常受到环境随机变化的影响，而且往往是多种捕食者和被捕食者交互地作用着（在海洋生态系统中更为明显），因此，从目前资料看，像洛特卡-沃尔泰勒所提出的这样简单的捕食者-被食者模型所预测的动态并不常见。不过自然界确实存在着种群的周期性波动的事例，这种现象可能有捕食者-被食者模型系统本身产生的周期性振荡，也可能有其他一些人们尚未分析出来的原因引起的周期性振荡。因此，了解洛特卡-沃尔泰勒的捕食模型有助于在分析自然现象时作为参考。

二、种间竞争和生态位理论

（一）种间竞争与高斯假说

种间竞争（interspecific competition）是指两个或更多物种的种群对同一种资源（如空间、食物、营养物质等）的争夺。通常在同一地域内，种类越多，竞争就越激烈。

Gause（1934）首先用草履虫做实验来说明物种间的竞争排斥现象，他以两种分类上和生态上很接近的草履虫，即双小核草履虫（*Paramecium aurelia*）和大草履虫（*P. caudatum*）为实验材料，开始时分开培养它们，给它们相同而定量的食物（一种杆菌），在完全相同的环境下，两

种草履虫都表现出典型的“S”形增长曲线，即都繁殖到环境负载量所能容纳的最大密度。他再把两种草履虫混合培养，发现开始时两种都有增长，但双小核草履虫增长快一些，并于16天后只有它能生存，而这两种草履虫之间没有分泌有害物质，主要原因是一种增长较快，另一种较慢，由于共同竞争食物而排挤了另一种（图5.2）。如果大草履虫与一种袋状草履虫（*P. bursaria*）放在同一培养基中时，则两种都能存活，并且达到一个稳定的平衡。这两种草履虫虽也竞争同一食物，但是袋状草履虫占据培养基的底部，即在没有大草履虫竞争的空间生活。

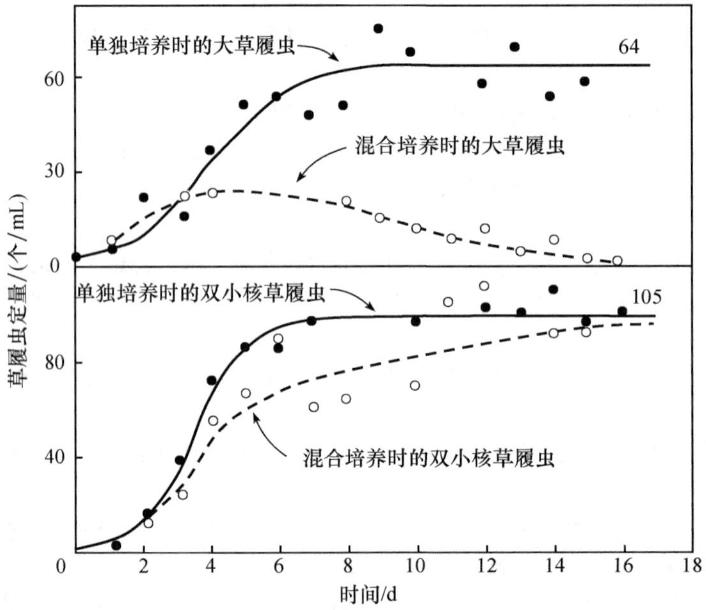

图5.2 两种草履虫单独和混合培养的种群动态（引自Odum，1971）

在这些研究基础上形成了**高斯假说**（Gause’s hypothesis）或称**竞争排斥原理**（principle of competitive exclusion），即亲缘关系接近的、具有同样习性或生活方式的物种不可能长期在同一地区生活，或完全的竞争者不能共存，因为它们的生态位没有差别。如果它们在同一地区出现，必定利用不同的食物，或在不同的时间活动，或以其他方式占据不同的生态位。

（二）洛特卡-沃尔泰勒的种间竞争模型

假如有两物种是互相竞争的，即彼此影响种群增长，则逻辑斯谛模式中的（$1-N/K$）项应再增加一项表示影响种群增长的因素。于是，在两个互相竞争的物种中：

物种甲在竞争中的种群增长方程为

$$dN_1/dt = r_1N_1(1-N_1/K_1-\alpha N_2/K_1) \tag{5.8}$$

物种乙在竞争中的种群增长方程为

$$dN_2/dt = r_2N_2(1-N_2/K_2-\beta N_1/K_2) \tag{5.9}$$

上两式中的α和β分别表示物种甲和乙的竞争系数。

从理论上讲，两物种竞争的可能结果有三种：

（1）物种甲取胜，物种乙被淘汰，这种情况发生在$K_1>K_2/\beta$，$K_2<K_1/\alpha$的时候；

（2）物种乙取胜，物种甲被淘汰，这种情况发生在$K_2>K_1/\alpha$，$K_1<K_2/\beta$的时候；

（3）平衡时物种甲和物种乙共存，这种情况发生在$K_1<K_2/\beta$，$K_2<K_1/\alpha$的时候。

另外，当 $K_1 > K_2/\beta$，$K_2 > K_1/\alpha$ 时，可能出现平衡，但这种平衡是不稳定的。

通过洛特卡-沃尔泰勒的种间竞争模型分析，从理论上可以看出，在进化发展过程中，两个生态上接近的种类产生激烈竞争，竞争的结局可能是一个种完全排挤掉另一个种，或者在一定条件下两个种形成平衡而共存。

（三）生态位基本理论及其与种间竞争的关系

1. 生态位的概念

生态位（niche）是一个既抽象而含义又十分广泛的生态学专有名词，是 Grinnell 首先应用的。根据很多生态学家对生态位概念的见解，我们可以这样来理解生态位这个概念：生态位是指一种生物在群落中（或生态系统中）的功能或作用，生态位不仅说明生物居住的场所（占据的空间，即所谓空间生态位），而且也要说明它吃什么、被什么动物所吃（营养生态位）以及它们的活动时间、与其他生物的关系以及它对群落发生影响的一切方面。就是说生态位是某一物种的个体与环境（包括非生物的和生物的环境）之间特定关系的总和。

Hutchinson（1957）利用数学上的点集理论，把生态位看成是生物生存条件的总集合体，提出**超体积生态位**（hypervolume niche）的概念，即“一个生物的生态位就是一个 n 维的超体积，这个超体积所包含的是该生物生存和生殖所需的全部条件”。例如，有两个环境变量——温度和湿度，决定每一物种能够存活和增殖的范围，它可以用图 5.3 来表示，其中方块 S_1 和 S_2 表示两个物种的生态位空间（niche space），而且有一部分重叠，这个图用了两个环境变量，但环境变量还能增加到 3 个、4 个和更多（如 pH、食物等），因三个变量就形成体积，更多变量就形成 n 维空间，哈奇森称之为超体积。哈奇森定义的优点是能对生态位进行定量描述和研究，从而使这方面的研究工作大为推进。

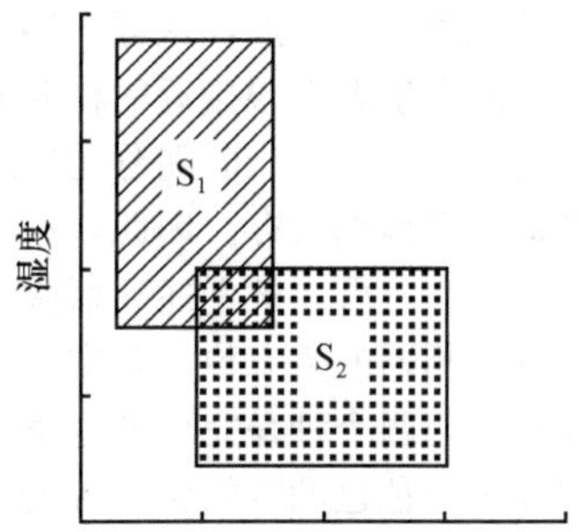

图 5.3　物种 S_1 和 S_2 的生态位空间模式图（引自 Krebs，1978）
图中只表示应用两个环境变量描述的

2. 生态位与种间竞争的关系

1）基础生态位与实际生态位

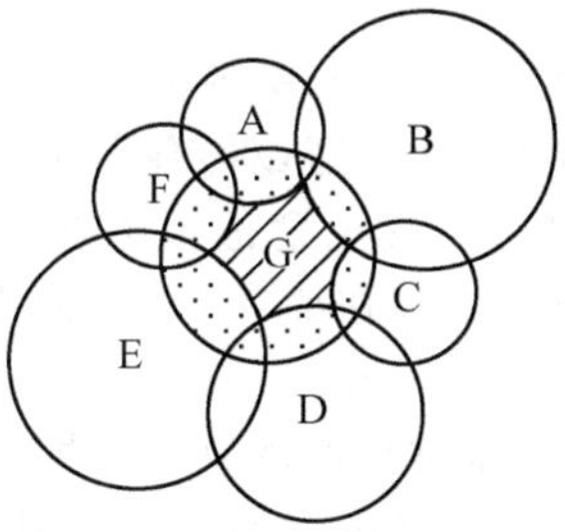

图 5.4　物种 G 的基础生态位（点区+斜线区）和实际生态位（斜线区）的理论模型（引自尚玉昌和蔡晓明，1992）
6 个竞争物种（A、B、C、D、E 和 F）对物种 G 都占有竞争优势

生物群落中某一物种所栖息的理论上最大空间，即没有竞争种的生态位，称为**基础生态位**（fundamental niche），但是实际上很少有一个物种能全部占据基础生态位。当有竞争者时，必定使该物种只占据基础生态位的一部分，这一部分实际占有的生态空间，就称为**实际生态位**（realized niche）（图 5.4）。竞争种类越多，使某物种占有的实际生态位可能越小。

基础生态位的收缩部分除了生物之间的相互影响（如竞争和捕食）外，也包括生物本身对某些环境条件的选择性，它比生物能够适应的环境条件范围更小。

Gray（1981）对生活于欧洲潮间带沙滩的小型多毛类 *Protodriloides symbioticus* 分布进行研究得到的结果，可以很好地说明基础生态位和实际生态位的概念。这种多毛类在实验室内能耐受的温度范围是4～34℃，盐度是18～55，而现场的温盐度变化并不超过这一范围。但是，在均匀的海滩上，这种多毛类却是斑状分布。研究表明，这种生物在5～25℃时是选择15℃。另外，根据实验结果，*P. symbioticus*对光线的选择范围相当于在现场的沉积物表面下4～5 mm处，可是对氧的选择则是氧的饱和带，在自然海滩上，即处在表面。综合以上各因素，这种多毛类多栖息于表层下1.5～2.5 cm的砂层里。最后，砂粒的大小，以及其中的细菌种类也对其分布起重要作用，*P. symbioticus*可辨认不同种的细菌，成斑状分布主要是与选择对它有利的细菌有关。研究还发现，这种多毛类不进入有腹毛类*Turbanella hyalina*栖息的沙滩中，这种回避是对*T. hyalina*释放的一种化学物质的反应，即这种化学物质通过干扰竞争限制了上述多毛类潜在的小生境。以上这些研究结果说明实际生态位和基础生态位（在这里也可译为实际小生境和基础小生境）的差别。可见生态位是一个含义十分丰富的生态学专有名词。

Hutchinson的*n*维超体积模型虽然可以定量地研究生态位，但实际上不可能掌握和测定影响生物的所有因素。人们通常将生态位的维数减少到栖息地点、食物对象和活动时间的三维空间，这就使生态位成为切实可行的研究对象了。

在同一地区内，生物的种类越丰富，种间为了共同食物（营养）、生活空间或其他资源而出现的竞争就越激烈，这样，某一特定物种占有的实际生态位就可能越小。其结果是在进化过程中，两个生态上很接近的种向着占有不同的空间（栖息地分化）、吃不同食物（食性上的特化）、不同的活动时间（时间分化）或其他生态习性上分化，以降低竞争的紧张度，从而使两种之间可能形成平衡而共存。因此，竞争在自然界的生存斗争和进化中起着极其重要的作用。

现在，可以把上述高斯假说和种间竞争的问题小结如下：①如果两个种在同一稳定的群落中占据了相同的生态位，其中一个种终究将被消灭，或被迫改变生态位；②在一个稳定的群落中，没有任何两个种是完全的竞争者，因为它们的生态位有差别，所以减少了它们之间的竞争，使自然界形形色色的生物物种各就各位，达到有序的平衡；③群落乃是一个相互起作用的、生态位分化的种群系统。群落中的种群有其一定的生态位，在它们对群落的空间、时间、资源的利用方面，以及相互作用的可能类型，都趋向于互相补充而不是直接竞争。因此，由多个种群组成的群落就要比单一种群更能有效地利用环境资源，同时增强了系统的稳定性。

2）生态位分化（niche differentiation）的主要方式

（1）栖息地的分化（habitat differentiation）。栖息地分化的例子很多，例如，对生活于美国佐治亚盐沼的两种招潮蟹栖息地进行的研究发现，不同种选择的底质是不同的。一种（*Uca pugilator*）栖息于开阔的砂质地，另一种（*Uca pugnax*）多栖息于覆盖沼泽草的泥质地，各有自己喜好的挖穴底质。

（2）领域的分化（territorial differentiation）。例如，北大西洋和北太平洋海岸各种海鸟尽管它们的食性和生殖周期几乎完全相同，因而有相同的需要，但是它们觅食的区域各有不同。小海鸟（*Ptychorhamphus aleuticus*）体型最小（体长18 cm），飞得最远，其觅食范围多在离巢12 km左右以外。鸽海鸟（*Cepphus columba*）体型较大（体长27 cm），多在离巢0.2 km以内觅食。

（3）食性的分化（feeding differentiation）。食物对象的分化是一种很常见的现象，一些亲缘关系很近的、栖息于同一生境的种类，经仔细分析，就可以看出它们之间的食性分化。例如，栖息于夏威夷潮线下珊瑚礁的8种腹足类软体动物芋螺（*Conus*），其中*C. pennaceus*只摄食其他腹足类（其他7种都不摄食腹足类），*C. abbreviatus*只摄食矶沙蚕，其余6种的食性也都有明显的分化（表5.1）。由于每个种都有自己最偏爱的食物，因此这些近缘种能够分布在同一生境内。

表 5.1　芋螺属（*Conus*）中 8 个种的食性分化（引自 Kohn，1959）

种　名	腹足类	肠鳃类	沙　蚕	矶沙蚕	螯龙介	其他多毛类
flavidus	0	4	0	0	64	32
lividus	0	61	0	12	14	13
pennaceus	100	0	0	0	0	0
abbrevialus	0	0	0	100	0	0
ebraeus	0	0	15	82	0	3
sponsalis	0	0	46	50	0	4
rattus	0	0	23	77	0	0
imperialis	0	0	0	27	0	73

注：表中数字为食物对象的百分比。

还有研究发现两种鸬鹚（*Phalacrocorar carbo* 和 *P. aristotelis*）虽然在同一水流摄食、同一峭壁上营巢，但它们的营养生态位是有区别的，前者主要捕食底栖的比目鱼和底栖无脊椎动物；后者主要捕食水体上层自由游泳的鱼类和沙鳗。

此外，生态位分化还有活动时间分化、生理学分化和体型分化等。

三、种间共生关系

海洋生物中除了捕食者-被食者之间的食物关系外，不同种类间还有一些关系密切程度不同的组合。这些组合关系有的对双方无害，而更多的是对双方或其中一方有利，这种两个不同生物种之间的各种组合关系总称为**共生现象**（symbiosis）。生物的共生关系无论在陆地上或在海洋中均有存在，不过，海洋生物的共生现象更多、关系更为密切。

（一）藻类-固氮蓝细菌之间的共生关系

典型例子是某些硅藻与固氮蓝细菌（有的称为蓝藻）的共生。例如，念珠藻科的胞内植生藻（*Richelia intracellularis*）可在硅藻类的根管藻（*Rhizosolenia*）和梯形藻（*Climacodium*）的细胞内共生。当硅藻细胞分裂时，其中的胞内植生藻可转移到两子细胞一边，其丝状体的顶端异形胞（具固氮能力）则朝向硅藻的壳面（图 5.5）。胞内植生藻也可着生在角毛藻（*Chaetoceros*）的细胞外面（外共生）。大部分蓝藻生活在热带、亚热带海区，由于它有固氮作用，增加了藻类的营养盐供应，从而促进生活在氮源经常贫乏的热带海区的硅藻繁殖。

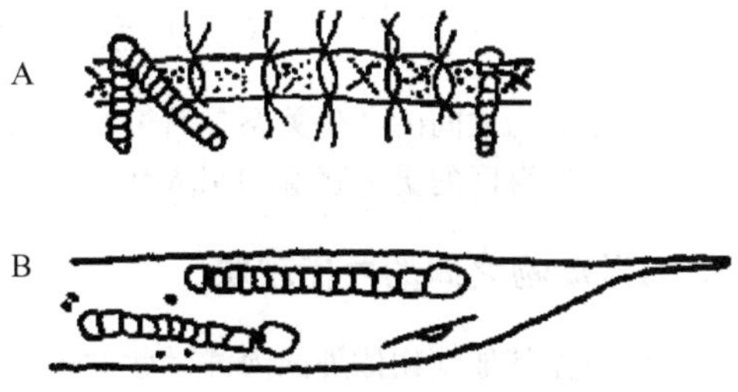

图 5.5　胞内植生藻与硅藻的共生
（引自郑重等，1984）
A. 着生在角毛藻细胞外面；
B. 根管藻的细胞内共生

（二）藻类-动物之间的共生关系

海洋植物和动物的共生关系主要发生在单细胞藻类（或其细胞的某些部分）与很多种海洋无脊椎动物之间。

1. 藻类共生者的类别

藻类共生者根据其颜色可分为三类：虫黄藻（或称动黄藻 Zooxathellae）是指那些呈现棕色、

金黄色或棕黄色的种类。虫绿藻（或称动绿藻 Zoochlorellae）是指那些显出绿色的种类。此外还有较少的一类叫虫蓝藻（Cyanellae），是带蓝色的种类。虫黄藻是最普通的共生藻类，主要是甲藻，但也包括少数硅藻和隐藻。虫绿藻主要生活于淡水，包括绿藻纲的一些种类。虫蓝藻则属蓝藻类，但迄今未能对其中的种类进行明确的分类，它们是海绵动物和浮游硅藻中常见的共生藻类。

2. 动物共生者的类别

藻类-原生动物共生关系广，既出现于水层中营浮游生活的放射虫亚纲（Radiolaria）的种类，如透明等棘虫（*Acanthometra pellucida*），也发现于浮游有孔虫类（如拟抱球虫属 *Globigerinoides*），此外，在海洋纤毛类的原生动物中也有发现。

藻类-腔肠动物共生是最普遍的。实际上几乎所有热带浅水的海葵、软珊瑚、扇形柳珊瑚、石珊瑚的组织中均有动黄藻共生，甚至某些热带水母（如 *Cassiopeia*）也有动黄藻共生。

此外，藻类也共生在海绵动物、栉水母类［如瓜水母（*Beroë*）］、环节动物［如矶沙蚕（*Eunice*）］、棘皮动物（如 *Ophioglypha*）和被囊类（如 *Didemnum*、*Tridemnum*）中，具这种共生关系的其他动物还有扁虫和软体动物，后者通常局限于腹足类软体动物（gastropods），这些动物仅保留藻类细胞的叶绿体。据报道，无脊椎动物中有 160 属的一些种类具藻类共生者，其中在原生动物和腔肠动物中最为普遍。

藻类-无脊椎动物共生关系对双方都有利。某些水母类与藻类共生时，这些藻类能利用水母体内的代谢产物，而水母可利用藻类光合作用产生的 O_2 来进行呼吸。在藻类-珊瑚共生关系中，珊瑚虫可以从动黄藻得到营养和增加其沉淀碳酸钙的能力，而动黄藻则从珊瑚虫的新陈代谢废物中获得其所需要的营养盐。实际上，大部分与无脊椎动物共生的藻类仍保留细胞的完整性，它们在光合作用中制造的富能物质（如甘油分子）能输送给动物，而藻类所需要的无机盐类则从动物转移给藻类细胞。此外，由于共生藻类光合作用过程产生 O_2，动物就可能获得更多的 O_2，特别是在动物密度较大的情况下，这种供氧方式有更重要的意义。

（三）动物-动物之间的共生关系

海洋动物之间的共生关系是普遍的，特别是在海洋的表层和浅水区。热带海区的这种共生关系比在温带海区的更为普遍和引人注目。根据其共生组合的密切程度分别叙述如下。

1. 海洋动物之间的共栖现象

生活在其他动物体外的海洋动物共栖者叫外共栖者（epizoites），而生活在其他动物体内的称为体内共栖者（endozoites）。前者在有些情况下仅是随机地定居于行动缓慢的或固着的无脊椎动物体表，而更多的情况是真正的共栖，即“客人”会寻找其特定的“宿主”。例如，许多无脊椎动物的体表、消化道或鳃中有特化的纤毛虫类原生动物生活着。有一种纤毛虫（*Ellobiophyra donocis*）只选择在一种双壳类（*Danax vittalus*）的鳃上生活。营体内共栖的纤毛虫也常见。例如，北美冷温水中的一种绿色大海胆（*Strongylocentrotus drobachiensis*）的肠管中有多达 7 种纤毛类原生动物生活着。共栖现象在许多门类的动物中都有出现。

通常，共栖者是获益的一方，与获取食物有关，也与生活空间、基底、庇护和携运（phoresy）有关。如隐藏在水母和海葵的触手之间来回游曳的小鱼，既能在遇敌时得到海葵刺细胞的保护，又可从宿主获得一些残食。图 5.6 示双鳍鱼（*Nemeus*）和僧帽水母（*Physalia*）的共栖关系。在长刺海胆的刺间有小鱼生活，其作用也是依靠宿主提供庇护。鲫鱼以吸盘吸附在鲨鱼腹部或海龟腹面，可以摄食鲨鱼或海龟的食物残屑。豆蟹（*Pinnotheres*）寄居在双壳类软体动物的外

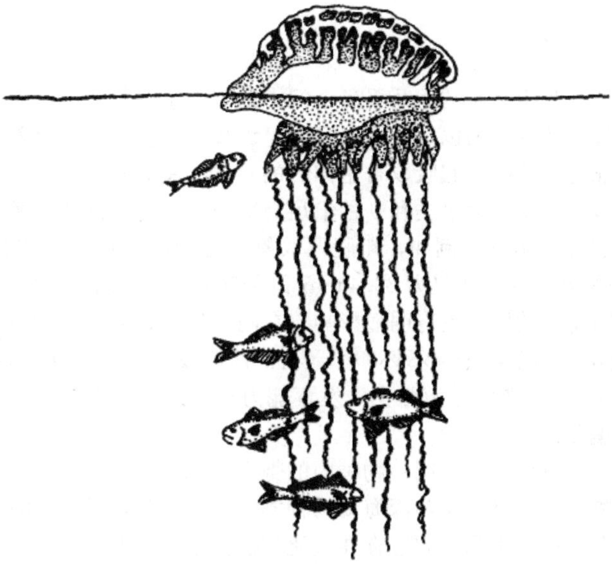

图 5.6　掩蔽在僧帽水母触手间的小鱼

套腔内也是以宿主作为掩蔽和摄食场所的共栖现象。

2. 海洋动物之间的互利现象

两种动物生活在一起对双方都有利的这种互利关系在海洋动物之间也是常见的。一个最明显的例子是各种蟹和海葵之间的互利组合。很多海蟹的壳上有海葵附着（图 5.7）。值得提出的是，具有这种互利关系的海葵大部分是属于 *Calliactis*、*Paracalliactls* 和 *Adamsia* 这三个属的种类，它们除了与蟹共生外，很少生活在其他基底上。蟹和海葵的共生关系是很密切的。在这种组合中，蟹得到海葵的保护，免受捕食者之害，并可借助海葵刺细胞作为捕获食物和进攻性的武器；而海葵可以随蟹移动，并利用蟹摄食过程中产生的食物碎屑作为自己的食物。还有一种特殊的互利关系，即所谓“清洁行为”。在热带珊瑚礁中生活的一些小鱼（如隆头鱼 *Labroides* spp.）或小虾会清除其他较大的鱼的外寄生者。在这个过程中，“清洁工”小鱼、虾常在突出的珊瑚礁或砾石上建立“清洁站”，被清洁的鱼类来到清洁站安静地让清洁工“工作”，有时候，“清洁工”甚至可以进入被清洁鱼的口和鳃腔去清除寄生虫。这些“清洁工”在这种清扫过程中获得食物。被清洁的大鱼则由于清除掉各种寄生虫而变得“愉快”和健壮。

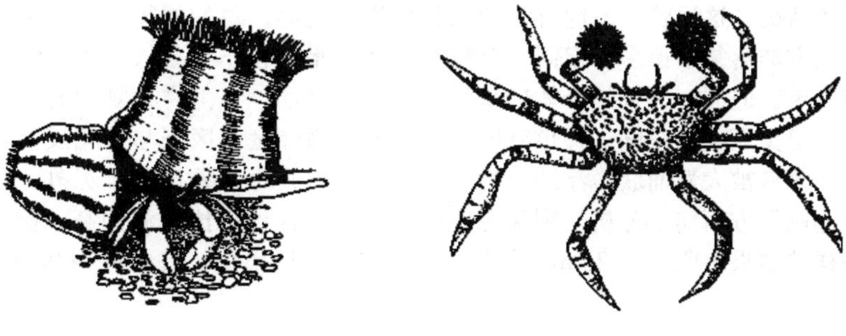

图 5.7　蟹和海葵的共生关系（引自 Nybakken，1982）

3. 海洋动物之间的寄生现象

海洋中的寄生现象也是很普遍的，几乎各个门类都有寄生的代表。寄生者有寄生在寄主的体表、消化道和其他向外开放的腔内以及各种器官、组织甚至细胞内的。最常见的是寄生蔓足类寄生在蟹类的腹部，依靠树根状的突起吸取寄主体内的营养。蔡如星等（1985）研究了我国浙江舟山群岛沿岸及邻近海域 3 种寄生蔓足类和 9 种十足类甲壳动物寄主的相互关系，发现寄生者对寄主的生长、发育和形态都有影响。例如，粗腿厚纹蟹无寄生的雌体平均体长和体重分别为 32.1 mm 和 10 400 mg，而被寄生的个体仅为 26.4 mm 和 8200 mg。这是由于寄生者对寄主体内营养物质消耗所致。寄生者对寄主的发育也有明显影响。在同一生殖种群中，无寄生的个体雌性怀卵率达 45%～86%，而被寄生的个体全部不怀卵。还有的研究发现，被 *Hemioniscus balani* 寄生的藤壶（*Balanus balanoides*），其雌性生殖腺丧失发育能力；被蛣奴寄生的长腕寄居蟹的生殖器官发育阻滞，精巢或卵巢退化。

海洋生物中还有一类寄生现象是同一物种内的寄生。例如，深海有些动物雄性个体常寄生在雌体上是为了有利于繁殖，这种现象与深海动物种群的稀少有关，对种族的繁衍有重要意义。

除上述几种种间关系外，生物之间还存在生化相互关系，主要指生物的次生代谢产物对其他生物（包括种内）具有吸引、促进或排斥的作用。已在陆地植物、昆虫和哺乳动物等中进行了很多这种种间生化作用的研究工作。由于它有重要的理论和应用前景，已引起海洋生物学家的重视，并且已经取得一些研究进展。例如，在某些浮游生物（包括细菌）分泌的次生代谢产物对其他浮游生物的生长、繁殖起抑制或促进作用的研究、贝类幼体附着和变态的生化诱导物质等方面已取得不少的研究成果。

第三节　群落的物种多样性和稳定性

一、物种多样性与多样性指数

（一）物种组成的多样性与均匀度

在不同的群落中，构成群落的生物种类数目可能有很大差异，也就是说，不同群落的物种丰富度有差别。一般认为，群落中种的数目越多，**物种多样性**（species diversity）程度就越高。生态学上在考虑群落物种组成多样性（物种总数）时，同时也要分析各物种的个体相对比例，即**均匀性**（evenness）。两个群落有可能出现物种数和个体总数相似，但各个种的个体相对数量可能完全不同的情况，这反映了不同群落的物种多样性差异。总的规律是：热带海区生物群落的种类组成比北方群落复杂得多，但同一个种的个体数量往往不会很大；而在北方，生物群落的种类组成较简单，但同一个种的个体数量可能很大。例如，在生物相复杂的热带珊瑚礁有数百种鱼类栖息，但要大量捕获同一种鱼就困难了。而在高纬度海区则与此相反，常是少数种保持很多的数目，容易被大量捕获。浮游生物的情况也是类似的（图 5.8）。另外，从种类组成和各种类的数量比例两方面加以分析，则深海底栖生物的多样性也比浅海的高。例如，在北大西洋深海海底采样的结果表明，在 21 m^2 的范围内竟有 798 种生物，其中有 460 种新种（Grassle et al.，1990）。

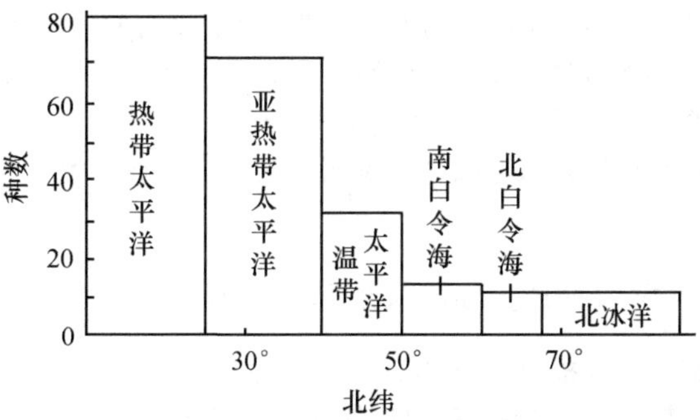

图 5.8 从热带到极区太平洋 50 m 深的水中桡足类种类多样性的递减度（引自 Krebs，1978）

（二）群落物种多样性差别的原因

群落物种多样性是群落组织独特的生物学特征，生态学家已提出一些理论试图解释这些现象的原因。如上所述，与北方海域生物群落相比，热带海域生物群落有较高的多样性，一种可能的解释是同易于受冰川期影响的极地和北方区相比，自然选择对热带的作用时间比较长（更长的进化时间），物种就比较丰富。而近极区和温带地区从冰川覆盖解脱出来的时间较短，生物群落发展的时间较热带的晚，多样性程度较低，此即**进化时间理论**（evolutionary time theory）。另一种理论认为，热带水体温度高而稳定，广温种和狭温种都可以在这里发展，由于竞争较剧烈，进化（分化）得较快，因而每单位面积有更多的种。而温带种由于受到多次冰川灾难，只有那些能迁移并在新群落中有竞争力的温带种才能存活、定居下来。

对深海的多样性比浅海高得多这个现象的一种解释是 Sanders（1968）提出的所谓**“稳定时间假说”**（stability-time hypothesis），即因为浅海环境波动剧烈，很多种类不能忍受这种波动。同时，捕食和竞争虽也很剧烈，但由于环境不断波动，没有出现小生境的特化，因此种的数目较少。相反，深海环境长期保持稳定，使得生物有足够的时间来适应其特殊的小生境和资源。加上食物数量稀少，动物密度低，很难有一个种可通过竞争发展到能够排斥其他种的程度，结果导致深海高的物种多样性。此外，有些学者认为，由于深海食物匮乏，捕食性动物（鱼类、甲壳类）都是不加区别地捕食被食者，于是这些“收获者”（croppers）防止了被食者之间可能产生的竞争排斥作用。还有人认为深海多样性与深海种类的生长率低有关，有的种类虽然个体小，但寿命长，到达性成熟所经历的时间也长，从而减少了竞争排斥。由此可见，群落中物种多样性差别的原因并不一样。不过，从上面的讨论可以看出诸如环境的稳定程度、群落发展的时间长短、种间竞争和捕食压力（必定还有其他因素，如空间异质性等）等都与群落的物种多样性有关。对于这个问题，我们将在后面有关影响群落结构的因素内容中继续讨论。

（三）物种多样性指数

群落中物种的多样性概念可以数量化，多样性指数（diversity index）是种类和数量分布的一个函数。生物群落多样性有多种表示方法，例如，群落的多样性可以用多样性曲线（即将样品的种数与个体数之间的关系在二维坐标上画成曲线）表示，还可以用简单的多样性指数表示，例如 Gleason 提出的一个测量生物群落种类多样性方程式：

$$d = (S-1)/\ln N \tag{5.10}$$

式中，S 为总的种类数；N 为总的个体数。它的最大缺点是仅仅考虑到样品中的 S 和 N 两个参数，因此不能反映生物群落中各个生物种的不同丰度关系。若有两个样品，只要它们的 S 和 N 数相同，则 d 值也就相等，因而容易掩盖不同生物群落中种类和个体相异的性质，而且 d 值受样品大小的影响较大，故这个指数只是表示“种的丰度”而已。

比较理想的多样性指数应该是除考虑 S 和 N 外，还应考虑样品中不同种的数量比例，才能更真实地反映群落的结构。

1. 辛普森多样性指数（Simpson's index of diversity）

辛普森从概率论的概念出发提出一个多样性指数的式子：

辛普森多样性指数＝随机取样的两有机体为不同种的概率

＝1－(取样的两有机体为同种的概率)

如果某种 i 的个体在群落中的比例用 P_i 代表（$P_i=n_i/N$），那么，随机取同样两个体，其联合的概率为 $P_i \cdot P_i$ 或 P_i^2。如把群落中的种全部的概率总合起来，就得到辛普森的多样性指数(D)：

$$D = 1 - \sum_{i=1}^{s} (P_i)^2 \tag{5.11}$$

2. 香农-威弗多样性指数（Shannon-Weaver index）

香农-威弗根据信息论原理提出一个多样性指数公式：

$$H' = -\sum_{i=1}^{s} P_i \log_2 P_i \tag{5.12}$$

式中，H'为多样性指数；P_i 为第 i 种的个数与该样方总个数之比值；S 为样方种数。

香农-威弗多样性指数的应用，在浮游生物、鱼类和底栖动物的研究方面都曾见过。在浮游生物方面，由于其个体较小而均匀，都以个体数来计算，误差不大。可是在鱼类或底栖动物中应用时，因每个种的个体相差可能很大，以个体数来计算常显得不大恰当，这时可以用生物量来代替个体数，或同时用个体数和重量分别计算加以比较。如以重量（生物量）w 计算，则公式为：

$$H' = -\sum_{i=1}^{s} (w_i/w) \log_2 (w_i/w) \tag{5.13}$$

Pielou 提出一个计算均匀度（J'）的公式：

$J' = H'/\log_2 S$(即均匀度等于实际多样性与理论上最大的多样性的比值)　　(5.14)

均匀度的大小衡量了群落中各个种个体数的差异程度，各个种个体数完全相同的集合，其均匀度 $J'=1$。

值得强调的是：①仅从多样性指数和均匀性分析只能说明组成群落的种类与各个种的个体数比例这一群落结构特征，并不能说明群落的性质，因为即使 H'和 J'均相似的两个不同群落，其中的种类组成，特别是优势种如果不同，则两个群落还是异质的，因为主要是优势种决定群落的性质；②这里所指的多样性指数往往不是针对群落的全部有机体而言，而是用于研究某一类型或类群有机体（如珊瑚礁浮游生物多样性，河口湿地鸟类多样性等）。同时，它仅是一个分析群落种类结构的工具，主要用于生态学比较（包括自然或人类干扰下群落种类结构的变化），它与保护生物多样性的概念有一定区别。

二、群落的物种多样性和群落的稳定性

一般认为，群落的物种多样性或复杂性（complexity）与群落的稳定性（stability）有关。一

个群落的种类越多，其中各种生物的关系越错综复杂，群落就越稳定。MacArthur（1955）首先提出群落的物种多样性与群落稳定性之间的关系，认为自然群落的稳定性取决于物种的多少以及物种间相互作用的大小，而物种的多少对稳定性的作用是最基本的。英国的生态学家 Elton（1966）提出所谓**“梁概念”**（girder concept）。他把群落的食物网比作用梁木构成的建筑物，如果把一个或几个梁木从复杂的结构（食物网）中移走的话，其结构几乎不受到影响，即群落内某个种群因突发原因而衰退或消失，将由其他相似的种类来填补。由于这种缓冲作用，就群落整体而言就不会产生剧烈变化的效应。但同样的事情发生在一个简单的食物网上的话，则结构就可能崩溃。因此，简单的系统是不稳定的。

但是也有人持怀疑态度，认为多样性或复杂性与稳定性之间没有这么简单的关系，寒带的生物群落比温带和热带的生物群落单纯得多，能不能因此得出结论说寒带群落更不稳定呢？事实证明并不然。北美陆架的一个广阔海区，海参（*Molpadia oolitica*）占优势，密度大约 6 个/m^2，它吞食沉积物，因此消除了大多数底内种，唯一习见的共同出现的种类是管栖多毛类和一种端足类（它用其握肢附着在多毛类的管子上），多毛类和端足类仅以海参产生的粪墩为食。因此，海参控制着自己的环境，并以稳定的种群密度年复一年地生活着，构成了其独特的群落。显然，这种简单的群落是稳定的，因为不同环境条件下（如北方与南方）的自然群落都是经过长期自然选择适应下来的。

诚然，一个物种多样性水平高的群落，其系统的结构可能较为完善，但是不能因此而推论，认为这个系统必然比多样性低的系统有更强的抗干扰能力。例如，珊瑚礁生物群落的多样性很高，但却是当前地球面临威胁最严重的生态系统之一。深海底栖生物群落由于环境长期保持稳定，种类多样性高，但整个群落的抗干扰能力未必比生境多变的沿岸群落更强。后者的种群数量或生物量虽然变化剧烈，但这些种类都是广生态幅的，当条件好转后易于恢复到原先状态。

应当指出，稳定性的概念包括很多内容，主要有两方面含义：①**弹性**（resilience）或称恢复力，指群落或生态系统受到干扰后恢复原来状态的能力；②**抗性**（resistance）或称抵抗力，指群落或生态系统受到干扰后产生变化的大小，即衡量受外界干扰而保持原来状态的能力。另外，群落的复杂性虽然是随群落内相互作用的种数增加而增加，但它也包括水平的（如竞争关系在同一营养级内的种类出现）和垂直的（不同营养级间的营养关系，如植物-植食动物、猎物-捕食者、寄主-寄生者等）相互关系。形成多样性-稳定性关系的不同学说主要原因在于多样性、复杂性和稳定性有许多不同定义和概念。随着多样性与稳定性研究的不断深入，群落和生态系统的稳定性理论将有新的发展。

三、影响群落组成结构形成的因素

群落生态学已从描述群落发展到对群落形成机理的研究，而捕食、竞争、空间异质性和各种干扰对群落物种组成和多样性等群落结构特征的形成有重要作用（孙儒泳，1992）。

（一）捕食作用对群落结构的影响

捕食作用对群落物种多样性影响的最终结果取决于捕食者属广食性或狭食性种类。一般来说，广食性捕食者由于可能对那些有竞争力的被食者的摄食量很多，从而使竞争力弱的物种有更多的生存机会。也就是说，这种捕食作用能缓和种间竞争，促使多样性提高。相反，如果捕食者对被食者是有选择性的，则它对群落结构的影响随被选择的食物对象属优势种或劣势种而异。若被选择的是优势种，捕食作用能提高群落的多样性；若捕食者喜食的是竞争力弱的劣势种，则

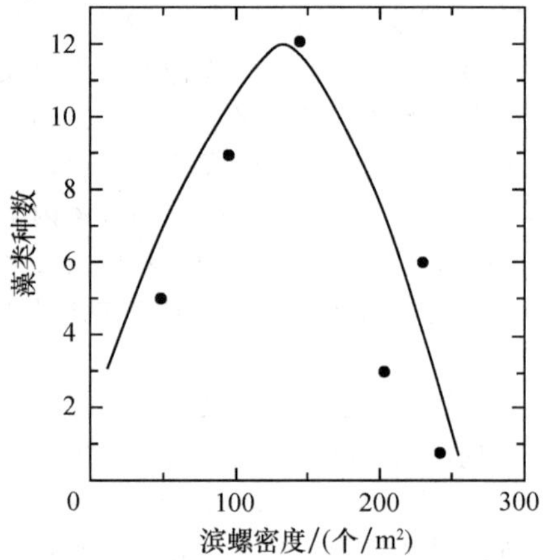

图 5.9 藻类种数与滨螺密度的关系（引自 Ehrlich and Roughgarden，1987）

随捕食压力的增加，群落多样性会迅速下降。潮间带滨螺（*Littorina littorea*）是吃多种藻类的捕食者，尤其喜食竞争力强的小型绿藻（浒苔属 *Enteromorpha*）。这样捕食作用的效应就是增加共存藻类的种数。但如果滨螺的捕食压力超过一定程度，可能把竞争力弱的藻类也吃掉，则藻类多样性又下降（图 5.9）。

Paine（1969）在一个海湾的岩石潮间带的试验观察表明：一种海星（*Pisaster ochraceus*）取食石鳖、帽贝、贻贝、藤壶和龟足，在有海星存在的区域，有 30 个物种共存，因为它经常取食数量最多的物种（图 5.10）。而在去除海星的试验区，藤壶很快成为优势种；一年后藤壶又被贻贝和龟足所排挤；三年后群落中的物种从 30 个减到 8 个。因此，海星具有控制群落结构稳定性的能力。

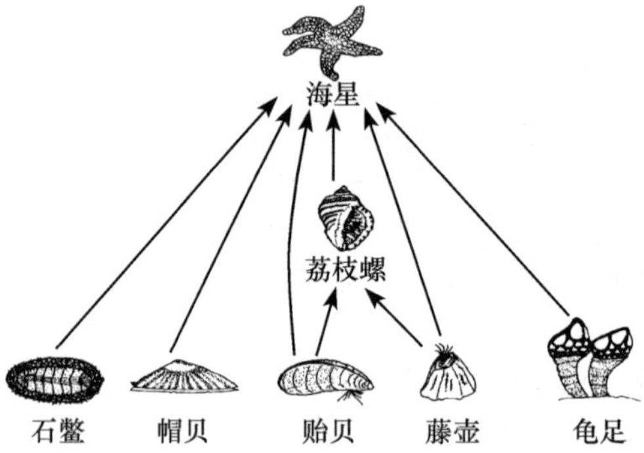

图 5.10 Paine 的岩石海岸群落（引自 Begon et al.，1986）

某些沿岸海区的海藻林生物群落生长着各种大型褐藻，为大量的海洋鱼类、贝类和无脊椎动物提供食物和栖息场所（Estes et al.，1989）。其中海獭就是这种群落的关键种，因为海獭捕食几种海胆，从而控制了海胆的数量。如果海獭被大量捕杀，海胆就不受捕食作用的控制，它们大量吃海藻，承载着鱼类和其他海洋动物的海藻就会被海胆食尽，海藻林因此而衰退，导致整个群落受严重破坏，因此，海獭是维持海藻林群落结构的关键种。

（二）竞争对群落结构的影响

种间竞争往往出现在生态位很接近的种类之间，即以同一方式利用相同资源的物种集团。如果竞争的资源主要是食物，则称为**"食物-限制种团"**（food-limited guild）；如果对生存基底的竞争是主要的（如潮间带岩石基底上生长的藻类间的竞争），则称为**"基底-限制种团"**（substrate-limited guild）。种间竞争在群落结构的形成中也起重大作用，因为种间竞争可能通过生态位分化降低竞争紧张度而使更多的物种共存（见本章第二节）。种间竞争对群落结构的影响虽然不易从自然群落中分析出来，但可通过对自然群落进行引种或去除实验，观察其他种类生态位的变化来加以证实。

在海洋浮游植物方面，光和营养盐是最重要的竞争资源。虽然对浮游植物种间竞争和生态位分化产生的竞争共存研究难度较大，但是它们的确也因对这两种资源的适应性差异而共存。Tilman 对高等植物的种间竞争的研究对了解海洋浮游植物的种间竞争也很有启发性。图 5.11 表明竞争两种资源（如光、营养盐）的两种植物（A 和 B）和五种植物（A、B、C、D 和 E）的共存

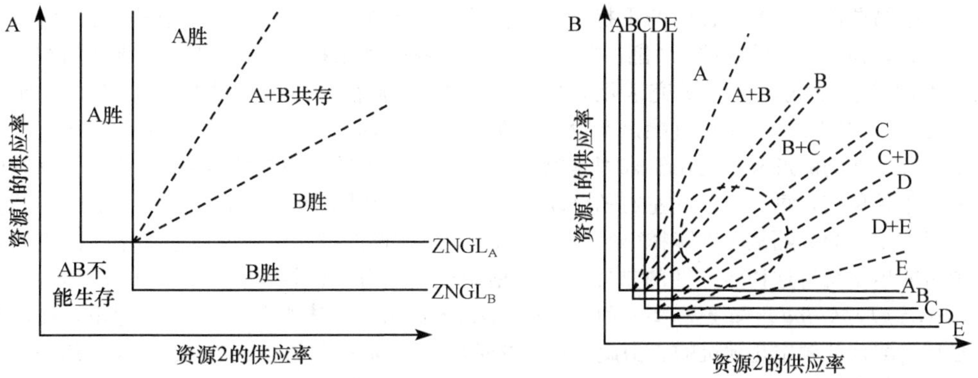

图 5.11 植物对资源的竞争模型（引自 Begon et al.，1986）

A. 两种植物竞争两种资源 Tilman 模型的各种格局；B. 五种植物竞争两种资源 Tilman 模型的各种格局

区的范围。由此可以推测，多种植物在竞争少数共同需要的资源中是能够共存的。

（三）空间异质性对群落结构的影响

任何一个生物群落的环境都不是均匀一致的，而是具有不同程度的**空间异质性**（spatial heterogeneity）。空间异质性的程度越高，意味着有更多的小生境，可以维持更多的种类生存，这种例子是很多的。例如，潮间带的底质有砂质、泥质和砾石及其不同比例混合的类型，分别栖息着不同的底栖生物，底质类型越多样化，群落就有越高的多样性。海洋中珊瑚礁生物群落的多样性程度最高，其原因之一也是珊瑚礁有各种小生境，包括风浪大小、水流急缓、不同的礁盘缝隙类型、各种躲避捕食的掩蔽所和不同的底质类型，从而为更多的物种共存提供条件。

关于海洋透光层中很多种浮游植物可以共存的原因，除了前面提到的有关竞争资源（光、营养盐）的情况外，还可能与空间异质性的微环境有关。透光层看起来似乎是匀质的，实际上可能具有不同光照条件和营养盐含量的微环境，因而使对光和营养盐要求及适应性不同的种类得以共存。

对西印度群岛的一种硬放射珊瑚（*Montastrea annularis*）形成群落的研究也表明空间异质性对群落结构的影响。演替从单种珊瑚的群落开始，随着群体变大，形成圆顶状帽状物（直径为1 m）以后，由于其边缘生长快，逐渐变成了具帽檐状的边饰，边饰下受波浪侵袭而出现许多小室，其他生物入侵，就由单种的珊瑚群体发展为镶嵌状的珊瑚礁群落。当珊瑚礁体继续增大到直径几米时，由于上部负载过重和波浪冲击，礁体部分或全部崩溃，其他更多种的珊瑚得以蔓生，形成复杂的珊瑚礁。在此演替过程中，礁中的鱼类多样性也随着礁体复杂多样和有更多的异质性而增加。部分崩溃增加空间的异质性，提高鱼类的多样性，但完全崩溃使多样性有所降低（图 5.12）。这个例子也说明中度干扰会增加群落的物种多样性。

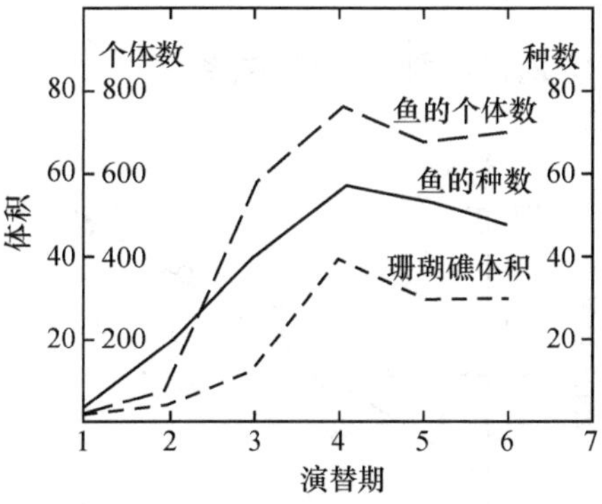

图 5.12 珊瑚礁演替过程中鱼类种数和个体数随礁体体积的变化（引自 Ehrlich and Roughgarden，1987）

（四）干扰对群落结构的影响

干扰（disturbance 或译为扰动）意为平静的中断或正常过程的打扰或妨碍，它是自然界的普遍现象。生物群落经受各种各样的干扰，包括自然界的干扰（如风浪、冰块袭击等）、群落成员的干扰（如动物对底泥的挖掘、“翻耕”）或人类的干扰（如采捕），从而使其组成结构在时间和空间上不断产生变化。很多研究表明，中等程度的干扰能增加群落的生物多样性。孙儒泳(1992)提出，“实际上，干扰可能是产生多样性的最有力手段之一，冰河期反复多次干扰，大陆的多次断开和岛屿的形成，现在看来都是物种形成和生物多样性增加的重要动因”。珊瑚礁生物群落有上千种鱼类，每一个 3 m 左右的礁块上可能有 50 种以上鱼类生活着。对于如此高的多样性，仅以食物资源分隔是难以解释得通的。实际上，在这样的群落中，由波浪等干扰因素所造成的空隙可能也是维持这种多样性的重要因素。据调查，在由 3 种热带鱼（*Eupomacentrus apicalis*、*Plectroglyphidodon lacrymatus* 和 *Pomacentrus wardi*）个体所占的 20 个空隙里，在原有领主死亡后，取代的领主是随机的。由此可见，这种群落中高多样性的维持决定于许多相同生态位物种对空隙的**“抽彩式竞争”**（competitive tottery），也是说明珊瑚礁鱼类群落多样性的**“随机补充假说”**（stochastic recruitment hypothesis）。

干扰理论强调，中等程度的干扰频率才能维持高多样性，如果间隔期太长，竞争作用达到排斥别种的程度，多样性也不会很高。反之，如果干扰频繁，则先锋种不能发展到演替中期，从而保持较低的多样性。

Sausa 对底质为砾石的潮间带进行的研究也证明中度干扰才能增加种类多样性。潮间带经常受波浪干扰，较小的砾石比较容易受波浪冲击而移动，因此，砾石的大小可作为受干扰频率的指标。Sausa 通过刮掉砾石表面的生物，为海藻的再殖提供了基底。结果发现，较小的砾石只能支持群落演替早期出现的绿藻石莼（*Ulva*）和藤壶，平均每块砾石 1.7 种；大砾石很少因波浪干扰而移动，其优势藻类是演替后期出现的红藻类杉藻（*Gigartina canaliculata*），平均每块砾石 2.5 种；中等大小的砾石支持最多的藻类，包括演替中期出现的红藻。证明藻类多样性的差异纯粹决定于抗波浪干扰造成的砾石移动的稳定性大小，即移动频繁的小砾石和很少移动的大砾石其藻类多样性都小于中等大小的砾石。

（五）岛屿与群落结构

海岛物种种数与岛屿面积大小以及海岛与大陆的距离远近有关。

1. 海岛的种数-面积关系

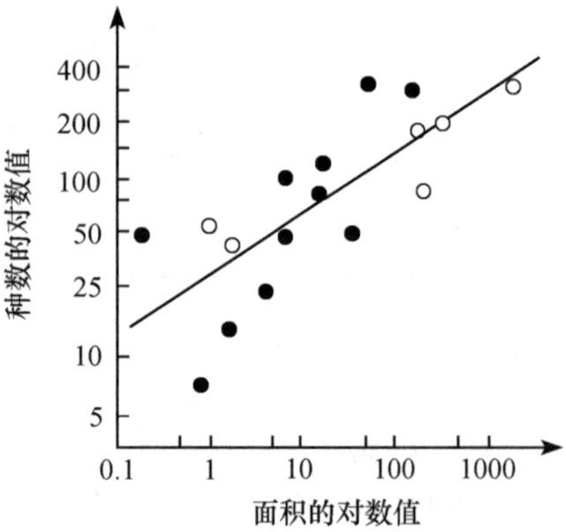

图 5.13 Galapagos 群岛的植物群落种数与岛面积的关系（引自 Krebs，1978）

许多研究表明，海岛面积越大，生物种数越多。通常认为这是由于面积越大，生境复杂性程度越高，可以有更多的物种生活，这种规律称为岛屿效应。岛屿物种数与面积的关系可用下式表示：

$$S = cA^z \quad 或\ \lg S = \lg c + z(\lg A) \qquad (5.15)$$

式中，S 为物种数；A 为面积；c、z 为常数（c 为单位面积种数，z 为种数-面积关系中回归的斜率）。

图 5.13 示 Galapagos 群岛上植物种数与岛面积的关系，其关系式为 $S=28.6A^{0.32}$。

2. 岛屿与大陆距离与物种数的关系

由于岛屿的距离状态降低了物种迁入的强度，因而这种隔离作用使岛屿群落的物种多样性降低。岛屿离大陆越远，其物种丰富度降低的效应越明显。当然，距离远近影响的程度随生物类群而变化（例如，相同距离的岛，对陆地兽类来说比较“远”，而对鸟类来说则比较“近”）。

MacArthur 提出的**平衡论**（equilibrium theory）认为，岛屿的物种数目决定于迁入物种和灭亡物种的动态平衡，即不断有物种灭绝，由同种或别种的迁入而得到替代和补偿，图 5.14 中的交叉点即为预测的平衡种数。

Wilson 等把四个红树林小岛上所有的昆虫、蜘蛛、螨和其他陆生动物以溴甲烷杀死，留下红树林植被，观察试验岛陆生节肢动物物种数目的增长过程。发现开始时物种数上升很快，超过原有的物种数目后下降到岛屿上原有的种数，与预测的结果很符合。这个试验是 MacArthur 平衡理论的有力证据。

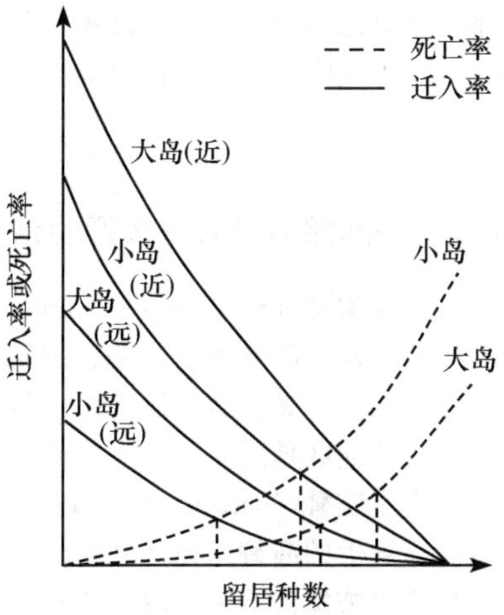

图 5.14　不同岛上物种迁入率和死亡率（交点示平衡时的种数）（引自 Begon et al.，1986）

第四节　群落的生态演替

群落演替在生态学上有非常重要的意义，研究生物群落的演替不仅可以判明生态系统的动态机理，而且对人类的经济活动和受损生态系统的修复和重建具有重要指导意义。

一、生态演替及演替类型

（一）什么叫群落的生态演替

生态系统是生物群落与生境相互作用的统一体，这种相互作用导致了整个生态系统的定向变化。所谓群落的**生态演替**（ecological succession）是指在一定区域内，群落随时间而变化，由一种类型转变为另一种类型的生态过程。Odum（1971）对群落生态演替的概念提出三个基本观点：①它是群落发展的顺序过程，包括物种组成和群落过程随时间的改变，是有规律地向一定方向发展，因而是能预见的；②它是群落引起物理环境改变的结果，也就是说，虽然物理环境决定演替类型、变化速度和发展多远的限度，但演替是受群落本身所控制的；③它以稳定的生态系统为发展顶点，即在稳定的生态系统中，如果以单位能流量表示，就有最大的生物量（或高信息含量）和生物间共生功能。在特定地区中，群落由一个到另一个的整个取代顺序，称为**演替系列群落**（serial communities）。依其发展程度，在演替初期称为**先锋期**（pioneer stages），中期称为**发展期**（developmental stage）；到达最后的稳定系统则叫做**顶极群落**（climax）。因为某些种群的活动改变了物理环境，使条件有利于其他种群（也包括建立了对原有种群不利的条件），因此在达到生物与非生物因素之间的平衡以前，演替系列中一直发生着物种的交替。由此可见，Odum 提出的理论强调生态演替的动因在于群落本身的内在因素。早期入侵生物的生活改变了原来的环境，环境变化的结果更适合于新入侵的种类的生活，而对原来的物种反而不利，从而导致种类的更替，并向一定的方向发展。群落的演替是生态系统演替的基础，生态系统演替的含义包括生物群落及其栖息生境整体的演替。

本节所讨论的生态演替指几年、几十年或几百年时间尺度的群落演替，而生态系统的进化是以地质年代为时间尺度的，称为**地质演替**（geological succession）。

（二）演替的类型与基本过程

1. 按演替的起始条件可分为原生演替和次生演替

（1）**原生演替**（primary succession）。这种演替是在从未被占据的区域，或者说是在一个起初没有生命的地方所发生的演替。例如，由于海洋火山突然爆发，把某个岛上所有动植物全部毁灭了。几年以后，又有新的绿色植物侵入这一“荒芜之地”，一直发展到成为一个相对稳定的顶极群落。这种地区是研究原生演替最理想的地方。

（2）**次生演替**（secondary succession）。这种演替是在一个生态系统被破坏，但并未完全被消灭的区域所发生的演替。在这种情况下，演替过程不是从一无所有开始的，原来群落中的一些生物和有机质仍被保留下来，附近的有机体也很容易侵入。因此，次生演替比原生演替更为迅速。

2. 按控制演替的主导因素可划分为自源演替和异源演替

（1）**自源演替**（autogenic succession）或自发演替，即指演替是由群落内部生物学过程所引发的。自源演替的显著特点是由于群落中某种群的活动而改变其环境，这种被改造的环境对其本身不利，而对其他种群有利，从而被另外的物种所取代，这是群落演替的最基本和最普遍的原因。

（2）**异源演替**（allogenic succession）或称被动演替，即演替由外部环境因素的作用所引起。气候变动、地形变化以及人类生产和其他改变环境的活动和污染等引起的演替就属于异源演替。如果异源演替过程超过自源演替过程，则群落的发展趋势可能与上述演替方向相反，系统就不可能保持相对的稳定，甚至可能导致生态系统的毁灭。

3. 按群落代谢特征可分为自养性演替和异养性演替

（1）**自养性演替**（autotrophic succession），在演替过程中，群落的初级生产量（P）超过群落的总呼吸量（R），即 $P/R>1$，群落的有机物质逐渐积累。例如，陆地从裸岩→地衣、苔藓→草本→灌木→乔木的演替过程中，光合作用所固定的生物量积累越来越多。

（2）**异养性演替**（heterotrophic succession），在演替过程中群落的生产量少于呼吸量，即 $P/R<1$，说明群落的有机物质在减少。例如，海湾、湖泊或河流受污染后，因为那里细菌分解作用强烈，导致群落的有机质含量减少。图 5.15 的对角线代表群落生产量（P）与群落呼吸量（R）相等，对角线左侧 $P>R$，属自养性演替；右侧 $P<R$，属异养性演替，P/R 比率是表示群落演替方向的良好指标。

4. 演替的基本过程

演替包括以下两个基本过程。

1）生物入侵、定居和繁殖

外来生物的**迁移**（migration）或**入侵**（invasion）即繁殖体的传播过程，这是群落变化和演替的基础。**定居**（ecesis）即少数强有力的先锋入侵者在新环境中能生长发育并通过繁殖建立种群的阶段，与此同时也逐渐改变环境为其后入侵者创造适宜的环境条件。

2）竞争

在演替中由于物种增加，不同种对环境资源可能有同样的要求，从而产生物种间的竞争。竞

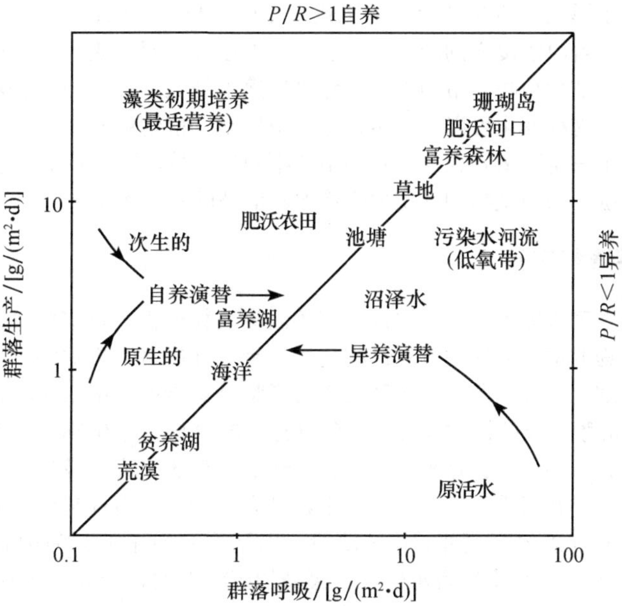

图 5.15　按群落代谢进行分类，各种群落型的地位（引自 Odum，1971）
异养演替群落输入有机物质或依靠以前的贮存或积累而生活。箭头方向表示自养或异养演替的发展趋势。沿对角线的群落，在一年中的消耗量大致与生产量相等，因此可以视为代谢顶极群落。

争的结果出现群落中各物种成分的比例和优势度差异，最终形成物种之间的生态位分化和相互制约的关系，成为稳定的群落。

生物群落演替过程中，由外部产生的较为剧烈的但又多少是有规律的物理扰动，可能使演替维持在发展序列中的某个中间时期（例如，幼年期或较成熟的中间时期），群落不产生大的变化，这种状态即所谓**波动状稳态**（pulse stability）。在海洋环境中，河口湾和潮间带被认为是维持在演替早期阶段。由于理化条件经常是不利的，种的多样性相应较低，只有少数种类有适应这种环境剧烈变动的生理条件。在潮间带，经常出现明显的种类成带现象和生物群落组成的季节性替换现象。此外，借助周期性潮汐的力量，使营养物质循环加速而提供能量，所以生物生产力水平是高的，食物条件丰富（特别是河口区），这里就挤满了生物，但它不是一个能自我维持的顶极群落（Odum，1971）。

应当指出，只有当整个群落中所有生物都适应于某种特定强度和频率的扰动时，波动状稳定性才能起作用。这种适应是在长期进化过程中通过自然选择获得的，如果是由人类活动引起的物理压力（突然、剧烈和不规律），群落就可能产生剧烈波动，而不能产生稳定性。

二、海洋生物群落的演替

海洋（与陆地相比较）总的来说是处于稳定状态的，化学上和生物学上已保持很长时间的稳定，因此过去海洋学家比较不注意生态演替问题。其实，海洋也存在生态演替现象，并且由于演替与环境保护等现实问题密切相关，因此海洋生态演替（特别是近岸内湾的异源性演替规律）将越来越被人们所关注。

在一个沉积超过侵蚀和搬运速度的海岸，或在一个上升海岸的陆地扩散，人们就可以看到其演替现象。最初出现沼泽地，还受到潮汐的影响，可以生长一些耐盐性的草（如大米草），这些草也加速沉积过程。随着海水侵入的减少，乃至完全不侵入，同时淡水的冲洗作用加强，出现耐盐性小的植物种类或全陆生植物。最初是草，随之有灌木侵入，最后乃至有森林建立，同时引起了生境的进一步变化，这种变化可以进一步在底栖微型动、植物区系中得到反映。经过一段时间以后，海岸线也离开了一定距离，在这一距离中的不同位置处，可以看到上述的各种演替阶段。

下面介绍有关岩礁、污损生物和软质底生物群落演替的一些例子。

1. 潮间带岩礁群落演替实验

日本生态学家山本護太郎曾对日本北部岩礁潮间带演替过程进行实验研究。选择以藤壶、贻贝为优势种的附着生物群落所形成的带状结构的岩石带。开始时，将这些生物剥除下来，制成一个裸岩面。不久，单细胞藻及细菌等微生物便覆盖了整个裸岩面。第二阶段，以这些微小生物为食的黑鳞蜮和短滨螺等腹足类软体动物便集中到这里来吃这些微小生物。此时的岩礁面已与原来剥除、制造的裸岩面大不相同了。这种岩面对藤壶幼虫的定居来说，像是非常合适似的。藤壶的浮游腺介幼虫满满地定居在岩礁面上。这样一来，过去在岩面上占优势的黑鳞蜮和短滨螺就只留下一星点，一些则移到岩礁的更上部。第三阶段，以平均海面正下方为中心附着了真牡蛎幼体和海葵类。由于这些生物的幼体是附着生长在藤壶的躯体上的，所以，随着牡蛎和海葵的生长，藤壶便被覆盖了。因此，在这一层看不到藤壶，仅在平均海面以上的那一层还残留一些。在真牡蛎和海葵的更下一层，附着生长着紫贻贝幼体以及贻贝和条纹格贻贝等幼体。这些种类也把藤壶盖住，因此，从表面看，藤壶也从这一层消失了。在更下一层，则是终绯叶和鼠尾藻等藻类植物。

经过这样的几个阶段，便形成了以短滨螺-藤壶-真牡蛎、海葵-紫贻贝、贻贝、条纹格贻贝-终绯叶、鼠尾藻为顺序的岩礁潮间带的带状结构（图 5.16）。从人工制成裸岩面到恢复原来样子，只需几年时间。在演替过程中，先行的优势种群对后来的生物种群起提供最基本生活条件的作用。

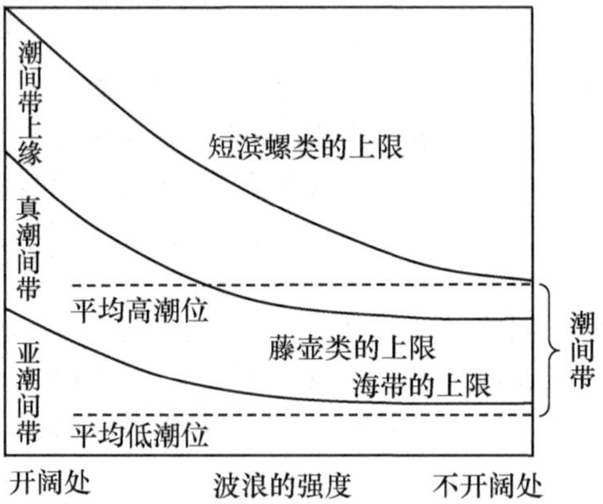

图 5.16　北海道所看到的岩礁潮间带生物的带状构造
（引自山本護太郎，1981）

2. 污损生物群落演替

久置在海中的码头、桩柱等表面污损生物群落的形成、发展与演替过程，大致可分为初期、中期和稳定期三个阶段（黄宗国和蔡如星，1984）。

1）初期阶段（微生物黏膜阶段）

放在海中的洁净物体表面，立即有细菌附着，两天后细菌可达每平方厘米几百万个之多。随后便出现硅藻，其数量也在短期内剧增。除上述两类外，尚有原生动物等其他生物。细菌和硅藻分泌黏液，形成了微生物黏膜（slime film），也称初级黏膜（primary slime）。在热带、亚热带海域，黏膜一般在 7 天左右即被大型生物的幼虫所取代。

2）中期阶段（发展阶段）

继微生物黏膜形成之后，大型污损生物的幼体开始附着。一些个体密度大、生长迅速的种类即成为群落中期阶段的主导种。在中国沿海，温暖季节只要一个月，皮海鞘、水螅、盘管虫和藤壶等都可分别成为优势种。这些生长迅速、生活周期短的种类（如水螅类）一般不超过 3 个月即衰退或死亡，被其他生物覆盖或取代。藤壶在温暖季节可继续生长达到性成熟，它们可能继续存活成为稳定群落的一员，也有些个体被其他生物所覆盖。

群落形成中期阶段的特点是种类数和个体数不断增多，群落的体积和重量不断增大，种类之间的演替现象也很明显。

3）稳定阶段

群落经历中期阶段的发展，一些生长期长、个体大的种类（如贻贝、牡蛎等）得到充分生长，排挤或覆盖了一些已经附着的中、小型种类，独占整个附着基的主要空间，因而成为稳定群落的主导种（图 5.17）。稳定阶段的污损生物群落，种类比较复杂，体积和重量也比较大。随着时间的推移，群落的结构也不会发生很显著的变化。

前两个阶段整个演替过程经历的时间都较短，可以用以下两个原因来解释：一是与群落各物种的生活史有关，即演替种类个体都较小，繁殖速度快，世代时间短；二是演替系列中各种替代生物都是周围环境中“现有的”，可以迅速参与演替。

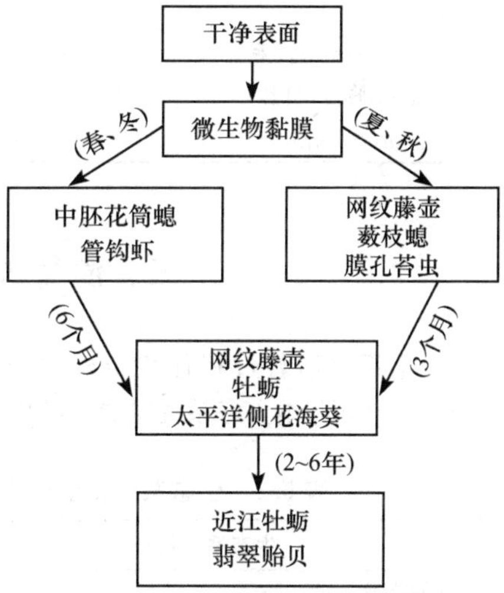

图 5.17 厦门港浮码头底部污损生物群落的演替（黄宗国和蔡如星，1984）

3. 软质底的生态演替

一个被自然或人为因素破坏了的沿岸软质海底，可能有局部范围没有底栖生物生活。在这种情况下，如果外来干扰与破坏消失，就逐渐会有物种入侵、定居到这个没有生物的底质环境中。首先定居的几乎都是一些小型种类，特别是像小头虫属（*Capitella*）这一类能在有机污染严重的底质中生活的小型多毛类。它们生活在沉积物的最表层里，摄食沉降的有机颗粒，其生长速率很高，可在短期内达到很高的密度，但由于生活在表层，容易被邻近的小鱼虾吞食掉，所以死亡率也很高。随后有一些个体较大、生长和繁殖速率较慢的种类（如较大的多毛类、蛤类）定居。这些后来的定居者可以生活在较深的沉积物中，并且是真正的食沉积物者。随着不同生物有规律的入侵定居，沉积物环境也得到不断改善，管栖多毛类使海水通过栖管流动，逐渐增加的底栖动物的活动会提高沉积物的透气性和改变氧化还原电位的分布。此外，与其他颗粒物质相比较，所有定居下来的动物所产生的粪粒更易促进细菌的繁殖，而细菌本身则可作为这些底栖动物的食物，底栖环境的物质循环功能也逐渐得到恢复。

表 5.2 示 Rhoads 等（1978）在长岛滩进行的软质底生态演替的实验，从中可看出不同演替阶段定居者生活史特征的有规律变化。

表 5.2 长岛滩软质底生态演替实验中各期拓殖者的生活史特征（引自 Rhoads，1978）

各期拓殖者	到达数量高峰的时间/d	最大丰度/(个/m²)	个体大小/(mg/个)	世代周期/a^{-1}	生产率估计值/[g/(m²·d)]	死亡率
早期定居者						
Streblospio benedicti（多毛类）	10	420 000	0.15～50	3～4	0.57	高
Capitella capitata（多毛类）	29～50	80 000	0.15～50	5～8	0.27	高
Ampelisca abdita（端足类）	29～50	10 000	0.5～1	2	0.06	高
Owenia fusiformis（多毛类）	—	—	0.5～1	—	—	高
Mulinia lateralis（贝类）	—	—	2～10	1～2	—	高
中期定居者						
Nucula annulata（贝类）	50	3 700	5～10	1～2?	0.12	中等
Tellina agilis（贝类）	80	1 400	≈5	1?	0.04	中等
Pitar morrhuana（贝类）	—	—	≈10	1	—	中等
后期定居者						
Nepthys incise（多毛类）	86	220	30～70	1	0.03	低
Ensis directus（贝类）	175	30	100～300	1	0.01	低
Nassarius trivittatus（螺类）	50～223	—	3～10	2	0.01	低

三、演替过程群落结构与机能的变化

生态系统演替过程往往结构趋于复杂、物种多样性增加、功能更完善和稳定性更增强。Odum 曾全面归纳生态系统发展中结构与功能特征的变化趋势（表 5.3）。

表 5.3 生态系统发展中结构和功能的特征变化趋势（引自 Odum，1971）

生态系统特征	发展期	成熟期
群落的能量学		
1. 总生产量/群落呼吸（P/R 比率）	大于 1 或小于 1	接近 1
2. 总生产量/现存生物量（P/B 比率）	高	低
3. 生物量/单位能流量（B/E 比率）	低	高
4. 净生产量（收获量）	高	低
5. 食物链	线状，以牧食链为主	网状，以腐屑链为主
群落的结构		
6. 总有机物质	较少	较多
7. 无机营养物质的贮存	环境库	生物库
8. 物种多样性——种类多样性	低	高
9. 物种多样性——均匀性	低	高
10. 生化物质多样性	低	高
11. 分层性和空间异质性（结构多样性）	组织较差	组织良好
生活史		
12. 生态位宽度	广	狭
13. 有机体大小	小	大
14. 生活史	短，简单	长，复杂

续表

生态系统特征	发展期	成熟期
营养物质循环		
15. 矿质营养循环	开放	关闭
16. 生物和环境间交换率	快	慢
17. 营养循环中腐屑的作用	不重要	重要
选择压力		
18. 增长型	增长迅速（r-对策）	反馈控制（K-对策）
19. 生产	量	质
稳态		
20. 内部共生	不发达	发达
21. 营养物质保存	不良	良好
22. 稳定性（对外扰动的抗性）	不良	良好
23. 熵值	高	低
24. 信息	低	高

(1) 群落中物种的多样性一般是在演替的初期低，越接近顶极越高，均匀性方面的变化也基本上有同样的趋势。不过，在演替过程中，物种多样性是否增加，决定于生物量增加时潜在的生态位是否增加，分层性和其他生物学组织的后果是否超过由个体大小和竞争增加所带来的竞争排斥反效应。

(2) 生化多样性（biochemical diversity），包括生物量中的有机化合物多样性（如色素、酶等）以及在群落代谢提高中向环境分泌或排出的产物的多样性是初期低，顶极高，这是比物种多样性更重要的趋势。在演替发展过程中，有机体代谢产物有助于维持群落的稳定。

(3) 群落中的生物体一般是初期个体小，且生活周期短（r-选择种类的特征），越接近顶极阶段，越有一些大型生物种增加进来，它们具有成为较长世代种的可能性（K-选择种类的特征）。

(4) 层状结构或局部不均一性在演替初期不发达，而在顶级阶段则非常发达（如前面列举的岩礁潮间带带状结构的演替过程）。

(5) 生物的生态位在顶极阶段是很特殊的，它们各自进行狭窄的食物选择（存在分食现象），而在演替初期，动物常因争食某种生物而出现食物短缺现象。

(6) 在演替初期，初级生产力或总光合作用量（P）超过群落的呼吸作用（R），因此 P/R 比率大于 1，随着演替发展，P/R 比率逐渐接近于 1。换言之，在成熟的群落中，固定的能量与维持消耗的能量（即群落的总呼吸量）趋向平衡，这时群落的净生产量就由大变小甚至趋向于零。P/R 比率是表示群落相对成熟度的最好功能指标。

(7) 生产量（P）与生物量（B）的比率随着演替的推移从高到低。群落中现存生物量在演替初期很少，到顶极期增多。如果把随时间的推移而积累起来的有机物量考虑进去的话就容易理解了（因为 $P>R$ 时，有机物质和生物量就会在系统中积累起来）。

(8) 在演替初期，生物之间的食物联系是比较简单的、线状的，在成熟期，食物链变成复杂的食物网，而且有机碎屑在作为食物来源以及营养物再生中的作用越来越重要。

(9) 对无机营养盐来说，初期多半依靠外部供给，即依靠外来的营养盐进行生物生产。而在顶极阶段，对群落内部循环所增加的营养盐的依赖超过外来供应的依赖。因此，对营养物质循环来说，在初期是开放的，到了成熟期则是较封闭的。

(10) 互利共生、寄生和其他共存形式在演替过程中的重要性逐渐增加，较好的负反馈机制使成熟的生态系统保持稳定。

生物群落的演替对策，基本上与生物圈长期进化发展的对策相同，即加强对物理环境的控制

(或与物理环境形成稳态)，使系统达到免受扰动的最大保护力。

上面所讨论的演替是指外部环境没有大的变化条件下生物群落的演替方向，属于**进展演替**(progressive succession)。相反，如果外部环境有很大变化（如人类对海洋生物的过度捕捞或环境受到严重污染等)，生物群落演替将会反向发展，属于**退行演替**（regressive succession)，这是当前人们特别关注的生态课题（见第十二、第十三章)。

本章提要

1. 生物群落是指在特定时间生活于一定地理区域或生境中的所有生物种群组成的集合体，群落中的生物在种间保持着各种形式的联系并且共同参与对环境的反应。具有充分大的范围和完整结构（自养成分、异养成分和营养循环结构）能独立存在的群落被称为主要群落，而结构不完善、能量摄取来源于其他群落的集合体为次要群落。

2. 群落之间通常没有明确的界限，其过渡带称为群落交错区。通常新形成的交错区种类组成和能流结构的稳定性较差，而形成已久的交错区（生物通过长期适应）稳定性水平较高。人为因素（如围海造田、修堤筑坝等）造成自然群落的生境片断化（增加很多边界、缩小交错区面积）将对物种的生存造成巨大的影响。

3. 组成群落的各种生物的种类、数量和生物量有很大差别。优势种是生物量（和数量）占优势的种类，起着反映群落基本特征和能流主要环节的作用。关键种则是对群落组成结构有决定作用，这种作用与其生物量（或数量）并不匹配。冗余种在群落遭到破坏或环境不断恶化时有可能转变为优势种或关键种，因此不是真正意义上“多余的种”。

4. 食物关系是最主要的种间关系，通过摄食与被食的联系使群落中各种生物得以有规律地利用从环境中获得的能量和物质。捕食者与被食者的关系是辩证的，二者既相互联系又相互依存。食物联系也是维持群落结构相对稳定的一种重要机制。

5. 高斯假说表明，亲缘关系接近的、具有相同习性或生活方式的物种不可能长期在同一地区生活，即完全的竞争者不能长期共存，因为它们的生态位没有区别。生态位概念基本点是描述一种生物在生境中占据的空间部分、取食的对象、活动的时间以及它在群落中的功能与作用。在一个稳定群落中，各组成物种没有明显的生态位重叠，各种生物各就各位，对群落的空间、时间、资源的利用以及物种间的相互作用都趋向于互相补充而不是直接竞争。

6. 共生关系包括两种生物之间的一系列组合形式，根据其组合关系的密切程度，共生关系包括共栖、互利、寄生、偏害等形式。海洋中的共生现象比陆地的更为普遍，包括藻类与固氮细菌、藻类与动物的互利共生以及动物之间的共栖、互利、寄生等各种类型。共生关系是生物长期相互适应的结果，成熟的生态系统中各种生物之间的共生关系比初期阶段更为普遍和密切。

7. 群落的物种多样性涉及组成群落的物种数（种的丰度）以及不同物种之间的数量比例（均匀度)。物种多样性有明显的地理差异，热带海区生物群落的物种多样性高，寒带海区的物种组成较简单。深海多样性水平比浅海的高得多。这种差别主要与进化时间（从冰川覆盖解脱出来的历史长短）以及环境的异质性和稳定性程度等因素有关。

8. 群落的稳定性概念主要有两方面含义：①弹性（resilience）或称恢复力，指群落受到干扰后恢复原来状态的能力；②抗性（resistance）或称抵抗力，指群落受到干扰后产生变化的程度或保持原来状态的能力。一般认为，多样性与稳定性之间并非绝对的正相关。

9. 很多因素对形成群落结构有影响。捕食作用可影响群落的种类组成特征，而关键种对维持群落结构的稳定性有重要作用；种间竞争可能通过生态位分化使更多的物种共存；空间异质性程度高的生境有更高的物种多样性；各种不同的干扰以及干扰的程度和频率都会影响群落的结构，中等程度的干扰是维持群落物种多样性的重要因素。

10. 群落的种类组成随着时间推移而不断更替，由一种群落类型转变为另一种群落类型称为生态演替。生态演替过程中，群落的结构与功能（包括种类的生活史类型、生产力、能流结构等）同时发生有规律的变化。由于外部环境因素（如全球气候变化）和人类干预（人类生活和生产对环境造成的破坏）而引起群落的生态演替称为异源演替，其演替方向与上述自源演替相反。如果异源演替过程超过自源演替过程，群落就不可能保持相对稳定，甚至导致生态系统崩溃。

思考题

1. 什么叫生物群落？群落的优势种、关键种和冗余种在群落中的作用有何不同？
2. 怎样认识群落交错区和边缘效应？
3. 如何理解捕食者-被食者之间的辩证关系？
4. 简述生态位的概念及其与种间竞争的关系。
5. 共生现象有哪些主要类型？共生有什么生态学意义？
6. 生物群落的物种多样性有何地理分布上的规律？解释这种规律有哪些假说？
7. 如何理解群落的多样性和群落稳定性的关系？
8. 试分析影响群落结构的因素。
9. 何谓群落的生态演替？生态演替过程中群落的组成结构和功能有哪些变化？
10. 你认为研究群落的生态演替有何现实意义？

第六章
海洋初级生产力

第一节 海洋初级生产的基本过程和生产力的有关概念

一、初级生产过程的基本化学反应——光合作用

与陆地一样，海洋初级生产过程是一个**光合作用**（photosynthesis）的过程，即植物通过光合作用吸收太阳光能量，以 H_2O、CO_2（包括氮、磷等营养盐类）为原料，把无机碳还原成植物体有机碳（以及合成蛋白质、脂肪等物质）的过程。

光合作用包括一系列非常复杂的氧化-还原反应。图 6.1 所示为光反应和暗反应两个相互联系的基本过程。

1. 光反应（light reaction）

植物细胞内的叶绿素等光合色素吸收光能并通过一系列的化学反应产生 O_2，同时把光能转化为 ATP 和 NADPH 的化学能，这些反应必须在光照条件下才能进行。

（1）吸收光能产生还原能

$$H_2O + H_2O \xrightarrow[\text{叶绿素}]{\text{光能}} O_2 + 4H^+ + 4e^-$$

（2）能量以 ATP 和 NADPH 形式贮存

$$4H^+ + 4e^- + ADP + Pi + (O_2) \longrightarrow 2H_2O + ATP$$

$$2H^+ + 2e^- + NADP^+ \longrightarrow NADPH + H^+$$

式中，Pi 为无机磷酸盐；$NADP^+$ 为烟酰胺腺嘌呤二核苷酸磷酸；NADPH 为其还原型；O_2 是细胞内一系列反应产生的。

2. 暗反应（dark reaction）

暗反应是利用上述贮存的能量进行的酶促反应，即利用光反应中产生的高能 ATP 和 NADPH 把 CO_2 还原成高能的碳水化合物 $[CH_2O]$。

$$CO_2 + 2NADPH + 3ATP \longrightarrow [CH_2O] + H_2O + 3ADP + 3Pi + 2NADP^+$$

暗反应并非一定要在黑暗中进行，而是指此反应不以光照为必要条件。

二、生产力的有关概念

（一）总初级生产力和净初级生产力

总初级生产力（gross primary production）是指光合作用中生产的有机碳总量。不过，海洋

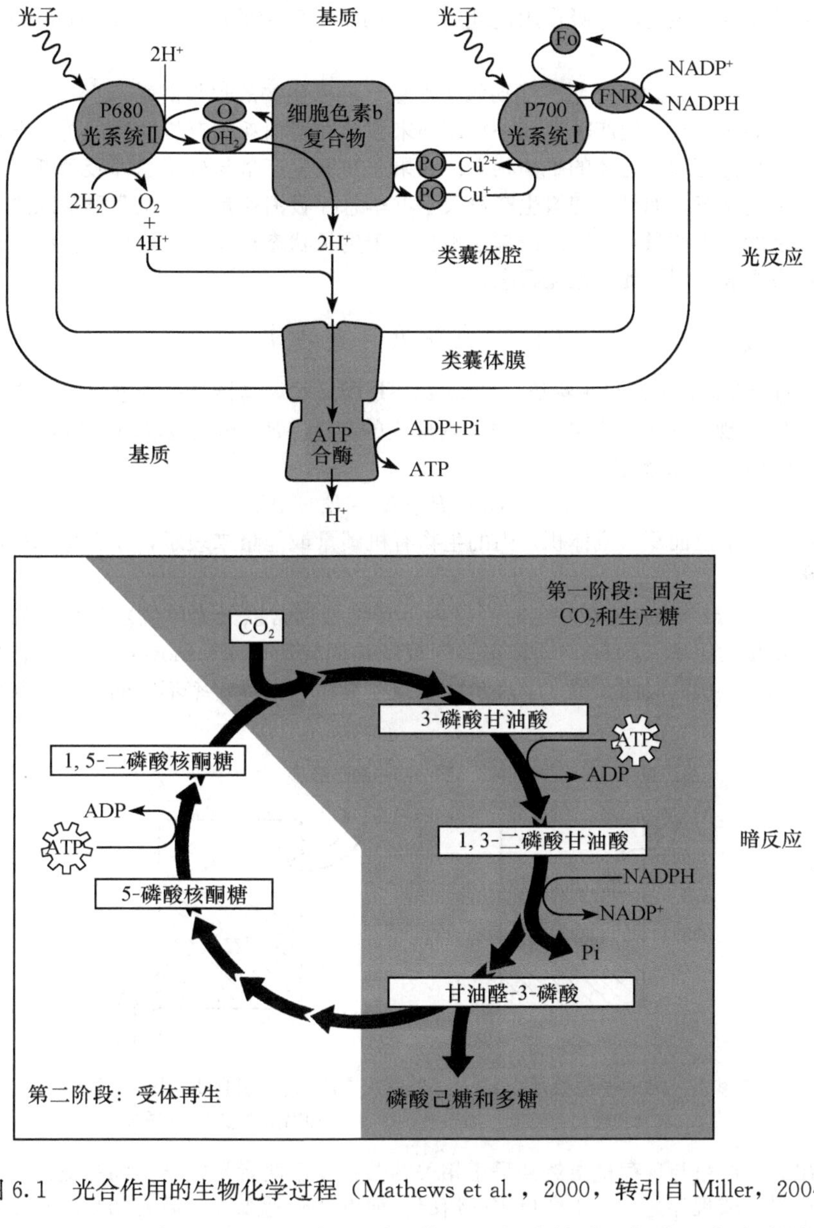

图 6.1　光合作用的生物化学过程（Mathews et al.，2000，转引自 Miller，2004）

植物与其他生物一样昼夜都进行连续不断的呼吸作用，会消耗掉一部分生产出来的有机碳。因此，总初级生产力扣除生产者呼吸消耗后其余的产量即为**净初级生产力**（net primary production），即

净初级生产力＝总初级生产力－自养生物的呼吸消耗。

海洋初级生产力常以单位时间（日或年）、单位面积（m^2）生产的有机碳量［$mgC/(m^2 \cdot d)$］（或固定的能量）来表示。文献中使用的**生产力**（productivity）、**生产量**（production）或**生产率**（production rate）等术语都有某一定时间内产量的内涵，因此这些术语实际上是同义的。

（二）群落净生产力

净初级生产力表示可供各类异养生物直接或间接利用的有机物质（或能量）的总量。净初级生产量扣除群落中异养生物的呼吸作用消耗后剩余的就是**群落的净产量**（net community production），即

群落净产量＝净初级生产量－异养生物的呼吸消耗

群落净产量通常指整个生产季节或一年期间未被异养者消耗的有机物质的量。群落净产量的高低可以用来衡量群落内部总体的平衡状态。如果总初级生产量与群落总呼吸消耗量相等，表明群落内部维持平衡状态；如果总初级生产量大于群落总呼吸消耗量，则说明群落除维持原有平衡状态外还有剩余的净生产量可供输出或群落本身处于生长状态；反之，如果总初级生产量小于群落总呼吸消耗量则表明群落处于退化状态。

（三）现存量与周转率

现存量（standing crop）与**生物量**（biomass）是同义的，是指某一特定时间和空间中存在的有机体的量（B）。现存量表示在某一段时间内形成的产量（P）扣除该段时间内全部死亡量（E）（被捕食和自然死亡）后的数值：

$$B_2 = B_1 + P - E = B_1 + \Delta B \tag{6.1}$$

生物量可以用单位面积（或体积）内的生物有机碳量或能量来表示，浮游植物生物量常用叶绿素含量来表示。

周转率（turnover rate）是在特定时间段内（浮游植物常以天为单位）新增加的生物量与这段时间平均生物量的比率（P/B）。周转率的倒数就是**周转时间**（turnover time），它是现存量完全更新一次或周转一次的时间。图6.2表示两个现存量相等而周转率不同的系统，从图中可明显看出周转的含义。

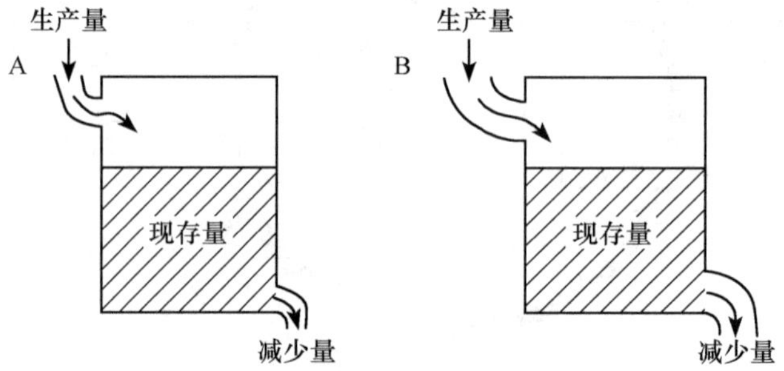

图6.2　两个平衡群落（输入＝输出）的模式（引自 Krebs，1978）

A. 输入和输出都较低、周转慢；B. 输入和输出都较高、周转快

应当指出，生产量与现存量虽然常呈正相关的关系，但两者是完全不同的概念。可能存在现存量多而生产量少或现存量少而生产量多的情况，前者如陆地森林，后者如海洋浮游植物。海洋浮游植物的周转率比陆地植物快得多，在适宜条件下，浮游植物一天的生产量可超过其现存量（$P/B>1$），因为它的个体小、繁殖速率快。所以，现存量还应与周转率结合起来，才能较好地反映它与生产力的关系。

三、海洋初级生产力的测定

海洋初级生产力的现场测定方法已有专门的调查规范，这里仅作简单的介绍。

（一）^{14}C 示踪法

^{14}C 示踪法是20世纪50年代开始应用的，本方法是应用放射性 ^{14}C 标记的原理测定无机碳通

过光合作用产生浮游植物的有机碳量。通常是在现场海水中加入一定量的 $NaH^{14}CO_3$，然后置于与原采样处相同的光、温条件下一段时间。水样取出经过滤后测定滤物（即浮游植物细胞）的^{14}C放射性强度，然后根据相关公式换算为初级生产力。

50 多年来，^{14}C 法在海洋初级生产力现场调查中被广泛应用，几乎成为标准测定方法。应当指出，浮游植物细胞会将相当一部分光合作用产物以可溶性有机物的形式释入海水。这部分初级生产的产物在^{14}C 法中未被测定，因而其测定结果被认为是低估的数值。

（二）叶绿素荧光测定法

叶绿素荧光测定法是以丙酮萃取水样中的滤物，以分光光度计测定特定波长下滤物中的叶绿素含量，并根据叶绿素含量与光合作用产量之间的相关系数，即同化指数 Q 来间接计算初级生产力（P），即

$$P = \text{Chl}\ a\ 含量 \times Q \tag{6.2}$$

Q 值是根据调查海区有代表性站位叶绿素含量与对应的^{14}C 法测值之间的关系来确定的。不同海区的光照、温度和营养盐含量不同，所以 Q 值也是不一样的。该方法的优点是在某一调查区调查时，不需要每个站位都采用^{14}C 法测定，因而比较节省人力、物力（因为叶绿素含量测定较为便捷）。

近年来开始使用水下直接自动测定各水层叶绿素的含量并通过传感器传送到调查船上（或陆上）的接收装置。通过锚泊于水下不同深度的水层，进行长时间尺度（包括一年以上）的叶绿素含量连续监测，可更方便地了解初级生产力及其时间变化序列。

（三）黑白瓶测氧法

光合作用过程产生 O_2，而呼吸作用消耗 O_2。测氧法就是将现场水样分别装入黑、白（透明）瓶中，同样置于与原采样处相同的条件下一段时间（几小时以内），然后分别以 Winkler 碘量法测定黑、白瓶中因光合作用的氧净增量（白瓶）和因呼吸作用的氧减少量（黑瓶）。其测定结果结合光合作用商就可计算“净”和“总”的初级生产量。这种方法通常只在要了解总生产量中呼吸消耗的量时使用。同时，由于无法将水样中的浮游植物细胞与异养细菌、原生动物等微细消费者分离开来，测氧法的测定结果更适于用来表示微型生物群落的代谢率或群落净生产力。以上三种方法用于调查现场应用。

（四）水色遥感扫描法

卫星携带的海洋水色遥感装置（CZCS）可以记录海水的颜色，反映海区叶绿素和藻类的其他色素、带有一定颜色的溶解有机物（CDOM）等的浓度，还可以探测水中悬浮颗粒物的含量。因此，CZCS 的突出贡献就是克服了现场调查所难以做到的大面积采样问题，其调查的覆盖范围可遍及整个海洋。同时，通过 CZCS 还可分析影响海洋浮游植物的空间分布和初级生产力的大、中尺度物理过程，包括诸如北大西洋扰动（North Atlantic Oscillation，NAO）和厄尔尼诺南方扰动（ENSO）等。随着遥感技术的不断提高，人们将可能更全面地了解浮游植物生物量和生产力与海洋水文特征的关系。

第二节　影响海洋初级生产力的因素

影响初级生产力的生态因子主要是光照条件和植物所需营养物质的含量，包括与两者相关的其他水文条件。在自然条件下，这些因子是不断地改变的。

一、光

藻类的光合作用与辐照度的关系虽然因种而异，但是一般都呈抛物线关系（图 6.3），在低的辐照度下是倾斜的直线，说明由于光照有限，光合作用速率被光化学反应所制约，光合作用速率与光强成正比。在稍强的辐照度下，曲线弯曲，逐渐变成与横轴平行，这时光合作用被酶促反应速率所制约，光合作用达到最大值（P_{max}），此辐照度称为**饱和光强**（saturation light intensity）。如果继续增加辐照度，光合作用中暗反应不能跟上光化学反应，后者会导致光氧化，从而破坏叶绿体中诸如酶那样的化合物，光合作用的总速率下降。强光下光合作用的下降还可能由于光线刺激呼吸作用加强，产生**“光呼吸作用”**（photorespiration），提高已固定的化合物的新陈代谢作用；或者高光能是出现在光合作用所需营养物发生短缺时，已固定的产物从细胞内向外渗透的速率加大所引起的。

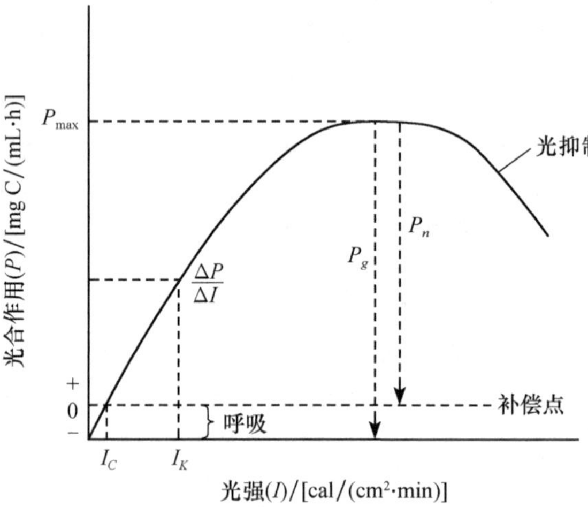

图 6.3　光合作用对光强变化的反应（引自 Parsons et al.，1984）

在光抑制之前的曲线可用下式表示：

$$P_g = \frac{P_{max}[I]}{I_k + [I]} \tag{6.3}$$

式中，P_g 和 P_{max} 分别表示总生产速率和最大生产速率；I_k 是当 $P = P_{max}/2$ 时的光强，称为**光合作用的半饱和常数**（half-saturation constant of photosynthesis）；I 为现场光强。

根据式 6.3，如果已知不同种类的 P_{max} 和 I_k，则可计算出某一特定光强（I）条件下哪一种植物生长得更快。

不同浮游植物种类对光的反应不一样，因此 I_k 和 P_{max} 的值也因种而异。例如，甲藻和蓝绿细菌的 I_k 值比硅藻和绿藻的 I_k 小一半以上，意味着甲藻和蓝绿细菌光合作用的饱和光强比硅藻和绿藻的小得多（图 6.4）。即便是同一个种，P_{max} 也会随环境温度、营养盐供应的不同而有改变。P_{max} 值通常在适温范围内随温度上升而增大；在营养盐丰富的水体中也比在贫营养水体中的高。

由于光合作用会因光照过强而受到抑制，因而在一些自然海区最旺盛的光合作用常常不是在海洋的最表层进行的（表层光合作用还受紫外光的抑制），而是在近表层中随水深增加而迅速增大，达到光合作用最大值（P_{max}）后再随深度增加而呈指数式下降（图 6.5）。同样，由于海洋中

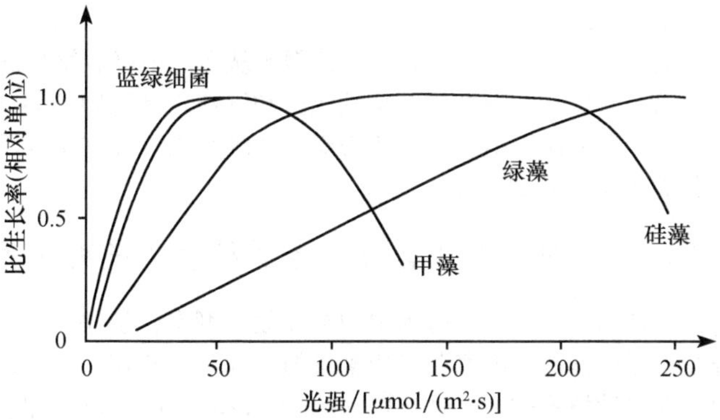

图 6.4 四类海洋浮游植物光合作用的增长率与光强的关系示意图

(Raven and Richardson，1986，转引自陈长胜，2003)

光照强度随深度增加而减弱，可以预料，在某一深度层，植物24 h中光合作用所产生的有机物质全部为维持其生命代谢消耗所平衡，没有净生产量（$P=R$），我们称此深度为**补偿深度**（compensation depth）。补偿深度处的光强称为**补偿光强**（compensation light intensity）。在补偿深度的上方，光合作用率超过呼吸作用率，所以有净生产；而在补偿深度的下方，则没有净生产。当然，补偿深度是会变化的，它不仅取决于纬度、季节和日光照射角度，也受天气、海况和海水混浊度的影响。在近岸浅海区，补偿深度仅十几米至几十米，而在大洋区，补偿深度可能超过 100 m。

根据式（3.1），$I_D = I_0 e^{-KD}$可得：

$$\ln I_D = \ln I_0 - KD \qquad (6.4)$$

$$D = (\ln I_0 - \ln I_D)/K \qquad (6.5)$$

以补偿深度的光强 I_C 取代 I_D，则 D 即为补偿深度（D_C）：

$$D_C = (\ln I_0 - \ln I_C)/K \qquad (6.6)$$

式中，I_0 可现场实测；K 根据式（6.5）计算；I_C 可通过实验测得。

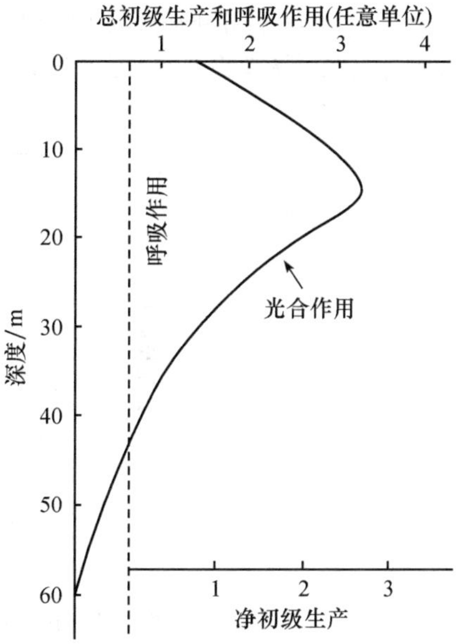

图 6.5 中纬度海区晴天的初级生产与深度的关系（引自 Tait，1981）

二、营 养 盐

（一）浮游植物生长需要的营养物质

植物的光合作用除利用太阳能分解 H_2O 和 CO_2 合成碳水化合物外，还需要吸收 N、P 等无机营养盐以合成蛋白质、类脂类和核酸等物质。对于硅藻和某些具有硅质壳（或骨针）的浮游植物，还需要 Si（以硅酸盐形式）。从大的类别看，海洋浮游藻类的生化组成中碳水化合物和蛋白质各占 40%左右，类脂素占 15%左右，核酸和核苷酸约占 5%。通常认为浮游植物正常生长时需要C∶N∶P 的原子比率为 106∶16∶1（即所谓 Redfield 比率）。尽管不同浮游植物的生化组成不一样，上述比率变化范围也很大，但总体上说明浮游植物的生长需要大量的无机营养盐（也称为浮游植物生长所需的常量元素)。

除了上述需要量大的无机营养盐外,浮游植物还需要从海水中吸收微量的 Ca、Fe、Cu、Zn、Mn、Mg、Na、K 等元素,它们与构造细胞结构性成分和维持正常细胞功能(包括离子传递、酶活性和渗透调节等)有关。有的浮游植物生长还需要一些维生素(如维生素 B_{12}),虽然微量元素的需要量很少,但对藻类生长有重要意义。

(二)海水中营养盐含量与浮游植物生长的关系

饱和光照条件下浮游植物生长速率与海水中的营养盐浓度有密切关系。在低浓度条件下,藻类的生长率受到营养盐不足的抑制。随着营养盐含量的增加,生长速率呈直线迅速上升,并逐渐达到一个最大特征值,即浮游植物的最大生长率(maximal growth rate)。然后生长率不再随营养盐浓度的增加而上升(图 6.6)。这种规律可用酶动力学 Mechaelis-Menten 方程(米氏方程)来描述:

$$\mu = \mu_{max} \cdot N/(K_N + N) \tag{6.7}$$

式中,μ 是特定营养盐浓度 N 时的生长率(单位时间内水体中浮游植物的细胞数或叶绿素的增量);μ_{max}是浮游植物的最大生长率;K_N是生长率等于 $1/2\mu_{max}$时的营养盐浓度,称为半饱和吸收常数。

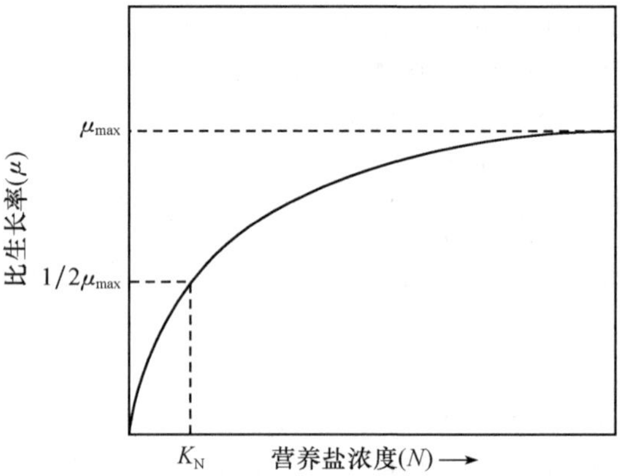

图 6.6 营养盐浓度与藻类生长率的关系(引自 Kaiser et al.,2005)

K_N 是种群竞争限制性营养盐能力的一个重要指标。如果有两个种的 K_N 一样,则竞争结果是有较高最大生长率的种占优势。如果 K_N 值不一样,而最大生长率一样时,则 K_N 值小的种类在低营养盐条件下占优势;而在营养盐丰富的条件下,最大生长率较高的种占优势。由于浮游植物需要的营养物质类别多,每一种浮游植物对营养物质的需求量和适应性有差别,加上海区各种营养物质浓度是不断变化的,因而在复杂的营养组合中允许不同的浮游植物共存(当然它们的数量是有差别的)。

应当指出,浮游植物的生长率可能受到一种以上营养盐限制,在这种情况下这些营养盐的贡献通常并不能以上述简单的关系式来表达。

海洋浮游植物的净生产量基本上是在补偿深度上方实现的,因此真光层内的营养盐很容易被大量消耗。而在没有光合作用的深水层中,由于下沉有机物质分解矿化,营养盐含量很丰富,这些营养盐可通过一定的物理过程再返回到真光层供浮游植物再利用。

(三)铁限制假说

铁是植物生命活动必需的一种微量元素(例如,光合作用的物质基础——叶绿素的合成需要

Fe，硝酸和亚硝酸还原酶也需要 Fe)。Fe 是影响海洋初级生产力（包括固氮作用的效率）的另一重要因子。早在 20 世纪 30 年代，Gran 和 Hart 就提出 Fe 可能是浮游植物生长的一种限制因子（最小量因子)。后来 Martin 也提出，海洋中微小的浮游植物需要 Fe 以便从海水中吸收 N、P 营养盐，就像农作物需要 Zn 和 Mg 等微量矿物质一样。Martin 等（1991）报道，在北大西洋 Ross 海，要使 Fe 不成为浮游植物生长的限制因子，其含量必须高于 0.5 nmol/kg；而在赤道海区，必须高于 0.3 nmol/kg，若低于上述阈值，浮游植物生长就会受到影响。

Fe 在海水中的分布很不均匀，从大洋到近岸，其含量范围为 0.001～0.5 mg/m³，即相当于 0.02～10 nmol/kg。Fe 的垂直分布表明，其含量随深度增加而上升，图 6.7 所示为阿拉斯加湾（Gulf of Alaska）溶解 Fe 及 O_2、NO_3^- 的垂直分布，该海区表层 200 m 以内的 Fe 含量都低于 0.4 nmol/kg。

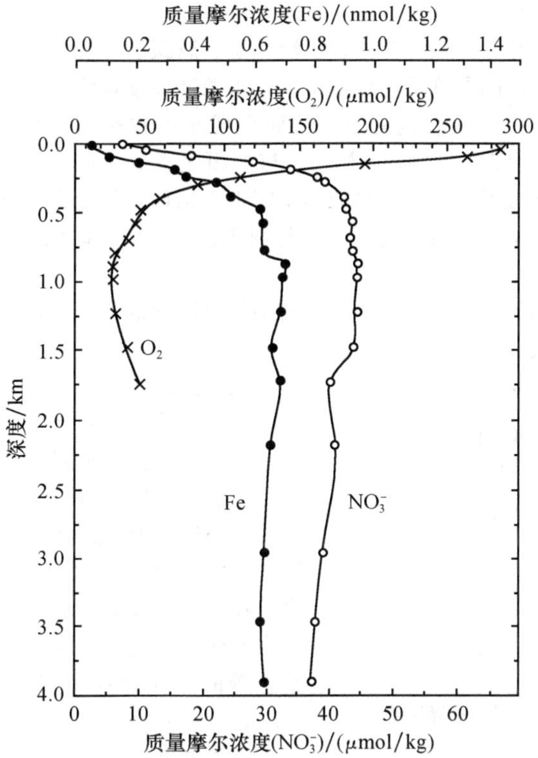

图 6.7 阿拉斯加湾溶解 Fe 的垂直分布（引自 Martin et al.，1989）

在近岸区，Fe 可由陆源补充，一般不会成为初级生产力的经常性限制因子。在大洋表层，浮游植物生长繁殖所需要的 Fe 主要依靠气溶胶（aerosol）沉降到海面来补充，有些大洋区，这种补充量是很小的。从海洋整体上看，Fe 含量最低的是南大洋部分海区和赤道的广阔海区，因为这些海区气溶胶的沉降量最少。

根据 Martin 等（1990）的研究，在 Drake Passage 外海表层水 Fe 的含量只有 0.16 nmol/kg。若按浮游植物细胞的 C∶Fe=100 000∶1，C∶N=6.6∶1 计算，这些 Fe 只能生产 16 μmol 的浮游植物碳，同时消耗 2.44 μmol NO_3^-。但是，该海区的 NO_3^- 实际含量高达 24.8 μmol/kg，理论上可生产 160 μmol 浮游植物碳，也就是说，由于受 Fe 限制，浮游植物只能利用 NO_3^- 现存量的 1/10。即使按浮游植物细胞 C∶Fe=500 000∶1 计算，上述 Fe 量也只能支持 80 μmol 浮游植物碳的生产，比根据 NO_3^- 计算的少 50%。Martin（1990）指出，赤道附近太平洋和南太平洋中 Fe 是限制性营养元素，如果向这些海区添加一些 Fe，浮游植物数量可能剧增。随后，在赤道太平洋进行了两次现场施 Fe 实验（1993 年的 Iron EX-1 和 1995 年的 Iron EX-2 计划），面积达几百平方千米。结果表明，施 Fe 后是浮游植物生物量大增，其中尤以硅藻的增长最快。Martin 关于 Fe 的研究观点称为**“铁限制假说”**（iron-limitation hypothesis）。

三、物理海洋学过程对初级生产力的控制

（一）海水的垂直混合与温跃层

光照与营养盐是初级生产的两个必要条件，而海洋上层的混合层深度对浮游植物利用光照和营养盐供应条件有控制作用。

大洋表层水温的垂直分布大致可分为表面混合层、温跃层和深海弱垂直梯度。表层水温受太阳辐照而形成一个上暖下冷的温度层化稳定结构，水温随深度增大而迅速下降。但是，在风场的作用下，海水产生垂直方向上的湍流混合，从而形成水温在垂直方向上均匀的混合层（mixed layer）。混合层的深度与风应力大小呈正相关，与海面热通量呈负相关。当表层海水因气温下降而冷却时，随海水密度增大形成上冷下暖的不稳定垂直结构，加上风的作用，就产生加深混合层的对流混合。在混合层底部，则出现温度梯度急剧变化的水层，即**温跃层**（thermoline）。温跃层下方温度随深度的变化率很小。

混合层内浮游植物的分布可以看成是相对均匀的，因此混合层的深度就与浮游植物能否停留在有充足光照的水层有关。

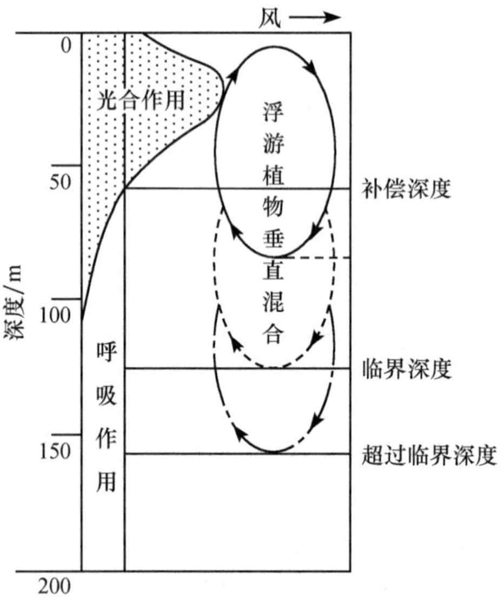

图 6.8　补偿深度与临界深度的关系（引自 Nybakken，1982）

上面已经提到，表层光强随深度增加不断衰减，在补偿深度处藻类光合作用产量与呼吸消耗量相等，只有补偿深度上方水层浮游植物才有净生产量。因此，当混合层加深时，浮游植物可能大部分时间是生活在补偿深度下方（图 6.8），总光合作用的产量就不足以抵消其呼吸消耗量。根据这种混合效应，设定在补偿深度下方的某一深度，其上方直至海面整个水体的总光合作用产量与浮游植物的呼吸消耗量相等时，就将这个深度称为**临界深度**（critical depth）。

临界深度可通过以下步骤测定：

根据 $I_D=I_0\mathrm{e}^{-KD}$ 和 $D_C=(\ln I_0-\ln I_C)/K$，可得表面至某一深度之间的平均光强（$\bar{I}_D$）为

$$\bar{I}_D=\frac{\bar{I}_0}{KD}(1-\mathrm{e}^{-KD}) \tag{6.8}$$

式中，D 是计算平均光强所规定的深度，这里即指临界深度。由于临界深度上方的平均光强等于补偿光强，即

$\bar{I}=I_C$

所以临界深度（D_{cr}）可按下式计算：

$$D_{cr}=\frac{I_0}{KI_C}(1-\mathrm{e}^{-KD_{cr}}) \tag{6.9}$$

若 $KD_{cr}\gg 0$，则上式可简化为

$$D_{cr} = \frac{I_0}{KI_C} \tag{6.10}$$

当 I_0、K、I_C 数值已知时，就可计算临界深度。

从图 6.9 可以看出，在层化的海水中，表层初级生产容易受营养盐缺乏所制约，但如果温跃层位于真光层内（在临界深度上方），深层水可能穿过温跃层扩散到真光层中，从而在次表层出现叶绿素高值区（表层有光抑制现象或营养盐限制）。

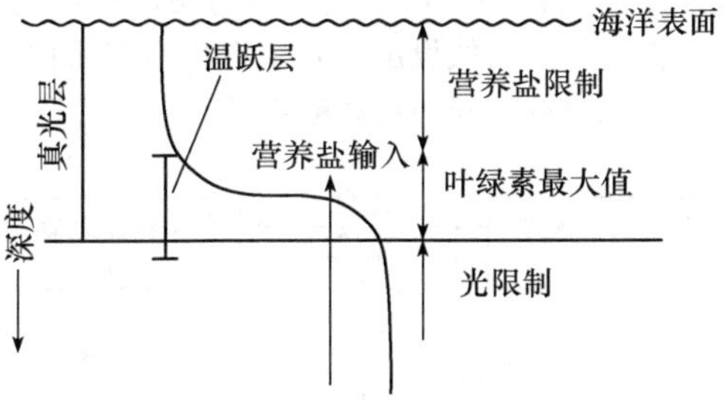

图 6.9　光照、营养盐供应、温跃层深度与初级生产力的关系（引自 Kaiser et al.，2005）

Sverdrup（1953）提出，海洋上层浮游植物生物量随季节的变化取决于真光层的深度与混合层深度的比值。温带水域初级生产力的明显季节变化就反映了这种关系（见本章第三节）。

（二）海水辐散、辐聚和海洋锋面

海洋中的风生大洋环流或由于各种物理因素产生的中、小尺度涡将引起海水的辐散或辐聚，对表层水的营养盐供应都有直接的作用（表 6.1）。气旋型环流将引起海水的辐散，从而有助于补充表层的营养盐；反气旋型环流的作用则与之相反。

表 6.1　表层环流及海水的辐聚与辐散

	气旋型环流	反气旋型环流
北半球	逆时针	顺时针
南半球	顺时针	逆时针
海水垂直运动	海水辐散	海水辐聚
表层营养盐	有深层水补充	不能得到补充

海洋锋（ocean front）是指受风系、不同流系的交汇、海面附近的热量和物质交换以及特定的海底地形等因素影响产生的两种（或几种）水体之间的狭窄过渡带。锋面带最重要的特点是温度、盐度和密度等物理水文要素有明显的水平梯度。海洋锋的类型包括大洋东部的大陆边界辐散锋、南极锋、陆架坡折锋、陆架区的潮汐混合锋、低盐锋等。海洋锋面对初级生产力有重要影响，不论什么过程产生的海洋锋面区，其浮游植物生物量和生产力都比邻近海区高。

有关气旋型和反气旋型环流以及各类海洋锋对初级生产力的影响在下一节将结合海洋初级生产力的分布进一步讨论。

四、牧食作用

植食性浮游动物对浮游植物的摄食作用将影响后者的数量和产量这一点是容易理解的。在浮游动物摄食条件下浮游植物的生物量随时间的变化率可用下式表示：

$$\mathrm{d}p/\mathrm{d}t = G(P) - F(P、Z) \tag{6.11}$$

式中，P 和 Z 分别为浮游植物和植食性浮游动物的生物状态变量；$G(P)$ 为浮游植物的净生产率；$F(P、Z)$ 为浮游动物的摄食率。

应当指出，浮游动物不仅通过摄食限制浮游植物的生长，同时浮游动物在消耗藻类后通过新陈代谢释出藻类所需的营养物质（包括细菌的作用），从而起促进浮游植物增长的作用。从这个意义上说，消费者对初级生产力的消耗与对初级生产力的支持同样重要。图 6.10 示上述浮游动物与浮游植物摄食关系的双重作用（该图假设由浮游植物和浮游动物产生的碎屑向营养盐的分解过程是十分迅速的，从而作为中间过程的碎屑可忽略不计）。

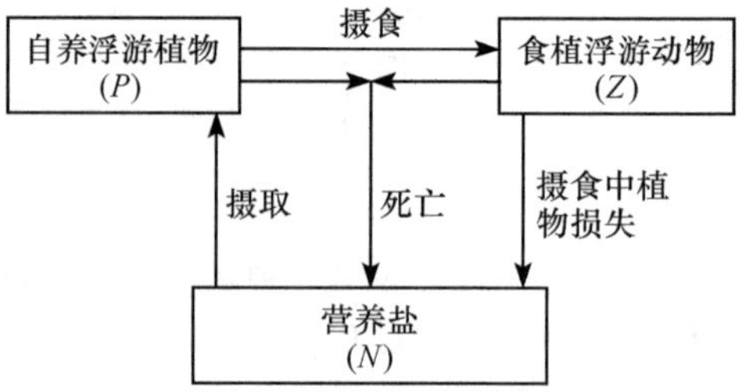

图 6.10　浮游植物-浮游动物-营养盐相互关系模型示意图（引自陈长胜，2003）

各种植食性浮游动物的清滤率和摄食量测定表明，当浮游植物密度高的时候，大量的植物细胞被迅速吞食，常常超过动物本身的需要，有一部分被吞食的植物细胞实际上并未很好被消化就从肠管中排出，此即所谓**“过剩摄食”**（superfluous feeding）。因此，浮游动物的摄食或过剩摄食肯定是一种影响植物生物量和生产力的因素。在中高纬度海区，浮游植物数量有季节波动，其主要原因是气候的季节变化，这种变化影响生物的生产率。但是，我们应注意到有这样的现象：某些海区硅藻在经过一段时间的迅速繁殖后，海水中营养盐虽并未完全耗尽，但植物数量（即现存量）却突然下降。无疑，这与浮游动物的数量增长有密切关系，也即浮游动物摄食是引起硅藻现存量下降的原因之一。不过，这种牧食作用的效应在不同海区是有差异的。

在北太平洋（约 50°N）海区，初级生产力从冬季的小于 50 mgC/(m^2·d) 增加至 7 月份的 250 mgC/(m^2·d)，但是浮游植物的现存量却整年没有大的变化，说明上述初级生产量很快地被浮游动物消耗掉（因为后者在这之前已大量繁殖），浮游动物生物量也大大增加，二者匹配得好（所以没有很多浮游植物下沉供底栖动物利用）。在相对稳定的热带海区，浮游植物现存量（因初级生产）的增加部分也可很快地被浮游动物所消耗，浮游植物和浮游动物生物量一年中也就没有大的变化。

在高纬度海区（如北冰洋），夏季初级生产力高，浮游植物繁盛，但植食性浮游动物数量的增加常比其食物的增加推迟数周（图 6.11），这种藻类和浮游动物之间潜在生长速率的差异，保证了未被消费的藻类可继续进行一段时间的初级生产。在北大西洋（也是大约 50°N）海区的情况也类似。春季水华期初级生产力快速提高，叶绿素 a 含量也从 0.1 mg/m^3 增加到 1.0 mg/m^3，但是由于浮游动物没有相应地像初级生产那样快增长，这种滞后现象的结果是只有一部分初级生产被消耗掉，浮游植物现存量有所提高，且有不少下沉到深水区，为底栖动物提供食物来源。

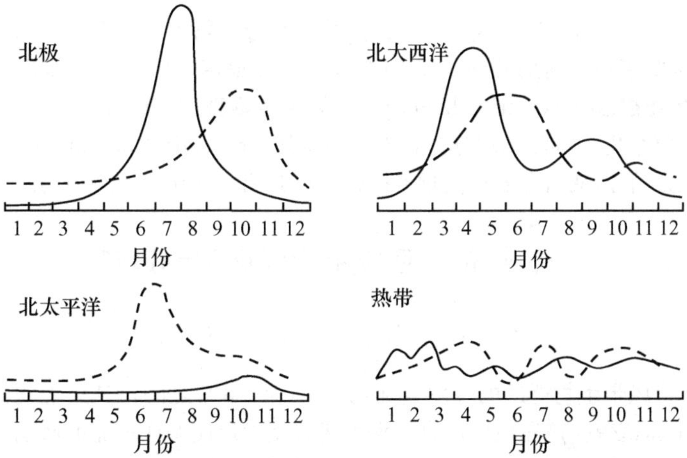

图 6.11　不同海区浮游植物和浮游动物季节模式（引自 Lalli and Parsons，1997）
实线为浮游植物生物量，虚线为浮游动物生物量

第三节　海洋初级生产力的分布和总量估计

海洋初级生产力的分布是很不均匀的。从总体上看，初级生产力的高值区位于各类辐散上升流区、大陆架和近岸海区，其次是北半球温带亚极区和南大洋锋面区，低值区则出现于南北两半球的热带、亚热带大洋区，北冰洋海区初级生产力最低（图 6.12）。

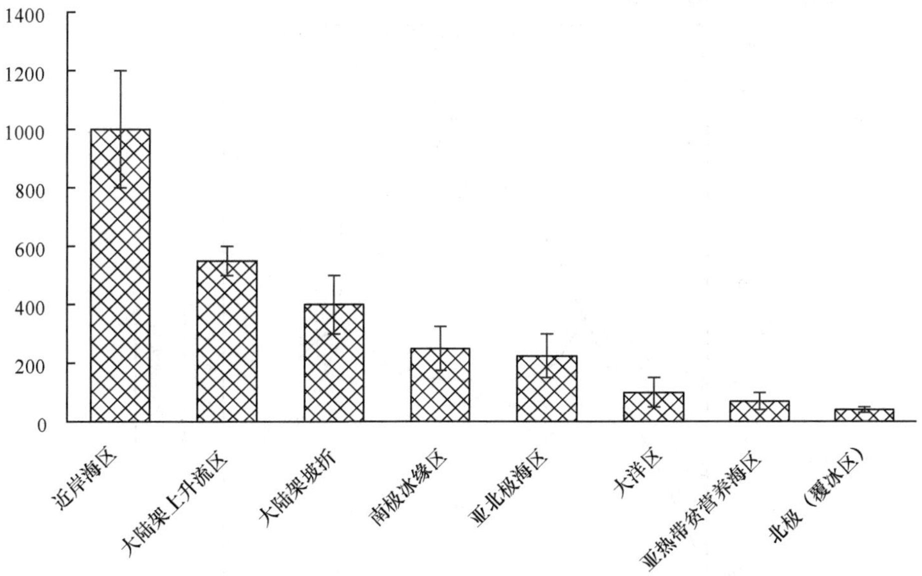

图 6.12　世界海洋初级生产力分布示意图
（数据参考 Lalli and Parsons，1997）

近几十年来，卫星遥感技术在海洋监测中得到广泛应用，促进了海洋生物地理学的发展。利用高分辨率卫星遥感可对不同海区浮游植物的丰度、真光层的深度以及初级生产力的变化进行连

续观测。英国学者 Longhurst 运用这些卫星遥感数据结合生物组成以及风、海流等物理海洋学特征（以混合层为重要指标）将海洋划分为四个基本**生物群区**（biome），即**极地生物群区**（polar biome）、**西风带生物群区**（westeries biome）、**信风带生物群区**（trades biome）和**近岸生物群区**（coastal biome）。每个生物群区又划分为若干**生态省区**（ecological province）。这些分区的边界存在年际和季节变化。下面就结合上述生物群区的特点介绍海洋初级生产力的地理分布。

一、热带、亚热带大洋区和赤道带

（一）热带、亚热带大洋区

Longhurst 将信风带生物群区的范围定在约 30°N 和 30°S 之间，其边界正好穿越亚热带中央环流区，中轴位于赤道带。该海域的混合层深度主要受大尺度海洋环流的影响。

热带、亚热带大洋区有充足的太阳辐照，海水透明度高，真光层的深度超过 100 m，这是对初级生产力有利的光照条件。但是，该海区属于大洋反气旋型环流的范围（也称中央环流区），表层海水向环流中心辐聚下沉，混合层的深度超过真光层的深度。温跃层在夏季可达 100～200 m，冬季增加到 400 m 左右。同时，由于水温高加强了海水的垂直稳定性，直接限制深层水向上补充营养盐。混合层内浮游植物所需要的无机营养盐主要（90%以上）来源于系统内的循环和再生。真光层内的硝酸盐仅 0～5 mg/m^3，叶绿素含量 5～25 mg/m^2，平均年初级生产力只有 50～100 mgC/m^2。因此，该海区是初级生产力最低的水域，被称为大洋的“生物沙漠”。此外，与温带海区相比，热带海区的光照强度和海水垂直稳定度没有明显的季节变化，初级生产力可以常年进行，而且生产层的深度较中高纬度海区的深，周转率高，从而是维持一个没有明显季节周期的低生产力特点的大洋区（图 6.13）。

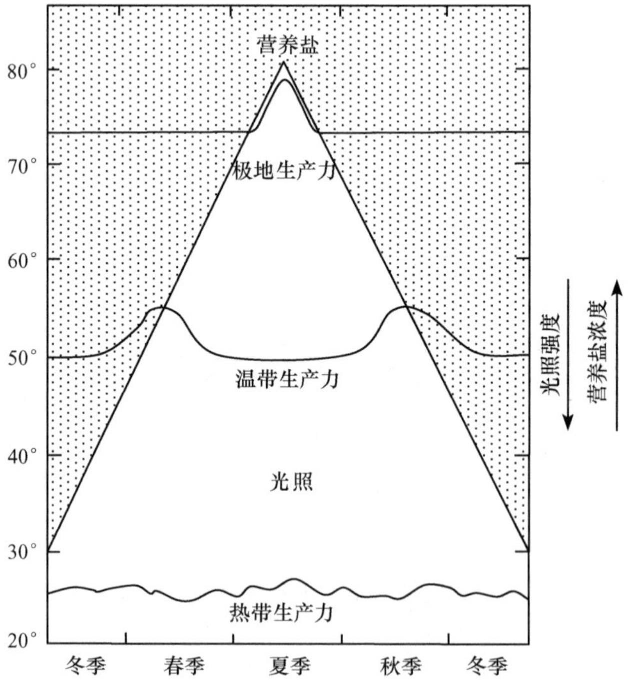

图 6.13 热带、温带海区初级生产力季节变化与光、营养盐关系示意图（引自 Lalli and Parsons，1997）

由于表层营养盐贫乏，热带、亚热带海区浮游植物除一部分固氮种类外，以聚球菌、原绿球菌和其他微微型真核自养生物等适应于低营养盐条件生活的种类为主。它们的分裂速度快（每天可分裂1～2次）。这些微细的浮游植物因沉降或水体混合导致的损失很少，浮游植物的死亡主要来自原生动物的摄食，桡足类等则位于营养级第三、第四级。

（二）赤　道　带

南、北赤道流自东向西流动，是两半球大洋反气旋型环流在赤道海区的连续部分，其间是由西向东的赤道逆流（也称北赤道逆流）。由于赤道上水平科氏力分量为零，在赤道逆流附近的海水辐聚。同时东北信风流和东南信风流产生向北和向南的水体输送分量，从而在赤道逆流的南北两侧形成海水的辐散（图6.14）。

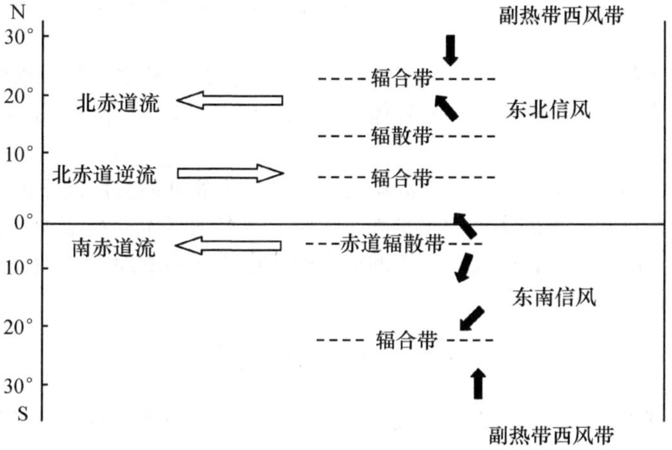

图6.14　赤道辐散区示意图（引自陈长胜，2003）

赤道海域的营养盐并不缺乏，特别是东部混合层内的硝酸盐浓度一般均高于2 μmol/L，即高于限制浮游植物生长所需的最低营养盐浓度。赤道海域Fe的缺乏是限制其浮游植物生长的主要因素。该海域Fe的主要来源是由赤道潜流产生的上升流带入近表混合层以及由大气粉尘沉降至海面所提供的少量Fe。由于缺Fe使得浮游植物生产量与营养盐含量不匹配，因此赤道海域属于典型的HNLC（高营养盐-低叶绿素）的海域。该海域微微型浮游植物占其总生物量的90%，摄食浮游植物的消费者主要是微小鞭毛虫、腰鞭毛虫和纤毛虫。

赤道带的东部与西部的生产力有差别，信风流引起西部边界水位上升产生压强梯度力，混合层底部温跃层的深度也自西向东抬升。同时，赤道潜流流至东部边界时受阻，出现穿越等密度线的上升流。还有，大洋东部边界上升流的表层富营养水随信风向西延伸。以上环境特征的综合作用使得赤道带的东侧部分的生产力水平比其西侧的高，平均可超过0.5 gC/(m^2·d)。

赤道带西部没有东部那样的上升流，其初级生产力与亚热带大洋区的相近。例如，太平洋的赤道流推动较暖的海水向西流动，在西部形成**“暖池”**（warm pool），较高的水温促进了海水的蒸发和降水，使得在温跃层上方又形成盐跃层。双重的层化作用增加了“暖池”的水体稳定性，常量营养盐很快被耗尽，因此赤道西部水域的生产力也很低。

二、温带（亚极区）海洋

温带区处于西风带和极区海洋之间，两半球温带区的生态特点有明显差别。

（一）北 半 球

北太平洋和北大西洋的温带海洋处于大洋气旋型辐散环流区，表层海水从环流中心向外扩散，将深层水引向表层，补充真光层的营养盐。这里混合层深度主要受风力的影响。硝酸盐含量为5～25 mg/m^3，比其南部的亚热带大洋区高出数倍。叶绿素a浓度为15～150 mg/m^2，不少海域的初级生产力可达300～500 gC/(m^2·a)，比亚热带大洋区高得多。

在太平洋的东北部，出现以高营养盐-低叶绿素（HNLC）为重要特征的海域，例如阿拉斯加湾虽然营养盐丰富，但受Fe不足的限制，加上所处纬度较高，冬季光照条件差，初级生产力水平未能得到充分体现。很多水域的浮游植物粒径较小，硅藻仅偶尔占优势。原生动物成为主要的植食动物，其生长繁殖速度较快，常在水华初期就大量摄食浮游植物并促进营养盐再生。中型浮游动物以桡足类占优势，不少种类发育到桡足幼体第Ⅴ期后有一个休眠期，常下沉到400 m以下以逃避捕食者。

北大西洋的情况与北太平洋不同，由于源于陆地的Fe补充较多，春季水华显著，并以硅藻占优势。这里的植食性浮游动物是个体较大的哲水蚤，包括 *Calanus hegolandicus* 和 *C. finmarchicus*。

在西北太平洋，黑潮暖流分支沿日本海岸北上与来自千岛群岛方向南下的亲潮寒流交汇处海水产生强烈的混合作用。这里的生产力水平高，形成了著名的日本北海道渔场。同样，在西北大西洋，北向的湾流（暖流）与拉布拉达寒流的汇合处则形成著名的纽芬兰渔场。这两个寒暖流汇合处称为北半球的西北辐聚带。

（二）南 大 洋

南半球与北半球不同的是西风漂流不受大陆的阻隔，形成环绕南极大陆的南极绕极流。南大洋的重要物理特征是大风和强湍流混合。大部分海域硝酸盐含量很高，磷酸盐含量也不低，但是初级生产力并不高，是大洋中主要的HNLC海区。导致其初级生产力与N、P等营养盐含量不相匹配的主要原因是受Fe限制（其含量范围仅0.2～0.5 nmol/L），生源Si含量一般也很低。但是，在南极锋，即南极辐聚带海区（在太平洋位于60°S附近，在大西洋和印度洋平均位置在50°S附近），由于风生和垂直湍流混合特性产生的海水上升为锋面带内真光层提供较充足的Fe。表层Fe含量可比大部分南大洋海区的高10倍，生源Si也得到补充，加上近表混合层较浅（50～100 m），所以该锋面带有利于浮游植物出现水华，是南大洋高生产力区。浮游植物以硅藻为主，而在其他海域则以非硅藻或硅含量较低的种类为主。

南大洋HNLC海域的浮游动物以一种新哲水蚤 *Neocalanus tonsus* 的数量最为丰富，该种与上述北太平洋的优势种类似，也具有贮存脂类、休眠的习性。

（三）温带海区生产力的季节周期

很多温带海区光照条件以及温度和海水垂直稳定度都具有明显的季节周期，这些物理因素的综合作用导致其初级生产力有明显的季节变化特征，通常呈现一个明显的春季高峰和一个秋季次高峰（图6.13），这种季节周期在北半球研究较多。

冬季：海洋表层的热量不断散发到大气中，使海水温度逐渐下降，对流混合和风混合扩散到深层，把N、P和其他无机营养盐带到表层，到冬季后期，表层无机营养盐为全年最高值。但是，由于水温低、光照条件差（短日照和太阳角度低）、透光层很浅，同时浮游植物也容易被带到真光层下方，影响浮游植物光合作用，初级生产力为全年最低。

春季：由于日照增加，表层水温上升，水体开始出现分层现象而趋于稳定，而表层海水营养盐类因冬季的对流混合而得到大量补充。于是浮游植物大量繁殖起来，初级生产力提高，同时迅速地消耗营养盐。浮游植物数量（特别是硅藻）达到全年最高峰，浮游动物数量也逐渐增加，在冬末和早春，很多海洋动物繁殖，所以春季出现大量的卵和幼体。由于浮游动物摄食量增加，浮游植物的数量逐渐从高峰值下降。

夏季：表层水温升高，光照加强，而营养盐在春季被大量消耗后，含量也很低，同时出现季节性温跃层，深层富营养水难以上升。由于浮游动物的摄食和无机营养盐的缺乏，初级生产力减少，硅藻数量也下降。不过，甲藻则可能达到全年的最高峰。在夏季中期，不连续层（大约15～20 m）的浮游植物的产量和数量都较高，因为这一水层在一定程度上可由温跃层下方富营养水的扩散补充一些营养盐。

秋季：表层水温下降，光照逐渐减弱，季节性温跃层也逐渐消失。对流混合深度增加，从而使表层的营养盐重新得到补充，其结果是初级生产力回升，硅藻的数量增加。不过，浮游植物的秋季高峰常常小于春季高峰，而且持续时间短。随后由于垂直混合加强的结果把浮游植物带到临界深度的下方，现存量迅速下降。随后，浮游植物和浮游动物的数量逐渐降到冬季的典型水平，开始进入越冬阶段。

三、极 地 海 区

极地海区的主要环境特征是大部分海域被冰覆盖，平均水温很低，特别是光照条件差、生产季节短，成为影响初级生产的主要因素。

北冰洋基本上被大陆包围，大部分海域处于75°N以北的高纬度地区，海冰常年或季节性存在。北冰洋的初级生产基本上不受营养盐缺乏的限制，而是受光照条件差的限制。这里一年中有很长时间光照是很微弱的（太阳角度低，白昼时间短）或连续几个月的黑暗（极夜）。该海区仅在光照期有浮游植物的净产量并出现一个浮游植物生产高峰期，属于单周期型的生产区。例如，在靠近大西洋一侧，从格陵兰岛至巴伦支海，结冰前的水体混合出现丰富的营养盐，在有光照的春季出现水华。水华从浮冰下的附生群落开始，随着海冰的融化，初级生产具有净产量，紧随海冰的退却，水华范围也迅速向北移动。通常认为北冰洋年平均初级生产力比贫营养的亚热带大洋区还低。陈敏等在1999年7～9月中国首次进行的北极科学考察中，对北冰洋楚科奇陆架（约70°N）和加拿大海盆初级生产力、细菌生产力等进行了研究，结果表明，前者的初级生产力平均值为42.5 mmol/(m^2·d)，后者为3.8 mmol/(m^2·d)。他们认为，如果每年藻类的生长时间是120天，则北冰洋初级生产力平均为55 gC/(m^2·a)，比English在20世纪50年代末对北冰洋（80°～87°N）的测量值高一个数量级。因此，他们认为北冰洋是生物生产力的沙漠的传统观点值得商榷（陈敏等，2002）。

北冰洋浮游植物生产季节短，植食动物的世代周期较长。例如，北极哲水蚤（*Calanus glacialis*）的生活史长达2～3年，冬季在深度1000 m的深水区越冬。北极鳕（*Boreogadus saida*）则是能量和物质从浮游植物传递至鸟类和哺乳类过程中的关键种。

南极的极区海洋是指南极锋以南至南极大陆的海域。在南极大陆边缘的东风环流与其北侧的南极绕极流之间，由于动力作用形成南极辐散锋面，深层水的上升带来丰富的营养盐（特别是N、P无机盐类）。另外，东风环流与大陆之间形成海水沿陆架的辐聚下沉即南极大陆辐聚带。极区海洋随着季节性海冰的融化和向南退缩，附生藻类快速生长，出现硅藻水华。南半球极地海洋的初级生产力比北冰洋的高。据邱雨生等（2004）报道，他们在1999年2月和2000年1月在南极普里兹湾及其邻近海域进行了初级生产力的调查。第一次调查测得的生产力平均为394.1 mg/(m^2·d)，第二次为271.6 mg/(m^2·d)。两次之间差别的主要原因是前者调查范围包括湾顶及近岸海域的高生产力区，后者不包括这个岸边的高生产力区。普里兹湾及其邻近海域的初级生产力呈现湾内高、湾外低、陆坡及深海最低的特征。调查结果还表明，浮游植物光合作用速率在次表层最高，然后随深度增加而递减。一般认为，微量元素特别是 Fe 的供应决定了水华的规模。浮游动物中最重要的是南极大磷虾（*Euphausia superba*）。此外，南极银鱼（*Pleurogramma antarcticum*）也摄食硅藻等浮游植物。这里的海豹、鲸和鸟类（企鹅）资源也很丰富。

四、沿 岸 区

沿岸浅海区是海洋的高生产力区，其主要机制是有各种海洋锋面存在，为浮游植物光合作用提供丰富的营养盐。

（一）上升流锋面

世界海洋最大的沿岸上升流区是大洋东部上升流区。西风漂流在大洋东部主流沿大陆西岸流向低纬度并最后汇入信风流中。当它逐渐进入信风影响区，表层海水分别受东南信风和东北信风作用离岸外流，遂使下层海水向表层涌升，形成上升流并向真光层输送营养盐，促使浮游植物的生长（图 6.15）。海洋中这类上升流主要有太平洋的秘鲁上升流和加利福尼亚上升流、大西洋的加拿利上升流和本古拉上升流。这些上升流一年中大部分时间都有深层富营养水补充到表层，同时都位于纬度 10°～40°处，太阳辐照充足，从而支持浮游植物的高生产力，并且维持着大量的鱼类和鸟类种群，例如秘鲁上升流区的秘鲁鳀鱼产量曾占世界捕鱼量的 20%左右。

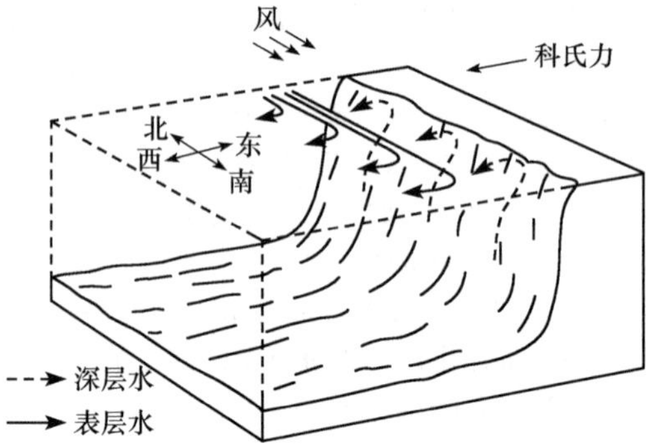

图 6.15 沿岸上升流示意图（引自 Nybakken，1982）

沿岸上升流也出现在其他陆架浅海区，包括风生上升流或地形（如岛屿、浅滩）引起的底层水爬升的上升流（或者二者相结合的上升流）等，这些海区也是富营养的高生产力区，不过其局域性和季节性较为明显。

（二）陆架坡折锋面带

很多海洋大陆架坡折处出现陆架坡折锋面带。例如西太平洋的中国海陆架坡折处的黑潮锋面和北大西洋湾流与陆架水边界的湾流锋面都是典型的陆架坡折锋面。黑潮与湾流都来源于赤道附近的高温高盐水，表层营养盐含量很低。它们在横跨西边界大陆架坡折处等深线的剖面上与低温低盐的沿岸水相遇，产生一个狭窄的温度或盐度的剧变带，即黑潮或湾流的陆架坡折锋面。另外，这两段暖流在向北蜿蜒曲折流动时，与大陆架水的边界经常会在其两侧产生冷、暖锋面涡旋。当气旋型暖中心的锋面涡旋出现在陆架坡折时，近表层水以逆时针旋转方式抽离黑潮或湾流近岸，主体进入陆架外海，在陆架坡折处产生辐散上升流。这种涡旋锋面将较冷而富营养盐的深层水带到表层，补充真光层浮游植物生长所需要的无机盐类。在有充足光照条件下，这里就会出现浮游植物水华。美国东南陆架海域内浮游植物的初级生产力取决于陆架坡折处上升流向真光层的营养盐输送过程。上升流产生的动力机制是湾流锋面涡旋和春夏盛行的西南风。Yorder 等在研究美国东南沿海陆架坡折的湾流锋面涡旋时发现，当上升流将营养盐从深层带入表层时，平均初级生产力比通常在陆架坡折混合层内的高 4 倍左右。在上升流补充的营养盐被消耗后，初级生产力也随之下降。在中国海的陆架坡折处也常见黑潮流系中这种锋面涡旋。

应当指出，并不是所有的陆架坡折都是大洋水与陆架水相遇所造成的边界过渡带。从广义上说，任何出现在陆架坡折处的锋面结构都可以归为陆架坡折锋面。

（三）低盐锋面和潮汐混合锋面

大陆的江河径流源源不断地将淡水输入陆架浅海区，从而在该海区产生低盐海水和高盐海水之间的急剧过渡带，称为低盐锋面。由于河流的输入量有明显的季节变化（雨季与旱季），因而低盐锋面的强度以及影响范围也具有明显的季节变化特征。

江河径流给河口区带来大量悬浮有机颗粒、溶解有机物和无机营养盐，这些营养物质主要来源于农田施肥和沿岸城市的污水排放。其中 N、P 等无机营养盐类可直接被河口区浮游植物吸收，有机物质通过营养盐的内循环再生和悬浮沉积物的营养盐释放而被浮游植物利用。同时，河流输入的淡水在近岸浅海区流动时会导致局部的河口垂直环流，将海底释出的营养盐带到上层。在低盐锋面内侧的河口，湍流混合程度高，海水混浊，真光层很浅（有的甚至只有 1 m 左右），加上浮游植物本身的遮阴作用，影响浮游植物充分利用丰富的营养盐。但是在低盐锋面处，真光层加深，加上有充足的营养盐，往往容易出现浮游植物水华（图 6.16）。

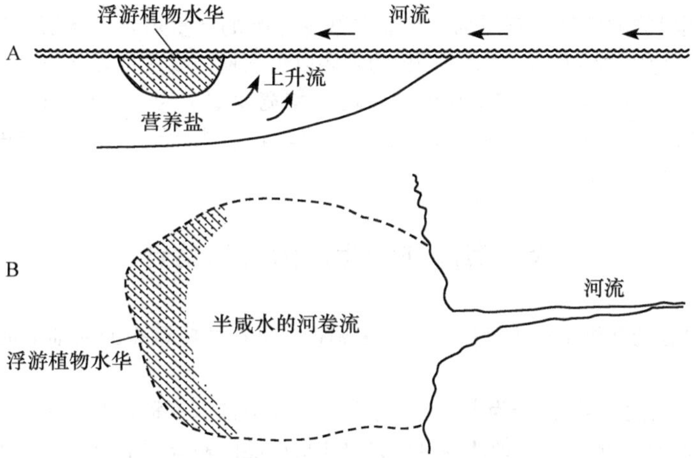

图 6.16　河口营养盐的夹带（引自 Lalli and Parsons，1997）
A. 断面；B. 平面

潮汐混合锋是指由潮汐混合所产生的温度、盐度（或密度）过渡带。潮汐锋面出现在潮流和海底摩擦较大的陆架浅海区。值得提出的是，在很多河口区，低盐锋面和潮汐混合锋面同时存在，人们观测到的锋面其实是河流冲淡水、潮汐以及风混合共同作用的综合写照。

通过以上讨论可以确定，具有不同水文特征的海域，其初级生产力差异很大（表 6.2），主要与表层海水中营养盐能否得到补充有关。

表 6.2 不同海区年初级生产力范围（引自 Lalli and Parsons，1997）

海区类型	平均年初级生产力/[gC/(m² · a)]
大陆架上升流区（如秘鲁海流、本古拉海流）	500～600
大陆架坡折（如欧洲陆架、Grand 浅滩、Patagonia 陆架）	300～500
亚北极区（如北大西洋、北太平洋）	150～300
反气旋型涡旋区（如马尾藻海、太平洋亚热带海区）	50～150
北极（冰覆盖）	<50

五、大型底栖植物生产力

底栖植物包括单细胞底栖藻类、大型的海藻和海草，它们只分布于沿岸潮间带或浅海区光线可以透入的狭窄区域。但是，在某些海域，大型海藻（sea weeds）和海草（sea grasses）却非常引人注意。前者以固着器（holdfast）附着在硬质底上，形成海藻床（kelp beds）；后者是海洋有根开花植物，生长在软质底上。它们的生产力水平是任何海域浮游植物无法比拟的，有的甚至超过陆地热带雨林的生产力水平。例如，北美太平洋沿岸的巨藻属 *Macrocystis* 和 *Nereocystis* 长度可达 20～30 m，它们在水面扩展其叶片以获得最大光照，并由于风和浪的作用，海水可源源不断为其提供养分，所以生长非常迅速。在加利福尼亚沿岸，巨藻 *M. pyrifera* 每天甚至可以长 50 cm，净产量可超过 1000 gC/(m² · a)。海草多数生长在中潮区以下至水深 50 m 左右的海域，在北温带主要是海韭菜（*Zostera marina*），在热带主要是泰莱草（*Thalassia testudium*），他们的产量达 500～1000 gC/(m² · a)，有的甚至可达 5000 gC/(m² · a)，超过陆地热带雨林的生产力。此外，很多海区的潮间带盐沼和热带红树林沼泽的初级生产力也是很高的。有关大型底栖植物的形态特征、栖息环境和生产力等内容将在后面相关章节讨论。

估计海洋底栖植物的产量比较困难。底栖单细胞藻类的产量可参考水层使用的^{14}C 法、叶绿素 a 荧光法或氧气交换法来测定，大型底栖植物则多以生长量、收获量等方法来测算。据估计，全世界海岸线长度约 450 800 km，如果底层光照区的平均宽度划定为 1～10 km，则面积为（0.45～4.5）$\times 10^6$ km²。按理论产量潜力和单位面积接受的平均辐射能计算，全年海洋底栖植物的平均有机碳产量可达 0.65$\times 10^9$ t。

六、海洋初级生产力总量估计

迄今，对各海区的初级生产力已进行了很多调查，可在这些调查的基础上估计世界海洋初级生产力。

Ryther（1969）把世界海洋分为大洋区、沿岸区和上升流区三种类型，估计它们的平均产量分别为 50、100 和 300 gC/(m² · a)。他认为全世界海洋最可能的初级产量约为 20$\times 10^9$ tC/a（表 6.3）。

表 6.3 世界海洋浮游植物的初级生产力估算（一）（据 Ryther，1969）

海 区	占大洋面积/%	面积/km²	平均产量/[gC/(m² · a)]	总产量/(10^9 tC/a)
大洋区	90.0	326.0$\times 10^6$	50	16.3
沿岸区*	9.9	36.0$\times 10^6$	100	3.6
涌升流区	0.1	3.6$\times 10^5$	300	0.1
合计		362.4$\times 10^6$		20.0

*包括高生产力的外海。

Koblentz-Mishke 等（1970）根据 7000 个以上测站所得数据，把世界海洋水域分成五种类型。其中，亚热带中部的贫营养水的初级生产水平仅 70 mgC/(m^2·d)，而在沿岸水域可达 1000 mgC/(m^2·d)。他们估计全世界浮游植物的总初级产量为 23×10^9 tC/a（表 6.4）。

表 6.4 世界海洋浮游植物的初级生产力估算（二）（引自 Koblentz-Mishke et al.，1970）

海域类型	海域面积/km^2	初级生产力（平均值）/[mgC/(m^2·d)]	年生产量/(10^9 tC/a)
亚热带贫营养海域	1.48×10^8	70	3.97
亚热带和亚极区过渡海域	0.82×10^8	140	4.22
赤道辐散区和亚极区海域	0.86×10^8	200	6.31
近海海域	0.38×10^8	340	4.80
沿岸海域	0.10×10^8	1000	3.90
总计	3.64×10^8		23.2

20 世纪 70 年代以后，一些学者对海洋初级生产力的估计都超过上述 Ryther（1969）和 Koblentz-Mishke 等（1970）的估计值。如 Platt 等（1975）和 Berger 等（1989）估计为 30×10^9 tC/a，Lalli 和 Parsons（1997）估计每年海洋浮游植物总生产量约为 37×10^9 tC（表 6.5）。

表 6.5 海洋浮游植物的初级生产力估算（三）（引自 Lalli and Parsons，1997）

海域类型	大洋区	沿岸区	上升流区
占海洋总面积/%*	89	10	1.0
平均初级生产力/[gC/(m^2·a)]	75	300	500
总初级产量/(10^9 tC/a)	24	11	1.8

* 海洋总面积为 362×10^6 km^2。

最近根据卫星遥感的表层浮游植物生物量信息估计，海洋的总初级生产力约为 $(40\sim50)\times10^9$ tC/a，而陆地的总初级生产力的最新估计约为 $(50\sim60)\times10^9$ tC/a，可见海洋与陆地的总初级生产力相差不大。陆地的高生产力多集中在一些局部地区，热带雨林区的初级生产力可高达 3500 gC/(m^2·a)（约为海洋中上升流区的 6 倍），而沙漠地区则几乎没有初级生产。相反，海洋所有海区的透光层都可以进行初级生产（即使极地冰下也一样），只不过由于光、营养盐供应条件以及生物学过程的差异而造成各海区初级生产力的差别。表 6.6 示最近按生物地理群区及大型底栖植物估计的全球海洋初级生产力总量。

表 6.6 海洋初级生产的平均年产量（引自 Kaiser et al.，2005）

海　区	年总产量/(10^9 tC/a)
温带西风带	16.3
热带、亚热带信风带	13.0
沿岸水	6.4
盐沼、河口、大型底栖植物	1.2
珊瑚礁	0.7

应当指出，迄今报道的海洋初级生产力总量的数值都仅是粗略的估计，其原因与调查方法的不同有关，但总的看来，都比过去估计的数值高。值得注意的是：①海洋初级生产的产品不仅以颗粒有机碳（POC）的形式存在，还有相当部分（5%～40%）是直接以溶解有机碳（DOC）的形式释放到水中，目前现场调查通用的 ^{14}C 法只测定初级产品中的 POC，漏掉了 DOC；②近十多年来在海洋中发现的那些非常小的原核和真核微微型自养浮游生物在海洋初级生产中占有极重要

的地位，在有的海域它们对初级生产力的贡献高达50%以上。但是由于它们的个体很微细（与细菌大小差不多），这部分生物量也容易被忽略掉。

第四节 海洋新生产力

海洋初级生产力由再生生产力和新生产力两部分构成。二者之间的区别表现在初级生产者吸收的营养盐的主要存在形式和来源不同，生产的有机物质被利用和营养盐再生循环的途径也不同。

一、新生产力的概念和研究方法

（一）新生产力的有关概念

“新生产力”一词最早是由 Dugdale 和 Goering（1967）提出来的。他们认为，进入初级生产者细胞内的任何一种元素都可以划分为从透光层之外输入的和在透光层内再循环的两类。其中，N 是构成细胞的主要元素，而且其 N/C 和 N/P 的比值也相对较为稳定，因此，用 N 描述初级生产者的生长比用其他元素更为精确。此外，N 常常是海洋环境中的限制性营养元素，因而建立在 N 源基础上的生产力研究更具实际意义。根据以上观点，他们提出：在真光层中再循环的 N 为**再生 N**（regeneration nitrogen）或称**再循环 N**（recycled nitrogen），主要是 NH_4^+-N，由真光层之外提供的 N 为**新 N**（new nitrogen），主要是 NO_3^--N，由再生 N 源支持的那部分初级生产力称为**再生生产力**（regenerated production），由新 N 源支持的那部分初级生产力称为**新生产力**（new production）。显然，新生产力和再生生产力之和就是总初级生产力（图 6.17）。

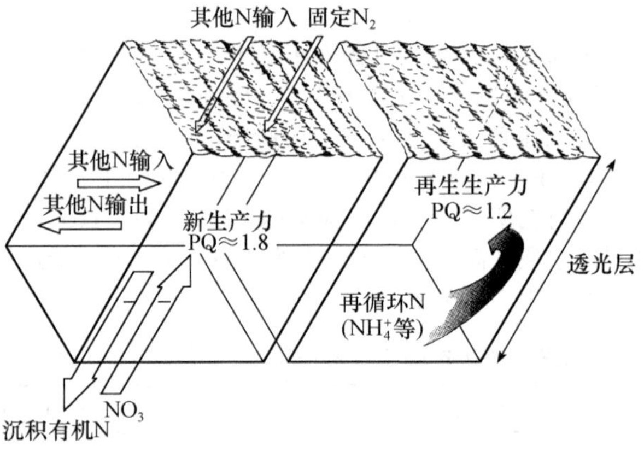

图 6.17 新生产力和再生生产力示意图（引自 Platt et al.，1992）
再生生产力取决于真光层内生物排出的还原态 N，新生产力取决于真光层之外所提供的 N，真光层下方的硝态 N 是其主要来源。在稳定状态下，硝态 N 的向上供应和颗粒 N 的向下沉降是平衡的。

Eppley 和 Peterson（1979）明确指出，新 N 来自：①上升流或水平辐散；②陆源供应（如径流）；③大气沉降或降水；④N_2 固定（某些原核浮游生物的固 N 作用）。再生 N 来自真光层中生物的代谢产物（如氨态 N、尿素 N 和氨基酸 N 等）。同时他们利用^{15}N 的实验数据（新 N 与再生 N）和以往^{14}C 测得的初级生产力数据联系起来，提出“***f* 比**”（“*f*-ratio”）的概念（即新生产力 P_n 与总生产力 P_G 的比率）：

$$f = P_n/P_G \times 100\% \tag{6.12}$$

就可能依据这种定量关系对全球海洋新生产力水平做出大致估计。他们还将新生产力与向底部的碳输出，即**输出生产力**（export production）联系起来，赋予新生产力以生物地球化学方面的含义。此外，提出颗粒态营养元素下沉至出真光层之前的循环次数（r）与 f 比的关系，即

$$r=(1-f)/f \tag{6.13}$$

上式表示新生产力占总生产力的比例越大，这些颗粒态营养物质越易沉降到透光层下方。

Platt 等（1985）在更广泛的意义上定义新生产力为真光层群落净生产力，即真光层有机物质的积累率和输出率之和，从而阐明了新生产力与输出生产力的量值关系。通常二者并不总是相等的，但在季节尺度上，当真光层生物量变为零时，这个季节的平均输出生产力等于平均新生产力，在一年或更长的时间尺度上，可以认为二者是相等的。

光合作用商（photosynthetic quotient，PQ）表示浮游植物光合作用生产的 O_2 量（moles）与被吸收的 CO_2 量（moles）的比值，可用来说明利用不同 N 源的初级生产化学过程的差异（图 6.18）。以再循环 N 为 N 源的初级生产，其 PQ 值（≈1.2）比以新 N 源的初级生产的 PQ 值（≈1.8）低。下面简单分析其原因。

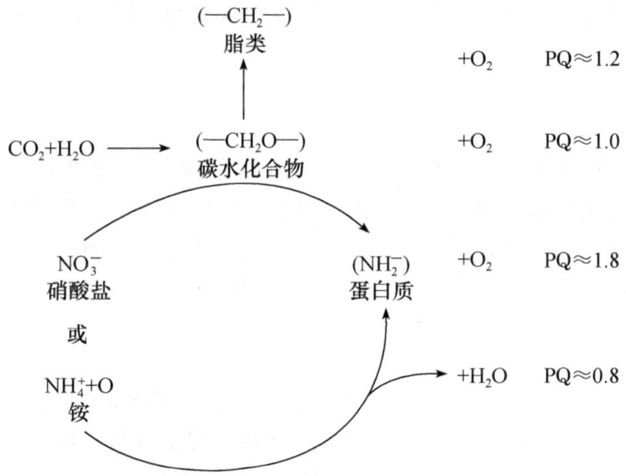

图 6.18 光合化学途径与光合作用商（PQ）的关系（引自 Lalli and Parsons，1997）

从图 6.18 可以看出，如果光合作用只生成碳水化合物，则 PQ 值约为 1，如果是生成类脂化合物，由于它比碳水化合物的还原性水平高，有多余的 O_2 可释出，所以 PQ 值约为 1.2。当植物吸收新 N（NO_3^-）时，相对于其吸收的 CO_2 来说有更多的 O_2 释出，PQ 值约为 1.8；若植物吸收的是再循环 N（NH_4^+），则 PQ 值仅 1.0 或更低。

（二）新生产力的研究方法

已报道的新生产力研究方法有十多种，下面仅就其中几种方法作简单的介绍。

1. ^{15}N 法

^{15}N 法是由 Dugdale 和 Goering（1967）建立的，该法首先用 ^{15}N［如 $K^{15}NO_3$ 和 $(^{15}NH_4)_2SO_4$］示踪技术测定初级生产者对新 N 源和再生 N 源的吸收率，以新 N 吸收率与总可利用 N 吸收率求得 f 比，再由 f 比乘以初级生产力即为新生产力。或者只测新 N 吸收率，然后再按照 Redfield 比值求得以碳表示的新生产力。目前已有的新生产力资料绝大部分是用此法测得的。应当说明的是，^{15}N 法的前提条件是假设真光层内无硝化作用，而且异养吸收可以忽略，但实际上很难完全满足这个条件。

2. 沉积物捕集器法

这种方法是在真光层底部设置沉积物捕集器，收集沉降下来的颗粒有机物，即测定输出生产力。在时间跨度足够大和平流较小的情况下，其结果可基本反映新生产力。这一方法对于大洋区的观测具有重要意义。但该法易受上升流、环流、涡流等干扰，不宜用于近海观测。同时，游泳生物的干扰、捕集物的保存等都是容易产生误差的环节。另外，这种方法测不到DOC，所以结果通常是新生产力的偏低估计值。

3. ^{234}Th/^{238}U 不平衡法

^{234}Th 是由^{238}U 衰变产生的。由于^{234}Th 具有很强的颗粒吸收活性，因而在海水中的实际溶解度比由^{238}U 衰变推算出的结果小。当颗粒越多时，它在真光层的滞留时间越短。如果^{234}Th 所吸附的所有颗粒都是本海区所产生的有机颗粒，则可用^{234}Th 的滞留时间和颗粒有机物的含量来推算该海区的新生产力。该法不仅可测出物质通量，还可测定过程速率。但是，在有机颗粒中途分解时，^{234}Th 滞留时间的增长就可能影响新生产力估计的准确性。同时，该法也不适用于颗粒来源复杂的海区。

4. *f* 比推算法

此法是通过代表性海区 *f* 比与已有的^{14}C 初级生产力资料外延推算其他同类型海区新生产力的间接方法。在目前新生产力实测数据太少的情况下，这是大致估计大尺度范围上新生产力水平的可行方法。但必须注意，不同海区、不同时间的 *f* 比变化很大，而在某一地区范围内，*f* 比也会随时间、深度、环境条件（如 NH_4^+ 和 NO_3^- 含量比例）的不同而变化。

5. 遥感法

遥感法是利用卫星遥感间接测定新生产力的方法。对于某些特定海区，如果通过现场实验（如用^{15}N 法）求得有代表性的 *f* 比，即可通过卫星遥感叶绿素资料与初级生产力的关系实现对新生产力的估计。此外，利用已建立的海水温度与 NO_3^- 含量的关系，可以从遥感水温图像估计 NO_3^-（新 N）供给量，进而推算新生产力，遥感法的优越性在于可利用卫星遥感资料实现大洋乃至全球尺度上的大致估计。

除了以上几种方法外，海洋新生产力测定还有^{3}He/^{3}H 分布模型法、^{3}H/^{228}Ra 分布模型法等。应当指出，现有的研究新生产力的方法各有优点，也都可能存在误差。在实际工作中已注意到对几种方法所测值进行比较和互校，以期提高测值的准确性。例如，Murray 等（1989）运用^{15}N 示踪、沉积物捕集器和^{234}Th 滞留时间等几种方法，计算了赤道太平洋的新生产力和 *f* 比值。Buesseler 等（1994）的研究表明，沉积物捕集器未能提供 POC 或 PON 通量的准确记录，而^{234}Th 的模型计算通量可对捕集器加以校准。

二、海洋新生产力的估计

现有的不同海区新生产力估计值主要是根据原有的初级生产力资料结合 *f* 比值间接计算出来的。根据早期 Eppley 和 Peterson（1979）的估计，全球海洋年初级生产力为 19.0～24.0 Gt，平均 *f* 比为 0.18～0.20，因而年新生产力约为 3.4～4.7 Gt。Chavez 和 Barber（1987）和 Berger 等（1989）估计，海洋年总初级生产力约为 30.0 Gt，其中大约 20%（6 Gt）是新生产力。由此可见，他们估计值的差别主要是对总初级生产力的估计不同，而二者提出的 *f* 比却相差不大。另据

Martin 等（1987）的估计，海洋总初级生产力可达 51.0 Gt，f 比约为 0.145，因而年新生产力达 7.40 Gt（表 6.7）。

表 6.7 一些有代表性的海区新生产力估计值（引自焦念志和王荣，1993）

海区	初级生产力		新生产力		f 比	作者
	[g/(m^2·a)]	(Gt)	[g/(m^2·a)]	(Gt)		
近岸区						
东北太平洋	250	9.00	42	1.50	0.17	Martin 等（1987）
东热带太平洋	834	0.15	417	0.08～0.20	0.50	Chavez 等（1987）
大洋区						
太平洋	55	9.14		1.26	0.14	Eppley 等（1979）
大西洋	102	8.56		2.18	0.26	Eppley 等（1979）
印度洋	84	5.96		1.25	0.21	Eppley 等（1979）
上升流区						
东太平洋	420	0.15	85	0.03	0.20	Martin 等（1987）
赤道太平洋	176	1.90	77	0.85～1.90	0.44	Chavez 等（1987）
秘鲁	912		215		0.21	Minas 等（1986）
西非	1277		839		0.64	Minas 等（1986）
南极区						
海区	325				0.45	Eppley 等（1979）
冰缘带	128～153				0.39～0.62	Smith 和 Nelson（1990）
全球海洋		19.00～24.00		3.40～4.70	0.18～0.20	Eppley 等（1979）
		51.00		7.40	0.145	Martin 等（1987）

从表中可以看出，海洋新生产力的分布特征是沿岸及上升流区高于大洋区，与总初级生产力的分布类似。Epply 等（1979）指出，不同海区 f 比差别很大，从贫营养大洋海区的 0.05 到沿岸上升流区的 0.50。

Bienfang 和 Ziemann（1992）根据 Iverson（1990）提出的高纬度沿岸海区和大洋区新 N 产量与年有机 C 产量之间的关系式，结合 Berger 等（1987）的总结资料，估计了各类大洋区和沿岸区的总生产力和新生产力（将北极和南极区包括在沿岸区内）。结果表明，大洋区和沿岸区有机 C 生产总量相差不多，分别为 13.2×10^9 tC/a 和 13.7×10^9 tC/a；而新生产力却差别很大，大洋区的新生产力是 2.7×10^9 tC/a，而沿岸区是 4.7×10^9 tC/a（图 6.19），说明沿岸系统在全球新生产力的贡献中比开阔大洋区重要得多。

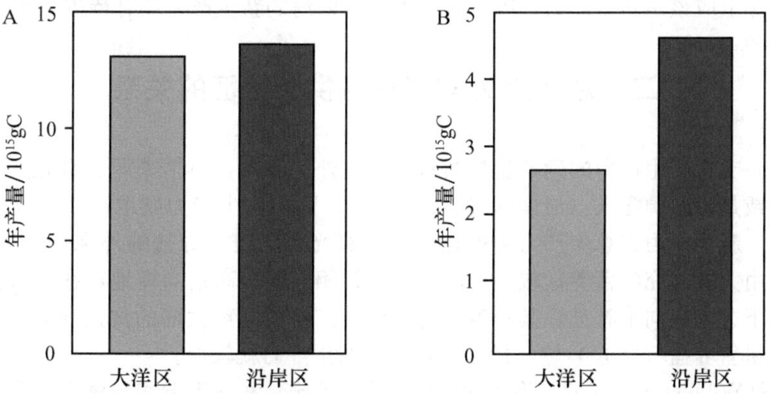

图 6.19 大洋区和沿岸区有机碳生产量比较（引自 Bienfang and Ziemann，1992）
A. 总生产力；B. 新生产力

Berger 等（1989）提出，从单位面积生产力看，典型的大洋区和沿岸区的初级生产力分别是 30 gC/(m^2·a) 和 120 gC/(m^2·a)，而且两个系统的有机碳流通过程也有显著的差别。如果大洋区只有 10%的初级生产量离开真光层成为输出生产力，而在沿岸区这个比值可达 30%，那么沿岸区的输出生产力就可能超过大洋区的 10 倍以上。

我国海洋学家对新生产力也进行了很多研究。厦门大学海洋与环境学院同位素海洋学研究组应用^{14}C、^{15}N 示踪法、$^{234}Th/^{238}U$ 不平衡法及真光层 NO_3^- 补充速率的^{228}Ra-NO_3^- 法对包括南北极极地海洋在内的很多海域进行了有关初级生产力、新生产力和真光层颗粒动力学研究。例如，应用^{14}C 法、$^{234}Th/^{238}U$ 不平衡法对北冰洋的初级生产力和新生产力的研究中，发现北冰洋的初级生产力约为 55 gC/(m^2·a)，大大超过 English（1961）的报道值。同时根据^{234}Th 亏损程度、溶解态与颗粒态^{234}Th 停留时间、颗粒有机碳的输出量，计算北冰洋真光层（100 m）颗粒有机碳输出通量为（1.0±0.1）mmol/(m^2·d)。楚科奇陆架有机碳埋藏率为 25～35 mmol/(m^2·d)，按夏季该海域初级生产力的平均值为 42.5 mmol/(m^2·d) 计算，则浮游植物光合作用合成的有机碳有高达 59%～82%被输送到沉积物中，证实楚科奇海陆架是一个高效的有机碳“汇”区。

该研究组还对南海进行了真光层颗粒物动力学和新生产力研究。1997 年 11～12 月以^{15}N 对南沙海域（6°～11°30′N，108°50′～116°33′E）的 11 个测站测得的新生产力介于 1.0～4.3 mmol/(m^2·d)，平均 2.64 mmol/(m^2·d)，表明该海域为寡营养类型，其新生产力很低，f 比值为 0.14，与开阔大洋的测值一致，营养元素经 6.14 次循环后才迁出真光层。在 1993 年 12 月和 1994 年 9 月对南沙海域（5°49′N～9°00′N 范围）进行了分层新生产力测定。结果表明，该海域秋冬两季的输出生产力（即新生产力）分别为 2.9～28.7 mmol/(m^2·d) 及 3.8～32.4 mmol/(m^2·d)。这两次调查比较了 Eppley（1989）和 Buesseler 等（1992）提出的方法分别计算新生产力，前者假设颗粒态^{234}Th 与 POC 在水层中具有相同的停留时间，后者是以颗粒态^{234}Th 垂直分布结合^{234}Th 清除模型计算出真光层迁出的颗粒态^{234}Th 通量，并通过确定颗粒物上 POC/^{234}Th 比值算出输出通量。根据上述方法估算出南沙海域秋冬两季的新生产力为 2.9～28.7 mmol/(m^2·d) 及 3.8～32.4 mmol/(m^2·d)，可见两种方法测得的 POC 通量结果差别不大。

另外一些学者也对中国近岸内湾水域进行了新生产力研究（主要应用^{15}N 示踪法），例如焦念志等（1998）、王荣等（1995）、蔡昱明等（2002）等分别对东海沿岸、胶州湾和莱州湾进行了研究。从他们的研究结果看，上述水域的初级生产力和新生产力水平均低于上升流区的水平，f 比值也较低。例如，秘鲁上升流区的 f 比值达 0.66，东海沿岸带为 0.10～0.60，渤海湾和胶州湾大约相当于东海沿岸带的水平。值得注意的是，根据他们的分析，沿岸内湾新生产力的估算受来自径流输入和沉积物的再悬浮与释放的影响较大。一部分铵盐应属于外源性的，由其支持的那部分再生生产力实际上应该是新生产力。因此，有关近岸内湾的新生产力还有待进一步的深入研究。

三、新生产力与营养盐供应特征的关系

根据定义，支持新生产力的硝酸盐是由真光层之外提供的，包括来源于真光层下方（大洋区通常的情况）或是由陆源输入（沿岸区通常的情况），而再生生产力则取决于真光层内的营养盐再循环。因此，新生产力在总生产力中的比例就与真光层无机营养盐的外来输入通量密切相关。在沿岸海区，由大陆补充的营养盐较多，新生产力就相应地较高；同样地，在上升流海区，硝酸盐可从真光层下方大量向上补充，其新生产力比较高。而在远离大陆的贫营养大洋区，由真光层下方向上的无机营养盐（NO_3^-）输入量通常很小，新生产力就较低。

Dugdale 和 Wilkerson（1992）将海洋新生产力（f 比）和海区营养盐浓度结合起来，划分出三种不同类型的海区（表 6.8）。

表 6.8　某些代表性海区表层硝酸盐最大值和氮的平均吸收速率

（引自 Dugdale and Wilkerson，1992）

海　区	NO_3^- 含量/(μmol/L)	$V_{NO_3^-}$/d^{-1}	$\rho_{NO_3^-}$/[nmol/(L·d)]	f/%
1. 富营养海区				
秘鲁，15°S	26.68	0.840	4200.0	82
西北非（Cap Blanc）	12.00	0.230	400.0	70
2. 贫营养海区				
地中海	0.05	0.035	7.0	21
马尾藻海	未检出	0.022	2.0	4
湾流区	未检出	0.006	0.6	3
3. 富营养海区				
南极海	31.00	0.031	32.1	37
赤道太平洋（1°N～1°S，150°W）	7.00	0.027	19.2	36
东北太平洋（Station P.）	17.00	0.056	84.2	48

（1）新生产力水平高的富营养化水域，这是以沿岸、上升流区为代表的一类海域，其表层 NO_3^- 含量丰富，以颗粒有机氮（PON）为指标的生物量很高，相应的其单位 PON 对 NO_3^- 的相对吸收速率（specific nitrate uptake rate，$V_{NO_3^-}$）和以 NO_3^- 吸收为指标的新生产力（$\rho_{NO_3^-}$）都很高，f 比值大。

（2）新生产力水平低的贫营养水域，这是以贫营养海区为代表的一类海域，其表层 NO_3^- 浓度很低，生物量（PON）低，相应的 $V_{NO_3^-}$ 和 $\rho_{NO_3^-}$ 也很低，f 比值小。

（3）新生产力水平低的富营养水域（也即硝酸盐含量高而叶绿素浓度低的海域，简称为“HNLC”海域），包括部分南大洋、赤道太平洋区和东北太平洋中亚北极区，其表层的 NO_3^- 含量几乎与上述沿岸上升流区的相当，但是其新生产力水平和 f 比等均比沿岸上升流区低得多，只略高于贫营养水域，这与该海域缺 Fe 有关。从上表可以看出，影响新生产力的因素与影响初级生产力的因素是一致的。对于典型的富营养和贫营养水域，决定新生产力水平的主要因素是真光层 NO_3^- 的含量，而在某些营养盐供应充足而新生产力水平低的海区，则应考虑 Fe 的供应状况。

真光层营养盐的来源、供应特征与各海区的理化、水文因素等特征有关。Bienfang 和 Ziemann（1992）对影响输出生产力的因素及其特征作了归纳（表 6.9）。

表 6.9　海洋输出生产力的水平与生态系统的特征（引自 Bienfang and Ziemann，1992）

	输出生产力	
	低	高
自然因素		
水深	深	浅
真光层深度	深	浅
陆地距离	远	近
状态参数		
温度	高	低
营养盐浓度	低	高
光照条件	恒定	变化
物理因素		
风混合	适度	剧烈
海流	慢	快
分层	恒定	周期性
食物网结构		
浮游植物	小个体	大个体
浮游动物	终生	季节性
复杂性	长的食物网	短的食物链
匹配程度	紧密	疏松
生态对策型	*K*-型	*r*-型

四、新生产力水平与浮游生物的粒径组成及营养循环特征的关系

新生产力水平高低还与各海区自养生物与异养生物之间是否处于平衡状态有关。当二者处于动态平衡时，表示碳和氮能从一个营养级有效地传递到另一个营养级，自养生物固定的碳可被真光层内（或稍下方）的异养生物迅速消耗掉。在这种情况下，真光层内的营养再循环是主要过程。相反，如果真光层的营养补充是季节性的，可能导致自养生物快速生长后，其产量却不能有效地被异养者种群所消耗，从而沉降到真光层下方，增加输出生产力的比例。应当指出，上述不同的营养循环特征与自养生物及其消费者的粒径组成密切相关，同时也与海区的理化、水文条件密切相关（表 6.9）。

在贫营养的大洋区，真光层下方向上传输的无机营养盐数量很少，与此相应的，浮游生物组合多为个体微小、下沉缓慢的种群。例如，在亚热带大洋区的浮游生物中，超微型浮游生物（<5 μm）、微型浮游生物（<20 μm）分别占叶绿素现存量的 80%、98%，而网采浮游生物（>20 μm）仅占 2%（图 6.20）。因此，在亚热带大洋区，绝大部分浮游生物的生物量是由小于 5 μm 的微小鞭毛藻和颗石藻组成的（Takahashi and Bienfang，1983）。这种微小浮游生物占优势的大洋系统，大多数自养者完整细胞的沉降速率实际上接近于零。与此相应的是，植食者产生的粪团也是很小的无定形颗粒，其沉降速度也是很小的。还有，在上述浮游生物组合中，非硅藻类的种类占优势，植食者产生的粪团的硅含量也很少，这是降低沉降速度的另一个原因。以上这些特征是那些较温暖、分层性较强的贫营养生态系统的一般特征。亚热带大洋区微细颗粒的现场分析表明，这些颗粒的沉降量仅相当于光合作用碳生产量的 7%。相反，富营养海区浮游植物常以硅藻类为主，浮游植物和浮游动物粪团的粒径也较大，下沉速度较快。

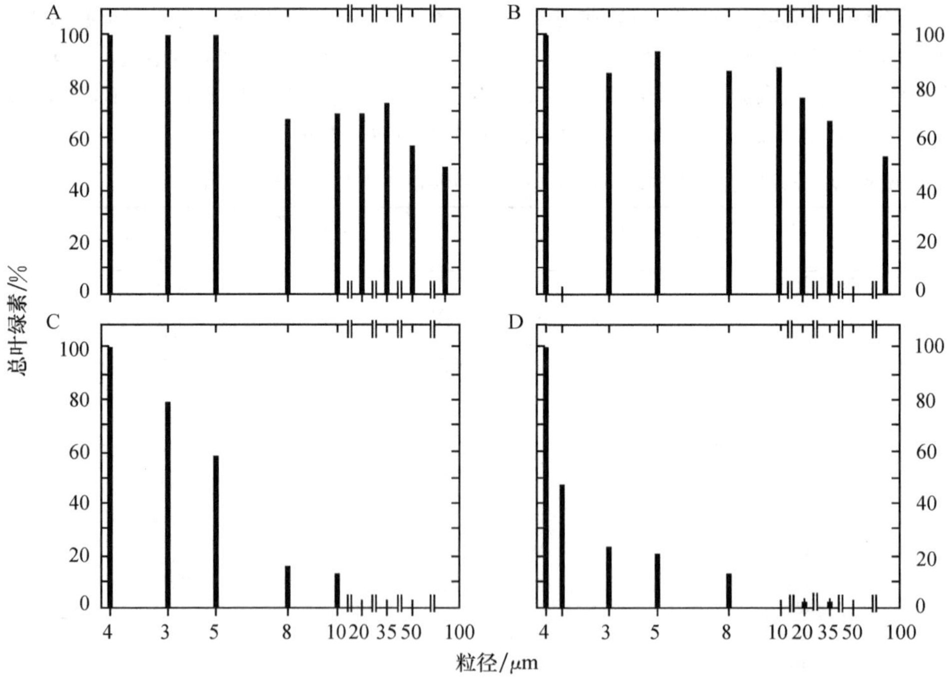

图 6.20　不同海洋生态系统中的叶绿素含量的粒径分布（引自 Bienfang and Ziemann，1992）

A. 温带春季；B. 亚北极区春季；C. 亚北极区夏季；D. 亚热带全年

对高纬度沿岸系统的调查结果表明，春季水华期间自养生物产量未能被异养消费者充分消耗（组成的不匹配）是输出生产力高的重要原因。异养消费者的越冬种群一般个体还很小，不可能很快繁殖来消耗春季浮游植物快速繁殖所固定的碳。这样，由于有丰富的营养盐、充足的光照、稳定的水体和很低的捕食压力等因素的综合作用，导致在营养盐耗尽之前海区已经有大量的浮游植物。到营养盐耗尽时，藻类很快地沉降到真光层下方。通过藻类这种"突发和衰败"过程，新营养盐快速转化为有机物质，而这些有机物质在被消耗之前就沉降离开真光层。

在阿拉斯加的 Auke 湾，春季水华产生的有机碳主要是由 NO_3^--N 所支持的新生产力，大部分产量通过沉降转移到下方。在 1986 年春，新生产力的比例可达到占总初级生产力的 62%。在这些新生产力中，有 77%以完整的植物细胞、粪团和碎屑颗粒的形式通过沉降过程离开真光层。

最后，由于水体混合程度和光照条件等因素的年际变化，春季水华浮游植物的组合会有变化（Ziemann et al.，1990），或以大型硅藻（如 *Thalassiosira*）占优势，或较小型的硅藻（如 *Skeletonema*、*Chaetoceros*）占优势。它们的沉降速度当然是不同的，但是，这类海区的生产量和沉降作用之间的关系却变化不大（即占总生产量的 40%左右）。Bienfang 和 Ziemann（1992）认为，这种情况表明在大型细胞占优势的年份，由完整细胞下沉的部分较多，而由于摄食造成的损失则较少；在摄食的损失较多的年份，则完整细胞的下沉就很少，浮游动物粪团沉降较多。这种相互关系使得不同年份间的生产和沉降比例保持相对恒定。

应当指出，有关影响新生产力的因素及过程，包括不同 N 源的相互作用、水华（bloom）过程中新生产力的变化、环境因素（温、盐、流等）对生产过程的影响、新 DOC 与新生产力的关系等，都还有待今后进一步深入调查研究。

五、新生产力的研究意义

海洋新生产力的研究具有极为重要的理论意义和实际意义，主要表现在以下三个方面。

1. 新生产力的研究是探讨全球碳循环过程的重要内容

海洋是地球上最大的碳库之一，海洋中碳的生物地球化学过程在全球碳循环中起重要作用。新生产力的水平可反映海洋真光层对海面上空 CO_2 的净吸收能力，新生产力高的海区对大气 CO_2 的净吸收就多，也即气海界面碳的净通量在很大程度上是由新生产力决定的。现代人类活动（主要是矿物燃料的燃烧）造成大量 CO_2 等温室气体进入大气，加剧了地球表面的"温室效应"，导致全球气温不断上升。其速度比过去任何时期都快，已造成很严重的全球性生态危机。此外，人们寄希望于海洋能尽可能多地吸收大气中的 CO_2 以缓解"温室效应"加剧带来的灾害。因此，通过研究新生产力的规模、时空变化和制约机制，就可能了解全球变化中海洋对大气 CO_2 含量的调节能力。关于海洋调节大气 CO_2 含量的功能和机制将在第八章进一步讨论。

新近的研究还表明，新生产力与厄尔尼诺现象关系密切。1992 年 JGOFS 的观测结果发现，太平洋赤道海域内初级生产力、新生产力和再生生产力（以 C 计）在厄尔尼诺发生期间分别为 45～90 mmol/(m^2·d)、3～5 mmol/(m^2·d) 和 40 mmol/(m^2·d)；在厄尔尼诺消失 6 个月后，分别增至 100～138 mmol/(m^2·d)、11～19 mmol/(m^2·d) 和 120 mmol/(m^2·d)，f 比值为 0.08～0.14。根据以上观测结果，在厄尔尼诺期间，赤道海域的初级生产力和新生产力下降，同时新生产力在初级生产力中所占的比例也有减少。

2. 新生产力研究有助于从更深层次阐明海洋生态系统的结构、功能

新生产力的概念将海洋初级生产力划分为再生生产力和新生产力两部分，前者主要反映真光

层营养物质循环的效率，后者则主要反映从真光层之外的营养物质补充的比例。而不同海区的 f 比的差异是与初级生产者、消费者的组成（特别是粒径组成）、食物网的结构等特征以及能量的转移效率等特点相关的，也就是说，新生产力与再生生产力的比例是各个生态系统的结构、功能及其运转过程特征的表现（这一点我们已在前面讨论了）。因此，新生产力的研究促使对海洋水层生态系统（pelagic ecosystem）物质转移、能量传递、营养元素再循环等的理论研究进入一个更深的层次。

此外，各海区的物理海洋学过程（诸如不同海流和海洋锋效应等）都与相应类型海区中海洋生物的初级生产力和新生产力水平、消费者的组成、食物链能流结构和营养物质循环等特点密切相关。这种关联性反映了海洋不同生态系统无机环境与生物系统之间的有机耦合特点，也从一个侧面证明海洋科学的本质是一门综合性科学，有助于促进各分支学科进一步联合向综合性研究方向发展。

3. 新生产力是海洋渔业持续产量的基础

新生产力是在总生产力中维持真光层生物群落平衡的基础上向真光层之外输出的生产力，也是估计物质和能量向系统外净输出量的依据。这部分净输出量并不影响群落原有的平衡状态，相反却是维持群落原有生态平衡状态所必需的。因此，输出生产力（也即新生产力）高的沿岸区，浮游植物生物量最高，同时有最大的底栖生物种群和最大的生物量迁移（底栖鱼类）；同样地，在沿岸上升流区可供人类捕捞的经济鱼类的产量也很高（图 6.21）。由此可见，新生产力对生物群落的净生产力以及对生物资源潜力的评估和持续利用有重要的实际意义。

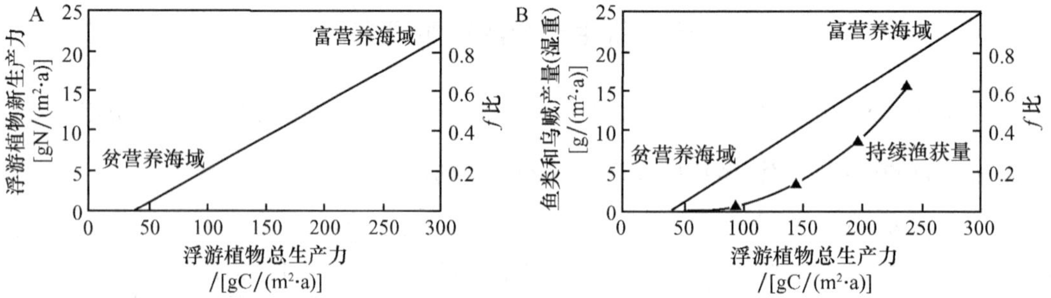

图 6.21　总初级生产力、新生产力（A）与 f 比值以及渔业持续产量（B）的关系（引自 Lalli and Parsons，1997）

▲连线示新生产力形成的渔产量

由于新生产力在海洋生态系统的结构与功能、全球 CO_2 循环等研究中具有重要意义，引起了各国海洋科学家的高度重视，先后开展了大量的调查研究工作，在“全球通量联合研究”（JGOFS）和“全球海洋真光层研究”（GOEZS）等国际合作研究中，新生产力都被列为重点研究项目。

本章提要

1. 初级生产过程是光合作用过程，包括一系列复杂的氧化—还原反应。其中光反应是叶绿素（和其他辅助色素）吸收光能转变为化学能贮存的过程；暗反应是利用贮存的化学能还原 CO_2 成碳水化合物的过程。初级生产力包括总初级生产力和净初级生产力。海洋的初级生产者主要是单细胞浮游植物。此外，某些能营光合作用的细菌也是生产者。

2. 光照条件是影响海洋初级生产力的重要因素。在低光照条件下，光合作用速率随光强的增加而上升直至出现光合作用速率最大值，然后随光强的继续增加就会出现光抑制现象，导致光合作用速率下降。太阳光透入海洋后随深度增加呈指数式下降，相对于海洋平均深度达 3800 m 而言，只有表层是光合作用层。所谓补偿深度是指在某一深度处，浮游植物光合作用生产量与呼吸作用消耗量相等，补偿深度上方才有净生产量。对于高纬度海区来说，光是影响初级生产力季节动态的重要因素。

3. 浮游植物在光合作用过程中同时吸收无机营养盐。在环境中硝酸盐、磷酸盐含量很低的情况下，随着营养盐含量的补充，光合作用速率也随之上升，二者之间的关系可用酶动力学的米氏方程加以描述。Fe 也是浮游植物必需的微量元素之一，在 HNLC 海域（如南大洋大部分海区、太平洋赤道海区和北太平洋亚极区），Fe 的缺乏是限制初级生产力的主要因子。海洋中光照条件和营养盐供应在不同纬度海区的季节变化特征不同，初级生产力水平也相应地随之呈现不同的生产周期模式。

4. 海洋深层富营养水能否上升到表层补充光合作用所需的营养盐对海区的初级生产力有重要影响。大洋表层气旋型环流引起深层水辐散上升，有助于增加表层营养盐供应；反气旋型环流则产生表层海水向涡旋中心辐聚下沉，不能获得深层水带来的营养盐补充。

海水表层因太阳辐射加热形成上暖下冷的垂直稳定结构，而风的作用产生湍流混合破坏这种稳定结构形成表层混合层。当气温下降海面冷却时产生对流混合，就会加深混合层的深度。混合层内浮游植物的分布是相对均匀的。所谓临界深度是指该深度上方直至海面的浮游植物光合作用生产量与呼吸消耗量相等的深度。如果临界深度大大超过真光层深度，则浮游植物将大量被带到真光层下方而不能进行光合作用。因此，温带水域浮游植物生产力的季节变化取决于真光层的深度与混合层深度的比例。

沿岸浅海区存在的陆架坡折锋面、上升流锋面、低盐锋面和潮汐混合锋面都有提高初级生产力的作用。

5. 植食性浮游动物对浮游植物的摄食压力会对浮游植物种群生长起限制作用。不过，浮游动物通过新陈代谢释出藻类所需要的无机营养盐。这种植食性动物摄食的双重作用对贫营养水域维持初级生产力在一定的水平上有较重要的意义。

6. 世界海洋每年初级生产总量估计约为 $40\times10^9\sim50\times10^9$ tC，比过去的估计值高出很多，这与调查方法的不同和测试水平的提高有关。从大的范围看，上升流区初级生产力最高，沿岸浅海区次之，大洋区生产力最低，但大洋区面积很大，所以总生产量比前两类海区之和还高得多。海洋底栖植物生产力估计约占总初级生产力的 2%左右。

7. 海洋初级生产力可分为再生生产力和新生产力两部分，前者是由透光层内再生的 N（主要是 NH_4^+）支持的那部分生产力，后要是透光层之外（如上升流）提供的 N（主要是 NO_3^-）支持的那部分生产力。新生产力与总初级生产力之比称为“f 比”。从群落的相对稳定性观点来看，可以认为在一个较长的时间周期（如一年）中，新生产力与输出生产力或群落净生产力的概念是一致的。植物的光合作用商（PQ 值）因吸收的 N 源不同而有差异，新生产力因吸收的是 NO_3^--N，所以其 PQ 值（≈1.8）比再生生产力中的 PQ 值（≈1.2）高。

8. 从有限的一些研究结果粗略估计，全球海洋新生产力平均约占其总生产力的 15%～20%（即 f 比平均为 0.15～0.20），每年的新生产力总量约为 $6.0\times10^9\sim8.0\times10^9$ tC。新生产力的分布特征与总生产力类似，沿岸区高于大洋区，而且它们的 f 比差别也有类似趋势，从高生产力区沿岸、上升流的 0.4～0.5 至大洋区的 0.05 左右，两者结合起来看，高生产力区的单位面积新生产力可能比大洋区的高 10 倍。

9. 影响新生产力的因素与影响初级生产力的因素是一致的。不同海区物理、水文特征决定了透光层外来营养盐的补充特点，从而决定了新生产力的水平。同时，理化、水文特征和透光层营养盐供应特点又决定了水层生物群落的种类结构（如个体大小）和功能（如食物链长度、营养盐在透光层的再生等）的差别，从而将环境水文条件、新生产力水平与该生态系统的群落结构、功能特征有机地联系起来。贫营养大洋区和沿岸上升流区的新生产力差异反映了上述相关联要素的差异，阐明了不同海区新生产力水平高低的根本原因。新生产力研究从更深层次阐明水层生态系统中群落结构、功能差异的机制。

10. 海洋是地球上最大的碳库，海洋中碳的生物地球化学循环对全球的碳循环起重要作用。海水与大气界面的 CO_2 含量处于平衡状态，而新生产力的水平反映了海洋透光层净吸收大气 CO_2 的能力，凡是新生产力高的海区，海水吸收大气 CO_2 的量就多。因此，可以通过新生产力的水平及其时空分布来估计海洋对缓解全球温室效应的能力。新生产力也是估计海洋水层渔业持续产量的基础，新生产力高的上升流区和沿岸区可供人类捕捞的经济鱼类的产量也高。

思考题

1. 简要说明光合作用中光反应、暗反应的基本化学反应及其作用。
2. 举例说明生产力与现存量、周转率之间是相互有联系的，但却是完全不同的概念。
3. 结合酶动力学的米氏方程说明光合作用速率与光照强度的关系以及浮游植物生长速率与介质中无机营养盐的关系。
4. 海洋中有哪些 HNLC 海区？说明这些海区的特征以及浮游植物组成类别上与一般富营养海区的差别。
5. 分析不同纬度海区初级生产力的分布与物理水文特征的关系。
6. 为什么沿岸浅海区含有高的初级生产力水平？
7. 什么叫新生产力和 f 比？新生产力的光合作用商为什么比再生生产力的高？
8. 如果大洋区和沿岸区初级生产力分别是 70 $gC/(m^2 \cdot a)$ 和 300 $gC/(m^2 \cdot a)$，f 比分别是 0.1 和 0.5，则它们的新生产力相差多少倍？
9. 不同海区物理、水文特征与生物组成及新生产力水平有什么关系？
10. 研究海洋新生产力有何理论和实践意义？

第七章 海洋食物网与能流分析

第一节 海洋经典食物链和微型生物食物网

一、海洋经典食物链

食物链是生态系统中初级生产者吸收的太阳能通过有序的食物关系而逐渐传递的组合。牧食食物链和碎屑食物链是其两种基本类型。

（一）牧食食物链

经典海洋牧食食物链的基本模式可概括为浮游植物→浮游动物→鱼类。Ryther（1969）将海洋牧食食物链划分为大洋食物链、沿岸（大陆架）食物链和上升流区食物链三种类型。

1. 大洋食物链（6个营养级）

微型浮游植物（小型鞭毛藻）→小型浮游动物（原生动物）→大型浮游动物（桡足类）→巨型浮游动物（毛颚动物、磷虾）→食浮游动物的鱼类（灯笼鱼、竹荚鱼）→食鱼的动物（金枪鱼、鱿鱼）

2. 沿岸、大陆架食物链（4个营养级）

小型浮游植物（硅藻、甲藻）—水层→大型浮游动物（桡足类）→食浮游动物的鱼类（鲱鱼）→食鱼的鱼类（鲑鱼、鲨鱼）

小型浮游植物（硅藻、甲藻）—底层→底栖植食者（蛤、蚌类）→底栖肉食者（鳕鱼）→食鱼的鱼类（鲑鱼、鲨鱼）

3. 上升流区食物链（3个营养级）

大型浮游植物（链状硅藻）→食浮游生物的鱼类（鳀鱼）→食鱼的鱼类（金枪鱼）

大型浮游植物（链状硅藻）→巨型浮游动物（大型磷虾）→食浮游生物的鲸（须鲸）

以上三类食物链所包含的环节数不同，与初级生产者的粒径大小呈相反关系。大洋区主要的浮游植物是微型种类，其食物链最长（平均可达6个环节），而上升流区浮游植物主要由细胞较大的种类组成，食物链最短。不过，三类海区的食物链环节数并非绝对，如上升流区以个体大的硅藻为主，但也含有小型和微型的浮游植物，因此也存在较长的食物链，只不过个体较大的种类在有机碳传递中起更重要的作用。

关于上升流区的营养层次问题存在一些争论。Ryther（1969）和Longhurst（1971）提出，上升流区鱼类的高产是由于上升流区鱼类基本上是植食性的，因而从捕食性食物链中取消了一个环节。但后来一些学者通过调查资料分析，认为上升流区像沙瑙鱼一类的鱼类虽然在幼体阶段可能完全依靠藻类为生，但它们的成体可能主要摄食桡足类和浮游幼虫，而较大的硅藻和甲藻是在摄食行为中被无意吞下的（王军和丘书院，1991）。

不同食物链相互交叉形成食物网结构。图7.1为海洋食物网结构示意图，该图主要表示不同长度的食物链。

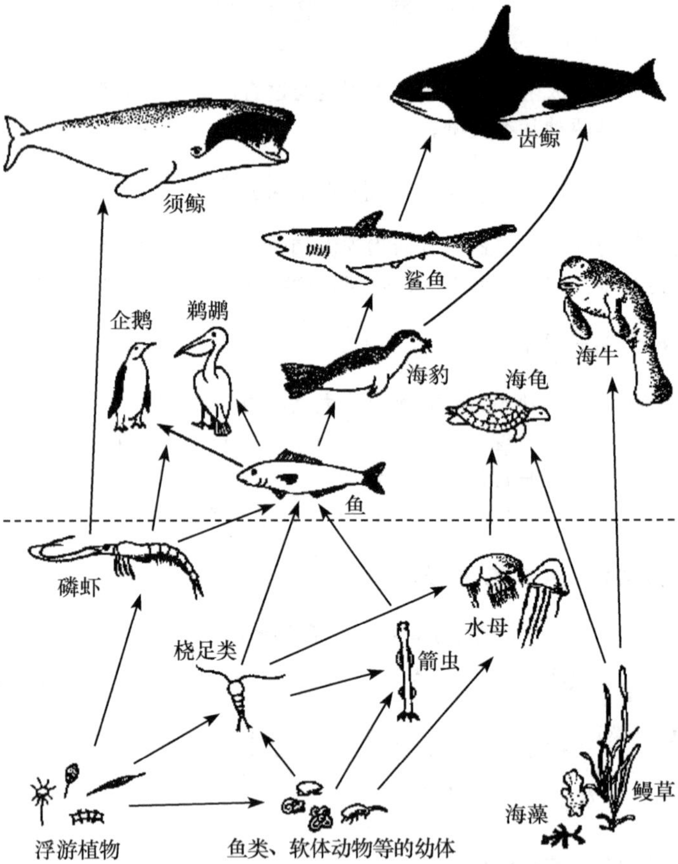

图7.1 海洋食物网示意图（引自邵广昭，1998）

（二）碎屑食物链

海洋碎屑主要来源于死亡的海洋动、植物残体以及它们排出的粪团等颗粒有机物，这些颗粒有机物可被食碎屑的消费者利用。以碎屑为起点的食物链称为碎屑食物链。

应当明确，食碎屑者本身以及其后的各个营养层次消费者都会产生新的碎屑，再被食碎屑者利用。同时，碎屑食物链与牧食食物链并非各自独立的营养结构，而是紧密联系的，形成一个营养结构的整体（图 7.2）。

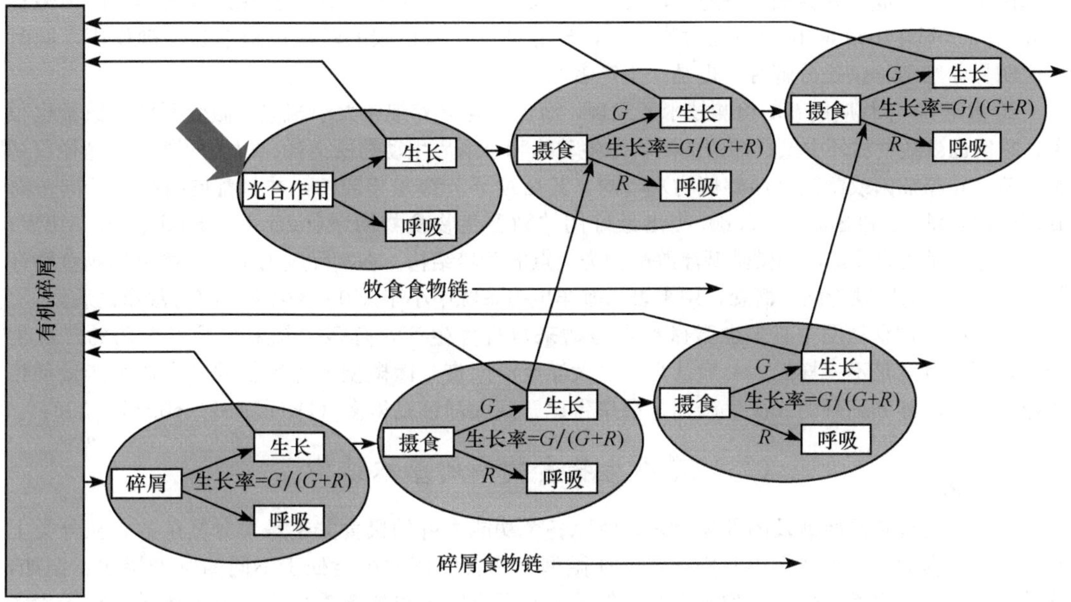

图 7.2　碎屑食物链与牧食食物链的相互联系（引自 Kaiser et al.，2005）

海洋的碎屑食物链在生态系统能量流动和物质循环过程中的作用比陆地的重要得多。在陆架浅海区（特别是河口、港湾）的底层，除了有较多的水层生物源碎屑下沉外，大型底栖藻类碎片和底栖动物的粪团及死亡残体等也产生大量的有机碎屑，所以碎屑的含量很丰富（有的海域有50%左右的总初级生产量是通过碎屑的形式结合到食物链中去的）。这些碎屑是很多底栖消费者的重要食物来源，这些以碎屑为起点的食物链往往比牧食食物链更为重要。碎屑食物链支撑着底层顶级捕食性鱼类（通常都是主要的渔业资源）的产量。例如，巴伦支海生态系统顶级捕食者大西洋鳕是重要的渔业捕捞对象，其营养关系中就有碎屑→虾→鳕这一营养通道。中国东、黄海渔业资源一般分为中上层鱼类、底层鱼类、虾蟹类和头足类四大类别，其中后三大类别皆受到碎屑食物链的强大支持（郭学武，2000）。而在开阔大洋中，其底层的各种动物则几乎完全依靠从上层沉降的各种类型的生物碎屑为生。

二、微型生物食物环（网）

（一）什么叫微食物环（网）

如上所述，过去人们一直认为水层食物链基本模式就是网采浮游植物→桡足类→鱼类，并且认为海洋异养细菌主要扮演将有机物分解为无机物的“分解者”角色。20 世纪 80 年代以来的研究表明，初级生产的产品除了构成浮游植物生物量的颗粒有机物（PPOM）外，还有相当部分的产品是以溶解态有机物（PDOM）的形式释入水中的。此外，海水中的溶解有机物（DOM）还来源于各类动物的排泄、死亡残体及粪团的分解以及动物摄食时植物细胞被损坏等过程。这些溶解有机物基本上不能被浮游动物所吸收，但却具有可以被海洋异养细菌吸收的组分，与 PDOM 一起被细菌吸收并形成细菌本身生物量的增长，这个过程称为**细菌的二次生产**（bacterial secondary production)。异养细菌又可被鞭毛虫、纤毛虫等原生动物所摄食，而后者又被小型浮游动物（个体较大的原生动物和轮虫、桡足类幼体等）所取食。于是 Azam 等（1983）将溶解有机物通过细菌二次生产后形成的异养细菌→原生动物→后生动物的摄食关系称为**微型生物食物环**或简称**微食物环**（microbial food loop）。在微食物环中，异养细菌在有机碳的转换过程中起关键作用，同时也说明异养细菌不仅是分解者，也是“生产者”。

20 世纪 80 年代应用新的检测技术还发现，海洋中与异养细菌大小相似的微微型植物数量也很大，它们也被微食物环中摄取细菌的同类原生动物和小型后生动物所消耗。以上两种取食途径仅初始环节（异养细菌或微微型浮游植物）不同，其后续环节都是相同的，并且都同时存在于同一海域。因此，Sherr 和 Sherr（1988）提出最好用**“微型生物食物网”**（microbial food web，MFW）这一概念来涵盖异养细菌和微微型浮游植物为起点的营养结构。在实际应用中常将微型生物食物环与微型生物食物网视为同一概念，用来表示海洋生态系统中小于 200 μm 生物之间的营养关系。

在微型生物食物网中有多少微微型颗粒物来自自养生产，有多少是来自异养细菌的二次生产，在不同海区是不一样的。一般认为，自大洋至沿岸带，微微型自养生物的光合作用产量是相对稳定的，而异养细菌的二次生产则是沿岸带比开阔大洋区高得多（Davis and Sieburth，1984）。

（二）微型生物食物网的基本结构

微型生物食物网所涉及的种类繁多，所以各个功能类群的摄食关系是十分复杂的。从分类上看，同一类别的种类个体大小差别很大，在微型生物食物网中可能处于不同的营养层次。例如，从总体上看纤毛虫类个体大于鞭毛虫类，但是也有不少纤毛虫比鞭毛虫小。由于海洋生物摄食者与被食者的个体大小比例约为 10∶1，因此，研究微型生物食物网时引入以个体大小为依据的粒径谱概念更为科学。根据这个原则在微食物网中将它们分为以下三个基本层次。

（1）微微型浮游生物（0.2～2 μm）：除了异养细菌外还包括蓝细菌、原绿球藻以及其他一些微微型自养生物（绿藻类、金藻类、隐藻类、硅藻类中的一些种类）。

（2）微型浮游动物（2～20 μm）：主要包括鞭毛虫、肉足虫和纤毛虫等原生动物。

（3）小型浮游动物（20～200 μm）：诸如个体较大的原生动物纤毛虫、后生动物轮虫以及浮游甲壳动物的幼体和其他无脊椎动物的幼体。

微型生物食物网的基本结构见图 7.3。

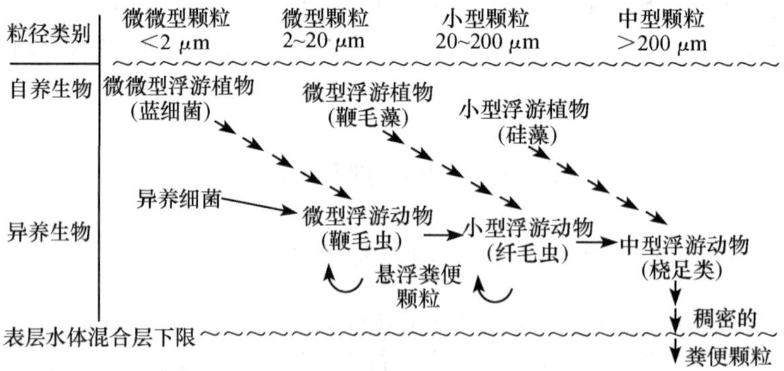

图 7.3　微型生物食物网各营养层次的粒径与摄食关系示意图（引自宁修仁，1997b）

（三）病毒在微食物网中的作用

微食物网结构的内部平衡与其中各类生物之间的摄食关系密切相关，这也是所有生态系统食物网保持相对稳定的重要机制。但是，海洋中存在的大量粒径仅 0.02～0.2 μm 的病毒也对微食物网中各类生物的数量平衡和维持相对稳定性起重要作用，或者说，病毒也应是微食物网的重要成员。

如上所述，海水中的DOM被异养细菌所吸收，转变为细菌生物量这个过程是海洋微食物环的基础环节。细菌增殖速度很快，其生产力除了与DOM的供应有关外，更重要的是与原生动物摄食以及病毒感染死亡有关。因此，海洋病毒的生产力能直接影响细菌的生产力。有人估计，假设病毒每天增殖1倍，病毒感染会造成8%～26%的细菌死亡。病毒对细菌的裂解作用甚至可能超过异养鞭毛虫的摄食调控作用。另外，浮游植物和原生动物也会受病毒感染使宿主细胞裂解而抑制其繁殖。在实验条件下加入从海水中分离的病毒，会导致培养的硅藻、蓝细菌和鞭毛藻的密度大大下降。

此外，在病毒感染造成的细菌、浮游植物和原生动物裂解死亡过程中也会产生细菌可以吸收的DOM，成为细菌的营养来源，反过来又能促进细菌的繁殖。同时，细菌还可以通过胞外酶使浮游植物和原生动物死亡细胞碎屑转变为DOM重新吸收。因此，病毒既能降低微食物网的有机碳向较高营养层次传递的效率，同时又有提高营养物质在微食物环内部再循环效率的作用。此外，原生动物不仅能摄食异养细菌以及微型和微微型自养生物，同时也能摄食病毒。当海水中病毒的丰度远高于细菌时，病毒将成为异养鞭毛虫等原生动物的重要营养来源。从以上简单说明，可以看出病毒可能在微食物网中扮演很重要的角色，但很多过程尚未弄清，是今后全面深入研究海洋微食物网能流、物流过程及其控制机制的重要内容。

三、微食物网中各类生物的生物量与生产力

（一）异养细菌

细菌的增殖速度很快，在适宜条件下，一天可分裂数次。1980年美国科学家 Fuhrman 应用［甲基—^{3}H］胸腺嘧啶核苷示踪法估计海洋细菌的生产量，发现实验水域中的细菌生产力平均为 8.4～54 μgC/(L・d)，相当于初级生产力的20%。Cole 等（1988）报道海洋细菌生产力相当于初级生产力的31%，且2/3是在透光层中产生，另外1/3在无光层产生。还有报道，虽然细菌的生产速度依海域和深度的不同变化很大，但是，可能多数相当于初级生产速率的20%～30%。高桥正征等（1996）认为：假定细菌对DOM的同化效率为70%的话，则可以认为海域初级产量的30%～40%是通过浮游植物的细胞分泌物和（或）浮游植物来源的有机碎屑被细菌所利用。

（二）微微型光合自养生物

1. 蓝细菌

自从 Johnson 和 Sieburth（1979）应用落射式荧光显微检测技术以来，已发现海洋中生存的大量蓝细菌（Cyanobacteria）中的聚球菌（*Synechococcus*）广泛分布于热带和温带海洋，其粒径为 0.5～1.5 μm，细胞丰度通常在 10^3～10^5 个/mL（Murphy and Haugen，1985）。在热带太平洋，它对浮游植物总生物量的贡献达25%～90%，对总初级生产力的贡献达20%～80%；而在世界大多数海区，它对浮游植物总生物量的贡献达20%，对总初级生产力的贡献达60%（Caron et al.，1991）。

2. 原绿球菌

原绿球菌（藻）（*Prochlorococcus*）是比蓝细菌细胞更小的微微型光合原核生物，广泛分布于

热带、亚热带大洋、亚极地海域、陆架边缘海以及近岸、河口、内湾。原绿球菌数量通常高于蓝细菌（在寡营养海区要高出1～2个数量级）。在加利福尼亚近海、马尾藻海、地中海等海区，其丰度约为10^5个/mL，位于夏威夷附近的亚热带北太平洋ALOHA测站，原绿球菌的平均丰度为1.76×10^5个/mL，蓝细菌则仅为1.4×10^3个/mL。在层化的水体中（尤其在寡营养海域），原绿球菌在浮游植物总生物量和个体丰度上均占优势（焦念志和陈念红，1995）。

3. 微微型光合真核生物

微微型真核自养生物在形态上和分类上比上述两类原核生物有较高的多样性，它们主要包括绿藻纲（Chlorophyceae）、真绿藻纲（Prasinophyceae）、金藻纲（Chrysophyceae）和隐藻纲（Cryptophyceae）等类别的一些种类。真核微微型浮游植物的细胞丰度一般都比原绿球菌和蓝细菌的少。在上述ALOHA测站，平均仅为1.0×10^3个/mL（Campbell et al.，1997）；在我国台湾海峡和厦门西海域分别为$(0.1\sim2.8)\times10^3$个/mL和$(2.4\sim3.2)\times10^3$个/mL（黄邦钦，1999）。在超微型（<5 μm）的浮游植物中，真核微微型自养生物占叶绿素生物量的61%，碳生物量的87%，初级生产力的68%（Li，1995）。

（三）微型和小型浮游动物

异养鞭毛虫在海洋生态系统中大量存在，其中有一些很微细的种类，属pico-级（0.2～2.0 μm）的微微型异养生物。微型和微微型异养浮游生物的丰度组成，通常有一个定量关系。在丹麦海区观测的结果表明，细菌、微型异养鞭毛虫和纤毛虫的平均丰度分别为6.3×10^6、2×10^3和17.1个/mL，后者虽丰度不高，但生物量可达10%～20%（Andersen and Sorensen，1986）。无壳纤毛虫在纤毛虫类中个体较小，但其丰度大大超过砂壳纤毛虫。据Froneman和Perissinotto（1996）在南大洋大西洋区的调查结果，无壳纤毛虫数量为73～1336个/L，而砂壳纤毛虫仅17～351个/L。在亚热带辐聚区，无壳纤毛虫数量为625～1725个/L，砂壳纤毛虫仅75～250个/L。

纤毛虫类的粒径总的来说比鞭毛虫类的大，多属小型浮游生物的范畴（如砂壳纤毛虫）。很多纤毛虫是以鞭毛虫为食物的，并且也摄食微型浮游植物。纤毛虫生长繁殖速度很快，甚至于超过某些浮游植物的生长，Heinbokel（1978）测得五种砂壳纤毛虫的生长率（加倍时间）为（1～2）/d。Perez等（1997）测得几种纤毛虫的生长率（加倍时间）为（0.2～1）/d。

四、微食物网在海洋生态系统能流、物流中的重要作用

通过上述讨论，我们对微食物网在海洋生态系统能流、物流中的作用可归纳为以下几个方面。

（一）在能流过程中的作用

1. 微食物网与经典食物链共同构成完整的海洋生态系统能流结构

如上所述，海洋异养微生物将光合作用过程中释出的PDOM再次转化为POM（细菌本身），并为微型浮游动物（原生动物）所利用。只有经过这一转换，这部分初级生产的能量才能传递到后生动物。同样，微微型（或超微型）浮游植物的生产量也只有通过微型或小型原生动物的取食转换成较大的生物颗粒后才能被中型后生动物所利用。因此，以异养细菌和蓝细菌等超微型浮游生物为基础环节的微食物网既是一个相对独立的营养结构，又是海洋生态系统能流结构的有机组成部分。只有将它与经典食物链结合起来才是对海洋生态系统能流结构的完整描述（图7.4）。

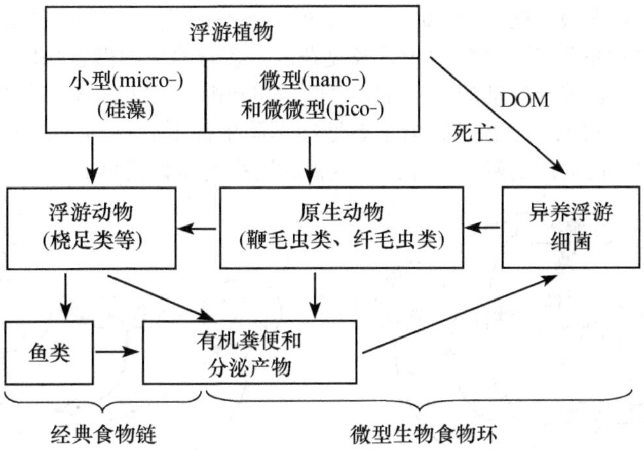

图 7.4　微型生物食物环的结构及其与经典食物链关系示意图（引自宁修仁，1997b）

2. 微食物网能流量在海洋生态系统能流量基础环节中占有很高的比例

海水中的 PDOM 占初级生产力的比例尚需进一步研究，但从现有的各种调查资料看，可能为 20%左右。其他生源碎屑分解过程中产生的 DOM 量也很可观，从而为异养微生物提供丰富的营养物质，其生物量和生产量是很高的。同样，微微型（或超微型）自养生物的生物量和生产力也超过硅藻、甲藻等较大型浮游植物（除沿岸和上升流区外）。因此，异养微生物和超微型自养生物的生产力总和构成大部分海域能流的主要基础环节。海洋微型和小型浮游动物是初级生产力的主要消费者，它们的生物量和生产力也是很高的。此外，大部分海区的中型浮游动物仅直接消耗浮游植物总生产量的较少部分（不超过 1/3）。McManus（1991）应用网络流动分析技术测定了微微型浮游生物生产力的归宿和大型浮游动物对原生动物依赖的程度，结果表明，大型浮游动物的食物中有 38%是由小型浮游动物（30～200 μm）这一营养级所构成；还有 23%是通过微型纤毛虫类（10～30 μm）这一级生物构成。由此可见，微型和小型浮游动物作为摄食和被摄食者是海洋生态系统能流的重要环节。

（二）在物质循环中的作用

微食物网不仅是营养物质向较高营养层次流动的重要环节，而且在生态系统有机物质矿化和再循环过程中起非常重要的作用，特别是在贫营养的大洋区，大部分营养物质的循环能在真光层内完成，是与微食物网的存在分不开的。主要原因如下。

（1）营养物质在微食物网中的更新很快。微食物网中的细菌、原生动物以及小型后生动物都是个体小、世代周期短，有很高的营养物质更新速率，单位体重营养物质的再矿化速率比其他浮游动物高一个数量级以上。

（2）微食物网的消费者并不像很多后生动物那样产生高沉降率的粪团，所产生的微细有机碎屑可长时间滞留在真光层水体中，使大部分营养物质可以在真光层内矿化与再循环，这对维持真光层的营养物质供应和稳定初级生产水平有很重要的意义。

（3）微食物网产生的碎屑小颗粒在细菌作用下形成的微小有机凝聚体中有丰富的溶解有机物、细菌和微型异养生物，是营养物质快速循环的活性中心。

Caron 通过一个捕食-被捕食系统的实验表明细菌和微型异养植食者都是重要的营养盐再生者，但微型摄食者对自然海区的营养盐再生可能起更重要的作用。尽管微型摄食者是重要的营养盐再生者，但其再生效率很少能超过 50%。由于再生效率不超过 50%，那么开阔大洋区氮再生效率能达到 90%这样高的数值，必定要由比较复杂的、多营养级的微食物网结构来完成。微食物网既是营养物质向较高营养级流动的一个环节，也是在其内部再生循环的一个系统，二者是同时进行的（图 7.5），只不过两种途径的相对重要性在不同条件下有差别（Caron et al.，1991）。在微微型浮游植物占主要优势的贫营养大洋区，微食物网在营养物质再循环中的作用更为明显。

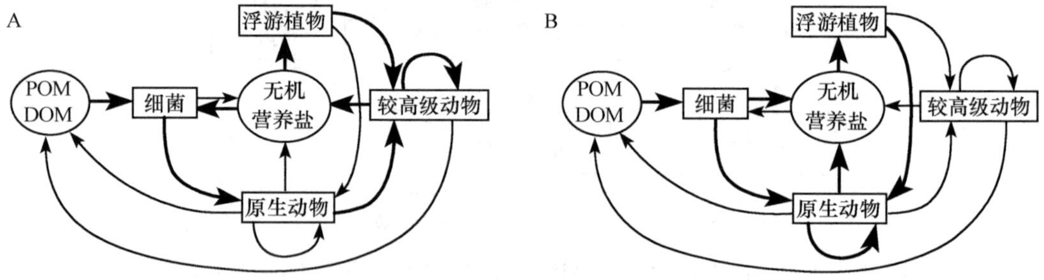

图 7.5 通过微型生物食物环的营养循环模型（引自 Caron et al.，1991）
A. 有较高的营养物质传递效率；B. 有较高的营养物质再生效率。箭头粗细表示营养物质流途径的相对大小

从微微型浮游生物到较大的浮游动物，如桡足类（平均粒径 1 mm），其间大约需要经过 3～4 个营养层次。每经过一个营养层次都会有很多能量耗散，所以最终到达高营养层次的能量可能只有很少一部分。例如，以细菌开始的微食物环为例，假设各营养层次的能量转换效率为 20%，则从细菌传递到桡足类的能量不足细菌产量的 1%（高桥正征等，1996）。因此，海洋（特别是在寡营养水域）中微食物网的存在主要是维持营养物质在真光层内循环，对保持寡营养水域初级生产力的稳定有特别重要的意义。

第二节 海洋简化食物网及营养结构的上行、下行控制

一、简化食物网及营养物种

生态系统中生物种间的营养关系十分复杂。例如，水域中一种浮游动物可被很多种动物所捕食，它本身又可摄食多种浮游植物；而同一种浮游植物也可被多种浮游动物所摄食。因此，生态系统中存在很多食物链，这些食物链相互交叉形成一个错综复杂的食物网。如果以每一个物种为基础来描绘生态系统的营养结构，虽然是真实的反映客观实际，但描绘出来的食物网将乱如麻团，不可能进行完整的能流分析。Hardy（1924）描绘的北海鲱鱼（*Chupea harengus*）不同发育阶段的摄食关系就是一个很经典的例证（图 7.6），而要绘制一个具有中等程度多样性的自然海区所有种类的食物关系则几乎是不可能的。

由于以分类上的物种为基础来分析生态系统能流结构过于繁杂，因而在进行生态系统动力学研究时，生态学家提出一个切实可行的替代办法，即以简化的食物网结构代替复杂食物网分析以具有可操作性。简化食物网是将营养地位相同的不同物种（包括同一物种的某一相应的发育阶段）归并在一起，称之为**“营养层次”**（trophic level），相当于食物链营养级的概念。营养层次以功能地位划分，显然不同于生物学分类上的物种，而是由营养级别上处于相同地位的一类物种所组成。例如将所有小型单细胞浮游植物（包括碎屑）归为第一级营养层次，浮游动物或摄食浮游植物的鱼类或其他无脊椎动物的幼体归为第二级营养层次，所有摄食第二级营养层次的捕食者归为第三级营养层次，等等。每一营养层次划分为若干功能群，功能群中各物种取食同类猎物或被

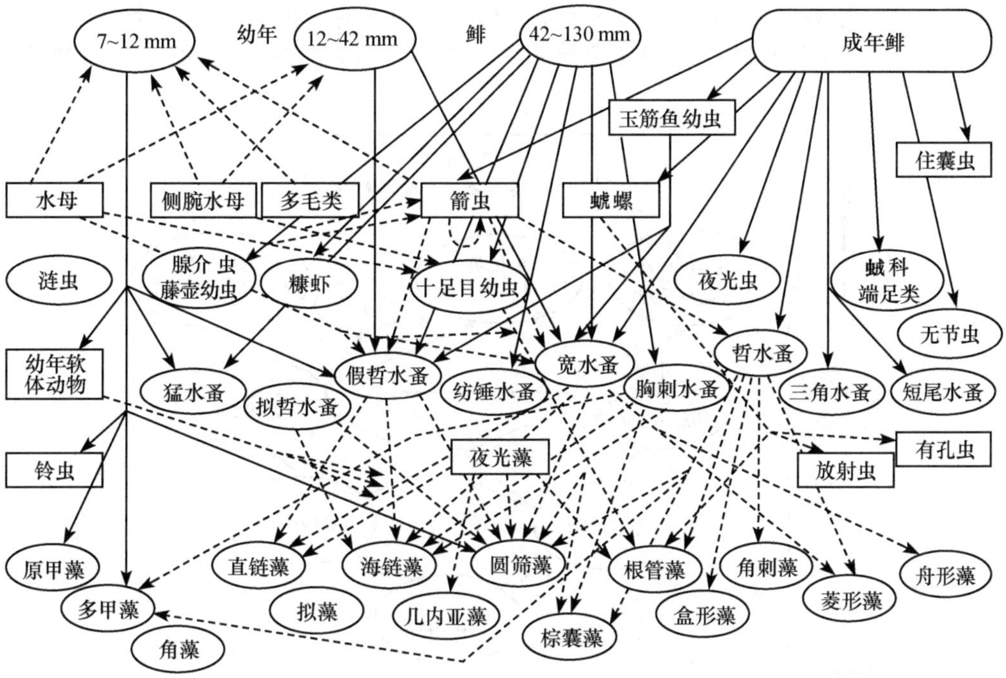

图 7.6 北海鲱生活史不同阶段的摄食关系（引自 Hardy，1924）

相同捕食者功能群猎食。功能群由一群生态学特征上很相似的物种组成，彼此之间的生态位有明显重叠，因而同一功能群内种间竞争很剧烈，而与其他功能群之间的关系则较为松散，种间竞争也较不明显。功能群内物种是可以相互取代的，在不同年份（或季节）中功能群可以有不同的种类组合，但它们的功能没有改变。这种分析方法就可**将复杂的食物网能流结构简化为“具有相互作用的简单食物链”加以研究**。

Steele（1974）最早以这种观点与方法进行北海食物网的能流分析，发现北海食物网包括四个营养层次，并且划出水层和底栖两个营养通道（图 7.7）。

在简化食物网研究中要特别重视在营养层次转化中起重要作用的种类，这些种类称为营养层次关键功能种，或简称关键种（不过这里的“关键种”与决定群落种类组成的关键种含义有区别）。以关键种为中心的食物网研究已成为一种新的研究趋势，对关键种的确认，不仅取决于它与其他种类（包括捕食者和被食者）的关系，也取决于它在群落结构中的地位，如优势度大小。

我国海洋科学家唐启升院士在总结前人工作的基础上指出，应以“简化食物网”的策略来研究我国各海区的食物网营养动力学，即以各营养层次关键种为核心展开研究。例如，我国黄海鱼类有 289 种，东海有 727 种，还有很多头足类、虾蟹类等，

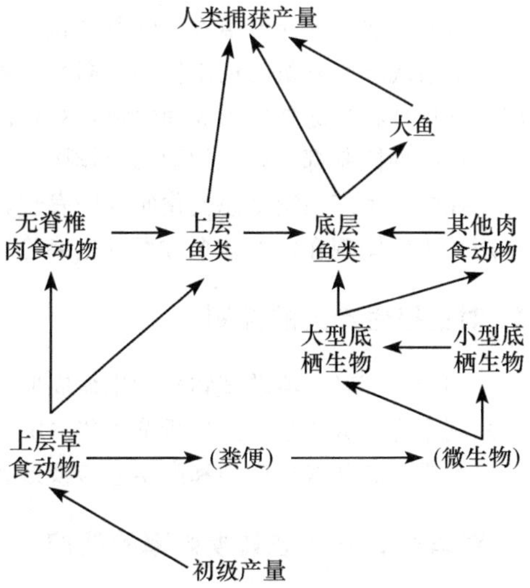

图 7.7 根据主要生物类群作出的北海食物网（引自 Steele，1974）

从中找出这些较高营养层次的主要资源种群各 20 多个。在黄海这些种类可占生物量的 91.9%，占渔获量的 34.6%，这些种类可视为高营养层次的关键种。图 7.8 是一个简化的黄海食物网和营养结构图。

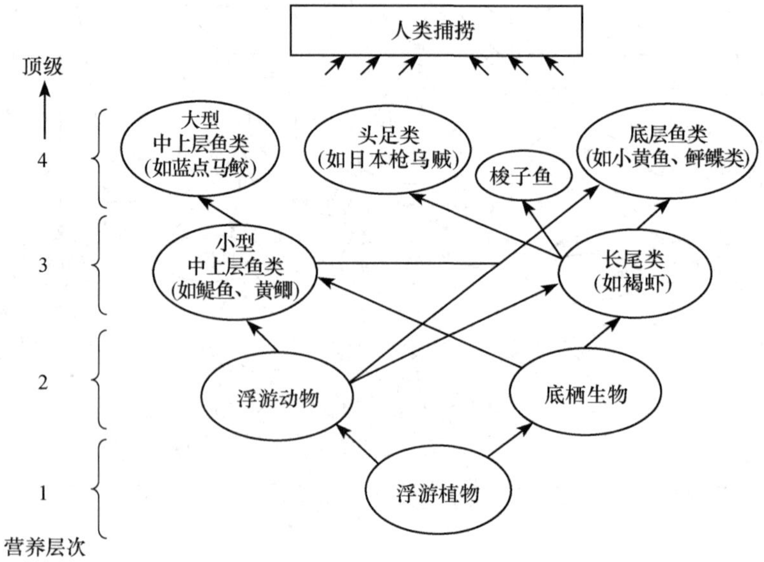

图 7.8 黄海简化食物网和营养结构
(根据 1985～1986 年主要资源种群生物量绘制，Tang，1993)

二、食物网的上行控制和下行控制

食物网的控制机理包括上行控制和下行控制两种类型。**上行控制**（bottom-up control）是指较低营养层次（如浮游植物）的种类组成和生物量对较高营养层次（如植食性浮游动物和鱼类）的种类组成和生物量的控制作用，即所谓资源控制。**下行控制**（top-down control）是指较高营养层次（捕食者）的种类组成和生物量对较低营养层次（被捕食者）的控制作用，即所谓捕食者控制。这两种控制都对系统的动态起作用，只不过有时是资源控制为主，有时是捕食者控制为主。

在海洋生态系统动态变化研究中发现，不管是上行控制还是下行控制，浮游动物都起着重要作用，主要体现在以下几个方面（王荣等，2002）。

1. 对初级生产力的控制

初级生产者（浮游植物）的生命周期短、繁殖快，初级产品如不迅速被次级生产者（浮游动物）利用将形成积累，产生所谓水华（bloom），严重时将形成赤潮。初级产品通过浮游动物迅速转化是维持高初级生产力和高生态转换效率的重要条件。

2. 对营养级间生态转换效率的调控

浮游动物通常对初级生产力的高低做出反应。当初级生产力高时，为了提高转换效率经常是大型桡足类（如 *Calanus* spp.）占优势，相应的浮游动物捕食者的粒径（ESD）也加大。这种加大粒径、减少营养级的响应称为功能响应（functional response）。或者当大型浮游动物的种群数量不能做出及时响应时，迅速增加小型浮游动物（如小型枝角类）的个体数量，以达到迅速转化的目的，即所谓数量响应（numerical response）。

3. 对高层捕食者的控制作用

对高层捕食者的控制作用主要包括三个方面。①浮游动物是鱼类（特别是上层鱼类）的食物。对于经济鱼类来讲，资源变动主要取决于补充群体的大小，即幼鱼的存活率。而幼鱼的存活率在很大程度上取决于食物保障。不管是上层鱼类还是底层鱼类，它们的幼鱼多以浮游动物为食。Parsons 等也证实，浮游动物数量变动与北太平洋鲑鱼幼鱼的生长和成活有着直接的关系。②某些肉食性浮游动物（水母、毛颚类）又是幼鱼的竞争者，甚至捕食鱼卵和仔、稚鱼。③由于人为和自然原因，浮游动物种群会发生结构变化，如地中海和黑海都报道过浮游动物从甲壳动物占优势转换为栉水母和钵水母占优势。如果发生这种情况，鱼类等经济动物所需能源将大部分被截留。

4. 对水层-底栖耦合（pelagic benthic coupling）关系的控制作用

底栖动物所需能量来自水层，即水层的初级生产。在大洋，初级产品绝大部分在真光层被消费，即便有剩余也在未到达底层时即被利用或分解。浮游动物的粪便颗粒和一些大的有机聚集体（“海雪”）是底栖动物能获得的主要能源。在浅海，由于有较强的垂直混合，相当一部分初级产品可以到达底层直接被底栖滤食性动物利用，而这个份额的大小就是由浮游动物所控制。反之，沉积有机颗粒的再悬浮在某些场合也为水层内的浮游动物提供了补充能源。

金显仕和唐启升（2002）总结了渤海食物网营养动力学及资源优势种交替的研究，认为近海食物网各营养层次的上行和下行控制作用还受环境变化和人类活动的影响。近几十年来，渤海生态系统从初级生产到次级生产再到顶级生产表现出一种下降趋势。由于渤海盐度升高，营养盐状况发生了很大变化，其中 N 含量有较大幅度增加，而 P 和 Si 呈下降趋势或处于较低水平。这种营养盐比例的失调导致浮游植物生长受到限制，从而影响初级生产，并在系统的生产中产生连锁反应，次级生产和顶级生产也有下降趋势，从而表现出“上行控制”的效应。但是，由于过度捕捞使顶级生物量减少或因优势种更替，就会产生“下行控制”效应。例如，1998 年捕食浮游动物的小型中上层鱼类鳀鱼数量非常少，浮游动物承受的捕食压力小，剩余产量高。浮游动物生物量的大量上升，一方面可能制约初级生产力，另一方面又可向上提供更多食物，提高高营养层次消费者的补充量。这两方面的变化又同时对浮游动物数量产生制约作用，即所谓浮游动物在生态系统生物生产中所起的“蜂腰控制（wasp-waist control）作用”（图 7.9）。

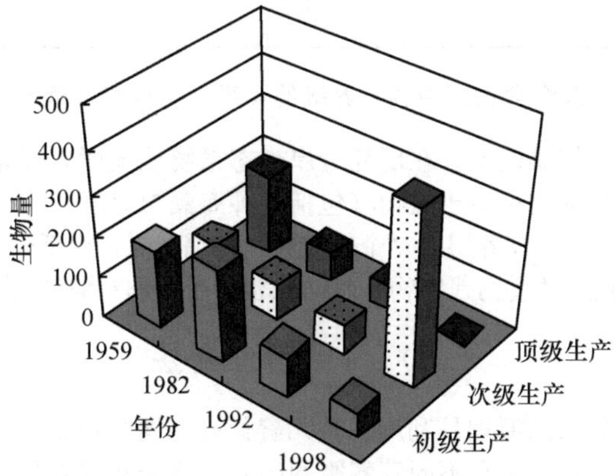

图 7.9 渤海生态系统生产力年代间变化（引自金显仕和唐启升，2002）

在微型生物食物网中，病毒对细菌、微型浮游植物的生物量和生产力也起控制和平衡的作用（见上一节）。

三、营养层次的测定

在进行生态系统能流途径的研究时，首先必须确定各类消费者在食物网中的位置。

（一）食性分析法

一个特定种群所处的营养级是按其实际同化的能源来确定的。以军曹鱼所处营养级的确定为例，该种鱼混合食料的营养级大小＝$\sum$（鱼类各种食料生物类群的营养级大小×其出现频率百分组成）。军曹鱼摄食70.8%的鱼类（3.0级）、25%的头足类（2.5级）以及4.2%短尾类（1.6级），其混合食料的营养级大小＝70.8%×3.0＋25%×2.5＋4.2%×1.6＝2.8级。因此，军曹鱼的营养级应为3.8级（张其永等，1983）。图7.10示浅海食物网中各营养级的关系。其中第一营养级（图中为0级）由海洋植物构成。第二营养级包括植食性动物（1.0～1.3级）和杂食性动物（1.4～1.9级），如毛虾、桡足类和贝类等。第三营养级包括低级肉食性动物（2.0～2.8级）和中级肉食性动物（2.9～3.4级）。第四营养级为高级肉食性动物（3.5～4.0级）。海洋鱼类大多数处于第三、四营养级。这里的“营养级”实际上与“营养层次”的概念是一致的。

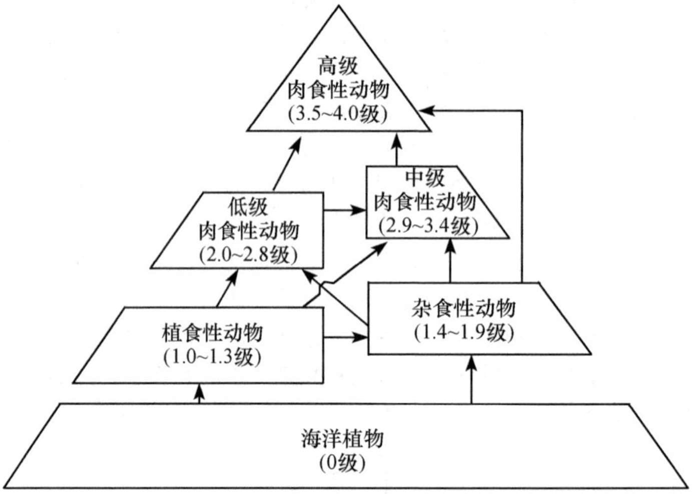

图7.10　浅海食物网中各营养级的关系（引自邓景耀等，1988）

食碎屑动物的营养层次较难确定。在研究近岸生态系统能流时，通常把它们视为与植食性动物同一营养级，因为大部分碎屑来源于植物（包括各种海藻与海草）。

食性分析法比较适用于较高营养层次（个体较大）的消费者，对低营养层次的分析则有较大难度。而且此方法是分析消化道的食物残留物，其结果容易受食物对象被消化的难易程度的影响。

（二）稳定同位素法

用稳定同位素确定营养级的原理是利用一种元素具有不同同位素（化学性质相同，但质量不同）的特征，根据同位素相对丰度在不同营养级间的差异来分析食物网。例如，浮游植物光合作用吸收CO_2，将其还原为有机碳，而碳元素具有稳定同位素^{12}C和^{13}C。光合作用产生的有机碳就反映了不同同位素丰度的“标识”（signature），即其$^{13}C/^{12}C$丰度比值差异的特征值，用$\delta^{13}C$表示。在生物学传递过程中，较重的同位素会滞留而产生富集。因此当这些有机物传递到下一个营养层次（转变为新的有机物），上述“标识”的特征值$\delta^{13}C$就会改变。随后的营养层次传递也有同样的规律（除了C元素外，N元素的同位素也可用于研究食物网结构）。据Peterson等（1985）对河口食物网有机物质流的研究结果，食物链每一营养级^{13}C的富集度大约为1.5‰。最近在“中国海洋生态系统动力学”研究中，王荣等（2002）也应用碳同位素方法分析渤海等海域浮游生物和底栖生物的营养级。结果表明，浮游生物群落的$\delta^{13}C$值从POM到*Centropages mcmurrichi*的最大差值为3.67‰，取食物链每一营养级$\delta^{13}C$的富集度为1.7‰，则浮游生物群落内食物网有3.2个营养层次。底栖生物食物网中生物的$\delta^{13}C$值一般都比浮游生物高，但这并不意味着底栖生物的营养层次比浮游生物的高，而是反映食物（包括碎屑）来源有差别。

四、粒径谱、生物量谱的概念及其在海洋生态系统能流研究中的应用

海洋生物种类繁多，构成了极其复杂的食物网，要准确研究其能量流动是十分困难的。海洋学家希望在实践中找到一种快捷、准确、连续的方法来研究食物链、食物网的状态和动力学变化，提出了粒径谱和生物量谱的概念。

（一）粒径谱、生物量谱的概念

在海洋水层生态系统食物网中，从微生物和浮游植物到浮游动物，直至鱼类和哺乳类，都视为“颗粒”，并以统一的相应球型直径（equivalent spherical diameter，ESD）表示其大小，那么，对于某一特定生态系统，其各粒度级上的生物量分布将遵循一定的规律，即顺营养层次向上总生物量略有下降。若把粒度级按一定的对数级数排序，这种生物量在对数粒级上的分布就称为**粒径谱**（particle-size spectra）。在平衡状态下这条谱线是一条有着很低斜率的直线。图7.11所示为以10为底的对数级数表示南大洋（高生产力区）和赤道太平洋（低生产力大洋区）食物链中不同粒径生物的平均生物量变化。

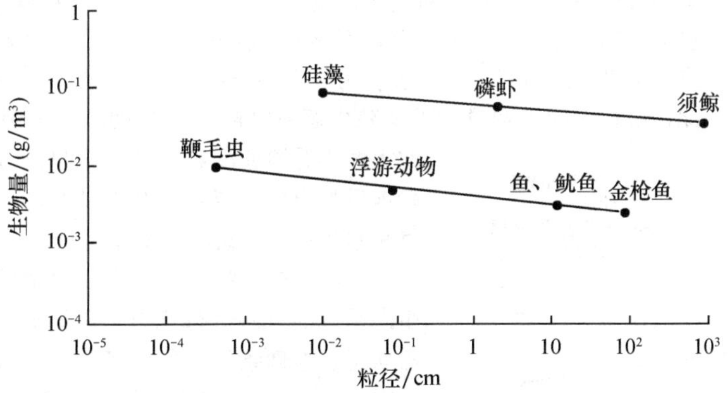

图7.11　海洋食物链中不同个体大小的平均生物量（引自Lalli and Parsons，1997）
上线：南大洋；下线：赤道太平洋

以**生物量谱**（biomass size spectra）代替粒径谱则能更准确地反映不同粒级成员能量的关系。标准化了的生物量谱采用双对数坐标，横坐标为个体生物量，以含能量的对数级数（lg kcal）表示；纵坐标为生物量密度，以单位面积下的含能量的对数级数（lg kcal/m²）表示，因此生物量谱实际上是生物量能谱。据报道，生物量谱适用于几乎所有水域生态系统：海洋的、淡水的、水

层的和底栖的。可利用已有的浮游植物、浮游动物、底栖动物和鱼的资料对某一生态系统的生物量谱进行“编辑”（王荣，2000）。图 7.12 为 Boudreau 和 Dickie（1992）利用北大西洋乔治亚滩丰富的资料编辑的该海域各月的生物量谱。

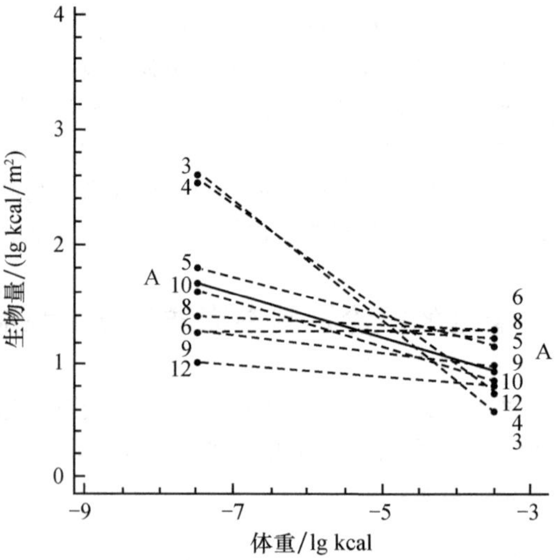

图 7.12 乔治亚滩各月生物量谱（Boudreau and Dickie，1992，转引自王荣，2000）

（二）粒径谱、生物量谱概念在海洋生态系统能流中的应用

粒径谱、生物量谱理论可为我们提供从总体上宏观地研究不同海洋生态系统的状态（status）、动态（dynamics）及其机制和影响因素的简便、实用的途径，同时也可以比较不同类型生态系统的差别，甚至还可以估计生产力和鱼产量。

首先，根据生物量谱的谱线在平衡（相对稳定的生态系统）状态下是一条斜率很低的直线这一普遍规律，如果实测过程中这条直线上有高峰出现，就意味着存在过剩和积累，能流渠道被阻塞。例如，春季“水华”期，浮游植物大量繁殖而浮游动物来不及利用，浮游植物就可能过剩而积累，在几微米（或几十微米）粒径上往往表现为一个突出的生物量高峰；相反，低谷则意味着空缺和不衔接。因此，粒径谱和生物量谱可反映生态系统的状态或动态（王荣等，1988）。上述北大西洋乔治亚滩各月的生物量谱（图 7.12）就很清楚地反映出该海域生态系统动态的季节变化，即 3、4 月是水华期，生态转换效率最低。

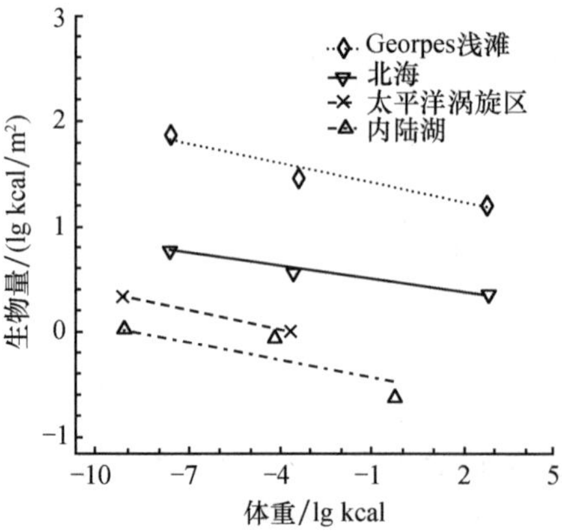

图 7.13 不同海域生态系统的生物量谱比较（引自王荣，2000）

其次，应用粒径谱、生物量谱的原理可以对不同生态系统的特点进行比较。不同海域生态系统由于温盐状况、地理条件和气候条件的差异，其食物网结构会有差异。在一般状况下，多数生态系统具有相似的、较低的谱线斜率（生态转换效率），但截距大；而太平洋涡旋区是最贫瘠的海域之一，生产力非常低，谱线截距也很低，两者相差近两个数量级（图 7.13）。

还有，由于平衡和稳定生态系统的粒径谱应是一条直线，可以根据作为该生态系统特征的粒径谱，从某一粒度级的生物量去推算其他粒度级的生物量或产量。Sheldon 等（1982）曾根据圣劳伦斯湾 8～80 μm 的浮游植物的生物量去推算鲱和鳕的产量，得出与多年平均相近的结果，基于粒径谱估计的生物量可以作为确定最大持续捕捞量的依据。同样，也可以应用粒径谱方法计算初级生产力（Tang，1995）。当然，这是一种宏观的估计，但说明粒径谱、生物量谱有广阔的应用前景。

总之，以能量表示的生物量谱将是一次推动粒径谱新知识体系的革命。即以能量生态学的观点和方法，把复杂的海洋生态系统、千头万绪的食物网和所有的捕食者和被食者关系、所有成员的生物学、种群数量变动和受控因素等简化为生物量谱模型，从总体上宏观地研究海洋生态系统的状态和动态（韩希福和王荣，2000）。

第三节　消费者的能流分析与次级生产力

一、消费者的能量收支模式与生态效率

（一）消费者的能量收支模式

消费者获得的食物能量（摄食能，C）有一部分未被消化吸收，以粪团形式排出（排粪能，F），其余的是被消化吸收的能量，即为同化量（A）。同化的能量中少部分消耗于代谢反应，产物以尿素、尿酸排出体外（排泄能，U），还有一部分消耗于氨基酸未被结合为消费者蛋白质的脱氨作用、食物消化和代谢过程以及活动的能量，这三类称为总代谢能，统一以呼吸消耗（R）体现出来，剩余的能量才构成消费者生物的生长量（生长能 G 或产量 P）。消费者本身的繁殖量和甲壳动物的蜕皮也归为生长能项内。因此，消费者的能量收支模式可表示为

$$C = F + U + R + G \tag{7.1}$$

上述消费者能量收支模式对于所有异养生物都是适用的。异养细菌虽然没有粪尿排出，但可释出空胞废物和分泌黏多糖等，而其生长量则以细胞分裂为指标。

测定消费者能量收支（包括摄食率、呼吸率和排泄率等）是建立生态系统能流模型的一项重要基础工作，目前多以室内的个体生理学实验来进行研究。Brett 和 Groves（1979）根据一些已发表的结果，提出肉食性鱼类和植食性鱼类的平均能量收支模式：

肉食性鱼类：　$100C=20F+7U+44R+29G$

植食性鱼类：　$100C=41F+2U+37R+20G$

消费者获得的食物能量（C）有一部分未被消化吸收，以粪团（F）形式排出，被消化吸收的能量中也有少部分消耗于代谢反应，产物以尿素、尿酸等尿液成分（U）排出体外。其余被同化的能量，即通常所指的同化量（A）中有一部分消耗于氨基酸未被结合为消费者蛋白质的脱氨作用、食物消化和代谢过程以及活动的能量，这三类称为总代谢能，统一以呼吸消耗（R）体现出来，剩余的能量才构成消费者生物的生长量（生长能 G 或产量 P）。消费者本身的繁殖量和甲壳动物的脱皮也归为生长能项内。因此，消费者的能量收支模式可表示为：

表 7.1　鱼类的能量收支模式（引自孙耀和王俊，2002）

鱼　种	能量收支模式
鲐鱼	$100C=1.1F+8.7U+72.7R+17.5G$
真鲷	$100C=2.7F+8.1U+63.2R+26.0G$
黑鲷	$100C=2.8F+8.9U+73.5R+14.8G$
黑鲪	$100C=3.3F+7.0U+55.6R+34.2G$
红鳍东方鲀	$100C=9.7F+6.8U+60.4R+23.2G$
尖尾鰕虎鱼	$100C=4.8F+6.8U+54.0R+34.5G$

Valiela（1995）认为，不同种类消费者同化能量的分配比例变化范围很大，大部分消费者同化的能量有0～30%转变为生长产量，用于呼吸消耗的比例最高，大约是40%～80%，用于繁殖的能量很少超过10%，排泄消耗10%～20%。

（二）生态效率与生态学金字塔

在消费者能量收支分析中，估计各个环节的传递效率是很重要的。能流过程中各个不同点上能量的比值可以称为传递效率（transfer efficiency），有的统称为生态效率，但通常将营养级（或营养链节）之间的传递效率称为**生态效率**（ecological efficiency），而在消费者种群（或同一营养链节）内的能量收支比值一般用同化效率和生长效率（包括总生长效率和净生长效率）表示。

（1）同化效率（assimilation efficiency，A_e）指种群或同一营养阶层同化的能量（A）与其食物能量（C）的比值：

$$A_e = A/C \tag{7.2}$$

（2）总生长（生产）效率（gross production，efficiency，K_1）指消费者的净产量（P）占其摄食量的比值：

$$K_1 = P/C \tag{7.3}$$

（3）净生长（生产）效率（net production efficiency，K_2）指消费者的净产量与其同化量的比值，通常所指的生长（生产）效率就是K_2。

$$K_2 = P/A \tag{7.4}$$

（4）营养级间的消费效率（consumption efficiency，E_c）指n+1营养级消费（即摄食）的能量占营养级n净产量的比值，也称为利用效率（exploitation efficiency）。

$$E_c = C_{n+1}/P_n \tag{7.5}$$

（5）营养级间的生态效率或**林德曼效率**（Lindemans efficiency，L_e）指n+1营养级所获得的能量与n营养级所获得的能量的比值：

$$L_e = C_{n+1}/C_n = (A_n/C_n) \cdot (P_n/A_n) \cdot (C_{n+1}/P_n) \tag{7.6}$$

即林德曼效率相当于同化效率、净生产效率和消费效率的乘积。

（6）营养级间的营养生产效率（trophic yield efficiency，Y_e）可用某一营养级的产量与前一营养级的产量比值表示

$$Y_e = Y_{n+1}/Y_n$$

则食物链的总生产效率为

$$Y_t = Y_{t=2} \cdot Y_{t=3} \cdot Y_{t=4} \cdots \tag{7.7}$$

不同生态系统营养级之间的生态效率有很大差异，但能流在营养级之间迅速减少则是普遍规律。随着营养级逐渐向上，其净产量呈阶梯状递减，形成生产力底宽上窄的塔形锥体，叫生产力金字塔或能量金字塔。据我国"渤海生态系统动力学过程"的研究结果（图7.14），1992年生产者与植食动物的能量比为100∶6.5；植食者与一般肉食者为100∶6.9；一级肉食动物与二级肉食者为100∶7.5。虽然营养级间能量传递效率较低，但也基本接近林德曼效率的水平。

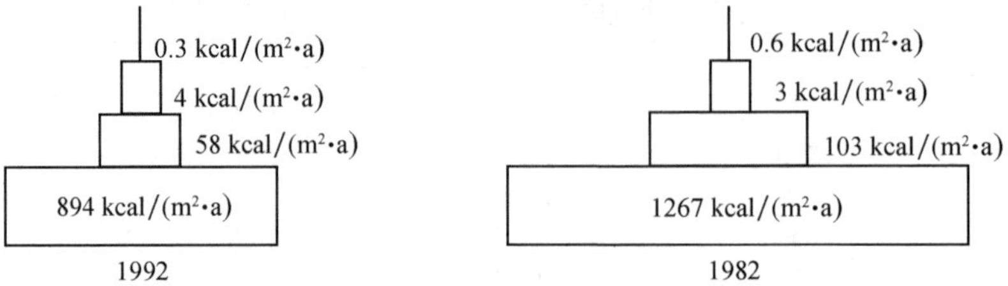

图7.14　渤海各营养级的能量结构（引自孙耀和王俊，2002）

生态学除上述能流金字塔外还有生物量与数量金字塔，前者以不同营养级之间的生物量表述，后者以有机体的数量表示。

二、各类消费者的生物量与生产力

（一）消费者的生物量与生产力

过去几十年来已经对各类海洋消费者的生物量调查进行了不少工作。但由于海洋动物类别复杂，个体大小和生活史类型很不一致，生产力的调查测算存在很多困难，迄今对各类消费者产量的了解还很不全面。

Valiela（1984）根据一些学者的资料归纳出各类动物在不同海域的生物量与产量（表 7.2），其中鱼类产量是根据渔获物统计而粗略估算的。

表 7.2　各海区动物的生物量与产量（据 Valiela，1984）

	采样深度/m	生物量/(g 干重/m^3)	产量/[gC /(m^2 · a)]
浮游动物			
近岸水域	1～30	122	15.3
大陆架	30	25	6.4
陆架间断区	200	108	5.5
外海区	200	20	5.7
底栖动物		(gC/m^2)	
河口区	0～17	5.3～17	5.3～17
近岸区	18～80	1.7～4.8	0.9～12
大陆架	0～180	23	2.6
大陆斜坡	180～730	18	2.4
深海	>3000	0.02	—
水层鱼类			
大陆架	0～180	2.6	0.3
大陆斜坡	100～730	10.6	1.3
底层鱼类			
大陆架	0～180	8.6	0.3
大陆斜坡	180～730	4	0.2

生态学上常用生产量与平均生物量的比率（简称 P/B 比值或周转率）来比较各类动物的次级生产水平。Valiela（1984）搜集了多年来一些学者调查的不同种类 P/B 比值的资料，主要是浮游生物和底栖生物的调查资料，鱼类的较少。其中也包含一些淡水种类的数据，它们的 P/B 比值与相应的海水种类没有大的差别。海洋浮游动物的 P/B（年）比值变化范围很大，但大部分种群多为 10～30，比浮游植物的 P/B 比值小一个数量级。比较各种桡足类的 P/B 比值可以发现，植食性种类比食肉性种类的高；小型浮游动物比大型浮游动物的高。底栖消费者种类繁多，P/B 比值差异也很大。通常，中型底栖动物（如线虫、猛水蚤类和某些多毛类动物）的 P/B（年）比值大约是 10，而大型种类（如端足类甲壳动物、各种环节动物和多数双壳类软体动物）的 P/B（年）比值多为 1～2。在鱼类方面，尽管已经进行了很多渔业方面的研究，但总的来说，对鱼类种群周转率的研究很少。一般认为，鱼类的 P/B（年）比值比浮游动物至少又少一个数量级。此外，细菌的 P/B 比值最高，年产量和平均生物量的比值可达 500～1500。综上所述，可以得出结论：个体越小（或生活周期越短）的种类，P/B 比值越大，反之亦然。因此，小型动物即便其生物量比大型动物的少，但其周转时间短、产量高，意味着它们是海洋生态系统中的重要次级生产者。

表 7.3 为 Lalli 和 Parsons 对不同海洋环境的鱼产量估计。

表 7.3　三个不同的海洋环境中初级生产量与鱼产量的关系（引自 Lalli and Parsons，1997）

生　境	大洋区	沿岸区	上升流区
占海洋面积的百分数	89	10	1.0
平均初级生产力/[gC/(m²·a)]	75	300	500
植物总产量/(×10⁹ tC/a)	24	11	1.8
营养级之间转换的次数	5	3	1.5*
平均生态效率	10%	15%	20%
平均鱼产量** /[mgC/(m²·a)]	0.75	1 000	44 700
鱼总产量*** /(×10⁶ tC/a)	0.24	36.2	162

* 上升流区的营养级数可能为 2（若鱼是主要的植食动物）或 3；1.5 代表能量转换次数的平均值。
** 由方程 $P=BE^n$ 计算得出。
*** 已用每个生境面积占海洋面积的百分数修正（海洋的总面积=362×10⁶ km²）。

（二）影响消费者产量的因素

任何能影响动物的新陈代谢、生长、繁殖的因素都与动物的产量有关，因此，温度变化、食物丰欠以及与之相关的气候、水文等外界因素都与动物种群产量有关。还有捕食压力以及动物本身的个体大小等都是影响动物种群产量的因素。下面仅讨论温度、食物和种群本身个体大小对产量的影响。

1. 温度

温度与动物的新陈代谢速率有密切关系，从而成为影响动物种群产量的一个重要因素。众所周知，温度升高可使呼吸速率呈指数式的增加。由于被动物同化的食物能量扣除呼吸消耗外，其余的就构成动物的生长（产量），在低温条件下，虽然代谢消耗下降，但是摄食、生长和繁殖等速率也随之下降，因而生产率也较低。在适温范围内，温度提高虽然会增加呼吸消耗，但同时也加速生长速度（图 7.15），从而提高产量。另外，较高温度可缩短动物生活史各阶段的持续时间，从而缩短其世代周期（图 7.16）。因此，在最适温度范围内，动物有最高的生长率，同时发育速度也加快。当温度继续升高时，动物就需要消耗大量的维持能，因而影响生长速率。当自然海区出现反常的高温时，可能造成动物大量死亡。

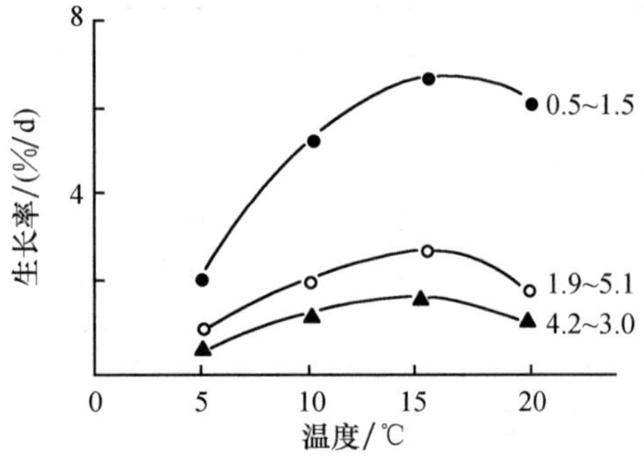

图 7.15　温度对红大麻哈鱼生长率的影响（引自 Shelbourn et al.，1973）

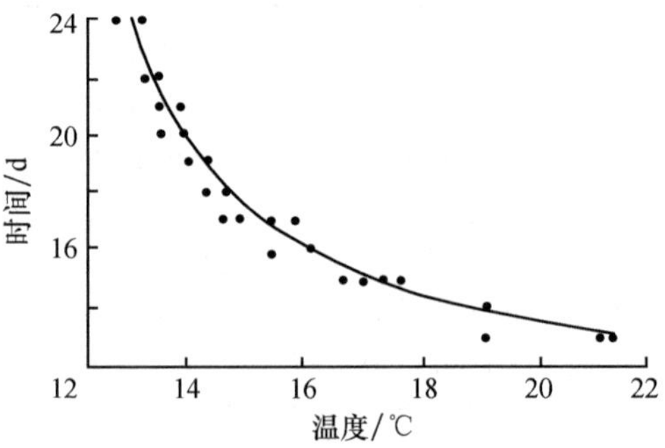

图 7.16　温度与端足类 *Gammarus zaddachi* 的蜕皮时间间隔（引自 Kinne，1970）

2. 食物

食物质量与动物的同化效率有密切的关系。食物质量越高，动物的同化效率也随之提高，其生长效率就高；反之亦然。图 7.17 所示为一种食碎屑的多毛类的生物量随碎屑含 N 量的增加而上升，直到含 N 量达到一定的水平为止。图中还表明，从数量上看，碎屑的量较丰富时，这种多毛类的生物量也提高。

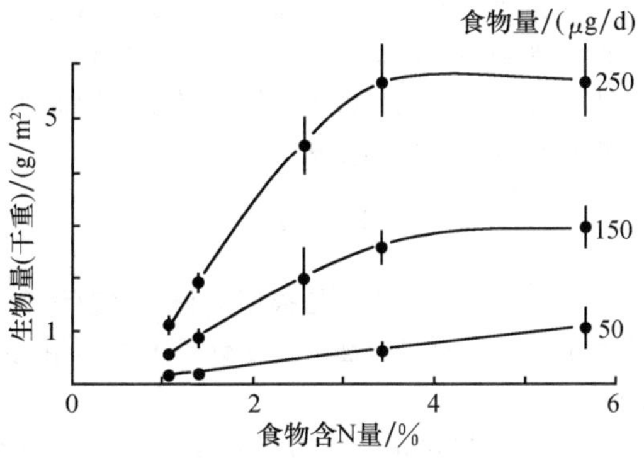

图 7.17 多毛类小头虫（*Capitella capitata*）的生物量与食物质量的关系（引自 Tenore，1977）

一般来说，肉食性动物有较高的同化效率，因为它们的食物质量较高，易被动物所消化吸收。植食性动物同化效率的变化范围较大。动物对碎屑食物的同化效率变化范围也较大，因为碎屑本身的营养成分是不断变化的。

3. 个体大小

消费者个体大小与产量有关。一般的规律是较小的个体有较高的相对生长率，因为大个体用于维持代谢消耗的食物能量比例较高。上面我们已经讨论了 P/B 比值与个体大小的关系，Sheldon（1972）用个体数量增加 1 倍所需要的时间长短作为生产指标进行比较，发现微生物和单细胞藻类（直径 1～100 μm）数量加倍时间是 10～100 h，无脊椎动物（主要是浮游动物，平均直径 100～10 000 μm）为 100～1000 h，个体平均直径在 10^4～10^6 μm 的种类数量加倍时间为 10^3～10^4 h。应当指出，个体大小对产量的影响规律不仅适用于同种个体的不同生长阶段的相对生长率比较，也适用于不同种类成体个体大小的相对生产率比较（见图 7.18，从图中还可看出温度的效应）。

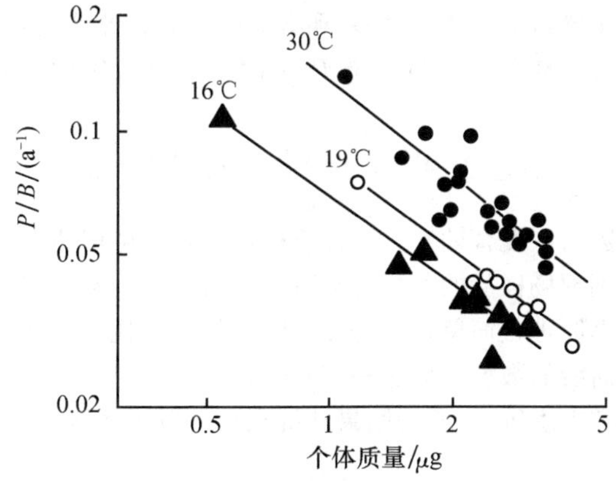

图 7.18 桡足类 *Acartia clausi* 的个体重量与 P/B 比值的关系（引自 Kinne，1970）

三、动物种群产量的测定方法

海洋动物的世代周期都比浮游植物的长得多，很难像测定初级生产力那样在现场直接测定各类动物的产量，加上次级生产牵涉到各种消费者类型，它们的生物学特性、种群数量变动规律以及各种生态效率都有差别，不可能用统一的某种方法测定产量，因而海洋次级生产力的研究基础还很薄弱。本节介绍几种计算动物种群产量的方法。

（一）股 群 法

股群法（cohort method）（或称年龄组法）是根据动物种群数量和生物量的变化，通过定期的现场采样分析来估计其产量的方法。这种方法应用于计算世代不相重叠的离散型种群（discrete population）的产量较为方便。

设某一年龄组在时间 t_1 时的个体数为 n_1，平均重量为 w_1；在时间 t_2 时的个体数为 n_2，平均重量为 w_2，则 t_1 时的生物量为 n_1w_1，t_2 时为 n_2w_2。从 t_1 到 t_2，由于个体生长会增加生物量，被捕食和自然死亡会损失生物量，那么从 t_1 到 t_2 这段时间的产量相当于存活个体的增重量加上损失的个体的增重量，即

$$P = n_2(w_2 - w_1) + (n_1 - n_2)\left(\frac{w_2 - w_1}{2}\right)$$

整理后得

$$P = (n_1 + n_2)\left(\frac{w_2 - w_1}{2}\right) \tag{7.8}$$

或者等于 t_1 到 t_2 这段时间损失的生物量加上存活的生物量的变化量，即

$$P = (n_1 - n_2)\left(\frac{w_1 + w_2}{2}\right) + (n_2w_2 - n_1w_1) \tag{7.9}$$

（二）积累生长法

积累生长法（cumulative grow method）常用于计算繁殖活动是连续的、一年有几个世代互相重叠的种群产量。

积累生长法的原理是很简单的。任何生物的生长曲线 $W=f(t)$，表明其重量的增量是与年龄有关的。因此，根据某一年龄组的个体数（n）和有关生长曲线计算在 t 时间（天数）内的平均个体重量增量（$\Delta\overline{W}$），就可计算年龄组的日产量 $P=\Delta\overline{W}/t$，累积各年龄组的日产量，就可求得种群的日产量，即

$$P = \frac{n_{\mathrm{I}}\Delta W}{t_{\mathrm{I}}} + \frac{n_{\mathrm{II}}\Delta W}{t_{\mathrm{II}}} + \frac{n_{\mathrm{III}}\Delta W}{t_{\mathrm{III}}} + \cdots \tag{7.10}$$

积累生长法除了按年龄组（发育期）分别计算产量外，还可以用不同的重量组来代替年龄组或发育期，这样就不必鉴别现场样品的各个发育阶段，对于分析鉴定困难的种类是有利的。

虽然积累生长法的计算原理很简单，但是在实际工作中却比较麻烦，因为有时必须通过活体培养实验来取得有关生长曲线的数据，而这些实验的条件应尽可能接近该种群在自然海区的环境条件（如水温、食物种类和丰度等），所得结果外推到自然海区才能比较接近客观实际。

（三）周转时间法

周转时间法（turnover time method）是通过了解种群增加的生物量相当于平均现存量所需要

的时间来估计产量。它适用于计算稳定状态的产量，即在比其生活史持续时间长得多的时间内，其生物量和个体数没有大的波动的种群产量。计算年产量（P）的公式为

$$P = B/\overline{T}_B \tag{7.11}$$

式中，$\overline{T}_B$ 是具有恒定生物量（B）的种群周转时间。因此，只要知道种群的平均生物量和周转时间，就可以估计产量。

稳定种群的平均生物量可通过现场调查资料来估算，而周转时间可通过定期连续观察动物不同发育期的相对频率分布来估计。

由于种群是处于稳定状态的，每个时刻的死亡量等于补充量，因此也可以通过计算死亡率（或补充率）来了解周转时间。种群的瞬时死亡率（the instaneous death rate，m）可按公式 $N_{(i+1)}=N_i e^{-mt}$ 求得，即

$$m = [\ln N_i - \ln N_{(i+1)}]/t \tag{7.12}$$

式中，N_i 和 $N_{(i+1)}$ 分别表示在 t 时间内初始与最后的个体数。瞬时死亡率和周限死亡率（the finite death rate，M）的关系以及周限死亡率和周转时间（T）的关系为

$$M = 1 - e^{-m}, \quad T = 1/M \tag{7.13}$$

根据上面这些关系式可以计算周转时间。

（四）碳收支法（carbon-budget method）

碳收支法是根据动物摄取的食物能量及其生长效率来估算动物的产量的方法，这是一种在个体水平上的生理学研究方法。其计算产量的公式为

$$P = C - (F + R + U) \tag{7.14}$$

式中，P 为产量；C 为消耗的食物量；F 为食物废物（粪便）；R 为代谢消耗（呼吸）；U 为排泄废物（尿）。

如果以 A 表示动物对食物的同化量，则 $A=C-F-U$，$P=A-R$。若通过室内的实验，测定了动物的摄食量、同化效率和呼吸率等参数，就可以计算其产量，并据此应用于海区自然种群的产量计算。

李松和郑榕（1991）参考前人有关浮游动物生理生态学实验研究结论，用以下方法计算闽南-台湾浅滩上升流区浮游动物混合种群的产量。

（1）生物量（B，以 C 计）的计算：取浮游动物的干重约为湿重的 20％和 C 含量约为干重的 40％（Omori，1969）等换算值以及因福尔马林固定保存样品而损失的干重约为 33％（Giguere et al.，1989）的校正值，将各测站非胶质浮游动物以湿重计的生物量（mg/m^3）换算为以 C 计的生物量（mgC/m^3）。

（2）生产量的计算：应用 Ikeda 和 Motoda（1978）生理学方法，计算步骤如下。

① 将各站浮游动物以湿重计的生物量（mg/m^3）除以丰度（个/m^3），求得浮游动物的平均个体湿重（mg/个）。

② 应用 Ikeda（1985）关于浮游动物的呼吸率与干重和水温的复回归方程：

$$\ln R = 0.7886 \ln DW + 0.0490T - 0.2512$$

式中，R 表示呼吸率［μlO_2/(个・h)］；DW 为浮游动物的平均个体干重（mg）；T 为水温（℃）。以计算各测站浮游动物的呼吸率（R）。

③ 取呼吸商 0.8，并将呼吸率（R）换算为以 C 计的呼吸率［R_C，mgC/(个・d)］：

$$R_C = \frac{0.8 \times 12}{22.4} \times 24 \times R = 10.286R$$

④ 取浮游动物的同化效率 70％和总生长效率 30％，并计算各测站浮游动物的日生产量［P，mgC/(个・d)］：

$$P = 30R_C/(70-30) = 0.75R_C$$

第四节　生态系统层次的能流分析

生态系统层次上的能流分析应包括生产者吸收的太阳能（输入生态系统的能量）以及这些能量在各个营养级的输入与输出量值的分析。同时，不同生态系统的各营养级间能量传递效率尽管有很大差别，但是根据热力学定律，各营养级的能量收支与整个系统的能量收支是平衡的，也即生产者固定的能量与生产者、消费者（包括异养细菌）呼吸消耗的总能量应当是相等的，这是进行生态系统层次能流分析的基本原则（参见第一章第一节与图 1.4）。

在进行生态系统层次能流分析时，按照简化食物网的概念划分相互作用的营养功能群应尽可能细一些以便更接近客观实际。在确定相关生态效率参数时，有些数据是在现场调查中获得的（如生物量和生产力），有的必须结合实验室测定结果（如摄食率、同化率、吸收率及影响这些效率的因素）或参考和应用过去的相关研究数据。

迄今对水域生态系统层次的能流已进行了一些调查研究，下面以英吉利海峡西部沿岸的能流分析（Tait，1981）为例加以说明，同时简单介绍一种数学模型。

一、英吉利海峡西部沿岸能流分析

（一）初级生产力

应用^{14}C法测定该水域初级生产力大约是 120 gC/(m^2・a)，把此值看成是净生产力。若 1 g 有机碳相当于 10 kcal，则净初级生产力相当于 1200 kcal/(m^2・a)。

假设净初级生产占总初级生产的 80%，则总初级生产应等于 1500 kcal/(m^2・a)。浮游植物呼吸消耗 300 kcal/(m^2・a)。

设上述净初级生产力中约有 80%被水层的植食性动物所消耗，20%下沉到底部［240 kcal/(m^2・a)］，其余 960 kcal/(m^2・a) 的能量转移给水层的植食性动物。

（二）牧食食物链

1. 水层浮游动物产量

植食性浮游动物生态生长效率（K_1）取为 0.2，那么其能量收支如下：

通过摄食获得的能量＝960[kcal/(m^2・a)]

未被同化的食物能量（10%）＝96（下沉碎屑）

呼吸和运动消耗能量（70%）＝672

浮游动物产量（20%）＝192

有些植食性浮游动物未被捕食者所吞食，而是死亡并下沉到底部。设这部分能量为 22 kcal/(m^2・a)，那么尚有 170 kcal/(m^2・a) 的能量被食肉性浮游动物和鱼类（如鲱、鲭）所利用。

2. 水层第三营养级产量

食肉动物呼吸消耗的能量通常是很高的。一般认为生长效率仅 0.1，即只有 10%的食物转变为身体的新组织，那么这个营养级的能量分布如下：

捕食者获得的能量＝170[kcal/(m^2・a)]

未被同化的能量（10%）＝17（下沉碎屑）

呼吸消耗能量（80%）=136

第三级产量（10%）=17

3. 水层渔业产量

据1976年资料，该海域渔获量为湿重 146×10^9 g，面积为 82×10^9 m^2，则渔获量为湿重 1.8 g/(m^2·a)，或干重 0.3 g/(m^2·a)，相当于 1.5 kcal/(m^2·a)，占水层第三级产量的8.8%。

（三）碎屑食物链

前面几部分产生的碎屑下沉到底部，其来源及所含能量如下：

初级生产者	未被摄食的浮游植物	240[kcal/(m^2·a)]
	被摄食后又被排出的（未消化）	96
植食性动物	死亡（未被摄食）下沉的浮游动物	22
	被摄食后又被排出的（未消化）	17
食肉性动物	死亡的水层捕食者	3.4

以上总数为 378.4 kcal/(m^2·a)。此外，底栖大型藻类和陆源有机碎屑也提供一部分能量。一部分有机物的能量被结合到底质中去而暂时不被生物所利用。总的估计，可供底栖动物利用的食物能量约有 400 kcal/(m^2·a)。其中大部分（75%）是通过细菌消耗，促使细菌繁殖，再被底栖动物所利用，只有少数（25%）可以直接被底栖动物（主要是植食性动物）所利用。

1. 底栖植食者

这里的底栖植食者是以碎屑与细菌为生，其年平均生物量是干重 7.5 g/m^2，相当于 37.5 kcal/m^2。若年产量等于其生物量，且其生态生长效率达到0.2，则需要的能量为 187.5 kcal/(m^2·a)。这些能量有25%来自碎屑［47 kcal/(m^2·a)］，其余的75%是来自细菌［140 kcal/(m^2·a)］。

2. 细菌

水层下沉的碎屑共 400 kcal/(m^2·a)，其中有 353 kcal/(m^2·a) 被细菌所利用。上面曾估计底栖植食者生产所需要的能量中有 140 kcal/(m^2·a) 是来自细菌，若细菌要保持其生物量不变，则上述数字就是年产量，说明其生态生长效率是很高的（140/353≈0.4），而呼吸消耗仅 213 kcal/(m^2·a)。

与较大型的生物相比，细菌的生物量通常是很小的，仅 0.1 kcal/m^2，年平均产量为平均生物量的1400倍（140/0.1）。

3. 底层鱼类

估计英吉利海峡底层鱼类年平均生物量为干重 1.0～1.25 g/m^2 或 6 kcal/m^2 左右。设其年产量是生物量的40%，即 $6.0\times0.4=2.4$ kcal/(m^2·a)，如果生态生长效率是0.1，则维持这种产量水平需要摄取 24 kcal/m^2 的能量，分别来自水层鱼类和底栖植食者。

上面已经估计过，水层中鱼类年产量 17 kcal/(m^2·a)，其中 1.5 kcal/(m^2·a) 被人类捕捞而从系统中移去，同时有 3.4 kcal/(m^2·a) 因自然死亡而下沉，剩下的约 12 kcal/(m^2·a) 可供底层鱼类利用，不足部分［12 kcal/(m^2·a)］是从底栖植食者获得。

4. 底层渔业

1976年底层鱼类的渔获量为 20 000 t，相当于干重 0.04 g/(m^2·a) 或 0.2 kcal/(m^2·a)，约占底层鱼类年产量的8%。

5. 底栖捕食者

食肉性的底层捕食者生物量相当于 12.5 kcal/m²。它们摄食底部的植食性动物产量中的 25.5 kcal/(m²・a)，还捕食底栖鱼类 2.2 kcal/(m²・a)，二者合计捕食 27.7 kcal/(m²・a) 的能量，设生态生长效率是 0.15，呼吸消耗为 24 kcal/(m²・a)，年产量约为 4 kcal/(m²・a)，其中约 0.3 kcal/(m²・a) 被人类收获。

（四）能量收支总表

能量收入/[kcal/(m²・a)]		能量支出/[kcal/(m²・a)]	
1. 浮游植物总产量	1500	1. 各营养级呼吸消耗的能量	
2. 底栖大型植物与陆源有机物	20	浮游植物	300
		水层植食者	672
		水层捕食者	136
		细菌	213
		底层植食者	150
		底栖鱼类	21
		底层捕食者	24
		2. 沉积于海底和无机氧化	2
		3. 渔获物	2
总计	1520		1520

（五）各类生物的生物量与生产力

		生物量/(gC/m²)	产量/[kcal/(m²・a)]	$P/B/(a^{-1})$
水层	浮游植物	4	1200	70
	植食性浮游动物	1.5	192	25
	水层捕食者	2.0	17	1.7
底层	细菌	0.025	140	1400
	底层植食者	7.5	37.5	1
	底层鱼类	1～1.25	2.4	0.4
	底层捕食者	2.5	4.0	0.3

二、生态系统能流的 Ecopath 模型简介

美国学者 Polovina 于 1984 年提出的 Ecopath 模型以及后来 Walter 等开发出的具有动态模拟功能的 Ecosim 模块是研究水域生态系统能流的一种数学模型。近期中国在渤海生态系统动力学过程研究中已初步建立渤海生态系统 Ecopath 模型（仝龄，2002）。

Ecopath 模型定义生态系统是由一系列生态关联的生物功能组组成，这些功能组营养上的相互联系体现了整个生态系统的能量流动过程。每一功能组能量输入与输出保持平衡，因而整个系统的总输入与总输出相等。

系统中每一个功能组（i）的能量收支可用下式表示：

$$P_i - B_i \cdot M2_i - P_i \cdot (1 - EE_i) - EX_i = 0 \tag{7.15}$$

式中，P_i 是功能组 i 的生产；B_i 是功能组 i 的生物量；$M2_i$ 是 i 组的捕食死亡率；$(1-EE_i)$ 是 i 组的其他死亡率；EE_i 是生态营养转换效率；EX_i 为 i 组的产出（包括捕捞量和迁移量）。上式可

以进一步表示为：

$$B_i \cdot (P/B)_i \cdot EE_i - \Sigma_j B_j \cdot (Q/B)_j \cdot DC_{ij} - EX_i = 0 \quad (7.16)$$

式中，$(P/B)_i$ 是 i 组的生产与生物量比值；$(Q/B)_j$ 是消化与生物量比值；DC_{ij} 是被捕食组 i 占捕食组 j 的总捕食的比例。

一个包含 n 个生物功能组的 Ecopath 模型，可以用 n 个联立线方程表示：

$$B_n \cdot (P/B)_n \cdot EE_n - B_1 \cdot (Q/B)_1 \cdot DC_{1n} - B_2 \cdot (Q/B)_2 \cdot DC_{2n} - \cdots - B_n \cdot (Q/B)_n \cdot DC_{nn} - EX_n = 0 \quad (7.17)$$

通过对上述线性方程求解，Ecopath 模型保证方程表示的能量在生态系统中每一个功能组之间的流动保持平衡，定量地描述生态系统中各个成分的生物学参数，建立 Ecopath 模型需要输入的基本参数有 B_i、$(P/B)_i$、消耗量与生物量 $(Q/B)_i$、EE_i 以及食物组成矩阵 DC_{ij} 和产出量 EX_i。

表 7.4 为渤海 Ecopath 模型的功能组估计参数，表 7.5 为功能组之间的捕食/被食比例数据矩阵。从表 7.5 中可以了解各功能组之间食物组成的相互关系和比例。根据这些数据还可绘制出 Ecopath 模型能量流动图。

表 7.4 渤海 Ecopath 模型功能组估算参数（括号内为模型计算得出的参数）

功能组	捕捞量/(t/km²)	生物量/(t/km²)	P/B/(a⁻¹)	Q/B/(a⁻¹)	EE
微型浮游动物（microzooplankton）	—	4.40	36.0	186.0	(0.981)
小型浮游动物（macrozooplankton）	1.40	2.80	3.00	12.0	(0.964)
小型软体动物（small mollusca）	0.78	(2.76)	6.85	27.4	0.950
大型软体动物（large mollusca）	1.50	0.24	2.00	7.0	(0.890)
小型甲壳类（small crustacea）	0.20	(2.01)	8.00	30.0	0.950
大型甲壳类（large crustacea）	0.20	0.37	1.50	11.60	(0.823)
食浮游植物者（herbivorous feeders）	0.10	0.56	3.00	15.0	(0.903)
小型中上层鱼类（small pelagic fish）	0.50	2.14	2.37	7.9	(0.927)
底层鱼类（demersal fish）	0.22	0.62	2.10	8.7	(0.808)
底栖捕食者（benthic feeders）	0.10	0.68	0.80	4.6	(0.902)
顶级捕食者（top pelagic feeders）	0.15	0.59	0.46	4.1	(0.553)
浮游植物（phytoplankton）	—	15.70	71.20	—	(0.457)
碎屑（detritus）	—	43.00	—	—	(0.386)

表 7.5 渤海模型功能组食物组成矩阵

被捕食者	捕食者										
	1	2	3	4	5	6	7	8	9	10	11
1. 微型浮游动物	0.10	0.40	0.35	0.30	0.40	—	0.15	0.30	—	—	—
2. 小型浮游动物	—	—	0.05	0.05	—	0.10	—	0.15	—	—	—
3. 小型软体动物	—	—	—	0.30	0.15	0.40	—	0.20	0.35	0.20	0.20
4. 大型软体动物	—	—	—	—	—	—	—	—	—	0.05	0.05
5. 小型甲壳类	—	—	0.05	0.20	0.05	0.20	—	0.25	0.35	0.40	—
6. 大型甲壳类	—	—	—	—	—	—	—	—	—	—	0.05
7. 食浮游植物者	—	—	—	—	—	—	—	—	0.10	—	0.15
8. 小型中上层鱼类	—	—	—	0.05	—	0.10	—	0.10	0.15	0.15	0.35
9. 底层鱼类	—	—	—	—	—	—	—	—	—	0.15	0.15
10. 底栖捕食者	—	—	—	—	—	—	—	—	0.05	—	0.05
11. 顶级捕食者	—	—	—	—	—	—	—	—	—	—	—
12. 浮游植物	0.60	0.20	0.15	—	—	0.10	0.30	—	—	—	—
13. 碎屑	0.30	0.40	0.40	0.10	0.40	0.10	0.55	—	—	0.05	—
合计	1.00	1.00	1.00	1.00	1.00	1.00	1.00	1.00	1.00	1.00	1.00

Ecopath 模型所输入的功能组有关参数值虽然只有四项，但需要通过大量的现场调查和实验室研究（包括参考前人的研究成果）才能获得，因此工作量是很大的。

Ecosim 模块是为 Ecopath 模型提供系统中某些生物组成和数量变动（如捕捞、污染引起的）对生态系统其他生物组成、生物量以至整个生态系统能流过程影响的工具，即模拟生态系统的动态变化。目前已有 Ecopath/Ecosim 二者结合的软件供研究者使用。

本章提要

1. 食物链（食物网）是生物群落的营养结构，也是生态系统能流的途径。食物链包括以自养生物为起点的牧食食物链和以生物碎屑为起点的碎屑食物链两种基本类型。经典的海洋水层牧食食物链可分为大洋、沿岸和上升流区食物链。碎屑食物链与牧食食物链是相互紧密联系的，碎屑食物链是海洋生态系统的重要能流渠道。

2. 溶解有机物是初级生产产品的组成部分。这些溶解有机物通过异养细菌的吸收转化为细菌生物量，并形成异养细菌→原生动物→后生动物的摄食关系。同时，各海区还都生活着大量微微型自养生物，他们也与异养细菌一样依次被原生动物和后生动物所利用。因此，人们以“微型生物食物网”一词来概括小于 200 μm 的各种生物之间的营养关系。微型生物食物网中的各类生物处于不同的营养层次，并且其内部关系复杂，形成一个相对独立的营养结构。

3. 微型生物食物网是海洋食物网的重要组成部分，它与经典的食物网结合共同构成完整的海洋生态系统能流结构。同时，微型生物个体很小，世代周期很短，有很高的代谢率，使得浮游植物所需的营养物质得以在海洋表层快速再生与补充，对贫营养大洋区维持初级生产具有特别重要的作用。

4. 以物种为基础进行海洋生态系统食物网能流途径的分析过于复杂化，而以生产者、消费者、分解者来描绘能流途径又过于简单化。简化食物网将营养地位相似的物种归并在一起称为营养物种或营养层次（相当于食物链营养级的概念）。每一营养层次中那些生态位很相似的物种可再划分为若干功能群（特别注意其中的关键种）。简化食物链将复杂的食物网结构简化为“具有相互作用的简单食物链”，为生态系统的能流分析提供切实可行的方法。

5. 海洋生态系统食物链（网）随着营养层次的升高，生物的个体变大，生命周期加长，个体密度下降。若将海洋微生物和单细胞藻类至浮游动物、鱼类等都视为不同大小的“颗粒”，对应于它们的生物量作图可以得到一条粒径谱线。将粒径大小改为体重（含能值）大小，对应于它们的生物量（能值）的双对数坐标作图，就可得到一条斜率很小的生物量谱线。生物量谱线的斜率反映生态传递效率，截距反映生产力水平。从生物量能谱的状态可以从宏观总体上研究不同海洋生态系统的状态和动态及其机制和影响因素。生物量能谱有很广泛的应用前景，目前还处在研究的初级阶段。

6. 食物网结构的内部平衡与其中各类生物之间的摄食关系密切相关。食物网的控制机制包括上行控制（即资源控制）和下行控制（即捕食控制）两种基本类型。这两种功能控制机制的相互作用就决定着食物网结构的动态，但在不同情况下有主次之分。海洋生态系统动态变化过程中，不管是上行控制或下行控制，浮游动物在种间都起承上启下的作用。在微型食物网中，病毒对细菌和微型动、植物的生物量起控制和平衡作用。

7. 消费者的能量收支可用 $C=F+U+R+P$ 表示。C 是消费者获得的食物能量（能量收入项），F、U 分别为粪团和尿液排出的能量，其余是被同化的能量，用于呼吸消耗 R 和生产量 P，后四项是支出的能量。生产量是可供后一营养级利用的潜在能量。不同消费者各能量收支项的比例有差别，与可获得的食物数量、质量以及消费者本身大小以及环境因素有关。

8. 消费者能量收支中各个环节的能量比值可统称为传递效率，而营养级之间的传递效率称为生态效率或林德曼效率。同一营养级内的能量收支比值包括同化效率、总生产（生长）效率和净生产效率。营养级之间的生态效率是某营养级对前一营养级产量的利用效率和前一营养级的同化效率、生产效率三者的乘积。能量在营养级之间流动迅速减少形成能量流的生态学金字塔是生态系统能流的基本规律。

9. 海洋消费者类别复杂、个体大小和生活史类型不同。同时，影响消费者能量收支项的环境因素都与消费者种群产量有关，因此各类消费者的产量差别很大。消费者的产量与生物量比值（P/B）的规律是个体越小，P/B 比值越大。据粗略估计，浮游动物年产量与平均生物量的比值多为 10～30。鱼类的平均 P/B(a) 比值比浮游动物的至少小一个数量级。

10. 生态系统层次的能流分析包括生产者固定的太阳能以及这些能量在各营养级的输入与输出的全过程。根据热力学定律，总的能量输入（净初级生产力）与各营养级消费者（包括微生物）的总呼吸消耗是平衡的。在进行生态系统层次的能流分析时，按照简化食物网的概念划分的功能群应尽可能细一些以便更接近客观实际。在确定相关生态效率参数时，有些数据是在现场调查中获得的（如生物量、生产力），有的则必须根据实验室测定结果（如摄食率、同化率、呼吸率等）或参考应用过去的相关研究数据。

思考题

1. 经典的海洋水层食物链有哪些类型？为什么说碎屑食物链与牧食食物链是紧密联系的？
2. 什么叫微型生物食物网？微型生物食物网在海洋生态系统能量流动和物质循环中有何重要作用？
3. 什么叫简化食物网？为什么说应用简化食物网的方法才能使海洋生态系统能流结构的研究切实可行？
4. 什么叫生物量谱图？寡营养和富营养水域的生物量谱线有何不同的特征？
5. 说明营养级内和营养级之间有哪些生态转换效率以及它们的含义。
6. 如何分析消费者种群的能量收支平衡？
7. 简要说明生态系统水平的能流分析的内容、原则与方法。

第八章
海洋生态系统的分解作用与生物地化循环

第一节　海洋生态系统的分解作用

一、有机物质的分解作用及其意义

（一）什么叫分解作用

初级生产的产品和固定的能量经由食物链中各种异养生物的消费、传递，形成物质和能量的流动。同时，动植物也不断产生有机碎屑，包括排泄的废物以及生物死亡后的残体碎片。这些有机物质也贮存一定的潜能，通过分解者生物的作用逐渐降解，颗粒有机物逐渐腐解为溶解有机物，复杂的有机物逐渐分解为较简单的有机物，最终转变成无机物质；同时能量也以热的形式逐渐散失。这个过程就是生态系统的**分解作用**（decomposition）。在分解过程中原先被结合在有机物中的无机营养元素（N、P 等）也逐渐被释放出来，称为**矿化作用**（mineralization）。

在有氧条件下，分解作用的生物化学反应正好与光合作用相反。前者是 CO_2 还原为有机碳和产生 O_2，将吸收的光能贮存在有机物中，是贮能的过程。后者则是通过呼吸作用将有机碳转变成 CO_2 和消耗 O_2，是释能过程，其化学反应可表示为

$$C_6H_{12}O_6+6O_2 \xrightarrow{\text{酶}} 6CO_2+6H_2O+\text{能量}$$

分解作用释放的能量与有机物的生化组分有关。上式氧化底物为葡萄糖，可释出 2870 kJ/mol 的能量。

在缺氧条件下，某些微生物（如反硝化细菌、硫酸盐还原菌等）利用硝酸盐或硫酸盐等高氧化态化合物作为电子受体进行厌氧呼吸，有机物被分解为 CO_2，同时产生 NH_3、N_2 或 H_2S 等副产物。

（二）有机物质的分解过程

有机物的分解包括可溶性物质的沥滤、微生物的降解和异养生物的消耗等一系列很复杂的过程，是由许多种生物反复的共同作用才能完成的。而且，沥滤、降解和被异养生物消耗是在整个分解过程起作用的，只不过在不同阶段其作用大小有差异而已。同时，各种有机碎屑的分解过程与碎屑食物链紧密联系，它包括颗粒有机物和溶解有机物的反复再循环过程（图 8.1）。

不同来源的碎屑有机物，其分解过程有差别。大型藻类和维管束植物来源的有机物分解过程包括下面几个阶段：

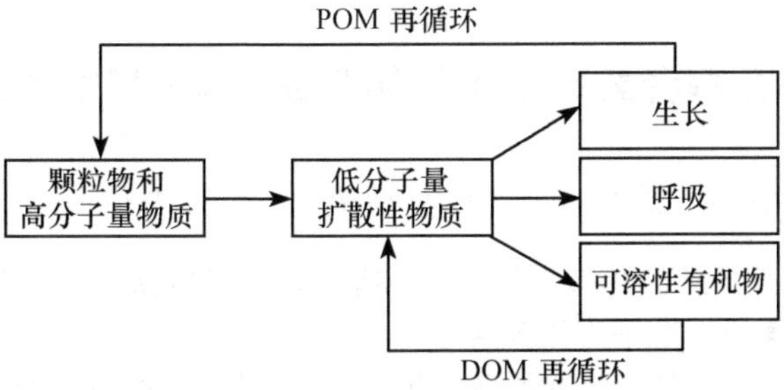

图 8.1　颗粒有机物与溶解有机物在食物链中的再循环（引自 Kaiser et al.，2005）

（1）**沥滤阶段**（leaching phase）。可溶性物质从碎屑中转移出来的一种形式。有机体一旦死亡，就很快地沥滤出那些可溶的或水解的物质。这些有机溶解物易被异养生物吸收利用，同时产生 CO_2 和无机盐类。应当指出，沥滤并不一定要有微生物的参与。实验证明，不管是在有菌或无菌条件下，其沥滤速率是一样的。

（2）**分解阶段**（decomposition phase）。这一阶段有机物的分解主要通过微生物（细菌、真菌和其他微型生物系统）的降解作用（degradation）来实现。微生物分泌各种酶来降解有机物，并且吸收所产生的可溶性有机物，部分用于自身生长，部分用于呼吸消耗产生 CO_2。在分解阶段，碎屑中某些化合物（如糖、脂肪酸和一些氨基酸）易被微生物利用，而另一些物质（如纤维素、蜡和木质素）很难被微生物分解。因此，在分解阶段，颗粒有机物质的化学成分是不断变化的。这一阶段 POC 的分解速率比上一阶段慢得多。

（3）**耐蚀阶段**（refractory phase）。上一阶段尚未分解的有机物（主要是一些不易分解的物质）必须经过几个星期（浮游植物和某些大型藻类碎屑）或几个月至几年（维管束植物碎屑）的降解过程。最后剩余的是一些很难分解的、以含腐殖酸为主的一些有机聚合物、复合物，它们最终形成所谓的**海洋腐殖土**（marine humus）。

分解过程的特征和强度决定于分解者生物（主要是微生物和微型原生动物）、被分解有机物的组分和理化环境条件三类变量。

（三）分解作用的意义

分解作用最重要的意义在于维持生态系统生产与分解的平衡。全球每年通过光合作用生产的有机物质的量大致相当于一年中被分解的有机物质的量（Odum，1971），即通过分解作用大体上维持着全球生产和分解的平衡。由于光合作用吸收 CO_2 放出 O_2，而分解作用消耗 O_2 放出 CO_2，当光合作用与分解作用处于相对平衡状态时，大气 O_2/CO_2 比率就不会有大的波动，从而避免因该比率的变化而产生一系列的生态效应。同时，通过死亡有机质的分解，使得植物所需营养物质再生和在生态系统中再循环（recycling），为生产者提供源源不断的无机营养物质。如果没有分解作用，一切营养物质将被束缚在生物的残体中，也就不可能进行新的生产和产生新的生命，生态系统也就崩溃了。

生态系统的分解作用还有其他一些功能。例如，有机物质分解过程中产生不同粒径和不同营养组分的颗粒有机物为食碎屑的各种生物提供相应的食物，对维持生态系统物种多样性有重要意义，同时也能提高有机物的分解效率。还有，分解作用有助于提高沉积物的有机质含量和改善底质的理化性状，使沉积物具有吸附和降低外来污染物危害的作用（如通过溶解有机物对重金属的络合作用以降低重金属污染的危害）。

二、分解者类别及其在有机物分解过程中的作用

（一）微生物和原生动物是主要的分解者

尽管从理论上说，所有消费者都与分解作用有关，但微生物和原生动物（纤毛虫、鞭毛虫等）无疑是最重要的分解者，这是为什么呢？

分解作用释出的能量必须通过体壁消散（热能）。于是，生物体的表面积（S）和体积（V）之比就是代谢速率的主要制约条件。设想生物体是一个半径为 r 的球体，则

$$\frac{S}{V}=\frac{4\pi r^2}{\frac{4}{3}\pi r^3}=3/r \tag{8.1}$$

即 S/V 与 $1/r$ 成正比关系，或者说单位体积的相对代谢率（the specific metabolic rate）与 $1/r$ 成正比关系。通常 V 与个体体重也是正相关的，所以体重越大，S/V 值越小，相对代谢率就越低。

从表 8.1（根据一些现场调查的生物量数据和计算表面积）可以看出，海水中的细菌数量可达 10^{12}～10^{13}个/m^3 之多，总表面积占所有浮游生物总表面积的 73%，其次是浮游植物和食细菌的原生动物。虽然浮游动物（幼体和成体）生物量比例与细菌和原生动物相差不大，但其占总表面积比大大低于后者。因此，相对于微生物和原生动物来说，浮游动物在有机物质分解中起较次要作用。

表 8.1　不同浮游生物类别的丰度、生物量和总表面积的典型值（引自 Kaiser et al.，2005）

	数量 /(个/m^3)	生物量 /(mmol C/m^3)	生物量占比 /%	表面积 /(m^2/m^3)	总表面积占比 /%
病毒	约 10^{13}	—	—	—	—
细菌	约 10^{12}～10^{13}	1.5	16	1.00	73
浮游植物	约 10^{8}～10^{9}	5.0	52	0.30	22
食细菌原生动物	约 10^{10}	1.0	10	0.05	4
植食性原生动物	约 10^{6}	0.2	2	0.01	1
浮游动物幼体	约 10^{5}	0.3	3	0.005	0.4
浮游动物成体	约 10^{3}	1.5	16	0.01	1
总计		9.5		1.375	

注：表中浮游植物的高生物量可能与水华期采样有关。

（二）分解者的协同作用提高分解效率

细菌和真菌是利用有机底物的竞争者，但它们对不同生化组分底物的分解效率有差别。真菌的生化组分中 C/N 比值较细菌的高，因而对 C/N 比值高的有机物（如源于大型藻类和维管植物的碎屑）利用效率也较高，吸收碳水化合物到细胞内更为有效，通常可同化这类有机物中碳量的 30%～40%，而细菌仅同化 5%～10%（Alexander，1977）。相反，对来源于 C/N 比值较低的浮游植物碎屑的分解，细菌则是最重要的分解者。另外，真菌对细胞壁物质的降解效率比细菌的高，特别是诸如木质素（lignin）这样的复杂高分子。不过，对这种物质的分解通常需要在有氧条件下进行（真菌很少出现在少氧或缺氧环境中），而在缺氧条件下，厌氧细菌却可以进行无氧呼吸。

纤毛虫、鞭毛虫、线虫和有孔虫等小型消费者因个体小，代谢率也很高，世代周期很短，从

而可通过其代谢活动促进有机物的分解。特别应当指出，通过这些微型和小型消费者的共同作用，对有机碎屑的利用效率比只有微生物单独存在时高很多。据报道由于纤毛虫的存在，源于海韭菜（*Zostera marina*）的碎屑重量逐渐减少的速率比只有微生物单独存在时高46%。虽然微生物种群会因纤毛虫等微型消费者的摄食压力而下降，但却可能以微生物的更高周转率来弥补。还有，多毛类（*Nereis succinea*）摄食一种红藻碎屑的效果表明，当存在纤毛虫时，多毛类通过摄食可在其体内结合更多的有机碳。这种对碎屑有机碳吸收量的提高可能与微生物的活性增加和原生动物与后生动物之间的摄食活动有关（Harrison and Mann，1975；Fenchel and Harrison，1976）。

由此可见，食碎屑者（detrivores）虽可直接同化食物中可利用的有机物，不过这种直接同化量比较少，但通过它们的摄食，对加速有机物的分解有重要的间接效应。这些效应包括刺激微生物活性和改变原生动物区系的相互作用，加速碎屑食物颗粒的碎裂，增加微生物在碎屑表面的栖息空间和生物量，同时又增加纤毛虫、鞭毛虫等微型消费者的生物量。这种协同作用的效应可以从呼吸率的测定结果得到证实，即由多种消费者（摄食者、碎屑和微型生物）参与形成的微型系统的氧耗率比没有后生动物时高得多。

综上所述，细菌和真菌是生态系统中最主要的分解者，其次是原生动物。微生物、原生动物和其他小型后生动物的共同作用对有机物质的分解和营养物质的再生有重要的促进作用（参见第二节）。

第二节　海洋碳循环

一、海水中的主要有机碳库及来源

（一）不同有机碳库的容量

海洋碳库包括无机碳和有机碳两大类。无机碳主要是溶解态的 CO_2 和 H_2O 形成的复杂平衡体系（除 CO_2 外还有 H_2CO_3、HCO_3^- 和 CO_3^{2-} 等组分的电离平衡体系）。有机碳库有溶解有机碳（DOC）和颗粒有机碳（POC），二者通常以能否通过0.2～0.45 μm孔径的有机物来人为地划分，其实DOC和POC是密切联系的。海洋各碳库中以溶解有机碳库含量最大，其次是非生命的有机碎屑，各种生物的总碳量所占比例最小（表8.2）。

表8.2　生物圈主要有机碳库容量（引自Kaiser et al.，2005）

库	库含量/mol C
海洋库	
溶解有机物	1×10^{17}
有机碎屑	3×10^{15}
浮游生物	1×10^{14}
鱼类	5×10^{12}
陆地库	
陆地植物	5×10^{16}
土壤	2×10^{18}
全球库	
化石燃料	5×10^{17}

（二）可溶性有机物与碎屑有机物的内部来源

1. 可溶性有机物

浮游植物在正常生长状况下释出的DOC大约为初级生产量的10%左右，但衰老的细胞中或在光线太强条件下，其释出量大大提高，甚至可达50%以上。底栖大型藻类的DOC渗滤率占其碳固定量的比例较低，通常小于10%，但有时可达30%以上。珊瑚的释出量大致与大型藻类相当。生产者释出的DOC主要是碳水化合物，但也包括一些有机酸、含氮化合物等。这些DOC中一些组分对异养消费者（主要是异养微生物和原生动物）具有潜在的营养价值。可溶性有机物的另一重要来源是有机碎屑的水解和微生物胞外酶对有机碎屑的降解作用。在有机碎屑腐解的全过程都反复有DOC的释出，直至碎屑完全腐解。还有，所有异养消费者的代谢作用也有一部分DOC排出。动物摄食过程中对食物的破碎也产生一些DOC，其量相对较少，且很难估计，与动物的摄食行为和食物对象有关。

由于DOC的来源多种多样，因此其组分是十分复杂的，其中仅有少量（不超过10%）的组分能明确分析测定出来，其余的绝大部分组分只能划分到大类。那些简单的DOC能在水层中通过微型生物食物网迅速循环，而大部分DOC必须通过各种分解者生物的长时间反复作用才能逐渐降解（其组分也在不断降解中变化）。由于这种积累效应，海水中的DOC就成为海洋最大的有机碳库。

2. 有机碎屑和有机聚集体（“海雪”）

海洋有机碎屑主要来源于生产者和消费者的死亡残体和排泄的粪团和丢弃的皮壳（蜕皮）。此外，有机碎屑还有两个重要来源，一是海洋生物（如藻类、珊瑚）在它们的生长过程中分泌多糖类的黏性代谢产物，通过物理化学过程（包括吸附）形成细小透明的无定形颗粒状物；二是被囊动物幼形类（Larvacean）的黏性“住屋”（house）。住屋是这类动物收集食物的特殊滤食结构，当这种过滤装置被阻塞后可迅速地被丢弃并产生新的住屋（每天可更换很多次），所以其数量很大。以上这些黏性微细有机颗粒以及微细的粪团通过随机碰撞相互吸引在一起，形成外形如同雪花的絮状物，称为**有机聚集体**（the organic aggregates）或**海雪**（marine snow）。海雪的大小差别很大，多为50～1000 μm，但也有更大的厘米级颗粒。

海雪的组分是很复杂的，包含有浮游植物、微生物和原生动物等生物性组分以及非生命有机碎屑、可溶性有机物和无机物质。因此海雪具有自养和异养相互作用的微型生物群落的性质，为微型生物提供生活空间和有机质来源，同时也是营养物质快速循环的“活性中心”（包括有氧代谢和缺氧代谢）。已有证据表明，浮游植物水华衰落时，大量的有机聚集体内部的营养物质快速再生对其维持比周围海水更高的生产力水平有重要意义，所以海雪被看成是海洋中漂浮的“沙漠绿洲”（floating oases）。同时，大的海雪也是海洋有机碳从表层向海底传输的载体。

二、海洋水层碳的传递与转化

（一）有机颗粒物（POC）的沉降速率

海洋有机颗粒主要在表层产生，并且都有向下沉降的趋势，在沉降过程中不断被各种消费者和微生物反复利用与分解。因此，随着深度的增加，POC的量会很快下降，其沉降速率与粒径大小有关。细菌和超微型浮游植物的沉降速率几乎等于零，原生动物摄食这些超微型生物后产生的粪粒也很小，大部分在真光层内分解和进行营养物质再循环（见上一章的“微型生物食物网”）。后生浮游动物个体大小不一，排出的粪团粒径和沉降速度也不同，从每天几米至数百米不等。例如，桡足类粪团的沉降速率约为 1～100 m/d，磷虾类粪团沉降得更快（图 8.2）。虽然较大粪团颗粒可能占表层 POC 量的比例很小，但其沉降速度快，是 POC 垂直通量的主要组分。

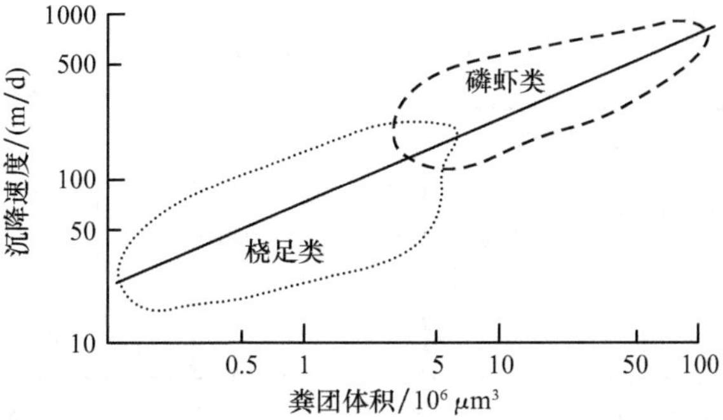

图 8.2 Ligurian 海桡足类和磷虾类的粪团体积与沉降速度的关系（引自 Small et al.，1979）

海洋中 POC 量的垂直分布规律是：表层及次表层数量最多，其下方很快减少，在深水层中一直保持量少而相对稳定的状态。这种情况表明，一些较不稳定的有机物在表层之下很快被异养生物消耗与降解，水层越深意味着 POC 被食碎屑动物和微生物消耗的时间越长，所剩的 POC 量就越少。通常认为，在浅海区可有 5%～50%的初级生产能量到达海底，而在大洋区，这个数值只有 1%～9%。

POC 的沉降率还与海区的初级生产力有关。Suess（1980）根据在很多海区观测到的不同水层碳通量（C_{flux}）与真光层生产力（C_{prod}）之间的比值，总结出海洋不同深度（z）的碳垂直通量（图 8.3），并得出二者的关系式：

$$C_{flux}(z) = C_{prod}(0.0238z + 0.212)$$

此式 $z \geqslant 50$，$r^2 = 0.75$。

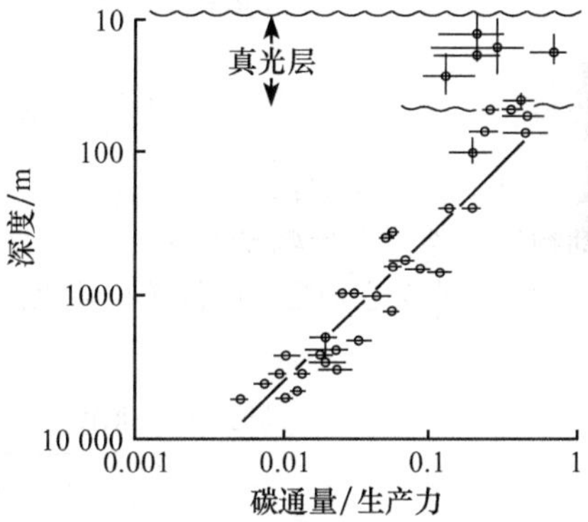

图 8.3 海洋垂直碳通量和初级生产力与不同深度的关系（引自 Suess，1980）

（二）水层有机物的分解效率

水层中分解过程反复地进行，有机物中的 N、P 等营养物质也不断被释放出来。据太平洋沉积物捕捉器捕获样品的数据估计，离开真光层的颗粒有机物有 90%以上在 1500 m 以内完成分解与再矿化，其他大洋区的情况也基本类似（Martin et al.，1987）。由于颗粒有机物中 N 的损失更快，因此其 C∶N 比值随深度增加而逐渐提高（Toggweiler，1989）。图 8.4 示深海区营养物质矿化与深度的关系。在近岸浅海区，由于 POM 在水层中沉降的时间短，到达海底的量就多，有的海区营养盐的积累再生效率仅为初级生产力的一半左右（Eppley and Peterson，1979），很多颗粒有机物将在海底继续分解与矿化。

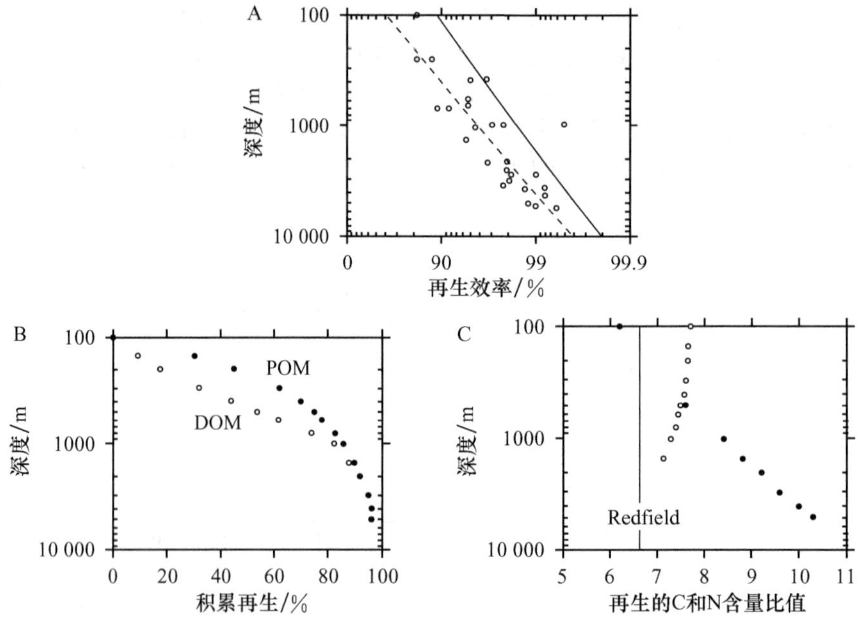

图 8.4　深海区的营养物质再生（引自 Harrison，1992）

A. 营养再生效率（以初级生产的百分比表示）随深度的变化（空心圆点和虚线代表整个大洋区，实线代表太平洋大洋区）；B. 真光层下方积累再生效率（空心圆点表示 DOM，实心圆点表示 POM，下同）；C. 有机物质再矿化中的 C 和 N 含量比值

（三）海洋水层碳的传递与转化

海洋水层各碳库之间的传递与转化情况见图 8.5，其中活体生物有机碳库分为初级生产者、动物消费者和微生物消费者三类。非生物碳库有 CO_2、颗粒有机碳（POC）和溶解有机碳（DOC）。有关它们之间的传递与转化我们已有很多了解，现简单概括如下。

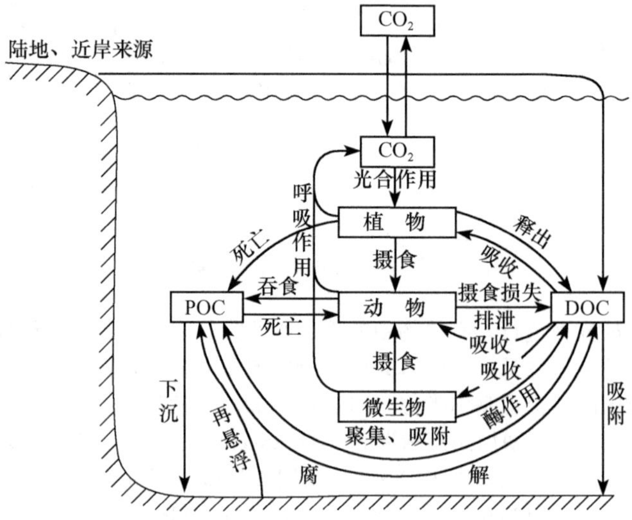

图 8.5　海洋水层的碳传递（引自 Valiela，1995）

表层浮游植物通过光合作用吸收溶解于水中的 CO_2 生产有机物质（初级生产）。这些有机物质通过各级消费者（牧食食物链）依次传递和消耗。在这个过程中一部分有机碳构成它们本身的生物量，还有一部分有机碳通过生产者、各类动物消费者和微生物的呼吸作用转化为 CO_2 重新释入水中。生产者和消费者的死亡残体、粪团和蜕皮等构成非生命的 POC 组分，其中一部分通过食碎屑动物的利用（碎屑食物链）重新构成消费者生物量，同时也通过消费者的呼吸作用使一部分有机物转变为 CO_2。海洋中的一部分 DOC 被异养微生物吸收（某些生产者和消费者也吸收少量 DOC）重新进入活体生物（微型生物食物链），并且也通过呼吸作用转化为 CO_2。通过以上简单说明可以明确，海洋碳循环基本过程的本质就是 CO_2 通过初级生产者的光合作用进入海洋生态系统，然后通过生产者、消费者动物和微生物的呼吸作用不断地转化为 CO_2 返回到环境中的过程。

三、沉积物中有机物质的分解

（一）底栖-水层耦合及沉积物的垂直结构

1. 底栖-水层耦合

海底和水层这两个巨大环境系统是相互联系的整体。所谓**底栖-水层耦合**（benthic-pelagic coupling）就是指海洋生态系统通过能流和物流的传递而将水层系统和底层系统融为一体的各种相互作用的过程，我们可以从以下几方面来分析这种耦合过程。

（1）绝大部分海洋（除深海热泉环境外）底栖生物群落处于黑暗的、不能进行光合作用的海底，它们都依赖源于水层的有机物质为生。这些未被水层消耗的有机颗粒通过下沉到底部（或依靠海流从近岸输送到深海底部），成为底栖动物直接或间接的食物来源。同时，下沉的有机和无机颗粒也形成底栖生物生活的基质（沉积物）。

（2）在浅水区，部分水层生物也摄食浅水层的底栖生物。附生底栖植物的渗出物和碎屑可为浮游植物和浮游细菌提供必需的营养物质。底部海流引起沉积物的再悬浮，使底栖单细胞藻类和覆盖着细菌的沉积物颗粒可充当浮游动物的食物源。通常某些所谓的中上层鱼类，其食物中往往含有大量的沉积物有机成分。例如，渤海斑鰶从吞食沉积物获得有机食物，梭鱼主要摄食底栖硅藻，而沟鲹则是典型的底栖食性。巴伦支海著名的渔业对象鳕鱼也大量消耗底栖虾类和其他底栖鱼类。

（3）海洋浮游生物和底栖生物通过其不同的生活史阶段既能利用水层又能利用底栖环境。许多无脊椎底栖动物产生浮游幼虫，通过海水流动得到扩散以利用水层空间和食物。相反，一些浮游生物（如硅藻类、桡足类等）在环境不利时产生休眠孢子、胞囊或休眠卵下沉，在沉积物中保持休眠状态，直至环境条件有利时才“恢复”到游动或漂浮阶段。

（4）从表层下沉到达底层的有机物质不仅为深水底栖生物群落提供食物来源，同时通过底栖系统内生物的分解作用释出无机营养盐，最终又回到表层水中为浮游植物所利用。

底栖-水层耦合是很复杂的生态过程，包括生物的、水文的作用以及不同海区、不同季节的各种变化，因而这类生态过程尚有很多内容值得进一步深入研究。

2. 海洋沉积环境的垂直结构

图 8.6 表示一个理论上的海洋沉积剖面。

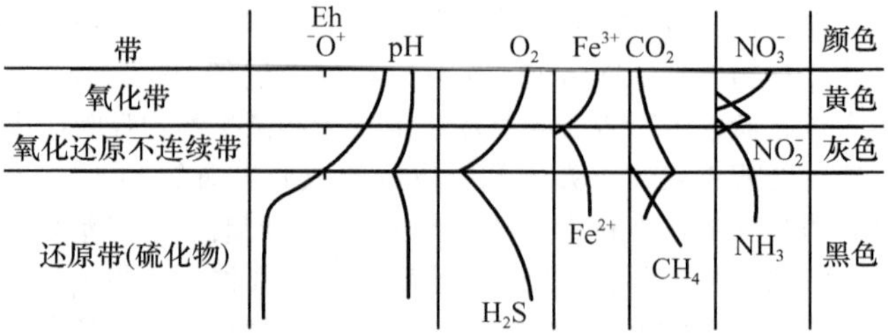

图 8.6　海洋沉积物剖面图（引自 Fenchel，1969）

图 8.6 表示 Eh（氧化还原电势）、pH 以及一些化合物的垂直分布情况。大部分底栖动物出现在氧化层，包括多毛类、双壳类以及一大群很小的动物，如桡足类的猛水蚤类、涡虫类、鞭毛藻、轮虫类、纤毛虫类和线虫类。如果光线可以利用，藻类也会生存。氧化还原的不连续层是化能合成细菌的家，如果有光线透入，亦是光合作用细菌的家。在完全的还原带生活的是厌氧性的细菌，如硫化物还原细菌和甲烷细菌，它们参与缺氧环境中的有机物分解。

（二）有氧沉积物中有机物的分解

在沉积物表层（包括沉积物-海水交界的上覆水），水层沉降的有机物质经底栖生物消耗后产生的各种有机碎屑通过异养细菌的作用而分解，这是与水层一样的分解过程，终产物是氧化态的无机化合物（CO_2、NO_3^- 和 SO_4^{2-} 等）。但是由于有机物中易被分解的组分在水层中已大部分从颗粒物释出，剩余的质量较差（C/N 比值低），分解速度也较慢。

底栖微生物、原生动物等固然在沉积物有机物质分解过程中起重要作用，但是其他中小型和大型底栖动物的作用也是不可忽视的，因为通过摄食活动促进了营养物质的再生。虽然目前对底栖动物的营养结构总的来说还了解得很少，但可以肯定的是门类繁多的底栖动物会通过摄食、消化和代谢来加速有机物质的分解。例如，沉积物中数量极大的小型蠕虫类底栖动物的摄食类型非常多样化，有摄食植物或碎屑的种类，也有肉食性种类。大型底栖动物有以悬浮物为食的和以表层或深层沉积物有机碎屑为食的种类，它们排出的粪粒（与其他有机颗粒比较）更适合细菌的生活，并通过细菌的活动改变粪粒的成分。这些粪粒可反复被底栖动物所利用，这种多次反复过程将促进颗粒有机物的不断分解。此外，大型动物还充当着有机碎屑的“粉碎者”的角色，为其他底栖动物的利用提供条件并可促进颗粒物质的分解。

另外，大型底栖动物的生物扰动作用改变了沉积物环境的特征，从而影响有机物质的分解过程。例如，多毛类、甲壳类、软体动物和棘皮动物中的一些种类通过其洞穴、管道或活动使其周围间隙水得到充氧，可拓展有氧分解的范围（有氧分解效率高），促进有机物质的分解。当然扰动也可能将有机颗粒和微生物重新混合、分配到更深处。

（三）缺氧沉积物中有机物的分解

缺氧条件下微生物对有机物的分解过程主要涉及发酵作用、硝酸盐还原作用和脱氮作用、Mn 和 Fe 的还原作用、硫酸盐还原作用以及产生甲烷的反应等，这些反应都产生 CO_2。Valiela (1995) 对这些反应进行了总结，现概述如下。

(1) 发酵作用（fermentation）：发酵作用发生于大气出现 O_2 之前的远古年代，至今生长在缺氧环境中的微生物仍保留这种作用。最普通的发酵反应与糖或其他高分子量碳水化合物有关。它们通过发酵作用生成一系列低分子质量终产物，包括乙酸、丙酸、CO_2 和乙醇等，如 $C_6H_{12}O_6 \longrightarrow 2CH_2CH_2OH + CO_2$。

在缺氧环境中，发酵作用有重要意义，因为通过发酵作用，初级生产者合成的有机物被分解为低分子质量有机物，后者易被其他微生物所利用。

（2）硝酸盐还原和脱氮作用（nitrate reduction and denitrification）：当游离氧基本上被消耗后，细菌利用 NO_3^-、NO_2^-（而不是 O_2）作为终端电子受体来氧化低分子质量有机物。在这个过程中有机物氧化产生的能量与有氧呼吸相当。由于 NO_3^- 和 NO_2^- 的含量在缺氧环境中很快下降，经进一步的还原作用产生 NO、N_2O 等中间过程最后生成氮气（N_2），从而完成脱氮作用。

（3）Mn 和 Fe 还原作用（manganese and iron reduction）：这是一类通过 Mn^{4+} 和 Fe^{3+} 还原作用使有机物氧化的反应。这类反应可能与 NO_3^- 的还原作用一起发生，其产生的能量是相似的，而且两类反应都在不完全缺氧的沉积物中发生。尽管还不能确定微生物是否与这两种金属离子的还原有直接关系，但由于细菌活动产生的缺氧条件有利于 Mn^{4+} 和 Fe^{3+} 的还原，因此，微生物至少起间接的媒介作用。

（4）硫酸盐还原作用（sulfate reduction）：在硫酸盐还原过程中，微生物也主要利用发酵作用提供的低分子质量有机物（如乳酸、乙酸和甲烷），使其被氧化，产生 H_2S、CO_2 和 H_2O。通过硫酸盐还原作用分解有机物产生的能量远小于利用硝酸盐还原产生的能量，因此，在缺氧沉积物中只有当硝酸盐（可能还有 Mn^{4+} 和 Fe^{3+}）被耗尽后才进行大量的硫酸盐还原作用。但是，在缺氧环境中硝酸盐很快被耗尽，所以硫酸盐还原作用就成为沿岸缺氧沉积物中有机物分解的主要过程。

（5）甲烷的产生（methanogenesis）：在缺少氧气和硝酸盐的环境中，由其他类别微生物作用释出的 CO_2 或乙酸代谢产物，经甲烷细菌的利用产生 CH_4。这个过程通常在富含有机物的缺氧底泥中发生。所产生的甲烷可扩散到有氧水层中，进一步被需氧微生物利用生成 CO_2。

以上这些反应概括于图 8.7。

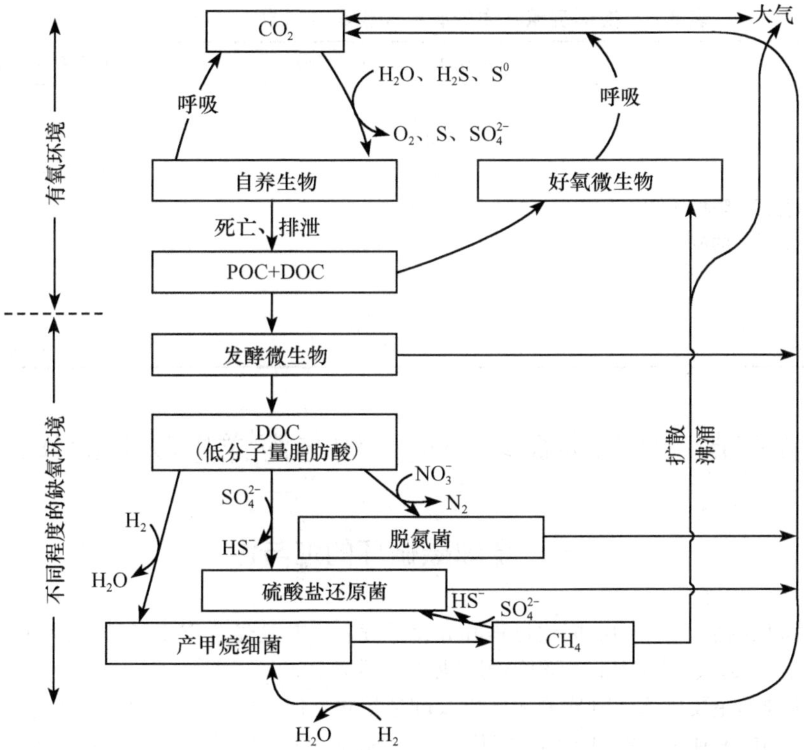

图 8.7 有氧和缺氧过渡的碳传递（引自 Valiela，1995）

四、有机物在海底的埋藏

在海洋的沉积物表层，直接或间接来源于生产者的碎屑经微生物和其他异养生物的反复利用后基本上都能被分解与矿化。剩余的少部分是不能被消费者同化的难降解物质，最终被埋藏在沉积物中。因此，在稳定状态下，沉积＝再生＋埋藏。

事实上被埋藏在沉积物中的难腐解物质是一类统称为腐殖质的“不明有机物”，其来源与成分是很复杂的，除了海洋自身产生的外，还有从陆地和大气输入的。这些物质只有少部分能利用传统分析方法确定其类别。

Burdige（2007）指出，海洋沉积物中的上述不明有机物的形成机制可能包括。

（1）生物大分子碎屑在降解过程中产生的中间产物（如低分子量单糖、氨基酸或分子质量更高的肽）通过非生物过程的化学反应形成难分解的、生物无法利用的复杂缩合物。

（2）生物体产生抗水解、生物难利用的高分子物质，由于生物对沉积物有机库中不同组分的选择性利用，使得这些难分解的剩余大分子在沉积物中保存下来。

（3）活性有机物可能通过与无机或有机基质的相互作用（或受之保护）而难以被生物降解。

有机物被埋藏的百分比与沉积速率有关。在高生产力的浅水区，可能有高达10％的有机物被积累在沉积物中，而大部分海洋的这种积累很少达到1％（表8.3）。沿岸的盐沼植物及陆源碎屑在还原性环境中更不易分解，所以更多地埋藏在沉积物里。这种情况与分解木质素的真菌在缺氧条件下难以存活以及环境中存在的硫化物、氨等有毒物质对真菌产生的毒性效应有关。因此，盐沼沉积物可形成所谓的“泥炭沼”（peat）。

表8.3　海洋沉积物中的有机物积累（引自Valiela，1995）

	占初级生产量的比例/％	沉积率/(mm/a)
海洋沉积物		
深海平均	0.03～0.04	0.0001
中太平洋	<0.01	0.002～0.006
西北非、俄德冈、阿根廷外海	0.1～2	0.002～0.07
秘鲁上升流、波罗的海	11～18	1.4
盐沼沉积物		
科德角（美）	5.3	1
长岛滩（美）	37	2～6.3

第三节　全球碳循环的汇、源与海洋生物泵的作用

一、全球碳循环的汇与源

全球碳循环包括：①生物的同化过程和异化过程，主要是光合作用和呼吸作用；②大气和海洋之间的CO_2交换；③碳酸盐的沉积作用（孙儒泳等，2002）。

海洋是全球的主要碳库，其次是大气以及陆地植物。但是人们关注的重点不是各碳库的库容量，而是库之间的流通率。20世纪70年代末期，Schlesinger估计，全球碳循环中最重要的碳循环是大气与海洋之间的碳交换（图8.8）。

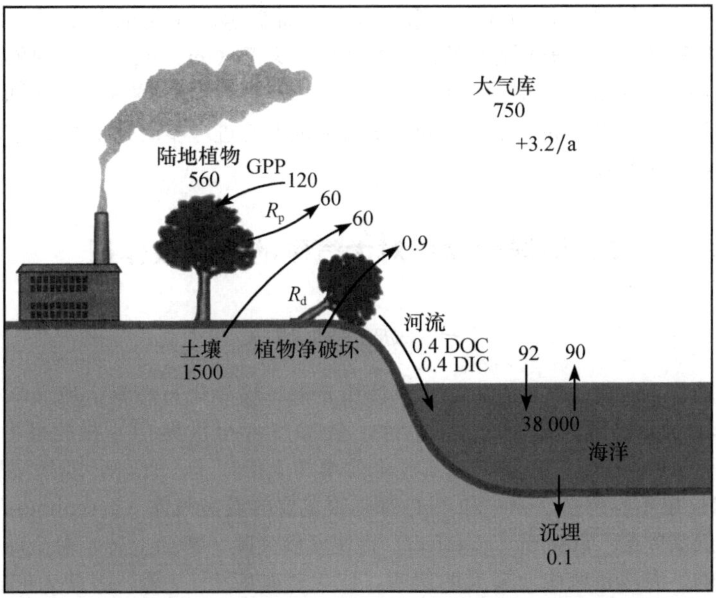

图 8.8　全球碳循环（引自 Schlesinger，1997；转引自孙儒泳等，2002）

库含量以 10^{15} gC 为单位，流通量以 10^{15} gC/a 为单位：GPP 为总初级生产率，R_p 为生产者的呼吸量，R_d 为植被破坏中的呼吸率；DOC 为溶解的有机碳，DIC 为溶解的无机碳

在碳循环研究中，人们将释放 CO_2 的库称为**源**（source），吸收 CO_2 的库称为**汇**（sink）。根据 Schlesiner 提供的数据，全球碳循环的汇与源为：

人类活动对大气净释放碳约 6.9×10^{15} gC/a（总源），其中主要是使用化石燃料的使用（约 6.0×10^{15} gC/a），其次是因陆地植被破坏而释放的碳（约 0.9×10^{15} gC/a）。这些碳导致大气碳含量上升 3.2×10^{15} gC/a（约占 46%），被海洋吸收 2.0×10^{15} gC/a（约占 29%），还有 1.7×10^{15} gC/a（约占 25%）为未知去向的汇。

Millero（2007）报道了全球 CO_2 系统的收支情况（表 8.4）。

表 8.4　全球 CO_2 系统的收支（1980～1989）（引自 Millero，2007）

	单位：PgC/a
源	
化石燃料	5.4±0.5
植被破坏	1.6±1.0
Σ	7.0±1.2
汇	
大气 CO_2 上升	3.4±0.2
海洋吸收	2.0±0.8
Σ	5.4±0.8
未知汇	1.6±1.4

注：1 Pg=10^{15} g。

对比 Schlesinger 和 Millero 的全球碳循环的汇、源数据可以看出，二者估算的数值十分接近。其共同点是：①人类大量使用化石燃料是导致大气 CO_2 含量上升的主要因素，而人为造成的植被破坏也对全球碳循环产生影响；②海洋是吸收 CO_2 主要的汇，对 CO_2 的净吸收量接近因化石燃烧和植被破坏增加的大气 CO_2 量的 30%；③从维持全球碳循环平衡的角度看，人类活动释放的 CO_2 中约有 1/4 是科学上尚未研究清楚的汇，此即所谓**失汇**（missing sink）现象。有的学者注意到陆地植物作为 CO_2 汇的意义，即如果大气 CO_2 增高能像对植物"施肥"一样提高初级生产量，也许就可找出解释这部分失汇的机制。这种认识将促进人们进一步研究植物群落对大气 CO_2 上升的响应（孙儒泳等，2002）。

二、海洋生物泵对大气碳的净吸收作用

（一）海洋生物泵

如上所述，随着工业化的发展，人类大量使用石油、煤等化石燃料，加上森林砍伐、植被破坏，大气中的 CO_2 含量持续快速增加。据估计，至 2015 年全世界 CO_2 排放量将达到 94×10^8 t，至 21 世纪中期，大气中的 CO_2 含量将比工业化前增加 1 倍以上。此外，陆地湿地、农田和海洋向大气释出的 CH_4 也不容忽视。CO_2 和 CH_4 都是很重要的**温室气体**（greenhouse gases）。一般认为，由此产生的**温室效应**（greenhouse effect）将使气候变暖、海面上升，对全球生态系统和人类生活产生严重影响。海洋是地球上最大的碳库，比大气碳库大 50 倍，因此人们寄希望于海洋能大量吸收大气中的 CO_2 以减轻温室效应的危害。

大气 CO_2 可通过海-气交换而进入海洋表层，但要实现海洋对大气 CO_2 的净吸收效应，其前提条件是必须存在导致海洋表层的碳向深层转移的过程。

浮游植物在海洋表层通过光合作用吸收 CO_2，将其转化为有生命的颗粒有机碳（living POC），这些有机碳通过食物链（网）逐级转移到大型动物。各类消费者产生的粪团、皮壳以及死亡残体等有机碎屑构成大量非生命颗粒有机碳（non-living POC）并不断分解与沉降，它包含着将小的碎屑转变为易于沉降的大的碎屑的过程。同时，异养细菌的"二次生产"将其他生物不能直接利用的溶解有机碳通过原生动物的摄食"打包"，再传递到桡足类等大的后生动物，来源于这些动物的各种碎屑实现碳的向下传输。还有，由水层微细有机颗粒和微型生物形成的有机聚集体也是一种表层有机碳向下转移的重要过程。上述由有机物生产、消费、传递、沉降和分解等一系列生物学过程构成碳从表层向深海底转移就称为**生物泵**（biological pump），也称 CO_2 泵或软组织泵。

另一方面，某些海洋生物的细胞壁或外壳、骨架等是 Ca^{2+} 与 CO_3^{2-} 结合形成的不溶性碳酸钙，称为钙化作用（calcification）。例如，钙板金藻的钙质板和原生动物有孔虫的钙质外壳，它们被摄食消化后形成的残留物可向海底沉降构成钙质软泥。据报道，单个颗石藻细胞的沉降速率仅 0.14 m/d，而以颗石藻为食的浮游动物，其粪团的沉降速率达 160 m/d（Honjo，1976，1980）。还有，在某些浅海区，造礁珊瑚也构成大量的碳酸钙沉积。这些碳酸钙成分的物质沉降和堆积到海底的过程称为**碳酸盐泵**（carbonate pump），它实质上也是一种生物泵。碳酸盐泵与软组织泵一样都有将海洋表层碳转移到深海从而与海-气交换过程隔绝的作用，因而是海洋在碳的生物地化循环中起汇作用的机制。如果没有这种机制，海洋就不可能对大气 CO_2 起净吸收的作用。

（二）海洋碳循环中的汇、源格局

海洋生物泵对调节大气 CO_2 含量的作用和规模到底有多大，迄今尚无很一致的估计。根据前面所说的全球碳循环库的汇、源估计值，海洋从大气净吸收 CO_2 约 2.0 PgC/a，可以将此数据看成相当于海洋生物泵的效率。但是，不同海区碳的汇、源分布是很不均匀的。很多海区（特别是一些热带海区）反而是海洋中的 CO_2 释放到大气中。例如，1996 年初，日本"凌风丸"号海洋观测船沿着太平洋西部 173°～165°E 的海域发现太平洋西部赤道一带与东部有相似的 CO_2 释放海

域。海面至海底 300 m 处的水温比往年高 1～3℃，并认为这与 CO_2 释放海域的扩大有关。据洪华生（2006）报道，JGOFS 在研究海洋在温室气体 CO_2 不断增加引起全球变暖过程中所起的作用时，对海洋碳循环中的汇、源格局有一些重要发现：赤道太平洋是最大的连续 CO_2 源区，其原因是这里有大量底部富 CO_2 水的上升以及低的生物活性；北大西洋却是吸收 CO_2 的强烈区域，因为这里存在丰富的营养盐供应（由此形成的较高生产力增加了碳的向下垂直通量）。同时认为海洋每年从大气吸收的碳约是人类每年排放量的 1/3。但是，在强 El-Niño 年时，从海洋释放到大气的 CO_2 可减少 50％，因此 El-Niño 事件控制 CO_2 在海洋和大气之间交换的年际变化。JGOFS 的研究还表明，在沿岸和上升流区以及高纬度海区，初级生产者以大的硅藻为主，通过浮游动物食物网产生大颗粒粪团，可将碳快速地输送到海底；反之，在寡营养的大洋亚热带环流及赤道太平洋，浮游生物以小于 20 μm 的种类为主，从表层向深层转移的碳量减少，主要通过微型生物食物网中细菌二次生产和原生动物的摄食“打包”作用实现碳的向下传输。这些研究结果表明生物群落的种类组成结构变化影响生物泵强度的变化。

尽管很多科学家对全球海洋碳循环进行了研究，但对大陆边缘海碳循环的研究还很薄弱。迄今，全球陆架边缘海是大气 CO_2 的源或汇尚不确定。例如，中国近海与河口的 CO_2 源、汇格式和机制就相当复杂，对其进行深入研究有助于为解决全球陆架边缘汇、源作用问题提出新的思路（洪华生，2006）。

三、关于提高海洋生物泵效率和缓解温室效应的讨论

提高气-海界面碳通量的主要依据是希望通过提高某些海区新生产力的途径、加速生物泵运转来实现，注意力集中在 HNLC 的南大洋。

海洋调查表明，南大洋的营养盐（N、P、Si）补充相当充足，但由于缺 Fe，初级生产力只有亚热带近海区的 1/10 或更少。通常，大洋水中的 Fe 是依靠大陆漂尘来补充的，但由于南极大陆 95％的面积为冰雪覆盖，再加上西风带的阻碍，使南大洋的 Fe 无法依靠陆源漂尘来补充。有人认为，如果南大洋上升流（南极辐散带）由深层向真光层输送的 NO_3^- 能全部被利用的话，可能使气-海界面的碳通量再增加 20×10^8～30×10^8 t/a，每年也仅需要补充 200 000 t 的 Fe。这个数字并不大，从经济上看是没有问题的。据报道，科学家曾将 2 t 铁粉撒进位于澳大利亚霍巴特市西南 1930 km 处的南大洋海域，随后（1999 年初）对该海域进行的 13 天监测中，发现浮游植物数量和碳含量有稳定的增加，并且浮游植物种群组成转变为以大的硅藻为主。但是，不少学者对于通过人工施 Fe 来提高 HNLC 海域的新生产力，从而提高海洋对大气 CO_2 净吸收量的建议持有不同观点。有的认为海洋与大气间的 CO_2 交换主要是物理过程，受风应力的影响和控制，生物过程对吸收大气 CO_2 的作用是次要的。还有学者担心，这种以加 Fe 促进浮游植物大量繁殖的结果可能对海底环境和底栖群落结构产生较大影响，对珊瑚礁也有破坏作用（珊瑚虫因浮游植物沉降覆盖而窒息）。总之，通过在自然海区加 Fe 的途径以提高海洋生物泵效率的观点迄今仍存在明显争议。

海洋生物泵确实会使海洋在全球碳循环中起汇的作用，但对于海洋生物泵的效率极限还有待深入研究。相反，大气 CO_2 含量的不断提高却会通过物理过程对生物泵的效率产生影响。例如，温室效应会减缓海洋环流，对海洋的物理过程和生物泵效率产生间接影响，表层水的 CO_2 浓度也会影响产钙生物主导的生态系统吸收碳的功能。东京大学海洋研究所等研究机构长期以来对日本海盆进行的观测表明，深层海水含氧量每年均以一定的速度减少。分析其原因，认为是由于地球暖化使表层海水在冬季无法增密，难以形成与深层水之间的循环。有的学者认为，深层水的溶解氧若按目前这种速度持续下降，350 年后日本海将变成“死海”。

大气 CO_2 库含量因人类活动因素而不断增大，可能导致严重的生态灾难，这一点已被广泛认

可。人们认识到必须改变人类传统使用的能源结构，大力发展真正的“干净能源”（包括利用太阳能、风能、潮汐能和水力发电等）是防止温室效应造成的灾难性后果的最根本途径。有些国家为了解决能源危机而研究开发利用海底“可燃冰”。这是一种白色固体状的甲烷水合物，据估计，“可燃冰”在海底的贮存量比已知的所有煤、石油和天然气的总和还要多。开发“可燃冰”的设想虽然很诱人，但是从生态学的角度看，它作为能源使用同样会产生 CO_2 进入大气。而且，开采这种能源对安全性技术的要求很高，任何意外事故（如固体状态转变成气态时体积的突然膨胀与爆炸）都可能会对相关海区生态系统造成严重损害，故在开发利用前应进行缜密的可行性论证。

第四节　海洋氮循环

氮是组成生物体核酸、氨基酸等成分的基本元素，氮循环与包括碳在内的生物地化循环有密切关系（参见第二节）。

一、海洋中氮的存在形态与分布

（一）氮在海洋中的存在形态

氮的化学形态比较复杂，包括无机氮和有机氮两大类。溶解无机氮（DIN）主要有分子态氮（N_2），其数量很大，化学性质稳定，需要通过固氮微生物的特殊酶系统分解与转化才能被生物利用；硝酸氮（NO_3^-）是氮的高氧化态化合物，氨氮（NH_3、NH_4^+）是氮的高还原态化合物，它们都是生物可利用的重要氮源。此外，还有一些无机氮（如 N_2O、NO_2^-、NO 和 NH_3OH 等）是氮在氧化-还原过程中产生的中间产物。有机氮包括颗粒有机氮（PON）和溶解态有机氮（DON）。PON 指生物体和各种有机碎屑中的氮，DON 的组分相当复杂，主要来源于生物代谢排出及死亡之后分解过程产生的各种组分，它们在海水中的浓度超过无机氮化合物，其中有一部分可被微生物或其他消费者所利用。

（二）不同氮形态在海洋中的含量与分布特征

在大部分海洋表层水中 NO_3^- 和 NH_4^+ 含量都很低，通常不超过 0.5 μmol/L，成为初级生产的限制因子。NH_4^+ 的含量（由于浮游植物优先吸收）可比 NO_3^- 更低。在真光层下方，浮游植物基本上不消耗营养盐，分解作用产生的 NH_4^+ 被氧化，所以 NO_3^- 的含量比表层高得多。沿岸浅海和河口区有较高的氮含量，与河流补充以及有机物丰富的浅水底层分解作用更为旺盛有关（表 8.5）。

表 8.5　不同海域中各种氮形态的含量（引自 Antia et al.，1991；转引自 Valiela，1995）

N 的形态	大洋水		沿岸水	河　口
	表层（0～100 m）	次深层（>100 m）		
硝酸氮	0.2	35	0～30	0～350
亚硝酸氮	0.1	<0.1	0～2	0～30
铵	<0.5	<0.1	0～25	0～600
DON	5	3	3～10	5～150
PON	0.4	<0.1	0.1～2	1～100
N_2	800	1150	700～1100	700～1100

注：单位为 μmol/L，大洋区为平均值，沿岸、河口为含量范围。

在沉积物间隙水中，各种形态氮的含量通常比上层水中高得多，主要是源于上方沉降的碎屑和底栖动物产生的碎屑在沉积物中大量降解以及底栖动物区系产生的代谢产物。在沉积表层，虽然有机物分解和生物代谢作用产生大量的还原态氮（NH_4^+），但由于这里 O_2 充足，NH_4^+ 被氧化为 NO_3^-，所以表层 NO_3^- 含量较高。在表层稍下方，有机物分解作用耗 O_2，但底栖动物的摄食过程和筑穴活动，可使一部分表层的 O_2 和 NO_3^- 扩散到这里，因而也会进行 NH_4^+ 的氧化作用。在沉积层更深处的还原性缺 O_2 环境中，NH_4^+ 的浓度远比有氧环境中的高，NO_3^- 基本消失。实际上，在有氧-缺氧的交界处附近，各种氮化合物进行着活跃的氧化-还原反应，决定着不同形态无机氮的转化与含量变化。

间隙水与其上覆水之间的氮化合物呈现很大的浓度梯度（100～1000 倍），导致沉积物中的 N 释入上覆水中。Fisher 等（1982）根据对北卡罗来纳（North Carolina）河口沉积物与上覆水的 N 营养盐交换率进行的研究（表 8.6），认为调查区沉积物中再生的无机氮化物可满足浮游植物对氮需求的 35%左右。

表 8.6　各种氮化合物的沉积物-上覆水交换率（据 Fisher et al.，1982）

氮化合物	交换速率/[mmol/(m^2 · d)]	氮化合物	交换速率/[mmol/(m^2 · d)]
NO_3^-	0.73±0.42	NH_4^+	2.2±0.6
NO_2^-	0.09±0.06	ΣDIN	3±0.9

二、海洋氮循环的基本过程

（一）氮的生物利用

硝酸氮和铵氮都是海洋表层浮游植物吸收的最重要营养盐，但是浮游植物首先吸收 NH_4^+，因为植物吸收 NH_4^+ 后可直接将其转化为氨基酸、蛋白质等含氮有机物。相反，海水中的 NO_3^- 被浮游植物吸收后需要通过植物细胞内还原酶作用才能结合为有机氮化合物（图 8.9），而这个还原过程是耗能的。

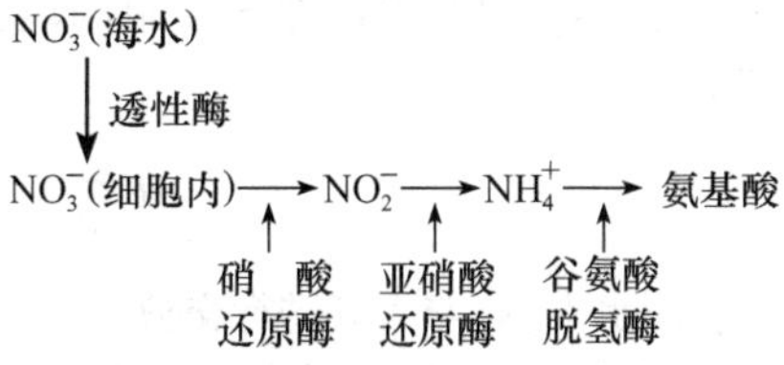

图 8.9　硝酸根离子转变为植物细胞内氨基酸的生化过程示意图

通常认为，只有当介质中铵离子几乎耗尽的时候，才会出现大量吸收硝酸—N 的过程。极少数藻类可能由于缺乏硝酸还原酶而不能利用环境中的硝酸盐。

据报道，在南极海区即使 NO_3^- 的含量很高（17～31 μmol/L）而 NH_4^+ 很低（0.1～2.5 μmol/L），浮游植物仍选择优先吸收 NH_4^+（Glibert et al.，1982）。在海洋浮游植物生长盛期，微生物、浮游动物和游泳动物分解代谢产生的 NH_4^+ 来不及被氧化为 NO_3^- 就被浮游植物重新直接吸收，构成 NH_4^+—浮游植物（有机氮）—浮游动物（有机氮）—NH_4^+ 的直接循环。

海洋中一些蓝细菌能通过固氮作用利用海水中的 N_2。固氮生物有自由生活的，也有与其他浮游植物（如根管藻、角毛藻）共生的，甚至与个别种类的动物（如船蛆、海胆）共生。海洋中最重要的固氮生物是丝状体的蓝细菌束毛藻（*Trichodesmium*）。固氮作用对营养盐贫乏海区的有机物生产有重要意义。

在有机氮（DON）的利用方面，主要是其中简单含氮有机物（如一些氨基酸和脲）能被一些生产者（或兼性消费者）利用，但浮游生物利用的这部分有机氮仅占生产者吸收氮中的一小部分。还有一部分 DON 是被异养细菌吸收（细菌的二次生产）。另外有相当大部分 DON 不易在水层中被细菌同化而保留在表层海水中。

（二）氮的再生作用

氮的再生指结合在有机物中的氮重新转变为可被生产者再利用的无机氮（NH_4^+）的过程，细菌、浮游动物、鱼类以及底栖生物都参与这个过程。

水层中绝大部分氮的再生是由微型生物完成的。例如，加利福尼亚沿岸水 90%的 NH_4^+ 的再矿化是由粒径小于 35 μm 的生物来完成的，40%由粒径小于 1 μm 的生物完成。这两个粒径范围分别占总颗粒的 40%和 10%（Harrison，1978）。然而，对于氮的再生来说，细菌并非总是比原生生物或浮游动物释出更多的 NH_4^+，或者说，很多情况下细菌可能不是 NH_4^+ 的最有效再生者，这与被细菌利用的有机物的 C/N 比值有关。细菌的 C/N 比大约为 5，如果被代谢的有机底物 C/N 比值比细菌的高得多，就不能满足细菌生长对氮的需求。在这种情况下，细菌可通过吸收 NH_4^+ 来弥补对氮需求的不足部分以维持其正常的生长。应当指出，对于水层中的有机聚集体（海雪）来说，由于其生物组分和非生物组分的浓缩状态和高度的生物代谢活性，其再生效率是非常高的，这点我们已在前面介绍过。

原生动物和后生动物，包括大的浮游动物（特别是胶质浮游动物）可能对氮的再生起重要作用。据报道，马尾藻海（Sargrasso Sea）的管水母排出的 NH_4^+ 相当于浮游植物吸收量的 40%～60%（Biggs，1977）。浮游动物对氮（和磷）再生作用的贡献随其可利用食物的增加而增加。例如，冬季浮游植物稀少时，*Calanus* 每天排出其体内氮的 2.6%，而到了春季，其氮排泄率达其体内氮的 4.6%（Butler et al.，1970）。此外，在鱼类丰度足够高的海域（如秘鲁上升流生态系统），鱼类也可能对 NH_4^+ 的再生有重要贡献。

与水层一样，沉积物中有机氮再生的产物也是 NH_4^+，间隙水中的无机氮释放到上覆水是提供生产者利用的主要途径。NH_4^+ 的释出速率取决于生物学活性，有机物腐解速率越快（或耗 O_2 率越高），有机氮被矿化成 NH_4^+ 的量就越多。同时，微生物和动物的有氧呼吸作用与温度呈正相关，所以 NH_4^+ 的再生也与温度呈正相关。厌氧腐解也产生大量的 NH_4^+，并且也与温度有关。

（三）海洋氮循环的基本过程

海水中 N_2 与大气进行交换。固氮细菌（nitrogen-fixing bacteria）的**固氮作用**（nitrogen fixation）将海水中的 N_2 转变为生物学可利用的氮，称为被固定的氮（fixed nitrogen），这些新氮进入生物学循环的总氮池。在生物代谢（或有机物分解）的再矿化作用中，蛋白质降解为氨基酸，然后氨基酸的碳（不是氮）被氧化而释出 NH_4^+，可被浮游植物（或细菌）直接重新利用。未被利用的 NH_4^+ 在有氧条件下氧化为 NO_3^-（包括 N_2O、NO_2^- 等中间产物）称为**硝化作用**（nitrification）。在溶解氧被消耗后，兼性厌氧微生物以 NO_3^- 作为终端电子受体分解有机物，在这种有机物氧化的简单异养过程中，NO_3^- 逐步被还原，最后转变为 N_2，称为**反硝化作用**或**脱氮作用**（denitrification），从而完成氮的循环。氮循环的固氮作用、硝化作用和脱氮作用等基本过程都有相关的微生物参与。例如，硝化作用的反应从热力学的角度看可自发地进行，但是，自然海区的硝化作用通常与硝化细菌有关。第一步从 NH_4^+ 氧化为亚硝酸主要是 *Nitrosomonas* 属的细菌参与，而第二步氧化成 NO_3^- 则主要是 *Nitrobacter* 属的细菌参与。

图 8.10 概括了海洋氮循环与传递的基本过程。

海洋氮循环的输入项中还有径流、降水和含氮污水，输出项中有海鸟摄食与排粪、人类捕捞以及沉积物中的少量氮埋藏，但是，这些过程在整个海洋的氮收支中所占份额较少或仅具局域性意义。

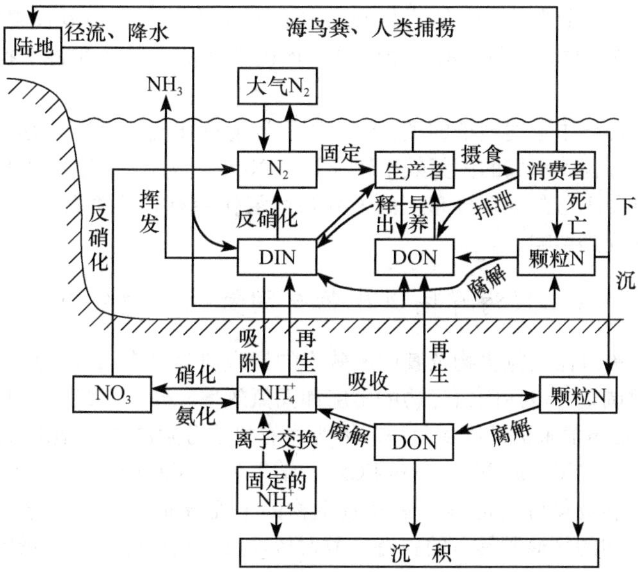

图 8.10 海洋生态系统的氮循环（引自 Valiela，1995）

在海洋氮循环研究中，人们最为关注的是固氮作用和脱氮作用，它们与海洋生物可利用氮的源与汇平衡甚至与全球气候变化有重要关系。新近 Brandes 等对海洋氮循环，特别是其中的脱氮与固氮过程的研究新进展进行了总结性的评述（Brandes et al.，2007）。

三、固 氮 作 用

海水中的溶解 N_2 固氮细菌的酶系统裂解、转化与吸收，成为氮循环库中的被固定氮的组分。生物固氮在海洋氮循环中弥补（或部分弥补）因脱氮作用造成的氮损失。同时，生物固氮也是海洋新生产力的组成部分，与海洋生物泵效率和海洋吸收大气 CO_2 的功能有密切关系，涉及全球 CO_2 循环与气候变化。近十多年来，对海洋固氮作用，特别是固氮生物适应性、固氮效率与分布方面进行了很多研究，取得了显著的进展。

（一）固氮生物对环境要素的敏感性

固氮生物对环境某些因子有其特殊的敏感性，20 世纪七八十年代就对此进行了很多研究（Valiela，1995）。目前已经明确，氮的生物固定是一个厌氧过程，固氮酶对游离 O_2 是很敏感的，海洋环境中的 O_2 对生物固氮起抑制作用。那么为什么固氮作用可发生于有氧环境中呢？这是因为很多固氮蓝藻具有一种异养胞（hetrocysts）结构，其中维持着缺氧条件，这是固氮者在进化中获得的一种适应机制。某些蓝细菌，如 *Trichodesmium* 缺少这种结构，但其相互连接的细胞束内会出现缺氧区，因而也可以在有氧环境中执行固氮功能。

海水中的常量营养盐（NO_3^- 和 PO_4^{3-} 等）对固氮有抑制作用，因为固氮生物也利用这些营养物质，从而影响固氮效率。同时，虽然固氮过程利用的是 N_2，但也必须吸收 PO_4^{3-} 才能正常生长繁殖。在大部分海洋表层水中，PO_4^{3-} 的含量很低，因此低的 PO_4^{3-} 含量也限制固氮效率。

除了以上常量营养盐外，一些微量金属元素含量也会影响固氮作用的效率。固氮酶比其他类型的酶需要吸收更多的 Fe，因此，海区的 Fe 含量与固氮作用有密切关系。例如，在大西洋亚热带马尾藻海，源于北非富 Fe 的灰尘沉降输入的 Fe 比太平洋亚热带涡旋区（夏威夷附近海区）的大气 Fe 输入大得多，尽管马尾藻海的无机磷酸盐比夏威夷的低，但其固氮率却比后者高得多（Wu et al.，2000）。Mo 也是固氮酶的一个组分，而硫酸盐的大量存在将干扰固氮生物对 Mo 的吸收。

由于固氮生物对环境中上述因子的敏感性，因而环境特征就与海洋固氮生物的地理分布与固氮效率有关。例如，寡营养水域的固氮效率较高就与 NO_3^-、NH_4^+ 等含量很低有关。大洋中的 Fe 含量与大气沉降的 Fe 补充在地理分布上的差异与固氮作用有直接关系，在 Fe 补充受限制的海域，固氮作用的效率受到影响。

（二）海洋固氮生物与固氮效率的分布

近十多年来，有关海洋固氮生物及其固氮效率的调查研究已有很大进展。在调查方法上，除了现场直接的生物学调查（包括固氮生物的丰度和固氮效率）外，还根据海水中的 N/P 比值偏离“Refield 比值”的非常态值来估计固氮效率。因为由有机物分解的 N/P 比值通常为 16，而固氮作用吸收的是 N_2（而不是 NO_3^- 或 NH_4^+）和 PO_4^{3-}，结果将使海水中的 N/P 比偏离正常值。另外，根据海洋水色卫星遥感资料可大范围了解固氮生物的丰度分布与季节变化。例如，根据束毛藻（*Trichodesmium*）体内的气泡所具有的独特光散射特性反映在遥感装置记录中，可用于探索这类固氮生物水华的地理和季节分布。

束毛藻是很重要的固氮生物，过去几十年对这类生物在世界海洋表层水中的分布进行了较详细的调查。通过这些调查获得两点重要结论：①束毛藻的地理分布局限于热带、亚热带的暖水区（>20℃）；②在低纬度表层水中，其生物量及固氮效率有明显的时空分布变化。根据在热带大西洋不同季节的调查结果估计，其固氮效率约为 87 mmol/(m^2·a)。海洋水色卫星资料分析也证实热带、亚热带纬度区是束毛藻的主要栖息环境。值得提出的是，最新的调查结果表明，过去低估固氮生物的多样性了，实际上，除了束毛藻外，其他固氮微生物可能对某些海域的固氮作用也有重要贡献。例如，根据北太平洋沿 30°N 的一些测站的调查结果，单细胞生活的固氮细菌固氮作用很突出，可达到约 150 mmol/(m^2·a)，大大超过该海域束毛藻的生物量和固氮效率。

海洋沉积层的单位面积固氮效率差别也很大。一般认为，有植物生长的沉积环境（如海草床、盐沼等）比“裸露”的沉积环境有更高的固氮率，并且比大洋区的固氮率高得多。沉积环境中固氮的控制因素与水层有些不同。例如，水层中固氮作用受硫酸盐的抑制，而在沉积环境中大部分硫酸盐已被还原为硫化物，因此这里的固氮作用基本上不受硫酸盐的抑制。不过，总的看来，控制沉积环境固氮作用的因素尚有很多细节不明确。

目前认为全球海洋固氮总量约为 100 TgN/a*，比过去的估计高出 10 倍（但不少学者认为这个数值还是被低估了）。在寡营养水域，表层输出的有机物中可能有一半左右是由固氮作用贡献的。

（三）人工固氮作用

人工固氮是在陆地上发生的，主要包括氮肥生产和使用化石燃料释放的氮氧化合物，这些新氮中有相当部分可通过不同途径输入海洋，从而对海洋的氮循环产生影响。工业化的氮肥产量随着世界人口的增长而不断增加，据估计目前全球氮肥生产约为 80 TgN/a，使用化石燃料形成的氮氧化合物约释出 20 TgN/a。海洋通过河流输送接纳的这些氮大约为 36 TgN/a，还有相当一部分是通过降水进入海洋（孙儒泳等，2002）。还有人认为，人类参与所导致氮的固定可能大于全部自然过程（生物固氮和闪电固氮）的固氮总和。

应当指出，人工固氮虽然有其现实需要的一面（氮肥生产对于养活不断增加的世界人口作出

---

* $1Tg=10^{12}g$

重要贡献），但同时它也干扰全球的氮循环，从而带来不良的生态后果。人工固定的新氮（还有磷肥生产）输入海洋部分最明显的后果是导致近岸浅海区的富营养化和暴发有害水华，进而对近岸浅海的生态环境和海洋生物造成很严重的危害。

四、脱 氮 作 用

脱氮作用导致具有生物学活性的DIN损失，而海洋中的DIN与很多海洋生态过程紧密相关。

（一）典型的脱氮作用

典型的脱氮作用（canonical denitrification）被认为是一种简单的异养过程，即在溶解 O_2 被消耗后的条件下有机物的氧化以 NO_3^- 作为终端电子受体。进行脱氮作用的 NO_3^- 由沉积物及其上覆水供应，也可由有机物腐解释出 NH_4^+ 后通过硝化作用而生成的 NO_3^- 供应，然后继续进行脱氮作用，后一脱氮过程称为联合的硝化作用/脱氮作用（coupled nitrification/denitrification）。由于脱氮微生物属厌氧微生物，而硝化作用则需要有 O_2，所以脱氮作用主要发生在有氧和缺氧状态交替/并存的水层或沉积环境中，或称为稀氧环境（suboxic environments），即溶解 O_2 浓度小于2～4 μmol/L的环境。这种环境条件可存在于沉积物的一定剖面处或某些海区的特定水层中。

（二）新发现的脱氮途径

除了上述典型的脱氮过程外，新近还发现一些不同的脱氮途径（Brandes et al.，2007）。

1. 厌氧氨氧化作用

厌氧氨氧化作用（anaerobic ammonia oxidation，Anammox）指在完全缺 O_2 条件下，$NH_3+NO_2^- \longrightarrow N_2$ 的脱氮过程。相关的微生物 *Swalindua* 也已被分离，这是一类厌氧的化能自养细菌，它们以 NO_2^- 为电子供体以固定（还原）CO_2。通过 ^{15}N 标记底物的培养实验，可将这类脱氮作用与上述典型的脱氮作用加以区别。其方法是分别添加 $^{15}NH_4^+$、$^{15}NH_4^+ + {}^{14}NO_3^-$ 以及 $^{15}NO_3^-$ 于缺氧样品中，经培养后测定产生 N_2 的同位素组分。添加 $^{15}NH_4^+$ 的 $^{29}N_2$ 产量反映的是Anammox途径；添加 $^{15}NO_3^-$ 产生的 $^{30}N_2$ 属前面介绍的典型脱氮作用；而添加 $^{15}NH_4^+ + {}^{14}NO_3^-$ 则可测定在仅有少量（或没有）NO_3^- 和 O_2 样品中的Anammox。根据实验结束时 N_2 的同位素组分可确定氧化 NH_4^+ 的实际氧化剂是 NO_2^- 还是 NO_3^-。

目前已在很多海洋沉积环境中（如红树林区沉积）和一些特定水层（如黑海中的特定水层）甚至北冰洋海水中发现Anammox过程，并且认为这类脱氮作用的贡献仅次于上述典型的脱氮作用，构成海洋氮循环中已结合氮重要的汇。

2. 化学脱氮作用

化学脱氮作用（chemodenitrification）指在有氧-缺氧交界处，某些金属无机物作为催化剂将已固定的氮（如 NO_3^-、NH_4^+）转化为 N_2 的过程。如MnO与 HNO_3 的反应和 MnO_2 与 NH_3 的反应：

$$15MnO+6HNO_3 \longrightarrow 15MnO_2+3N_2+3H_2O$$

$$15MnO_2+10NH_3 \longrightarrow 15MnO+5N_2+15H_2O$$

将两个过程结合起来，这种催化特征就很明显：

$$6HNO_3+10NH_3 \longrightarrow 8N_2+18H_2O$$

尽管前面第一个反应没有生物参与也可进行，但在自然环境中更可能是微生物参与的催化作用，单纯的化学脱氮作用可能是次要的。

3. 硝酸盐异化还原反应

硝酸盐异化还原反应（dissimilatory nitrate reduction to ammonium，DNRA）出现于缺氧和有大量游离硫化物的沉积物中，可能是由于硫化物的存在对硝化作用和脱氮作用有抑制效应的缘故。参与这类反应的微生物主要是 *Thioplora* 属和 *Thiomargerita* 属的种类。它们可在其细胞内的大空泡中浓缩 NO_3^-（可达 0.5 M）以用于硫化物的氧化作用，同时 NO_3^- 还原为 NH_4^+。因此，在有较高硫化物含量的环境中，DNRA 导致氮循环的“短路”，使 NO_3^- 不能继续进行脱氮作用。这种短路现象可能有保存环境中已固定氮的作用，但是也可能通过 Anammox（或联合的硝化-脱氮过程）将已固定氮转变为 N_2。

此外，在废水处理厂还发现一类氧限制的自养型硝化-脱氮作用（OLAND）。

图 8.11 的外圈表示典型的氮循环路线，其内部通道则表示新发现的脱氮途径。

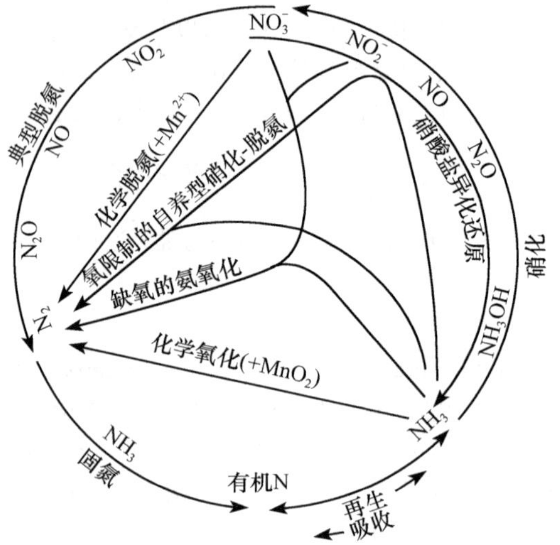

图 8.11 新的氮循环途径（引自 Brandes et al.，2007）

通过以上说明可以明确，固氮作用是氮循环中新固定氮的来源，而脱氮作用是已固定氮的损失。有的学者估计，全球沉积物脱氮作用量至少为 175～225 TgN/a，水层脱氮作用量为 80～100 TgN/a，埋藏量约 25 TgN/a，这样氮的损失共 300～350 TgN/a。如果生物固氮之外的氮补充总量为 100～150 TgN/a，那么生物固氮作用就相当于贡献 150～250 TgN/a。应当指出，有关固氮和脱氮作用的研究已经积累了很多资料（多数学者认为过去二者都被低估了）。但是，海洋（以及全球）氮循环中的汇、源通量及二者是否处于相对平衡状态或者处于暂时或长期的不平衡状态问题，迄今尚无很明确的答案，有待进行更深入的研究。例如，前面所说的固氮生物的多样性、分布及固氮效率的时空变化就是估计全球固氮作用时必须进一步调查研究的课题。

第五节 海洋磷循环

磷是生物体的基本必需元素之一，提供 DNA 和 RNA 的基本骨架，也在 ATP 能量传递过程中起重要作用，同时也是细胞膜、骨骼等结构组分。海洋生物可利用磷的供给状况能影响初级生产、种类分布和生态系统的生物组成结构。

一、海洋中磷的形态与转化

（一）海水中磷的形态与垂直分布

海水中的磷有溶解态磷和颗粒态磷，二者都包含有无机磷和有机磷组分。

溶解无机磷（DIP）主要以正磷酸盐形式存在，其中 HPO_4^{2-} 约占 87%，其次是 PO_4^{3-}，约占 12%，$H_2PO_4^-$ 的含量很少。所谓溶解活性磷（SRP）是生物可利用的溶解磷，其定义为在酸性溶液中能与钼酸盐离子形成磷钼盐复合物，当被抗坏血酸还原时形成蓝色钼蓝的溶解磷。SRP 的主要成分是正磷酸盐，不过也包括一些其他无机磷及部分易水解的有机磷。

值得注意的是，磷酸盐有两个重要的化学特性，一是在有氧条件下易被吸附在无定形氢氧化物、碳酸钙和黏土矿物颗粒上；二是磷酸盐离子能与 Ca^{2+}、Al^{3+} 和 Fe^{3+} 等阳离子结合成难溶性沉淀物。磷的这种特性导致海洋中磷的动态复杂化。

溶解有机磷（DOP）主要来源于浮游植物活体细胞渗滤或死亡细胞自溶以及各种颗粒有机碎屑的分解。其成分比较复杂，主要是磷脂和磷酸酯类物质，还有一些大分子胶体磷等，其中低分子质量组分释入海水后较易被水解成无机磷酸盐。

DIP 和 DOP 含量在海洋中的垂直分布有明显差异。真光层 DIP 由于被浮游植物吸收，因此表层的含量很低。在真光层下方随深度增加，DOP 不断水解为 DIP，所以其含量不断提高，到 1000 m 左右达最大值，这个深度一般与 O_2 最小值和 CO_2 最大值是一致的。相反，DOP 含量的垂直分布则是表层最高（与其来源有关）。虽然表层中部分 DOP 可被细菌水解为 DIP，浮游植物和自养细菌在 DIP 缺乏的情况下也会水解一部分 DOP，但这并不改变 DOP 总体上在表层的高含量分布特征。随着深度的增加，DOP 不断被细菌分解为 DIP，DOP 含量也随之不断降低，只有一小部分输入深海（图 8.12）。由于 DOP 中不同组分被矿化的难易程度有差别，不同深度层的 DOP 组分并不完全一致。

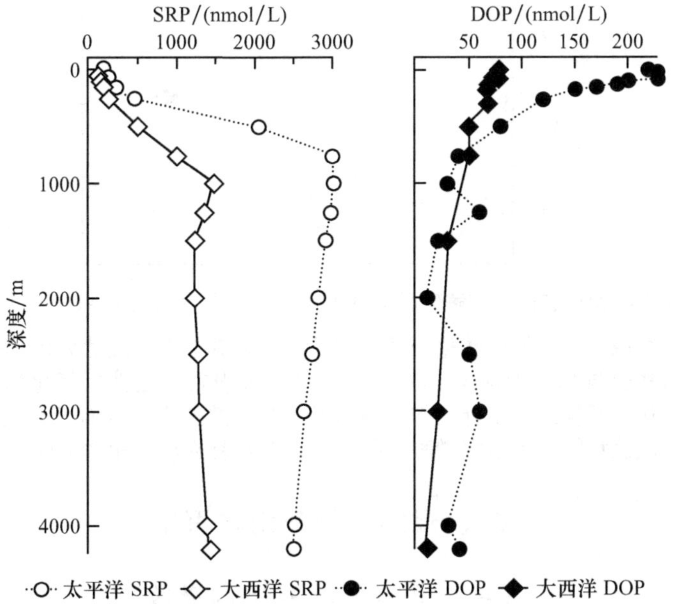

图 8.12 太平洋与大西洋 SRP 与 DOP 含量的垂直分布图（引自 Paytan and McLaughlin，2007）

海水中的颗粒磷（POP）包括有机体内的磷、有机碎屑的磷以及一部分悬浮无机颗粒中的磷。由于海洋表层这些组分含量高，加上可溶性无机磷也会吸附在颗粒物（包括吸附在浮游植物细胞表面）上，所以颗粒态磷在海洋水层中含量的垂直分布也是表层最高，在浅水区的真光层，POP可占其总量的80%。POP在下沉过程中不断被分解，所以在深水层中的含量很低。

（二）沉积物中磷的形态转化与分布

存在于颗粒有机物（POM）中的磷在其沉降过程中不断被矿化，仅约1%的POP沉降到深海沉积物中，与DOP一起继续在沉积物中分解与矿化释出无机磷酸盐。

沉积物的氧化-还原状态（氧化性和还原性化合物的含量）与其中磷形态的转换与埋藏有密切关系。在氧化性沉积物中，有机磷不断被分解释出溶解磷酸盐。由于这里有丰富的铁和锰，部分磷酸盐通过吸附以及形成矿物而被消耗，表明氧化型沉积层中磷有较高的埋藏率。在缺氧沉积物中，由于细菌的作用和 H_2S 的存在，Fe^{3+} 被还原为 Fe^{2+}，后者对磷酸盐的吸附能力比前者差得多。同时，在高价铁还原成亚铁时，一些无定形的氢氧化铁溶解，使之不能吸附磷酸盐，还有，还原性环境也会影响黏土表面对磷的吸附。因此，在还原性沉积物中，间隙水的磷酸盐浓度（在一定深度范围内）随深度增加而迅速上升（图8.13）。上述溶解磷酸盐在沉淀层中的垂直分布特点在沿岸浅海区特别明显，可能与这里沉降的有机物丰富及氧化型沉积层较浅有关。

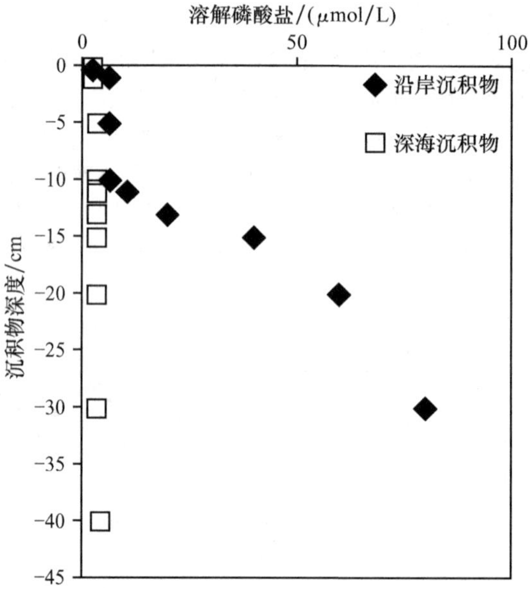

图8.13 沿岸和深海沉积物芯样中溶解磷酸盐浓度垂直分布图（引自 Paytan and McLaughlin，2007）

缺氧沉积物中高浓度的溶解磷酸盐会迁移（扩散）到其上方。虽然氧化-还原界面附近处及其上方有一部分磷酸盐会与 Fe^{3+} 形成 $FePO_4$ 再沉淀或再吸附在无定性氢氧化物颗粒上，但总的来说，可溶性磷酸盐从还原性沉积中释出的速率超过再沉淀的速率，从而可补充到沉积物的上覆水中去。在近岸区，从沉积物释出溶解磷酸盐的向上扩散对补充浮游植物的磷需求有重要意义。

二、磷的生物利用与再生

（一）自养生物对磷的吸收

浮游植物和自养细菌吸收海水中的磷以满足其生长代谢需求。浮游植物通常以N∶P=16∶1

的比例吸收无机磷（主要是正磷酸盐），吸收速率符合米氏方程。其半饱和吸收常数（K_N）与大部分环境中的磷酸盐浓度相近，而细菌的 K_N 值则高得多。因此相对于自养细菌来说，浮游植物是吸收海水中磷酸盐的主要生物成员。磷酸盐被浮游植物吸收到细胞内先合成葡萄糖-1-磷酸，然后再转变为其他形式的含磷有机物。还有一部分被吸收的磷以多（聚）磷酸盐（polyphosphates）形式贮存在细胞内，当环境缺磷时，植物可将其水解后再利用，甚至会因水解速度高于藻类本身所需量而将磷酸盐释放到环境中。

溶解有机磷通常不能被藻类细胞直接利用而是必须先转化（水解）为正磷酸盐才能被吸收。当环境中磷酸盐不能满足需求时，很多浮游植物可利用一部分 DOP，即通过细胞表面释出碱性磷酸酶（phosphatase）将磷酸盐从有机物中水解出来并加以吸收，而其有机部分仍保留在环境介质中。应当指出，浮游植物细胞产生的这种水解酶与环境的磷含量有密切关系。当水中磷酸盐缺乏时，藻类细胞才产生较多的磷酸酶。反之，当磷酸盐很丰富时，藻类产生磷酸酶的功能就受到抑制。这种利用有机磷的机制表明，在寡营养水域，DOP 也是重要的生物可利用磷。

（二）磷的再生

藻类细胞内一部分磷可以以 DOP 或 DIP 的形态通过细胞渗滤作用（exudation）释入环境中，其中的 DOP 被异养细菌吸收，转变为细菌生物量（活体有机颗粒磷，living POP），细菌代谢活动和死亡自溶可释出 DIP，重新被藻类和自养细菌吸收。此外，浮游植物被原生动物、浮游动物和其他消费者所摄食，这些生物的代谢排泄、蜕皮以及死亡残体（还有浮游植物死亡细胞）构成非生命颗粒有机磷（nonliving POP），在下沉过程中不断水解释出 DOP 和 DIP，构成磷在水层中的再生与矿化过程。

海洋中磷酸盐的浓度在很大程度上与生物的代谢活动有关，或者说所有的异化反应均导致磷酸盐的再生。不同类别的生物在无机磷再生中的作用是不一样的。在海洋的大部分区域，微生物在有机磷化合物的再生中起重要作用。海洋中细菌的生物量与浮游植物的密度有关，而且浮游植物固定碳的 10%～50%被细菌所利用。磷酸酯含稳定的 C-P 键是有机磷化合物中较稳定的组分，它们对化学水解、热分解和光分解有很强的耐受力，主要依靠微生物的再生途径使其降解。通过这个途径使环境中（特别是缺氧环境中）的磷酸酯成为一个活跃的可利用磷源，对沉积物-水界面磷通量起调控作用，同时有利于耐分解有机物磷和自身磷灰石的形成和埋藏。

除微生物外，原生动物和浮游动物在磷的再生中也起重要作用。原生动物的代谢率很高，有人提出，以单位生物量计算，原生动物排出的磷比甲壳动物多 10～100 倍，每天更新的磷量可比其自身含磷量高很多。因此，即使原生动物的生物量不大，它们在浮游生物群落的磷再生过程中也起重要作用，特别在浮游植物水华之后积累的大量浮游植物细胞的腐解过程中，原生动物的生物量增加，对营养盐的再生作用更为明显。浮游动物对水层中磷再生的贡献也很大。Butler 等（1970）报道，哲水蚤摄食过程中获取的磷，用于生长的大约占 17%，以粪团形式排出的占 23%，其余 60%以溶解态的磷排出体外。通常认为，小型浮游动物的磷排泄率比中型、大型浮游动物的快得多。在应用^{32}P 同位素研究厦门港浮游生物对可溶性磷吸收和再生通量的结果表明，表层海水中小于 200 μm 的浮游生物，其再生量（r）占吸收量（u）的比值有明显的季节变化，冬季 $r/u=0.27$，春季 $r/u=0.71$（朱小明和沈国英，1997，1998a，1998b）。

海洋磷循环见图 8.14。应当指出，表层水体中溶解磷库和颗粒磷库之间的周转速率很快，是支持初级生产力的重要机制。磷循环中有关 DIP、DOP 和颗粒无机物之间的吸附和解吸附以及在沉积物中磷形态的转换已在前面说明了。

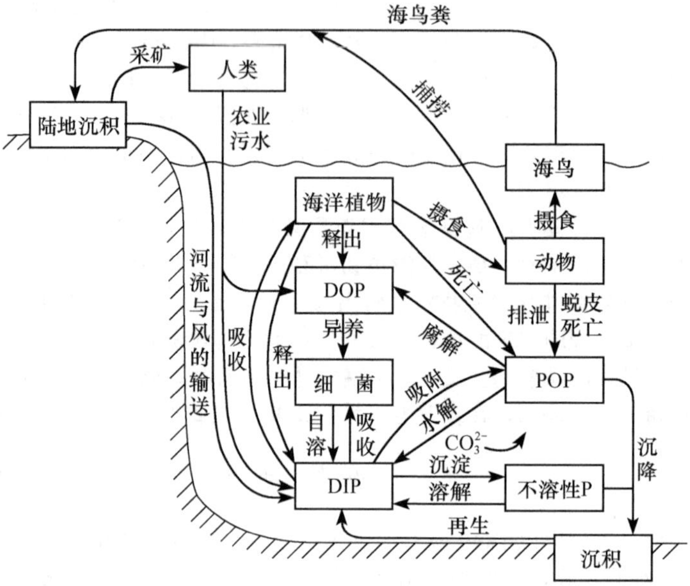

图 8.14 海洋生态系统不同磷库之间的转换与循环（引自 Valiela，1995）

三、海洋生态系统磷循环的源与汇

海洋中磷的主要来源有：①陆地的风化侵蚀通过河流输入；②人类活动（如磷肥生产等）也将一部分磷通过河流输入；③大气中的悬浮颗粒、火山灰和矿尘的沉降输入。海洋中磷的损失主要是以钙盐的形式沉积埋藏在海底，另有极少部分以海鸟（鸟粪）和人类捕捞水产品中的磷离开海洋。由于磷从海洋再返回陆地是十分困难的，因此海洋磷的生物地化循环是不完全的循环。同时，磷循环也没有像碳、氮、硫等元素有气态成分参与循环。

有关海洋生态系统磷的收支已进行过很多研究，由于磷在海洋中不同贮库之间的快速交换和向海底输送的定量存在困难，加上人类对其收支的巨大影响，因而要定量地描述海洋的磷循环还有很多工作要做。最近，Paytan 和 McLaughlin（2007）对前人有关研究成果进行了总结（图 8.15），其中的源、汇通量是根据 Benitez-Nelson（2000）和 Föllmi（1995）的估计值。

1. 陆地的风化

陆地风化的磷通过河流输入是海洋最主要的磷来源，其量估计达 $30\times10^{10}\sim53\times10^{10}$ mol P/a。颗粒态磷包括磷灰石和其他矿物中的磷以及吸附在铁-锰氧化物和氢氧化物表面的磷。河流颗粒磷的输入量虽然很大，但其中大部分非活性磷很快在河口区或大陆架区沉淀下来，并不直接被磷缺乏的海洋生物区系所利用。不过，表面含铁和铝氢氧化物的黏土具有很强的从河水中吸附磷酸盐的能力。当这些吸附在黏土上的磷酸盐进入河口后可随着盐度的升高而释出溶解磷酸盐，其数量比河水直接输入的磷酸盐多。河流中的溶解态磷包括 DIP 和 DOP，后者可通过絮凝作用（flocculation）被截留在河口或经光水解（photohydrolyze）在河口区循环再生。河流输入海洋的溶解磷总量约为 $0.6\times10^{10}\sim1.3\times10^{10}$ mol P/a，比颗粒磷的输入量少得多。河水中的磷仅约 10%～30% 可被生物所利用，其中的 1/4 的活性磷可能被截留在河口而不进入开阔大洋。

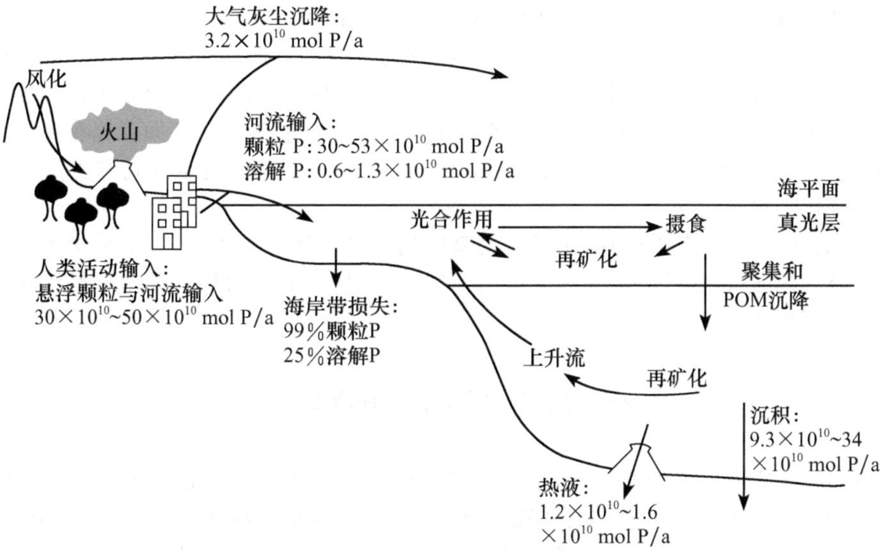

图 8.15 海洋生态系统磷循环及源与汇通量（引自 Paytan and McLaughlin，2007）

2. 人为的磷来源

海洋中的磷的另一重要输入途径是开采磷矿，用于生产磷肥以及排污、土地侵蚀、牲畜饲养、造纸厂等产生的磷一部分也可通过河流和地下水进入海洋。目前尚不清楚这部分磷中有多少比例是具有生物活性、可被生物利用的组分。在大气悬浮物中也包含与上述人类活动有关的含磷灰尘，如来自开垦土地的侵蚀也可通过大气悬浮物沉降而进入海洋。据估计，人类活动通过河流和大气灰尘输入海洋的磷约为 $30\times10^{10}\sim50\times10^{10}$ mol P/a，可能占河流输入海洋磷总量的一半左右。

应当指出，人为输入的磷（还有氮）对河口和近岸将带来一系列的生态问题（过量的营养盐输入），包括刺激藻类的过度增殖形成有毒水华、缺氧、毒害鱼类等各种海洋生物以及导致生物多样性下降等。

3. 大气沉降

大气悬浮颗粒中的磷同时以有机和无机化合物的形式存在。其中矿尘无机磷主要与 Fe_2O_3 结合或与 Ca、Mg 和 Al 结合，溶解度很低，而有机磷部分的特征还不清楚。另一部分大气悬浮物中的磷与上述人为影响有关，据估计这部分颗粒磷可能有更多可溶性组分。通过大气悬浮物的沉降输入海洋约为 3.2×10^{10} mol P/a，对于离岸较远的海域（特别是磷限制明显的寡营养海区），由于其他途径的输入较少，这种磷源就显得较为重要。

此外，火山喷发的火山灰中的磷也可通过大气沉降进入海洋。火山灰的磷含量可多达 1%，比矿尘中的磷含量多 10 倍，但是海洋中这种磷补充具有局部性和短时间性的特点，不大可能对全球（包括海洋）的磷循环产生重要影响。

4. 海洋沉积——磷循环的主要贮库

埋藏在海洋沉积物中的磷主要有三种类型：与颗粒有机物（POM）结合的磷、吸附在颗粒物表面或结合到氧化物中的磷以及自生磷灰石矿物中的磷。以上这些颗粒磷归属于活性磷，主要源自生物有机体或至少在一些阶段可能被有机体所吸收。此外还有由河流输入的非活性磷（陆源碎屑），这部分颗粒磷基本上沉积在沿岸和大陆架海底而离开海洋磷循环。

颗粒有机物中的磷埋藏组分与海洋生物（特别是浮游植物）的残体有关，也与沉积物的氧化还原状况有关。在氧化性沉积物中，有机物的 C/P 比值较低，而在还原性沉积物中的 C/P 比值很高。吸附在颗粒表面的磷，其吸附与解吸附的转换也与沉积物的氧化还原状况有关（前面已经说明）。磷灰石沉积是通过微生物水解作用自发进行的。释出的可溶性磷酸盐与钙离子反应形成不溶性磷酸钙化合物。

由于沉积物中不同形态磷的不断转换，对其埋藏的定量存在较大困难。有的学者估计，大洋区沉积物中总的磷埋藏速率为 $9.3\times10^{10}\sim34\times10^{10}$ mol P/a。这部分磷主要组分是活性磷，而大部分非活性磷沉积在大陆架。

四、海洋生态系统的磷限制

根据 Redfield 比值，藻类细胞对磷的需求量仅是氮的 1/16（原子比）；在海洋表层磷比氮可更迅速地再循环；一些浮游植物在磷缺乏时可利用环境中一部分有机磷。因此，长期以来，人们都认为氮才是海洋生态系统的重要限制因子，对磷限制的研究较少。诚然，对于大部分海域来说，氮无疑是初级生产力很重要的限制因子，但是，随着海洋调查的深入，人们发现海洋的磷限制可能比以往所了解的更为普遍。近些年来，除了继续调查磷限制海域的分布及其与环境因素的关系外，还关注磷的供应与群落种类组成的演替以及磷缺乏对固氮生物固氮作用的限制，而且将进一步探讨磷的供应如何影响海洋磷循环和生物泵作用。

初级生产过程需要吸收氮、磷等常量元素和铁等微量元素。根据最小因子定律，环境中某种营养物质的含量若接近或小于浮游植物需要量的最小值时就成为限制因子。如果考虑到海洋的磷补充主要取决于陆地河流（和海底地下水）的输入，而无机氮不仅有陆源补充，还可通过固氮作用来补充，则很多海域也会出现磷限制的推论就是合理的。

众所周知，寡营养水域初级生产力很低的原因是表层营养盐（包括氮、磷等）供应不足。目前已经发现磷是很多寡营养海域更重要的限制因子，例如东地中海就是公认的磷限制海域。另据 Wu 等（2000）报道，大西洋亚热带马尾藻海（the subtropical Sergasso Sea）的 DIP 浓度仅 0.2～1.0 nmol/L，这种极低的磷含量导致马尾藻海初级生产受磷酸盐严重不足的限制。除了大西洋外，很多太平洋寡营养水域也属于磷限制。开阔大洋环境中属氮限制还是磷限制取决于固氮作用与反硝化作用之间的平衡。虽然固氮作用是寡营养水域氮循环中的重要新氮源，但是固氮生物利用分子态氮（N_2）的同时也需要吸收磷和较多的铁，因此，旺盛的固氮作用也可能使系统由氮限制转变为磷限制。近几十年来气候变暖引起太平洋亚热带涡旋区的水体层化，这对固氮生物有利，从而提高了氮库含量。在 ALOHA 站九年以上的水体中可溶性无机氮和无机磷的比值数据显示，该海域处于一个净固氮收集和磷控制浮游植物生长速率的时期（Karl et al.，2001），意味着该海域属磷限制。同样，磷缺乏对固氮作用也有限制。大西洋很多海域的高 N/P 比值以及高碱性磷酸酶活性和固氮效率表明，这些海域可能是受磷限制（或至少是联合限制）。Mills 等（2004）报道，在培养试验中向培养液添加撒哈拉的粉尘（即提供外加磷和铁），结果对固氮作用有明显促进，表明在北大西洋东部热带海域的固氮作用也同时受磷和铁的限制。

海洋的磷限制也可从群落的种类演替来评估。近二十年来，北太平洋涡旋区浮游植物向原绿球藻（*Prochlorococcus*）和聚球藻（*Synechococcus*）演替（Karl et al.，2001），这与它们相对低的磷需求以及个体极为微细有利于吸收营养盐的特点有关。其细胞内 N/P 比值也向明显高于典型的 Redfield 比值范围内高端一侧的种类转变，从而导致群落组成的演替（Redfield 比值的 N/P＝16 实际上是具有很宽的种间差异的平均值）。

磷不仅是很多寡营养大洋区的限制因子，一些近海海域，特别是那些有大量淡水或农田用水（含有大量高 N/P 组分）输入的河口内湾水域，磷也起限制作用。据 Fisher 等（1992）的报道，切萨皮克湾（Chesapeake Bay）已经被证明磷起限制作用。中国长江口也是一个明显的磷限制例子（Edmond et al.，1985）。Hu 等（1990）通过现场调查（三峡水坝建成前）和对几种浮游植物的室内磷含量控制培养试验，发现长江口海域的 N/P 比很高，大部分河口羽状水带都超过 30，越靠近河口该比值越高（可超过 80）。浮游植物培养试验表明，当 N/P 比小于 8 时，浮游植物生长表明为氮限制（而磷过量）。N/P＝8～30 时，氮或磷都不起限制作用，随着浮游植物的生长，二者几乎同时被耗尽。当 N/P>30 时，磷控制着浮游植物的生长（而氮过剩）。这些试验结果证实长江河口海域是明显受 PO_4^{3-} 限制的。他们认为，长江口磷限制的原因是：①长江流域的岩石圈和地表沉积岩组分中的磷含量较低（地质原因）；②该流域农田使用肥料的比例不当导致富氮和贫磷地下水通过河流进入河口海区（人为因素）。

第六节　海洋硫循环

一、硫循环的基本过程

硫也是生物体内某些蛋白质和氨基酸的组分。硫循环既属沉积型，也属气体型。硫的主要蓄库是岩石圈和束缚在有机和无机沉积物中，沉积物的硫酸盐主要通过自然侵蚀和风化或生物的分解以盐溶液形式进入陆地和海洋生态系统。此外，有相当多的硫以气态形式在大气中自由移动，人类燃烧化石燃料将蓄库中的硫以 SO_2 形式释放到大气中，火山爆发也将岩石蓄库中的硫以 H_2S 形式释放到大气中。这些含硫化合物溶于水成为弱酸，随降雨（酸雨）到达地面和海洋。因此，硫循环是在全球规模上进行的，有一个长期的沉积阶段和一个短期的气体型阶段。

海水中的溶解态硫主要以 SO_4^{2-} 的形式被植物所吸收利用，转变为某些氨基酸（半胱氨酸、胱氨酸、蛋氨酸）等含硫蛋白质成分，再由生产者转到消费者。动植物死亡后，蛋白质在有氧条件下经微生物分解并氧化成 SO_4^{2-} 进入再循环供生产者生物吸收；或在缺氧条件下分解形成 H_2S。在海底有氧-缺氧沉积层中，H_2S 可与 Fe、Ca 离子结合形成 FeS_2 和 $CaSO_4$ 沉积（图 8.16）。

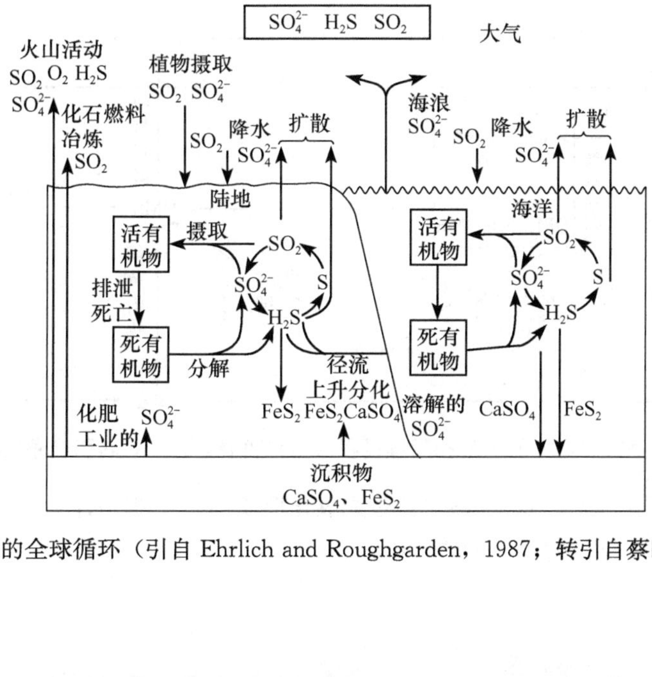

图 8.16　硫的全球循环（引自 Ehrlich and Roughgarden，1987；转引自蔡晓明，2000）

海洋中的硫循环实际上比上面描述的复杂。近年来人们特别关注其中有关二甲基硫（DMS）的产生与去向，认为其动态与气候调节有关。

二、海洋二甲基硫的产生过程及其与气候的关系

海洋产生的（DMS）的去向及其作用已成为全球气候变化的主要研究课题，备受人们的关注。

（一）海水中DMS的产生过程及分布

海水中的（DMS）主要来源于海洋藻类。海藻摄取环境中的硫合成半胱氨酸、胱氨酸或直接合成高半胱氨酸；经高半胱氨酸进一步合成蛋氨酸。蛋氨酸经脱氨和甲基化作用形成二甲基硫丙酸（DMSP），这是DMS的前体。DMSP在藻体内可起调节细胞渗透压的作用，在微型和大型藻类细胞中都有发现。DMSP再经酶分解就产生DMS和丙烯酸（最近发现紫外辐射也会促进DMSP的分解）：

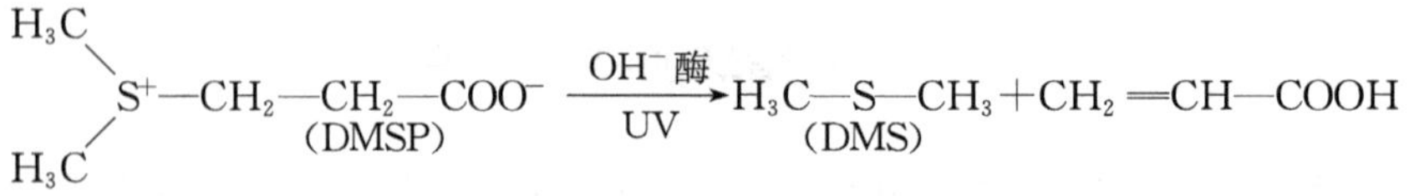

浮游植物细胞内的DMS可释入海水中，而未分解的DMSP经浮游动物捕食作用也释入海水中，借助于微生物的活动，通过酶促反应，将DMSP转化成DMS。

DMS广泛分布于海洋水体中，其含量与初级生产力和浮游植物的分布有关。据报道，大洋海水DMS的平均浓度为1.4～2.9 nmol/L，沿岸、河口和极地海的含量高于开阔海洋，而南极海域DMS的产量估计是全球产量的10％。

大洋水体DMS主要分布在真光层，真光层下方的含量极微，深海DMS的含量为0.015～0.03 nmol/L。

（二）海水中DMS的传递

海洋中DMS的消除主要有三个去向（图8.17）。

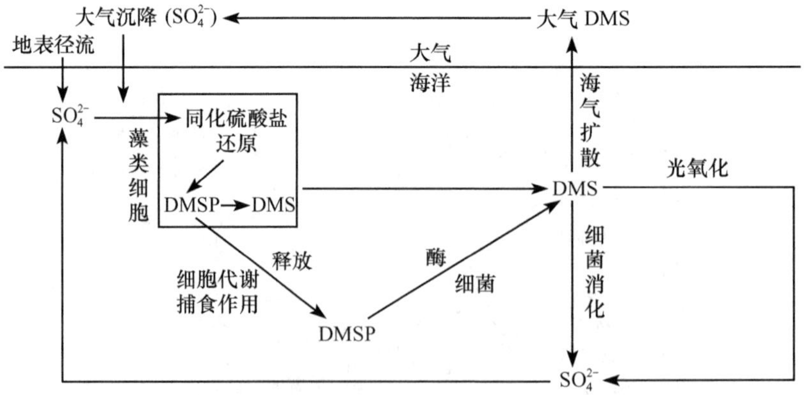

图8.17 海水中DMS的生产和降解过程（引自蒋林，1997，转引自蔡晓明，2000）

（1）光化学氧化：海洋表层DMS可通过光氧化形成SO_4^{2-}，据估计，全球表层海水DMS被光氧化破坏的速率约为0.15 mg S/(m^2·d)；

（2）向大气排放：全球平均海—空通量约为 0.20 mg S/(m^2・d)；

（3）微生物降解：DMS 可通过细菌消化降解最后也形成 SO_4^{2-}。在热带太平洋海域，DMS 通过微生物的降解速率比海—空交换速率要大。

（三）DMS 与气候的关系

海洋浮游植物释放的 DMS 在海水中形成一个巨大 DMS 库。一部分 DMS 进入大气后，主要被 OH 自由基氧化生成非海盐硫酸盐（NSS-SO_4^{2-}）和甲基磺酸盐（MSA）。这些化合物容易吸收水分，可以充当云的凝结核（CCN）。由于 CCN 对云层的形成是很灵敏的，所以海洋 DMS 大量进入大气后会直接增加 CCN 的密度形成更多的云层，从而增加太阳辐射的云反射，使地球表面温度降低，这是与温室效应相反的过程。所以，一般认为海洋生物产生的 DMS 具有控制或调节气候的作用，并称之为 DMS 气候链（图 8.18）。

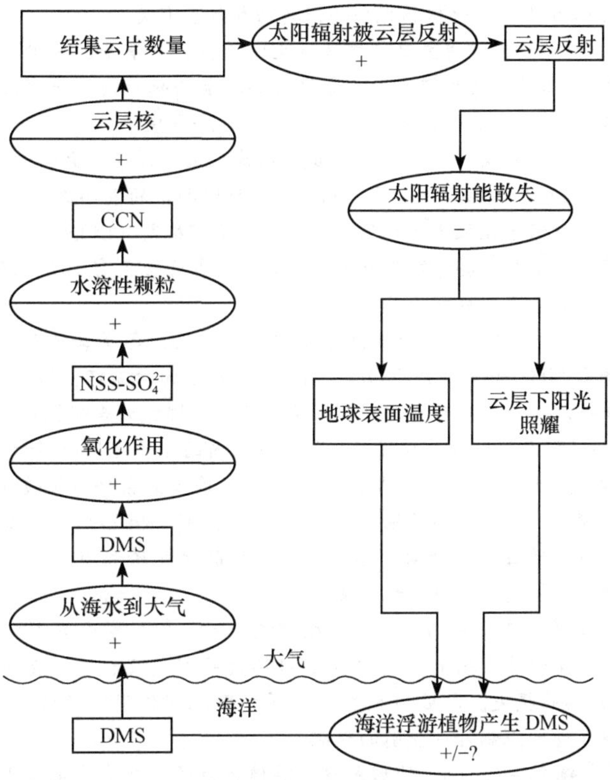

图 8.18　浮游植物—云层气候反馈模型（引自 Charlson，1987，转引自蔡晓明，2000）
方框中是可定量检测，卵圆形是一些生态过程，＋或－表示正或负的作用。

据估计，全球天然（海洋＋陆地＋火山等）DMS 输入大气的量为 0.78 Tmol S/a，其中由海洋表层输入大气的为 0.5±0.3 Tmol S/a（Andreae et al.，1985），约占总输入量的 2/3。

本章提要

1. 分解作用是指生态系统中各种动植物排出的粪团和死亡的残体通过分解者的分解作用最后转变为无机物质，同时其潜能也以热的形式逐渐耗散的过程。微生物和原生动物是主要的分解者，但其他小型后生动物的协同作用也可提高分解效率，大型动物也有促进有机物分解的作用。分解作用是维持生态系统生产与分解平衡、维持生态系统可持续性的重要机制。

2. 溶解有机物是海洋有机碳库的主要组分，其次是有机碎屑和活体生物有机碳。有机聚集体（“海雪”）包含微型和小型生物组分和非生命有机碎屑、可溶性有机物和无机物，具有很高的生物活性，被称为海洋的“沙漠绿洲”，也是营养物质快速循环的活性中心。有机碎屑在下沉中不断被利用和分解，浅海区有5％～50％的初级生产能量通过各种有机碎屑沉降到海底，大洋区中大部分（90％以上）有机碎屑在水层中完成分解作用。

3. 沉降到海底的有机物被底栖动物利用后就继续进行分解作用。在沉积物表层进行与水层一样的有氧分解过程（消耗 O_2 和产生 CO_2）；在深层进行不同类型的缺氧分解，除产生 CO_2 外还有 NH_3 和 H_2S 等还原性分解产物。少量难分解的有机物被埋藏在沉积物内。

4. 全球碳循环包括生物的光合作用和呼吸作用过程、大气-海洋之间的 CO_2 交换以及碳酸盐的沉积作用，人们最关注的是气-海之间的碳交换。人类活动（主要是使用化石燃料和陆地植被被破坏）导致大气 CO_2 含量持续上升。大气碳增量中约有1/3可以被海洋吸收，还有约1/4为未知去向的汇，后者可能与陆地植物对 CO_2 上升引起植物光合作用量增加效应有关。

5. 海洋对大气 CO_2 的净吸收作用主要依靠海洋生物的生产、消费、传递沉降和分解等一系列生物学过程（称为生物泵）、各种含碳酸钙外壳或骨架的海洋生物死亡残体和形成的粪团沉降以及造礁珊瑚等吸收 CO_2 形成碳酸钙沉积于海底来实现的。对不同海域中大气 CO_2 吸收（汇）与释放（源）格局的研究表明，北大西洋是吸收 CO_2 强烈的区域，而赤道太平洋是最大的连续 CO_2 源区。

6. 海洋溶解无机氮（DIN）中的 NO_3^- 和 NH_4^+ 是生物可利用的重要氮源。N_2 含量虽然很高，但需要通过固氮生物的固氮作用才能被生物利用。海水中溶解有机氮（DON）含量比无机氮化合物高得多，成分非常复杂。营养细菌和某些浮游生物可利用其中的部分含氮有机物。颗粒有机氮包括生物体和各种有机碎屑的氮，后者被不断分解为DON和DIN。

7. 浮游植物吸收 NO_3^- 和 NH_4^+（后者被优先吸收）并转化为各类含氮有机物。结合在有机物中的氮通过分解作用再释出 NH_4^+ 和氧化成 NO_3^-，完成内部的生物学循环。固氮作用将 N_2 转变为生物学可利用氮进入生物学循环，是生物可利用新氮的主要来源。固氮效率受铁和磷酸盐所制约。脱氮作用是导致生物学活性DIN损失的过程。氮循环与包括碳在内的生物地化循环和气候变化有密切关系。

8. 海水中的溶解磷酸盐绝大部分以 HPO_4^{2-} 形式存在。在有氧条件下磷酸盐易被吸附在无定形氢氧化物、碳酸钙和黏土颗粒上；同时磷酸根离子能与 Ca^{2+}、Al^{3+} 和 Fe^{3+} 等阳离子结合成难溶性沉积物。磷的这两种化学特性导致海洋的磷动态复杂化。溶解的无机磷和有机磷的垂直分布特点明显不同，与浮游植物的吸收及有机物的分解过程有关。

9. 海洋磷的主要来源有：①陆地的风化侵蚀经河流输入；②人类活动（磷肥生产等）；③大气中的悬浮颗粒、火山灰和矿尘沉降。磷的损失主要是以钙盐的形式沉积埋藏在海底，另有少量被海鸟（鸟粪）和人类捕捞水产品而损失。新近研究发现海洋的磷限制作用可能比以往所了解的更为普遍。固氮生物的固氮作用除了受铁限制外也受磷的限制。

10. 海水中的溶解态硫主要以 SO_4^{2-} 的形式被浮游植物吸收。在有氧条件下有机物分解并氧化成 SO_4^{2-} 进入再循环。在缺氧条件下，有机物分解产生 H_2S，它可与Fe、Ca离子结合形成FeS和 $CaSO_4$ 沉积。海水中的二甲基硫（DMS）主要来源于初级生产者。DMS的去向包括光氧化、微生物降解（均形成 SO_4^{2-}）以及向大气排放。DMS进入大气后被氧化形成易吸收水分的凝结核（CNN）从而增加反射太阳光的能力，因而海洋产生的DMS被认为具有调节气候的作用。

思考题

1. 简述分解作用及其意义，为什么微生物是有机物的主要分解者？

2. 举例说明分解者协同作用对提高有机物分解效率的意义。

3. 有机聚集体（“海雪”）是怎么形成的？为什么说它是海洋的“沙漠绿洲”和营养物质再生的活性中心？

4. 以碳的生物地化循环为例说明海洋对 CO_2 的净吸收机制。
5. 为什么说对某些海区加 Fe 可提高海洋净吸收 CO_2 的效率，你对此有何看法？
6. 说明海洋氮的生物内循环过程。
7. 简述固氮作用与脱氮作用的生态学意义，为什么说二者与全球碳循环和气候变化有关？
8. 简述海洋中溶解磷酸盐和溶解有机磷的分布特点及其原因。
9. 说明海洋磷循环中的输入与输出途径，为什么说磷与氮一样都是海洋生态系统重要的限制因子？
10. 概述海洋二甲基硫（DMS）的来源与去向及其调节气候的作用。

第二部分
海洋主要生态系统类型

第九章
海岸带与浅海生态系统（一）

第一节　海岸带概述

一、海岸带与海岸湿地及其保护意义

（一）海岸带和海岸湿地的概念

海岸带（coast zone）是海洋与陆地交界的狭窄过渡带。生态学上所指的海岸带包括潮上带、潮间带和潮下带三部分（图 9.1）。潮上带在特大潮或大风暴时才被海水淹没，潮间带每天有海水淹没和干露的周期，潮差大的潮间带再分为高潮带、中潮带和低潮带。潮下带是低潮线下方完全被海水淹没的海区，其下限位于 10～20 m 水深处，我国在海岸带和海涂资源调查中将海岸带划分为河口岸、淤泥质岸、基岩岸、红树林岸、砂砾质岸和珊瑚礁岸 6 种类型。

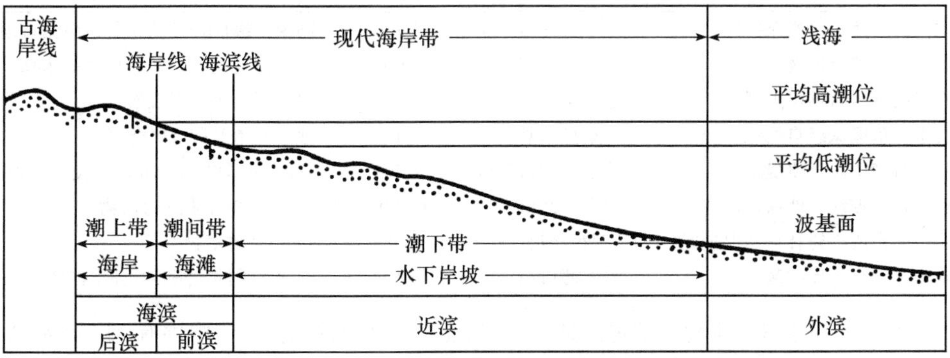

图 9.1　海岸带及其组成部分

湿地广泛分布于世界各地，是地球上最富有生物多样性的生态景观和人类最重要的生存环境之一。在世界自然保护联盟（IUCN）、联合国环境规划署（UNEP）和世界自然基金会（WWF）编制的“世界自然保护大纲”中，湿地与森林、海洋一起并称为全球三大生态系统类型。

到目前为止，国际上还没有统一的湿地概念。1971 年，在伊朗的拉姆萨尔（Ramsar）会议上通过的《关于特别是作为水禽栖息地的国际重要湿地公约》（简称《湿地公约》）对**湿地**（wetland）的定义是：“不论其为天然或人工、长期或暂时的沼泽地、泥炭地或水域地带，静止或流动的淡水、半咸水或咸水的水域，包括低潮位时水深不超过 6 m 的水域；同时，还包括邻接湿地的河湖沿岸、沿海区域以及湿地范围内的岛屿或低潮时水深不超过 6 m 的海水水体。”该定义是一种国际公认的、广泛的定义，按这一定义，湿地包括了湖泊、河流、沼泽（森林沼泽和草本沼泽）、滩地（河滩、湖滩和沿海滩涂）、盐湖、盐沼以及海岸带区域的珊瑚礁、海草床、红树林和河口等类型。因此，海岸湿地与上述海岸带在含义上是大体一致的（表 9.1）。

表 9.1 《湿地公约》对海洋湿地的分类（转引自黄宗国，2004）

湿地型	公约指定代码	说　明
浅海水域	A	低潮时水位在 6 m 以内水域，包括海湾和海峡
海草床	B	潮下藻类、海草、热带海草植物生长区
珊瑚礁	C	珊瑚礁及其邻近水域
岩石海岸	D	海岸的岛礁与海边峭壁
沙滩、砾石与卵石滩	E	滨海沙洲、沙岛、沙丘及丘间的沼泽
河口水域	F	河口水域和河口三角洲水域
滩涂	G	潮间带泥滩、沙滩和海岸其他淡水沼泽
盐沼	H	滨海盐沼、盐化草甸
红树林沼泽	I	海岸咸水、淡水森林沼泽
咸水、碱水泻湖	J	有通道与海水相连的咸水、碱水泻湖
海岸淡水泻湖	K	淡水三角洲泻湖
海滨岸溶洞穴水系	Zk(a)	滨海岸溶洞穴

（二）中国的重要海岸湿地

我国已有 21 片湿地被列为国际重要湿地，其中 8 片是海岸湿地（表 9.2）。

表 9.2 中国 8 个世界海岸湿地（转引自黄宗国，2004）

名　称	隶　属	面积/hm^2	主要保护对象
大连国家级斑海豹自然保护区	辽宁大连市	11 700	国家二级保护动物及其最南繁育地
盐城国家级自然保护区	江苏盐城市	453 000	海岸湿地生态系及丹顶鹤等水鸟
上海市崇明东滩自然保护区	上海市	3 600	河口湿地生态系及候鸟
广东惠东海龟国家级自然保护区	广东惠东县	400	沙滩海龟产卵及孵化区
米埔和后海湾国际重要湿地	香港特别行政区	1 500	132 hm^2 红树林（6 种）及 352 种鸟
湛江红树林国家级自然保护区	广东湛江市	20 279	24 种红树和半红树植物
广西山口国家级红树林自然保护区	广西合浦县	4 000	14 种红树植物
东寨港国家级自然保护区	海南海口市	5 400	24 种红树植物和 40 种半红树植物

《湿地公约》对水鸟（水禽）的定义是：“生态上依赖湿地的鸟类”。中国有 216 种水鸟（陆健，1994），565 种候鸟（张孚允，1996），可见鸟类资源是很丰富的，其中不少是必须重点保护的种类。据黄宗国等 1988～1999 年 4 次对福建省泉州湾滩涂湿地的调查，仅该湿地就有鸟类 108

种，其中列于《濒危野生动植物种国际公约》的种类包括凤头鹛、大白鹭、白鹭、小杓鹬、黑嘴鸥、赤颈鸭和绿翅鸭7种（黄宗国，2004）。

（三）湿地的功能与保护意义

湿地是地球上具有多种效益、有着重要保护价值的生态系统，在环境、经济和科学文化方面，为人类的生存和可持续发展发挥了不可替代的作用。

湿地是人类文明的摇篮，湿地不但是人类重要的水源地，还提供了丰富的水产品、原材料，以及水上运输和放牧场所。3亿年前石炭纪在湿地中生成和保存下来的煤和石油，是我们今天不可缺少的能源和化工材料，湿地中还贮存着各种矿产资源。

湿地是自然界最具生产力的生态系统之一，因具有广泛的食物网和支持丰富的生物多样性，为众多的野生动植物提供独特的生境，而被称为“生物超市”。据20世纪80年代中国海岸带和海涂资源调查，在等深线15～20 m的浅水区共有鱼类480种，头足类29种，游泳甲壳类79种。从捕捞种类看，黄、渤海主要有鳀鱼、小黄鱼、梭鱼、斑鰶、牙鲆、舌鳎等；东海主要有大黄鱼、小黄鱼、带鱼、马鲛等；南海主要有二长棘鲷、圆腹鲱等。头足类有各种乌贼、柔鱼，游泳甲壳类有对虾等。很多游泳动物以洄游性类群为主，分布区也包括陆架浅海区。

我国的沿岸滩涂生物有1500多种，主要是无脊椎动物，其中软体动物（如牡蛎、缢蛏、泥蚶、毛蚶等）、节肢动物（虾蟹类以及多毛类）和棘皮动物等都是很重要的经济种类。此外，还有浒苔、石莼等大型藻类。

湿地因具有巨大的水文和元素循环功能，对自然和人类产生的水和废弃物具有接收、净化的作用，而被誉为“地球之肾”。湿地具有调节区域气候的功能，在全球尺度上被誉为二氧化碳接收器和气候稳定器。湿地在防风抗旱、消浪护岸和防止盐水入侵等方面也发挥重要贡献。此外，湿地还具有巨大的景观价值，是生态旅游的极佳场所，并有着极高的科研和教育价值，为教育和科学研究提供了理想的对象、材料和试验基地。

此外，由于湿地生态系统处于水陆交界的生态脆弱带，因此易受自然和人为活动的干扰，生态平衡极易受到破坏，且受到破坏后很难得到恢复。目前，湿地是各种自然资源系统中受威胁最大的一类。由于湿地被转化为工业、农业、居住用地，造成湿地面积不断减少；由于空气、水污染以及水源水量减少，造成湿地质量（如生物多样性）持续下降。特别是20世纪以来，湿地面积丧失和质量下降的速度更快，地球上已损失了近一半的湿地，湿地的保护与修复已成为人类的当务之急。海洋湿地是介于陆地和海洋生态系统之间的过渡地带，是生物多样性最丰富、生产力最高的湿地生态系统之一，具有高梯度变化和高脆弱性等特征，开展其结构、功能、评价与管理，以及生态修复与重建等相关研究具有非常重要的生态、经济和社会意义。

二、海岸带的环境特征和生物的适应性

（一）主要环境特征

1. 潮汐

全世界的海洋除地中海和波罗的海之外，均有潮汐现象，但潮差及潮时随地区而异。不同地区的潮汐又有半日潮、全日潮和混合潮之分。多数地区属半日潮，一天有2次涨退潮，平均一次潮汐周期为12 h，如美国大西洋沿岸，中国的台湾、厦门和青岛等地。有的地区每个太阴日（24小时50分）只有1次涨退潮（如南海的北部湾），称为全日潮。混合潮指日潮不等的潮汐，是正规半日潮和全日潮之间的过渡潮型，一般又分为“不正规半日潮”和“不正规全日潮”。中国南

海大部分海域属混合潮类型。

潮汐是影响潮间带生物最重要的生态因素，随潮汐的涨落，生物交替地暴露于空气和淹没于水中。退潮后生物暴露的时间越长，受干露、温盐变化等的影响也就越大。由于潮汐具有节律性，故许多沿岸生物在生理、生殖及行为上也常显示相应的节律。

2. 底质

沿岸潮间带底质可分为三种基本类型：松散的砂质、致密的泥质和坚硬的石质，此外还存在这三者的混合过渡类型。可以以粒径大小梯度的观点来看待各底质类型，大至巨大的峭壁和砾石滩，小至只有几微米的淤泥。大颗粒为底上动物和植物提供了稳固的附着基，较小的砂则由于不稳定而不利于生物附着，底内动物则多栖息于泥滩中（图 9.2）。

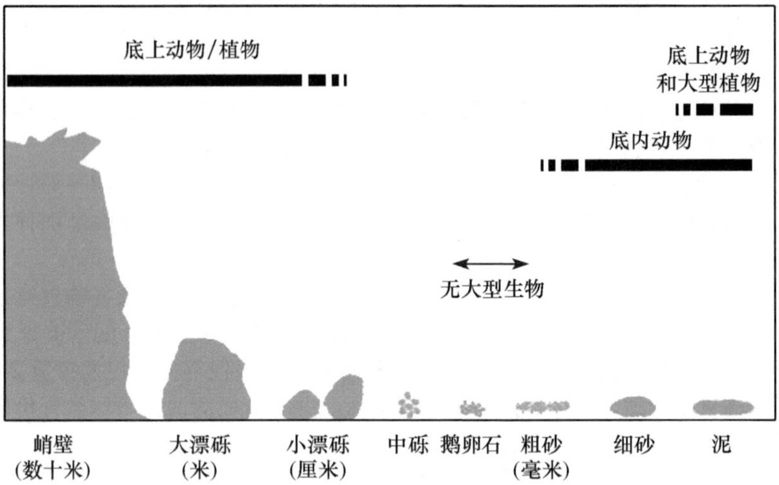

图 9.2　按粒径大小划分的底质类型和相关生物（引自 Kaiser et al.，2005）

3. 温度、盐度和波浪

（1）温度：潮间带温度变化十分剧烈（包括日变化和季节变化），常超出许多生物的忍受限度，有时虽不立即致死，但会影响生物的体质，使其易受其他因子的二次伤害。受大陆的影响，潮间带以外海域的温度变化也明显比大洋区显著。

（2）盐度：由于蒸发、降水和大陆排水的影响，潮间带盐度变化幅度很大。如在潮池（tidepool，潮间带的水坑），低潮时一场阵雨带来的淡水就能使其盐度大大下降；在干旱期，水的蒸发量增大，盐度又可以达到另一个极端。

（3）波浪：波浪对沿岸海洋生物的直接影响主要包括两方面。一方面，海浪持续拍打海岸所带来的冲刷力，可剥离或冲走一些固着、附着生物等；另一方面，波浪也可扩展潮间带的范围，使潮间带生物可分布至更上缘的碎浪波及处。

波浪的作用还在于会引起底质的变动。砂粒因受到波浪的拍击而移动，因此每当波浪经过时就会带起一些砂粒，在海水中翻滚后又沉积于底质上。由于波浪的淘洗，使得细砂只沉积在波浪作用小的地方，粗砂则沉积在波浪作用剧烈的地方。

此外，波浪还有增加溶解氧和降低光照的作用。

（二）生物对环境的适应

由于生境的复杂多变，生活在潮间带的生物种类面临各种恶劣环境条件的考验，许多生物也发展出各种特殊的适应方式。一旦生物通过进化适应了这一环境，就会因缺少竞争对手而大量繁衍。

1. 对干露的适应

为避免干露死亡，能移动的生物往往选择随海水的涨落来回游动，或躲入孔穴、缝隙和藻林中。固着生物等几乎不动的生物则有特殊的适应方式。大型藻类的组织有极高的耐旱能力，可忍受体内脱水达 60%～90%仍能复活（Kanwisher，1957）。双壳类、藤壶等在低潮时可通过紧闭其壳来保持水分。许多腹足类动物有口盖，退潮时可用厣封闭。海葵和水螅则通过分泌黏液来防止水分散失。泥滩和沙滩中的动物则常钻入地下的管穴中。

有的潮间带生物在离水时能呼吸空气中的氧气，如弹涂鱼的呼吸器官除鳃外，其皮肤、口咽腔也分布有许多微血管用于呼吸，特殊情况下，其皮肤的呼吸量可达总呼吸量的一半以上。藤壶的外套组织也有呼吸功能。有的软体动物（如贝类）将鳃隐藏在外套腔内，甚至演化出管束状外套膜取代鳃的呼吸功能。此外，许多潮间带动物在退潮时，会降低其生理活动，以减少耗氧。

为了防止摄食时肉体暴露而干燥，栖息于岩礁上的动物多在涨潮有水淹没时摄食，如海葵。不过，在泥、砂底质中生活的生物因底质中富含水分，也可在退潮后觅食。

耐受干旱的能力不同是潮间带生物垂直分带的主要原因。

2. 对温度、盐度变化的适应

由于潮间带的温度变化常接近生物的致死高温而不是致死低温，所以潮间带生物常发展出对高温的适应机制。如很多动物贝壳是淡色的，可反射热量。有的动物贝壳上有长长的脊状突起，称为刻肋，有利于增加散热的表面积。有的贝类可在外套膜或壳内贮存多余水分，这样既能蒸发水分降温，又不致脱水。

潮间带海水剧烈的盐度变化，使许多生物面临无法正常维持体内渗透压的危险。大多数潮间带动物为渗透压顺变型生物（或称变渗生物，osmoconformer），没有调节体液渗透压的能力，只能靠诸如紧闭其壳、防止干燥脱水等方式来抵御盐度波动。因此，偶尔会发生大雨或洪水期间潮间带生物大量死亡等事件。

3. 对波浪冲刷的适应

为应对波浪的机械性冲击，以防被海水冲走，藤壶、牡蛎等固生在岩石上，大型海藻以固着器、贻贝以足丝固着。有的生物身体呈光滑的流线型，可减少水的阻力。腹足类可把自己黏附在牢固的基岩表面。许多生物通过栖息在岩石缝隙以躲避波浪冲击。

4. 生殖适应

潮间带生物多行固着生活，因此必须依靠漂浮性的卵或幼体来散布，此外，其繁殖周期也常演化成与潮汐或大潮同步，如紫贻贝（*Mytilus edulis*）的生殖腺多在大潮时成熟，在下一个小潮时产卵；而滨螺（*Littorina neritoides*）则在大潮时产卵（邵广昭，1998）。

（三）生物的带状分布

海岸带的生物往往存在不同程度的**带状分布**（zonation），尤其是在潮差大的地区。通常潮上带、高潮带、中潮带、低潮带和潮下带的划分即是依据被海水覆盖的频率以及生物的带状分布特征。

潮上带是海岸带中海拔最高的区域，基本上不受潮汐影响，只有在特大潮或风暴天气中才会被潮水覆盖。通常到达这个地方的海水仅仅是浪花飞溅时形成的水雾。由于很少淹没在海水中，所以这里的有机体相对其他生物而言，更适宜生活在陆地环境。主要是一些草本植物，也会出现少量滨螺。

从潮上带的下边界延伸到潮水能够达到的最高位为高潮带。由于大部分时间暴露在空气中，偶尔被海水淹没，出现在这里的生物多为耐干类型，如滨螺、藤壶。

中潮带是面积最大的潮间带区域，也是生物最为多变的地方。这里的生物定期暴露于水面和被海水淹没，退潮时面临烈日的暴晒和海风造成的干燥环境。尽管环境恶劣，仍有丰富多样的生物体在此定居和繁殖，大多同时具有生活在陆地和海洋中的能力。寒带的中潮带有大量墨角藻（*Fucus*）类；在温带有以石莼（*Ulva*）为主的绿藻和牡蛎。

低潮带的生物大部分时间浸没在海水中。几乎不会遭遇干旱环境，已经完全适应了海洋生活，这里的生物具备潮下带生物的特点，种类也最多，包括海绵、腔肠动物、多毛类、贝类、蟹、棘皮动物及海鞘等。

潮下带通常指低潮带以下直至藻类分布的最低界限。此带有大量的海草和无脊椎动物如海参、扇贝、鲍等出现。

必须指出，除了物理因素外，生物因素（捕食作用和空间竞争）也是引起上述带状分布的重要原因。

第二节　河口和盐沼

一、河口的类型及环境特征

（一）河口的定义和类型

1. 河口的定义

河口（estuary）是海水和淡水交汇和混合的部分封闭的沿岸海湾，它受潮汐作用的强烈影响。如同潮间带是陆地和海洋环境的交替区一样，河口是地球上两类水生生态系统之间的过渡区。

通常将河口区分为三段：海洋段或河口下游段（至淡水舌锋缘），与开阔海洋连通；河口中游段，咸、淡水在此混合；河口上游段或河流段，主要为淡水控制，但每天受潮汐的影响。

河口区边界的确定并不容易，当以盐度变化作为界定指标时，理论上，可用海水和淡水混合的两个极限来确定河口区的上、下界。但是在一些河口区（如都市型河口区），海水的输入（即潮汐的影响）常受堤坝等港口工程的阻拦；而在向海方向，有的大型河流淡水输入的影响甚至可达上千公里。因此，实际上许多河口区往往是主观地根据海岸的地形和管理的标准来确定边界。

河口区既是重要的渔业捕捞场所，也是重要的水产养殖区，是一些经济海产品（如牡蛎、缢蛏、虾、蟹等）的养殖基地。河口区的内在价值则更为重要。首先，河口区能截留陆源输入的污染物、营养物质，使其不致进一步流向海洋，起一种“过滤器”的作用，有助于改善水质。其次，河口湾还是海洋风暴和城市之间的缓冲器，保护内陆城市不受破坏。此外，河口区还能分散洪水的力量，减弱洪水的破坏力。河口环境也是最易受人类活动影响的区域（参见第十二、十三章）。

2. 河口的类型

世界上的河口种类繁多，在地形、潮汐和盐度特征上存在很大差异，因此河口类型的划分也多种多样，存在不同的分类依据。

根据水循环和分层现象引起的盐度剖面分布，河口可分为三种类型（图 9.3）。

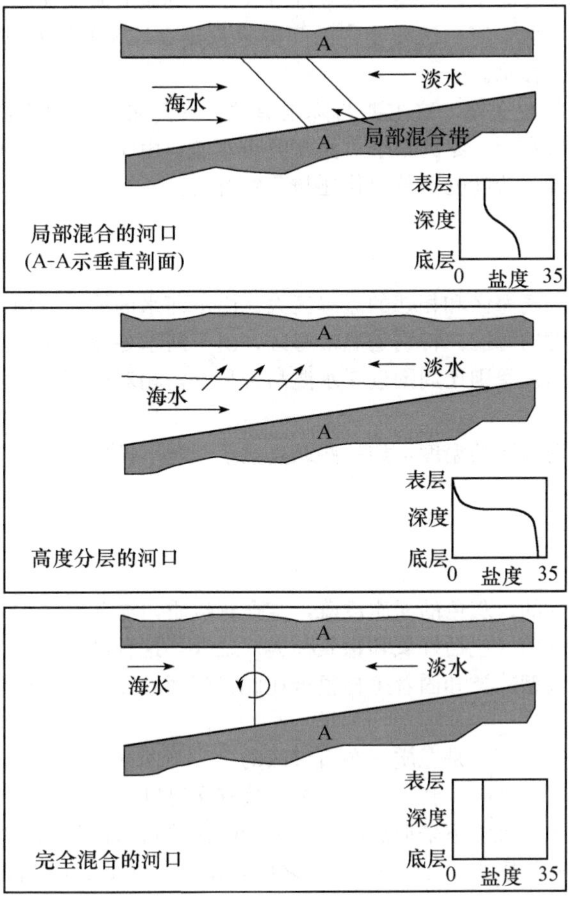

图 9.3　不同河口类型盐度剖面图（引自 Kaiser et al.，2005）

（1）局部混合或适度分层的河口：淡水和潮汐的流入量大致相等，主要的混合动因是由周期性潮汐作用形成的湍流（turbulence），这类河口湾的盐度剖面不明显。

（2）高度分层的河口：在大江的入口处，河水流动大大超过潮汐而起主要作用，淡水容易充溢在较重的盐水上面。这种分层或两层现象使河口湾呈现"盐跃层"（halocline）的盐度剖面。

（3）完全混合或垂直均质的河口：当潮汐作用强烈而明显占有优势，水由表层到底层充分混合而盐度相当高，盐度和温度的主要变化是水平的。

广义地说，除真正的河口外，河口还包括半封闭的沿岸海湾和在沿岸沙坝后面的水体。因此，河口区除了指大江大河入海区以外，还包括盐沼（或称潮沼）和海草床等群落。盐沼位于温带河口潮间带上层，生长着陆地起源的一些有根显花植物，这些植物（草本为主）具有耐盐、耐淹的特性，称为沼草。在热带沿岸，沼草则被红树林所取代。

在大多数海洋的潮间带和潮下带生长的海草则完全是海生的，这种有根显花植物形成海草场。

（二）河口环境特征

1. 盐度

盐度是河口环境中变化最明显的环境因子。

潮汐节律引起盐度的周期性变化是河口区最重要的特点。在河口中游段，每一个潮汐周期内，低潮时的盐度可能接近淡水，高潮时则接近海水。不过盐度的变化幅度在河口区的上游段和下游段则小得多。另外，由于河口沉积物中的间隙水是比重较大的海水（下沉），因此在潮汐周期内的盐度变化远小于上覆水。

河口盐度还存在季节性变化，这主要与降雨有关。在热带和亚热带海区，低盐通常出现在春、夏的雨季，高盐出现在秋、冬的旱季；而在温带水域，由于冰、雪融化时产生淡水，低盐可能出现在冬、春季。此外，盐度的季节变化还与蒸发有关。

2. 温度

河口温度的变化较开阔海区和相邻的近岸区大。由于河水的输入，河口水温的季节变化较海水更为明显。在较高纬度的海区，特别是温带海区，由于河水冬冷夏暖，这样河口水温在冬季就比周围的近岸水温低，而夏季则比周围近岸水温高。另外，相对表层水，河口底层水的温度变化范围较小。

人类活动也会影响河口区的温度，如一些调查显示，电厂排出的废水有时可使邻近河口区的水温提高 3℃以上。

3. 沉积物

河口沉积物多为柔软的、灰色的泥质浅滩，富含有机质，常有厚厚的一层还原带，扰动后常发出含硫的臭味。除了细菌（包括好氧和嫌氧种类）之外，这种细小的、具流动性的沉积物十分不利于生物的定居，如大型藻类和固着生物很难在此找到固着点，细小的颗粒还很容易堵塞纤细的摄食和呼吸结构。

不过，河口区的底质并不仅是泥质，在河口区的上、下两端，因流速较快，阻碍细小颗粒的下沉，沉积物以粒径较粗的砂砾（和贝壳）为主。只有在河口区的中游段，潮汐与河流交汇，流速降低使得细小的泥质颗粒沉积下来形成泥滩。由于随潮汐流入的海水体积一般大于河水，因此泥滩中的沉积颗粒主要来自海洋。在泥滩和砂砾之间，还存在粒径介于两者之间的沙地（图 9.4）。

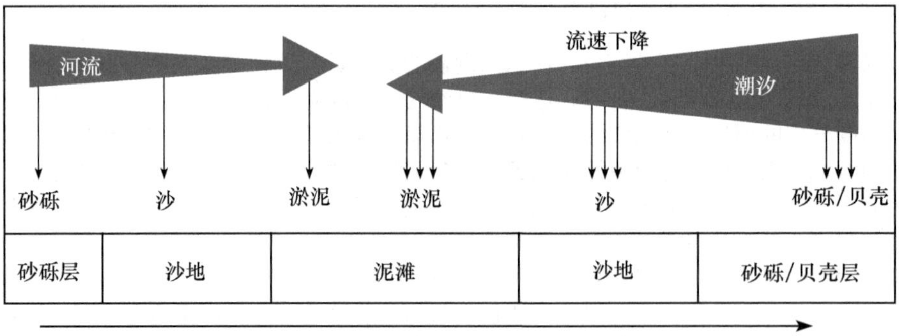

图 9.4　河口沉积物的分布（引自 Kaiser et al.，2005）

4. 溶解氧

河口区的水体和沉积物中均含有很丰富的有机物质，细菌的活动水平很高。在较深的峡湾河口，夏季可能形成温跃层，使得底层水的溶解氧水平较低。

沉积物中有机物质的分解消耗大量氧气，使得间隙水中的需氧量很高。在河口中游段的泥滩，微细颗粒会阻碍水层中溶解氧向间隙水中扩散，因此在表层以下就呈缺氧状态，同时，伴随甲烷、硫化氢等有毒物质的产生，进一步增加了栖居于其中的底栖生物的生理压力。不过，一些掘穴动物，如虾、蟹和多毛类等的活动会使底质的缺氧状态有所改善。

5. 波浪和流

河口区三面被陆地包围，由风产生的波浪较小，因而相对来说，是个较平静的区域。大部分的河口水深较浅，来自大海的波浪传至河口后会很快消减，加速了细小颗粒的沉积，使得一些有根植物得以生长。

河口区的流速受潮汐和陆地径流的共同影响。河道上的流速有时每小时可达数里，在河道中央流速最大。

大部分河口区有淡水连续注入，与海水进行不同程度的混合，某给定体积的淡水从河口排出的时间称为冲洗时间（flushing time)。这个时间间隔可作为河口系统稳定性的一个重要测度。较长的冲洗时间对维持河口浮游生物群落是很重要的。

6. 混浊度

河口水中有大量的悬浮颗粒，其浑浊度一般较高，特别是在有大量河水注入的时期。通常靠近大海的区域混浊度较低，越往内陆方向越高。混浊度的主要生态效应是使透明度下降，浮游植物和底栖植物的光合作用率也随之下降。在混浊度很高时，浮游植物的产量能达到可忽略不计的程度，这时有机物的产生主要来自盐沼植物（温带和北方河口区）。

二、河口区的生物组成及其适应性

与许多其他海洋生态系统相比，河口形成的地质年代十分短暂，特别是在连续受冰川作用影响的温带地区。许多温带河口在上一个冰川期的鼎盛时期（距今 17 000 年前）还被冰盖完全覆盖，海平面也比目前低 130 m 以上（Fairbridge，1980)，接近大陆架的边缘。随着冰盖的后退海平面才逐渐升高，大约在距今 6000 年前，达到目前的水平。在此期间热带河口相对稳定（受冰川作用的影响小)，但也一定程度上受到海平面变化的影响。因此，根据地质学和进化的观点，世界上大多数河口都是新的生态系统。这对河口区的生物拓殖、多样性以及生态特征均有重要影响。

在上一个冰川期期间，较高纬度的河口因冰川的覆盖而消失，其中的生物群落也受到灭顶之灾。随着冰川的后退，新的生物群落出现。冰川后退出现的生物再拓殖可加速新物种或新亚种的形成、提高物种多样性水平是毫无疑问的。河口环境条件恶劣、多变，使河口生物在进化过程中面临强大的选择性压力，因此河口区潜在的物种形成速率相对较快。

（一）河口生物的起源与组成特征

河口区大部分生物种类起源于海洋（只有河口区上游段的生物主要起源于淡水)，主要包括多毛类、线虫、甲壳类、鱼类和双壳类软体动物。河口中游段的泥滩多被数量很多的多毛类、寡毛类和端足类等小型甲壳动物所占据。河口下游段的滩涂上也经常出现大片的双壳类，如贻贝和牡蛎。

终生生活于河口的生物不多，称之为专性河口种（estuarine specialist)，如底鳉（*Fundulus heteroclitus*）和胡瓜鱼（*Osmerus eperlanus*）。多数种类阶段性地生活在河口区，许多海洋鱼类可利用潮汐进入河口中游段觅食，如粗唇龟鲻（*Chelon labrosus*)，甚至可随潮汐进入小溪流。很多浅海种类常以河口区作为索饵育肥的过渡场所，如梭鱼（*Liza haematocheila*）、对虾（*Penaeus*）、大黄鱼（*Pseudosciaena crocea*）和小黄鱼（*P. polyactis*）等。在温带河口区生活的鱼类大多数是1～2龄的幼鱼。除提供丰富的食物外，河口区较高的混浊度也有助于逃避捕食。

一些游泳动物在洄游途径中会经过河口区，如降海产卵的中华绒螯蟹（*Eriocheir sinensis*）和多种鳗鲡（*Anguilla*），溯河产卵的鲑鳟鱼类等。

河口还是许多鸟类的栖息地。有的种类长年居住在河口，如麻雀、白鹭和鸬鹚等。有的种类则是在季节性的迁徙中在河口停留、中转，如天鹅、野鸭和多种鹬鸻类等。

（二）河口生物对环境的适应

河口的盐度是变化最明显的环境因子。对河口区的海洋种类而言，对盐度下降的生理适应能力是决定其存活和分布的关键因子。

河口生物的渗透压调节能力差别很大。许多种类调节能力很小，如软体动物，称为变渗生物，它们对体液的稀释有很强的忍受能力，在大多数时间可应付河口的盐度变化。甲壳类则有极强的渗透压调节能力，如糠虾 *Praunus flexuosus* 可在外部盐度发生很大变化的情况下维持内环境的相对稳定。其他种类的渗透压调节能力则介于两者之间。一些藻类也能在盐度剧烈变化时存活下来，绿藻中浒苔属 *Enteromorpha* 可能是最有忍耐力的，能通过改变体内的离子浓度以应对盐度的变化，而且与纯海洋种相比，河口区的浒苔较薄、较伸展，允许组织水分和细胞体积的变化。

一般对于潮汐节律引起的盐度短期变化，多数河口生物采取简单的忍受方式，或通过钻洞、闭壳或随潮汐游动进出河口等方式避开低盐环境。

其他环境因子也会影响河口生物的生存和分布，尤其是那些能忍受很宽盐度变化范围的种类。许多底内动物的分布主要取决于是否存在泥质环境，而不是盐度条件。如只要有稳定的泥滩，就会有沙蚕 *Nereis diversicolor* 分布。糠虾 *Neomysis integer* 有极好的渗透压调节能力，影响其在河口区内部分布的关键因子在于要避开流速高的区域，而不是盐度（Lawrie et al.，1999）。普通滨蟹（*Carcinus maenas*）是典型的河口生物，也有出色的渗透压调节能力。研究表明决定其活动和分布的关键因子是温度，水温在8℃以下就会限制其活动能力（Attrill et al.，1999）。圆腹褐虾（*Crangon crangon*）的分布则仅与溶解氧水平有关。此外，温度也是影响许多河口鱼类分布和活动的主要环境因子。

三、河口区的生物多样性与能流特征

过去通常认为河口环境条件比较恶劣，所以生物种类组成较贫乏，多样性水平较低。不过这种观点显然只考察了河口中游段泥滩区的生物组成状况，并以此代表整个河口生态系统。实际上，就整体而言，作为河流和海洋生态系统的过渡区，河口区的生物群落是海洋和淡水生物的集合体，所涉及的生物门类很多（如此众多的门类在地球其他生态系统中也较少见），有着很高的物种多样性水平。如对泰晤士河的调查显示，整个河口区的无脊椎动物在750种以上（Kaiser et al.，2005）。通常，河口区的生物随盐度的逐渐升高（向海方向）海洋种增多；随盐度下降（向河流上游方向）淡水种类逐渐增多。

一般认为，不同河口区的多样性水平有一定的规律性差别，若其他条件相同，热带河口区的生物多样性水平要高于温带河口区，特别是在印度洋—太平洋地区。因此，不同河口之间可能存在一个纬度方向的多样性梯度，这可能与冰川的影响有密切关系。与温带河口相比，热带河口受冰川干扰的时间较短，从而有更长的有效进化时间。而温带河口由于受冰川的影响，形成时间较短，多样性水平也较低。

由于水体混浊度高，限制了浮游植物的光合作用，因此，除了河口区外缘可能形成海草场之外，河口区的植物总生物量和初级生产力都较低。但是，河口区同时又是次级生产力水平最高的水生生态系统之一。

沉积物和水体中大量存在的有机碎屑是河口区高次级生产力的成因。通常，河口区水体中有机物的含量可高达 110 mg 干重/L，而外海仅为 1～3 mg 干重/L。同样，由于河口泥滩有机碳含量十分丰富，使得其中食碎屑者的生物量可达近岸沉积物中的 10 倍。

作为河口食物网的基础，有机碎屑一部分来自河口周围环境，包括陆地（如河流带入的植物叶片）、海洋（潮汐引入的藻类、大型海藻和动物）和半陆生的边界系统（如盐沼和红树林等）；另一部分则来自河口内部。Deengan 和 Garritt（1997）利用稳定同位素分析技术（^{12}C 和 ^{13}C）进行的研究表明，美国梅岛湾生物对本地碳源有很高的依赖性。河口上游段的食物网主要以淡水、盐沼和浮游植物中的碳源为基础，而在下游段则以海洋浮游植物和底栖藻类（可能还包括盐沼中的碎屑）最为重要。虽然有的季节可输入大量的陆源植物叶片，但其在食物网中的作用却并不重要。

四、盐　　沼

盐沼（saltmarsh）是主要分布在温带河口海岸带的长有植被的泥滩，植被的成带分布特征反映了不同的潮汐淹没时间，由于水体盐度的影响，植被以盐土植物为主。

（一）主要生境特征

潮汐及其所带来的盐度变化是盐沼最主要的两个环境因子。

盐沼主要分布在潮间带，盐沼的上缘和下缘通常由潮汐的范围决定。潮汐对盐沼的地形、化学、生物过程有重要影响，是盐沼和周围水体物质能量交换的重要途径，直接影响植物种类及其生产力。

盐沼生态系统的盐度呈现垂直分带现象，受潮水浸没、降雨、排水坡度、土壤性质（淤泥比砂质土壤更易积聚盐分）和植被类型（如泌盐植物可能提高土壤盐度）等的作用，盐沼盐度分布随高度增加而逐渐减小。如在加拿大切柴特库克湾，盐沼下部盐度为 25～30，中部为 18～20，上部为 3～5。

由于盐沼植物的茎和叶能阻止水流，使其变慢甚至停止，植物也有很强的减弱风浪冲刷力的作用，因此，盐沼通常对沉积物具有很强的积聚作用。盐沼的沉积物主要来自上游河流中的泥沙、潮汐带来的悬浮颗粒和盐沼自身形成的沉积物。沉积物中有机质含量通常也有垂直分带，随盐沼高度的增加而提高。

盐沼内，特别是在较低潮滩，潮沟往往比较发育。潮沟是盐沼的重要地貌形态之一，它既是盐沼的“动脉”，又是盐沼的“静脉”，是盐沼与外界系统进行物质、能量和信息交换的重要通道，对潮滩的沉积过程及其特征起着非常重要的作用。随盐沼地势的增加，潮沟逐渐淤积，数量明显减少。

裸露滩地是盐沼的又一显著特征，大部分位于潮间带，低潮时被水淹没。高位盐沼内的裸露滩地则只有在最大潮时才被淹没，水分的蒸发可导致盐分积聚，可能抑制植物的生长。

（二）盐沼生态系统的生物组成和生产力

盐沼草是盐沼生态系统优势植物，生长在潮间带上部，以米草属（*Spartina*）、盐角草属（*Salicornia*）、盐草属（*Distichlis*）和灯芯草属（*Juncus*）为主，其中米草属的优势最大。米草属

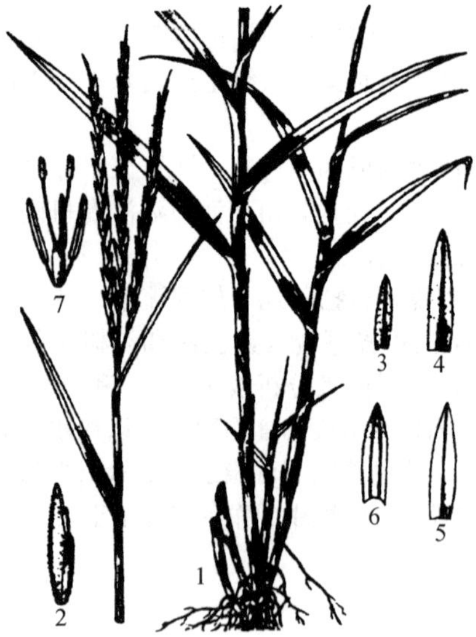

图 9.5 大米草（*Spartina angelica*）（引自黄宗国，2004）
1. 植株；2. 小穗；3. 第一颖；4. 第二颖；5. 外稃；6. 内秀；7. 雄蕊和雌蕊

的两个代表种是互花米草（*Spartina alterniflora*）和大米草（*Spartina angelica*）（图 9.5）。

盐沼植物分布也显示明显的垂直分带。如美国南加利福尼亚盐沼，从低沼泽向高沼泽植被垂直带为：多叶米草（*Spartina foliosas*）→多叶米草和各种盐角草（*Salicornia* spp.）等→弗吉尼亚盐角草（*S. virginica*）。我国苏北海岸潮间带盐沼也有十分明显的平行于海岸的自然植被分带现象，由海向陆依次出现盐蒿带（*Suaeda ussuriensis*）、獐茅带（*Aeluropus littoralis* var. *sinensis*）和白茅带（*Imperata cylindrica* var. *major*）。

盐沼的上部是海洋—陆地过渡区，温度和盐度变化很大，永久在这里生活的动物种类很少，主要是一些不时侵入的陆地动物，如鼠类、蛇类、昆虫和鸟类种群。较低潮面生活的种类就很多，最常见的有筑穴的沉积物食者［招潮蟹（*Uca*）］、摄食底栖硅藻的腹足类软体动物［如织纹螺（*Nassarius*）、拟蟹守螺（*Cerithidea*）等］以及能生活于泥内或泥上的双壳类软体动物［如蛏（*Sinonovacula*）］。盐沼植物的叶片和茎部有许多小型生物附着，在沉积物表层和内部栖息着各种微型和小型生物。沉积物中的细菌密度可达 10^9 个/cm^3，成为原生动物和小型生物的重要食物来源。盐沼还为虾类、蟹类以及许多海洋和河口鱼类的幼鱼提供隐蔽场所和食物。

盐沼系统的初级生产力变化较大，为 200～3000 gC/(m^2 · a)。另外，底泥上的藻类生产量为 100～600 gC/(m^2 · a)。因此，盐沼是地球上生产力很高的系统之一。

（三）盐沼植物碎屑的传输与沉积

盐沼植物的气生部位有少量（不超过 10%）可被陆生昆虫和鸟类等所消耗，大部分植物生产量转化为碎屑，并通过碎屑食物链（盐沼和海草场的基本食物链）被消费者利用。未被利用的碎屑一部分被转移到邻近海域（表 9.3），另一部分也可能积累在沉积物上。这种输出或沉积的数量比例取决于沼泽的地貌和水文环境条件。向海一端开放的开放型沼泽，受向海风的影响时倾向于将漂浮碎屑搬离海岸，而那些封闭在阻塞的陆地港湾内的沼泽，受向岸风的影响时倾向于向陆地方向搬运碎屑。还有，有的沼泽一年中有时输出一些物质，有时则输入一些物质直至达到平衡的状态。

表 9.3　美国东南及南部各州盐碱滩产量的大致分布（引自 Weigert，1979）　单位：gC/(m^2 · a)

Spartina 净产量	1573	盐沼的代谢	773
海藻净产量	180	潮汐作用的输出	880
总量	1653	总量	1653

在水流速度不大的岸边，沉积速度加快，经过很长时间后，在沼泽区可能形成几米深的“泥炭”沉积，从而使海岸面升高并减少潮水淹没的时间。随着海岸面不断升高，产生物种的演替。

（四）我国的河口湿地

我国河口湿地处于暖温带和亚热带，入海河口的三角洲常有以植物为主导种的生物群落，如长江口东滩、辽河口、大凌河口以及珠江口等都是典型的河口湿地生态系统，又是鸟类的良好栖息地，因而也是重要的鸟类保护区。

1. 长江口崇明东滩湿地

崇明东滩的植物群落具有明显的分带现象，潮位 3.8 m 以上的植被以芦苇为主，面积 49 km^2，潮位 3.8～2.7 m 的植被以藨草、海三棱藨草、灯芯草为主，面积 47 km^2，潮位 2.7 m 以下至低潮线为光滩，淤泥表面含硅藻，面积约 124 km^2。湿地有各种各样的无脊椎动物，生物量达 8800 t。栖息在这里的鸟类有 116 种几十万只之多。它们摄食各种植物的幼嫩叶片、地下根茎或种子，同时摄食各种丰富的无脊椎动物。

2. 辽河口湿地

辽河口是我国最大的芦苇湿地（仅次于多瑙河三角洲），又是我国冰期最长（105～129 天）的大陆海岸，具典型的暖温带生物区系，生物种类少但数量大，生物季节性极为明显。湿地的维管植物有 170 多种，植被也有明显的带状分布现象。高潮带下缘生长着以盐角草为主的低矮盐生植物，高潮带上部以碱蓬为主，潮上带生长着茂密的芦苇。陆域野生动物 240 多种，仅鸟类就有 170 多种。

3. 珠江口湿地

珠江口湿地的中、高潮区生长着红树林，而有别于其他两个河口湿地。深圳湾福田和米埔是闻名于世的国际重要湿地（拉姆萨尔湿地），这里记录鸟类 320 种。

第三节 岩岸潮间带和沙滩

一、岩岸潮间带

（一）垂直带状分布

岩岸潮间带最显著的一个特征，就是在退潮时可以看到生物有明显的垂直带状分布现象，如果坡度较缓，则主要表现为水平分带。相邻两带的生物，可通过颜色和形态的差异加以区分。

我国渤海、黄海、东海和南海岩岸潮间带习见生物的垂直分布见图 9.6。潮间带高潮区通常以滨螺为标志种；中潮区以牡蛎为标志种；低潮区以藻类为标志种，伴以许多分布到潮下的动物。潮汐以半日或日周期涨落，潮间带也周期性水、陆交替，潮间带生物，特别是高、中潮区的物种习性都与环境相适应，能耐干燥、耐太阳暴晒等（黄宗国，2004）。

一些大型底栖藻类在岩岸也表现出分带现象。例如，在苏格兰 Cumbrae 岛的掩蔽岩岸上，墨角藻分布在 5 个互相重叠但又有明显界限的带上（图 9.7）。它们忍受暴露条件的能力以及在这种条件下维持正常生长的能力从海岸低处向海岸高处逐渐增加。

岩岸上还生活着一些能移动的动物，如帽贝、蜒螺、荔枝螺等，它们的分布格式较为复杂，某些种类甚至具备在一个或几个潮汐周期内穿越整个潮间带的潜在能力。

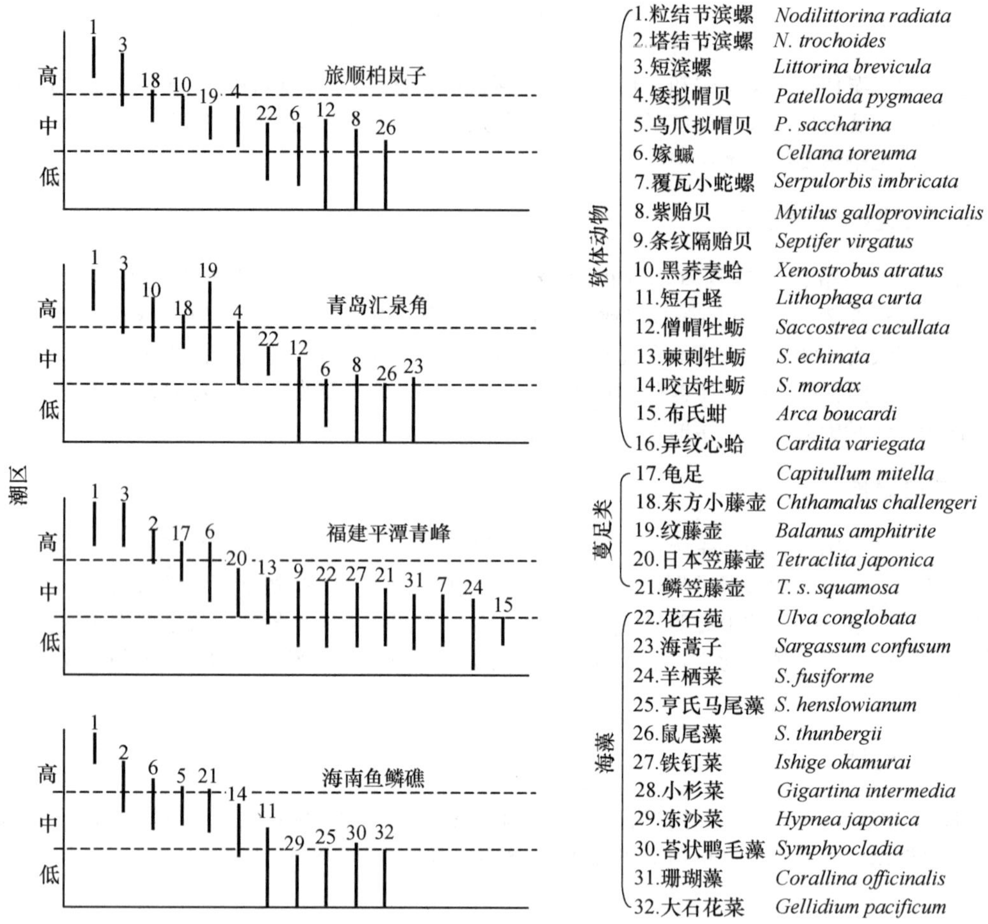

图 9.6 中国四海四处岩相潮间带习见生物的垂直分布（引自黄宗国，2004）

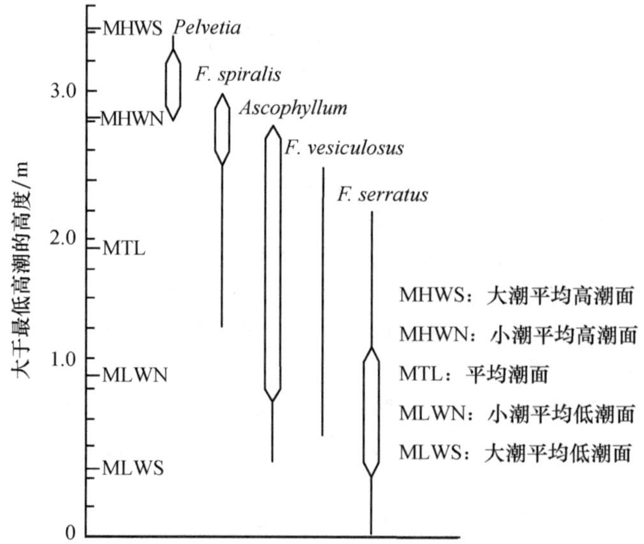

图 9.7 苏格兰 Cumbrae 岛墨角藻的分布（引自 Schonbeck and Norton，1978）

（二）决定分带的因素

岩岸附着生物分带的决定因素包括物理因素（主要是暴露在空气中的时间）和生物因素（捕食作用和空间竞争），而且常常是两类因素共同作用的结果。

带状分布的上限主要取决于物理因素。由于几乎所有岩岸中的生物均起源于海洋，其分布的上限显然与其对干燥和温度压力的忍受能力有关。一般，分布区域越高，对干燥和温度压力的忍受能力越强。不过，必须指出，幼体所经历的环境条件对决定成体的分布起着更为重要的作用，特别是藤壶和贻贝等固着生物。许多海洋螺类的幼体在较低的岸线下繁殖，随个体增大和生理改变，对不同环境的应对能力加强，又向较高处迁移。带状分布的下限则主要与生物因素有关。

研究生活于苏格兰岩岸两种藤壶的垂直分布时，发现它们显然分布在两个不同的高度，小藤壶 *Chthamalus stellatus* 的成体都在平均小潮上限以上，大藤壶 *Balanus balanoides* 的成体则在此高度下方至平均大潮下限之间。两种幼体分布空间则有相当程度的重叠，但它们的附着地点不同（图 9.8）。

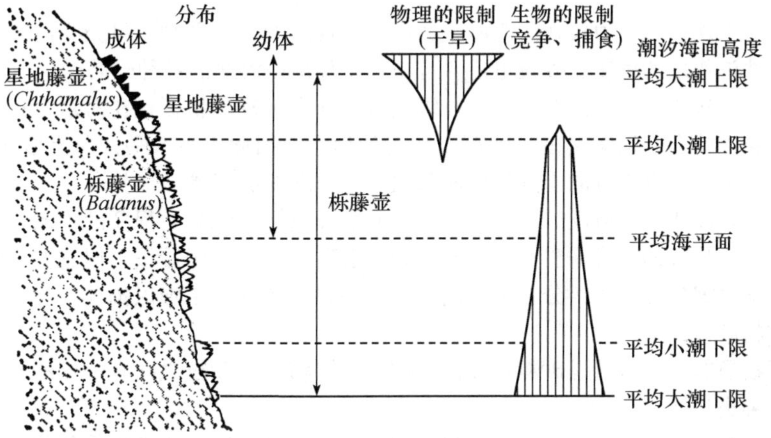

图 9.8 苏格兰海滨两种藤壶的垂直分布（竞争排斥的结果）（引自 Connell，1961）

两种藤壶分带的格式表明小藤壶有较强的耐干燥能力。但是，小藤壶分布下限则是由种间竞争所控制，因为在小潮平均高度线以下，大藤壶由于生长较为快速，结果小藤壶就被大藤壶挤压而失去生存的空间。大藤壶分布下限则可能由捕食作用所决定。在苏格兰岩岸，一种腹足类蛾螺是藤壶的主要捕食者，常选择捕食较大型的藤壶，加上蛾螺主要分布在较低潮面下，因此大藤壶的下限多半是由捕食者蛾螺所决定的。

大型藻类的分带则与它们在空气中保持光合作用的能力有关。分布于海岸下部的种类在空气中的光合作用能力要比在水下时差；而上部和中部的种类在空气中光合作用速率可能比在水中的高（当然不是指暴露在空气中的时间可以不受限制）。人们还不了解这一现象的生理机制，适应于上部的种类其脱水速率可能较慢，使得它们能在整个潮汐期间暴露出水面时保持高的光合作用速率。

大型藻类的带状分布也受生物因素的影响，如在澳大利亚的一些海岸，叶状海藻的向岸延伸受植食动物的限制，在没有帽贝时曼岛上的红藻和褐藻能生长至更高位置。

（三）生产力及营养关系

岩岸潮间带群落的初级生产者包括单细胞藻类和底栖大型藻类。全球岩岸潮间带的年平均生产力约为 100 gC/m²，在个别有利的海区，年生产力可达 1000 gC/m²。不同纬度地带岩岸底栖藻类的生产量有较大差别。在热带海区，高温和强烈的光照是限制初级生产力的重要因素；在极区和亚极区潮间带，冰冻和侵蚀限制海藻的生产力。温带地区底栖藻类可以得到充分的发育，但存在着种间对光照和附着空间的竞争。

岩岸潮间带群落的草食动物主要是海胆、帽贝、石鳖和滨螺，它们主要摄食底栖藻类。贻贝、藤壶、蛤、海鞘、海绵等则滤食浮游生物。等足类和蟹类是主要的食腐动物。捕食性腹足类软体动物捕食蛤、贻贝和藤壶。海葵的食物包括小虾、小鱼和蠕虫。岩岸潮间带主要的肉食性动物是海星，它摄食帽贝、腹足类软体动物、藤壶、贻贝和牡蛎等，是控制群落的关键种（参见第五章）。此外，岸鸟对潮间带生物也有相当的捕食影响。

二、沙　　滩

（一）环 境 特 征

潮间带沙滩出现在水动力较强的海岸，通常由不规则的石英颗粒、贝壳类的碎壳组成，其粒度主要取决于波浪作用的程度。砂粒里还含有来源于陆地或海洋的各种碎屑。

在波浪和海流作用下，不同粒径的颗粒缓慢地向外海运动，粗颗粒在海水中首先下沉，较细的颗粒则处于悬浮状态并被继续搬运到离岸较远的地方。因此，在水平方向上形成近岸砂粒粗、远岸细的分布特征；在垂直方向上则形成底部粗、上部细的沉积层。

在自然海区，沙滩和泥滩反映了水动力学与滩面开放性与隐蔽性程度的不同，二者之间也存在一个粒度梯度。从大的分类来看，有砾石→砂→粉砂→黏土几个等级，但它们还可以细分。在实际工作中，常根据样方中各组分含量比例应用一些相关的术语来加以描述，如砂质粉砂、粉砂质黏土、泥质粉砂等。

沙滩沉积物还有一个特点是砂粒在波浪作用下可以移动，砂粒之间有一定的不稳定性，不利于固着和底上种类生活。

沙滩沉积物的通气性较泥滩的好，但由于微生物呼吸作用以及化学物质氧化耗氧，其含氧量也随深度增加而减少，最终出现还原层，还原层的深度取决于有机质的含量。不过，总的来说，沙滩的有机质含量比泥滩的低得多。

沙滩的温度和盐度变化没有岩岸那样剧烈。虽然沙滩表层的温度变化会明显大于海水，但是在沙滩下方几英寸的地方全年的温度就几乎保持恒定，沙滩下方的盐度也很少受到表层的影响。

（二）生 物 组 成

从外观上看，沙滩似乎是缺乏生物栖息的环境，这是因为生活于这里的很多生物个体很小，隐蔽在砂粒里，大型种类也多为穴居种类，因此不易被肉眼直接观察到。

1. 初级生产者及生产力

沙滩的生产者主要是生活于砂粒表层的底栖硅藻、甲藻和蓝绿藻，它们不会出现在没有光线可利用的沙层里。初级生产力很低，通常不超过 15 gC/(m²·a)，比岩岸或泥滩的初级生产力至少低一个数量级。不过，底栖甲藻有时也能够形成相当大的个体密度，从而使成片的海沙改变颜色，即“colored sand”现象。另外，通过主动的垂直移动，许多异养种类在砂质沉积物中能够分布到一定的深度，并可生活在缺氧富硫的还原层中。这些现象表明海洋底栖甲藻对砂质潮间带沉积物中的物质循环和海滨环境净化有重要意义（黄凌风和李少菁，2000）。

沙滩生态系统消费者主要依赖从周围水体输送来的初级产量以及外来的有机碎屑以维持能量需求。

2. 小型动物

小型动物生活于砂粒间隙，包括在砂粒间生活、移动的小型动物（meiofauna），通常称为砂间动物，它们隶属于很多门类（如鞭毛虫、纤毛虫、线虫、有孔虫、涡虫、腹毛虫等），其中腹毛虫类全部或主要局限于这一特定环境。砂间小型动物个体长度通常为 0.1～1.5 mm，平均个体数约为 10^6 个/m^2 这一数量级，生物量 1～2 g/m^2。

沙滩的小型动物常具有很多适应这一特定环境的形态学适应特征，对它们的分类鉴定有一定难度。这些特征包括个体小、身体延长成蠕虫状和体型侧扁。同时，很多种类还通过强化体壁来保护身体免受砂粒损伤（图 9.9）。例如，腹毛虫这种主要生活于沙滩的动物，身体上长有棘刺和鳞片；有的具发达的角皮或外骨骼（线虫和甲壳类）或钙化的内骨针（某些纤毛虫、海蛞蝓）。有的身体具有很强的收缩能力（如有些纤毛虫、涡虫和水螅）以避免其柔软身体受到机械损伤。此外，许多砂间动物具有特殊的黏着器官（如钩、爪或上皮腺体）使身体黏着在沉积物颗粒上。

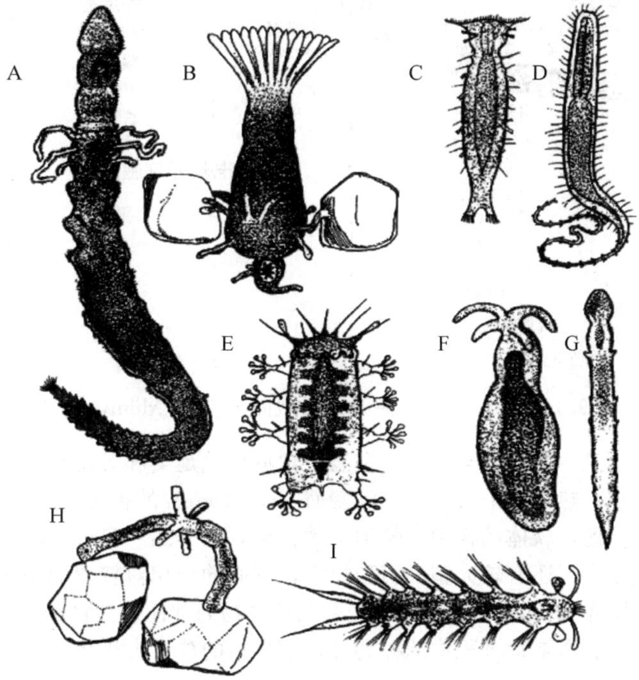

图 9.9　生活在沙内的小型动物的代表（大小 0.1～0.5 mm）
（引自 Friedrich，1969，转引自 Lalli and Parson，1997）

A. *Psammodrilus*（一种多毛类）；B. *Monobryozoon*（附着于沙粒上的苔藓虫）；C. *Dactylopedalia*（一种腹毛虫）；D. *Urodasys*（一种腹毛虫）；E. *Batillipes*（一种缓步动物）；F. *Unela*（一种腹足类软体动物）；G. *Pseudovermis*（一种腹足类软体动物）；H. *Psammohydra*（一种附着于沙粒上的水螅）；I. *Nerillidium*（一种多毛类）

砂间小型动物有多种摄食类型，例如，介形类与猛水蚤类摄食底栖硅藻和鞭毛虫，腹毛类和线虫是食碎屑的种类，水螅和涡虫则属捕食性动物。少数一些种类（如苔藓虫和海鞘）是食悬浮物的种类。这些小型砂间动物又是大型沉积食性的小虾和幼鱼的食物。

砂间小型动物因其个体小及相应的物理条件，限制它们产生大量的配子，所以繁殖力很低，许多种一次只能产几个卵，而且约有 98%的种类缺少浮游性幼虫阶段。但是，幼体受到亲体的保护，直接孵出底栖性幼体。这种生活史特征有助于减少被浮游捕食者或底栖滤食者摄食的机会，从而有利于确保种群的生存。

3. 大型动物

沙滩的大型动物（macrofauna）的多样性较岩岸和泥滩群落的低，就生物量而言以多毛类、双壳类和甲壳类动物占优势。此外，砂质海底也可分出潮上带、潮间带和潮下带，各垂直带上都有其特有的优势种类（图 9.10）。

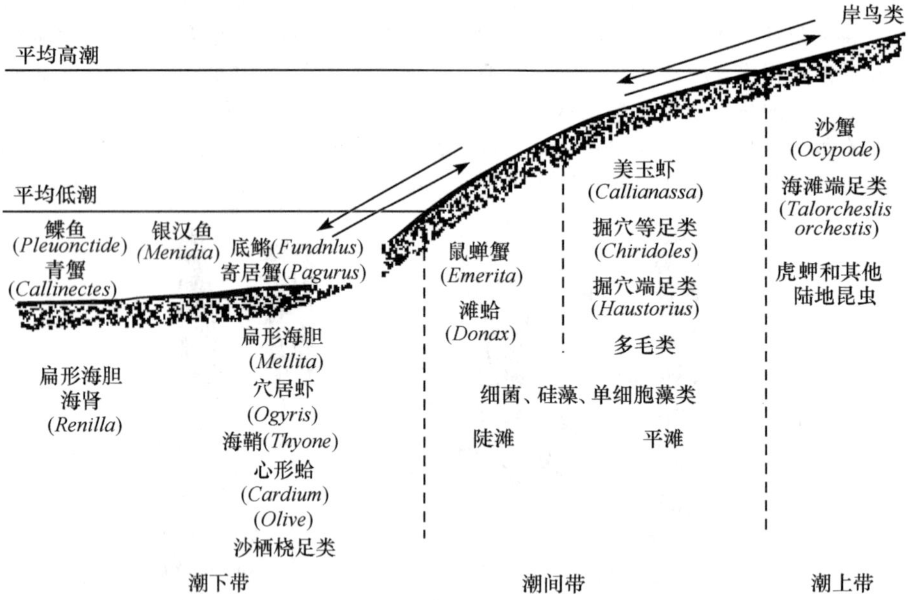

图 9.10 一个砂质底海滩的横截面（引自 Odum，1971）

沙滩潮上带主要栖息一些甲壳类动物，在温带常见到端足类和等足类，它们白天穴居，夜间在沙滩上摄食海藻碎屑，热带潮上带常见到沙蟹属（*Ocypode*）的种类，白天也多隐匿在沙穴中。

在沙滩的中、低潮区，软体动物中的蛤类常占优势，如斧蛤（*Donax*）、樱蛤（*Tellina*）等，体型较小但通常数量很大。还有较大型的刀型蛤类，它们的壳相对较薄而细长。厚壳的种类有鸟蛤（*Cardium*）和白樱蛤（*Macoma*）等。双壳类软体动物的食性包括食悬浮物者和食沉积物的种类，有的两种食性兼有。通常食沉积物的种类多在细颗粒的沙中占优势，可能与细砂粒中有机质含量比粗砂中高有关。

潮间带沙滩玉螺（*Natica*）等一些腹足类软体动物是捕食者，摄食双壳类软体动物，因此，玉螺的数量对潮间带沙滩群落的结构有重要影响。另一类沙滩大型动物是多毛类，它们多数是食沉积物者，但也有少数种类摄食浮游生物或再悬浮的有机物质。有的种类［如吻沙蚕（*Glycera*）］能在沙里活动和寻找食物。分布在中潮区的还包括对虾、糠虾和其他一些沙岸底栖甲壳动物，包括大型底上捕食者蟹类。

在低潮区，有各种类型的棘皮动物生活，包括穴居的海参和海胆，它们也是食沉积物者，此外也可见到少数海星。生活在低潮区的鱼类有的是挖穴的永久性栖居者（如沙鳗鲡），有的是暂时性栖居者，如比目鱼常在高潮时游入觅食。

有关沙滩带状分布成因的研究不多。Petersen 和 Black（1987，1988）将双壳类帘蛤移到较高潮区，结果其生长减慢，死亡率增加，这与物理因子的胁迫有关。Posey（1986）对加利福尼亚海滩的调查发现具掘穴习性的美人虾（*Callianassa*）能将一种管栖箒虫 *Phoronopsis* 排除在较高潮区以外，而美人虾分布的下限则取决于一种杜父鱼（*Leptocottus*）的捕食作用。可见，分布的上限和下限均可能取决于生物间的相互关系。

第四节 红树林沼泽

一、什么是红树林

红树林（mangrove forest）为热带和亚热带海岸潮间带特有的盐生木本植物群落。红树林这一名词并不是指单一的分类类群植物，而是对一个景观的描述（**红树林沼泽** mangal）。红树林通常分布在赤道两侧 20℃等温线以内，热带海区 60%～75%的岸线有红树林生长。受暖流的影响，部分亚热带沿岸也有分布。与珊瑚礁相比，红树林更倾向于向亚热带扩展。

红树林植物指的是红树林生态系统中的植物，包括木本、藤本和草本植物。其中的木本植物叫红树植物（包括真红树植物和半红树植物），其他藤本和草本植物则列入红树林伴生植物。

（1）真红树植物。真红树（true mangrove）植物是指专一性生长在潮间带的木本植物，它们只能在潮间带环境生长繁殖，在陆地环境不能够繁殖。

（2）半红树植物。半红树（semi-mangrove）植物指能生长于潮间带，有时成为优势种，但也能在陆地非盐渍土生长的两栖木本植物。

（3）伴生植物。伴生植物（mangrove associate）是那些偶尔出现于红树林中或林缘，但不成优势种的木本植物，以及出现于红树林下的附生植物、藤本植物和草本植物等。

根据海岸形态、沉积物、周围水体的盐度以及潮汐或淡水影响的差异，可将红树林划分为三种基本类型。河岸红树林（riverine mangrove）形成于有大量淡水流经的低潮区，如大河的三角洲。潮控红树林（tide-dominated mangrove），也称边缘红树林（fringing mangrove），形成于潮间带，受潮汐和波浪的作用明显，常是移居潮间带泥滩的先锋种类。内湾红树林（basin mangrove）位于边缘红树林的向岸一侧，受潮汐和波浪作用的影响较小，不过盐度会因蒸发和降雨变化很大。

红树植物种类很多，全球有真红树植物 20 科 27 属 70 种。从多样性水平和生态作用来看，海榄雌科（Avicenniaceae）和红树科（Rhizophoraceae）植物在全世界红树林中占主要优势。此外，印度—西太平洋海域由于是红树植物起源的中心，多样性水平最高，受大陆漂移所引起的地理隔离的影响，加勒比海—西大西洋海域的多样性水平最低。

中国现已查明的真红树植物有 12 科 16 属 27 种和 1 个变种，分布于海南、广东、广西、福建和台湾等省（区），除属红树科外，还有属紫金牛科（Myrsinaceae）、爵床科（Acanthaceae）、楝科（Meliaceae）、大戟科（Euphorbiaceae）等的一些植物。半红树植物有 9 科 11 属 11 种（林鹏，2001）。我国红树林大致分为 8 个群系，即红树群系、木榄群系、海莲群系、红海榄群系、角果木群系、秋茄群系、海桑群系和水椰群系。

二、生 境 特 征

1. 温度

红树林分布中心的海水温度年平均约为 24～27℃，在年平均温度较低的地区，其种类和数量也随之减少。我国海南岛海口的水温平均为 25℃左右，而厦门港年平均水温为 21℃左右，后者的红树林种数比海南岛的少。

2. 底质

红树林适合生长在细质冲积土。在冲积平原和三角洲地带，土质由粉粒（silt）和黏粒（clay）组成。红树林区的土壤一般是较初生的土壤，在沉积下来之前已被河水分选过，多数为精细颗粒，沉积物含有丰富的有机碎屑（主要是红树叶子碎屑），pH 常在 5 以下，沉积物下部形成黑色软泥。

3. 地貌

红树林多分布于隐蔽的堆积海岸、自然发育的滩面，那里广阔而平坦，而且常沿着河口海湾、三角洲地区或沿河口延伸到内陆一段距离。红树林大部分分布在潮间带，而主要是在中潮区以上滩面。

4. 盐度

红树林常生长在河口内湾区，盐度变化很大。红树生物都不同程度具有耐盐的特性，使它们成为海岸植物的优势种，不同红树种类对盐度的耐受性使它们有相应的分带模式。

5. 潮汐

红树林受潮汐的强烈作用。这个水交换过程可以输出部分物质（包括有机碎屑、代谢废物），也可输入营养物质。在潮汐落差大的区域，红树林生长最好。此外，鱼虾等海洋生物也能随潮汐进出红树林区。

三、红树植物对环境的适应机制

1. 根系

红树林植物很少具有深扎和持久的直根。在淤泥和缺氧的环境，又受到周期性潮汐的浸渍和冲击，红树根系产生各种生态适应（有表面根、支柱根或板状根、膝状根、气生根等），这些根系有助于植物的呼吸和抵抗风浪冲击的固着作用。如红树属（*Rhizophora*）的种类从距离地面 2 m 左右处伸出气生根，向下插入泥土以支撑树干，气生根的内部有海绵状的通气组织，有呼吸的作用。假红树属（*Laguncularia*）种类的根在生长过程中每隔一段时间会长出地表，形成膝状根以吸收空气。白骨壤属（*Avicennia*）的种类在水平根上每隔 15～30 cm 就长出一个垂直管状突起（呼吸根），一株 2～3 m 高的白骨壤就有 10 000 个呼吸根。

2. 胎生

种子的扩散是红树植物繁殖中最关键的问题，因为种子需要忍耐水淹和高盐。大多数红树植物表现出一定程度的胎生，授粉后胚胎继续留在母株上发育（可长达几个月），直至出芽成为幼苗后才离开。红树植物的幼苗是很长的，具有棒棍形或纺锤形的胚轴，长 20～40 cm，露出果实之外。红树属的幼苗直接掉落于水中，先在水中漂浮，长出根后（约 40 天）就钩住底泥扎根。若经过 30 天后不能扎根，幼苗继续漂浮，并可存活一年以上（图 9.11）。这种生活史类型是对沼泽地区的一种适应机制。

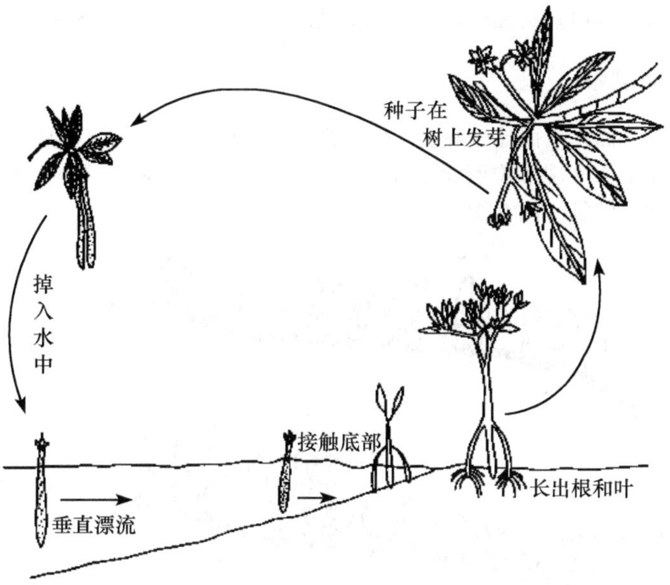

图 9.11　典型的红树生活周期（引自 Nybakken，1982）

红树植物花费大量的能量用于幼苗生产，如哥斯达黎加的白骨壤属种类的幼苗繁殖量可达 2 000 000 个/(hm^2·a)，这相当于其初级生产力的 10%～40%（Smith，1992）。

3. 旱生结构与抗盐适应

红树林主要处于热带海岸，这里云量大、气温高、海水盐度也高，因而所处的条件是生理干旱环境。红树林对这种生境的适应形态主要表现如下。

（1）叶片的旱生结构（如表皮组织有厚膜而且角质化、厚革质）。

（2）叶片具高渗透压。

（3）树皮富含丹宁（抗腐蚀性）。

（4）拒盐或泌盐适应，前者依靠木质部内高负压力，通过非代谢超滤作用从盐水中分离出淡水，后者通过盐腺系统将盐分分泌出叶片表面之外。还有一种排盐方法就是把盐集中于枯萎的花、死皮或果实里，随着它们的掉落，身体内的盐分也随之减少。

四、红树林种类的演替特点

随着沉积物的加厚、海岸线后退，可以看到红树林种类分布的演替特点，并且常呈与海岸平行的带，最基本的有 3 个地带（林鹏，1990）。

1. 低潮积水带

位于低潮线下，并仍有少量位于浅水坡岸上部。这里盐度较高，是红树林先锋植物生长的地带。高潮时，红树植物几乎全淹没或仅有树冠外露；低潮时，树干基部仍浸于水中。

2. 中潮带

位于低潮线以上、高潮线以下的中间地带，盐度约在 10～25，海滩宽度从几十米至几千米。

退潮时地面暴露，淤泥深厚；高潮时，树干几乎被淹一半左右，这是红树植物生长繁盛地带。

3. 高潮带或特大高潮带

这地带土壤经常暴露，表面比较硬实。特大高潮区有较干实的土壤，是红树林带和陆岸过渡的地带，土壤盐度受淡水冲洗影响而比较低。以上各带自海向陆所分布的红树植物是不一样的，群落表现出明显的演替特征（图 9.12）。

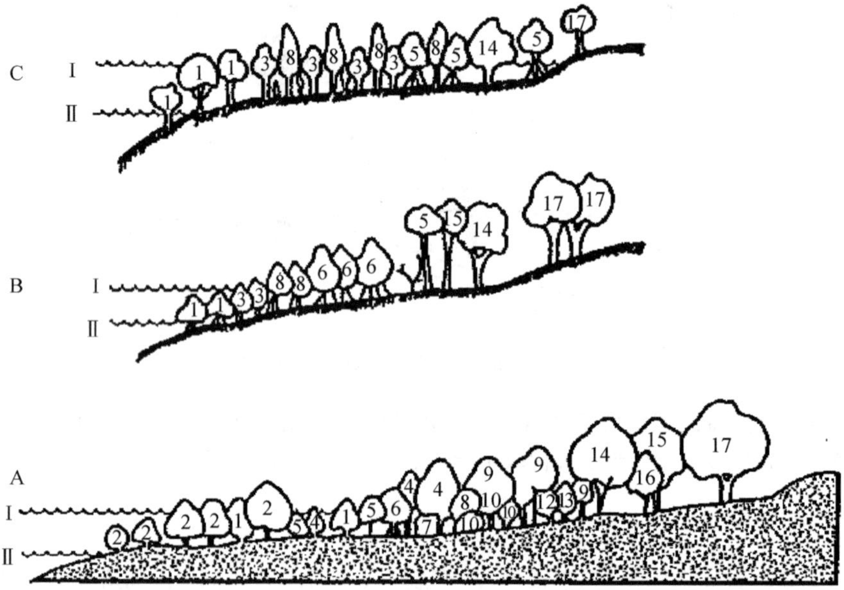

图 9.12　中国东南部海岸红树林的演替（引自林鹏，1990）

A. 海南岛清澜港；B. 广东省雷州半岛；C. 福建省南部海岸

Ⅰ. 高潮线；Ⅱ. 低潮线

1. 白骨壤 *Avicennia marine*；2. 海桑 *Sonneratia caseolaris*；3. 桐花树 *Aeqiceras corniculatum*；4. 红树 *Rhizophora apiculata*；5. 木榄 *Bruquiera gymnorrhiza*；6. 红海榄 *Rhizophora stylosa*；7. 老鼠勒 *Acanthus ilicifolius*；8. 秋茄 *Kandelia candel*；9. 海莲 *Bruguiera sexangula*；10. 卤蕨 *Acrostichum aureum*；11. 角果木 *Ceriops tagal*；12. 瓶花木 *Scyphiphora hydrophyllacea*；13. 榄李 *Lumnitzera racemosa*；14. 海漆 *Excoecaria agallocha*；15. 银叶树 *Heritiera littoralis*；16. 玉蕊 *Barringtonia racemosa*；17. 黄槿 *Hibiscus tiliaceus*。

五、红树林生物群落及生产力

（一）生物群落结构

红树林的群落结构十分特殊，为陆地和海洋之间的过渡地带，陆上生物和海洋生物可同时生活于此。

1. 红树林中的陆生生物

附生植物在红树林中十分常见，因为不用接触土壤，不用应对高盐、涝渍的压力，尤其是凤梨科（Bromeliaceae）植物和槲寄生灌木。

红树林有大量昆虫，其中蚂蚁、白蚁和蚊子的数量特别多。许多昆虫摄食红树叶子，损伤叶片以及降低光合作用量、限制生长和繁殖。季节性出现的毛虫可对红树林造成特别严重的影响，昆虫的摄食还可限制红树幼苗的成功定居和生长。此外，一些陆生蟹也在红树林中取食碎屑或在低潮时以海洋生物为食。

一些陆生脊椎动物也在红树林中出现，包括两栖类、蛇、蜥蜴、鸟类、鼠类和牛羊等，有的还进化出很高的耐高盐水的能力。例如，吃螃蟹的海蛙（*Rana cancrivora*）有很强的渗透压调节能力，蝌蚪和成蛙都能在海水中生活。鳄鱼也会不时在红树林中出没，美洲鳄（*Crocodylus acutus*）有专门的盐腺以适应高盐环境。

红树林中种类多样性最多的脊椎动物是鸟类，包括水禽和摄食昆虫的陆生鸟类，它们在红树林中筑巢、栖息和觅食。由于红树林生态系统空间结构的复杂性，栖息的鸟类表现出明显的生态分化现象，如两种啄木鸟分别栖息于白骨壤属和海桑属的红树上。在同一棵树上，两种食虫鸟类黄胸吵刺莺（*Gerygone sulphurea*）和灰缝叶莺（*Orthotomus ruficeps*）栖息在不同的高度，黄胸吵刺莺只在 4 m 以下觅食，灰缝叶莺则在树冠顶部觅食（Kaiser et al.，2005）。

2. 红树林中的海洋生物

红树林落叶和残屑在潮间带滩面上分解，淤泥中也富含这些有机质残余。此外，红树林区还有很多藻类，如浒苔、颤藻、石莼以及底栖硅藻等。因此，红树林沼泽为多种海洋生物提供栖息地和食物来源。

绝大多数海洋生物类别都可在红树林及其周围环境中出现，其中附着于红树植物被淹没的根上的固着动物种类特别多，因为在这种沼泽地带这些根提供了硬质基底。在红树基部，藤壶和牡蛎常形成重要的生物量，此外，海绵类和海鞘类也是常见的优势类群。

除了腹足类，红树林中能生活在水面以上的海洋生物种类较少，它们大多数摄食碎屑和附生藻类，其中滨螺属（*Littoraria*）的种类数量最多，它们在红树林中的分布各不相同。如在巴布亚新几内亚，多彩滨螺（*L. pallescens*）栖息于红树的叶片上，摄食上面的附生藻类，中间拟滨螺（*L. intermedia*）和粗糙拟滨螺（*L. scabra*）都生活在树皮上，不过粗糙拟滨螺分布在向海一侧的树上，而中间拟滨螺则分布在淡水沟渠的树上（Hogarth，1999）。除泥海蜷（*Terebralia palustris*）之外，能直接摄食红树树叶的螺类很少。泥海蜷幼体以碎屑为食，而成体则直接摄食树叶，其强大的齿舌能穿透树叶表面。

在泥滩表面和内部生活的底栖种类较多，如多毛类、端足类、蟹类、虾类等，很多种类在软基质上挖掘洞穴。蟹类中常见的有招潮蟹、大眼蟹等，它们以淤泥中的碎屑为生。蝼蛄虾（*Upogebia*）和海蛄虾（*Thalassinid*）也是挖穴种类。蟹类和虾类挖掘的洞穴既能作为逃避敌害的避难所，又能作为繁殖和捕食的场所；同时可使氧气深入底层，改善那里的缺氧状况。相手蟹属（*Sesarma*）的种类有利用红树林树叶作为食物的特殊能力，它们有消化树叶的特殊机制，一些种类如 *S. messa* 甚至可直接摄食新鲜的树叶，*S. leptosoma* 则每天都会垂直迁移到红树上摄食新鲜的树叶（Vannini et al.，1995）。

栖息于红树林中的鱼类以弹涂鱼最为重要。弹涂鱼隶属虾虎鱼类，代表的属有弹涂鱼属（*Periophthalmus*）、大弹涂鱼属（*Boleophthalmus*）和青弹涂鱼属（*Scartelaos*）。它们栖息在充满水的洞穴中，退潮时出来觅食，用腹部的吸盘和臀鳍在泥滩表面“行走”，甚至可爬上红树。多数弹涂鱼是杂食动物，但有的例外，如齿弹涂鱼属（*Periophthalmodon*）捕食螃蟹。弹涂鱼在生理特征上已表现出对两栖生活的高度适应，但仍然必须周期性地返回洞穴。不过，它们对干燥有很强的适应能力，如广东弹涂鱼（*P. cantonensis*）离水可存活 2.5 天；大鳍弹涂鱼（*P. sobrinus*）90%的时间都是离水生活，身体失水 20%还可存活。其他鱼类及一些虾类则随着潮汐的涨落而出现在红树林区。

红树林沼泽潮下带的底质除了富含有机质的细颗粒沉积物外，也出现一些斑块状的砂质沉积物。那里的红树林根系为附着生物（如海藻、海绵、海葵、水螅和苔藓虫）提供了栖息空间，同时这些附着生物之间也为占领基底空间进行激烈的竞争。有些海域的海草占优势，起着稳定底泥的作用。蟹类、虾类和蠕虫是常见的穴居动物，它们的活动也有利于氧气向底泥穿透。潮下带还有许多鱼类是食浮游生物的，并与蟹类、龙虾等形成渔业的基础。

（二）红树林的生产力与能流特点

红树林生态系统的生产者除了红树本身外，还包括海洋底栖海藻、海草和浮游植物等。红树林区光照条件好，很多有机碎屑在沉积物中分解、再生出无机营养盐供红树根系吸收。因此，可以设想红树林生态系统的初级生产力较高，不过目前有关红树林初级生产力的研究较少。

图 9.13 为红树林区的碎屑食物链示意图。

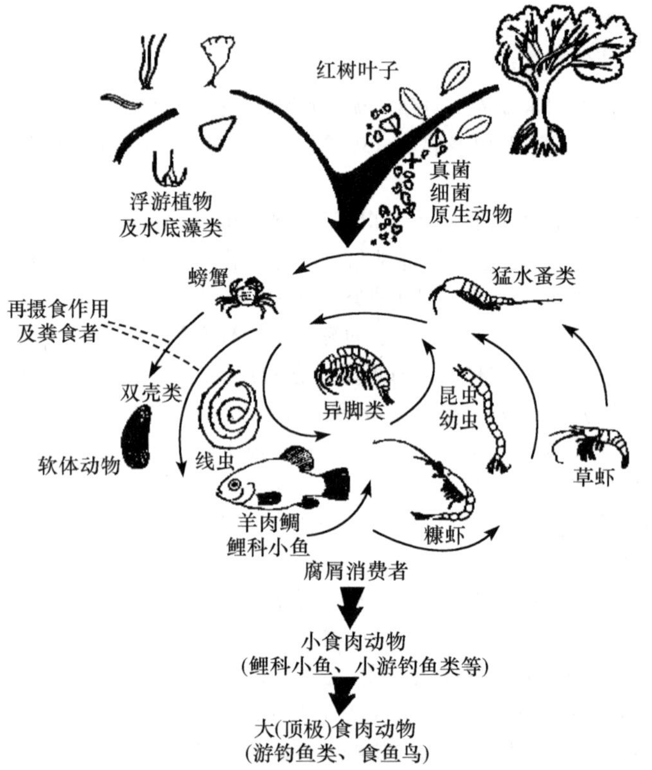

图 9.13　以红树叶子为基础的食物链（引自 Odum，1971）

海洋牧食食物链与碎屑食物链同时存在，在牧食食物链的每一个环节都有一定新陈代谢产物进到碎屑食物链中，从而把两种食物链联系起来。

因为碳含量高，且含较多的单宁，红树林的树叶对无脊椎动物来说是一种不好吃的食物。通常，无脊椎动物的食物中 C/N 小于 17（有足够的蛋白质含量），而红树属植物的树叶 C/N 比为 70～100。因此，红树林生产的碳有相当部分通过树叶输出。据估计，红树林沼泽对沿岸水域的净生产输出在 350～500 gC/(m^2 · a)，比近岸平均初级生产力高。这些输出物质通过碎屑食物链对沿岸海洋能流和物质循环有重要意义。

六、保护红树林生态系统的重要意义

红树林沼泽是海岸带重要的景观生态系统，保护红树林具有重要生态学意义和社会经济意义。

首先，红树林形成一道缓解或抵抗风暴、海浪对海岸冲击的天然屏障，具有稳定和保护海岸的重要作用。同时，由于红树林及其根系有截留和累积沉积物的功能，红树林可过滤陆地输入的各种有机物质和污染物，净化环境。

其次，红树林为许多海生和陆生生物提供栖息地和食物。红树林自然掉落物分解形成有机碎屑，可作为浮游生物和底栖生物的食物，直接或间接形成以红树叶子开始的碎屑食物链支持着区域内各种生物的生存需要。红树林区的虾、蟹（如锯缘青蟹）、双壳类、腹足类以及鱼类（如河口最常见的鲻鱼、弹涂鱼）都很丰富，可提供持续性渔业生产的基础。许多红树林的碎屑物质被输出至周围海域，提供了大量的潜在食物。

红树林还是一些海洋鱼类的重要繁育场所。Mumby 等（2004）对伯利兹沿岸的研究证实了红树林对邻近的珊瑚礁鱼类群落的组成起十分重要的作用，红树林可为珊瑚礁鱼类幼鱼提供良好的庇护所和丰富的食物，提高了幼鱼的存活率，因此，红树林附近的珊瑚礁鱼类的生物量通常较高。他们发现大西洋的大型鱼类虹彩鹦嘴鱼（*Scarus guacamaia*）只有当附近存在红树林时才出现。

尽管红树林沼泽具有很重要的生态功能，但世界红树林分布区已遭到人为的严重破坏，面积大幅度缩小，保护和恢复红树林生态系统已刻不容缓（参见第十三章）。

本章提要

1. 海岸带是海洋与陆地交界的狭窄过渡带，其概念及空间范围与海洋湿地基本一致，包括潮上带、潮间带和潮下带三部分。海岸带生境复杂多变而严酷，潮汐的涨落（使生物经受周期性的干燥和海水淹没）、剧烈的温盐变化、波浪的冲刷和淘洗以及不同的底质类型等是影响海岸带生物的主要环境因子，而后者也发展出了各种特殊的适应方式。受物理因素和生物因素的作用，海岸带的生物往往存在不同程度的带状分布。

2. 河口区是海水和淡水交汇和混合的，部分封闭的沿岸海湾，受潮汐作用的强烈影响。河口区的底质以富含有机质的泥滩为主，环境主要特征是盐度的周期性变化。河口区的生物群落是海洋和淡水生物的集合体，有很高的物种多样性水平。通常，随盐度的逐渐升高（向海方向）海洋种增多；随盐度下降（向河流上游方向）淡水种类逐渐增多。由于水体混浊度高，河口区初级生产力不高，但由于沉积物和水体中存在大量的有机碎屑，河口区的次级生产力却较高。

3. 在河口区潮间带上部（特别是温带海区）的沼泽带生长着各种盐沼植物（如大米草），受潮汐及其所带来的盐度变化的影响，盐沼植物分布显示明显的垂直分带。盐沼系统有较高的生产力，大部分植物生产量转化为碎屑，被食碎屑者利用，另一部分被转移到邻近海域或向下沉积。

4. 岩岸潮间带生物包括附着藻类、附着或固着动物和能移动的各种动物。生物群落垂直分带非常明显，物理因素（主要是暴露在空气中的时间长短）和生物因素（捕食作用和空间竞争）以及生物的适应性是决定分带的主要原因。初级生产力在热带地区主要受高温和强烈光照所限制，在高纬度地区受冰冻和侵蚀的限制。

5. 在水动力学作用较强的潮间带有不同大小砂粒形成的沙滩，沙滩通气性较好，但砂粒之间有不同程度的不稳定性。生活于沙滩的小型动物（沙滩动物）个体多为 0.1～1.5 mm，它们通常具有适应这一特定生境的形态学特征。砂间生物的生活史也较特殊，产生数量较少但可直接孵出的底栖幼体以保证幼体有较高的成活率。大型动物多样性较低，多为穴居的甲壳类、软体动物和棘皮动物。

6. 热带海岸潮间带上部普遍生长着属于不同科的“红树植物”，它们具有表面根、气生根、支柱根等根系以适应淤泥和缺氧环境，果实在树上发芽成幼苗时才掉落插入海滩淤泥中。红树林沼泽常有一些陆生动物，树干和树根部生活着各种附着底栖动物和各种表上、表内无脊椎动物，还有随潮水进入红树林区觅食的各种海洋动物。红树林生产力很高，碎屑有机物丰富，为红树林沼泽和邻近海区消费者提供充足的食物，红树林也具有保护热带海岸的重要生态功能。

思考题

1. 什么叫湿地？海洋湿地有哪些类型？为什么说湿地是有着重要保护价值的生态系统？
2. 影响海岸带生物的主要环境因子有哪些？它们有哪些适应方式？
3. 什么叫河口（区）？可划分为哪些类型？广义的河口区还包括哪些生境类型？为什么说河口环境是最易受人类活动破坏的区域？
4. 河口区的主要环境特征包括哪些方面？河口区的生物组成有何特征？
5. 盐沼、红树林和海草都是有根、开花植物，说明它们的纬度分布和在潮间带的空间分布上有何差异？它们的生产力、食物链类型以及在保护岸线等方面有哪些共同点？
6. 举例说明潮间带岩岸生物垂直分布现象及决定种类垂直分布的主要原因。
7. 砂间动物有哪些主要类别？它们在形态上有哪些适应方式？
8. 简述红树林沼泽的环境特征，典型红树植物对这种环境有哪些结构上的适应机制？

第十章
海岸带与浅海生态系统（二）

第一节 珊 瑚 礁

珊瑚礁（coral reef）是海洋环境中独特的一类生态系统，它由生物作用产生的碳酸钙沉积而成，有着极高的生物多样性和生产力水平，素有“海洋中的热带雨林”之称。珊瑚礁不仅可提供海产品、药品和工业原料，而且可抵抗风浪，保护海岸；珊瑚礁的生长有利于吸收大气CO_2；此外，其绚丽多彩的自然景观也极富生态观光价值。珊瑚礁也是受全球气候变化及人类活动等影响最为明显的生态系统之一，其生物多样性下降和生态功能退化现象已引起人类社会的广泛关注。

一、珊瑚的构造

珊瑚是构造非常简单的动物，在分类上，绝大多数的珊瑚属于腔肠动物门（Coelenterata）的珊瑚虫纲（Anthozoa）中的六放珊瑚亚纲（Hexacorallia），少数几种属水螅虫纲（Hydrozoa）。

浅水造礁珊瑚，主要是石珊瑚目（Scleractinia）的珊瑚虫，在其组织内有共生虫黄藻（Zooxanthellae），绝大多数虫黄藻属于共生甲藻属（*Symbiodinium*）。虫黄藻生活在珊瑚虫消化道的衬层细胞内，数量可达每立方毫米珊瑚组织 30 000 个细胞。珊瑚和虫黄藻之间密切的共生关系，对珊瑚的钙化和造礁活动以及营养盐和能量循环都有很大作用。

除了浅水珊瑚礁外，深水区也有造礁珊瑚，不过其中的珊瑚虫体内没有共生藻类，是完全的异养型生物（参见第十一章第二节）。

二、珊瑚礁的形成

珊瑚礁是在潮间带和潮下带浅海区，由珊瑚虫分泌$CaCO_3$构成珊瑚礁骨架，通过堆积、填充、胶结各种生物碎屑，经逐年不断积累而形成的。应当指出，除了石珊瑚目的珊瑚虫外，参与造礁的还有水螅虫纲中的多孔螅（*Millepora*）、八放珊瑚亚纲（Octocorallia）中的某些柳珊瑚和软珊瑚等；含钙的红藻特别是孔石藻属（*Porolithon*）和绿藻的仙掌藻属（*Halimeda*）对造礁也起重要作用。群落的造礁成员在各地不尽相同，如印度洋西部的岛礁和中国南海诸岛的岛礁以造礁石珊瑚为主，太平洋中马绍尔群岛的岛礁则以造礁藻类为主。所以珊瑚礁实际上是珊瑚—藻礁。此外，一些软体动物［如砗磲（*Tridacna*）］对沉积碳酸钙也起相当大的作用，海绵中有些种类含有钙质、硅质或角质骨骼，亦有造礁作用。因而有人提出用“生物礁”来替代“珊瑚礁”。

珊瑚虫等在沉积石灰石、建造珊瑚礁的同时，许多其他过程也在侵蚀石灰石，大多数珊瑚礁的侵蚀源于生物作用。**生物侵蚀**（bioerosion）指钻孔微生物（蓝藻、藻、真菌和微小无脊椎动物）和钻孔大生物（海绵、双壳类、多毛目环节动物）在活珊瑚、死珊瑚和其他礁体骨架上钻孔，以及捕食动物（软体动物、棘皮动物和鱼）捕食钻孔生物和珊瑚，造成珊瑚骨骼和珊瑚礁礁体破坏，产生大量碎屑颗粒沉积。生物侵蚀的速率变化很大，取决于碳酸盐基底的坚固程度、钻孔生物的丰度和个体大小，单个种类的侵蚀速率可达 2 kg $CaCO_3$/(m^2 · a)。珊瑚礁的生长取决于生物建造和生物侵蚀的差值，即使是生长中的珊瑚礁，也常存在较高的侵蚀速率，只是建造超过了侵蚀。

珊瑚礁的剖面结构分析表明，不同历史时期其生长速率是明显不同的。最快时每 1000 年净生长约 20 m，而目前的生长速率以每 1000 年生长 3 m 较为普遍。从地质年代来看，冰川反复堆积和消融所引起的海平面升降（幅度可高达 140 m）对珊瑚礁的生长起关键作用（Veron，2000）。海平面下降时，礁前的珊瑚追随海平面向下生长；海平面上升时，珊瑚虫为获得适宜的光照会加速生长。同样，浅海陆架区的下沉（引起海平面上升）也会促进珊瑚礁的生长。但是，若海平面上升的速率超过珊瑚的生长速率，珊瑚礁的形成就受到抑制，最终被留在深水区。

三、珊瑚礁的分布及其生境特征

1. 珊瑚礁的分布

大多数珊瑚礁位于赤道两侧南北纬 30°以内。全球珊瑚礁的总面积约为 284 300 km^2，约占热带大陆架面积的 3%。全球珊瑚礁生物群落主要分布于大西洋—加勒比海和印度—太平洋两个分布区，少量分布在东太平洋（表 10.1）。

表 10.1 全球珊瑚礁的分布（引自 Spalding et al.，2001）

地　区	面积/km^2	占总面积的比率/%
大西洋和加勒比海	**21 600**	**7.6**
加勒比海	20 000	7.0
大西洋	1 600	0.6
印度—太平洋	**261 200**	**91.9**
红海和亚丁湾	17 400	6.1
阿拉伯湾和阿拉伯海	4 200	1.5
印度洋	32 000	11.3
东南亚	91 700	32.3
太平洋	115 900	40.8
东太平洋	**1 600**	0.6
合计	**284 300**	

我国的珊瑚礁海岸，大致从台湾海峡南部开始，一直分布到南海。但是真正完全由珊瑚及其他造礁生物所形成的珊瑚岛（atoll）直到北纬 16°附近的西沙群岛才出现。

2. 生境特征

能分泌石灰质的造礁珊瑚对生长环境要求很苛刻，图 10.1 表示其所要求的环境条件。

(1) 温度：珊瑚礁分布区的温度范围为 18～36℃，适宜温度为 26～28℃。因此，造礁珊瑚只能生长在热带海区。在中美和南美西岸以及非洲西岸广大海区，尽管是处于赤道附近水域，却没有造礁珊瑚的分布，其原因就是这些海域有强大的下层冷水上升，沿岸浅水区水温低于造礁珊瑚要求的温度条件。相反，我国台湾、广东沿岸虽纬度较高，但由于有强大暖流经过，也有造礁珊瑚。

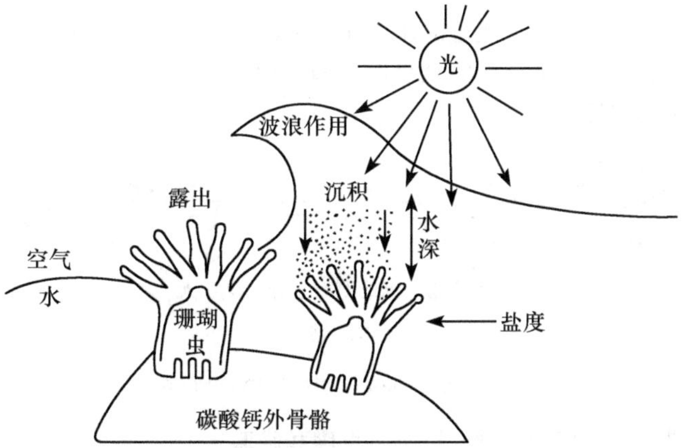

图 10.1　影响珊瑚礁分布的物理因素（引自 Nybakken，1982）

（2）光照：光照条件是珊瑚生长的又一重要的限制因子，因为只有充足的光线才能使共生藻类顺利进行光合作用以及促使碳酸钙沉淀。由于珊瑚虫生长要求有足够的光，其适合的生存深度是 25 m 以内，水深超过 50～70 m 就停止造礁。这说明了为什么珊瑚礁生物群落只限于生长在大陆或岛屿的边缘。

（3）盐度：造礁珊瑚是真正的海洋种类，难以忍受海水盐度偏离正常值（32～35）太多，因此，被河水冲淡的海边是不长珊瑚的。在南美大西洋沿岸，有亚马孙河和奥里诺科河的冲淡作用，使造礁珊瑚不能在那里生活。但是，在盐度较高的海区如波斯湾，盐度达 42，造礁珊瑚仍很旺盛。

（4）水质：绝大多数造礁珊瑚要求水质清洁和水流畅通的环境，因为污浊的淤泥能使珊瑚虫窒息而死，而且混浊的水也影响珊瑚虫共生藻类的光合作用。河口区不适于珊瑚生活的原因除有淡水冲稀外，水体混浊也是原因之一。海岸带向海一侧由于波浪作用，水中溶解氧供应充足，又不易沉积淤泥，浮游生物（作为珊瑚的一种食料来源）供应较充足，一般来说较向陆侧的珊瑚更为繁盛。

（5）基底：造礁珊瑚要求附着在岩石的基底上。

四、珊瑚礁的类型

根据礁体与海岸线的关系，珊瑚礁可分为岸礁、堡礁和环礁三种类型。

（1）**岸礁**（fringing reef）：又称边礁、裙礁，珊瑚礁构成一个位于海面下的平台，它紧靠着陆地分布，好像一条花边镶在海岸上。岸礁多分布在海岛四周。

（2）**堡礁**（barrier reef）：又称堤礁，像长堤一样，环绕在离岸更远的外围，而与海岸间隔着一个宽阔的浅海区或者隔着一个称为**泻湖**（lagoon）的水体。世界上最著名的堡礁是澳大利亚东北部长达 2400 km 的大堡礁。

（3）**环礁**（atoll）：是露出于海面上、高度不大的珊瑚岛礁，外形呈花环状，中央的水体也称泻湖，湖水浅而平静，而环礁的外缘却是波浪滔滔的大海。

除少数例外，环礁多位于印度—太平洋海区，在大西洋近岸则未出现，而岸礁和堡礁基本上在各大洋的珊瑚礁带均有出现。我国南海诸岛的珊瑚礁多为环礁。

环礁的形成，按达尔文的沉降理论，大部分珊瑚礁是通过火山活动形成的玄武岩岛屿上发展形成的，由于陆地下降（或海面上升）而形成环礁。最初，它沿着新形成的火山岛屿周围以岸礁形态生长，后来，由于岛屿下沉，底层的珊瑚死亡了，新的珊瑚礁相应地向上叠加增长。这时岸礁已发展为堡礁。当岛屿最后下沉到完全被海水淹没时，就形成了环礁（图 10.2），因此，环礁恰似戴在海底山顶上的冠冕。

图 10.2 环礁的形成（引自 Nybakken，1982）

根据形态，珊瑚礁又可分为台礁、塔礁、点礁和礁滩。

（4）**台礁**（platform reef）：也称桌礁，呈实心，似圆形或椭圆形，中间无泻湖，或泻湖已淤积为浅水洼塘，如西沙群岛的中建岛。

（5）**塔礁**（pinnacle reef）：兀立于深海、大陆坡上的细高礁体。

（6）**点礁**（patch reef）：也称斑礁，是泻湖中孤立的小礁体，形态多样。

（7）**礁滩**（reef flat）：也称礁坪，是匍匐在大陆架浅海海底的丘状珊瑚礁。

珊瑚礁地貌也随形态的不同而有很大差异。一级地貌有礁坪、礁外坡、泻湖和礁坪上堆积成的灰沙岛，次级地貌有潮汐通道、溶沟、洞穴和暗礁，灰沙岛地貌又有海滩、沙堤、沙丘、沙席和洼地等不同地貌，造成生境多样、复杂。

五、珊瑚-藻类共生关系及其意义

珊瑚礁生物群落是一个稳定、种类繁多、适应性良好的生物群落，它具有十分融洽的内部共生关系。这里仅讨论珊瑚-藻类共生关系。

在共生藻类中，虫黄藻生活在珊瑚虫的组织中（即在动物体内生活的），另一些藻类生活在动物体周围和下方的钙质骨骼中，此外，其他一些含钙质和肉质藻类可以在石灰岩基质的各处找到（图 10.3）。

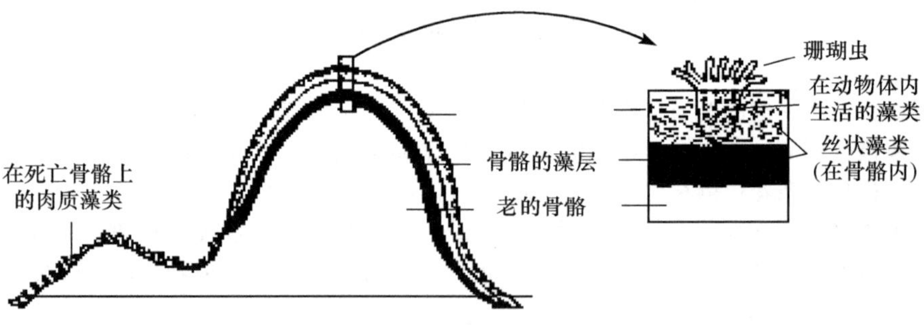

图 10.3 与藻类共生的珊瑚虫及其骨骼形成（引自 Odum，1971）

珊瑚-藻类共生现象有重要的生态学意义，主要包括如下几方面。

1. 对动物能量需求的意义

珊瑚虫虽然能捕食一些小型浮游动物，但研究表明，珊瑚礁上覆水体中的浮游动物数量往往不能维持珊瑚的能量需要。应用示踪方法和电镜观察已经证明，共生藻类的有机物质可以直接转移到动物组织中，这样，珊瑚虫可以依赖藻类光合作用得到能量。

2. 补充植物营养物质的意义

珊瑚虫的代谢产物多是共生藻类所需要的营养物质，可直接被藻类利用。而且珊瑚虫捕食一部分小动物是获得珊瑚和藻类都需要的稀有物质（如磷）的途径。这些营养物质在群落的植物和动物之间不断进行再循环，这种有效的再利用意味着尽管周围水中的营养盐浓度很低，但仍能保持高度的生产力。

3. 对碳酸钙沉积的意义

研究表明，动物体内的共生藻类能够极大地增加珊瑚虫建立骨骼的能力。在光照条件下，钙化作用平均要比在黑暗中强 10 倍，而在除去体内共生藻类的实验中，珊瑚虫的钙化作用显著降低。这是由于藻类光合作用吸收 CO_2，从而明显促进碳酸钙的生成。

此外，藻类光合作用产生的 O_2 可供动物呼吸，并对一些有毒物质具螯合作用。珊瑚虫则可保护共生藻类免受紫外线的伤害。

六、珊瑚礁生物群落多样性

珊瑚礁生物群落是“所有生物群落当中最富有生物生产力、分类上种类繁多、美学上驰名于世的群落之一”。在海洋环境中，珊瑚礁生物群落是物种最丰富、多样性程度最高的生物群落。

珊瑚虫是构成珊瑚礁基本结构的主要生物。根据现有资料，印度—太平洋区系共有造礁珊瑚 86 属 1000 多种（其中大堡礁就有 350 种左右）。大西洋珊瑚礁种类较少，有 26 属 68 种。这种差异可能与海洋的年龄以及珊瑚礁演化所经历的地质年代不同有关（印度—太平洋及其珊瑚礁比较古老）。除了造礁的石珊瑚外，还有不少非造礁珊瑚，包括火珊瑚、管珊瑚和软珊瑚也是珊瑚礁的成员。

在珊瑚礁里生活的生物种类繁多，几乎所有门类的海洋生物都有代表生活在礁中各种复杂的栖息空间。目前已知的珊瑚礁物种大约有 100 000 种，而实际上珊瑚礁的生物种类还远不止这些，很多小型、微型的生物种类还未被记录和描述，珊瑚礁缝隙和珊瑚枝丛间生活着的众多钻孔或穴居生物也不容易被观察到。此外，珊瑚礁生物还具有明显的区域特征，如大西洋珊瑚礁区等足类甲壳动物中 90％为地方特有种，印度洋、中—东部太平洋和西太平洋则分别为 50％、80％和 40％（Kensley，1998）。

礁栖脊椎动物主要是五彩缤纷的各种鱼类，它们的体型多侧扁，以适应在珊瑚丛中穿梭游泳生活。据报道，世界海洋鱼类中仅有 25％分布在珊瑚礁水域，大堡礁就有 1500 种以上，菲律宾礁栖鱼类达 2000 种以上（表 10.2）。除了鱼类外，海龟、海鸟也常出现于珊瑚礁生物群落。礁栖无脊椎动物种类也是十分丰富的。例如，太平洋珊瑚礁软体动物有 5000 种以上，主要是帽贝、腹足类和蛤类，大堡礁的软体动物就有 4000 多种。此外，还有棘皮动物的海星、海胆和海参，甲壳动物的刺龙虾和各种小虾，多毛类、蠕虫以及海绵等也是常见类别。

表 10.2　一些珊瑚礁区鱼类的种数

地理区域	鱼类种数	地理区域	鱼类种数
菲律宾群岛	2177	马绍尔和马里亚纳群岛	669
新几内亚岛	1700	巴哈马群岛	507
大堡礁	1500	夏威夷群岛	448
塞舌尔群岛	880		

礁栖无脊椎动物有各种各样的生活方式，这与珊瑚礁生境多样化有关。例如，有营固着生活的（海绵类、水螅虫类、海葵类、苔藓虫类、蔓足类以及双壳类的珍珠贝、牡蛎等），有营穴居生活的（砗磲、石蛏、长海胆和石笔海胆等），有隐居在珊瑚丛中、缝隙和礁石之下的（各种海参、宝贝、某些蟹类和龙虾等），还有营爬行生活（寄居蟹、部分蟹类等）、潜沙生活（笋螺）和游泳生活的（如虾蛄、各种小虾）种类。

珊瑚礁生物群落有如此高的多样性也说明种间食物和空间竞争是很剧烈的，结果使各个种占据的生态位都很狭窄，每一个微生境都被适应于该特定场所的生物所占据。同时，对食物也有高度的摄食食性特化和食物选择。以鱼类为例，有的是食草者，啃食海藻或海草，有的是浮游生物的滤食者，还有的是食鱼者或捕食各种底栖无脊椎动物，通过这种摄食食性的特化可以充分利用每一种可获得的食物资源。另外，它们还通过种间觅食活动的昼夜差异来避开竞争。

七、珊瑚礁的生产力与能流特点

珊瑚礁的初级生产者组成很特殊，除了浮游植物和底栖藻类外，珊瑚体内的共生虫黄藻也是很重要的一类生产者，固定的碳占了总生产量的很大部分。但是对其生产力测定是比较困难的，需要测量珊瑚水螅体中植物和动物的比例才能了解这部分生产力的贡献。

根据已有的研究结果，珊瑚礁初级生产力为 1500～5000 gC/(m^2 · a)，这个数字表明它代表自然生态系统的最高初级生产力水平。但是，礁区海水的无机营养盐含量却很低，不可能支持这么高的初级生产力，其营养盐供应主要是依靠系统内的高效再循环机制，其 f 比值小于 0.1。因此，虫黄藻和珊瑚的共生以避免营养盐在水中“冲稀”是控制高生产力的重要机制。不过，珊瑚虫所固定的碳中能被消费者直接利用的还不到一半，多数被用于呼吸、再循环或在珊瑚群体中积累。实际上，只有少数种类能直接摄食珊瑚的水螅体，如腹足类的 *Drupella*、长棘海星（*Acanthaster planci*）、一些鹦嘴鱼（Scaridae）和蝴蝶鱼（Chaetodontidae）。由于初级生产者的呼吸消耗占总初级生产的比例很高，因此净初级生产力就比预计的低。

珊瑚礁为藻类的生长提供了良好的底质，因此珊瑚礁中生长着数量众多的大型藻类，也有很高的生产力。并且由于其在珊瑚礁中可被许多礁栖动物直接摄食，它对珊瑚礁的食物链有更重要的支持作用。

此外，珊瑚礁的食物链比上升流区要长得多，通过整个生态系统的呼吸消耗量也高得多，其结果是相对于高的初级生产力而言，顶级捕食者的生产力却较低（Lalli and Parsons，1997）。

珊瑚礁周围水体对礁区生物群落的生产也有重要贡献。当水流流经礁区时，其中的浮游生物会被礁区动物大量摄食。虽然周围水体的生产力水平通常较低，但连续的水流却显著扩大了食浮游生物者的取食范围。

就珊瑚礁生态系统整体而言，群落总生产力多为 2.3～6.0 gC/(m^2 · d)，群落净总生产力为 −0.01～0.29 gC/(m^2 · d)，光合作用/呼吸作用（P/R）为 −1.11～1.0（Hatcher，1988）。总之，珊瑚礁生态系统的一个重要特点是生物量极高，但净生产力却很低。

尽管珊瑚礁有很高的生物量、生产力和物种多样性水平，但它却是一个十分敏感而脆弱的生态系统，易受外界环境变化的损害。

引起珊瑚礁退化的因素很多，主要包括人类活动和气候变化两个方面。由于人类活动影响的范围和强度不断增大，全球气候持续变暖，珊瑚礁生态系统正面临前所未有的威胁。2000 年的评估资料显示，世界珊瑚礁已经消失了 11%，另外有 16%的珊瑚礁正受到严重威胁。加勒比海地区活珊瑚的平均覆盖率目前已由 20 世纪 70 年代的 50%下降到 10%（Gardner et al.，2003）。依据现有的破坏速率，有专家预测到 2100 年世界上大多数地区的珊瑚礁可能会消失，就连澳大利亚最大的大堡礁也可能在30年内死亡。

第二节　海藻场和海草场

一、海　藻　场

（一）海藻场的生境特征和分布

冷温带的潮下带硬质底上生长着大型褐藻类植物，与潮间带岩岸群落相连接，形成独特的一类生态系统，称之为**海藻场**，也称**海藻床**（kelp bed）。在美国太平洋沿岸主要是巨藻属（*Macrocystis*）和 *Nereocystis* 属的种类，在大西洋沿岸海区则是海带属（*Laminaria*）的种类。全球海藻场覆盖面积约为 6.8×10^6 km^2，其分布范围与底质、光照和温度等密切相关。

（1）底质：这些大型海藻要求硬质底部以提供藻体的固着基。

（2）光照：底部要有光线透入以便藻类的幼苗期能进行光合作用。在清澈海区，藻场可延伸至20～30 m深处；如果海底坡度小，藻场可延伸至离岸几公里。

（3）温度：由于形成藻场的主导植物适应温度较低，所以仅分布在冷水区。此外，在南、北美太平洋沿岸有冷水涌升的海域也有分布，暖温带和热带海区则不出现大型藻场。

图10.4示藻场在世界海洋的分布。

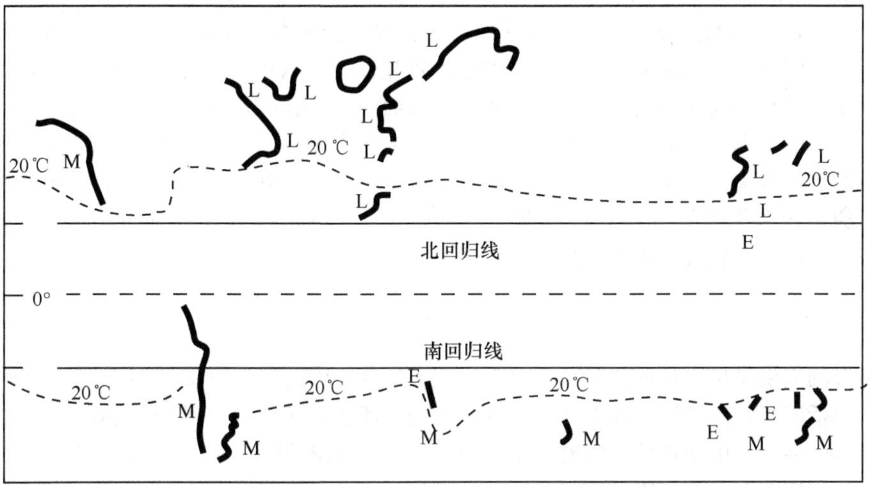

图10.4　海藻场的地理分布示意图（改自Mann，1973）

图中示夏季20℃等温线及优势属（M=*Macrocystis*，L=*Laminaria*，E=*Eckolonia*）

从图中可以看出，藻场沿东太平洋北美和南美西海岸分布一直延伸到亚热带纬度的上升流区。在西太平洋则分布于日本沿海、朝鲜和中国北部近海区。大西洋的大型海藻分布于加拿大东部沿海、格陵兰南部、冰岛的欧洲北部，包括英国沿海。在南半球的亚南极群岛也有高产的大型海藻。此外，新西兰和南非也分布着可供开采的资源。

（二）大型海藻植物的基本形态结构

形成藻场的褐藻类个体很大，如美国太平洋沿岸的巨藻可生长至20～30 m，而且生物量很

图 10.5　一种海藻植物体的结构
（仿 Nybakken，1982）

大，故被称为“海藻森林”（kelp forest）。海藻的基本形态有很多变异。典型的形态结构是通过一种叫固着器（holdfast）的结构附着在硬质底上，从固着器生长出藻柄（stipe），柄上长出叶片（blade），叶片的基部生长有气囊（pneumatocyst，或称浮体）以助其漂浮在水中（图 10.5）。大型海藻类没有真正的根，叶片可直接吸收海水中的营养盐类（与浮游植物吸收营养盐的方式相同）。由于海水的不断运动和潮汐作用，藻场营养盐不致消耗殆尽，并且浅水区的湍流、上升流和陆地径流也可不断补充海水中的营养物质。

大型海藻有一年生的，也有多年生的。如加州的巨藻 *Macrocystis pyrifera* 寿命为 3～7 年。有些种类可从原有的固着器上在一年或几年内再生出新的藻柄和叶片。在生活周期中，交替出现无性孢子体和有性配子体。

（三）垂直分布

海藻场与岩岸潮间带群落一样，其种类分布也呈带状。这种带状分布是由不同深度物理因素（如光照、波浪等）的变化所造成的，种间竞争也是造成带状分布的原因之一。在欧洲沿海，海带属中的 *L. digitata* 生活于潮下带边缘（不能忍受低潮时的暴露），在较深水中被 *L. saccharina* 和 *L. hyperborea* 所取代。前者接受的光线较多，在春季到秋季都有高生长率，大部分光合作用产物用于生长，因此在冬季到来时其贮存的能量相对较低。后两种（较深水层）由于冬季光照水平常大大低于补偿点，因此必须在夏末就开始贮存能量（其代价是减慢生长或停止生长），以便在冬季靠贮存的能量来维持生存，而 *L. digitata* 因贮存的能量低，妨碍它在这些深度上进行多年生长，从而没有竞争优势。在更深的水中，*L. saccharina* 在竞争中被 *L. hyperborea* 所击败，后者凭借其坚硬的长茎和优越的生长方式占据了优势。至于 *L. hyperborea* 分布的下限则常常由海胆 *Echinus esculentus* 的牧食作用所决定。

（四）生物群落及其关键种

大型海藻提供藻场生物群落的“框架”，其巨大的叶片表面为很多的附着植物和动物提供生活空间，包括硅藻、微型生物和群体的苔藓和水螅。不少海绵动物、腔肠动物、甲壳动物和鱼类等也在藻场生活。其中滤食性动物有海鞘（*Styela*）、荔枝海绵（*Tethya*）等，食腐动物有巢沙蚕（*Diopatra*）、长服寄居蟹（*Paguristes*）等，双斑鞘（*Octopus bimaculatus*）和一些定居性或阶段性生活在这里的鱼类属捕食性动物。敌害生物主要是海胆，它们可大量摄食幼嫩的藻体。在美国太平洋沿岸，海胆的主要捕食者是一种海獭，它可对海胆种群数量起调节作用，其他捕食海胆的还有海星和某些鱼类。

在一个相对平衡的状态下，藻林中的海胆虽然也牧食海藻，但对偏食海藻有竞争优势。因此，当牧食强度适当时，有促进海藻物种分异度的作用，而且海胆数量也受捕食者所控制。但是，当海胆由于某种原因而大量繁殖时，有可能消灭全部具叶的海藻，留下一片荒芜的基底，其上只有壳状珊瑚藻、硅藻和绿藻。藻场被海胆食光后，栖息于藻林中的各种鱼类和无脊椎动物也失去生存的条件。例如，1968 年加拿大新斯科舍省海岸外 140 km^2 的岩石海底上，海胆种群密度约为 37 个/m^2，它们只取食巨藻脱离的碎片，而且海胆数量受其捕食者龙虾的控制，于是海胆就和这些大型藻处于平衡状态。但在 1968 年后，由于过度捕杀龙虾，海胆得以大量繁殖，迅速蔓延。有些海胆能够攀上大型藻，使之下垂而加以牧食，因而出现一些直径为几十米的无海藻“空洞”，这些空洞不断增加、扩大。出现这种情况后藻林生物群落是很难恢复原状的，因为藻林的毁坏，使剩余的龙虾失去育苗场所，而且由于龙虾密度太小，难以再控制海胆数量。直至 20 世纪 80 年代，海胆因一种上皮疾病大批死亡，随后，在某些地方的大型藻床才获得恢复。

海獭（*Enhydra lutris*）被认为是北太平洋藻林的关键种。海獭捕食海胆、蟹类、鲍鱼和其他软体动物以及运动缓慢的鱼类。海獭捕食海胆调节着大型藻的生产和草食性海胆对大型藻摄食的平衡。例如，在美国加州岩岸，那里的海胆主要是受捕食性海獭的限制。当海獭由于商业性利用而局部灭绝以后，大量海胆破坏海藻林。后来人们曾使用 CaO 来毒杀海胆以取代海獭的捕食作用，希望以此来维持大型海藻的生产和商业利用。

（五）生产力和营养关系

大型海藻生活在较理想的生长环境中，光合作用既不受脱水作用的限制，也不受过度暴晒的限制，波浪作用使其叶片能最大限度地延伸在有充足的光照条件下，并加速营养物质的吸收。因此大型海藻不仅是海洋中最大的藻类，也是生长最快的植物。据报道，大型海藻每日 6～25 cm 的生长率是很常见的，最高日生长率可达 50～60 cm。其初级生产力为 600 gC/(m^2 · a)～3000 gC/(m^2 · a)。在阿留申的安琪加岛近海，大型藻年产量是 1300～2800 gC/m^2，这一产量是曾经支持着 200 多年前灭绝的斯泰勒海牛（*Hydrodamalis gigas*）的食物，这种哺乳动物体长达 10 m，重达 10 t。加拿大新斯科舍近海海带森林的生产力大约每年 1750 gC/m^2，南非大型海藻的每年生产力约为 600 gC/m^2。美国加州巨藻开发量每年达 10 000～20 000 t 干重（Lalli and Parsons，1997）。

大型海藻的生产量被生物群落中的各种消费者消费，包括海胆、螺类、鲍鱼等牧食者和各种滤食者以及食沉积物的底栖动物。尽管这些大型海藻有很高的生产力，但是只有少数无脊椎动物能直接啮食这些海藻，如海胆、草食性腹足类以及小型甲壳动物（端足类和等足类）等。通常认为只有 10%左右的初级产量是通过直接摄食进入食物网，其余 90%是通过碎屑或溶解有机质进入食物链的。不过，近期的研究表明通过植食性动物的直接摄食进入食物网的大型海藻净初级生产力并不是过去想象的那般低（10%），而是平均约有 1/3 的净初级生产力通过牧食途径进入更高的营养级（Duarte and Cebrian，1996）。

植物渗出的和分解产生的溶解有机物被细菌利用。据报道，南非海岸夏季大型藻维持着 43 g/(m^2 · a) 的细菌生物量（干重），而这些细菌又维持着一个约 4.3 g/(m^2 · a) 的鞭毛虫和纤毛虫的生物量（干重）。主要的食肉动物岩虾 *Jasus lalandii* 大量捕食贻贝，但也摄食其他无脊椎动物，而它本身又被角鲨、海豹、章鱼及鸬鹚所捕食。

总之，大型藻床生物提供了空间异质性和高度多样化的生境，初级生产力很高，支持着各种消费者的生活，食物链以碎屑食物链为主。

二、海　草　场

（一）什么是海草

海草（seagrass）是生长于近岸浅水区软质底上的一类海洋被子植物。海草的地下部分是网状的根—根茎系统，根茎水平伸展连接各个植株，而根垂直向下生长（图 10.6）。地上部分是根茎处长出的分散的枝条，从枝条的基部（叶鞘）长出薄的带状叶片。叶片的数量和高度随种类而异，分布于日本的具茎大叶藻（*Zostera caulescens*）叶片最长，可超过 6 m（Aioi et al.，1998）。

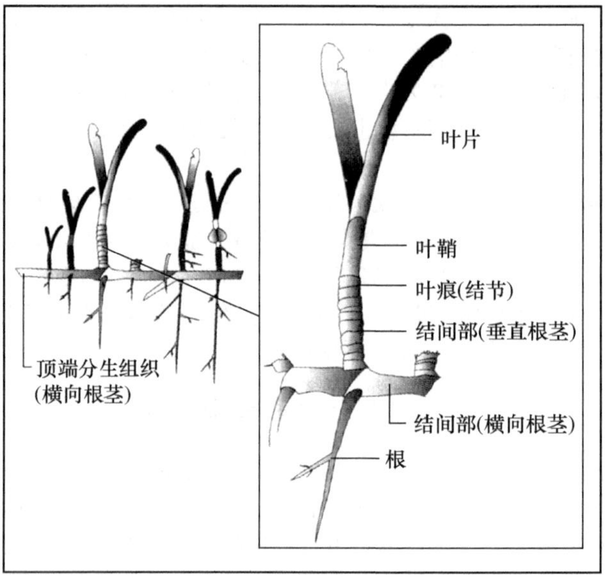

图 10.6 海草的主要结构特征（引自 Kaiser et al.，2005）

海草为海生显花植物，会开花、产生花粉和种子。一年一次，花在水下散播花粉。花粉漂在水中，被波浪从一株植物带到另一株植物。授粉结束后，受精的胚珠成熟形成种子。种子沉到水底，开始孕育一片新的草床。海草还可以通过根茎进行无性繁殖。在适宜条件下，海草可形成大面积的**海草场**（sea grass bed），如澳大利亚斯宾塞海湾内的海草场面积超过 4000 km^2（Keuskamp，2004）。

海草具有适应海洋环境的三个主要特征：①叶片呈束状以适应水流和波浪环境；②通过海水进行传粉；③体内有大量腔隙系统（lacunar system）用以将氧气输送至缺氧沉积物中的地下结构。此外，根枝草属（*Amphibolis*）和全楔草属（*Thalassodendron*）为胎生植物，幼苗附在母体上发育。

有关海草的分类和起源还存在争论，不过可以明确的是海草是一个多系发生的类群，主要隶属眼子菜科（Potamogetonaceae）和水鳖科（Hydrocharitaceae）。

海草物种多样性水平很低，全世界大约只有 50 种（Hemminga and Duarte，2000）。大多数种类隶属 3 个最古老的属：大叶藻属（*Zostera*）、波喜荡属（*Posidonia*）和喜盐草属（*Halophila*）。海草多样性低可能与其有性繁殖速率极低，基因流受到限制有关。大多数海草场只有单个种类，尤其在温带海区，不过热带海草场有高达 12 种海草的报道（Duarte，2001）。

（二）海草的分布

与红树林和盐沼不同，除了南极以外（可能与冰的侵蚀有关），海草在全世界沿岸海域都有分布，面积占全球海洋面积的 0.1%～0.2%（Duarte，2000）。有的种类分布很广，如大叶藻（*Zostera marina*），也称海韭菜（ell grass），从欧洲的白海到地中海，以及北美和西北太平洋沿岸均有分布（Green and Short，2003）。有的种类分布受到限制，如 *Posidonia oceanica* 是地中海的优势种，而在其他海区未见分布；*P. kirkmanii* 只分布于澳大利亚西南部的一个很小区域内。从纬度分布来看，分布在温带的主要是眼子菜科的大叶藻属，分布于热带的主要是水鳖科的泰莱草属（*Thalassia*）或称海龟草（turtle grass）。海草多样性最高的地区位于马来西亚，这里可能是海草起源的中心（Hemminga and Duarte，2000）。

海草生活在盐沼向海一侧的潮间带和潮下带，少数可达更深的海底。除了高纬度的极区外，很多浅水区都有海草生长，通常在接近潮下带最为茂盛，最密的地方每平方米可达4000株。海草场分布的最大深度与其补偿深度有关。这一深度受水体透明度的控制，在水体混浊度相对较高的温带海区，海草场的分布比热带和地中海区域要浅。在欧洲，大叶藻通常分布在6 m以浅，而马耳他岛附近清澈水域的 *Posidonia oceanica* 分布在深达40 m的海底（Borg et al.，2002）。

一些种类如大叶藻、喜盐草和虾形藻属（*Phyllospadix*）的种类可在潮间带形成草场，致密的草场可有效地保留水分，抵抗干旱。紫外线可能是影响海草在潮间带存活的重要因子，特别是对潮下带的种类。此外，波浪的冲刷、冰的侵蚀或适宜的底质也会影响海草的向上延伸。

此外，大多数种类表现出对盐度有很高的耐受能力，如大叶藻可在全海水和盐度低至5的环境中生存，因此海草也经常是河口和高盐泻湖的重要组成。

（三）海草场的群落结构和生产力

1. 海草场的生物群落组成

与潮下带通常相对单一的栖息生境相比，海草场的存在使得环境的物理结构变得高度复杂，加上海草场是一个高生产力系统（包括海草和相关藻类），因此为许多生物种类提供了潜在的食物和隐蔽场所。海草场结构的复杂性与种类丰度直接相关，物理结构越复杂，所提供的空间生态位也就越多，也就能支持更多的物种。许多调查显示海草生物量与物种丰度之间呈正相关（图10.7）。

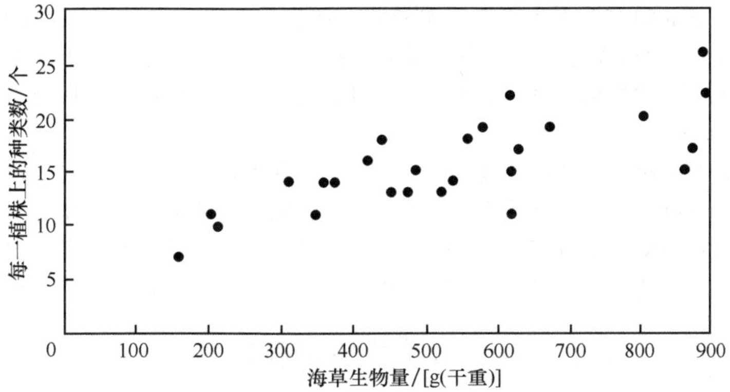

图10.7 海草生物量与物种丰度间的关系（Attrill et al.，2000）

许多研究显示，海草场的生物种类数量要明显高于其周边的生态系统。在其叶片上生活着很多的硅藻和绿藻等附生植物以及原生动物、线虫、水螅、苔藓虫等。腹足类软体动物、等足类、端足类和猛水蚤类的食物则直接与附着生物有关，一些活动性强的大型无脊椎动物（如螃蟹和头足类等）和鱼类也在海草场中出现。Lee 等（2001）对香港海域海草场的调查表明，周围软质底中生活的所有无脊椎动物均可在海草场中出现，但另外48种则仅栖息于海草场。

不过，结构的复杂性可能并不是海草场物种多样性高的唯一因素，可为许多小型无脊椎动物提供食物的海草碎屑也是一个重要因素。日本东北松岛的大叶藻场有41种鱼类，其中以无备平鲉（*Sebastes inermis*）数量和生物量都最高。分析这41种鱼类的胃内含物，有以鱼类、甲壳类为食的肉食性种类，有以大叶藻和其他藻类为食物的植食性种类，也有以有机碎屑为主食的刺鰕虎鱼（*Acanthogobius*）等。实际上鱼类将植物生产的食物极其合理、互有区别地加以利用，围绕这样的食物，生物间展开竞争，并有选择地摄食食物。此外，当大叶藻在夏季枯死时，细菌大量繁殖起来，可以看到牡蛎等无脊椎动物的幼体摄食这些细菌的食物链。

海草场还是许多重要经济鱼类的繁育场所，海草场对一些种类而言是重要的躲避捕食的隐蔽场所，其他一些种类则以其中的无脊椎动物为食。一些大型掠食者也前来捕食小型鱼类和大型无脊椎动物，捕食压力可能是影响海草场群落结构的重要因素。

2. 海草场的生产力和能流

作为海洋生态系统，海草场有着特别高的生物量和生产力。海草的生物量随纬度而变化，在温带海区，平均生物量接近 500 g 干重/m^2，热带海区平均生物量超过 800 g 干重/m^2。生产力也有纬度差异，温带海草的生产力为 120～600 gC/(m^2 · a)，而热带海草净初级生产力可高达 1000 gC/(m^2 · a)（Barnes and Hughes，1982）。Duarte 和 Chiscano（1999）估计其平均生产力为 1012 g 干重/(m^2 · a)，显著高于大型藻类［365 g 干重/(m^2 · a)］和浮游植物［128 g 干重/(m^2 · a)］。

尽管海草场是很多沿岸海区的主要初级生产者，但事实上海草仅被少数一些动物所直接利用。能大量摄食海草的无脊椎动物只有海胆，如绿海胆（*Lytechinus variegatus*）在北美东海岸的海草场中可形成很大的数量规模（>360 个/m^2）。在佛罗里达，海胆的过量摄食曾使 0.8 km^2 的海草场在 8 个月内消失（Rose et al.，1999）。

海洋脊椎动物也是海草的主要直接摄食者，特别是海龟和海牛，其对海草的生长、繁殖以及海草场的结构有重要影响。绿海龟（*Chelonia mydas*）主要摄食海龟草，特别是在加勒比海及邻近热带海域。幼海龟以浮游生物为食，一旦长至 20～35 cm，转为在底层摄食海草，当海草数量不足时也会摄食大型藻类。海牛目（Sirenia）现存 4 个种类，3 种海牛，1 种儒艮。海牛并不专食海草，它们会花很长时间在淡水中摄食沉水植物。如在佛罗里达河流中，水葫芦是西印度海牛（*Trichechus manatus*）的主要食物。儒艮主要分布在印度—西太平洋地区，仅生活于海洋中，主要摄食海草。儒艮可摄食整株海草，包括根茎。直接摄食海草的鱼类主要属鹦咀鱼科（Scaridae）和刺尾鱼科（Acanthuridae）。

从总体上看，只有小部分初级产量直接进入近岸牧食食物链，大部分进入碎屑食物链的能流途径。大多数海草的叶片会在生长季节内脱落，如大叶藻叶片的平均寿命要短于 100 天，海草死亡分解的碎屑不仅提供海草场海域的营养物质，还向近岸海区输送了大量有机物，为许多经济种类（如对虾）提供了食物来源，甚至还为距离遥远的深海底栖生物提供营养物质。

（四）海草场的生态作用

海草场除了提供可维持高物种多样性的栖息场所、鱼类的繁育场所以及为大型濒危动物提供食物等之外，海草场还对沿岸生态系统提供其他重要生态服务功能。

海草的网状根—根茎系统起着稳定软底质的作用，抵御风暴对底质的破坏，对很多底栖生物有掩护作用，虽然这些生物并非与海草有直接的营养关系。同时还通过减缓水流促进沉积物的沉淀，防止再悬浮，使海床面上升，最后可能使其漂浮的叶子到达表面，这些叶子对波浪有缓冲作用，从而形成海草场较平静的水环境，起稳定海岸的作用。此外，海草的叶子也有遮阳作用，使在其中生活的其他生物避免强烈阳光照射而受到危害。

海草场最重要的生态作用在于水体净化和营养物质的循环。通过沉积过程，海草场可有效地清除水体中的营养盐，使之长时间滞留于叶片中。相对来说，藻类和浮游植物占优势的系统其营养物质的周转速率更快。因此，海草场有助于减轻富营养化，甚至可结合有机污染物。此外，海草对吸收 CO_2，缓解温室效应也起一定作用。

Costanza 等（1997）提出海草-海藻场的生态服务价值为 \$ 19 004/(ha · a)，其中以营养物质的循环最具生态价值。Green 和 Short（2003）估计全球海草的价值为 \$ 3.8×10^{12}/a。

由于海草场具有十分重要的生态功能，近年来，由富营养化、藻类入侵、污染、不当挖掘和过度捕捞等导致的世界各地海草场面积的大幅度缩减现象已引起广泛关注，亟待开展相应的保护和恢复工作（参见第十三章）。

第三节　浅海—陆架区

浅海区（neritic zone）通常指潮下带至大陆架边缘的陆架海水域。**大陆架**（continental shelf），也称“大陆棚”或“陆棚”、“陆架”，是指潮间带下缘（低潮线）到海底坡度急剧增大的陆架坡折之间的海底，因此上述潮下带与浅海—陆架区间并无截然的界限。大陆架是陆地向海洋的自然延伸，不过这一地区地势比潮间带平坦，坡度一般在0.1度左右。平均深度为130 m，范围从几米到550 m不等。平均宽度75 km，不同地区之间有极大差异，如非洲和北美洲某些地区几乎没有大陆架，而北冰洋的陆架宽度却超过1000 km。全球大陆架总面积约2710万km^2，约占海洋总面积的7.5%。

浅海—陆架区是海洋中最具生产力和经济价值的区域之一，全世界绝大部分渔业都位于该海域。由于距离海岸线近，浅海—陆架区是人类活动（航运、捕捞等）的重要海域，同时也是受到过度捕捞与巨大污染压力的水生生态系统之一。

一、主要环境特征

（一）浅海环境特征

1. 光照、温度和盐度

受波浪、潮汐和底层流的影响，近岸浅水区水体常年充分混合，悬浮颗粒（包括浮游植物）含量高，对光照有显著的削弱作用。离岸海域或受潮汐影响较小的海域水体则要清澈的多。尽管光照很少照射到较深的浅海区底部，但由于浅海区总体水深较浅，真光层在整个水体中的比例比大洋区的高得多。

浅海区温度和盐度的变化比外海大，温度变化受大陆的影响，并与纬度有关。在盐度方面，浅海区也在不同程度上受降水和径流的影响而呈季节性变化。总的来说，这些变化的程度从近岸向外海方向逐渐减弱。

2. 潮汐、波浪和流

潮汐和波浪对浅水区有较大影响，是引起水体混合和沉积物移动的重要动力。如在大风期间，波浪的作用在大西洋沿岸可达80 m。在波浪引起沉积物移动的区域，波浪的作用是引起底栖动物死亡的主要原因。越远离海岸，潮汐和波浪的作用越小，流的作用逐渐占据主导地位。

浅海区的海流以沿岸流较为常见，此外，一些浅海区还受大洋流系侧支的影响。例如，中国沿岸有很多河流入海，这些大陆淡水在沿岸浅水区域与外海水混合形成明显的沿岸流，包括渤海沿岸流、黄海沿岸流、东海沿岸流和台湾海峡沿岸流。同时，黑潮暖流及其在陆架上的分支也自南向北流经沿岸浅海区。另外，浅海区往往还有一些风生或地形因素产生的上升流。

水流由于影响生物体、配子和幼体的主动和被动迁移以及水层对底层的食物供应速率，因此对大陆架生态系统有特别重要的作用。

水体在海底上方流过时，不平坦的海底会引起摩擦，从而降低海流的流速，因此底层流通常比表层流的流速慢。水流及其所引起的底层剪切力会影响底栖生物的食物供应及其次级生产力。一方面，流速过高会阻碍底栖生物的有效摄食，高的剪切力还会冲刷海底及其相关生物；另一方面，水体相对静止又不利于海底的食物补充，限制底栖生物的生长。此外，海底与上覆水之间营养盐和氧气的交换也与水流密切相关。

3. 锋面

两个性质明显不同的水体在一个线条分明的边界上相遇时，其汇合的区域就称为锋面。浅海区存在多种锋面系统，包括陆架坡折锋面、上升流锋面、河口羽状锋面等。锋面的形成对水体有重要的生态学影响，锋面系统有较高的生产力水平。

（二）海底生境类型

大陆架生境的物理和生物特征受海底地质结构的显著影响，而近岸浅水区的地质结构则很大程度上与以往的冰川事件有关。冰盖的融化和形成可引起海平面的升降。另外，地壳在冰盖形成时受压下陷，又随冰盖的融化而回弹。因此，从地质年代来看，大陆架是一个年轻的、经历过极大变化的区域。如 14 000 年前海平面高度比目前低 110 m，海岸线也向离岸方向后退，使得大部分大陆架暴露出来。

大陆架海床的底质可分为硬质底、软质底和生物礁等类型。不同地区底质状况与其构造历史、河流颗粒物的输入以及水流和波浪的输送等密切相关。多数大陆架海底以软质底（沉积物）为主，如在 65 m 以浅的大陆架，泥、砂是最常见的底质类型，其覆盖面积分别占 37%和 47%，硬质底只占 6%，其余则由生物礁和贝壳碎片所组成（Hall，2002）。

1. 硬质底

硬质底包括基岩、巨砾和卵石。硬质底通常出现在底层流、波浪和冰川作用等物理过程较显著的区域。硬质底为固着生物（如大型海藻、含钙的壳状藻类和各种滤食动物）提供了可靠的固定场所。

2. 软质底

软质底（砂砾、砂和泥）是大陆架海底的主要生境类型，其分布与海底的水动力过程和地形密切相关。在避风的浅滩、峡湾以及流速低的环流区底部，随着水流和波浪作用等物理过程影响的减弱，细小的沉积物逐渐占优。

大陆架底部沉积物来源于陆地、生物体、海洋和大气。其中占优势的沉积物是来自陆地的砂、粉砂和黏土，是由风、雨和冰对土壤和岩石的侵蚀作用而形成的。黏土是最小最轻的土壤微粒，大部分黏土靠大陆上的河流运输进海洋，也有一些随风吹入海洋，最终沉到海底。

源自生物体的沉积物称为生物源沉积，主要由动物身体的坚硬部分组成，如贝类的钙质外壳。另外，一些微小生物的外壳也会沉入海底，如硅藻、颗石藻和有孔虫类。

海水中某些化学反应生成不溶物或沉淀物，如钙与碳的化合物以及磷酸盐与一些金属离子的化合物等。这些物质可能在水中悬浮一段时间，最终也都沉到水底，成为沉积物的组成成分。

沉积物不仅为生活在海底表层的生物创造了适宜的栖息场所，也为穴居生物提供了理想家园。

3. 生物礁

生物礁（biogenic reef）是由具有造礁能力的生物聚集而形成的一种礁体结构。生物礁或仅由造礁生物聚集而成，或通过生物、有机和无机物质共同累积而成。生物礁的形成通常以一两种造礁生物为主，这些具有造礁能力的生物包括双壳类（如牡蛎、贻贝）、多毛类［如帚毛虫（Sabellarid spp.）］、珊瑚、苔藓虫和海绵等。许多生物礁经过年复一年的不断生长，会从海床上逐渐升起，在海洋中筑起坚固的三维结构，不仅改变了海底地貌，也影响了礁体附近的水流条件。另外，也极大地提高了生物栖息环境的复杂程度，成为许多幼鱼和甲壳类的产卵和抚育场所。

在局部海区，生物礁可成为重要的生境类型。如在美国东海岸的切萨皮克湾（Chesapeake Bay）和新西兰南部的福沃海峡（Foveaux Strait）均分布着大量的牡蛎床，前者为美洲牡蛎（*Crassostrea virginica*），后者为 *Tiostrea chilensis*。

二、生物群落的特点

（一）浮游生物和游泳生物

尽管大陆架上覆水与大洋水是相连通的，游泳生物可以分布在广阔的水域，浮游生物也可随海流扩散，但是大陆架水层的生物组成还是与大洋区有一些不同的特点。

浮游植物的主要类别是硅藻和甲藻，硅藻在北方水域及近岸、上升流区比较重要，而甲藻常是热带、亚热带水域的重要种类。在温带海区，甲藻经常在硅藻之后大量出现。此外，超微型的自养生物也是很重要的类群。近岸浮游植物（至少在温带地区）的数量有季节周期变化，初级生产力比大洋区的高，平均达 300 gC/(m^2 · a)。

终生浮游动物主要是桡足类、磷虾类等甲壳动物，其他还有原生动物的有孔虫类、放射虫类和砂壳纤毛虫、软体动物的翼足类和异足类、小型水母类和栉水母、浮游性被囊类（如纽鳃樽）以及浮游多毛类和毛颚类等。

浮游动物种类繁多，其中一个重要的组分是季节性浮游动物。这是由于大多数底栖生物和很多游泳生物在幼体阶段是营浮游生活的，从而参与浮游生物的组合。如藤壶的腺介幼虫，腔肠动物的浮浪幼虫，软体动物的面盘幼虫、担轮幼虫以及鱼卵或仔鱼等（图 10.8）。由于它们亲体的产卵季节不同，从而在各个季度都有大量的季节性浮游动物。

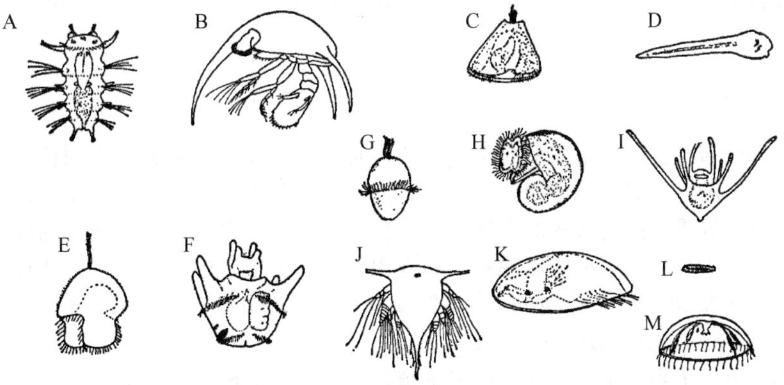

图 10.8 组成海洋暂时性浮游生物（季节浮游生物）的幼虫

A. 环节动物 *Platynereis* 的刚毛幼虫；B. 鼠蝉蟹的蚤状幼虫；C. 一种苔藓虫的双壳幼虫；D. 一种固着生活被囊类的蝌蚪状幼体；E. 一种纽虫的帽状幼虫；F. 一种海胆的高级长腕幼虫；G. 一种多鳞虫的担轮幼虫；H. 一种腹足类的面盘幼虫；I. 一种海蛇尾的长腕幼虫；J. 一种藤壶的无节幼虫；K. 一种藤壶的腺介幼虫；L. 一种腔肠动物的浮浪幼虫；M. 一种固着生活水螅虫的水母阶段

浅海区的游泳生物包括鱼类、大型甲壳类、爬行类（龟、鳖）、哺乳类（鲸、海豹等）和海鸟组成的主动游泳者和海洋表层居住者。其中主要是各种鱼类，尤以食浮游生物的鲱科鱼类（包括鲱鱼、沙丁鱼、鳀鱼等）为主。

（二）底栖生物

大陆架底栖生物的种类组成和生活方式都比浮游生物和游泳生物复杂。

1. 底上生物

在水体清澈、水流强度适中的基岩表面底上生物通常十分丰富，不过若底层流的流速过快或波浪冲刷强烈，生物则可能很少。在岩石表面，底上生物对空间的竞争十分激烈，通常占优势的为软珊瑚、海葵和海鞘等。

硬质底对大型藻类尤其重要，大型海藻若固定在软质底中，则很快即被水流或波浪冲走。在水流和波浪较小的区域，一些小型藻类，如浒苔（*Enteromorpha*）能附着在小砾石甚至双壳类的壳上。在较低纬度区，由于水体较清澈，生于石面的壳状藻类可分布于 75～95 m 的较深海底。

地势较高的岩礁和大砾石可提供各种不同的小生境。岩礁的侧面和突出部常使滤食性动物（如海绵、苔藓虫和海鞘等）占优势，这些动物对水流的变化有很强的适应能力，会根据水流大小调整其摄食行为。流速低时，颗粒物传输速率不足，则停止摄食，因为在能量上没有获益。水流太强，食物颗粒不易被捕获，强大的水流剪切力也容易造成身体损伤。此外，许多这类动物也显示出每日的摄食节律，以配合浮游动物的活动规律。

岩礁和砾石生境中有大量空隙、裂缝，为固着生物提供了抵御强大水流和敌害捕食的理想庇护所，水体交换也带来充足氧气。因此，许多重要的经济鱼类的幼鱼常生活在岩礁、砾石区。是否存在适宜的空隙和裂缝（隐蔽场所）也是限制欧洲龙虾（*Homarus gammarus*）等生物量的关键因素。

30 m 以浅的沿岸沉积物由于常受到波浪的强烈扰动，底上固着生物经常缺失。随深度的增加，底层流成为主要的物理过程。由于没有波浪的扰动，固着生物（如水螅虫、苔藓虫、摄食悬浮物的扇贝及管栖多毛类等）的生物量有所提高。在深度超过 50 m 的内湾或掩蔽的浅水区，物理作用弱，沉积物得以沉淀、累积，底上生物也较稀少，只有少量的固着生物，主要是海葵和海鳃。

2. 底内生物

底内生物的分布与波浪、水流和有机颗粒的分布密切相关。在受波浪剧烈扰动的浅水区，底内动物以活动性强的多毛类［如沙蚕（*Glycera*）］和挖掘能力强的双壳类［如斧蛤（*Donax*）］为主。在波浪和水流等物理扰动较弱的内湾和一些较深的区域，由于大型穴居动物在此生存，海底常分布较多的洞穴入口和由掘出的底泥和粪团堆积而成的土堆。这些大型穴居动物常以甲壳类为主，如挪威龙虾（*Nephrops norvegicus*）和长额虾科（Pandalid）的种类。由于洞穴提供了较好的掩蔽场所，许多种类也利用现成的洞穴。

底内动物主要以沉积物中的细菌、单细胞植物以及来自上覆水体和陆源的有机颗粒为食，因此，营养物质丰富的区域底内动物的丰度也较高。

因为沉积物中富含生物活动所形成的 H_2S、CH_4、Fe^{2+} 等物质，除表层之外，海洋沉积物为大多数生物不适宜栖息的厌氧环境。一些大型底栖动物可建造洞穴，通过引入水流，在穴壁上创造出表层的有氧沉积环境，由于掘穴能力各不相同，以及相互间的竞争和干扰作用，不同底内动物占据不同深度，虽然多数只利用几厘米或几十厘米。

3. 底游生物

底游生物具有较强的活动能力，主要是一些甲壳动物和鱼类。许多蟹类，如黄道蟹（*Cancer pagurus*）和合团蜘蛛蟹（*Maja squinado*），在春、夏季常集群向沿岸移动繁殖，在冬季则离岸游向深水区，以合团避免波浪和低温的影响。

底层鱼类的分布与栖息地类型明显相关，岩礁和海藻场因提供隐蔽场所和食物，鱼类的种类和生物量均较高。在沉积物丰富的中、高纬度海域，一些鱼类可以淤泥或砂粒作为栖息场所。如鲽鱼（*Pleuronectes platessa*）成鱼可在各种沉积物环境中栖息，而幼鱼由于挖掘能力有限（躲避捕食），对沉积物的粒径大小有较高的选择性。一些底层鱼类可进行远距离的洄游，如英吉利海峡东部的鲽鱼会迁移100多千米抵达北海的产卵场。欧洲海鲈（*Dicentrachus labrax*）由于其性腺发育不能低于9℃，因此随海水温度的变化也呈现季节性迁移。

三、底栖动物的摄食类型

从食物类型看，大陆架海底的底栖动物可分为掠食动物、食腐动物、啃食动物、滤食动物及食沉积物动物。

1. 掠食动物和食腐动物

大陆架底栖掠食动物的摄食对策表现出很高的灵活性，几乎所有的掠食动物同时也是食腐动物。如鱼类中的欧洲黄盖鲽（*Limanda limanda*）、海盘车 *Asterias rubens*、甲壳类［如大西洋黄道蟹（*Cancer irroratus*）］和腹足类［如波纹蛾螺（*Buccinum undatum*）］。即使是草食性的海胆（如 *Echinus esculentus*）和食悬浮物的海蛇尾［如脆刺蛇尾（*Ophiothrix fragilis*）、真蛇尾 *Ophiura ophiura*］等也属兼性食腐动物。一些动物属专性食腐动物，如端足类弹钩虾属（*Orchomene*）的种类专性摄食甲壳类的腐肉。

2. 啃食动物

啃食动物包括植食性鱼类［如一些鳚科（Blenniidae）和鲷科（Sparidae）鱼类］、腹足类软体动物和海胆等，它们在藻场生物群落中对其多样性的维持起关键作用。在低纬度海区啃食动物以鱼类为主，而在高纬度海域则以无脊椎动物为主。

此外，啃食动物还包括了以齿舌刮食苔藓虫、软珊瑚和海绵的裸鳃类软体动物。如海蛞蝓 *Tritonia hombergii*、可刮食水手珊瑚（*Alcyonium digitatum*）。

3. 滤食动物和食沉积物动物

牡蛎、贻贝和蛤等从底层上方水体中滤食浮游植物和悬浮颗粒，1 g干重的动物估计每天可过滤57 L的水（Heip and Craeymeersch，1995）。因此，滤食动物（也称食悬浮物动物）对水层—底层的耦合起重要作用，因为可将浮游植物和悬浮有机颗粒转化成粪团和假粪并在底层沉积。这些物质富含有机质，很快即被微生物利用，继而又被食悬浮物者（如蛤类）和食沉积物者［如心形海胆（*Echinocardium cordatum*）、星虫和多毛类］所摄食。苔藓虫、水螅虫、海绵和海葵等也是滤食动物，一些研究表明后两者还可通过体壁吸收可溶性有机物（Kaiser et al.，2005）。

滤食动物的生物量与深度之间存在明显的负相关关系。在北海，随深度增至50 m，生物量从3 gC/m^2 降至0.2 gC/m^2（Bryant et al.，1995）。

在软质底中，食悬浮物动物和食沉积物动物的相对数量与沉积物的粒径组成也关系密切。一方面，食悬浮物动物在砂质沉积物中密度最高，尤其是在粒径为 0.18 mm 的沉积物中。因为这种颗粒最易搬运，所以它们所在的区域波浪和海流作用最小，食悬浮物者会利用这一特性。另一方面，在松软的泥质沉积区，有机物含量丰富，食沉积物者达最大密度。

四、生物量与生产力

浅海—陆架区由于水深较浅，在风和波浪的作用下，很少出现持久性温跃层，波浪和潮汐作用也可能影响到海底，富营养水不至于被局限在底部。近岸水域的营养盐可因大陆径流而得到额外补充。在陆架外缘的一些海区，由于海底地形的突然变化，可能形成陆架坡折锋，也促进了真光层营养物质的补充。因此，陆架海区有很高的初级生产力水平（参见第六章），生物资源丰富，而且平均食物链较短，所以终级产量较大洋区高得多（参见第七章）。由于初级生产力较高，因此底栖生物以及水层或底层鱼类的生产力也较高。此外，以鱼类或浮游生物为食的海鸟或哺乳类也常被吸引至此。

除了珊瑚礁、海藻床及海草场等特殊生态系统外，大部分大陆架海域底栖生物完全靠水层和沿岸输入的碎屑物质而维持。据估计，输入大陆架的有机碳平均大约为 100 gC/(m^2·a)，在大陆架边缘附近则略小于 25 gC/(m^2·a)。对沉积物采集器内的物质分析表明，输入的有机物组分中以植食性浮游动物的粪团为主，其中许多物质仍然未被消化。

据估计，大陆架底栖生物的生物量（湿重）通常为 50～150 g/m^2。Gerlach（1978）提出了浅海陆架区底内动物不同大小生物类群的平均丰度：食沉积物动物为 120 μg/mL，其他大型动物 80 μg/mL，小型动物 50 μg/mL，原生生物 20 μg/mL，细菌 100 μg/mL。并指出，细菌每年要增殖 105 倍才能维持这样一个系统。

也有研究估计大陆架大型动物的生物量为 4～50 g（干重）/m^2，而在生物量较高的近岸区，年生产仅为年平均生物量的 1～2 倍，在一些较深的区域，年生产还不到年平均生物量的一半。较小的小型动物的年生产可能是现有生物量的 5 倍甚至 10 倍以上。

研究表明，底栖生物的生物量、生产力及多样性程度与其个体大小密切相关。图 10.9 示潮下带砂质沉积物中三类底栖动物的丰盛度和生物量范围。由图可见，微型底栖动物在数量上占优势，而大型底栖动物在则在生物量上占优势。实际出现的比率则取决于沉积物类型。例如，微型底栖动物在细砂中很常见，而在泥中却很少；而大型和小型底栖动物在泥中则占优势。

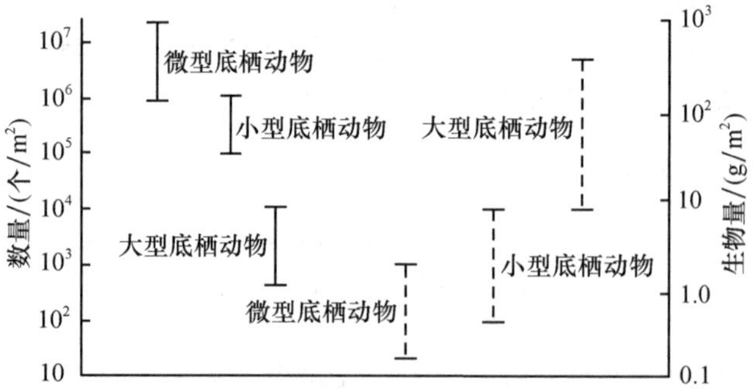

图 10.9　潮下带砂质沉积物中大型、小型和微型底栖动物的丰盛度和生物量范围
（引自 Fenchel，1978）

Alongi 和 Robertson（1995）指出微型底栖生物（双鞭毛藻、硅藻和细菌等）对沿岸海域生物量和生产力的贡献常被低估，而实际上在热带海域其生物量和生产力水平要超过大型底栖动物

和小型底栖动物的总和（图 10.10）。

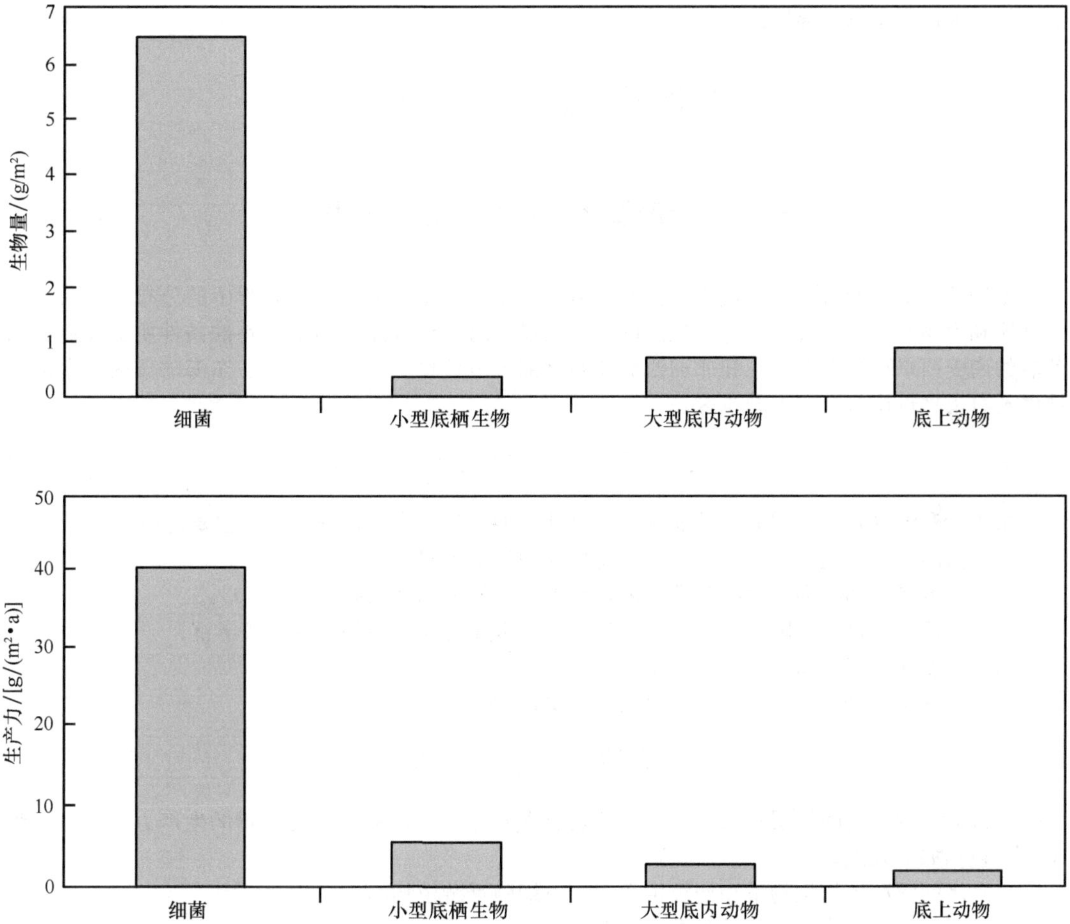

图 10.10　珊瑚海巴布亚湾不同个体大小底栖生物的平均生物量和生产力
（引自 Alongi and Robertson，1995）

此外，受扰动后，底栖生物的恢复速率也与体型大小密切相关。小型底栖动物通过幼体的补充可在几天或几周内重新拓殖，而大型底栖动物或生长速率慢的动物需要几个月甚至几年才能恢复到其以前的生物量水平。

由于生产力水平很高，浅海区又是重要的渔场分布区，世界主要渔场几乎全部位于大陆架浅海区或大陆架附近。大部分鱼类都有集群洄游的习性，虽然许多鱼类都有一定经济价值，但组成世界渔业大部分捕获量的只有少数鱼类。按 FAO 于 1967 年统计，占世界海洋鱼类总产量一半的 6 种鱼依次是：鳀鱼、大西洋鲱、大西洋普鳕、鲭鱼、阿拉斯加狭鳕和南非沙丁鱼。其他重要类群是比目鱼（鲆、鲽等）、鲑鱼、金枪鱼（包括东方狐鲣和圆舵鲣）（20 世纪 70 年代世界渔业总产量大约是 6×10^7 t，80 年代以后继续增长，但是渔业对象的组成有很大的变化）。海鸟和海龟、海豹等是在陆地上繁殖，而其食物则来源于海洋。它们是海洋与陆地的联系环节，其中鸟类多集中于近岸富有生产力的区域。

我国近海主要的传统经济鱼类是大黄鱼、小黄鱼、带鱼、墨鱼（软体动物）“四大家鱼”，以及鲱鱼、马面鲀、鲳鱼、鲐鱼等。但是，自20世纪60年代以后各海区的主要捕捞对象也有较大变化，过度捕捞是其重要原因之一。

第四节 近岸上升流区

一、上升流及上升流区生态特征概述

上升流（upwelling）是深层海水涌升到表层的过程，根据上升流在海洋中的分布可分为近岸上升流和大洋上升流。近岸上升流是由特定的风场、海岸线或海底地形等特殊条件所引起的，如著名的南美西岸秘鲁上升流区和非洲西部和西北部上升流区。我国渤、黄、东海陆架区、台湾海峡以及海南岛近岸都存在上升流区。

（一）上升流区的理化环境特征

由于上升流区存在深层海水的涌升，因此其典型的表层水团表现出如下主要特征。

（1）低温：上升流区表层水温比同纬度海区的表层水温低。

（2）低溶氧：如美国俄勒冈上升流区表层水溶氧的饱和度只有60%～70%。

（3）高营养盐含量：因为底层（或次表层）海水无机氮、磷等营养盐较丰富。

（4）盐度和密度比周围的表层水高。

以上是确定上升流的存在与范围变化的重要依据。

（二）上升流区生物的生态学特征

通过富含营养盐的深层水涌升过程，使表层水变得肥沃，从而提高生物的生产力。其主要生态特征包括如下几点。

（1）高的浮游植物生物量和初级生产力，单细胞浮游植物的粒径相对较大。

（2）浮游动物中冷水性种类和数量比例增加。

（3）群落多样性相对较低。

（4）食物链环节较少。

（5）游泳生物（主要是鱼类）生命周期较短，偏向于r-选择的类型。

以上生态特征也有助于了解上升流的强度、范围和消长过程。例如，非洲上升流区大型硅藻繁殖时，个体较大的隆线拟哲水蚤（*Calanoides carinatus*）这种深层种也大量繁殖。

有关近岸上升流区国外已进行了很多研究。国内以《闽南—台湾浅滩渔场上升流区生态系研究》（洪华生等，1991）报道最为全面，下面对这个上升流区的环境和生物群落结构及生产力等特征作简要介绍。

二、闽南—台湾浅滩渔场上升流

（一）上升流形成与消长过程及上升流区理化要素特征

1. 上升流的形成及消长过程

这个海区包含出现于从甲子到礼是列岛一带的近岸上升流和台湾浅滩南部上升流区两部分，

前者是季节性的（夏季上升流区），后者常年存在。

（1）近岸上升流区：由于夏季本海区盛行西南季风，从而造成近岸水体的离岸运动，引起深层水向上涌升补偿而形成，因此属风生上升流，范围较大。近岸上升流的消长与范围变动主要受劲吹的西南季风强度大小所制约，存在着从夏季形成、强盛到冬季消失的过程。一般 6 月份开始形成，强度较弱；7 月份上升流区向东南扩展，强度增强；8 月份上升流区分布范围和强度达到最大；9 月份衰退。最大流速位于水深的中层偏上，幅宽 40～50 km。

（2）台湾浅滩南部上升流区：由底层海流受到地形阻隔而沿着陡坡朝台湾浅滩爬升和风的作用引起的，主要是地形上升流。该处的上升流可能终年存在，但在冬季由于水体垂直混合强烈，各水文要素的特征较不明显。冬季最大流速位于水深的中层上下，幅宽约 50 km。台湾浅滩以南海域的底层有一支终年从西南向东北流动的海流，该海流与海底等深线成一定交角，使深层海水沿陆架陡坡爬升。夏季，底层海水向台湾浅滩西南部方向爬升。冬季，除了南海来的东北流外，在台湾浅滩东南方还有一支朝浅滩方向流动的海流，这支海流在流动过程中，亦有海水在浅滩东南方逆坡爬升。台湾浅滩东南的涌升水与台湾浅滩西南的涌升水性质有所不同，前者可能是黑潮水的入侵引起的，后者则为南海北部下层变性水的爬升所致。

2. 上升流区理化要素特征

闽南—台湾浅滩上升流区理化参数见表 10.3。

表 10.3 闽南—台湾浅滩上升流区理化因子特征

项目 \ 上升流位置	近岸上升流区	台湾浅滩南部上升流区
特征水温/℃	21.70	22.29
盐度	34.38	34.46
DO/(ml/L)	4.01	4.12
NO_3-N/(μmol/L)	3.27	3.70
PO_4-P/(μmol/L)	0.37	0.35

近岸上升流区表层与外缘海水比较水温偏低 2～4℃，盐度偏高 0.5～1.5，表现出低温高盐的特征。台湾浅滩南部在夏季也出现低温、高盐，在 20 m 水层低温高盐特征比表层明显，并且其温、盐等值线都有朝陡坡急剧爬升的趋势，至 11 月以后，这种特征较不明显。

上升流区的溶氧含量也较低，常呈不饱和状态。如夏季西南季风盛期，虽然浮游植物数量很大，但由于底层低氧水的涌升，沿岸一带测站溶解氧仍有 80%以上的不饱和区。

营养盐含量方面，估计夏季上升流输送的 PO_4^{3-}-P、NO_3^--N、SiO_3^{2-}-Si 的通量分别为 13.2 mg/(m^2 · d)、88.5 mg/(m^2 · d) 和 274.3 mg/(m^2 · d)，近岸上升流所输送的氮、磷营养物质分别为真光层生物光合作用所需营养盐的 91%和 55%左右。

调查结果表明，其他一些理化参数也符合上升流区的特征。例如，DOC 含量较高，这是与较高的初级生产力一致的。在上升流中心区一般营养盐较丰富，而 DOC 含量却较低，这是与低 DOC 的深层水涌升中心的外缘海区有较高的生产力有关。

（二）生物群落组成的特征

1. 浮游生物

浮游植物共鉴定出298种，其中硅藻种类数最多（171种），其次是甲藻（84种）。从各类别的细胞总数量看，硅藻类也占绝对优势，其他类别数量很少。在表层浮游植物组成中，有一些适阴性种类可作为出现上升流的佐证，例如，圆头角藻（*Ceratium gravidum*）、长头角藻（*C. praelongum*）和扁平角藻（*C. platycorne*）等种类的分布，反映了次表层低温、高盐水的影响。此外，种类多样性上升流盛期的比上升流弱期或无上升流期的低。

浮游动物共鉴定出638种，其中桡足类（228种）和水母类（143种）占一半以上。特别是具有上升流指示意义的中、深层种类，如隆线拟哲水蚤、鼻锚哲水蚤（*Rhincalanus nasutus*）、放射虫叶片丽巾虫（*Callimitra emmae*）和展硅蛛网虫（*Litharachnium temtorium*）等的出现及数量时空分布，可作为上升流的指示生物。

2. 游泳生物

沿岸上升流区的鱼类主要是中上层鱼类，调查海区主要渔业资源也是中上层鱼类（金色小沙丁鱼、蓝圆鲹、颌圆鲹、竹筴鱼、鲐鱼、羽鳃鲐和脂眼鲱等），是我国东南陆架上最重要的中上层渔场之一。这些鱼类均属浮游生物食性，包括小型鱼类、桡足类、糠虾类和短尾类的幼虫。它们一般不作长距离洄游，并且是属 *r*-选择生活史类型。

3. 底栖生物

底栖生物鉴定405种，依次为甲壳动物、软体动物、多毛类、棘皮动物、鱼类、腔肠动物、脊索动物。总的看来，底栖生物量比较低，年均值为10.6 g/m^2，生物量组成中以软体动物占优势。

总之，闽南—台湾浅滩渔场上升流区的生物组成多为热带、亚热带种，并且生物种类组成表现出上升流区的生态特征。

（三）生产力与能流特点

1. 初级生产力

调查海区的年平均生产力为550 mgC/(m^2·d)，虽然低于全球上升流区的平均值［820 mgC/(m^2·d)］，但高于沿岸区的平均值［270 mgC/(m^2·d)］（表10.4）。

表10.4　各海区初级生产力比较［mgC/(m^2·d)］

海区	闽南—台湾浅滩夏季上升流区			澎湖岛夏季	浙江沿岸	加州沿岸	秘鲁沿岸	西北非	西南非
	近岸区	浅滩西部	浅滩东南部						
初级生产力	0.74	0.86	0.40	0.25	1.25	1.12	1.76	2.00	2.80

2. 消费者产量

根据调查结果，浮游动物生物量全年平均为12.8 mgC/m^3，底栖生物量平均为10.6 g/m^2。主要中上层鱼类均属浮游动物食性，摄食桡足类、糠虾、长尾类和短尾类的幼虫以及小虾小鱼。平均营养级仅2.65级，属低级肉食性鱼类，这是上升流区能流的重要特点。据估计，第三级产

量为 0.14×10^6 tC/a，相当于 1.04×10^6 t 鲜重/a，取开发率为 40%，则可开发量为 0.42×10^6 t 鲜重/a。根据 1971～1998 年统计，闽南—台湾浅滩渔场的年渔获量（包括鱼、虾、头足类等）共 4.0×10^5 t，因此可以认为该上升流区渔业资源已属接近充分利用的海区。

本章提要

1. 热带沿岸区广大海域分布着珊瑚礁生物群落。由造礁珊瑚（体内有共生动黄藻）死亡骨骼、含钙藻类以及各种软体动物的贝壳，通过堆积、填充、胶结各种生物碎屑，经逐年不断积累而形成的碳酸钙沉积环境组成。珊瑚礁生境复杂，生物群落是海洋中多样性程度最高的群落，每个种占据很狭窄的生态位。珊瑚—藻类共生关系具有特殊的生态学意义，使得营养物质并不丰富的海域具有很高的营养循环效率。珊瑚礁生物群落的生产力很高，食物链、食物网结构复杂、初级生产与群落呼吸消耗基本平衡，具有顶极群落的特征。同时，珊瑚礁又是一个十分敏感而脆弱的生态系统，受人类活动和气候变化等的影响，全球珊瑚礁生态系统正面临前所未有的威胁。

2. 冷温带的潮下带附近多分布着大型褐藻类，它们以固着器附着在硬质底上，以宽大的叶片吸收海水中的营养盐。巨藻可生长到 20～30 m，而且生物量很大，形成“海藻森林”，初级生产力常超过 1000 gC/(m^2 · a)。大型海藻叶片上附着微型或小型动植物，各种定居的或临时性栖居在这里的无脊椎动物和鱼类构成复杂的生物群落，海獭（或龙虾）构成这类生物群落的关键种。碎屑食物链是其主要能流渠道。

3. 海草（如大叶藻、海龟草等）是在盐沼向海一侧的潮间带和潮下带软质底上生长的一类有根、开花植物，通过地下网状的根—根茎系统，常形成生物量很大的海草场。全世界海草的种类很少，大约只有 50 种，但其他生物种类（附生植物、底栖无脊椎动物和鱼类等）的数量要明显高于周边的生态系统。一方面，是由于海草场的存在使得环境的物理结构变得高度复杂，提供了更多的空间生态位；另一方面，海草场有很高的生产力水平，提供了丰富的食物资源（主要是海草碎屑）。海草场还是许多重要经济鱼类的繁育场所，也是一些大型濒危动物的主要食物来源。此外，海草场还具有保护海岸、净化水体和向外海底栖动物输送碎屑食物的重要功能。

4. 浅海—陆架区包括潮间带下缘至大陆架边缘的水体和海底，与外海相比，各理化因子（温度、盐度等）的变化较大，且变化梯度向外海方向逐渐减小。近岸浅水区受潮汐和波浪的影响较大，越远离海岸，潮汐和波浪的作用越小，海流（主要是沿岸流）的作用逐渐占据主导地位。浅海—陆架区有很高的初级生产力水平，且平均食物链较短，所以终级产量较大洋区高得多。浅海—陆架区也是受到人类严重干扰的海区。

5. 浅海—陆架区的三大生态类群组成有一定的特点，浮游植物主要类别是个体相对较大的硅藻和甲藻；浮游动物种类繁多，其中一个重要组分是由许多底栖动物和游泳动物幼体组成的季节性浮游动物。游泳生物以鲱科鱼类最为重要，世界渔业大部分捕获量是少数几种生活于浅海区的种类。底栖生物的组成与底质类型密切相关，硬质底为固着生物（如大型海藻、海绵和海鞘等）提供了可靠的固定场所；软质底是大陆架海底的主要生境类型，生活着各种底内生物，底内生物的分布与波浪、水流和有机颗粒的分布密切相关；底游生物则多分布于食物丰富和能够提供隐蔽场所的区域（如岩礁）。

6. 近岸上升流是海洋中重要的高生产力区，其共同的环境特征（相对于其邻近海区）是温度较低、溶解氧含量也较低，营养盐含量高，盐度也较高，这些特征是较深层水向上涌升的反映。生物群落中的浮游植物粒径较大，初级生产力水平很高，群落的多样性水平较低，食物链环节较少，鱼类多为生命周期较短的，偏向 r-选择的类型。近岸上升流是海洋的重要渔场。

思考题

1. 简要说明珊瑚礁生物分布范围、珊瑚礁生物群落的生物种类有高度多样性的原因以及珊瑚礁生态系统生产力和能流、物流的主要特征。

2. 冷温带海区的潮下带大型藻场的褐藻类植物体有哪些基本结构？它们是怎样吸收无机营养盐

的？为什么说海獭是控制很多藻场群落的关键种？

3. 海草与陆地的有根、开花植物有何不同？它们是如何适应海洋环境的？

4. 为什么海草场都具有很高的物种多样性水平？

5. 概述浅海区的主要环境特征和生物组成的一般特征。为什么说浅海区是重要的渔场分布区？

6. 大陆架海床都有哪些底质类型？不同底质环境的生物组成有何差异？

7. 沿岸上升流区的温度、溶解氧和营养盐含量与其邻近海域有何差别？形成沿岸上升流的主要机制是什么？沿岸上升流的生产力、食物链营养级有哪些基本特征？

第十一章
深海区、热液口区和极地海区

第一节 大 洋 区

大洋区（oceanic zone）指大陆架边缘以外的水体，它与大陆架上方的水体是相连的，大洋区是海洋的主体。由于大陆架边缘的深度一般为 200 m，因此也将 200 m 以深的水体称为深海（deep sea）。大洋区是地球上最大的生态区，约占地球表面积的 50%。相对于近岸浅海区而言，大洋区的环境是相对稳定的。人类对大洋区（特别是深海区）的了解非常有限，这是由于大洋区涵盖的水域过于巨大，使得人类对其进行探索的难度不亚于探索外层空间。同时，这片未知领域的水深也对研究工作构成了一个重要障碍。

一、主要环境特征

尽管从表面上看，大洋区是一片一望无际的、简单而一致的水平面。实际上大洋区并非完全一致，是一个极其复杂的系统，受到各种外界因素的影响，存在不同空间和时间尺度上的变化。

1. 光照

大部分大洋表层的阳光充足，浮游植物可以在那里进行光合作用。透光层的下方是大洋最主要的部分，那里没有光线，不能进行光合作用，生物所需的能量主要来自上层水体中的生源有机碎屑。

2. 温度

大洋区在表层水和深层水之间常有温跃层存在，其厚度从几百米至上千米。在温跃层的下方，水温低、变化小，大多数深海区的温度在 2℃左右。1500 m 以深的水温基本上是恒定的低温（−1～4℃），最低温度（−1.9℃）位于南极洲下方。

3. 溶解氧

表层溶解氧含量较高，都接近饱和状态，在 500～800 m 出现氧最小值的水层，这主要是由于生物的呼吸消耗和缺少与富氧水交换的机会。大洋更深的水体是由北极和南极富氧表层冷水下沉而来的，加上深水区生物数量少，氧的消耗相应减少的缘故，所以含氧量增高。2000 m 以下水体中的溶解氧含量相对稳定，约为 5 mg/L。到了深海底部，氧含量又有下降，因为那里生物栖息密度相对高一些。

4. 水压

海水压力随深度的增加而增加（每深 10 m，压力增加 1 个大气压），大部分深海区的压力在 200～600 个大气压。高压会压迫鱼鳔中的气体对细胞的形态和分裂、肌肉的运动以及 $CaCO_3$ 沉淀等均有很大影响。另外，高压还会抑制酶的催化作用。

5. 海流

海流是海水沿一定途径的大规模流动。引起海流运动的因素可以是风，也可以是热盐效应造成的海水密度分布的不均匀性。前者表现为作用于海面的风应力，后者表现为海水中的水平压强梯度力。加上地转偏向力的作用，便造成海水既有水平流动，又有铅直流动（参见第三章）。海流对海洋中多种物理、化学、生物和地质过程，以及海洋上空的气候和天气的形成及变化，都有影响和制约的作用。

二、深海动物对环境的适应机制

1. 对黑暗的适应

许多深海动物通过发光器产生它们自己的光线（如灯笼鱼和星光鱼等），用于发现配偶、食物和逃避捕食。

在海洋中层，虽然没有足够的光线进行光合作用，但仍有少量光线透入很深的水层（特别是在清澈的热带海洋）。有些动物有特别发达的眼睛，如灯笼鱼科（Myctophidae）的鱼类。生活在200～700 m深的一些乌贼（Histiothidae科），两只眼睛中有一个特别发达，大眼朝上，小眼朝下。大眼可对从上层来的微弱光线产生反应，而小眼可对其本身的发光器发出的光产生反应。在更深的完全黑暗的水层，不少种类的眼睛很小或完全退化。与此相应的是体色的适应。生活于海洋中层的鱼类多呈银灰色或深暗色，无脊椎动物则为紫红或亮红色，甲壳动物也常为红色。这些体色都与海洋中层基本上是没有光线的条件一致的（例如，红光很快被海水吸收）。再深的大洋深处的动物则常是无色或白色的。

2. 对食物稀少的适应

深海食物稀少，动物（特别是鱼类）常具有很大的口、尖锐的牙齿和可高度伸展的颌骨，能吞食很大的猎物。还有一些鱼类，如鮟鱇鱼（Ceratiidea）的背鳍高度延伸特化，其上的发光器官起诱饵作用以吸引它们的猎物（图 11.1）。有的种类一次可吃大量食物。如端足类 *Eurythenes* 能吃下身体重量 75%的食物，足够一个雌性成体维持一年。

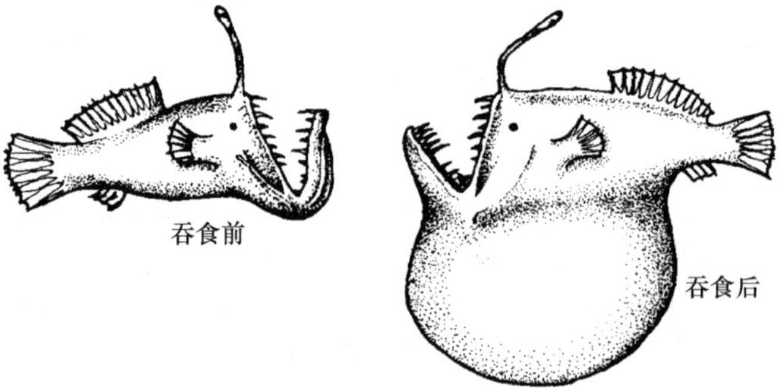

图 11.1　一种深海鮟鱇鱼摄食前后

3. 对种群稀少的适应

在深海种群稀少和黑暗条件下，有些种类的雌性个体具有“补雄”能力，即雄性个体寄生在雌性个体上。例如鮟鱇鱼的雄性个体很小，通过嗅觉作用找到雌体后就寄生在雌体上（图 11.2）。这种现象对种群的延续有重大的生物学意义。此外，深海鱼类由于成熟慢、生殖腺小、胚胎发育也慢，多数种类一生只繁殖一次，许多种类雌雄同体。

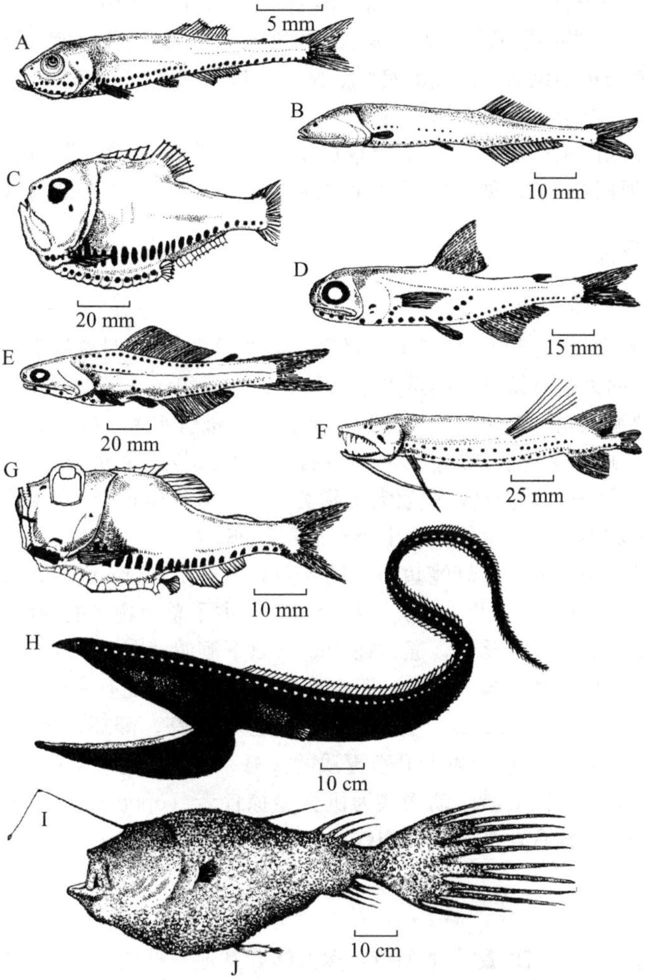

图 11.2　中层鱼类（A～G）和深海鱼类（H～J）（引自 Lalli and Parsons，1997）
A. 长尾串灯鱼；B. 圆帆鱼；C. 银斧鱼；D. 灯笼鱼；E. 珍灯鱼；
F. 深巨口鱼；G. 长银斧鱼；H. 宽咽鳗；I. 长杆角鮟鱇（雌）；J. 长杆角鮟鱇（雄）

4. 对高压的适应

由于深海常年低温高压以及高的 CO_2 含量，使得钙的沉淀产生了困难，因此多数深海动物是柔软的，缺少钙质骨骼。此外，多数深海鱼类没有鳔，这样可以减少动物体和外界环境的压力差。

三、大洋区的生物组成

1. 大洋表层

大洋表层（epipelagic，<200 m）中的生产者以“微微型浮游植物”占优势，在贫营养大洋

区，蓝细菌和固氮蓝藻是重要的自养性浮游生物。浮游动物基本上是"终生浮游生物"。

大洋表层的游泳动物实际上可以在浅海区与大洋区之间活动。大洋表层的鱼类十分丰富，可分为终生大洋表层（holoepipelagic）和阶段性大洋表层（meroepipelagic）鱼类。飞鱼、金枪鱼、旗鱼、翻车鱼、虎鲨和白鳍鲨等终生生活于大洋上层水体中，鲱、鲸鲛、鲑鱼等仅成鱼生活于大洋，幼体则在沿岸或进入河川。一些中层鱼类（如灯笼鱼）可在某一时间段（如夜晚）上浮进入上层水体。

大洋表层的游泳动物还包括头足类的乌贼、鱿鱼，哺乳类的鲸、海豹、海狮等，鸟类如南半球之企鹅、鸬鹚，爬行类中的海龟和海蛇等。

大洋表层是大洋区的生产层，浮游生物数量丰富，一些摄食浮游生物的种类可集群大量出现，成为远洋渔业的捕捞对象，如大西洋鲐鱼（*Scomber scombrus*）和北海鲱鱼（*Clupea harengus*）等。

2. 大洋中层

大洋中层（mesopelagic，200～1000 m）的浮游动物主要是大型磷虾类，它是重要的食物链环节，常结成大群。另外还有糠虾、端足类、毛颚类、水母等。在一些较高纬度海区的冬季，由于食物短缺，一些浮游动物可沉降至大洋中层休眠。如北极哲水蚤（*Calanus glacialis*）和极北哲水蚤（*C. hyperboreus*）冬季可在深达 1000 m 的深水区越冬。亚北极北大西洋的飞马哲水蚤（*C. finmarchicus*）在夏季大量摄食，积累大量脂类，在夏末，生长和发育停滞，沉降至 500 m 以下深水区越冬。冬末和春初，结束休眠，上浮至表层产卵。

大洋中层游泳动物主要成员为灯笼鱼科、钻光鱼科（Gonostomatidae）、褶胸鱼科（Sternoptychidae）的鱼类、十足目甲壳类及头足类，加上磷虾，占了总生物量的 80%以上。其中灯笼鱼、钻光鱼及磷虾等可进行昼夜垂直移动，通常在 450 m 以下洄游（图 11.2）。

现已发现除北极地区以外的各大洋中，距海底数百到数千米处有一浓密的声波反射层，即深散射层（deep scattering layer，DSL），由大量的灯笼鱼、磷虾、樱虾、乌贼或管水母类所造成。它们白天分布在 200～700 m，夜晚再上升至更浅的浅海。在生产力较高的区域尤为明显。

大洋中层由于食物少，因此游泳动物多为机会型掠食者（opportunistic predator），食物类别不定，只要大小适合均可捕食，甚至同类相残。

3. 深海和深渊区

深海区（bathypelagic）有鮟鱇、宽咽鱼、深海鳗和其他多种鱼类。生活在深海区的鱼大部分多栖息在大陆坡附近。一些鱼类的栖息地不局限于某一深度的区域，如一些岩鱼可在上层、中层和深海区之间垂直迁移（图 11.2）。

水深超过 4000 m 的深渊区（abyssopelagic）仍然有鱼类生存，长尾鳕科（Macrouridae）是一类能生活在深渊区中的鱼类。绵鳚科（Zoarcidae）中的绵鳚鱼则是海底热泉系统中占统治地位的鱼类。

长期居住于深海中的鱼类与中上层鱼类在外表上迥然不同。如大部分深海鱼体形很小，并且由于深海环境中几乎没有光线，许多深海鱼类身体呈透明状。Marshall（1980）指出中上层和底层鱼类的身体结构存在显著差异（表 11.1）。

表 11.1 大洋中上层鱼类与底层鱼类的身体结构比较（Marshall，1980）

特　征	大洋中上层鱼类	大洋底层鱼类
体色	体侧银白	黑
发光器	多而发达	小或退化成为单一诱饵型

续表

特　征	大洋中上层鱼类	大洋底层鱼类
上下颌	较短	较长
眼	较大	较小或退化
嗅觉器官	雌雄均较发达	雄性发达，雌性退化（钻光鱼及鮟鱇鱼）
神经系统	发达	不发达
肌节	发达	不发达
骨骼	骨化完全，有鳞	骨化不全，常无鳞
鳔	有，发达	无，退化
鳃	鳃丝数多，鳃板数多	鳃丝数多，鳃板表面小
肾	较大，肾管数多	较小，肾管数少
心脏	大	小

第二节　深　海　底

一、深海底地貌和沉积物

深海底是指大陆架以外的海底，包括大陆坡、大陆隆、大洋中脊、大洋盆地和海沟等地质构造。深海底的地貌远比陆地的复杂、壮观。

大陆坡是地球上最绵长、壮观的斜坡，不同海区大陆坡的坡度差别很大，平均4°17′。许多陆坡上有深邃的海底峡谷，主要由浊流冲刷而成，为陆源沉积物输入深海底的重要通道。

大陆隆也叫大陆裙或大陆基，是在大陆坡底端由沉积物不断堆积形成的扇状隆起，位于水深2～5 km处。大西洋中的大陆隆要多于太平洋，因为在太平洋的大陆坡底部存在许多海沟，容纳了部分从大陆坡冲刷下来的沉积物。

大洋中脊又称中央海岭，是贯穿四大洋的海下山脉，绵延64 000 km，覆盖海洋总面积的32.8%。脊顶的水深一般为2～3 km，有的甚至露出海面，如冰岛。大洋中脊的形成是海底火山长年喷发的结果。

大洋盆地是指位于大洋中脊坡麓与大陆边缘（大西洋型的大陆隆、太平洋型的海沟）之间的广阔洋底，约占海洋总面积的45%，水深一般为4～6 km。大洋盆地底部地势相对平坦的区域是深海平原，此外，还分布着高度各异的海底山脉，其中相对高度小于1 km的称为海丘（海底丘陵），大于1 km的称为海底山。

海沟是由于板块俯冲作用形成的“V”形狭长沟槽，是海底最深的地方，深度超过6 km，最大水深近11 km。在这里，旧的地壳将沉入地幔，并被强大的地热液化而重新生成岩浆。世界大洋有20多条海沟，主要分布在太平洋，其中深度超过万米的6条海沟均位于太平洋。

绝大多数深海底覆盖大量细质软泥，构成深海生物的最主要生境类型。陆地岩石的分解、海洋动物的残骸、海水中的化学反应、来自大气层的微粒等，都是海底沉积物的来源。深海海底中的沉积过程是极其缓慢的，其厚度平均每1000年仅增长1 cm。不过，经过长年的沉积，有的区域厚度可达1000 m。而在大陆架上，由于沉淀来源丰富，其沉降速率相对较快一些，大约是每1000年增长50 cm。

深海沉积物可分为两种类型。一种是黏土颗粒，主要位于贫营养水体（如大洋中部的环流区）下方；另一种为生源软泥（biogenic ooze），位于高生产力的表层水体下方，含超过30%的生物骸骨，主要有硅质软泥和钙质软泥两类。两种生源软泥的分布区域及生物骸骨的组成明显不同（参见第二章）。

二、深海底的生物

1. 深海软质底的主要生物类群

根据已有的调查，深海软质底（主要位于大陆坡和深海平原，面积占全球海底总面积的90%）中较小的生物类群组成（包括>0.5 mm的大型动物和<0.5 mm的小型动物）与浅海区相似。大型动物主要由多毛类、双壳类软体动物以及端足类、等足类、涟虫类等甲壳动物组成，小型动物主要包括线虫类、桡足类和有孔虫类。

因为没有适宜的附着基，固着生物在软质底中十分少见。不过，腔肠动物中的海扇（柳珊瑚）和海鳃却非常适宜深海生长，它们利用一个长柄固定在沉积物中，摄食和繁殖个体则保持在软质底上方。

棘皮动物在深海区广泛存在，其所有类群均可在深海出现，不过蛇尾纲（Ophiuroidea）和海参纲（Holothuroidea）的种类在深海分布最广、多样性程度最高。有的海参纲种类（如*Enypniastes*属）进化出鳍状物，具游动能力；有的种类（如*Peniagone*属）的口部具有“手形”触手，以收集沉积颗粒。在一些食物丰富的海底，一些种类（如*Kolga hyalina*和*Scotoplanes globosa*）可形成群体。

通常深海中螃蟹相对较少，不过红蟹类（*Geryon*属和*Chaceon*属）在许多海域能生活在1000 m以下，经常成为捕捞对象。2000 m以下螃蟹种类极少。另外，对虾通常也在海床上方游动，与浅海种类相比体型较大，且多呈鲜亮的红色。

2. 海底山的生物

据估计，全世界大洋中共有30 000多座1000 m以上的海底山。在深海洋流经过海山时，会出现漩涡，从而造成浮游生物集中，并将深水层营养物带到上层。这种上旋作用使得这里成为多种底栖生物和浮游生物的重要觅食地。许多海山出现食悬浮物种如珊瑚（柳珊瑚、造礁石珊瑚）、海百合、水螅、海蛇尾和海绵的密集分布。此外，还常常吸引许多大型捕食动物，如鲨鱼、金枪鱼、海龟、海鸟和海洋哺乳动物来此聚集觅食。

研究表明，海底山是新物种进化的热点区，也是古老物种的庇护所。令人瞩目的是，分布在仅1000 km海域范围内的海山物种群落却常缺乏亲缘关系。这种现象说明海山物种的分布可能局限于单个海山群或海山链，甚至可能局限于单个海山。这意味着人类在海山进行捕捞或采矿活动可能会造成物种灭绝和全球海山动物区系多样性全面下降。

3. 冷水珊瑚礁和海绵礁

近年来，在包括大西洋、太平洋、印度洋和地中海的世界各大洋中，都发现了大量的冷水珊瑚礁，冷水珊瑚是由若干石珊瑚物种所形成，包括*Lophelia pertusa*、*Madrepora oculata*、*Solenosmilia variabilis*、*Goniocorella dumosa*、*Oculina varicosa*、*Enallopsammia profunda*和*Enallopsammia rostrata*等。

与浅水珊瑚不同，冷水珊瑚多分布在200～1000 m、温度介于4～13℃的黑暗深海中，故又称深水珊瑚。调查显示，冷水珊瑚的分布比浅水珊瑚更加广泛，数量很多，可以形成庞大的珊瑚礁，体积甚至超过茂盛的热带珊瑚礁。迄今为止发现的最大冷水珊瑚礁是位于挪威罗弗敦群岛的*Lophelia*珊瑚礁，水深300～400 m、宽2～3 km、长45 km。

由于生长于黑暗的深水中，冷水珊瑚的组织中没有依赖于光线的共生藻类，珊瑚虫以洋流带来的颗粒状有机物质、浮游动物和小的鱼虾作为食物。另外，有的珊瑚虫还能直接吸收溶解有机物。冷水珊瑚的生长速率极其缓慢，只有热带珊瑚的1/10。调查发现，有些尚存活的珊瑚群和珊瑚礁已有超过8000年的历史。

海绵礁由具有三维硅骨架的玻璃海绵构成，形成的方式同珊瑚礁类似。每一代海绵死亡后，新生的海绵都会在它们残留的骨架上继续繁衍，久而久之便积累成庞大的海绵礁石。虽然玻璃海绵礁在世界上深度500～3000 m的海洋中均存在，但能形成海绵礁的物种主要出现在寒冷的北太平洋水域中。海绵礁以每年2～7 cm的速度生长，寿命很长。据估计，在加拿大不列颠哥伦比亚省夏洛特女王湾5 m厚的海绵礁有近6000年的历史。

由于提供了理想的巢穴和掩蔽地点，冷水珊瑚礁和海绵礁支持了丰富多样的海洋生物类群，在其中生活着数以千计的其他物种，特别是一些动物，如海绵、多毛类、甲壳纲动物（蟹、龙虾）、棘皮动物（如海星、海胆、海蛇尾等）、苔藓虫和鱼类。曾经有科学家仅在一株冷水珊瑚上就发现了130多种海洋生物。

由于冷水珊瑚礁和海绵礁寿命长、生长缓慢并且脆弱，它们很容易受到物理环境破坏的影响。据报告，海底拖网捕鱼所造成的破坏也是冷水珊瑚礁和海绵礁的主要威胁，这种捕鱼方式会造成机械性破坏，打破珊瑚礁的结构。最近对冷水珊瑚礁的调查表明，在许多地方，珊瑚礁已经遭到毁坏或损坏。

三、深海底的物种多样性

深海底栖动物种类很丰富，大部分门类都有深海底栖种类。在超过6000 m的超深渊也有很多种类，即使在10 000 m的海沟深处，也发现有海葵、海参、多毛类、等足类、端足类、双壳类等底栖动物，可见压力和低温并不是海洋生物生存的障碍。

从数量上看，那些穴居的小型多毛类在大型底栖动物中最占优势（有时可占总数量的一半以上）。甲壳类（端足类、等足类、异足类）、软体动物（蛤类为主）以及各种各样的蠕虫都是常见的底栖种类。海蛇尾在有的海域大型底栖动物中占最重要地位。

深海底栖动物多样性水平很高。据报道，即使在4700 m深处，每次拖网都可以发现196个大型动物的物种，深海底是发现新种的重要地方。关于深海底物种有高多样性的解释存在不同意见：有的认为深海环境的长期稳定性导致小生境的分化，每个种有狭窄的生态位；有的认为捕食性的动物不加区别地捕捉被食动物，避免了产生竞争排斥；还有的学者认为深海物种多样性水平高是由于水温低而导致生物代谢和生长率低，达到性成熟所经历的时间也长，减少了竞争优势种的出现机会（参见第五章第三节）。

深海（特别是深渊和超深渊）底栖动物种类组成的另一个特点是土著种的比例很高（表11.2）。有的类别中2/3以上是深海独有种。例如，具有钙质外壳的浅水有孔虫在深水被具有蛋白质成分的沉淀颗粒组成的外壳所取代。在浅水区软体的海绵和钙质的海绵，在深水区也多半被具有硅质骨针的玻璃海绵所取代。深海底栖动物还有不少“活化石”种类，如有柄海百合、腕足动物等。

表11.2　6000 m之下海沟地区土著种的百分比（引自Barnes and Hughes，1982）

类　别	海沟种类数目	土著/%	类　别	海沟种类数目	土著/%
有孔虫	128	43	螠虫类	8	62
海绵动物	26	88	星虫动物	4	0
腔肠动物	17	76	甲壳动物		
多毛类	42	52	藤壶	3	33

续表

类　别	海沟种类数目	土著/%	类　别	海沟种类数目	土著/%
涟虫类	9	100	棘皮动物		
原足类	19	79	海百合	11	91
等足类	68	74	海参类	28	68
端足类	18	83	海星	14	57
软体动物			海蛇尾类	6	67
无板亚纲类	3	0	须腕动物	26	85
腹足类	16	87	鱼类	4	75
双壳类	39	85			

目前对深海物种数量的估计也存在极大争议。特别是近 20 年来，对深海底的调查发现了大量新的物种（特别是多毛类），全球总生物多样性的水平也因此有待重新评估。一个较保守的估计是深海（包括深海水体部分）至少有 1×10^7 种生物生存，有人甚至提出深海中仅线虫类（深海中极为丰富）就可能多达 1×10^8 种（Lambshead and Boucher，2003）。确切地说，目前我们并不知道深海中究竟生活着多少生物种类，仅根据现有的调查估计在 $1\times10^7\sim1.11\times10^8$ 种以上（Kaiser et al.，2005）。

四、深海底的食物供应

除了在深海热液口（参见本章第三节）等特殊区域存在化学合成作用外，深海没有初级生产，底栖动物的食物依赖于浅水区大型植物的碎屑、各种消费者的死亡残体和粪团等有机物质，大洋区浮游植物产量大部分被消费者所利用，未被利用的也在沉降过程中不断分解，所以只有很少一部分被转移到深海底。对于深海底栖生物的生物量、丰度、多样性和生活史而言，食物供应状况的影响是十分关键的。

表层有机物可能通过以下途径作为底栖动物可利用的食物源（图 11.3），它们的贡献取决于下沉速率及其在下沉过程中的消耗。

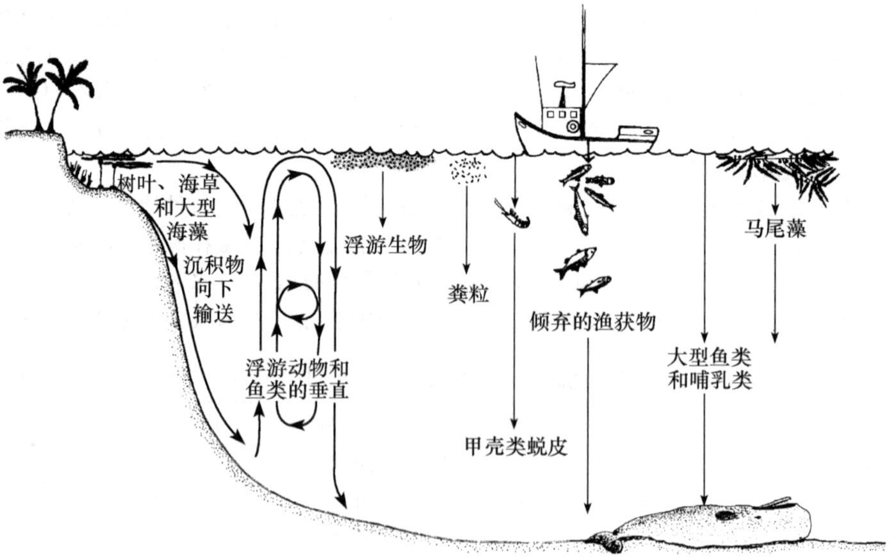

图 11.3　深海生物的潜在食物源（引自 Lalli and Parsons，1997）

1. 死亡动植物残体下沉

浮游植物通常个体很小，未被利用的细胞下沉速度很慢，多数不能在分解完成之前到达深海底。但是，在有些海区（如北大西洋部分海区）的季节性浮游植物水华期，因与浮游动物繁盛期未能很好匹配，因此较多的植物碎屑可到达 4000 m 深处的海底。沿岸的海藻、海草碎屑有相当部分能被输送到外海，这些大型植物来源的颗粒下沉较快，到达海底前多未被完全分解，可作为深海（特别是靠近大陆架的深海底）底栖动物的重要食物来源。

在动物方面，表层未被消费的浮游动物残体下沉速度快于浮游植物，但它们也较快地被分解。那些大型动物（鱼类、头足类、哺乳类）的死亡尸体下沉得很快，在下沉过程中被深水层食腐动物不断利用，剩余的部分可到达很深的海底，会吸引一系列大型腐食动物（海星、盲鳗等），是许多深海动物的主要食物来源。这部分动物尸体包括被渔民倒回海中的渔获物低值副产品。

2. 粪粒和甲壳类的蜕皮

海洋上层浮游动物（特别是甲壳类浮游动物）排出的粪粒很多，其中还有不少未被消化的浮游植物。浮游动物的排粪过程实际上是将微细的浮游植物“加工”为较大的颗粒碎屑的过程，这将加快其沉降速率。另外，甲壳动物的周期性蜕皮（生长所必需的过程）也是重要的有机颗粒。虽然这部分皮壳是难以被直接消耗的几丁质，但可以被摄食者肠管内各种分解几丁质的微生物所分解。同时，粪粒和蜕皮在沉降过程中可由微生物作用转变为微生物生物量，供底栖动物利用。

3. 动物的垂直迁移导致有机物质加快向下转移

很多海洋动物有垂直移动的习性，它们往往在表层摄食后在深层水中排出粪便，或在垂直移动中本身被深水层的捕食者所猎获，这些深层捕食者的粪粒又可快速下沉补充深海底动物的食物供给。

总的估计，透光层生产的有机物质大约只有 5%～10%沉降到 2000～3000 m 深处，而沉降到 4000 m 以深的深渊或超深渊的数量就更少了。

必须指出，不同纬度的食物沉降存在不同的时间格局。温带和极地海区真光层的初级生产有显著的季节性，浮游植物碎屑沉降主要发生在春季水华期间，有机颗粒形成的凝聚体以约 100 m/d 的速率沉降，经 1～2 个月到达海底。贫营养的大洋中部环流区海底则以连续的、少量的食物供应模式为主。此外，热带海区食物沉降的季节变化也不明显。

另外，深海沉积物间隙水中 DOM 的含量很高，是上覆水中的 10 倍。一些底栖动物，如长管艳虫（*Vestimentiferans*）和一些多毛类等，可从 DOM 中直接获取碳源。

五、深海底栖动物的生物量和生产力

在任一区域，深海底栖动物的生物量随深度而下降明显（图 11.4），当深度梯度与距海岸的距离相吻合时，这一点尤为明显（图 11.5）。在大部分海底，生物量都小于 0.5 g/m^2（湿重），还不足浅海底栖平均生物量（200 g/m^2）的 1/400。超过 5000 m 的超深渊带，生物量仅为 0.01～0.3 g/m^2。总的来说，深海底面积占整个海底总面积的 90%以上，但其总生物量仅为海洋底栖总生物量的 17%左右，可见其单位面积生物量是很少的。

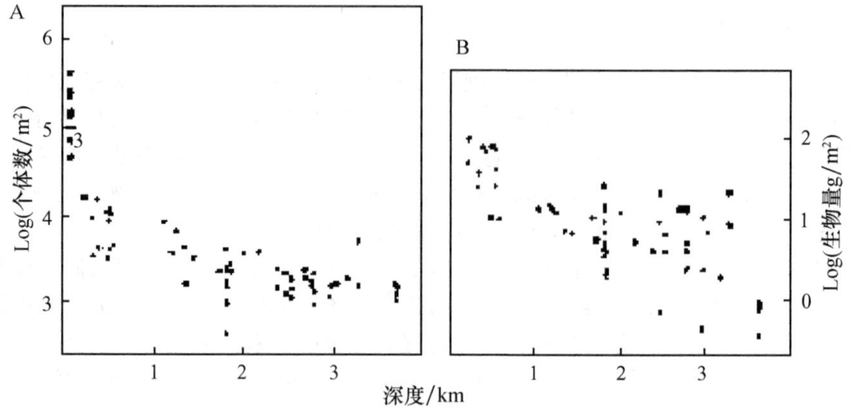

图 11.4 新英格兰外海鱼类单位面积单个种类的个体数（A）总生物量（B）随深度的变化（引自 Rowe et al.，1982）

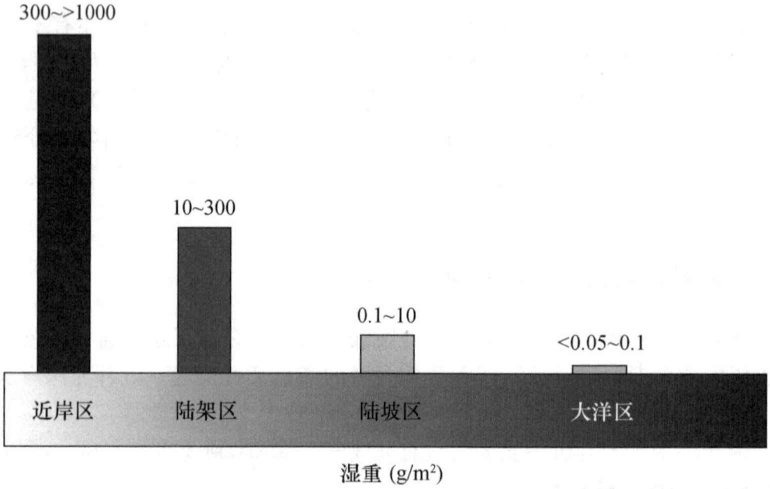

图 11.5 底栖生物的生物量在海洋中的分布（引自 Barnes and Hughes，1982）

从生物量组成看，海绵、海参和海星常是深海底栖大型动物中最重要的种类（图 11.6）。海绵动物是构成较浅的深海底生物量的重要种类，它们附着在硬质基底上，借助水流滤食小型生物或细菌，在较浅的海底，水流和食物量相对其滤食食性较为有利。另一类是海参，生活在软质底上，多数是食沉积物或碎屑，可以从深海沉积软底上获得有机物质，所以能分布到深渊和超深渊的底部。此外，海星在 7000 m 以浅的各种深度海底的生物量也很可观。

总的来说，深海底栖生物的生物量很低，这与深海食物供应的数量和质量状况密切相关。

真光层转移来的颗粒有机物可被底栖动物直接利用，也可通过细菌的利用（或“改造”）再依次转移到各级消费者中，细菌是底栖动物食物营养的重要环节。深海沉积物中，细菌生物量十分丰富，在 4000～10 000 m，每立方厘米沉积物中细菌最多可达 8400 万个。细菌的生物量虽然很大，但由于低温、高压环境的限制，产量很低。有人做过实验，和处于同样温度的黑暗条件而压力相当于大气压的情况相比，深海细菌的新陈代谢速率要慢 100 倍。在深海区 1000 m 处，细菌的生产力可能下降到 0.2 gC/(m^3 · d)，在 5500 m 深处，可能降到 0.002 gC/(m^3 · d)，因此，消费者物种的生产力必定更低。

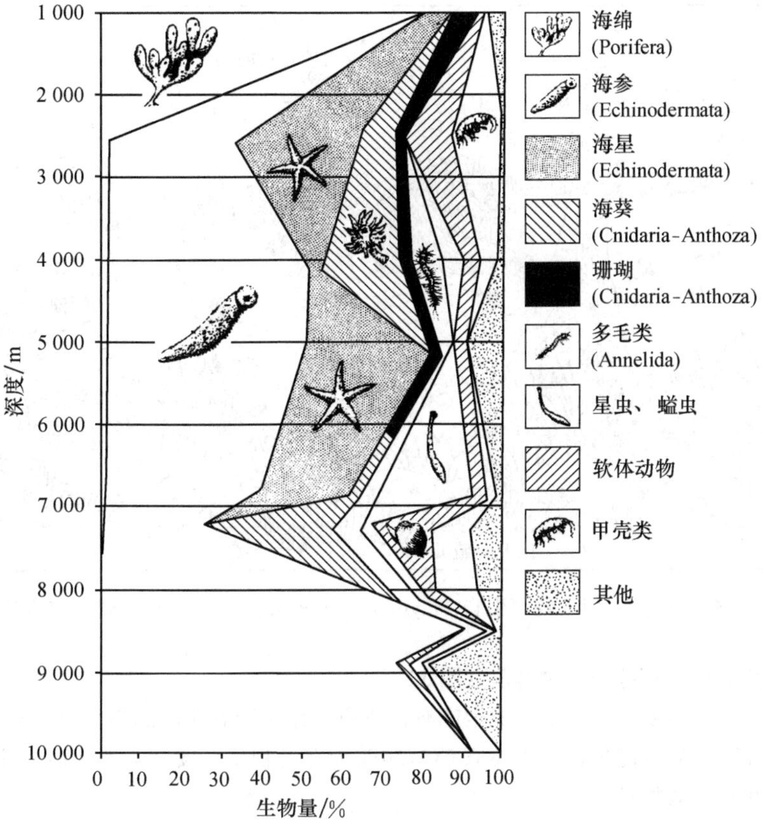

图 11.6　不同深度的底栖动物生物量中各类动物的比例（引自 Friedrich，1965）

目前，关于估计深海底消费者产量的资料很少，但是，可以肯定的是深海底栖动物的生产力是很低的，其原因是食物稀缺导致能支持的生物量很少以及深海特殊的环境压力（如低温）导致生物生长缓慢。例如，栖息于北大西洋 3800 m 深处的一种小型双壳类 *Tindaria callistiformis*，经放射性测定表明，这种双壳类增长速度大约为 0.084 mm/a，长到性成熟时需要 50 年时间，其寿命大约为 100 年。

第三节　热 液 口 区

一、海洋中的独特生态系统

1977 年，美国深潜器“阿尔文”号在加拉帕戈斯（Galapagos）裂谷区 2500 m 深处中央海脊的火山口周围首次发现热液口（hydrothermal vents），有些热泉在冒出地面时会在出口处形成烟囱似的石柱，从烟囱涌出的热液温度很高（250～400℃），而从海底的裂缝中扩散出来的热液温度相对较低（5～100℃）。当热液与周围海水混合时，温度降至 8～23℃，仍比正常情况下 2500 m 深处的温度（2～4℃）高出很多。同时在热液出口区发现 H_2S 含量很高，而 O_2 含量很低。随后的调查发现，这种热液口环境中有很丰富的能氧化硫的细菌生活，其生物量可达 10^6 个/mL，并在海底形成厚厚的丝状细菌垫。同时，个体特别巨大的一些蠕虫和双壳类动物特别引人注目，

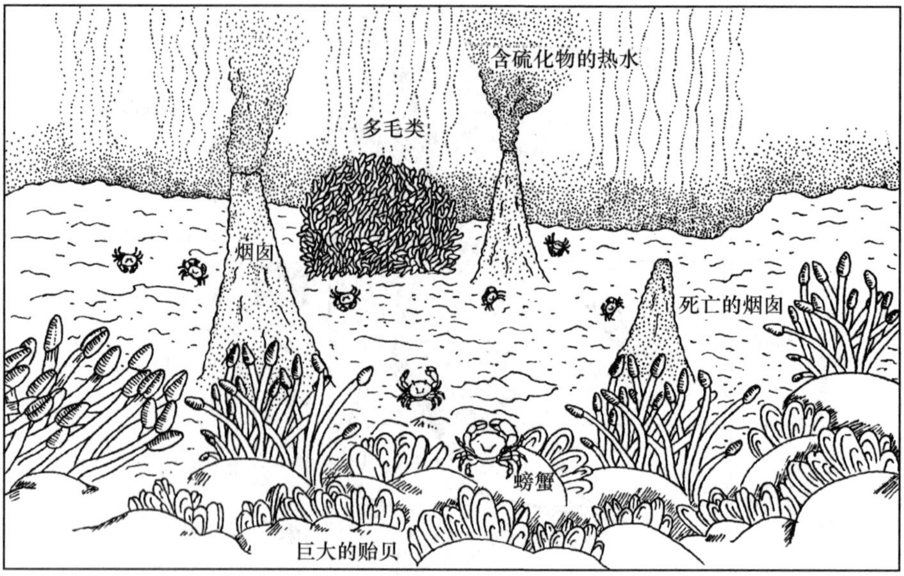

图 11.7　深海热液口及大型动物（引自 Haymon and McDonald，1985，转引自邵广昭，1998）

它们与细菌共生，构成特殊的生物群落（图 11.7）。

热液口生物群落主要依靠化学合成生产有机物质，那些能氧化硫的细菌氧化热液中的还原性硫化合物（如 H_2S）获得能量，用于还原 CO_2 转变为有机物质，反应需要吸收海水中的分子氧，整个生产过程可用下式概括：

$$CO_2 + H_2S + O_2 + H_2O \xrightarrow{\text{嗜硫细菌}} \underset{\text{（碳水化合物）}}{CH_2O} + H_2SO_4$$

除了氧化硫的细菌外，还有一些其他类型的细菌，它们能利用另外的还原物质（如 CH_4、NH_3）作为能源形成有机物质。

热液口的化学合成细菌是该生物群落食物链的主要生产者，生产量很高，可能是其上层光合作用量的 2～3 倍，有些地方形成的丝状细菌可达 3 cm 厚，完全不同于通常深海区低生物量的特点。

二、热液口的生物组成

热液口生物群落有独特的种类组成，90%以上的物种是属于这类生境的特有种。其中软体动物种类最多，分布最广，其次是节肢动物门和环节动物门，这 3 个门的种类占所有热液口种类的 90%以上。而腔肠动物（除海葵外）、棘皮动物、海绵、腕足类、苔藓动物和鱼类则很少见。不过相比深海其他生境，热液口生物群落的物种多样性并不高。

（一）细　　菌

在热液口环境中有非常丰富的能氧化硫的微生物，大部分居住在管栖蠕虫、蛤、贻贝等动物的体内，形成内共生关系。此外，还有大量自由生活的微生物，以颗粒形态聚集在生物和非生物物体的表面上，给摄食悬浮物和沉积物的热液动物（如贻贝和蛤）提供了一个潜在的食物来源。

（二）大型动物

1. 管栖蠕虫

热液口附近栖息着一类身体结构十分特殊、前所未见的大型管栖蠕虫，称为“长管艳虫”（*Vestimentiferans*），是最早进入一个新的热液口的生物之一。红色的身体被包裹在一个坚韧的白色管子中，管子的一端固着在岩石上，另一端着生有许多似鳃丝一样的羽毛状触手可以从管子末端自由伸缩。管栖蠕虫没有口和消化系统，其身体内部有一特殊器官，称为营养体（trophosome），其中含有大量共生细菌，这些细菌的重量可占蠕虫个体干重的60%（因此有人提出这究竟是一种蠕虫或是一种细菌群落的问题）。

目前已发现的管栖蠕虫有10多种，其中在热液口分布的主要是 *Riftia pachyptila*、*Oasisia alvinae*、*Ridgeia piscesae* 和 *Tevnia jerichonana* 4种。

2. 双壳类软体动物

贻贝（如 *Bathymodiolus thermophilus*）通常是最早进入热液口的贝类，在贻贝的鳃上也有共生细菌，是贻贝的主要食物来源。此外，贻贝也能通过过滤海水获得食物，它们同时又是蟹和章鱼的捕食对象。

蛤类（如 *Calyptogena magnifica*）是在热液口生活的另一占优势的软体动物，蛤进入热液口要比贻贝晚。蛤的鳃组织有团块状的硫细菌共生，此外，它还能摄食悬浮颗粒。

3. 十足目甲壳类

多数热液口区生活着多种蟹类（如 *Bythograea thermydron*），有的是腐食食性者，有的摄食管栖蠕虫、小贻贝或多毛类。

在大西洋中部海脊热液口周围有各种小型虾类（如一种热泉虾 *Rimicaris exoculata*），密度可高达30 000个/m^2，是群落最主要的优势种之一（Desbruyeres et al.，2000）。热泉虾没有眼睛，但在其头胸甲的胃区长有一个明显的感光斑，可能用于感知热液辐射出的热量。不过在太平洋，虾的种类少，丰度也很低（Komai and Segonzac，2005）。虾类主要摄食微生物，有的种类也吃小贻贝，同时它们也是蟹、海葵、鱼的捕食对象。

4. 多毛类

多毛类也是热液口很重要的一类底栖动物，包括食悬浮物和食沉积物的种类。其中最常见的即为庞贝虫（*Alvinella pompejana*），生活在温度较高的热液喷出口处，可在烟囱上掘穴，体表有大量共生细菌。庞贝虫是迄今发现的最耐热的真核生物（Cary et al.，1998）。另外，在大西洋中部海脊热液口区，有一种共生在贻贝体内的多毛类 *Branchipolynoe seepensis*，数量丰富，是群落的优势种之一（Desbruyeres et al.，2000）。

5. 其他大型动物

热液口区域生活着许多大型底栖动物，有些热液口海葵很丰富，而在太平洋一些热液口，原始型藤壶也可成为优势种。一些海绵、苔藓动物、笠贝和腹足类等也可在热液口区域栖息。

一些鱼类和章鱼也在热液口区域活动，以管栖蠕虫、虾、蟹、蛤和贻贝等为食，是热液口生物群落的顶级捕食者。在三大洋热液口已至少记录到20种鱼类，其中绵鳚科（Zoarcidae）的种类最多，约占总种类数的50%。

（三）小型底栖生物

最近的研究显示，热液口的小型底栖生物主要由线虫、底栖桡足类、介形类和螨类组成，其中线虫和底栖桡足类是2个最占优势的类群。热液口小型底栖生物的丰度极低，东太平洋洋隆为25～32个/10 cm^2，大西洋中脊为36～46个/10 cm^2。种类多样性也很低，在东太平洋洋隆热液口和大西洋中脊热液口分别只有24种和15种，明显低于非热液深海区（王春生等，2006）。

（四）浮游动物

热液口附近浮游动物的密度也比周围海水中的高，包括桡足类、端足类和其他浮游甲壳类，其中一个桡足类新属 *Stygioponticus* 已记录17个种。相对于上层的浮游动物群落来说，其生物量又很低。由于热液口还有大量的浮游动物是许多底栖种类的幼体，因此，其种类组成也随不同的热液口而不同。此外，在热液口附近水母通常会占浮游动物生物量和丰度的较大部分，尤其是管水母，有时钵水母也占较大的生物量（Burd and Thomson，2000）。

三、热液口生物群落的主要特征

1. 细菌与动物间的共生关系

许多热液动物（如管栖蠕虫、蛤类、贻贝等）与化能自养细菌间存在共生关系（包括内共生和外共生），共生是热液口生物群落的一个典型特征。大量化能自养细菌栖息于动物的体内鳃上及体表，利用宿主携带的 H_2S 和 O_2 制造有机物。例如，红色的管栖蠕虫具血红蛋白，能同时携带 O_2 和 H_2S，细菌从蠕虫的血液系统中得到 H_2S 获得能量，利用 CO_2 和硫化物的氧化生成有机碳，并将部分有机碳转移给蠕虫的组织。此外，*B. thermophilus* 和 *C. magnifica* 的鳃上也有共生细菌。

2. 生长快、个体大、生物量高

调查显示，加拉帕戈斯裂谷区热液口的 *R. pachyptila* 长度可达1.5 m，直径37 mm，栖管长达3 m，栖息密度可高达176个/m^2，生物量6800～9100 g（湿重）/m^2，生长率为85 cm/a。*C. magnifica* 的体长可达30～40 cm，生长率约为10～60 mm/a。如果加上其他动物，总生物量可超过20～30 kg/m^2，相当于其他同类深度底栖动物生物量的2000～3000倍。

3. 物种多样性低

在研究较多的东太平洋洋隆11～13°N、21°N和加拉帕戈斯裂谷区的热液生物群落其种类数为74～99种，其他热液口的种类数则更少，这与一般深海的高生物种类多样性形成鲜明的对比。

热液口群落的优势种非常突出，某一群落在某一时期通常只有1～3个优势种。在东太平洋洋隆热液生物群落中，最具优势的种类为多毛纲 Siboglinidae 科的 *R. pachyptila*、蛤 *C. magnifica* 和贻贝 *B. thermophilus*。北大西洋中脊南部的主要优势种为虾 *R. exoculata*、贻贝 *B. puteoserpensis* 及与贻贝共生的多毛类 *B. seepensis*。北大西洋中脊北部热液生物群落的优势种为贻贝 *B. azoricus* 与贻贝共生的多毛类 *B. seepensis* 和虾 *Mirocaris fortunata*（王春生等，2006）。

四、热液口生物对极端环境的独特适应机制

热液口环境是以高温、高 H_2S 含量（可达 19.5 mmol/L）、低含氧量和低 pH 为主要特征，并且这些因子（包括盐度）有较大波动。另外，出口处超热水会形成有毒的金属硫化物沉淀。可见，对于绝大多数现存生物来说，那是一个很难适应的生存环境。

对于热液口生物如何适应这种特殊环境问题，已有一些初步的研究成果。例如，对于高浓度 H_2S 环境，某些细菌具有能氧化这些有毒物质的酶系统，并且可以从中获得化学能。在一些蠕虫的血液中可产生特殊的能结合硫的蛋白质，体壁中也含有特殊的酶系统可氧化进入细胞的游离硫，从而具有对硫的解毒作用。

管栖蠕虫血液中含血红蛋白，此外，热液口双壳类的血液中也含血红蛋白，而不像多数软体动物那样是血清蛋白。血红蛋白是一种更有效的携氧者，因而具有这种血色素的动物可能是对海水中氧含量低的一种适应机制。

五、热液口生物群落的空间结构与演替

热液口生物群落在空间结构上呈现以热液喷口为中心的环带状分布，这主要由于热液喷出后，与周围的海水混合，形成一个急剧变化的温度梯度，控制着生物的空间分布。在近喷口处（20～110℃）分布着多种嗜热菌和古菌，一般在 50～90℃的环境下，细菌生长占优势，大于 90℃的环境下则古细菌占优势（Reysenbach and Shock，2002），它们常在烟囱壁表面形成层状的白色菌席。喷口附近的 20～45℃地带，主要分布着多毛类，其代表物种是庞贝虫。管栖蠕虫 *R. pachyptila* 主要分布在 5～25℃的地带，捕食性的蟹更喜欢在热液羽流区和管栖蠕虫群集的地带（8～20℃），贻贝、铠甲虾和蛤一般分布在 10℃以下的外围地带，而鱼和章鱼可以在热液口四周游弋。当然，热液生物群落的环带状分布并没有严格的界限，有时它们之间表现出各生物门类的杂居和共生。

喷口附近水体的化学组成对热液口生物群落的分布也有显著影响。Luther 等（2001）研究发现在高 pH、高 H_2S/HS^- 浓度和低 Fe_T（总铁）、低 AVS（酸性可挥发性硫化物）浓度的环境中，*R. pachyptila* 是主要物种；相反在 AVS 浓度和 FeS、Fe^{2+} 含量均较高的生境里，庞贝虫成为优势种群。

研究显示，不同阶段（“年龄”）热液口的群落结构并不相同，存在一定程度的演替序列。最先进入一个新热液口的是嗜硫细菌，它们大量繁殖，形成白色菌膜，端足类、桡足类和蟹等也开始出现。随后，管栖蠕虫在热液流较强的地带定居，大量繁殖，成为热液口的优势种。随热液口的逐渐衰亡和硫化物浓度的降低，其生物量逐渐减少。同时，双壳类、多毛类和蟹类的生物量随管栖蠕虫的消失而增加，显示出两者间的竞争关系，最终双壳类将取代管栖蠕虫成为热液口的优势种。

热液口从喷发到关闭的过程伴随一个生物群落演替的过程，不同的种类进入热液口的时间不同，所占据的空间位置也不同，因而可以认为热液喷口生物群落时空分布特征对热液口的形成、发展和消亡具有指示作用（王春生等，2006）。

六、热液口生物的扩散

热液口所处的地质过程是动态的，其环境也是不稳定的。由于地壳运动，热液口均有一定的

寿命，一般只有20～30年的活动期限，随后它们会被地球内部深处的熔岩和热液流动封住、截断。因此，热液口经历一段时间后会关闭。其中生物会因缺乏食物而迁移消失或死亡堆积在原来热液口处，而在另一些地方则出现新的热液口。

有关热液口生物如何扩散至新热液口，建立新的生物群落是一个令人十分感兴趣的问题。一般认为，热液口动物种群具 *r*-选择特征，能通过快速生长至性成熟及产生很多幼体以便有效扩散，并能在新的热液口区集群，保持种族繁衍。然而，对太平洋的调查显示，热液口之间的间隔可达100 km以上，已超出了热液口动物浮游幼体的扩散能力，因为这些幼体是卵黄营养型，幼体期很短。因此，热液口之间是否存在可提供适宜营养物质（用于化学合成）的“中继站”是这些活动能力很弱的幼体进行长距离扩散的关键。鲸的骨骸可能就起了这种“中继站”的作用，细菌的分解作用可产生 H_2S 以提供化学合成的原料，这样也可解释为何大多数深海热泉生物看起来如此相似（Smith and Baco，2003）。

七、浅水热液口和冷渗口

除了深水热液外，海洋调查还发现在大陆架也存在类似深海的热液口生态系统，称为**浅水热液口**（shallow vent）。在加利福尼亚南部潮间带也有热液口涌出硫化物和氧化硫的细菌以及摄食细菌的笠贝。不过，在这种浅水热液口的周围潮间带也同时有进行光合作用的底栖自养植物，其中的笠贝则是摄食覆盖在岩石表面的这些海藻。

此外，还有一类称为**冷渗口**（cold seep）的特殊海洋生态环境。墨西哥湾佛罗里达海崖（the Florida Escarpment）从海底向上延伸，在3270 m的海底，发现含有很高浓度硫化物和甲烷的超盐水（hypersaline water）从海底渗出。同时也发现大量密集成层的白色细菌覆盖在底面上，并出现一些与热液口生物群落相似的动物，包括Siboglinidae科管栖蠕虫、*Bathymodiolus* 属的贻贝和 *Calyptogena* 属的蛤类。与热液口相同，冷渗口生物群落的初级生产也来源于硫化细菌等的化学合成，并且细菌与动物间存在广泛的共生关系。但是，与热液口的高温不同，这里水温低，因此，称它为冷渗口。

八、热液口生态系统的研究意义

研究热液口的环境与生物组成及其适应机制具有重要的生态学意义。热液口的生物群落一般都很小，直径仅25～60 m，并且持续存在时间不长。热液口（和冷渗口）都属于含硫化物群落（sulphide community），依赖细菌利用 H_2S 合成有机物，以上特征是与现代生物圈以光合作用合成有机物为主的过程不同。有人认为，因为化学合成细菌是在光合作用藻类生物之前出现的古老种类，因此，最早的海洋食物链应是以化能合成为基础的。还有，从热液口和冷渗口的环境特征看，与生物圈进化初期的海洋环境很类似。因此，一些科学家认为，热液口的环境可能类似于前寒武纪早期生命所处的环境，因而推论地球上的生命可能来源于、并进化于与热液口状况相似的条件，对地球生命起源提出新的研究课题。

又如，一些热液口生物（如庞贝虫）能在高温下生存，其机制如何？是否因为蛋白质分子构象发生了变化，或者是因为蛋白质的一级结构不同于普通的蛋白质？这一问题对于探讨极端条件下生命存在的拓展性有着重要的研究意义。

此外，热液口生物是人类的基因资源宝库，在医药开发、基因疗法以及工业应用方面均有重要的潜在价值。比如，热液口微生物以特殊的适应机制（如组织结构、酶系统及代谢产物）来维持其在特殊环境中的生存和繁衍，如果对这些特殊功能加以开发利用，将在工业、医药、环保等领域产生巨大的经济效益。

第四节　极 地 海 区

极地海区是地球上生存条件最恶劣的地区之一，寒冷的气候、季节性冻结和消融的浮冰、漫长的冬季及其所伴随的昏暗的光照（有时是 24 小时的黑夜）是极地海区的主要环境特征，即使是在夏季，暴风雪也会随时肆虐。然而，严酷的环境仍然养育了众多的极地生物，尤其是在环境条件有较大改善的夏季。

人类对北极和南极（图 11.8 和图 11.9）的科学探险已有 200 年以上的历史，并开展了多种方式的考察工作。除了以破冰船对浮冰区进行走航式调查外，建立极地观测站是极地科考的重要手段。目前在南极大陆上已建立多个永久性观测站，北极的活动站也有较长历史，包括将船冻在浮冰中间或者在较大的浮冰（通常直径约 2 km，厚 3～5 m）上建立营地。但是，受恶劣气候的影响，迄今对极地的调查范围还十分有限，还有大片的区域人类尚未涉足，多数考察站还只能在极地的夏季开展工作。

图 11.8　北极

一、浮　　冰

1. 什么是浮冰?

冰是极地海区最显著、最重要的环境特征。极地的冰包括冰山和浮冰两种类型。

图 11.9 南极

冰山（iceberg）是从冰川和冰盖分离出的庞大飘浮冰体。北极的爱丽斯米尔岛、格陵兰岛和南极大陆覆盖有大片冰川和冰盖，向海延伸后，可覆盖几千平方千米的海面，在潮汐、海流、风和波浪的作用下断裂，形成大小各异的冰山。

浮冰（pack ice）则是海水冻成的海冰。秋季当表面海水温度降至－1.8℃（海水的冰点）以下时，先出现针状或薄片状冰晶，冰晶浮上表面，形成稠密的油脂状冰。经进一步冻结，积聚成薄片状的尼罗冰（nilas）。随着降温，海水在尼罗冰的底部继续冻结，形成向下生长的柱状冰晶，逐渐增长成为直径几米的冰盘（ice pancake）。在风和波浪的作用下，冰盘相互粘结、叠加，最终形成厚度达几十厘米、连续的海冰层。极地浮冰所覆盖的面积最大可达地球表面积的13%。即使是在极圈（66°32′）之外的波罗的海（Baltic Sea）、里海（Caspian Sea）和鄂霍次克海（Okhotsk Sea），冬季也有浮冰出现。

与淡水冻结成的冰体不同，海冰是一种含大量孔隙和通道的、固－液两相共生的混合体。在海冰形成过程中，生长的冰晶会排出盐分，形成高浓度盐水（卤水）。不含盐分的多边形冰晶体，按晶架结构紧密的排列在一起，卤水和空气被封闭于两个或多个冰晶体晶壁之间，形成了球形或长筒形的盐囊或卤水胞。卤水沿着冰晶体之间的缝隙下移，使得多个卤水胞单元彼此相连，既形成所谓的盐水通道或卤道（brine channel）。卤水的盐度可达普通海水的3～5倍，海冰的温度越低，卤水的盐度越高。此外，海冰形成的时间越长，由于卤水的外逸，海冰的整体盐度也会逐渐降低。

2. 北极和南极的浮冰

北冰洋（Arctic Ocean）和南大洋（Southern Ocean）的地理环境存在很大差异。北冰洋（70°N～80°N）周围几乎完全被陆地包围，仅通过白令海峡（Bering Strait）和弗拉姆海峡（Fram Strait）两个狭小的通道与太平洋和大西洋相连。南大洋（50°S～60°S）则是围绕南极洲的海洋，是太平洋、大西洋和印度洋南部的海域，可视为太平洋、大西洋和印度洋向南极的延伸，是唯一环绕地球而未被大陆隔开的大洋。

受所处地理位置的影响，南大洋和北冰洋的海冰覆盖率存在显著差别。南大洋总面积约 3600 万 km^2，在冬季海冰覆盖面积达 2000 万 km^2，夏季海冰融化，覆盖面积缩小至 400 万 km^2。北冰洋面积约 1500 万 km^2，冬季几乎全部被海冰覆盖，面积达 1400 万 km^2，夏季覆盖面积则为 700 万 km^2，其冬季和夏季的海冰覆盖率明显高于南大洋。

大多数北极海冰的年龄在 1 年以上（多年冰），甚至可达 10 年或更多，厚度也多在 3.5 m 左右；而南大洋除在威德尔海（weddell Sea）西部、别林斯高晋海（Bellingshausen Sea）和阿蒙森海（Amundsen Sea）的沿岸有成片的多年海冰外，多数海冰的年龄在 1 年以下，厚度较薄，一般约 1.5 m。

北冰洋具有世界上最宽的大陆架，陆架区面积占总面积的 1/3 左右，水深多在 100 m 以内。相反，南极洲的大陆架则十分狭窄，因此浮冰区多位于水深达 4000～6000 m 的深海盆地上方。

此外，北冰洋和南大洋的融冰过程也不一样。在北极，随着夏季的来临，海冰的融化从表层开始，逐渐形成大片的融池（melt pool），融池的出现降低了冰面的反照率，提高了海（冰）面对太阳辐射的吸收，从而加速冰的融化。在南极，融冰主要发生在与海水接触的浮冰底部和侧面，海冰冰面的融池则较少出现。

3. 浮冰对环境影响

海冰对海洋表面的物理性质具有鲜明的影响，因为其高的反照率和对海气之间动力、热量及物质交换的影响而改变了海洋表面的辐射平衡。在冬天，海冰还可以导致海冰覆盖区表面比无冰区表面具有更低的温度。海冰冻结过程释放的盐分可加深海水表面混合层，并通过对流影响南北半球的海水底部和顶部的组成。相反，融化时释放的淡水可使海水表面成层（例如，混合层退却至较浅的深度）。和低纬度相反，在极地海区混合层的发展受控于海水表面的盐和淡水的通量。通过这些影响，海冰在全球热平衡和热盐循环方面起到关键的作用，继而影响全球气候。

二、海冰中的生物

在白雪覆盖之下，极地的海冰经常呈现棕褐色甚至咖啡色，主要分布在海冰底部，因此在破碎的海冰上更易见到。起初被误认为是冻结在海冰中的泥沙，后来的研究发现这是由于海冰内部存在一个由各种微小生物组成的复杂的“海冰生物群落”，包括游离病毒、细菌、自养藻（硅藻和自养鞭毛藻）、原生动物（异养鞭毛虫、纤毛虫等）和后生动物（轮虫、线虫、涡虫、有孔虫、桡足类及桡足幼体、端足类等）。在海冰形成过程中，随油脂状冰的出现，水体中的浮游生物会主动或被动地黏附在冰晶之间，并随海冰的加固和扩大，最终被冻结在盐囊和卤道之中。此外，海水结冰时，海水透明度显著降低（冰面上的积雪也进一步降低了海水的透明度），较深水体中的浮游植物就主动向透明度较高的表层海水移动，更容易被冻结在海冰中。海冰中的生物显示了极强的适应低光照、低温和高盐度的能力。

冰藻是海冰中最重要的生物类群，其中羽纹硅藻生物量最大。虽然冰有很高的反照率，能有效地阻挡光照，但冰藻进化出了很强的光适应能力，在较低的光强下也能有效地生长。只要有营养盐供应（交换或再生），冰藻就能维持很高的生物量。如南大洋冰藻数量高峰时其叶绿素 a 含量可达 1000 μg/L，而南大洋表层海水叶绿素含量通常仅为 0～5 μg/L（Lizotte，2001）。南大洋海冰区的总初级生产力约为 1300 TgC/a，其中南极冰藻的贡献（63～70 TgC/a）约占 5%。这一贡献看似不大，实际上十分重要，因为这使得水体中较短的初级生产过程得以延续，并可为浮游动物提供较高浓度的食物资源，特别是在缺乏食物的冬季。在北冰洋，冰藻对总初级生产力的贡献更大，占 30%～50%。

海冰内存在一个复杂的微型生物食物网，海冰中的原生动物和后生动物，包括轮虫、线虫、涡虫、有孔虫和小型桡足类，其密度常达每升几十到几百个，比周围水体中的数量高几个数量级。其中较小的种类摄食海冰中数量众多的细菌、硅藻和自养鞭毛藻，较大的种类因受狭小卤道的阻隔而不能利用这部分食物资源，直径小于 200 μm 的卤道能有效地阻隔植食者。不过轮虫和涡虫能穿过直径小于其身体的卤道（图 11.10）。

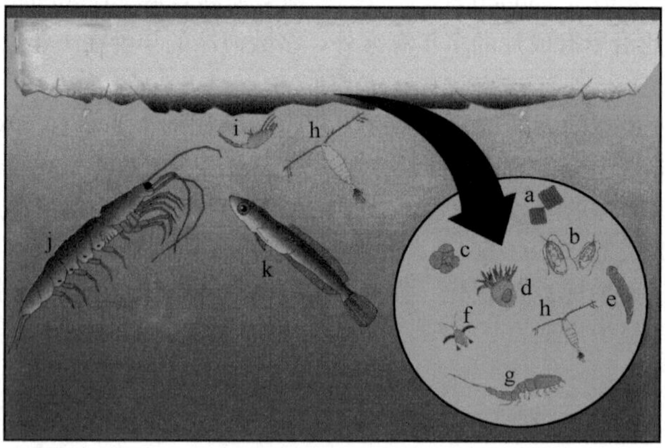

图 11.10 基于南极浮冰的食物网结构（引自 Kaiser et al.，2005）
a. 羽纹硅藻；b. 鞭毛藻；c. 有孔虫；d. 纤毛虫；e. 涡虫；f. 桡足类无节幼体；
g. 猛水蚤；h. 哲水蚤；i. 磷虾幼体；j. 南极磷虾；k. 鱼类

海冰生物群落也是极地海区许多冰外自由生活种类（包括端足类、桡足类、磷虾和鱼类）的重要食物资源，它们主要在海冰的周边和裂缝处觅食，海冰的断裂及融化也带来了丰富的食物（图 11.10）。其中许多种类生物量的季节变化和生活史与海冰中的食物资源密切相关，如南极磷虾的年际分布即与海冰的覆盖相关。

三、海冰边缘区

海冰边缘区（marginal ice zone，MIZ）指浮冰区和无冰区的交界地带。随夏季的到来，边缘区的海冰开始消融，波浪的冲刷又使得大块的积冰断裂成小块的浮冰，海冰边缘区也随之扩大，有时可达 100～200 km 宽。相对于北冰洋，南大洋的海冰边缘区更为显著。

当大体积海冰融化时，淡水的释放会降低表层海水的盐度和密度，形成一个稳定的低盐表层水。随海冰的融化，生长在海冰内的浮游植物也被“播种”到海水中，同时还包括无机营养盐、DOM、细菌、原生动物和后生动物。由于水体的稳定性提高，浮游植物被带入真光层下方的可能性也就较小，加上相对暖和的气候和逐渐增强的光照，导致表层浮游植物大量繁殖，形成水华。

在南大洋，从 10 月开始，浮游植物水华紧随海冰融化的边缘而向南极方向移动。海冰边缘区的水华为浮游动物乃至更大的捕食者带来了丰富的食物资源。磷虾常在边缘区集群“疯狂”觅食，集群的磷虾又吸引了海鸟、鲸和海豹等前来捕食。边缘区还为迁徙性（洄游性）的鸟类和哺乳类提供了丰富的食物资源。

海冰融化过程中释放的许多物质并未参与水华过程，而是聚集成团，形成**海雪**（marine snow）并快速下沉。摄食海冰生物的浮游动物排出的粪团中也包裹了许多微小生物。粪团的平均沉降速率为 60～200 m/d，最快可达 1500 m/d（Leventer，1998）。许多报道指出桡足类和原生动物的粪团中含有未破裂的硅藻细胞。Cadée 等（1992）利用沉积物捕集器收集了一个磷虾集群的粪团沉降量，研究表明因粪团沉降引起的碳输出通量高达 660 mg C/(m^2 · d)。

影响北冰洋和南大洋初级生产的因素明显不同。在北冰洋的无冰区，20～50 m 水层存在显著的密度跃层，表层海水的营养盐随浮游植物的生长而迅速耗尽，营养盐的补充仅依赖于表层海水的再循环，只有当密度跃层受到扰动时，底层营养盐丰富的水体才会输入表层。在北冰洋的近岸或上升流区（如白令海峡的西侧），初级生产力水平与温带海区相近。与北冰洋不同，南大洋则以高营养盐、低叶绿素含量为主要特征，铁添加实验显示铁是限制南大洋浮游植物生长的主要限制因子。

四、南极磷虾

南极磷虾是指生活在南大洋中的磷虾，共有 8 种，其中数量最多、个体最大的是南极大磷虾（*Euphausia superba*），其体长约 6 cm，寿命为 5～10 年。磷虾大量摄食浮游植物，可以从冰下刮食冰藻，也捕食桡足类等浮游动物。磷虾喜集群生活，最多时每立方水体中的数量可达 3 万条以上，集群出现在海面时，可使海水呈现壮观的血红色。南极大磷虾在南大洋中的储量估计超过 15 亿 t，是南大洋海洋生物食物链的中心环节，是须鲸类、海豹、企鹅、鱿鱼和鱼类的主要食物来源，也是维持南大洋海洋生态平衡的关键（图 11.11）。其他南极磷虾还包括冷磷虾（*E. frigida*）、瓦棱磷虾（*E. vallentini*）、冰磷虾（*E. crystallorphias*）等。

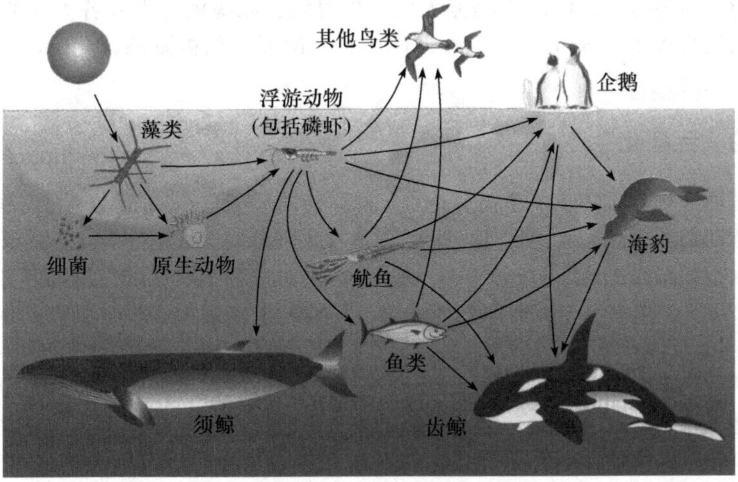

图 11.11 以磷虾为中心的南大洋水层食物网（引自 Kaiser et al.，2005）

成年磷虾可忍受较长时间的饥饿，但磷虾幼体需要连续的食物供应，当冬季水体中食物紧缺时，生长在冰底的冰藻等就成为磷虾赖以生存的食物来源，海冰区也就成为磷虾重要的越冬场所。研究表明，磷虾的分布模式与海冰的分布状况密切相关。在海冰覆盖面积扩大的年份，磷虾的补充量也显著提高。因此，在南极的一些区域，可根据海冰的覆盖状况预测南极磷虾的资源量。

五、极地的底栖生物

1. 海冰和冰山的侵蚀作用

在风浪和潮汐的推动下，通过撞击和冲刷海岸，浮冰能有效地清除潮间带的附着生物，特别是在潮差大的区域。因此，在极地的潮间带，从秋季到春末海冰重新解冻期间只有极少的生物存在。在一些浅水区，大型藻类、海草和无脊椎动物在海冰形成时也会被包裹在海冰内，春末海冰融化时，浒苔（*Enteromorpha*）等生长快、生活史短的机会种常在沿岸冰蚀区成为优势种。

由于季节性浮冰对海岸的冲刷作用可达水下 10 m 或更深，因此可能是影响潮下带生物群落组成的主要环境因子。此外，在两极的近岸浅水区，冰山搁浅也会对底栖群落造成严重伤害，影响深度有时可达 500 m。原有的附着生物被清除，随后新的先锋物种侵入生长，群落开始新的演替。在一些区域估计每隔 50～200 年就会发生大冰山的侵袭事件，这种周期性的干扰，加上许多极地生物生长缓慢（特别在南极），使得这些区域处于不断的严重干扰和恢复的波动之中。

2. 南、北极底栖生物群落的差异

南极和北极的底栖动植物区系存在明显差异，主要表现在南极许多大型底栖生物类群的种类数要比北极高 1.5～6 倍。实际上，南极的物种多样性水平与热带海区相近。

此外，南极动植物中土著种（特有种）的比例远高于北极（Briggs，2003）。不同类群间特有种的比例差别很大。在南极鱼类中 70%的属、95%的种为南极特有；而在北极，多毛类中只有 5%的属、57%的种为北极特有。大型藻类在南、北极的特有种分别占 30%和 5%。北极常见的螃蟹和鲆鱼在南极却没有出现（Eastman，2000）。

南、北极底栖生物群落年龄的巨大差异，以及南极与周围海域更长时间的隔离，是形成两者上述结构差异的主要原因。北极的底栖动植物群落形成于 200 万年前，其群落结构与大西洋和太平洋冷温区相似，因为这些区域的生物能入侵北极海域。而南极与世界各大洋的联系则在 2500 万年前，随着南极绕极流（circum-Antarctic current）的形成而被隔断，此外，南大洋与其他海域也缺少浅海区相连。

3. 极地生物的“巨型化”

极地海区底栖生物类群存在一个显著特点，即生物的体型往往明显大于它们在温暖水域的同类，特别是软体动物和甲壳动物。例如，南极蜘蛛蟹（Majidae）的体长可达 40 cm，是其欧洲同类的 100 倍。巨型深海大虱（*Glyptonotus antarcticus*）是一种分布在南极潮间带到 790 m 深的等足类，体长达 20 cm，体重 70 g，而在其他海域，其同类个体最大体长也只有几厘米。此外还有 2～4 m 高的海绵以及体长超过 3 m 的纽虫。

极地生物的“巨型化”与许多因素有关。一方面，较低的温度降低了生物的新陈代谢和生长速率，使得极地生物有较长的寿命；另一方面，相对于温暖水域，极地海区丰富的溶解氧含量是极地生物“巨型化”的主要原因。因为生物体的体型越大，身体组织所占据的相对体积就越大，相对表面积就越小，单位时间就需要更多的氧气用于新陈代谢。因此，极地海区较高的溶解氧含量提高了氧气进入组织的速率，从而能支持更多的组织。

六、哺乳类和鸟类

许多极地哺乳类和鸟类的繁殖需要海冰。冬末和早春，南极的海豹，如豹海豹（*Hydrurga leptonyx*）、食蟹海豹（*Lobodon carcinophagus*）、罗斯海豹（*Ommatophoca rossi*）、象海豹（*Mirounga lenoina*）和威德尔海豹（*Leptonychotes weddelli*），以及帝企鹅（*Aptenodytes forsteri*）均在冰上繁殖，这样在夏末其后代独立生活时，就会有充足的食物供应。海冰也是鸟类重要的换羽场所，企鹅和南极海燕在换羽时，均利用冰山和（或）海冰作为躲避捕食的场所。

在南极，许多企鹅和海豹以磷虾为食。食蟹海豹几乎专食磷虾，豹海豹摄食磷虾、企鹅和小海豹，罗氏海豹捕食鱿鱼，而威德尔海豹和象海豹摄食南极犬牙鱼（*Dissosthichus mawsoni*）和南极多线鱼（*Pleuragramma antarcticum*）等鱼类，且后者又摄食磷虾。

在北极，北极鳕（*Boreogadus saida*）是许多鸟类和哺乳类的主要食物，其本身又摄食甲壳类。不过，浮游端足类，其中特别是 *Parathemisto* 属的种类，也是环斑海豹（*Phoca hispida*）、琴海豹（*P. groenlandica*）、冠海豹（*Cystophora cristata*）和髭海豹（*Erignathus barbatus*）的重要食物。这些端足类摄食浮游植物，其中包括冰藻。

海象（*Odobenus rosmarus*）并不摄食海冰生物，不过常用它们独特的“獠牙”翻耕、拖曳近岸浅水区的海冰，以捕食软体动物，如 *Mya truncata* 等双壳类和峨螺（*Buccinum*）。

北极熊（*Ursus maritimus*）可能是极地最引人注目的哺乳动物。虽然北极熊也在陆地出没，但却是真正的海洋哺乳动物，其生存离不开海洋和浮冰。如果食物充足，许多北极熊倾向于常年生活在浮冰上，这里可以捕获到海豹、海象和鲸等。北极熊多在较薄或破裂的浮冰区出没，因为这里的海豹数量较多。

须鲸类也常在南极和北极海域出现，它们为大洋种，通常随海冰的退却而进入极地，并随海冰的再次冻结而离开，如蓝鲸（*Balaenoptera musculus*）、鳍鲸（*B. physalus*）和露脊鲸（*B. glacialis*）会洄游到南大洋的开阔水域或海冰边缘区摄食磷虾等浮游动物。小须鲸（*B. acutorostrata*）却能潜入南极冰下摄食磷虾，它们会用坚硬的上额破冰呼吸。一些小须鲸种群还可终年生活在南极海域。在北极，白鲸（*Delphinapterus leucas*）、北极露脊鲸（*Balaena mysticetus*）和一角鲸（*Monodon monoceros*）也能用背部破冰形成呼吸孔，正因为如此，这些种类都没有背鳍。

抹香鲸（*Physeter macrocephalus*）和虎鲸（*Orcinus orca*）也在海冰区出没。前者主要捕食鱿鱼，每天的摄入量占其体重的3%。虎鲸在浮冰区捕食海豹、鸟类或鲸，也捕食鱼类，如南极鳕鱼（*Dissostichus mawsoni*）。

对所有生活在浮冰区的哺乳动物而言，维持呼吸孔或一块不结冰的水体对其能否存活十分关键，这也是大多数鲸的活动范围仅限于海冰边缘区或开阔水域的原因。为了使呼吸孔保持畅通，南极的威德尔海豹用牙齿不断地摩擦、挖掘呼吸孔四周的海冰，年老的海豹常因严重的牙病而饥饿死亡。

此外，一些鸟类也十分适应极地浮冰区的生活，如北极的楔尾鸥（*Rhodostethia rosea*）和南极的雪鹱（*Pagodroma nivea*）的羽毛都呈白色，有利于在极地的捕食和逃避捕食。

七、全球气候变化对极地海区的影响

极地的冰盖和海冰对地球气候有着巨大影响。冰层能像镜子一样反射阳光，使地球温度降低。如果冰域面积缩小，地球就会升温，反过来加速冰的融化，这种反馈效应会使气候急剧变化。

目前已有20年以上对南、北极的海冰的卫星监测数据。最近的数据显示随着全球气候的变暖，北极海冰的平均厚度正在变薄（Comiso，2003）。预计到2050年，北冰洋的夏季将不再有海冰。

上述变化趋势在南极没有这么明显，有些年份海冰明显减少，也有些年份明显增加。不过，南极浮冰区的分布却发生了显著变化，阿蒙森海和别林斯高晋海多年冰的覆盖面积已明显缩小，相反在罗斯海却明显增加。

全球气候变化对极地海区的影响尚难以预计。一方面，有些种类（如磷虾）的繁殖和补充可能会明显下降；另一方面，较薄的冰层又可能提高浮冰区的初级生产力水平，浮游动物的生物量也随之增加。

本章提要

1. 大洋区是地球上最大的生态区，因为大洋区涵盖的面积和水深过于巨大，迄今人类对其的探索和了解仍非常有限。大洋区的大部分水域阴暗而寒冷，通常，阳光只能透入表层约 200 m 的水层，超微型浮游植物构成初级生产者的优势类别，生产力较低，食物链平均达 6 个环节，营养物质大部分在透光层矿化和再循环，透光层下方生物所需的能量主要来自上层水体中的生源有机碎屑。受黑暗、低温、食物稀少和高压等的影响，大洋区的不同水层生活着不同的生物种类，深海动物也发展出了各种应对环境胁迫的适应机制。

2. 深海底的地貌十分复杂而壮观，包括大陆坡、大陆隆、大洋中脊、大洋盆地和海沟等地质构造。绝大多数深海底覆盖大量细质软泥，构成深海生物的最主要生境类型。此外，全世界大洋中共有3万多座1000 m以上的海底山，是底栖生物和浮游生物的重要觅食地，也吸引了许多游泳动物前来觅食。通过近些年来的调查在世界各大洋中都发现了大量的冷水珊瑚礁，分布比浅水珊瑚更广泛，并且数量十分庞大。总的来说，深海底栖动物的食物稀少，依靠上方水层沉降的一些尚未完全分解的动植物尸体和有机碎屑为生，随深度增加，生物量迅速递减，但多样性水平很高，并且有很多土生特有种类。

3. 海底火山的热液口存在很特殊的一种海洋生物群落，生活着能氧化该生境中的大量 H_2S 的细菌，通过化学合成生产有机物。这些细菌生物量很大，在海底形成厚厚的细菌垫，并且与一些个体巨大的蠕虫和双壳类等动物共生。物种多样性低、优势种突出是热液生物群落的一个重要特点，线虫、软体动物、多毛类和甲壳类占热液口生物种类的 90%以上。热液生物群落有极高的生产力和生物量，在加拉帕戈斯裂谷区，热液口生物的总生物量相当于其他同类深度底栖动物生物量的 2000～3000 倍。热液口生物群落在空间结构上呈现以热液喷口为中心的环带状分布。热液口通常只有 20～30 年的活动期限，旧的热液口不断被关闭，新的又不断出现，不同年龄热液口的群落结构并不相同，存在一定程度的演替序列。热液口的环境特征可能与生物圈进化初期的海洋环境相类似，对地球生命起源提出新的研究课题。

4. 极地海区是地球上生存条件最恶劣的地区之一，除了寒冷的气候、漫长的冬季和不时出现的暴风雪之外，季节性冻结和消融的浮冰是极地海区最显著、最重要的环境特征。在海冰的形成过程中，水体中的浮游生物被冻结在盐囊和卤道之中，最终形成一个由各种微小生物组成的复杂的“海冰生物群落”，包括游离病毒、细菌、自养藻、原生动物和后生动物（冰藻是其中最重要的类群），并构成一个复杂的微型生物食物网。冰藻具有在弱光下生长的能力，在冬季，磷虾等可刮食冰底的冰藻，以渡过食物紧缺期。随夏季的来临，海冰边缘区的海冰开始融化，海冰内的生物被“播种”到海水中，尤其是浮游植物大量繁殖形成水华。在南极，磷虾常在海冰边缘区集群觅食，集群的磷虾又吸引了海鸟、鲸和海豹等前来捕食，磷虾是南大洋海洋生物食物链的中心环节。海冰和冰山对海岸的冲刷和撞击，是影响极地底栖生物群落组成的主要环境因子。南、北极底栖生物群落在物种多样性水平、特有种比例等方面也存在显著差异。极地海区还生活着许多大型哺乳类和海鸟，其中多数种类的生存离不开海冰。全球气候的变暖，对极地海区有巨大影响，尤其是北极海区。

思考题

1. 大洋区的浮游植物组成、初级生产力水平和食物链营养级有哪些基本特征？
2. 简述大洋区的主要环境特征。深海动物有哪些应对恶劣环境的适应机制？
3. 深海底栖生物的生物量分布和物种多样性有什么特点？深海生物的食物来源可能有哪些途径？
4. 热液口的环境和生物组成有哪些特征？这种群落的有机物质生产过程与光合作用有什么不同？热液口生物对极端环境有何独特的适应机制？
5. 什么叫“海冰生物群落”？它是如何形成的？其对极地其他生物的生存有何重要意义？
6. 为什么说磷虾是南大洋海洋生物食物链的中心环节？

第三部分
海洋面临的威胁及生物多样性保护

第十二章
过度捕捞与海水养殖问题

第一节 传统的渔业资源管理模式

一、最大持续产量的原理

（一）持续产量和最大持续产量

资源利用的基本单位是种群，其重要特征之一是在一定的自然条件下，种群的数量（或生物量）是在不断变动的但又不至于无限地增加，也不至于减少到零，而是在相当长的时间内维持在一定的变动水平上。本节以海洋鱼类为例加以说明。

在未开发利用的情况下，鱼类种群的总生物量增长到其极限（环境最大负载量）时，因受空间、食物等各种因素的限制而不再增长，这是因为种群所处海区生态系统的负载能力有限。反之，当种群的总生物量未达到其环境负载量时，就会继续增长，就能有剩余生产量可供捕捞而不致使原有的资源量减少。

一个渔业种群生物量的自然增长量（dB/dt，即种群剩余生产部分）与种群大小（B）有关。当种群生物量处于极低水平（$B \approx 0$）或达到最大（$B = B_\infty$）时，dB/dt 为零；当种群为中等大小时，dB/dt 最大。由此，产生了渔业持续产量和最大持续产量的概念（图 12.1）。

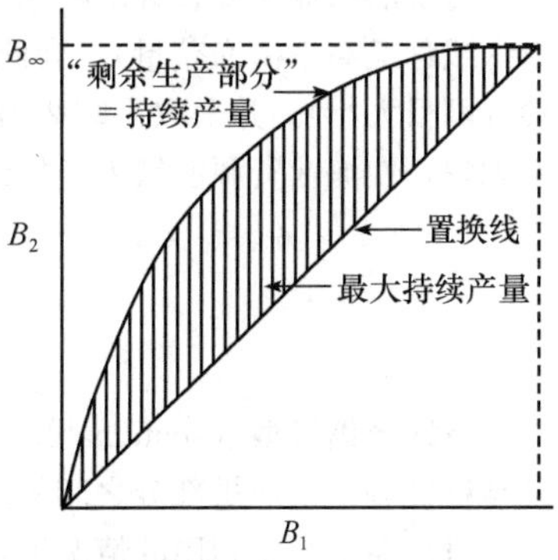

图 12.1　种群大小与渔业产量关系
（引自 Pitcher and Hart，1982）
B 为种群生物量；B_∞ 为最大种群生物量

所谓**持续产量**（sustainable yield）就是在生态环境基本稳定的条件下，每年从该种群资源中捕捞一定的数量而不影响资源量继续保持在某一特定的水平上，这种渔获量就称为持续产量或平衡渔获量。换句话说，在种群的每一生物量水平上（低于环境最大负载量）都可以渔获一定产量而不影响种群生物量的保持。当通过科学的开发利用措施而使持续产量达到最大值时，即在不损害种群本身再生产能力的情况下，从种群资源中持续获得的最大产量，就称为**最大持续产量**（maximum sustainable yield，MSY）。传统的海洋渔业资源管理目标，就是要使产量达到最大而又不危害资源的持续利用，不造成资源衰退的后果。

（二）捕捞力量、网目大小与持续产量的关系

所谓**捕捞力量**或称**捕捞努力量**（fishing effect）通常是指在特定时间内投入渔业的捕捞生产工具设备的数量和强度，而网目大小则与被捕捞种群的年龄有关。图 12.2 表示在平衡状态下捕捞力量和渔获量的关系。曲线 a、b、c 的形状取决于该鱼类种群的生物学特征。曲线 b 是资源易被破坏的种类情况，随捕捞力量的增加平衡渔获量很快就下降，生育能力差的（如哺乳动物）种类属于这一情况；曲线 a 是多数种类的情况；曲线 c 是资源比较不容易因捕捞力量增加而受破坏的种类的情况。图 12.3 表示同一鱼类种群当网目大小改变时，捕捞力量与平衡渔获量的关系。曲线 m 表示小网目，n 表示中网目，p 表示大网目。当捕捞力量不大时，使用小网目可以提高渔获量；当捕捞力量不断增大时，小网目更容易引起资源破坏，就会出现网目缩小，平衡渔获量随之下降的现象。

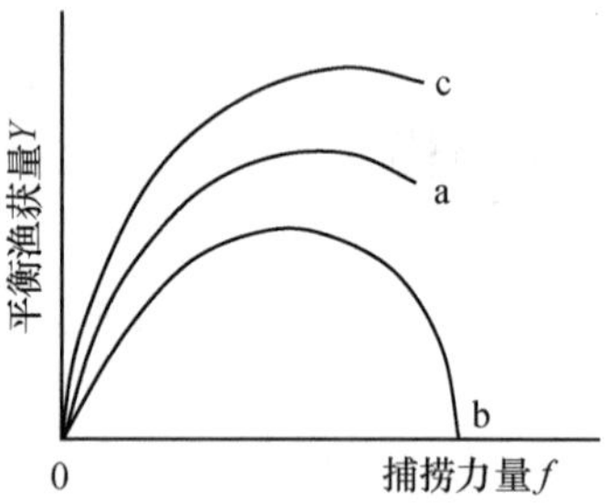

图 12.2 不同种类的总渔获量和捕捞力量的关系

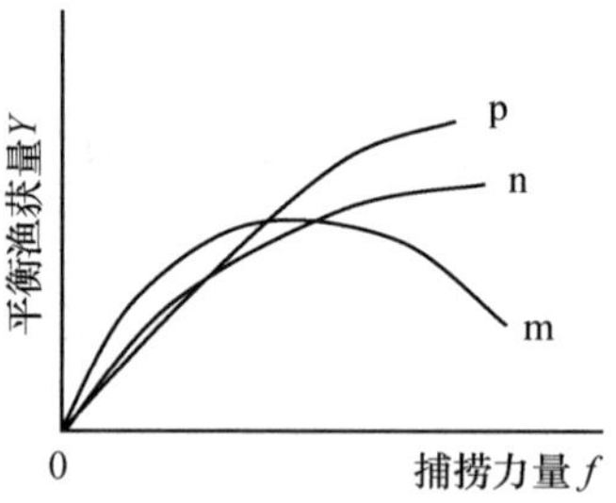

图 12.3 同一种类不同网目的捕捞力量和总渔获量的关系

这样，在生产实践中对于某个渔场（设捕捞某一鱼类种群），要了解现有捕捞力量是否需要调整、捕捞年龄应多大才适宜（通过网目大小调节），这样才能获得最大持续产量。

传统的渔业资源管理的根本目的，就是要达到从一个资源群体连续获得理论上的最高持续产量（或称最高平衡渔获量）。为此，必须通过研究，了解某一资源对象的最适捕捞力量和捕捞年龄（网目大小），并采取一些适当的资源保护的措施（如规定禁渔期、禁渔区），避免产生捕捞过度现象，使渔业资源能被人类持续不断的利用。

二、持续产量模型

持续产量模型（sustainable yield model）（也称逻辑斯谛模型）是一种描述渔业产量、捕捞力量与种群剩余生产量部分之间关系的数学模型。

（1）在未开发利用的情况下，根据种群所在海区生态系统的负载能力，其生物量 B 在初始的水平较低，以后增长到它的最高水平 B_∞（表示种群在自然条件下所能达到的最大生物量），但不是以恒定的速率增长，其增长率与生物量关系可用图 12.4 表示。当生物量不大时，增长缓慢，中间阶段增长迅速，当生物量接近 B_∞ 时，增长又缓慢。

满足上述条件的种群增长模式可表达为

$$dB/dt = rB(1 - B/B_{\infty}) \quad (12.1)$$

上式为抛物线图形，当 $B=B_{\infty}/2$ 时，dB/dt 达最大值，即增长速率最快。

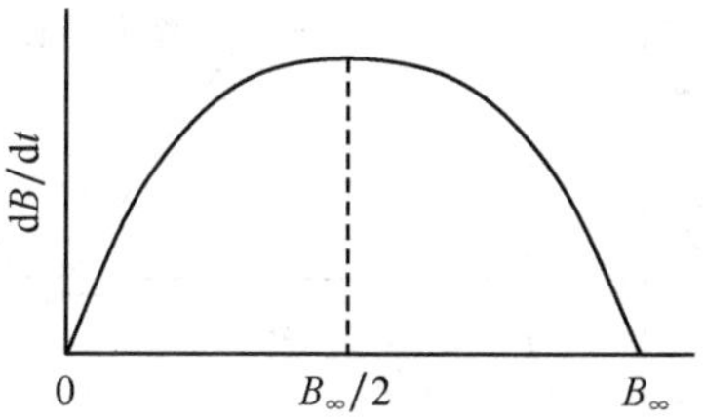

图 12.4　未开发利用时自然增长率与生物量的关系

(2) 在开发利用的情况下，种群增长速率还受捕捞的影响，设捕捞死亡系数为 F，则

$$dB/dt = rB(1 - B/B_{\infty}) - FB \quad (12.2)$$

捕捞死亡系数 F 与捕捞力量 f 成正比，即 $F=qf$，所以

$$dB/dt = rB - rB^2/B_{\infty} - fqB \quad (12.3)$$

上式说明当 $fqB<rB-rB^2/B_{\infty}$，即渔获量小于自然增长量时，$dB/dt>0$，种群生物量增加。反之，当渔获量高于自然增长量时，种群本身就要减少相当于超过增重的那部分重量，资源将趋下降，就形成捕捞过度。如果 $fqB=rB-rB^2/B_{\infty}$，渔获量恰与种群自然增长量相等，$dB/dt=0$，种群生物量保持不变，则认为种群生物量与捕捞力量处于平衡状态。在这种平衡状态下所获得的渔获量就是持续产量或平衡渔获量，以 Y 表示。

平衡状态下　$Y=fqB=rB-rB^2/B_{\infty}$　(12.4)

上式为持续产量模型，表示在平衡状态下渔获量与种群生物量呈抛物线关系。

可得平衡状态下 Y 与 f 的关系

$$Y = (qB_{\infty})f - (q^2B_{\infty}/r)f^2 \quad (12.5)$$

这个式子是持续产量模型的另一种表示，即平衡渔获量与捕捞力量亦呈抛物线关系。

设　$a=qB_{\infty} \quad b=q^2B_{\infty}/r$

即　$Y=af-bf^2$　或　$Y/f=a-bf$　(12.6)

表明在平衡状态下，单位捕捞力量渔获量与捕捞力量为线性关系。

(3) MSY 与 f_{MSY}。当估算 r、B_{∞}、q 等参数（系数）之后，Y、B、f 之间的关系就确定了，并可计算最大持续产量 MSY 以及相应的种群生物量 B 和捕捞力量 f。

有了多年的渔获量和捕捞力量数据，可以在某些假定条件下估算持续产量和最大持续产量。由于持续产量模型是以平衡状态为条件，对模型的参数进行估算，需要资料中有几组不同平衡状态下的数据。

由 $Y=af-bf^2$ 求 Y 最大值，须令 $dY/df=0$

得　$f=\frac{a}{2b} \quad MSY=\frac{a^2}{4b}$　(12.7)

只要算得参数 a、b 就可计算得 MSY 及其相应的 f。

持续产量模式不需要鉴定研究对象的年龄、生长率、死亡率和补充率等参数，只要有多年的渔获量和捕捞力量资料，即可满足计算要求。

三、动态库模型

动态库模型（dynamic pool model）（也称单位补充渔获量模型）是把种群作为个体的总和，因此要分析个体的补充、生长和死亡。

（一）同龄群体在生命周期中的数量和生物量变动

对某一鱼类种群中的同龄群体，其一生中的数量会因死亡随年龄的增加而减少，各年龄组的

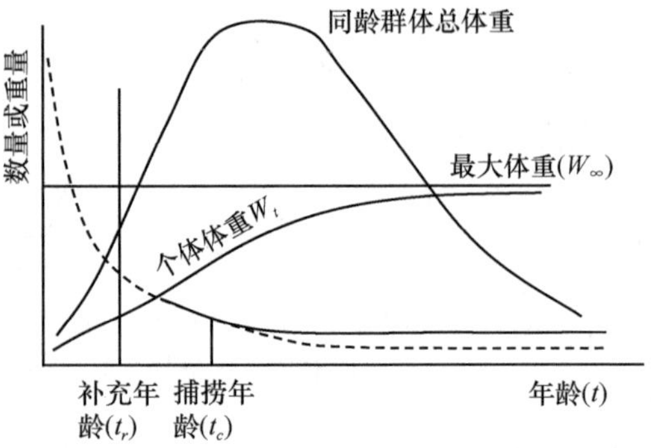

图 12.5　鱼类种群同龄群体在其生命期间数量和重量的变化

平均体重由于生长随年龄的增长而增加到最大体重。其生物量（数量乘以个体平均重量）则呈一个开始增加，至最大值后又逐渐下降的过程（图 12.5）。因此，同龄群体在其生命周期中所能提供的捕捞量也是不断变化的。

生长量和补充量使资源量增加，自然死亡和捕捞死亡使资源量减少。设某一时期初资源重量为 P_1，这一时期末资源重量为 P_2，则

$$P_2 = P_1 + (R + G) - (F + M)$$

式中，R 为因繁殖所增加的资源量（补充量）；G 为因生长而增加的重量；F 为因捕捞而减少的生物量；M 是因自然死亡而减少的生物量。假如我们要维持持久产量，就要使这个种群保持平衡，即 $P_2=P_1$，必须：$R+G=F+M$

（二）补　充　量

一个鱼类种群动态的完整模型，应说明在不同捕捞量的情况下，补充量、生长量和死亡率是怎样变动的。所要涉及的过程是整个生命周期。图 12.6 中，t_r 为进入补充群的年龄，t_c 为开始被捕捞的年龄，t_λ 为该鱼种群的最大年龄。

$$t_c - t_r = \rho \quad t_\lambda - t_c = \lambda$$

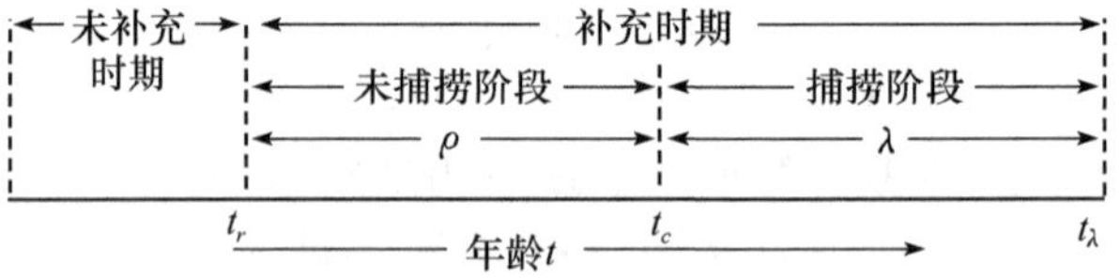

图 12.6　鱼类种群生命周期

与种群数量变动有关的第一因子是补充量。很多种鱼类总是长到一定大小之后才进入渔场。所谓补充，就是小鱼进入被开发区域成为容易与渔具接触的过程，称这种新补充到渔场的低龄鱼为补充群，其尾数为补充量 R。在数学模式上，重要的是参数 t_r，即补充群的平均年龄。比补充群体小的鱼是补充前群体。实际应用中，补充群的年龄选择可人为规定。

由于补充量预报的困难，在动态库模型中，主要是研究单位补充渔获量（Y/R）模型，而不是产量（Y）模型。即估算**单位补充最大产量** MYR（maximum yield/recruit），而不是最大持续产量 MSY，这个区别务必明确。

（三）鱼类的生长

伯塔兰菲（Von Bertalanffy）生长方程式表示了体重与年龄的关系，可表示为

$$W_t = W_\infty[1 - e^{-K(t-t_0)}]^3 \tag{12.8}$$

式中，W_t 是年龄 t 的平均体重；W_∞是随年龄增长而增长的渐近体重；K 是决定着趋向 W_∞的变动率的一个常数，称为生长曲线的曲率；t_0 是年龄坐标上的理论原点，即各个年龄的生长都遵循着伯塔兰菲生长方程式的情况下体重为零时的理论年龄，因此，t_0 可能小于零。

（四）鱼类的死亡

鱼类的死亡研究中用 M 表示瞬时自然死亡（又称自然死亡系数），F 表示瞬时捕捞死亡（又

称捕捞死亡系数），Z 表示瞬时总死亡系数，$Z=F+M$。

1. 自然死亡系数

由 $dN/dt=-MN_t$ 得

$$N_t = N_0 e^{-M(t-t_0)} \tag{12.9}$$

如果采用种群世代生命周期，开始时为开始时间，即 $t_0=0$，则上式为：$N_t=N_0e^{-Mt}$。

在补充年龄为 t_r，补充量为 R 时

$$N_t = Re^{-M(t-t_r)} \tag{12.10}$$

上述式子中的必要条件是在该时间范围内自然死亡系数 M 是常数。假定 M 为常数是数学上的要求。

2. 捕捞死亡系数

当 $M=0$　$N_t=N_0e^{-Ft}$

如果总的渔场面积不变，捕捞力量又是均匀分布，或捕捞力量相对于鱼群密度是均匀分布，瞬时捕捞死亡系数 F 也与捕捞力量 f 成正比

$$F = qf$$

式中，q 为可捕系数（catchability coefficient）。

3. 总死亡系数

在捕捞阶段

$$N_t=N_0e^{-(F+M)t} \tag{12.11}$$

当捕捞的最初年龄为 t_c时，数量为 R'

则

$$N_t=R'\cdot e^{-(F+M)(t-t_c)} \tag{12.12}$$

或

$$N_t=R'e^{-Z(t-t_c)}$$

同一世代 t 龄到 $t+1$ 龄的总死亡 Z 以下式计算

$$Z = \ln\frac{Y_t/f_t}{Y_{(t+1)}/f_{(t+1)}} \tag{12.13}$$

式中，Y_t、$Y_{(t+1)}$分别表示 t 龄、$t+1$ 龄时的渔获量；f_t、$f_{(t+1)}$分别为其对应的捕捞力量。

（五）动态库模型

Beverton-Holt 模型（即动态库模型）是保留生长、死亡等基本变化率不变，从取得的生物学及渔业统计资料中尽可能地估计它们的大小和关系，把它们结合成一个模型，并根据实际需要做一些简化假定。

在一定捕捞强度下，某世代群体在 t 龄时的可能渔获量 Y_W和相应的捕捞死亡系数 F，可用微分方程表示

$$dY_W/dt = FN_tW_t \tag{12.14}$$

以 $N_t=R'\cdot e^{-(F+M)(t-t_c)}$与以重量表示的 Von Bertalanffy 生长方程式代入微分方程并积分解之，推导得到动态库模型即 Beverton-Holt 产量模型为

$$Y_W/R = Fe^{-M(t_c-t_r)}W_\infty\sum_{n=0}^{3}\frac{\Omega_n e^{-nK(t_c-t_0)}}{F+M+nK}[1-e^{-(F+M+nK)(t_\lambda-t_c)}] \tag{12.15}$$

$$(\Omega_0=1,\Omega_1=-3,\Omega_2=3,\Omega_3=-1)$$

由于要估算 R 的数量有困难，因此以单位补充渔获量（Y_W/R）取代之。单位补充渔获量可以作为渔获量大小的指标值，最大的单位补充渔获量使捕捞的渔获量达到最大，即使在补充量变化时也是这样。

Beverton-Holt 对北海鲽的渔业状况和种群动态作了多年的观测研究，计算了 t_r、t_0、t_c、t_λ、W_∞、K、M 等各参数值。以不同的 t_c 和 F 值代入动态库模型计算了相应的 Y_W/R 值，做成等产量曲线图，从中判断 F 与 t_c 的最佳区域，确定相应的捕捞力量和网目大小。

四、单物种渔业资源管理模式的局限性

上述管理模式是以单个物种的种群为对象的，渔业资源管理主要是通过调整捕捞网具的网目大小（即初次被捕捞年龄）和捕捞力量以期达到获得特定种群最大持续产量的目标。但是，一方面，受行业利益驱使以及渔业管理上的问题，传统的渔业管理模式已经不能阻止过度捕捞的出现；另一方面，上述管理模式的前提条件是渔场长期保持环境和生产力等条件的基本稳定，而海洋生态过程是动态过程，很多生态因素的变化会引起相应生态过程发生变化。渔业对象的数量变动也不仅是受到人类捕捞力量的影响，还受到整个海洋生态过程变化的影响，而改变生态动力学过程的因素有自然因素、人为因素和生态系统本身的内在波动。这些变化都会直接或间接对渔业生产海区的产量产生影响，进而导致渔业资源种群的剧烈波动。例如，气候变化和海流水文结构的变化将引起浮游动物数量的剧烈波动，从而影响鱼类的食物供应条件和资源种群补充量和最终的渔获量。过量的营养盐类和其他污水排入海中，将会造成对渔场环境质量的极大危害，沿海大型水利工程建设和其他港口建设也将影响沿海环境。因此，单从控制网目大小和捕捞力量往往难以保证渔业资源的可持续利用。

单物种资源管理模式的缺陷还表现在该模式忽略了种间关系（包括竞争关系、捕食关系和共生关系等）对资源种群数量动态的影响，或者说忽略了种间关系在生物资源形成和消亡中的作用。当某种渔业对象被捕捞时，常常发生兼捕现象（见第二节），与其有密切种间关系的种类（如捕捞对象的食物和捕食者的天敌等）也连带被捕捞，有时兼捕物的数量还多于捕捞对象本身，甚至连群落的关键种（这些种类对稳定群落结构有决定性作用）也被兼捕。这种情况下，即使捕捞对象本身没有被过度捕捞，也可能会影响到与其关系密切种类的生存，甚至可能导致原有群落的瓦解，反过来影响到捕捞对象本身，更何况在过度捕捞问题已十分严重的今天。

传统的渔业资源管理是建立在单物种资源管理模式的基础上的，虽然已经沿用了半个多世纪，在世界渔业资源的管理和保护中也曾经发挥过重要作用，但是在过度捕捞、环境污染、生境破坏、气候变化等问题日益突出的今天，这种模式已远远不能满足渔业资源科学管理的需要，可以预见在不远的将来会被以生态系统为基础的新管理模式所取代。

第二节 过度捕捞

一、过度捕捞的概念

原始的资源种群本身有维持平衡的调节能力。在被开发利用以后，只要捕捞适度，原来的种群仍可保持一定的数量水平。如果捕捞量超过种群本身的自然增长能力，将导致资源量下降，表现在总渔获量和单位捕捞力量渔获量随捕捞力量的增加而减少，同时捕捞对象的自然补充量也不断下降，引起资源衰退乃至枯竭，产生过度捕捞现象。

所谓**过度捕捞**（overfishing）系指对资源种群的捕捞死亡率超过其自然生长率，从而降低种群产生最大持续产量长期能力的行为或现象。根据性质的不同，过度捕捞可以区分为生物学过度捕捞（biological overfishing）和经济学过度捕捞（economic overfishing），后者增加了对捕捞成本的考虑，前者通常又可分为三种类型，即生长型过度捕捞、补充型过度捕捞和生态系统过度捕捞。以鱼类为例加以说明。

生长型过度捕捞（growth overfishing）是指鱼类尚未长到合理大小就被捕捞，从而限制了鱼群产生单位补充最大产量（MYR）的能力，最终导致总产量下降的现象。降低捕捞死亡率（即降低捕捞力量）和提高初捕年龄（即增大渔具的网目尺寸）是解决生长型过度捕捞的关键。

补充型过度捕捞（recruit overfishing）是指由于对亲体（产卵群体）的捕捞压力过大，导致资源种群的繁殖能力下降，从而造成补充量不足的现象。合理增加产卵群体的生物量（如根据鱼类的繁殖规律合理设置禁渔期和禁渔区）是使已捕捞过度的资源种群恢复到可持续水平的重要方法之一。

以上两类过度捕捞是指开发利用的资源种群因盲目加大捕捞力量和缩小网目孔径而导致的过度捕捞，主要表现在渔业对象产量和单位捕捞力量渔获量的下降，并且与生态系统过度捕捞有直接的关系。

生态系统过度捕捞（ecosystem overfishing）是指过度捕捞使生态系统的平衡被改变，大型捕食者的数量减小，小型饵料鱼的数量增加，导致生态系统中的物种向小型化发展，平均营养级降低的现象。

个体大、经济价值高、位于食物网上层的肉食性鱼类是渔业优先捕捞的对象，当它们因被过度捕捞而资源衰退或衰竭时，捕捞对象逐渐转向个体相对较小、营养级较低的物种。但当这些物种也被大量捕捞而资源不足时，渔业对象又会转向价值更低、个体更小、营养级更低的物种。于是出现了**沿食物网向下捕捞**（fishing down the food web）的现象，加上兼捕和渔具、渔法对生境的物理损害等因素，使之对生态系统的结构和功能产生重大而深远的负面影响（图 12.7），下面将分别加以讨论。

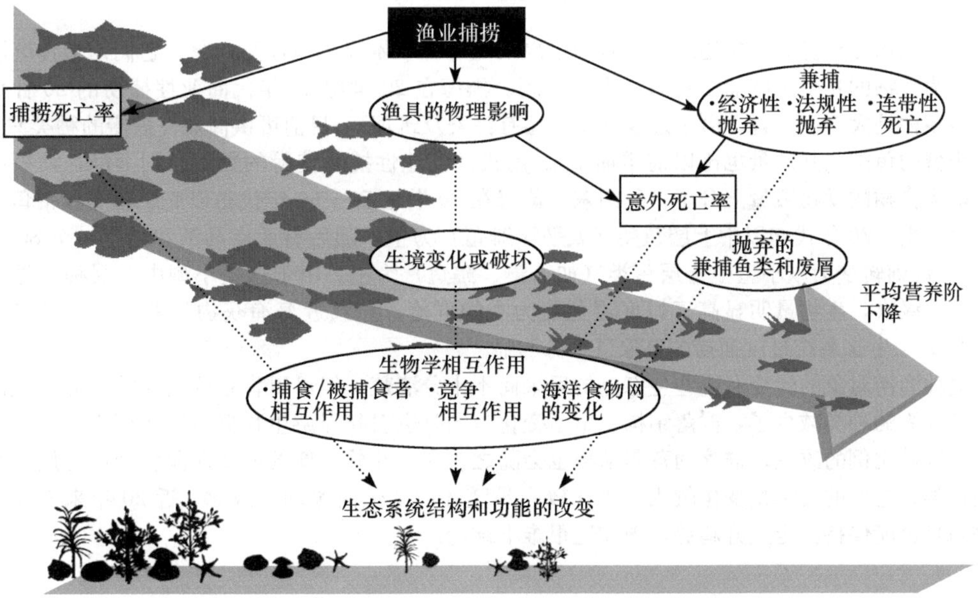

图 12.7　过度捕捞对生态系统的影响（引自 Pew Oceans Commission，2005）

二、过度捕捞对渔业产量和渔获物组成的影响

（一）对海洋传统渔业资源的过度捕捞

虽然世界海洋渔业捕捞量在过去几十年中有很大提高，近年来基本上在8000万～9000万t左右徘徊，但是海洋鱼类的捕捞量从20世纪80年代中后期开始已呈明显下降趋势（图12.8），其中传统渔业对象渔获量的衰退最为突出。

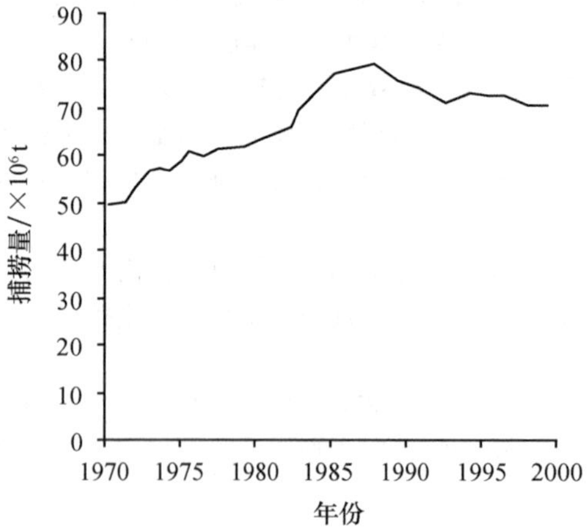

图12.8　全球海洋鱼类捕捞量的经年变化
（引自联合国《千年生态系统评估》）

高强度捕捞的结果造成大多数高等级（或高营养级）鱼类的数量急剧下降，出现过度捕捞的局面。例如，大西洋西部的金枪鱼的产卵群自1970年以来下降了80%；墨西哥湾则自1975年以来下降了90%；加拿大东部纽芬兰大浅滩（Grand Banks）的鳕鱼资源从1992年崩溃后就几乎不能形成渔业，至今没有恢复的迹象；乔治浅滩传统捕捞对象鳕鱼（包括鳕、黑线鳕和无须鳕）从1960年代初占渔业资源总量的55%至1990年代初下降为10%左右（Lalli and Parsons，1997）。我国一些传统渔业对象（如大黄鱼、带鱼等）也因过度捕捞导致产量大幅度下降。1995年联合国粮农组织（FAO）的报告称，70%以上的海洋鱼类资源处于过度捕捞的状态。

（二）渔获物组成的变化

过度捕捞导致渔业对象逐渐转向营养级次较低的、个体较小的种类（原先它们是被传统渔业对象作为食物的）是过度捕捞的另一重要表现。黑海在20世纪60年代商业性捕捞的26种鱼类中，很多种是大型捕食者，由于过度捕捞（还有污染及筑坝），目前可供商业性捕捞的种类只有5种较小型的鱼类（其产量也比以前增加了）。南极的商业性捕鲸使鲸的数量急剧下降，结果以南极磷虾为食物的动物数量上升了。我国东、黄海在20世纪50～60年代是以底层鱼类（带鱼、小黄鱼）为主，70年代初以中上层鱼类（太平洋鲱鱼）为主，随后有蓝点马鲛和鲐鱼，至80年代和90年代则转变为以小型中上层鱼类（如黄鲫、鳀鱼）为主。由于这些小型中上层种类处于较低的营养级次，生物量明显高于以底层鱼类为主的群落，导致近海渔获物的平均营养级降低了（图12.9），生态系统过度捕捞的迹象已十分明显。

这种渔捞对象的转变有哪些生态上的后果尚不十分清楚，但可以肯定的是反映了海洋生态系统接近顶级的种类减少了，群落结构产生了变化，同时也引起浮游生物群落和底栖生物群落种类组成和数量比例的改变，群落的营养结构也会随之改变。此外，新的捕捞对象多为中上层鱼类和小型种类，它们的资源量变化较大，也比较容易随环境变化而波动。因此，近20年来渔业产量的提高是否能保持稳定上升趋势，现在还很难下结论。

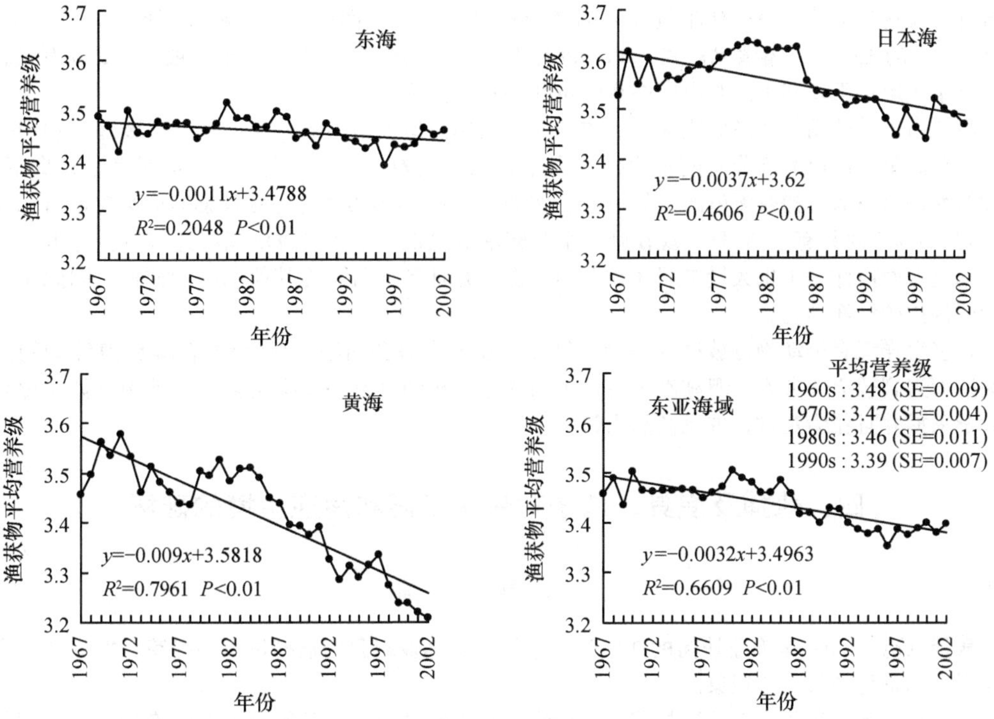

图 12.9　东亚重点海域渔获物平均营养级的变化（引自 Zhang and Lee，2004）

三、过度捕捞对海洋珍稀动物和群落优势种、关键种的损害

人类过度利用海洋生物资源还会导致那些珍贵物种濒临灭绝，以盈利为目的，大量捕杀海洋哺乳动物和使这些物种的数量大幅度下降就是其中明显的例子。鲸类是世界上体型最大的动物，鲸皮、鲸骨和脂肪都是市场上的俏货，长期以来鲸被大肆猎捕。虽然为了避免鲸类的灭绝，半世纪前国际捕鲸委员会就提出控制或暂停捕鲸活动，但有些国家仍以各种借口（如辩称用于科学研究）继续大量捕杀。据报道，从 1940～1986 年，商业性捕鲸者捕杀了大约 50 万头鲸。例如，座头鲸在被大量捕杀前的种群数量估计有 125 000 头，现在只剩下 12 000 头。露脊鲸也从 50 000 头下降至 3000 头。南大洋特里斯坦—达库尼亚群岛周围的露脊鲸在 19 世纪和 20 世纪 60 年代出现两次灭绝高峰。其他一些海洋哺乳动物也属濒危物种，包括海豹、海狮、海象、海獭和海牛中的一些种类，有的则已经灭绝，如无齿海牛（*Hydrodamalis gigas*）已经在 1768 年灭绝，从它被发现到灭绝仅 27 年。海洋哺乳动物往往是个体大、生命周期长、达到生殖年龄时间长、产仔量少的海洋高等动物，种群对被过度猎捕特别脆弱，种群数量很难恢复。

鲨鱼也是被大量捕杀的对象。鲨鱼翅是上等食品，近 20 年来捕鲨已成为一种快速发展的职业，有的渔民甚至仅把鱼翅割下，鱼身就丢弃于海中。已知有些鲨鱼（如柠檬鲨，*Negaprion brevirostris*）的幼鲨数量已急剧下降。必须注意，鲨鱼也是性成熟慢、生殖周期长、每次仅产少数几条幼鲨的 *K*-选择种类，过度捕杀使种群急剧下降并难以恢复。

除了鲸、鲨鱼外，其他许多海洋动物（包括鸟类、爬行类等）也面临被人类过度捕杀的局面。陆地上，没有任何一种鸟类像海鸟和海滨鸟一样遭到那么直接的损害。例如，一种最有名的不能飞行的大海雀由于被大量捕杀以获取肉和蛋，最后一只大海雀于 1844 年被冰岛居民杀死后，宣告这种海鸟的灭绝。一些含脂量很高的企鹅也难免厄运。例如，由于被过度捕食，导致 Macquarie 岛上的王企鹅群落毁灭；在 Falkland 岛上的岩企鹅在 19 世纪中叶至少被杀死 200 万只。又如，日本短尾信天翁和美国东海岸的燕鸥也几乎被完全杀死。

海龟由于其药用价值高而成为另一类被人类利用而遭到损害的海洋动物，很多渔民利用一切机会捕获海龟。海龟大部分时间都生活在海中，只有成熟后的雌龟每 2～4 年到海岸筑巢下蛋，这种习性是沿海居民捕获海龟的最好机会。例如，1947 年到墨西哥海滩筑巢的雌棱皮龟有 42 000 只，到 1968 年时只有 5000 只，现在则一个产卵季节里仅 300 多只海龟到海边筑巢。海龟产下的蛋及幼龟返回海洋途中也大量被居民掏取与捕捉，并且受到鸟类等其他动物的捕食，因此海龟也是亟待保护的海洋动物。

很多海洋无脊椎动物也被过度采捕。例如，在地中海和加勒比海大约有 15 种海绵动物因商业捕捞而遭到毁灭性灾难。珊瑚礁中各种美丽漂亮的珊瑚以及一些腹足类软体动物（如法螺）都被大量采捕并且作为观赏、古玩商品出售。

四、兼捕及渔具、渔法对生物资源和海底生境的破坏

（一）兼　　捕

兼捕（bycatch）是渔业捕捞的伴生物，系指在对渔业对象的捕捞过程中捕获、抛弃或伤害其他海洋生物资源的行为或现象。

渔业捕捞就是利用一定的渔具获取某种渔业对象的过程。几乎所有类型的渔具（无论网具或钓具）对捕捞对象的选择性都是有限的，因此，只要捕捞不停止，就难免发生对非捕捞对象的兼捕问题，只是轻重有别而已。由于兼捕现象与渔业捕捞相生相伴，随着过度捕捞问题的常态化，兼捕问题也日益突出和严重，所以可以认为兼捕问题是过度捕捞问题的一种延伸，加重了过度捕捞对生态系统的影响。

容易受到兼捕的海洋生物通常是因繁殖或摄食活动而与渔捞对象同时出现在同一区域的种类（如海龟、海鸟、海洋哺乳类和鲨鳐类），以及一些营固、附着生活或行动缓慢的底栖生物（如珊瑚、海绵和海胆）。另外，一些受船舶抛弃物所吸引的海洋生物（如海鸟）也往往成为兼捕牺牲品。

寿命长、繁殖率低的 *K*-选择物种（参见第四章）受到兼捕的影响最大，而群居的无脊椎底栖动物（如珊瑚），由于扩散能力有限，受到兼捕的影响也较大。对于种群小或者地理分布范围有限的物种，只要丧失少量的繁殖群体，就会对种群的稳定性造成强烈的负面影响（Pew Oceans Commission，2005）。

由于外海渔业捕捞的成本高、渔船上保存渔获物的仓库（常常是冷库）容量有限，经济价值低的兼捕物（含加工处理后的鱼头、鱼尾、内脏等废物）通常被渔民抛弃，这些兼捕丢弃物常常引起取食者的摄食行为改变，甚至造成局部海域海底缺氧而影响底栖生物定居（Pew Oceans Commission，2005）。

被丢弃的兼捕物还包括法律上禁止捕捞的物种（如多数海洋哺乳类和海龟）和个体大小未达法律允许捕捞标准的幼鱼，由于受到网具的伤害，它们在被抛弃时往往已经死亡或者濒临死亡，一些受伤的个体回到海洋中多数也难以生存。例如，捕虾作业网具的网孔较小，在捕虾时会将许多底层鱼类的成鱼和大量幼鱼一并捕获，导致这些生物的兼捕死亡，其中对幼鱼的兼捕往往严重影响资源种群的补充量。据报道，墨西哥湾的虾拖网每年要捕获红笛鲷幼鱼 1000 万～2000 万尾，相当于各年龄组总数的 70% 以上，使已经受到过度捕捞的红笛鲷资源雪上加霜（Hendrickson and Griffin，1993）。

另外，被渔民有意或无意丢弃在海洋中的网具也会对海洋生物造成误伤，这类连带性死亡也是兼捕的一种类型，常常也对海洋生物多样性构成威胁。例如，海洋每年被捕杀的鲨鱼中有一半是死于刺网的连带网杀。

从全球渔业的情况来看，兼捕造成的海洋渔业资源损失是惊人的，兼捕量（含丢弃量）通常占到渔获物总量的25%～40%。最新统计显示，世界海洋渔业的年丢弃物总量约为670万t，占总渔获量的8%（Kelleher，2008）。

（二）渔具、渔法对海底生境的破坏

海底并非由各种沉积物简单、无规律的覆盖着，而是各种非生物成分、生物成分以及生物活动相结合的产物。大多数海底结构（如沙滩、泥滩中的洞穴）并不易被人们肉眼观察到，但是我们知道海底是结构高度复杂的复合体，为许多生活在海洋底层的生物提供了重要的栖息地、育婴场和避难所。

商业用底拖网（或耙网）作业对海底生境造成了极为严重的后果。据报道，一个宽20 m的捕虾拖网每小时拖5 km，10 h内就可扫遍1 km^2海床，有的海区的捕虾作业每年可横扫同一海床好几遍。应当指出，底栖环境被破坏后的自然恢复过程是很缓慢的，每一次底拖网作业后至少需要数年的时间才能逐渐恢复。拖网不仅直接影响与其接触的目标（如对虾）和非目标生物（如珊瑚和海绵），更严重的是拖网像风暴一样干扰海床，卷起沉积物（包括有毒物质的再悬浮），造成海床自然条件发生变化，破坏底栖生物的生存环境，同时也干扰了支持生态系统功能的正常的海底生物地球化学过程，如碳固定、营养物质循环、碎屑分解作用和营养物质重新释放回到水层等过程。

由于过度捕捞底层渔业资源已导致传统捕捞区域和捕捞对象的资源严重衰退，底拖作业正向新海区和新资源挺进。随着拖网船只、船舶马力增加和作业区的增大，拖网作业对海底环境造成的危害也更加严重，这将会给各种软相、硬相的海底生境造成长期和积累的影响。由此可见，渔具对海底生境的破坏也是过渡捕捞效应的又一延伸，使本已受到过度捕捞而处境堪忧的海洋生物资源的恢复难上加难。

另外，由于渔业资源因过度捕捞而匮乏，捕捞难度加大。有些渔民为了能捕到鱼类，在某些局部水域（如东南亚的一些珊瑚礁区）采取了违法的“炸鱼”或“毒鱼”等野蛮作业方式捕鱼，其后果是大大小小的各种鱼类不可避免地受到伤害或死亡，更严重的是这些鱼类和其他海洋生物赖以生存、繁殖的环境也被破坏了。

五、过度捕捞导致海洋生态系统的结构、功能退化

过度捕捞不但引起了海洋渔业资源和其他海洋生物资源的衰退，更重要的是上述过度捕捞表现的综合结果将破坏生态系统结构、功能的稳定性，其主要表现如下。

（1）食物链结构的稳定性机制受到破坏。一方面，过度捕捞引起的顶级捕食者（或*K*-选择物种）的资源量大幅下降，使它们不能对其食物对象（通常是处于较低营养层次的*r*-选择者）的数量产生控制作用，破坏了食物链的下行控制机制；另一方面，营养层次较低的*r*-选择者具有种群剧烈波动的特点（在有利和不利条件下种群的增长与衰退很快），群落的种类组成及生物量也就难以保持相对的稳定，这种情况也反映在渔获物种类组成的剧烈变动上。通过对我国渤海渔业调查发现，以前该海区的主要渔业对象是生命周期较长的小黄鱼和带鱼。由于过度捕捞，这两种鱼的产量大幅度下降，鳀鱼和黄鲫等生命周期较短的小型种类产量上升。但是在长期过度捕捞的压力下，这些小型种类产量也下降，从而导致以鳀鱼为主要捕食对象的蓝点马鲛等种类的死亡率提

高（金显仕和唐启生，2002）。

（2）改变了群落中的种间关系。自然群落中的种间关系（包括捕食者与被捕食者关系和种间竞争关系等）是各物种长期协同进化的结果，具有和谐共生的特点，也是群落稳定的基石。过度捕捞群落中的某些物种，将使这种和谐的关系被打破，导致捕食者的数量因缺乏食物而减少，被食者因天敌减少而大量增加，食性相同的捕食者因为食物匮乏而竞争加剧，具有共同天敌的被食者由于天敌锐减而竞争潜力被释放（参见第五章）。当这些种间关系的改变积累到一定程度，就会影响到群落的稳定性，最终导致群落发生退行演替。例如，非洲西南部大西洋沿岸的本格拉上升流区在 20 世纪 70 年代以前曾经是沙丁鱼的高产区，每年可捕获几百万吨的优质沙丁鱼，但是长期的过度捕捞导致沙丁鱼资源在 20 世纪 60 年代末 70 年代初崩溃了，取而代之的是大型水母（图 12.10）。从 20 世纪 70 年代以来，水母的数量持续增加，占据了主导地位，大量摄食浮游动物和幼鱼，沙丁鱼资源从此一蹶不振（Boyer et al.，2001）。

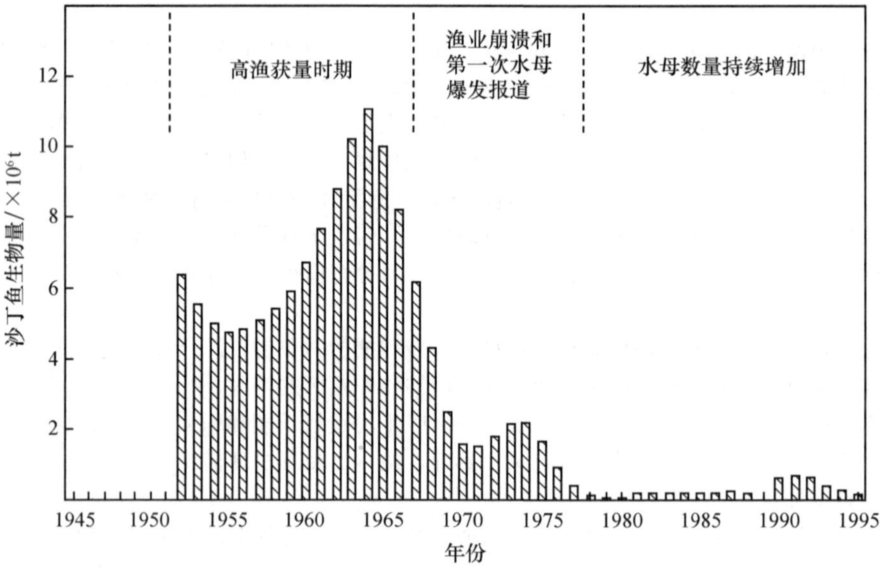

图 12.10 非洲西南部大西洋沿岸本格拉海域沙丁鱼资源崩溃与水母爆发
（引自 Boyer et al.，2001）

（3）削弱了群落中原有优势种或关键种的地位或作用。一个群落中的优势种决定了该群落的性质，而关键种对群落组成结构、物种多样性和稳定性具有决定性作用。优势种因为数量多资源量大往往成为渔业捕捞的重要对象，而处于食物网顶层的肉食性捕食者（往往是群落的关键种之一）因个体大、价值高而成为渔捞的优先目标。当这些物种被过度捕捞时，要么由于原有优势种的地位被其他物种所取代，导致群落性质发生改变，要么因为关键种的作用被严重削弱或丧失，引起一系列连锁反应，导致原有群落的崩溃。例如，在加拿大东海岸的大浅滩，群落的关键种鳕鱼因过度捕捞而衰竭，贝类和其他软体动物由于受到的捕食压力锐减而大量繁殖，已经在大浅滩形成了以贝类为基础的新渔业。

（4）破坏了海洋生态系统中的物理环境。特定的生物群落总是建立在特定的物理环境之上，海底物理环境为许多海洋生物（包括底栖和水层生物）提供了栖息、繁育或避敌的场所，是这些物种得以生存繁衍的重要条件。由于过度捕捞底层渔业资源和采挖珊瑚礁等问题，许多海域海底的物理环境已受到了严重的破坏，将使依赖这些环境生存的海洋生物因为生境丧失、产卵和育婴环境恶化、容易暴露在天敌面前等原因而死亡或逃离，导致这些物种的数量减少，种群变小。另外，海底物理环境的破坏或改变，也会引发种间关系的调整，增加外来物种入侵的概率，还会干扰海域局部的生物地化循环过程，对群落和生态系统造成严重的影响。

(5) 持续的过度捕捞造成海洋生物种群不断变小，将引起种质退化，最终导致种群衰退和灭亡，使群落的物种多样性下降（参见第四章）。

第三节　海水养殖问题

一、我国的海水养殖概况

尽管近年来全球渔获量保持在8000万～9000万t的水平上，但受到过度捕捞、海洋污染、生境破坏、气候变化等人为和自然因素的影响，许多传统海洋渔业资源已经或正面临枯竭的危险。为了应对人口增长压力和满足人民群众提高生活质量的要求，积极发展海水养殖，是海洋渔业可持续发展的基本措施和有效途径之一。

我国劳动人民早就对某些海洋生物（如缢蛏、牡蛎、蚶等）进行过人工或半人工养殖，近几十年来海水养殖业又有了很大发展。养殖品种由少数几种发展到目前的100余种，养殖方式由单纯的滩涂—礁盘养殖发展到垦区池塘养殖、滩涂—礁盘养殖、海上网箱与筏式养殖以及陆基工厂化养殖等多种方式，养殖形式正在从单种养殖向多种类复合养殖转变，养殖区域也已从滩涂向陆上和浅海延伸，并有向中远海发展的趋势。

通过近年的统计显示，贝类养殖已成为我国海水养殖的第一产业，占到海水养殖总产量的80%左右（杨宇峰等，2004），形成规模养殖的经济贝类有近20种，包括牡蛎、扇贝、菲律宾蛤仔、贻贝、缢蛏、泥蚶、鲍鱼等，2001年养殖面积已达79.66万ha，产量911万t，产值约600亿元。

我国有经济海藻510多种，虽然已开发成养殖对象的种类有限，但20世纪80年代以前，大型海藻的养殖产量曾经占到我国海水养殖总产量的一半以上。50多年前，我国著名海洋科学家曾呈奎建立的“海带夏苗人工低温培养法”获得成功，并推广海带养殖南移至浙江、福建。随后，又成功进行的紫菜人工养殖，裙带菜、江蓠、麒麟菜等大型海藻养殖也有一定规模。2000年我国大型海藻的养殖产量达到122万t，约占海水养殖总产量的10%左右，其中海带产量83万t。近年来在鲍鱼养殖的带动下，江蓠类大型海藻养殖也有较大的发展。

我国海水鱼类养殖起步较晚，但近20年来发展迅速，2000年主要养殖种类已发展到26科59种，其中石首鱼科、鲷科、石鲈科、鲿科、牙鲆科和笛鲷科的种类已成为主要养殖对象，网箱养殖成为最主要的养殖方式（洪万树、张其永，2002），2004年海水养殖鱼类的总产量达58.3万t，约占海水养殖总产量的4.3%。由于海水养殖鱼类的经济价值高，随着养殖技术提高和产业结构完善，海水鱼类养殖的产量有望在21世纪中叶达到整个海水养殖总产量的50%以上（雷霁霖，2006）。

在我国虾类养殖是30年前开始发展起来的，并迅速形成群众性养虾高潮，养殖品种包括中国明对虾、长毛对虾、日本囊对虾、斑节对虾、刀额新对虾等，至1992年，产量已达20万t左右。但从1993年起，对虾养殖生产就出现大面积的病害蔓延，年产量迅速下降到5万～6万t的水平。2000年以来在凡纳滨对虾（又称南美白对虾）无特定病源（SPF）育种和养成技术的推动下，对虾养殖产业有了很大起色，2004年这种对虾的产量就达35万t，但是出现了凡纳滨对虾“一虾独大”的局面，直至今日。

除了上述鱼虾贝藻外，其他一些海洋动物也很有可能在不久的将来成为海水养殖的重要种类，其中海参、海胆、螃蟹等20多种无脊椎动物已在进行养殖了。

据2006年《中国农业年鉴》的统计数据，我国的海水养殖总产量已占世界总产量的70%以上，2001年达到1131.5万t，首次超过了海洋捕捞量，2006年海水养殖面积达到1.24×10^6 hm^2，是名副其实的世界第一海水养殖大国。

但是，我国海水养殖业在产量和规模上取得了举世瞩目的成就同时，也面临着更为严重的现实问题，如养殖产业缺乏系统研究和整体战略意识，养殖技术落后，养殖密度过大，养殖区病害肆虐，为追求经济效益盲目引种，养殖环境的恶化和生态系统失衡等（刘述锡和梁玉波，2004），对我国海水养殖业可持续发展和海洋生态安全构成明显的威胁。海水养殖带来的主要环境和生态问题可以大体归纳为：有机污染和富营养化，生境破坏或改变，生物学污染，药物污染，以及由饵料鱼引起的问题五类。

二、养殖水域的有机污染和富营养化

水产养殖中，养殖动物的密度通常大大高于它们在自然界的密度，养殖环境中的天然饵料根本无法满足这些动物的生长需要，所以往往依靠投喂大量饵料（通常超过了养殖动物的需求）来确保养殖对象的生长和高产。这些投喂的饵料常常无法被养殖动物全部摄食，就出现了残饵（即吃剩的饵料），即便全部被摄食，饵料中的所有成分也无法被养殖动物全部利用，会以粪便的形式被养殖动物排放到养殖环境中，再加上养殖动物的新陈代谢产物（如铵态氮、活性磷酸盐）也被释放到水体中，养殖环境中有机物和营养盐数量就会增高。当这些物质不断从围垦区池塘或陆基工厂化养殖设施被排放进入周边海域，或从网箱养殖区扩散到非养殖区，导致整个海域的有机物和营养盐负荷增加，超过环境的自净能力（参见第十四章）时，就形成了养殖水域的有机污染和富营养化。

欧洲的研究表明，鲑鱼网箱养殖投入的饵料有20%未被食用，成为输出废物，被摄食饵料中的氮也仅有约20%被有效利用，其余部分都以污染物的形式排入养殖环境中。国外科学家对精养虾池中物质平衡的研究发现，在养殖过程中只有10%的氮和7%的磷被转化为对虾的产量，其他都以各种形式进入环境（胡文佳等，2007）。我国的研究也表明，海水网箱养殖每养成1 t鱼，排入环境的N、P负荷量分别为161 kg和32 kg，池塘养殖1 t对虾的氮、磷环境负荷量分别达到45.8 kg和10.1 kg，其中随养殖废水排到垦区外的氮、磷量分别为1.39 kg和0.65 kg（李纯厚等，2006）。另外，据调查估计，一个3000亩虾池（高密度养殖长毛对虾）的垦区在生产高峰期每天向邻近海区排出的养殖废水竟达100万m^3（沈国英等，1992）。由此可见海水养殖废物的排放量是相当惊人的。

养殖区的有机污染和富营养化通常是相生相伴的。残饵和粪便等颗粒有机质在沉降过程中会部分降解，释放出氮、磷等营养盐，而更多的氮、磷营养盐是在这些颗粒有机物沉积到海底被微生物和底栖生物利用后再释放到水体中的，于是加重了水体的富营养化程度。例如，有报道指出人工投饵输入虾池的N占总输入N的90%左右，其中仅19%转化为虾体内的N，其余大部分（62%～68%）积累于虾池底部淤泥中（杨逸萍等，1999），而海水养殖过程中输入水体的氮、磷和颗粒物分别有24%、84%和93%沉积在底泥中，在一定条件下又会重新释放出来，成为水体污染中最重要的内源（胡文佳等，2007）。

另外，为了减少台风、风暴等恶劣天气的影响，海水养殖通常分布于避风性能强的围垦区或内湾等封闭性水体中，与外海的水交换率低，对污染物的物理稀释能力差，加上海上的养殖设施对水流的削弱（如桑沟湾的贝类筏式养殖使水流减慢35%～40%），更加促进各种污染物在养殖区的积累，增大有机污染和富营养化发生的概率。例如，厦门同安湾潘涂围垦区（主要为对虾养殖）邻近内湾的周年水质监测显示，总无机氮含量变化范围为 7.98～65.97 μmol/L，平均 27.76 μmol/L，无机磷 0.07～0.97 μmol/L，其中大于 0.45 μmol/L 的占 64%，COD 值 1.62～4.52 mg/L，叶绿素 a 2.26～16.12 mg/m^3，已呈明显的富营养化（郭丰等，2001b，2002b；聂鑫等，2001）。

由水产养殖引起的有机物和营养盐污染又常常被称为“自身污染”，便于与工农业污染和城市污水等陆源污染区分开来。虽然从整个海岸带来看，海水养殖的“自身污染”与陆源污染比较在量级上还相差甚远，例如，通过海水养殖向黄渤海排入的氮、磷和 COD 等污染物分别仅占相应陆源污染物排海量的 2.8%、5.3%和 1.8%（崔毅等，2005），但是从局部来看，海水养殖对养殖水域（尤其是养殖密集区）造成的有机污染和富营养化，将给这些海域的环境生态和海水养殖本身带来长期和积累性的重要影响。这些影响包括病虫害增加、赤潮发生概率增大、养殖品种的种质退化、底层缺氧或无氧化等（见下述部分和第十三章）。

三、养殖区的生境破坏或改变

海水养殖对养殖区生境破坏最典型的例子是贝类养殖，包括滩涂贝类养殖和筏式贝类养殖。在自然海区的滩涂上采用底播方法种养贝类是最常见的贝类养殖方式之一。当养殖的贝类达到商品规格后，养殖户使用钢耙、耙网等工具采收贝类，就会造成与底拖网破坏海底类似的生境损坏，对依赖滩涂生境生活的其他海洋生物造成影响。例如，我国广西北海的许多滩涂原来生长着大量的海草，为儒艮提供了丰富的食物，使周边的海湾成为儒艮的家园。从 20 世纪 80 年代开始，大规模的滩涂贝类养殖和星虫采挖导致了海草场的迅速萎缩，至今已难发现成片的海草，儒艮也极少在周边的海域出现。

滤食性贝类筏式养殖对海洋生境的影响主要有以下几方面。①由于大量生长着贝类的养殖筏架改变了海区水流的速度和流向，阻碍或干扰了鱼类的洄游路径。②养殖贝类排出的大量粪和假粪（有报道称可高达摄食量的 95%）在海底沉积，增加了沉积物数量，改变了沉积物成分，进而引起底栖动物种类减少，耐污、耐低氧的种类增加。我国山东省的桑沟湾养殖区，1 hm^2 养殖面积的栉孔扇贝每天排粪量 65.88 kg（干重），一年排粪可达 18 520 t（干重），加上其他养殖贝类的排粪，养殖区年产粪便量将近 4 万 t，这其中还不包括大量的假粪。大量的贝类粪便和假粪的沉积，影响了底栖生态环境，开展大规模扇贝养殖后桑沟湾底栖动物种类数从养殖前的 215 种下降到 95 种，其中软体动物的种类数大大降低，而小头虫等耐污多毛类动物则占明显优势（刘述锡和梁玉波，2004）。③过量的滤食性贝类养殖会导致水层浮游植物锐减，相应地造成浮游动物和植食性鱼类的减少。

与贝类筏式养殖相似，海水鱼类网箱养殖也会改变养殖区的水文特征，干扰鱼类洄游，导致海底沉积物的增加。不同的是，鱼类养殖所产生的残饵、粪团等沉积物中有机质含量极高，更容易造成养殖区底部缺氧，并释放出氨和硫化氢等有毒物质，对底层和水层的生物造成更严重的影响，网箱养殖密集的海区，动物死亡现象时有发生。

大型海藻养殖虽然常常有利于净化养殖海区的水质，但如果超过养殖环境容量，则会引起海域的贫营养化，导致浮游植物因营养盐不足而难以生长；另外，海藻养殖过密也会遮蔽太阳光，造成养殖海藻下方的浮游植物和其他野生海洋植物因光照不足而衰亡。

海水养殖业导致海岸生境的破坏或改变（如砍伐红树林建虾池），以及不合理的养殖布局引起的环境和生态问题将在第十三章作详细介绍。

四、养殖对象逃逸、放流的潜在生态安全问题

养殖的外来种或本地种的逃逸和苗种放流都可能对当地群落的生态平衡以及物种的种质资源质量造成危害，必须引起我们的高度重视。

（一）海水养殖外来种的逃逸

外来种（或称非土著种）是指在人类活动中释放到其自然分布范围以外的物种。一旦外来种在新环境中定殖成功，将与本地种（或称土著种）竞争食物和生境，并干扰群落中原有的各种相对和谐的种间关系，还可能与本地近缘种杂交而导致基因污染，因此常常会降低引入地的生物多样性水平，甚至导致本地种的逃离或灭绝。

海水养殖中的引种现象十分普遍。为了追求最大的经济效益，引入新的养殖品种已成为我国沿海地区发展地方海洋经济的重要措施之一。例如，我国从世界各地已引种成功的海水养殖鱼类近 20 种，其中 15 种（表 12.1）已具有一定的养殖规模，许多已成为地方渔业经济的支柱，取得良好的经济效益。

表 12.1 中国引进的海洋外来鱼类（引自赵淑江等，2006）

种 类	原产地	引入时间	引入者
大菱鲆	北起冰岛，南至摩洛哥附近的欧洲沿海	1992 年	中国水产科学研究院黄海水产研究所
眼斑拟石首鱼（美国红鱼）	美国大西洋沿岸及墨西哥湾一带	1991 年	国家海洋局第一海洋研究所
虹鳟	北美洲的太平洋沿岸西部	1959 年	中国水产科学研究院黑龙江水产研究所
罗非鱼	非洲的热带地区	1956 年	中国渔业代表团
美洲条纹狼鲈	美国东部沿岸	1993 年	深圳农业科学研究中心
尖吻鲈	西太平洋及印度洋的热带、亚热带海区，东南亚河口水域	1983 年	深圳农业科学研究中心
虱目鱼	太平洋、印度洋	1998 年	广东省
大西洋漠斑牙鲆	美国北卡罗来纳州至佛罗里达州南部海湾，得克萨斯州南部海峡沿岸也有分布	不详	全国水产技术推广总站
大西洋牙鲆	北美洲大西洋沿岸	2002 年	国家海洋局第一海洋研究所青岛市海洋与渔业局
斑点犬牙石首鱼（美国石首鱼）	大西洋美国至墨西哥湾沿岸	不详	不详
塞内加尔鳎	地中海	2001 年	山东省莱州市
欧洲鳗	欧洲	1995 年	福建省水产研究所
美洲鳗	北美洲	1995 年	福建省水产研究所
大西洋鲑	北大西洋	不详	不详
条斑星鲽	日本茨城县以北到鄂霍茨克海以南海域	2004 年	中国科学院海洋研究所

然而，由于我国对于海水养殖外来种问题的认识较晚，在引种时主要考虑的是其经济价值，而对引种可能带来的生态安全问题缺乏充分论证，对于引入种对当地生物多样性和生态环境影响也缺少跟踪调查与研究。所以，我们目前还无法准确判断这些外来养殖品种的实际生态影响。但是，已经发现有不少种类的个体在养殖过程中逃逸到自然海区，一些种类甚至可能已经建立了小

规模的野生种群，如野生的罗非鱼和美国红鱼在南方沿海已十分常见。另外，还有一些引进种类的个体被增殖放流，如 2004 年 7 月 1.5 万尾体长 8 cm 左右的大鳞鲆鱼苗被人工放流在威海海域，目前还难以预料是否会出现负面的生态效应。

据美国皮尤海洋委员会报告（Pew Oceans Commission，2005），在太平洋东岸养殖的大西洋鲑鱼，由于风暴和操作不当，每年都有为数不少的个体发生逃逸，虽然这些逃逸鲑鱼的成活率低于野生鲑鱼，但因为年复一年的数量积累，从美国西海岸返回河流和溪流中产卵的大西洋鲜鱼的数量在上升，并已在不列颠哥伦比亚州的河流中繁殖成功。它们与野生的太平洋鲑鱼竞争食物、生境和产卵场，随着种群的扩大，将可能对太平洋鲑鱼资源的可持续构成威胁。

考虑到我国海水养殖外来种的种类多、养殖规模大、养殖技术落后、管理水平低等因素，由养殖外来种引起的生态安全问题将无法回避。因此，立足开发我国土著海洋生物的养殖资源，进行健康生态养殖，并建立海水养殖引种的监控和预警机制，是降低海水养殖外来种生态风险的重要途径。

（二）海水养殖本地种的逃逸与苗种放流

与外来种逃逸相比，养殖过程中发生本地种逃逸或放流则更容易对野生种群的遗传多样性造成影响，常常体现在遗传性状或种质的改变上。

从先进养殖国家的情况来看，养殖品种通常已经过特殊选育或局部基因改良（如杂交、转基因等)，使其个体增大、生长加快、抗病力提高和摄食竞争力加强。这些鱼类的遗传性状与野生种群差异很大，虽然有利于养殖，但往往对环境变化的适应性较差，一旦逃逸到自然环境中与野生群体杂交，将会降低野生种群适应环境变化的能力。另外，由于个体大、生长快、捕食竞争力强，也将危及野生种群的生存。为了降低养殖鱼与野生鱼杂交的风险并进一步提高养殖鱼的生长率，几年来国外推出了雌性不育品系苗种。但如果这些不育雌鱼大量逃逸到野外，将可能对野生群体的繁殖活动产生干扰，降低其繁殖能力。

与先进养殖国家相比，我国海水养殖的总体技术（尤其是高品质、高稳定性的苗种生产）还较落后，养殖品种的种质退化问题十分严重。因长期近亲交配、逆向选择，加上养殖环境恶化等原因，导致了许多养殖种类在长期繁育过程中出现了生长缓慢、肉质变劣、抗病能力下降以及性成熟提早等种质退化的现象。如养殖的大黄鱼已普遍出现了生长慢、易得病、表型性状差、性成熟早和品质下降等问题。这些养殖动物发生逃逸（这种现象已十分严重)，与野生种群杂交，将导致野生种群的种质下降，遗传多样性丧失，难以适应在人为和自然因素驱动下越来越多变的环境。更可怕的是，如果将种质已严重退化的幼苗或成体大量放流到自然环境中，将可能给野生种群带来灭顶之灾。

（三）海水养殖引起的病虫害问题

由于严重的“自身污染”会导致养殖水域的环境恶化，破坏和谐的生物间关系和生态平衡，使原本被各种自然关系所抑制的病原生物得以大量滋生；加上由引种动物携带进入的许多外来病原生物，以及养殖动物因密度高，承受的生理压力大，容易得病等原因，海水养殖已成为许多病虫害滋生、传播和蔓延的温床和重要媒介。

我国海水养殖的种类多、规模大、分布海域广，但养殖技术和管理相对落后，养殖病虫害现象十分严重，每年造成的直接经济损失估计达百亿元之巨，并且还有上升的趋势。据不完全统计，危害我国水产养殖的病虫害种类多达 200 余种，单单危害对虾导致其感染的病毒就有 7 个科 20 余种之多。这些病源生物可以大体分为病毒类、细菌真菌类和寄生虫类三类，大多可以在海水养殖生物中发现。其中，对鱼类养殖危害较大的病原有刺激隐核虫、本尼登虫、虹彩病毒、弧菌、爱德华菌等；对虾蟹类养殖危害大的疾病为白斑综合征、涛拉综合征和弧菌引起的红腿症、真菌引起的黑鳃症；对贝类养殖造成危害的病原包括病毒、类立克次体、细菌和单孢子虫等。而且，这些病虫害的常年发病率达50%以上，造成养殖动物的损失率约20%左右，对我国海水养殖的可持续已构成严重威胁。

比这些病虫害在某些养殖场或局部海域泛滥更严重的是，由于管理不善，许多病原已籍亲体和苗种销售、养殖废水排放、养殖动物逃逸等渠道扩散到全国各地，并传播到野生种群上。有关病虫害扩散的教训已经有许多，如1993年爆发并迅速蔓延的对虾病毒性疾病十几年来仍在肆虐。近年来发生的全国性鲍鱼病害问题，已使一半以上的鲍鱼养殖场关门。这些灾害的蔓延与养殖动物的亲体和苗种销售、养殖废水排放有关，也与近年来兴起的近缘种杂交育苗技术导致某些动物养殖的地理范围扩大有关。

国内关于海水养殖动物病虫害传染野生动物种群的研究极少，所以实际情况尚不明朗。据国外报道，挪威的野生鲑鱼因洄游途经分布有鲑鱼养殖场的海域，已感染了来自养殖鲑鱼的海虱（一种食肉寄生虫）；美国的野生大西洋鲑鱼也受到携带有病原的逃逸养殖鲑鱼的影响，感染上鲑鱼贫血症（该鱼病首先是在缅因州的鲑鱼养殖场发现的）和其他传染性疾病（Pew Oceans Commission，2005）。鉴于我国海水养殖病虫害严重、管理混乱的事实，我们有理由推测这个问题肯定在我国也存在，而且可能还相当严重。

五、海水养殖带来的药物污染和由饵料引起的生态问题

水产养殖中，为了改善养殖环境、排除非养殖对象、防治病虫害和促进养殖动物的生长或繁殖，许多药物被使用在育苗、养成和饵料等多个环节中。这些药物包括氧化剂（如生石灰、高锰酸钾）、水质稳定剂（如EDTA）、杀藻剂（如硫酸铜）、杀虫剂（如敌百虫、福尔马林）、抗生素（如四环素、青霉素、磺胺类）、抗病毒药物（如伏碘、病毒灵）、激素（如人体绒毛膜促性腺激素HCG、生长激素GH）、免疫活性剂（如左旋咪唑）、麻醉剂（如甲磺酸盐）和中草药（如茶粕）等。

由于近年来我国海水养殖环境不断恶化、病虫害严重，药物使用的种类和数量呈不断上升的趋势。大量使用药物，不但使养殖品种的品质下降、种质退化，而且养殖动物的药物残留会影响食用者（人类或动物）的身体健康，还会毒害养殖场周边的野生生物，并会引起病原体抗药性的提高，导致一系列社会和生态问题。

海水鱼类和虾蟹类的养殖需要消耗大量的天然饵料和配合饲料。在养殖技术先进的国家，鱼虾蟹的喂养多数使用配合饲料，我国则使用较多的天然饵料（小杂鱼）。多数情况下使用小杂鱼喂养的效率较低，但成本也较低。以肉食性海水鱼类养殖为例，全部投喂小杂鱼时饵料系数一般为6～10，即收获1 kg的鱼需要投喂6～10 kg的新鲜小杂鱼，而完全投喂优质配合饲料的饵料系数通常为1.5～2。显然使用配合饲料能够显著改善由投饵引起的环境污染问题，而且由于配合饲料在生产过程中往往经过较严格的卫生防疫处理和检验，优质饲料含病原微生物的数量极少，不易给养殖对象和环境带来病原，可以有效减小对养殖区的生物污染。但是，由于优质配合饵料成本高，加上管理意识差，国产配合饲料优劣不一，鱼龙混杂，所以小杂鱼等天然饵料在国内海水养殖中仍然使用得更为普遍，而且通常未经检疫检验。这也是造成我国海水养殖区环境污染严重、病虫害多发的原因之一。

饵料所带来的更严重的问题是，规模不断壮大的海水鱼类养殖业对小杂鱼和鳀鱼、沙丁鱼、鲱鱼等海洋中上层鱼类为主的饲料鱼的巨大需求给海洋生态系统带来巨大的压力。虽然配合饲料的饵料系数小，但配合饲料中含有大量的鱼粉和鱼油，加工1 kg优质配合饲料大约需要4 kg新鲜的饲料鱼，因此即使完全杜绝使用小杂鱼，仍然会使鳀鱼等饲料鱼的资源受到很大影响。据

FAO统计，饲料鱼的捕捞量已占全球渔业捕捞量的1/3，大多被加工成鱼粉和鱼油。随着水产养殖业的快速发展，未来对饲料鱼的需求将进一步攀升，无疑将给本已遭受过度捕捞的饲料鱼资源以更大的打击，由此产生的生态系统效应将会十分可怕。目前，国际上正在努力开展肉食性养殖鱼类的食性驯化研究和尝试，减少这些鱼类对鱼粉等动物性蛋白和鱼油的依赖，这也许对未来缓解饲料鱼捕捞压力有所助益，但至今试验效果还不理想，如养殖鱼的生长较慢、口感较差等。

本章提要

1. 在稳定的环境条件下，一个渔业种群生物量的自然增长（dB/dt）随着种群生物量的增大而上升，直至达到环境负载量时为止。每一年从该资源种群中捕捞增长部分生物量仍可使种群维持在一定的生物量水平上，当 dB/dt 为最大值时，可能获得最大的持续产量（MSY）。通过调整与控制捕捞网具的网目（即初次被捕捞年龄）或捕捞努力量以便获得最大持续产量而不造成过度捕捞是单物种渔业资源管理的基本出发点。

2. 资源管理通常是根据多年的渔捞资料应用数学模型分析判断对某一资源种群的利用是否合理。持续产量模型只要有多年的渔获量和捕捞力量的相关资料就可计算 MSY，其关键问题是必须取得平衡状态下的渔获量和捕捞力量的数据。动态库模型需要通过渔捞资料分析种群个体的补充、生长、自然死亡和捕捞死亡等参数，综合地分析单位补充渔获量作为探讨最佳的网目尺寸和捕捞力量，分析过程比较复杂，且难以得到补充资源的准确数据。

3. 传统的渔业资源管理建立在单物种资源管理模式的基础上，基本前提是渔场环境在较长时间内保持稳定，没有考虑渔捞对象所在生态系统由于各种因素造成的动态变化。很多事实证明，渔捞对象的资源变动除了受人类捕捞的影响外，还与很多内外因子的变化有关，其中有自然因素（如气候和其他物理因素的变化）、人为因素（如污染和大型水利工程建设）以及生态系统本身的内在波动。因此上述传统的渔业资源管理模式有其局限性。

4. 过度捕捞是引起传统经济海产资源衰退和枯竭的主要原因。大量捕捞未达合理初捕年龄的鱼类（生长性过度捕捞）和繁殖期的产卵群体（补充性过度捕捞）都会使种群的持续产量下降，并最终导致资源量下滑。长期过度捕捞个体大、营养级高的鱼种，会导致生态系统中的物种向小型化发展，平均营养级降低（生态系统过度捕捞）。兼捕和生境破坏是渔业捕捞的伴生现象，与过度捕捞一起对海洋生物多样性构成重大威胁。

5. 人类对海洋生物资源的过度捕捞与利用已经十分严重。这种情况会引起海洋生物种群变小、种质退化，生物群落的种间关系被改变，群落中原有优势种或关键种的地位或作用被削弱，导致群落发生退行演替；还会通过破坏海洋生态系统中的物理环境，干扰海域局部的生物地化循环过程，加重其他人为和自然干扰对生态系统的影响，最终引起海洋生态系统结构功能的严重退化。

6. 海水养殖是实现海洋渔业可持续发展的重要途径。但是养殖不当会给海洋环境、野生动植物和养殖对象本身带来严重负面影响，并威胁海洋生态安全。当前需要密切关注由养殖水域“自身污染”、养殖区生境破坏或改变、养殖动物引种和逃逸、水产药物和饵料使用所引起的环境恶化、病害丛生、种质退化和基因污染等问题，以及对野生动物和天然水产资源的影响。

思考题

1. 概述传统渔业资源管理的基本原理与方法。
2. 为什么说传统的渔业资源管理模式有其局限性？
3. 过度捕捞有哪些类型？为什么过度捕捞会导致渔业资源的衰退和枯竭？
4. 为什么说兼捕和生境破坏会与过度捕捞一道对海洋生物多样性构成威胁？
5. 简要分析过度捕捞引起海洋生物群落退行演替的机理。
6. 简要说明我国海水养殖存在的主要问题。
7. 为什么说当前的水产养殖也会给海洋中上层鱼类资源带来负面影响？

第十三章

海洋污染、生境破坏与全球气候变化

第一节 海洋污染

一、海洋污染和环境自净作用

（一）海洋污染的定义及其特点

由于人类活动，直接或间接地把物质或能量引入海洋环境，造成或可能造成损害海洋生物资源、危害人类健康、妨碍海洋活动（包括渔业）、损坏海水和海洋环境质量等有害影响，称为**海洋污染**（marine pollution）。

随着人口增长和经济发展，海洋环境被污染的程度越来越严重。例如，海洋石油和其他运输业迅速发展，不但使海上石油泄漏事件大量增多，而且由压舱水携带引起的外来生物入侵问题也愈发严重。另外，陆源的工农业污染物、沿海城镇的生活污水、过度发展的水产养殖业的有机污染物也大量倾注入海，以至几乎所有近海水域都遭到不同程度的污染。

海洋污染的特点如下。

（1）污染源广。人类活动所产生的污染物多种多样，所有这些污染物除直接排放入海外，还可通过江河径流、大气扩散和雨雪沉降而进入海洋，全世界每年往海洋倾倒各种废弃物多达200亿t，所以有人称海洋是陆上一切污染物的“垃圾桶”。

（2）持续性强、危害大。由于海洋是地球上位能最低的区域，只能接受来自大气和陆地的污染物质，这些污染物很难再从海洋转移出去。一些不能溶解和不易分解的物质（如重金属和有机氯农药）会长期蓄积在海洋中，由海洋生物的摄取而进入生物体内，并通过海洋生物的富集作用使得生物体内的污染物质含量比在海水中的浓度大得多。同时海洋生物还能把一些毒性本来不大的无机物转化为毒性很强的有机物（如无机汞被转化为甲基汞），而且污染物质还可以通过食物链传递和放大，对人类造成潜在威胁。

（3）扩散范围广。浩瀚的海洋是一个互相连通的整体，进入海水的污染物在海流的携带下，可从一个海区迁移到另一个海区，从沿岸、河口迁移到大洋。例如，日本八丈岛等海域漂浮的沥青团块，通过海流的搬运，在美国和加拿大西海岸被发现。

（4）防治困难。由于以上三个特点，加上海洋污染有很长的积累过程，不易被及时发现，一旦形成污染，需要耗费巨资、经过长期治理才能消除。在治理过程中，必须牵涉到工业布局、资源开发等具体问题，增加海洋污染防治的复杂性。

（二）海洋污染主要类型

海洋污染主要包括化学污染、生物污染和能量污染等类型，主要污染物及其主要来源见表13.1。多数污染物直接危害海洋生物的生存和影响其利用价值；一些环境中浓度很低的污染物（如持久性有机污染物和痕量金属等）经过海洋生物的富集和沿食物链传递、放大，对高营养级捕食者和人类健康产生威胁；营养盐类和生源可降解的有机废物则是通过引起赤潮、缺氧等富营养化问题，间接地给海洋生物带来毒害影响。还有，外来物种入侵造成的严重生态后果也越来越被人们重视，被称为是一种生物污染。

表 13.1 海洋污染的类型和主要污染物及其来源

污染类型	主要污染物	污染物的主要来源
化学污染	石油烃（原油和从原油分馏出汽油、柴油、润滑油等产品）	船舶和油轮的航行；事故性溢油；海上油气生产；通过径流和大气进入的陆源石油烃
	塑料（聚苯乙烯、聚丙烯、聚氯乙烯等难以被生物降解的塑料产品、碎片和微粒）	浅海水产养殖漂浮设施；渔网；水产品容器；沿海和海上生活垃圾
	有机质和营养盐类（糖类、脂类、蛋白类、维生素等有机质和氮、磷等营养盐）	城镇污水和工业废水；农业面源污染；大气沉降；海水养殖自身污染
	持久性有机污染物（杀虫剂、除草剂、多环芳烃、多氯联苯、二噁英等）	农业面源污染；工业废水；海水养殖活动；通过大气沉降带入的垃圾和燃料燃烧的中间产物
	重金属（包括汞、镉、铬、铜、铅、锌等金属元素和砷和硒等类金属元素）	工业污水、矿山污泥和废水；石油燃烧生成的废气；船舶的防污损涂料；含金属的农药和渔药
	放射性同位素（包括^{239}Pu、^{90}Sr 和^{137}Cs 等放射性物质）	大气沉降；核武器爆炸、核工业和核动力船舰的排污
生物污染	病原（包括本地和外来的病毒、细菌、真菌和寄生虫等）	由海水养殖引种和饵料携带进入；养殖逃逸动物携带扩散；船舶携带
	非病原外来种（海水养殖外来种、赤潮生物外来种等）	海水养殖引种；远洋船舶及其压舱水携带
	基因（为提高养殖生物生长率、抗病力、品质和环境适应能力而人为转入的外源基因）	转基因养殖动物逃逸；转基因海藻孢子扩散
	生物毒素（如多种贝毒和鱼毒）	有毒赤潮
能量污染	热能	核电厂、火电厂和各种工业冷却水
	噪声	船舶航行；海上和海岸爆破

（三）海洋污染物的迁移与转化

污染物入海后参与物理、化学和生物过程而产生空间位置的移动，或由一种地球化学相（如海水、沉积物、大气、生物体）向另一种地球化学相转移的现象称为污染物的迁移；污染物由一种化学存在形态向另一种形态转变则称为污染物的转化。迁移与转化虽然是两个不同的概念，但污染物的迁移过程往往同时伴随污染物本身的形态转变，反之亦然。

（1）物理过程：污染物质被河流、大气输送入海，在海气界面间的蒸发、沉降，入海后在海水中的扩散和海流运输，以及颗粒态污染物在海洋水体中的重力沉降等，都属于物理迁移过程。

（2）化学过程：污染物与环境中的其他物质产生化学作用，如氧化、还原、水解、络合等，使污染物在单一介质中迁移或由一相转入另一相，都属于化学迁移过程。它往往伴随有污染物形态的转变。

(3) 生物过程：污染物经海洋生物的吸收、代谢、排泄和海洋食物链的传递，以及尸体分解、碎屑沉降与生物在运动过程中对污染物的搬运，构成污染物的迁移转化系统。

下面以汞为例说明它在海洋中的迁移转化过程（图 13.1）。

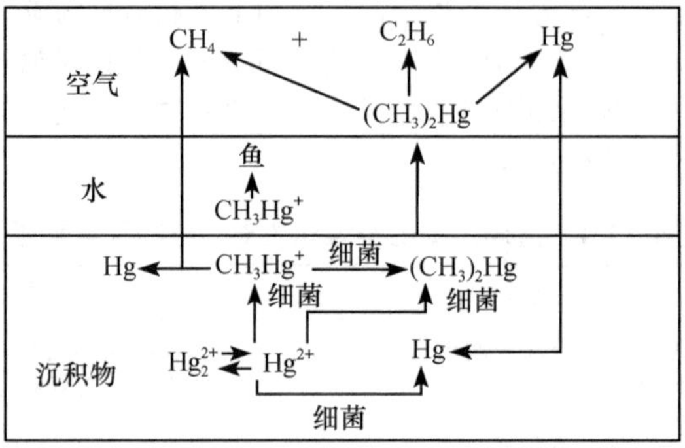

图 13.1　汞的迁移与转化

通过各种途径进入海水环境的元素汞（Hg），由于其比重大、难溶于水而沉淀于靠近排放处。二价汞离子在迁移过程中也能被底泥和悬浮物中的微粒所吸附沉淀下来，从水相进入沉积相。富集于沉积物中的各种形态的汞又可能转化为二价汞，后者在微生物的作用下转化成甲基汞（CH_3Hg^+）和二甲基汞［$(CH_3)_2Hg$］。甲基汞溶于水中，可富集在藻类、鱼类和其他海洋生物体中。二甲基汞则通过挥发作用扩散到大气中去，在酸性条件下和紫外线作用下被分解，可能转化为元素汞，随降雨再降落在陆地或水中。

（四）海洋的自净能力和环境容量

1. 海洋自净能力

环境自净（environmental self-purification）是指污染物进入环境后，在物理、化学和生物作用下逐渐消除污染物达到自然净化的过程。海洋通过它本身的物理、化学和生物的作用，使污染物质的浓度自然地逐渐降低乃至消失的能力称为海洋自净能力。当进入海洋环境的污染物负荷高于海洋自净能力时，便发生海洋污染现象。

海水自净能力受很多因素制约，主要有污染海区的地形、海水的运动形式、温度、盐度、pH、氧化还原电位和生物丰度以及污染物的性质和浓度等。

海洋自净过程包括物理净化、化学净化和生物净化。三种过程相互影响，同时发生或交错进行。一般来说，物理净化是海洋自净中最重要的途径。

1）物理净化

物理净化是通过稀释、吸附、沉淀或气化等作用而实现的自然净化，其中海流的输送和稀释扩散是快速净化的重要途径。在河口和内湾，污染物主要依靠潮流而稀释扩散，使污染范围由小变大，而浓度则由高变低。可沉淀固体由水相向沉积相转移，从而改善了水质。研究物理净化通常采用海流（或潮流）和污染物扩散过程的数学模拟来进行。

2）化学净化

化学净化包括氧化还原、化合分解、交换和络合等化学反应实现的自然净化。例如，重金属污染物在海水酸碱度和盐度变化影响下，离子价态可能发生改变，从而改变毒性或由胶体物质吸附凝聚而沉淀于海底。海水中含有的各种螯合剂也都可以与污染物发生络合反应，从而改变它们的存在形态和毒性，在弱碱性海水中，大多数重金属形成羟基化合物沉淀而促进净化。

3）生物净化

生物净化是通过生物类群的代谢作用（同化作用和异化作用）使环境中污染物质的数量减少、浓度下降、毒性减轻甚至消失的过程。例如，微生物能降解各种有机污染物，从而降低环境的有机污染。一些原本在自然环境中不存在的人工合成有机物（如有机氯、有机磷农药、塑料）和一些天然本底很低主要由人类活动大量带入环境的有机物（如多环芳烃、多氯联苯），由于难以被微生物降解，易在环境中积累，所以对海洋生物和生境带来的长期性危害会更严重。

2. 环境容量

环境容量（environmental capacity）是指在人类生存和自然生态不致受害的前提下，某一环境所能容纳污染物的最大负荷量。环境容量是在环境管理中实行污染物浓度控制时提出的概念。例如，在沿海内湾进行鱼虾人工养殖过程中，饵料残渣、鱼虾排泄物造成的环境有机质污染超过该水域的自净能力，就可能导致内湾环境恶化并可能造成养殖对象大量死亡的后果。

环境容量的大小决定于环境空间的大小，各种环境要素的特征（如内湾的潮流和其他水交换条件）以及污染物本身的物理和化学性质。环境空间越大，环境对污染物的净化能力越强，环境容量就越大。对某一具体污染物而言，其物理、化学性质越不稳定，环境对该种污染物的容量就越大。

环境容量包括绝对容量和年容量两个方面。

1）绝对容量

绝对容量（W_Q）由规定的环境标准值（W_S，如各种水质标准）和环境背景值（B）所决定：$W_Q=W_S-B$（以浓度单位表示）

或 $W_Q=M(W_S-B)$（以重量单位表示，M 为某环境介质的重量）

2）年容量

年容量（W_A）是某一环境在污染物的积累浓度不超过环境标准规定的最大容许值的情况下，每年所能容纳的某污染物的最大负荷量。如果某污染物的输入量为 A（单位负荷量），一年后被净化的量为 A'，则该污染物在这一环境中的年净化率 $K=(A'/A)\times 100\%$。

年容量与绝对容量的关系为 $W_A=K\cdot W_Q$。

应当指出，在海洋环境管理中应注意污染物总量的控制，即将进入某一海区的污染物总量限制在允许容纳量之内，并在此总量下限制来自各种排放源的污染物数量，才能使海域环境质量维持良好状态。

二、近岸海洋的富营养化及其生态效应

（一）富营养化的概念

富营养化（eutrophication）是指氮、磷等植物所需的营养物质大量进入湖泊、水库、河口、海湾等水体，引起藻类大量繁殖、水体透明度和溶解氧含量下降、水质恶化的污染现象。在过去的 30 年间，近岸海域的富营养化现象越来越严重，已导致了许多海湾和河口缺氧区的出现、海草床和珊瑚礁的减少、赤潮的频繁爆发和由大型绿藻引起的藻华事件等，人们逐渐认识到营养盐污染和富营养化是对沿海环境的主要威胁。邹景忠等（1983）根据我国颁布的渔业水质标准和海水水质标准，参考国外有关文献，提出无机氮 0.2～0.3 mg/L，无机磷 0.045 mg/L，叶绿素 a 1～10 mg/m^3，初级生产力 1～10 mgC/(L·h) 作为海水富营养化的阈值。

近岸海域氮、磷等营养盐的主要来源包括：①化肥厂和农业施肥等面源污染由径流携带入海

的营养盐类，这可能是最大的来源；②城镇生活污水（目前普遍采用的污水二级处理虽然可以去除绝大多数的有机质和悬浮物，但只能消除1/3左右的氮和磷）；③海水养殖“自身污染”（参见第十二章）；④海底沉积物中有机质的分解释放；⑤大气沉降输入（如沙尘暴、工业尘埃等），最新研究表明不少海湾大气来源的氮负荷甚至可达氮总输入负荷的20%以上。

（二）海域富营养化的主要生态效应

1. 赤潮和大型海藻藻华

所谓**赤潮**（red tide）是指海洋中某些微小的浮游生物在一定条件下暴发性增殖或聚集而引起海水变色的一种有害的生态异常现象。一次赤潮过程通常为期不长（几天到数周），多数赤潮是由一种或两种浮游生物爆发性增殖所形成，海洋中可以形成赤潮的浮游生物种类繁多，已报道的就有200余种，既有硅藻、甲藻、绿藻、定鞭藻、隐藻等浮游藻类，也有能进行光合作用的浮游动物红色中缢虫（*Mesodinium rubrum*），还有一些是蓝细菌（也称蓝藻），如束毛藻属（*Trichodesmium*）、微囊藻属（*Microcystis*）和鱼腥藻属（*Anabaena*）的一些种类。据郭丰等（2002a）的报道，仅厦门同安湾潘涂垦区就发现硅藻、甲藻、绿藻、蓝藻、隐藻和裸藻6个门类32种赤潮生物。不同种类形成赤潮会呈现出不同的颜色。例如，夜光藻（*Noctiluca scintillans*）赤潮是红色的，绿藻赤潮通常呈绿色，硅藻赤潮多为黄褐色等。因此，所谓赤潮是各种有色潮的统称。

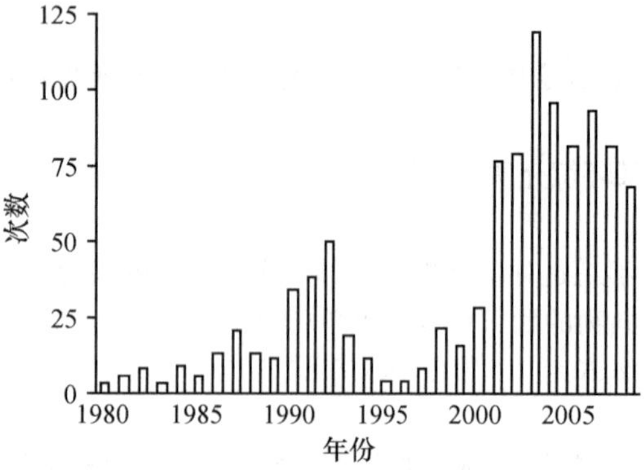

图13.2　1980年以来我国沿海赤潮每年发生的次数呈明显上升趋势（数据来源：国家海洋局《中国海洋环境质量公报》）

虽然赤潮本是一种自然现象，在距今3000多年前的古埃及时期就有相关记录，而且赤潮的形成机制十分复杂，赤潮也并非总发生在富营养化海区，如由风引起的物理聚集也可以使局部水体的浮游植物浓度达到赤潮的水平，但是海域富营养化的加剧，无疑大大增加了赤潮发生的规模和频率，从而给沿岸海洋生态系统和人类健康带来十分严重的威胁。图13.2表示1980年以来我国沿海赤潮发生的频率呈上升趋势，这与改革开放以来我国近海海域富营养化程度的发展趋势是一致的。

从20世纪60年代起赤潮现象开始在全球蔓延，至今已成为了世界性的海洋灾害之一，其产生危害的主要方式如下。

（1）当赤潮发生时，海水中高密度的赤潮生物覆盖或黏附在海洋动物的呼吸器官上，造成海洋动物呼吸困难和窒息死亡。

（2）大量赤潮生物的呼吸代谢（尤其在夜间，无光合作用产生氧气）和死亡细胞分解过程中消耗海水中大量溶解氧，使水体严重缺氧，导致海洋生物死亡。

（3）赤潮衰败过程中还会释放出大量有害气体（如 H_2S）和毒素，严重污染海洋环境，甚至导致海洋动物死亡。

（4）有的赤潮种类，如杀鱼费氏藻（*Pfiesteria piscicida*），不但会释放毒素毒害鱼类，而且会直接接触鱼体噬食鱼肉。

（5）有些赤潮生物体内含有鱼毒或贝毒，虽然对摄食它们的鱼类或贝类无害，但会在摄食者体内累积，使取食这些鱼类或贝类的海洋捕食者和人类发生中毒。目前已知的赤潮生物毒素有麻痹性贝毒（PSP）、神经性贝毒（NSP）、泻痢性贝毒（DSP）、失忆症贝毒（ASP）和雪茄鱼毒（CFP）等。

沿岸水域的富营养化不仅会促进浮游藻类生长形成赤潮，在河口和滩涂区域还会引发底栖大型海藻的爆发性增殖，形成大面积的**大型海藻藻华**（macroalgal bloom）。从20世纪70年代以来，大型海藻发生藻华的现象已在全球亚热带和温带的潟湖、河口和内湾滩涂普遍出现，近年来在热带珊瑚礁区也时有发生。通常发生藻华的大型海藻主要是大型绿藻，如浒苔（*Enteromorpha* spp.）和石莼（*Ulva* spp.），这些海藻的大量繁殖将在滩涂和水底形成厚厚的藻垫覆盖，导致被覆盖的沉积物和藻垫内部严重缺氧，底栖生物难以生存。当这些海藻因为死亡或被风浪和潮汐冲离海岸，将会被海流携带并聚集到某一海区，造成景观破坏和环境污染。如2008年奥运会前发生在青岛近海的“浒苔事件”，实际的浒苔覆盖面积达400 km^2，其中进占奥帆赛警戒水域15.86 km^2。

2. 缺氧区

在海湾和河口区，富营养化和有机质污染互为因果、相互促进，导致海区赤潮现象频繁发生，海底沉积物和底层水体缺氧严重，产生 H_2S 等有毒气体，使许多海洋生物死亡或逃离，即形成所谓的**缺氧区**（hypoxic zone）或**“死亡区”**（dead zone）。缺氧水体通常以造成海洋生物生理紧张或呼吸困难的溶解氧含量（< 3 mg/L 或 < 2 mg/L）来界定。

近岸海域缺氧区的具体形成机理比较复杂，但大体可以总结为以下4个方面：①有机质污染严重的海底沉积物中大量有机质的有氧分解导致底层水体的溶解氧被耗尽；②频繁地发生赤潮，使大量的赤潮生物和其他海洋生物的尸体沉积海底，尸体分解增加了溶氧的消耗；③富营养化引起浮游植物和细菌迅速繁殖，在水面形成厚而密集的漂浮层，阳光无法照射到海底，导致大型海藻和海草等底栖植物死亡，不但无法继续为底层水体补充氧气，而且死亡植物的分解也加重了水体耗氧；④缺氧区通常出现在水动力弱或成层现象严重的海区，如河口区向海一侧通常在上层淡水和下层海水之间形成致密的密度跃层，阻碍了下层水体的溶氧补充。在同一个缺氧区往往可以发现多个机制在起作用。

随时间推移和海洋污染范围的扩大，已在全球的375个近岸海区发现缺氧区，包括像波罗的海、地中海、黑海、墨西哥湾和长江口外这样大的海域。黑海曾经以丰富的鱼类资源而闻名于世，但是近几十年来，由于多条河流把上游农田化肥及城市垃圾大量排入，破坏了黑海水体的自然生态平衡。如今，黑海80%的水体已经变成动植物无法生存的“死亡区”，中部和南部水域的深层水中含有各种有毒物质，正从下向上逐渐扩展。一些科学家认为，黑海将在20年后变成“死海”。在墨西哥湾美国路易斯安那陆架区发现的缺氧区也非常典型，1993年面积已达18 000 km^2，至今仍在不断扩大。我国的长江口外也存在一片面积较大的缺氧区，面积约137 000 km^2，比崇明岛加上4个太湖的面积总和还要大。这些缺氧区形成了范围广大的“海底沙漠”，缺氧区内底栖生物已非常稀少。

3. 食物网结构简单化

海洋生产力离不开营养盐的支持，自然状态下群落的净生产力往往与营养盐的供应成正相关。但是，海域的富营养化会引起群落中物种关系的改变，导致食物网结构的简单化。如图13.3所示，在原始状态下，群落中的各种生物经过长期的协同进化，形成了关系复杂而且和谐的食物网结构，位于食物网上层的捕食者为人类提供了重要的渔业资源；随着人类输入营养盐的增加，海洋中的浮游生物数量随之增加，加上顶级捕食者被过度捕捞，以浮游生物为食的中上层鱼类和水母类也相应增多，导致沉入海底的粪团和浮游生物尸体的增加，引起海底环境出现缺氧，底层鱼类和底栖生物数量减少；如果输入营养盐继续增加，海区富营养化加剧，浮游植物密度更高（甚至赤潮频发），将导致底层水体缺氧更加严重并向上层扩展，严重缺氧和高密度的浮游生物有利于水母类（水母和栉水母）的增殖，并大量摄食浮游动物和幼鱼，从而导致顶级捕食者和底栖生物资源的实际消失和中上层鱼类资源的减少，海洋食物网结构越来越简单化。在极端状态下，往往最终导致以水母类动物和浮游生物为主导的群落结构的出现。例如，黑海的部分海区，目前只有大量的栉水母、细菌和少数几种浮游生物生存其间。又如，我国渤海每年要接纳 40 亿～60 亿 t 的污水，加上它是半封闭的，只有 100 km 的海峡与黄海进行水交换，大量的污染物质长期积累无法扩散出去。据报道，目前渤海有 40%的区域已经被严重污染，全海域呈现严重的富营养化状态。过去，渤海是我国著名的渔业生产基地，如今作为天然海洋渔场的功能已基本丧失。

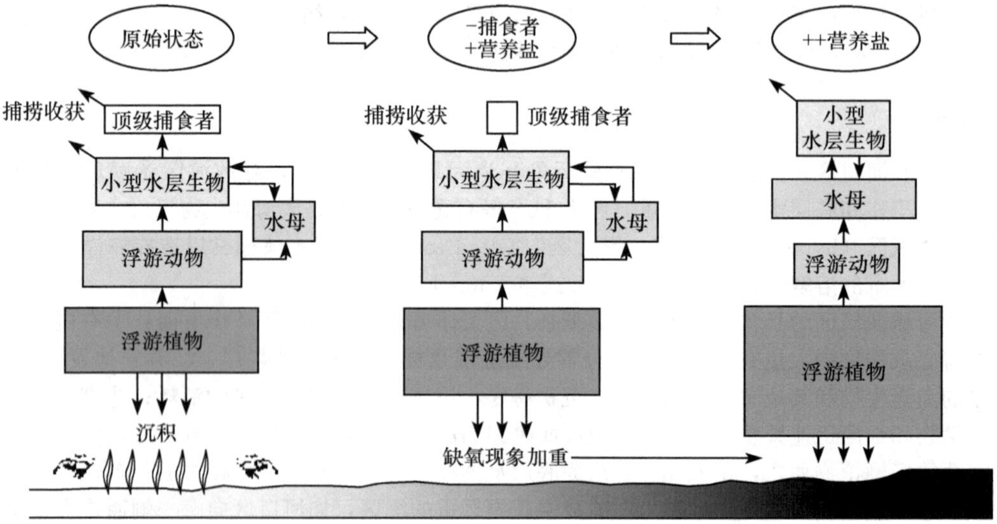

图 13.3　富营养化和渔业捕捞对海洋食物链的叠加效应（引自 Pew Ocean Commission，2005）

4. 重要海洋生境丧失

严重的富营养化还会导致海草场、珊瑚礁等重要海洋生境的丧失。

富营养化对海草场分布的影响是十分显著的。以美国 Waqueoit 海湾为例（图 13.4），该海湾内存在着富营养化程度（以氮负荷表示）不同的三个河口区，但只在氮负荷最低的 Sage Lot 河口有成片的海草分布区存在。在氮负荷较高的 Quashnet 河口，海草还有零星的分布，但刚毛藻和江蓠等大型海藻已经成为底栖植物的绝对优势类群。在氮负荷更高的 Childs 河口，浮游植物大量繁殖，赤潮也频繁发生，海草已经绝迹，大型海藻的规模也已经远小于 Quashnet 河口。但在几十年前，海草曾经铺盖整个 Waqueoit 海湾，这里也曾经是许多重要鱼种的产卵场，所以人们担心，随着富营养化的加剧，在不远的将来海草会从 Waqueoit 海湾完全消失。

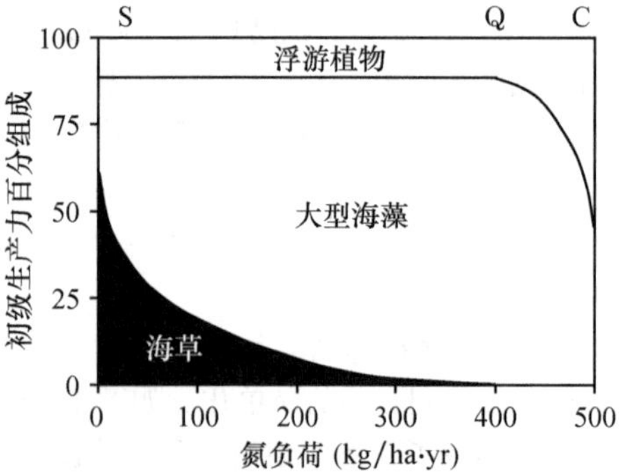

图 13.4　美国 Waqueoit 湾不同氮负荷的三个河口区浮游植物、大型海藻和海草的初级生产力净初级生产力的百分组成。图中 S、Q 和 C 分别指代 Sage Lot、Quashnet 和 Childs 河口。（引自 Valiela et al.，1997）

类似的问题也早已发生在牙买加的珊瑚礁区，富营养化引起线性硬毛藻（*Chaetomorpha linum*）、匍扇藻（*Lobophora variegata*）、拟刚毛藻（*Cladophoropsis* sp.）等多种大型海藻在珊瑚礁上大量繁殖，导致活珊瑚礁的覆盖率从 20 世纪 70 年代的>50%到 90 年代的<5%，生物多样性大大降低（Lapointe，1997）。

三、有机污染物

（一）持久性有机污染物

1. 持久性有机污染物的定义

持久性有机污染物（persistent organic pollutant，POP）是指一类毒性高、难降解、易积累和生物富集，能经大气、水和生物等媒介实现长距离迁移，对生物乃至生态系统造成严重负面影响的天然或人工合成的有机物。

2001年5月22日在瑞典首都斯德哥尔摩通过《关于持久性有机污染物的斯德哥尔摩公约》，至今已有151个国家签署，3个国家批准。首批列入禁止使用或管理控制的有12种（类），包括：艾氏剂（aldrin）、氯丹（chlordane）、滴滴涕（DDT）、狄氏剂（dieldrin）、异狄氏剂（endrin）、七氯（heptachor）、灭蚁灵（mirex）、毒杀芬（toxaphene）、多氯联苯（PCB）、六氯苯（HCB）、二噁英（PCDD）和氯代联苯呋喃（PCDF），前9种是农药，PCB是工业化学品，PCDD和PCDF是化工产品的杂质衍生物和含氯废物焚烧的产物。近期可能被列入POP管理控制的还有多溴代二苯醚（PBDE）、多溴代联苯（PBDB）、氯化石蜡（CP）、有机汞（organic mercury compound）、有机锡（organic tin compound）、三氯苯甲醚（TGA）、聚氯乙烯类（PVC）、五氯酚（Pentachlorophenol）、三卤甲烷（THM）等。

2. POP的4个重要特征

（1）持久性。POP结构稳定，对光、热、微生物、生物代谢酶等各种作用具有很强的抵抗能力，在自然条件下很难发生降解。一旦进入海洋环境中，将在水体和底泥等环境介质以及生物体中长期残留，时间可长达数年至数百年，例如，二噁英系列物质的半衰期在气相中为400天，在水相中为166天到21.9年，在沉积物中约17～273年。

（2）生物累积性。POP具有很强的亲脂性，当POP通过各种途径为生物体所摄取，就会在生物体内的脂肪中累积，其浓度通常远高于周围环境介质中的POP浓度，形成所谓的“**生物累积**（bioaccumulation）”。由于捕食关系的存在，在食物链中处于高营养级的生物因不断地捕食体内含有POP的低营养级生物，其体内将会蓄积浓度更高的POP，这种生物体内污染物浓度随着营养级升高而不断提高的现象称为“**生物放大**（biomagnification）”。例如，美国长岛湾的河口区，大气颗粒中DDT的含量为3×10^{-6} mg/kg，水中浮游动物体内的DDT含量为0.04 mg/kg，小鱼体内为0.5 mg/kg，大鱼体内则增至2 mg/kg。

（3）远程迁移能力。POP具有半挥发性，能通过蒸发进入大气中以游离态存在或吸附在颗粒物上，并随着大气流动实现成百上千公里的远程迁移，而后在较冷的地方沉降回到地面或落入海中，这就是所谓的“**全球蒸馏效应**（global distillation）”。由于这种过程不断发生，使得POP可沉降到地球偏远的极地地区，这种现象称“**蚂蚱跳效应**（grasshopper effect）”。在南极企鹅体内检出滴滴涕及代谢物就是POP远程迁移的典型事例。

（4）高毒性。POP大多具有强烈的“三致”（致癌、致畸、致突变）效应和内分泌干扰效应，生物通过食物和环境污染等途径摄入或接触到POP，将可能引起生殖、免疫、内分泌等生理功能紊乱，甚至引发癌症、后代畸形或基因突变。例如，科学家发现，生活在荷兰西部Wadden海地区的海豹生殖能力下降，主要是因为这些海豹猎食了受到了多氯联苯污染的鱼，进而影响了它们生殖系统的功能。又如，有报道称，生活在沉积物中PCB含量高的环境的大头鱼的皮肤溃疡、肿瘤和多发性乳头瘤等病的发病率明显升高。

3. 近岸海域的POP污染及其生态危害

与多数污染物一样，POP主要通过径流和沿岸直排输送入海，由于其亲脂疏水性，主要贮存于近海沉积体系和悬浮颗粒物表面，在海洋微表层的浓度也较高。持久性有机污染物在沉积物分布累积时主要受到沉积环境的影响，包括入海河流径流量、输沙量、水动力、河口海湾冲淤演变等，以及其自身物理化学性质和沉积物性质（如颗粒物大小和有机质含量等）。对于我国不同海区的研究表明，近海沉积物中的POP主要集中在工业活动密集的珠江三角洲及邻近海域、长江口及闽江口海区，其中，多氯联苯（PCB）污染以珠江三角洲最为严重，有机氯农药（OCP）污染在东南部河口及邻近海区较为严重。以珠江口为例，表层沉积物中艾氏剂、狄氏剂、异狄氏剂、DDT、六六六、七氯和PCB的最高残留量分别为5.11 μg/kg、1.54 μg/kg、7.40 μg/kg、90.99 mg/kg、1628.81 mg/kg、0.29 μg/kg和485.45 mg/kg，多数指标已超过我国《海洋沉积物质量标准（GB186682—2002)》第III类水平（李国刚等，2004)。

正是由于POP难分解，易生物积累，能长距离迁移，毒性强且毒理复杂，POP可能造成的生态危害近年来已经引起了人们的普遍关注。除了容易通过食物链生物放大作用对海洋生物和人类健康产生威胁外，对极地生态系统和濒危保护动物的影响也备受重视。另外，POP不但能够通过大气输运实现远距离迁移，而且通过海流输运和生物迁徙也会对远离污染源的海洋生物和生态系统带来影响。值得一提的是，许多重金属污染也与POP有关，如含金属的农药和可导致腹足类性别异常的三丁基锡（TBT）等。

（二）石油和塑料污染

由于油轮泄漏、船舶排放、海上石油生产和陆源排放等缘故，世界上每年进入海洋环境中的石油烃达600万t左右，对沿岸区的海鸟和底栖生物的生存造成极大威胁。因此，在过去的很长时间里，石油烃污染被认为是最严重的海洋污染，但最近的研究发现，更多的污染来自于从陆源排放入海的肥料、化工泄漏物等化学废物。

塑料污染，又称“白色污染”，是指用聚苯乙烯、聚丙烯、聚氯乙烯等高分子化合物制成的各类塑料制品使用后被随意弃置成为固体废物，造成环境污染的现象。海洋中的塑料污染也十分严重，主要来源参见表13.1。据法国《国际信使》周刊报道，在夏威夷海岸与北美洲海岸之间，存在着一个由350万t被海水冲积的塑料垃圾聚积而成的“第七大洲”，面积达343万km^2，超过了欧洲大陆总面积的1/3。从1997年至今，这一垃圾板块的面积已经增加了两倍，科学家预计到2030年它的面积还可能增加9倍。由于大多数塑料制品并不能在自然环境中直接降解，如果不加干预其平均寿命会超过500年。随着时间的推移，它们会分解成越来越小的碎块或微粒，而分子结构却没有任何改变。这些“塑料沙子”表面上看起来与海洋动物的食物极为相似，一旦被吞食将无法消化、难以排泄，最终将导致浮游动物、鱼类和海鸟因营养不良而死亡。另外，这些塑料颗粒还能像海绵一样吸附高于正常含量数百万倍的毒素（如POP、重金属、放射性核素)，其连锁反应可通过食物链放大并传至人类。

四、其他污染

（一）重金属污染

产生污染的痕量金属元素主要有汞、镉、铜、铅、锌和银等。砷和硒是非金属元素，但它们的毒性及某些性质类似于重金属，所以也把它们归入重金属污染中一起研究。重金属的污染源主要是工业污水、矿山污泥和废水以及石油燃烧生成的废气中包含的重金属。这类物质往往是河口、港湾及近岸水域中的重要污染物。各种海洋生物对重金属都有较大的富集能力，可蓄积于体内而直接危害生物体或影响人类健康。全世界有名的水俣病和骨痛病就是分别由汞和镉污染引起的。

（二）放射性污染

放射性污染主要来源于核武器爆炸、核工业和核动力船舰的排污。放射性核素种类繁多，其中以^{239}Pu、^{90}Sr和^{137}Cs的排放量较大。这类物质也能被海洋生物富集。它们通过射线的辐射作用对海洋生物和人类产生危害。目前海洋已被放射能大约为 2000 万居里的^{90}Sr和^{137}Cs及其同位素所污染。

（三）热污染和噪声污染

海洋中的热污染会导致局部海区水温上升、溶解氧含量下降，影响海洋生物的正常新陈代谢，甚至使动植物群落发生变化。随着原子能发电和常规发电的迅速增长，热污染可能成为沿岸海域的一种重要污染源，导致群落结构的变化。另外，海洋中的噪声污染近年来也引起了人们的重视，随着世界港口贸易活动的快速发展，大量船舶航行产生的噪声，会干扰海洋动物的集群、洄游、捕食和信息交流，并导致海洋动物的生理紧张，引起与内分泌有关的消化、代谢、生殖等生理异常。

五、生物入侵

（一）生物入侵的概念

我们已经知道，物种的分布由于地理隔离而形成不同的地理种群，而生物群落是由一些适应于特定自然环境的各物种种群组成的，它们之间也已形成各种种间关系，并与环境要素相互作用形成相对平衡和稳定的生态系统。虽然自然因素可能引起这些物种分布格局的变化，但现代人类活动对此起着越来越明显的影响。所谓**生物入侵**（exotic invasion）或称**外来种入侵**，是指由人类活动有意或无意引入历史上该区域尚未出现过的物种，从而造成或可能造成入侵地生物群落结构与生态功能的巨大变化。

外来种的引入包括无意和有意的引入两种情况。

海洋中无意引入的途径主要是通过海上交通、运输，船舶的压舱水为主要渠道。压舱水内可能有数百种活的生物（主要是浮游生物、底栖生物幼虫和孢子体、病原体等），它们可以随海上运输分布到其他海域，成为当地的入侵生物。除了压舱水外，大量附着于船舶底部的各种污染生物也随着船舶航行而转入其他海域。还有一种无意引入的途径是在不同海区间开通运河造成大量的生物入侵。海洋中有意的外来种引入主要是随着海水养殖业的发展，人们有意识地引入新的养殖种类，鱼、虾、贝、藻等都有这类引种例子。

随着海洋开发和贸易运输业的发展，世界各大海区的海洋生物相互引入的事例越来越多。例如，亚洲的桡足类出现在美国太平洋，西北太平洋栉水母类侵入到黑海、加拿大、美国海域，亚洲的黑龙江河篮蛤（*Potamocorbula amurensis*）现已成为旧金山湾主要的底栖生物，青岛的中华绒螯蟹被法国商船带到西北欧，成为西北欧沿岸海域的优势种，海带原分布于北方的日本，现已南移成为中国亚热带海区的重要养殖种类。据最近报道，原产中美洲的沙筛贝（*Mytilopsis sallei*），经印度、越南传入香港，再传入福建省的厦门和东山，形成优势种，对当地的海洋生态系统造成影响（王建军等，1999）。

生物入侵对当地生物群落和生物多样性的影响可能有以下三种情况：①对入侵地生物群落有明显的不利影响，有时是毁灭性的灾难（引入的外来种改变原有群落的结构、功能、破坏生态系统的相对平衡）；②没有明显的影响（外来种不会成为原有群落的优势种或关键种，生态位也不与其他物种大幅重叠）；③对入侵地生态系统有积极意义（如经深入研究后的海带南移养殖和其他一些用于生物防治目的的引种）。人们应该特别警惕第一种情况，因为外来种一旦入侵成功，将成为威胁生物多样性与生态环境的重要因素之一，而且要彻底根除极为困难。

（二）生物入侵的生态学后果

生物入侵（包括无意和有意的引入）对当地原有生物群落和生态系统的稳定性可能造成极大威胁，导致群落结构变化、生境退化、生物多样性下降、病害频发甚至导致原有生态系统崩溃的严重后果，这是因为如下原因。

（1）入侵物种比当地物种有更高的种群增殖力。外来种在该种原生地生活时，由于种间竞争、天敌制约等限制，种群的数量不可能无限制增长；被引种到异地后，由于很少受到捕食者、寄生者等的制约，种群可能在入侵地迅速增长，压倒当地群落中的原有种类成为优势种，原先群落的外貌特征及群落性质就逐渐被改变了。

（2）生物群落的关键种具有控制群落种类组成、物种多样性等群落结构的功能。由于外来物种经常在竞争中占有优势，因此在入侵地也会将原来群落的关键种排挤掉，从而导致群落组成结构、营养结构的激烈变化。

（3）外来种间接引起入侵地生物爆发新的病害。外来种在迁移过程中可能携带各种病原体（这是另一类外来有害种），它们本身对这些病原微生物已有一定的抗病能力或免疫力，而入侵地群落中的物种则对这些新的病原体没有任何抵抗力，因此容易爆发新的病害。

（4）外来物种改变当地生物的遗传多样性。外来物种可能与当地某些物种有较紧密的亲缘关系，当外来种与当地种发生杂交时，当地种原先具有的独特基因型可能消失，从而或降低其种质质量，或使物种分类的界限变得模糊不清。水产养殖过程中的累代繁殖、增殖放流以及遗传工程物种的引入也会导致野生种的种质质量下降。

（5）由于入侵种迅速蔓延，原有自然生物群落的生境退化或遭到严重破坏，而生境的衰退必定导致物种多样性下降，特别是关键生境（如具有丰富物种多样性的珊瑚礁、湿地、红树林沼泽等）的破坏，后果更为严重，因为这些特殊生境一旦被破坏后是很难恢复的。

当生物群落的组成、结构和生境因外来种侵入而被破坏后，原有生态系统的相对平衡状态和稳定性就被打破，导致群落的逆向演替，最终生态系统也就崩溃了。

国内外因外来种入侵而造成生态灾难的例子很多，我国江苏、福建的部分沿岸于1983年从美国引进米草就是典型事例。福建省部分沿岸于1983年从美国引进互花米草（*Spartina alterniflora*），原先设想作为海滩护堤植被和牧草植物移植。由于互花米草在这一新环境中繁殖力极强，短短10多年间就迅速蔓延，导致滩涂淤积、航道受阻，原来的滩涂养殖生产受到严重破坏，仅闽东沿岸被侵占的滩涂面积就达73万hm^2以上。与此同时，滩涂原有生物群落中的大多数种类被消灭（东吾洋沿岸滩涂原有海洋生物200多种，现在绝大多数濒临绝迹），潮间带生态系统遭到严重破坏，至今无法遏制这种严重的生态灾难。可见，即使是有意识的引入外来种，如果对引入后可能产生的各种负面生态效应没有深入的调查研究，往往达不到预期目的，甚至造成难以挽回的损失。

国外也有很多海域受到外来种强烈影响的报道。例如，原来生活在欧洲里海的条斑贻贝（*Dreissena polymorpha*）于1988年随油轮压舱水到达北美大湖（Great lake）地区，在两年内，伊利湖（Lake Erie）部分水域中小的条斑贻贝密度竟达 70 万个/m^2，本地贻贝的栖息空间几乎全被这种外来种所占领（Stozenburg，1992）。现在底特律、坎伯兰和田纳西河流中已发现这种条斑贻贝，并向南继续扩散。这种外来入侵种能给渔场、水库和船舶造成巨大经济损失，也对它所侵入的生物群落造成破坏。

岛屿是最易受到外来种威胁的一类生态系统，因为岛屿生境是受隔离的，并形成其独特的生物区系，岛屿种通常是在较低竞争、捕食及疾病威胁下演化的。当岛上群落遭到竞争力较强的外来种（包括病原微生物）入侵后，大部分防卫能力差的岛屿种就可能消灭（Ried and Miller，1989），因此必须特别警惕岛屿遭受生物入侵的威胁。

由于外来物种一旦入侵成功，要彻底根除极为困难，用于控制其危害的防治代价极大，因此已引起国际上的极大关注。2001 年"国际生物多样性日"（5 月 22 日）的主题就被确定为"生物多样性与外来入侵种管理"，说明国际上已将外来物种问题放在优先关注的地位，号召各国提高公众的生物多样性保护意识，制定预防和管理外来生物入侵的有关法律政策。

第二节　近岸海洋生境破坏

一、生境的概念与生境破坏的生态效应

（一）生境的概念

生境（habitat）通常是指某类生物或生物群落的栖息地环境。生境具有栖息于其中的生物所必需的各种生存条件（食物、活动空间和生物适应的其他生态因素），如湿地生境、潮间带生境、河口生境、深海热液口生境等，代表着不同的理化环境特征。不同的生境栖息着不同的生物组合。

有的生境是所谓的生物（结构）性生境，如红树林、珊瑚礁、海藻场和海草床等生境类型。在这类生境中，主导生物是栖息于其中的生物群落的基础，如果这些主导生物消失了，其相应的生物群落也就丧失了生存和发展的基础。当然，这些生物性生境也有其特定的理化环境。

生境中不同生物的栖息（或活动）范围常常是不同的，人们用**小生境**（microhabitat）的概念来表示。不过，生态学上的小生境概念既是群落中某种生物种群栖息空间的再划分单位，又具有种间竞争和生态位分化的内涵，从而有别于生境的概念。

（二）生境破坏及其影响

生境破坏（habitat destruction）是指由于人类活动或自然灾害引起自然生境发生功能性改变，从而无法满足生活于该生境的原有物种生存的过程或现象。虽然自然灾害也会导致生境破坏，如风暴、海底火山爆发都会摧毁成片的珊瑚礁，但是人类活动，如底拖网、环境污染、滩涂围垦、过度采伐红树林和珊瑚礁等，往往是导致生境破坏的主要原因。

生境破坏会导致生境质量和支持生物群落能力的下降，即发生**生境退化**（habitat degradation），如珊瑚礁区的海洋污染破坏了海水质量，会引起珊瑚虫和共生藻类的死亡，使支持珊瑚礁生物群落的能流、物流效率下降。持续的生境退化和直接的生境破坏会导致**生境丧失**（habitat loss），如大量砍伐红树林导致红树林生境的快速消失。当局部的生境丧失逐渐积累，导致原来成片的生境支离破碎，被分割成若干相互隔离、不连续的小生境时，就出现了**生境破碎化**（habitat fragmentation）的现象。

当某一区域发生生境退化时，原本生活于该区域的具有较强移动能力的物种就会外迁到其他

区域，而移动能力差或营固着生活的物种将会逐渐消亡，两者都会直接导致该区域物种多样性的丧失。此外，生境退化破坏了原有生物群落结构的稳定性和抗性，提高了外来种入侵的可能性，会间接导致区域内生物多样性的下降。

区域性生境丧失直接导致物种的地区性灭绝和群落的崩溃，这是显而易见的。而由持续的局部生境丧失引起的生境破碎化也是物种退化和灭绝的重要原因：①破碎化的生境具有更长的边界与外界接壤，不仅导致边缘区生境的退化，还大大增加生境外胁迫因子对生境内部地区的侵扰。②有些动物需要轮流利用不同区域的食物资源（如鱼类的索饵洄游），有些需要多种生境以满足不同生活史阶段的需要（如生殖洄游），但是当生境被隔离后，这些动物只能留在原地，不仅会因为过度利用当地有限的资源而导致生境进一步退化，还会因为资源匮乏而降低繁殖率或导致死亡。③各个片段化的生境之间野生动物种群无法正常迁移和交流，将会出现小种群和近交衰退等问题，导致遗传多样性水平下降，最终引起地区性的种群灭绝（参见第四章）。

由此可见，无论是生境退化，生境丧失，还是生境破碎化，都会导致生物多样性的丧失。目前，生境破坏已被普遍认为是导致物种灭绝的最主要原因之一。

二、人类活动对近岸海洋生境的破坏

（一）滨海湿地的生境破坏

湿地有“地球之肾”的美誉，其中滨海湿地与人类关系最为密切，在净化环境、防灾减灾、调节气候、保护生物多样性等方面发挥重要作用。但由于受到人类活动的强烈干扰和破坏，湿地的生态服务功能正在快速地退化和丧失中。

一方面，由于处于海陆过渡地带，滨海湿地接纳了地球上已有的几乎所有类别的污染物。这些污染物既会对当地的生物产生直接的毒害作用，又可能通过生物富集和食物链传递对高营养层次的动物和人类构成危害，还会由于营养物质过剩积累，干扰了生态系统正常的物流能流过程，从而导致滨海湿地的生境退化和湿地功能的消失。例如，厦门的筼筜湖是一个封闭性极高的海水泻湖，虽然只有 1.5 km^2 的水面，但在综合整治之前却接纳了 37 km^2 流域范围的各种工农业点、面源污染和大量的城市污水，导致湿地生态功能基本消失，成为“臭气冲天、蚊蝇孳生、水生生物几近灭绝”的“死湖”。

另一方面，位于海岸带的滨海湿地是人类活动最频繁的区域之一。随着沿海海洋经济的发展和海洋开发活动的加快，大量的滩涂围垦和填海活动导致了滨海湿地生境的丧失和功能衰退。例如，江苏盐城拥有丰富的海岸湿地资源，是多种水禽和珍稀动物（如丹顶鹤和麋鹿）的越冬地和繁殖地，但是，过度围垦已使适宜珍禽栖息的湿地面积不断减少，加之大规模的滩涂开发导致珍禽的有效生境被大量破碎化，已对濒危野生动物的生存构成威胁。以丹顶鹤为例，1990 年栖息地面积为 430 km^2，1998 年则减少到 180 km^2 左右，不到 10 年中栖息地面积丧失了近 60%。又如，日本的三河湾在 20 世纪 70～80 年代共围垦了 1200 hm^2 的滩涂和浅海，它们虽只占整个三河湾滩涂与浅海总量的 1.7%，但这些滩涂和浅海被围垦后，当地的海洋生境发生了明显的变化。围垦导致三河湾海域自净能力下降和溶解氧不足，引起具有高度净化能力的大型滤食性底栖生物大量死亡，导致了海域净化功能的丧失，富营养化严重，大大加速了该海湾的环境恶化。

我国有 4 万多 km^2 的滨海湿地，但围填海和石油开发等人类活动已导致滨海湿地丧失严重。1949 年以来到 20 世纪末，我国沿海地区围填海造地面积达到 1.2 万 km^2，平均每年围填海 230～240 km^2，2000 年以来更是达到每年 300 km^2。据估算，目前累计丧失的滨海湿地面积已达 2 万 km^2 以上，约占我国滨海湿地总面积的 50%。围填海在带来巨大经济利益的同时，也带来了海岸带生态系统退化，污染加剧、重要渔业资源和海岸自然景观破坏、防灾减灾能力下降等问题。以福建省为例，全省滩涂总面积 28 万 hm^2，仅农业围垦就占用了 7.5 万 hm^2，盐场围垦 1.7 万 hm^2，两项合计占到全省滩涂面积的 1/3，导致了底栖生物的栖息环境的缩小和恶化，不但造成了许多重要经济贝类（如海蚌）和鱼虾类（如大黄鱼、长毛对虾）的繁殖场的丧失，也使濒危保护动物（如文昌鱼、中国鲎）数量大为减少。

（二）河口区生境的破坏

河口生境是近岸海洋典型生境类型之一，有很高的资源生产力又是许多重要经济鱼种的洄游必经之地，河口区也常常是重要的港区和口岸。河口区属于陆海相互作用强烈带，亦为敏感区和脆弱带，河口生境极易受到高强度人类活动的影响。

人类活动所导致的河口自然生境破碎化是河口生境破坏的主要方式。繁忙的航运业和在入海河流上修建大坝将阻断溯河或降海洄游鱼类的洄游通道，建造水库会改变河口区原来的盐度结构，改变原有生物的生存条件。河口大型工程建设和航道疏浚将改变河口地貌、沉积相分布与水动力条件，导致潮流方向改变、水流不畅、流速减缓、悬浮物增加和透明度降低，对河口的景观格局具有显著影响，加剧了河口区的生境破碎化效应。以 2002 年完工的长江口深水航道治理一期工程为例，该工程已对工程海域水层和底质生境产生了明显影响，其中，底栖生境破碎化所带来的影响最大。实际监测证实：①航道南导堤内侧底质沉积物受到冲刷距离超过 30 km，底质生境属性发生改变，导致底栖生物的种类数、平均密度和生物量明显下降，底栖生物种类数分别比 1982～1983 年和 1998 年减少 87.6%和 20.8%，平均密度比 1998 年下降 65.9%，平均生物量比 1982～1983 年下降 76.5%；②渔场生境破碎化也是该航道治理工程对长江河口渔业资源生境破碎化影响的主要后果之一，不仅导致了鱼类和无脊椎动物溯河、降河洄游通道受阻，自然种群向异质种群转变，而且也使河口渔场、产卵场和肥育场破碎化，河口生物的局部重要栖息地丧失，由此导致了传统资源分布区被人为隔离成斑块状小区，长江口海区的主要经济鱼类资源——凤鲚、刀鲚、安氏白虾、中华绒螯蟹及鳗苗位于航道附近繁殖场、肥育场和洄游通道，使长江口区珍稀苗种资源产量和经济鱼类、蟹虾类的捕捞产量受到严重威胁（叶属峰等，2004）。

（三）红树林生境的破坏

红树林生境主要分布在热带、亚热带区域的江河入海口及沿海岸线的海湾内，是全球海岸带最典型的海洋生境之一，具有重要的生态、社会与经济价值，尤其在固岸护堤、防治自然灾害、维持生物多样性和海岸带生态平衡、净化美化环境、发展旅游和科学研究等方面具有重要的功能。但也是最容易受到人类破坏的生态系统。

一方面，由于人口的快速增长、城市的扩张和不适当的海滩经济开发，导致红树林资源毁坏的问题愈演愈烈。人们为了获得木材和燃料，或为了扩大耕地面积（如种植水稻），或建造养殖场而破坏红树林，很多国家的红树林沼泽已遭严重损害。热带亚热带国家曾在 3/4 的海岸线上分布有红树林，现在仅剩下不到一半，而且大部分红树林生境严重退化。近 30 年来，全球红树林面积以年均 0.7%左右的速度退化，截至 2005 年约为 150 万 hm^2。如东南亚的 4 个国家，马来西亚从 1980～1990 年的 10 年期间减少 12%，菲律宾从原来的 40 万 hm^2减少到目前的 16 万 hm^2，泰国由 1961 年的 55 万 hm^2 下降到 1986 年的 25 万 hm^2，越南由原来的 40 万 hm^2减少到目前的 25 万 hm^2。我国历史上红树林面积达到 25 万 hm^2，至 20 世纪 50 年代剩 5 万 hm^2，现仅存 1.5 万 hm^2。

另一方面，污染、旅游、周边的海水养殖以及红树林区的资源动物采捕，也是造成红树林生境退化的原因之一。例如，当今许多国家已严令禁止围垦和砍伐红树林，并进行了恢复性人工造林，对红树林的直接破坏减小了。但是，人类活动造成的污染，如垃圾、生活污水、石油和工业污水、固体和有毒废弃物等导致海洋近岸和河口的富营养化、油污和重金属毒害等多种环境污染，已成为了对红树林生境的主要威胁。又如，20世纪90年代以来，群众性滥挖滥捕把作为游泳动物主要饵料的大型底栖动物和游泳动物本身从红树林区移走，导致红树林区生物种类大量减少，降低了生物多样性的维持能力和生态系统产品的供给能力，1994年广西英罗港红树林区渔业产量比1990年下降了80%。

红树林生境的丧失和退化会引起许多严重的生态后果，包括生物多样性的丧失、资源减少、海岸侵蚀加剧、环境恶化、干扰重要营养元素的生物地球化学循环和生态服务功能下降等方面，具体参见表13.2所示的人类活动引起红树林生态系统及其生态服务功能的主要负面影响。

表13.2 人类活动对红树林生态系统及其生态服务功能的负面影响（改自伍淑婕和梁士楚，2008）

人类活动方式	危害强度	对生态系统可能影响	对生态服务功能的可能影响
围垦			
农用地	强	土地退化、荒漠化；生境消失；物种减少甚至灭绝；水体富营养化；动植物产量下降；小气候变化；国土流失	生物多样性维持能力下降；影响生态系统对大气和气候的调节过程；改变营养物质贮存与循环过程；破坏土壤形成与保护，灾害缓冲能力下降；损害生态系统环境的能力；减少温室效应气体能力减弱；净化环境能力减弱；提供产品能力下降
盐场	强		
采矿区	强		
养殖池塘	强		
修路筑堤	强		
造林	强		
砍伐			
林木采伐	中	物种减少甚至灭绝；农林产品减少；减少苗木量；小枝被折断影响植物自然更新	生物多样性维持能力、森林结构和经济价值都下降；影响生态系统产品提供；影响生态系统大气和气候调节；影响营养物质贮存与循环；影响护岸减灾的功能
食物利用	中		
绿肥	中		
薪柴	强		
采捕动物	强	生境破碎；物种减少甚至灭绝；渔业产量下降；影响植物生长	生物多样性维持能力下降；生态系统产品供给能力下降；近海渔业产量下降
海水养殖	中	病害导致渔业产量下降；生物入侵；土著种减少甚至灭绝	生态系统退化；净化环境能力下降；生物多样性维持能力下降；近海渔业产量下降；甚至栖息地和生物多样性丧失；土著种基因库资源被破坏
污染排放	强	富营养化；含盐量变化；红树林退化甚至消失；物种减少或灭绝	环境污染；栖息地丧失；生物多样性降低；甚至有些鸟类迁移消失；净化环境能力降低；病虫害防治和传粉能力降低
旅游	中	生境退化；物种减少，水体富营养化，环境污染，动植物产量下降，小气候变化	生物多样性降低；物种简单化；潮沟退化；净化环境能力降低；病虫害防治能力降低
引进新种	中	生物入侵；物种单一；土著种减少甚至灭绝	生态系统退化；物种简单化；生物多样性降低；土著种基因库资源被破坏；病虫害防治能力降低

（四）珊瑚礁的破坏

在全球海洋中，珊瑚礁不但孕育了最丰富的生物多样性，构建了最具生产力和能流物流效率的生态系统，对全球的碳循环和气候变化意义重大，而且，对于许多热带沿海和海岛国家来说，珊瑚礁给当地居民提供了抵御风暴的天然屏障和重要的生活资料与蛋白质来源。珊瑚礁中还蕴藏着在开发新药物、化妆品和健康食品方面具有巨大潜力的许多宝贵的生物活性物质。另外，珊瑚礁海区美丽的自然景观是潜力巨大的旅游资源。

但是，近几十年来，珊瑚礁正面临着严峻的，甚至是毁灭性的威胁也是不争的事实。据“全球珊瑚礁监测网络”（GCRMN）2004年的统计（表13.3），全球热带海洋中的珊瑚礁已遭到破坏的约占20%，处于危急状态的约占24%，明显受到威胁的占26%，受到威胁较轻和未受到威胁的占30%，也就是说全球约有70%的珊瑚礁处于已退化或正在退化的状态，珊瑚礁已经处于大尺度的危机之中。我国周边南中国海的珊瑚礁退化程度也相当严重，其中马来西亚和菲律宾西北部的珊瑚礁有10%～30%的退化，泰国和印度尼西亚有40%～60%的珊瑚礁出现退化，我国海南的珊瑚礁的退化率高达95%，整个南中国海地区超过80%的珊瑚礁正在受到威胁。

表13.3 2004年全球各地区珊瑚礁损失统计和预测表（引自GCRMN，2004；转引自张乔民等，2006）

GCRMN监测海区	珊瑚礁面积/km^2	已破坏/%	已恢复/%/1998年破坏/%	危急状态/%	受到威胁/%	低或无威胁/%
红海	17 640	4	2/4	2	10	84
海湾地区	3800	65	2/15	15	15	5
东非	6800	12	22/31	23	25	40
西南印度洋	5270	22	20/41	36	31	11
南亚	19 210	45	13/65	10	25	20
东南亚	91 700	38	8/18	28	29	5
东亚和北亚	5400	14	3/10	23	12	51
澳大利亚和巴布亚新几内亚	62 800	2	1/3	3	15	80
西南太平洋群岛	27 060	3	8/10	18	40	40
波利尼西亚群岛	6733	2	1/1	2	3	93
密克罗尼西亚群岛	12 700	8	1/2	3	5	85
夏威夷群岛	1180	1	NA	2	5	93
美国加勒比	3040	16	NA	56	13	15
北加勒比	9800	5	3/4	9	30	56
中美洲	4630	10	NA	24	19	47
东安的列斯	1920	12	NA	67	17	4
南热带美洲	5120	15	NA	36	13	36
总计	284 803	20	6.4/16	24	26	30

注：“GCRMN”为“全球珊瑚礁监测网络”的缩写。“已破坏”指失去90%珊瑚和难以很快恢复的珊瑚礁；“已恢复”指1998年全球珊瑚礁白化损失后得到恢复的部分；“危急状态”指50%～90%珊瑚已经失去，10～20年可能成为“已破坏”珊瑚礁；“受威胁”指20%～50%珊瑚已经失去，20～40年内可能成为“已破坏”珊瑚礁；NA表示无数据。

珊瑚礁面临的威胁有自然的因素，也有人为的因素。自然的因素如暴风雨和厄尔尼诺现象会造成珊瑚礁的损失和退化。由于珊瑚礁对环境的要求比较苛刻，尤其是对温度的耐受范围较窄，造礁珊瑚最适合于在年平均水温25～28℃左右的海域内生长，水温过高容易导致珊瑚白化和死亡。1998年的厄尔尼诺期间南中国海大部分海区的温度比正常年份上升了2～3℃，使该海区出现了大范围的珊瑚白化，造成大量造礁珊瑚的死亡。另外，台风掀起的巨浪也会造成珊瑚的损伤。大浪会折断珊瑚的躯干和肢体，或将生长珊瑚的砾石翻动，使珊瑚体被碾碎或反扣砾下，或被碎屑物覆盖而死亡。

人类活动对珊瑚礁的影响主要表现在过度捕捞、环境污染和直接挖掘等方面。随着人口迅速增长，对珊瑚礁渔业资源的需求量日益增加，珊瑚礁的渔业捕捞量已经远远超出了其所能提供的最大持续产量，导致珊瑚礁群落结构简单化，生态系统功能受损。20世纪60年代发生在大堡礁的长棘海星（*Acanthaster planci*）疯长事件导致的珊瑚灾难性死亡就与过度捕捞有关。对珊瑚礁的污染主要来自于未经处理污水的排放和油气污染等，尤其是污水直接排放导致浅海水域的富营养化，引发大型海藻茂盛生长，使对珊瑚生存意义重大的共生藻受到排挤和死亡。海岸开发建设及港湾疏浚、开辟航道等造成浅海水域沉积物的增加，悬浮物增多引起珊瑚虫窒息，光照减弱影响珊瑚虫共生藻类的光合作用，使珊瑚的生长受限。开采石灰质礁体做建筑材料，采挖珊瑚和贝类用于观赏工艺品，在珊瑚礁区炸鱼、毒鱼、电鱼，以及随着旅游业的发展抛锚、践踏日益增多对珊瑚礁及其生境的破坏也越来越突出。此外，目前关注的全球变暖和海洋酸化导致日益严重的珊瑚礁白化问题，也造成了珊瑚礁生境的破坏和退化（参见本章第三节）。

（五）海草床的破坏

海草床是沿岸重要的海洋生境之一，在净化海水水质，护岸减灾，提供食物（主要以碎屑形式），提供栖息地、育婴场和避难所，以及生态系统 C、N、P 等营养元素的生物地化循环等方面扮演着非常重要的角色。

全世界的海草包括 12 属，约 50 多种，隶属于沼生目（*Helobiae*）的眼子菜科（*Potamogetonaceae*）和水鳖科（*Hydrocharitaceae*）。我国分布有 8 属 20 多种，包括大叶藻属（*Zostera*）、虾形藻属（*Phyllospadix*）、二药藻属（*Halodule*）、海神草属（*Cymodocea*）、针叶藻属（*Syringodium*）、海菖蒲属（*Enhalus*）、海龟草属（*Thalassia*）和喜盐草属（*Halophila*），多数种类分布于南中国海沿岸。

长期以来，海草床在海洋中的重要作用得不到足够的重视，海草床面积已在全球范围内下降。据联合国规划环境署（UNEP）于 2003 年出版的《世界海草地图集》报道，全球海草资源的生长环境日益恶化，全球海草床面积 17.7 万 km^2，在过去 10 年间已丧失 2.6 万 km^2，有些地区海草已经绝迹，并威胁到其他海洋生物的生存。

导致海草床大面积丧失的原因是多方面的。自然灾害，如自然病害、巨大风暴和气候变化，会对局地的海草床带来一定的破坏作用，但对海草床的破坏更多是由人类活动所引起的。填海造地、城市化的扩展、采挖滩涂和浅海底生物资源，直接导致了许多海草床的消失；同时，海水养殖、富营养化、溢油和船舶活动等提高了水体的混浊度，导致藻类的过量繁殖，最终造成了海草的消亡；另外，和人类相关的其他变化如全球变暖、外来物种入侵等也会导致海草床的衰退。

我国广西北海市合浦县境内分布有 540 hm^2 的海草场，也正面临着严重的生境退化问题。据调查，合浦海草床目前所面临的威胁主要以人为破坏因素为主，当地居民在滩涂上挖沙虫、挖螺、耙螺、电鱼虾、围海养殖、围网捕渔、插桩养蚝和底拖网等生产作业给海草床造成了很大的破坏，尤其是底拖网作业时把成片的海草从海底连根拔起，对海草的破坏是毁灭性的（黄小平等，2007）。

第三节　全球气候变化与温室效应

一、全球气候变化

1. 全球变化与全球气候变化

近年来人们普遍关注的**全球变化**（global change）是指人类社会本身及其赖以生存和发展的地球环境正在发生的一系列变化，主要包括全球人口增长、土地利用和覆盖的变化、大气成分变化、全球气候变化、生源物质生物地球化学循环的变化和生物多样性丧失等方面，这些变化既相互独立，又相互影响。其中，**全球气候变化**（global climate change）是指全球范围内气候平均状态的统计学意义上的显著改变或者持续较长一段时间（10 年或更长）的气候变动。在地球演化的历史长河中，地球经历了“冰期—间冰期”的大尺度气候变动，气温在一定的范围内呈现不规则的自然波动。近 100 多年来，尽管全球平均气温也经历了“冷—暖—冷—暖”两次波动，但总体表现为上升趋势。据联合国政府间气候变化专门委员会（IPCC）2007 年报告，在过去 100 年间地球表面温度已经上升了（0.74±0.18）℃，未来 100 年内全球气温估计还将上升 1.4～5.8℃，总体特征表现为全球变暖。尤其是进入 20 世纪 80 年代后，全球气温明显上升，据世界气象组织（WMO）2008 年的报道，1998～2007 年是有记载以来最暖和的 10 年。**全球变暖**（global warming）加速的趋势是很明显的。

2. 全球气候变化与人类活动的关系

多数科学家认为，导致全球变暖的主要原因是人类在近一个世纪以来大量使用矿物燃料（如煤、石油等），进行大规模农业和畜牧业生产，以及焚烧垃圾处理等都会向大气中排放温室气体，排放出大量的 CO_2 等多种温室气体，主要有二氧化碳（CO_2）、氧化亚氮（N_2O）和甲烷（CH_4）。由于这些温室气体对来自太阳辐射的可见光具有高度的透过性，而对地球反射出来的长波段的红外辐射具有高度的吸收性，也就是常说的“**温室效应**（greenhouse effect）”，导致了全球气候的变暖。图 13.5 表示 1000 年来大气中上述三种主要温室气体的浓度升高情况，可以看出 19 世纪以来工业化快速发展的 100 多年间是温室气体浓度快速飙升的时期。人为释放的 CO_2 是导致气温升高的主要原因，目前，大气中 CO_2 浓度已达到 387 ppm，是 65 万年以来的最高值，过去 10 年中大气 CO_2 浓度以每年 1.8 ppm 的速度增长。大气中的**氧化亚氮**和**甲烷**浓度目前也已达到 314 ppb 和 1745 ppb。虽然后两种温室气体与 CO_2 相比在大气中浓度低很多，但它们的单位重量温室效应能力是 CO_2 的 298 倍和 20 倍。

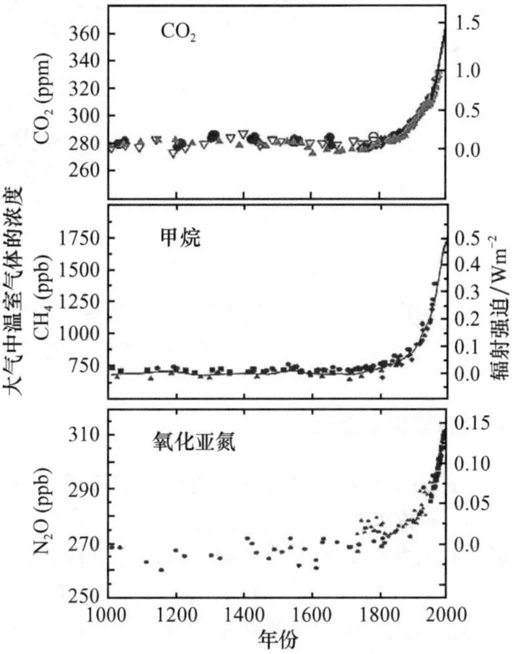

图 13.5　一千年来大气中主要温室气体的浓度和辐射强迫变化情况（引自 IPCC，2001）

另外，人类过量砍伐森林、破坏植被、改变土地利用方式和污染环境等都会加剧全球变暖的进程。还有，气候和其他人为因子（尤其是对生物资源的过度利用）的协同作用，将可能加重由气候引起的种种变化。由此可见，过去几百年来，人类活动已经成为气候系统的一个附加而重要的成分。

全球变暖已给人类及其赖以生存的生态环境带来了灾难性的后果，如极端天气、冰川消融、永久冻土层融化、珊瑚礁死亡、海平面上升、生态系统改变、旱涝灾害增加、致命热浪等。

二、全球气候变化对近岸海洋环境的影响

海洋和大气是一个系统的两个方面，不断进行热量和气体的交换，气候系统在一系列的时间尺度范围内自然变动，如季节循环、年际格局（如 ENSO）、十年际变动（如北大西洋和太平洋

十年际涛动（NADO、PDO）和千年尺度的变化（如冰期—间冰期转换）都属于自然变动。自然的变化反映在物种的进化适应和大尺度的生物地理学格局上。人类活动引起的全球气候快速变暖趋势也将导致海洋生态系统发生一系列物理和化学的连锁反应（图 13.6），使人们对气候变动的规律更加难以琢磨。

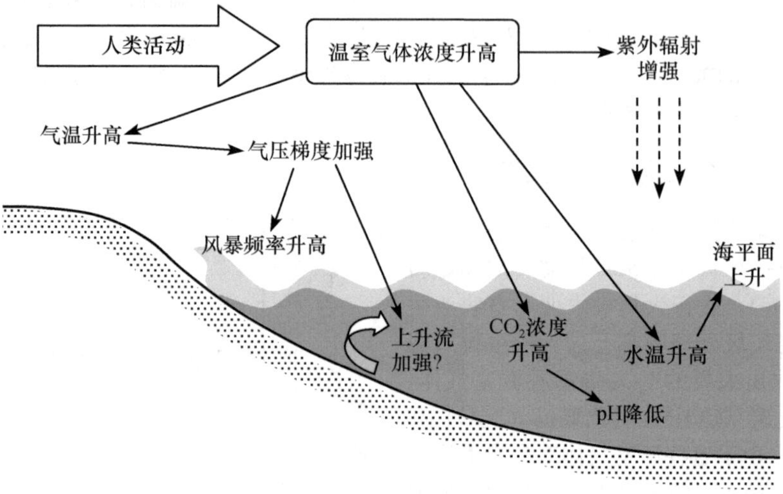

图 13.6　人类活动排放大量温室气体导致气候变暖并引起近海海洋环境一系列物理、化学特征的连锁反应（引自 Harley et al.，2006）

1. 物理环境变化

过去 100 年来，大气和表层水温升高 0.4～0.8℃，海水受热膨胀和融冰导致海平面以大约 2 mm/a 的速率上升。由于大陆上空比海洋上空的变暖趋势更强，沿着大洋边沿的气压梯度和风场将会被加强，导致东边界流区的上升流增强，增加了海洋表层营养盐的可获得性（如加利福尼亚沿岸）。但是，表层海水升温也会使温跃层被加强，阻止了营养盐被上升流带到表层。大气环流的改变还会引起风暴频率的改变，如已经观测到沿岸冬季风暴增多。大气环流变化也会改变降水格局，导致沿海盐度、浊度和陆源营养盐、污染物流入的变化。气候变化还会引发大尺度海洋环流的改变，如加利福尼亚海流的平流减弱和北大西洋环流系统的改变。另外，气候变暖会使类似厄尔尼诺的现象发生得更加频繁。

2. 化学环境变化

温室气体浓度升高将对海洋生物地化循环产生重要影响。到 2100 年，预计大气 CO_2 浓度将从工业化以前的 280 ppm 上升到 540～970 ppm。从 1800～1994 年人类活动释放的 CO_2 近一半已被储藏在海洋中，约 30％现代排放的 CO_2 被海洋吸收。持续吸收大气 CO_2 将会导致海水 pH 在几个世纪后实质性降低，即出现**海洋酸化**（ocean acidification）现象，从而改变海洋中生物钙化所必需的文石和方解石的饱和浓度。模型预测未来 100 年，海水 pH 将下降 0.3～0.5，比过去 2 亿～3 亿年来的变化幅度还大，将使许多海洋生物难以适应。最后，大气 CO_2 含量增加被认为会消耗大气中的臭氧，可能导致地球表面紫外线辐射水平升高。

3. 其他复杂的环境变化

由于海洋生物地化循环对温室气体增加的反馈十分复杂，涉及云层、紫外辐射、浮游生物生产力和海洋微藻释放二甲基硫（DMS）等过程和机制，目前还很难准确预测未来的温度和 CO_2 浓度的实际变化及其对海洋环境的确切影响，但可以肯定的是气候变化还会带来其他更加复杂的环境变化。

三、全球气候变化的海洋生态效应

（一）水温升高的生态效应

1. 海洋环流和上升流发生改变

海洋环流对海洋生物的分布、扩散和补充有着重要的影响。温室效应改变了地球表面热量分布类型，导致海洋环流系统的变化。水温升高可能对依靠海流传输热量的格局出现变化，海洋中生物的分布格局也会有很大改变。例如，全球变暖可能造成格陵兰冰盖融化、降水量增加和西伯利亚河流增强，使得注入北大西洋的淡水量增加，切断或者减缓大洋的热盐循环从而导致北大西洋环流的减弱或消失（图 13.7）。有人估计，如果大气中 CO_2 浓度在今后 100 年内达到 750 ppm（即目前的两倍），北大西洋环流就可能消失，大范围的生态过程也将随之产生剧烈变化。

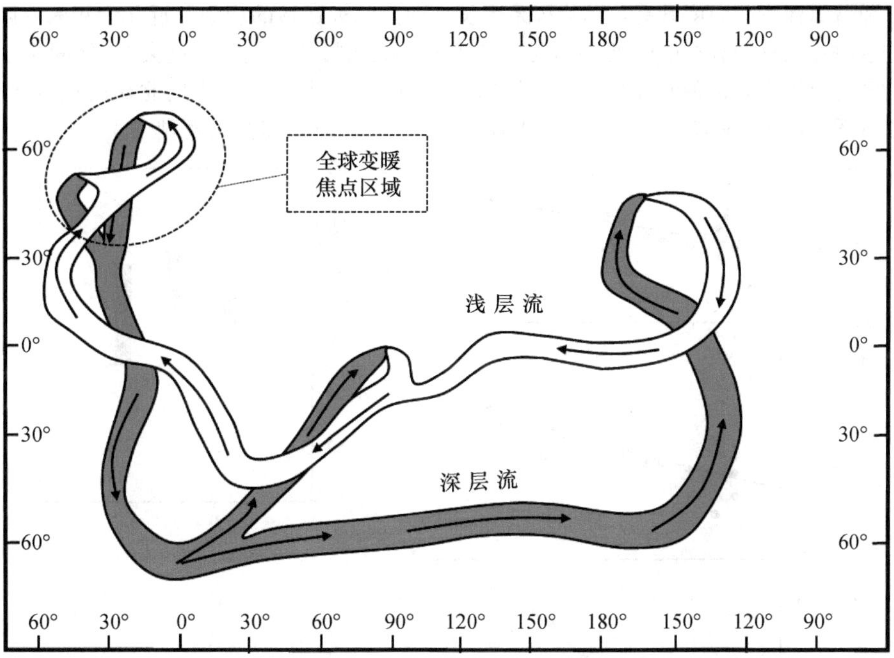

图 13.7　全球大洋热盐循环途径和气候变化研究关注的焦点区域（改自 Rahmstorf，2002）

水温升高将使上升流区的海水垂直稳定度增大，影响底层水涌升，正如厄尔尼诺现象出现的状况。由于向上补充的营养盐减少或消失，上升流区的生产力就下降，并直接影响渔业产量。

2. 极区海冰生态系统迅速萎缩和能流主渠道转换

温室效应使北极和南大洋海冰生态系统迅速萎缩。原先永久和临时的冰块以及漂浮在冰块间的冰融水为极地物种提供了合适的栖息地，硅藻在冰块下生长，甲壳动物吃硅藻底层的鱼类吃甲壳动物，海洋哺乳类吃鱼，形成了以底层食物链为主的能流途径。如果海冰栖息环境大量减少，将导致极区上层海洋的浮游植物增加，以中小型浮游生物为主的上层食物链被迅速加强成为极区海洋生态系统能流的主渠道，而原有的底层食物链可能出现崩溃。例如，北极海冰融化不利于冰雪下面附生硅藻等藻类的生长，而这些藻类是北极食物链中至关重要的一环，如果它遭到破坏，就会威胁到磷虾为代表的甲壳类、底层鱼类、海豹和北极熊的生存。同时，雪丘是北极熊生仔的地方，雪丘融化使北极熊幼体失去生长发育的庇护所。

3. 热带海区珊瑚白化

很多热带生物与极区生物一样，是在接近于温度最高极限的条件下生存，温度再升高可能将造成它们的死亡。最明显的例子是珊瑚“白化”现象，即与珊瑚虫共生的动黄藻在高温下色素浓度迅速减少。当水温高出 4℃时，几天内就出现这种漂白现象，珊瑚也会停止生长和繁殖，甚至造成大量死亡。最近 20 年来，很多珊瑚礁因珊瑚白化而遭破坏就是与厄尔尼诺期间海水温度提高有密切关系。如果全球变暖继续加剧，即使人类停止了对珊瑚礁的其他侵害活动，未来几十年内全球的珊瑚礁也将全面遭到毁灭性破坏。

4. 物种分布区极向移动

在海洋中，生物分布的地理范围发生明显移位普遍与气候条件的改变有关系。丰富的化石证据证明，随着海洋表面温度升高，动物群系会发生向南北极迁移的现象。近几十年来，随着气候变暖，许多海洋动物的分布区已被证实发生了明显的极向移动。例如，过去 25 年间由于水温升高已使欧洲北海近 2/3 鱼种的分布区发生纬向或垂向变动，其中近一半向北移动且生活史变短、体型变小（图 13.8）。又如，鹿角珊瑚（*Acropora cervicornis*）和麋角珊瑚（*Acropora palmata*）

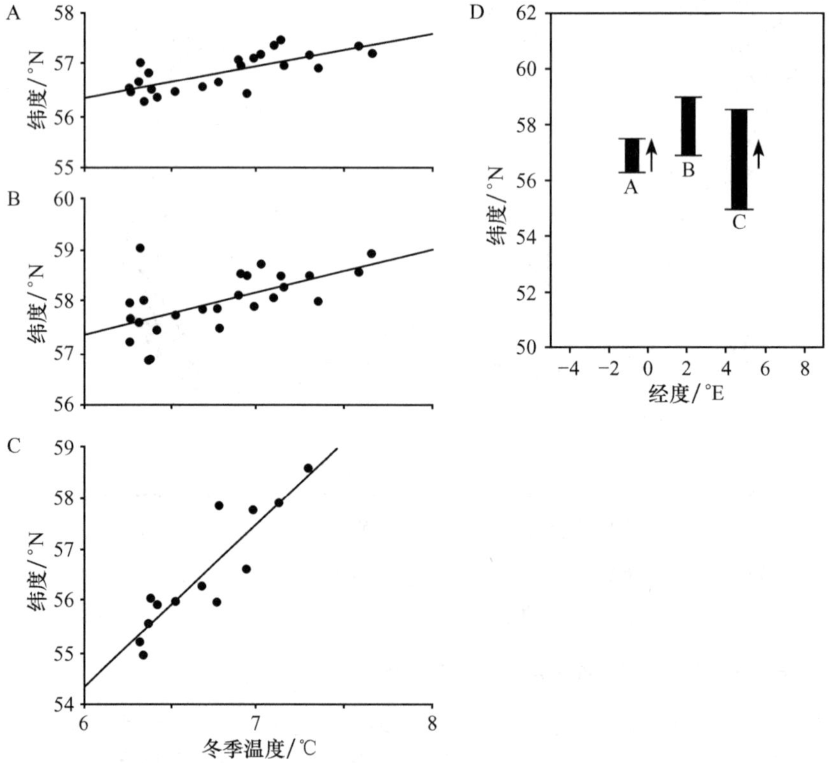

图 13.8　气候变暖引起欧洲北海鱼类分布区北移的例子（引自 Perry et al.，2005）

A. 鳕鱼；B. 琵琶鱼；C. 三鳍鳚；D. 指示三种鱼在北海的北移范围

由于对水温的要求严格，以往只分布在佛罗里达南部，随着水温升高现在分布区已沿着佛罗里达半岛沿岸向北延伸到墨西哥湾北部（Precht and Aronson，2004）。值得注意的是，气候在物种组成和丰度上促成的变化将会改变物种的多样性，同时对生态系统的功能（如生产力和抵御外来种入侵的能力）产生影响。

5. 全球降水模式和风暴频率改变

温室效应引起气候的变化将使高纬度地区降水增加，河水入海量也随之增加，而低纬度自然河流水量减少，这两种情况对河口区生态系统都有重要影响。例如，入海河水量减少意味着很多河口区营养物质含量下降。同时，热带地区的飓风、台风频率和严重程度都会增加，风暴潮将对珊瑚礁、红树林等沿岸生态系统造成严重损害，例如，加勒比海的珊瑚礁被风暴损伤后需要 8 年的时间才能恢复，但风暴频率升高将减小珊瑚礁在两次风暴间隙恢复的概率。

（二）海平面上升的生态效应

全球气候变化使海水温度上升，水体膨胀，同时也引起更多的冰川融化，二者都会导致海平面上升。在 19 世纪，全球海平面大约每年升高 1～2 mm，进入 20 世纪后，升高速率加快，据政府间气候变化专业组（IPCC）估计，现在每年上升速率比过去高出 3～6 倍，到 2100 年，每年上升速度将超过 1～2 cm。

海岸生态系统最易受到海面上升的损害，当海平面以一定速率上升时，肯定会引起海岸生态系统向陆地后退。另外，洪水是全球变暖的后果之一，并且沿岸更易受飓风和风暴的侵袭，在洪水和风暴潮袭击下，海岸被侵袭得更厉害。在这种情况下，沿岸湿地的盐沼、红树林、珊瑚礁生境将受严重破坏，并且加剧对海岸的侵蚀。海平面上升，海岸受到侵袭也将改变三角洲沉积速率，盐水对河口湾的入侵也会增加，而且随着海平面上升，潮间带也将上升并变狭窄，失去潮间带稳定海岸线的作用，当海岸边缘及其保护带消失时，生活于其中的物种也将不存在。据报道，在美国已发现有 80 种处于濒危的生物是生活在海平面上宽度仅 3 m 的狭长带内。海面上升最终可能淹没或部分淹没一些岛屿，消灭其中大部分物种。

（三）海水 CO_2 浓度升高和海洋酸化的生态效应

相对于物理因素驱动的变化（如水温升高和海平面上升）而言，大洋中化学变化所带来的影响则很少被人们充分理解。由于 CO_2 的增加可以促进光合作用，所以一般认为它对许多陆生植物有积极的影响，但它对于海洋植物则没有预期的生长促进作用，因为它们绝大多数是碳饱和的。然而，伴随 CO_2 的增加 pH 降低会对海洋生物的生理过程产生深远的影响。短期实验表明，CO_2 的增加影响蛋白合成和离子交换等亚细胞过程，使其能力下降，尤其是在无脊椎动物更加明显。将海水 pH 降低 0.7，贻贝、腹足类和海胆的新陈代谢速率和生长率都会在 3 个月中显著降低。如果将大气 CO_2 浓度增加 200 ppm，虽然海水的 pH 仅降低 0.03，6 个月内腹足类和海胆的生长率和成活率也会明显下降。上述生长参数的降低可能与这些动物的外壳形成速率下降有关。事实上，未来的海洋酸化可能严重影响到许多以碳酸盐构建自身组织的海洋无脊椎动物和藻类。由 CO_2 升高引起的钙化速率下降已经在颗石藻、珊瑚藻、六射造礁珊瑚和翼足类软体动物中发现。随着大气 CO_2 分压的倍增，珊瑚和珊瑚红藻的钙化速率很可能在经过一个世纪后降低 10%～40%。虽然这种变化在种群和群落水平上造成的影响依然知之甚少，但考虑到预期的 pH 下降可能空前地超越过去几亿年的变化，更多关于 pH 变化对生态学影响方面的研究显得十分重要和迫切。

（四）紫外辐射增强的生态效应

由 CO_2 浓度增加造成的臭氧层空洞很可能导致地球表面的紫外辐射增强，它接着会对无脊椎动物和藻类产生负面影响。近期的研究指出，紫外线对特殊物种的负面影响依赖于种间相互影响的存在。例如，当和海洋病毒进行联合培养时，海洋浮游植物可免于受到紫外线的损伤。而紫外线对底栖大型藻类的负面影响则会被无脊椎动物的啃食所放大。

（五）气候变化与其他人为因素的协同作用

人类活动与气候变化之间的协同作用途径是多层次的，往往加剧了对海洋生态系统的负面影响。例如，在无紫外辐射时，增加对多环芳烃污染物（PAH）的暴露并不会显著影响幼蟹的死亡率，但是紫外辐射和高浓度 PAH 暴露的共同作用则会导致幼蟹的高死亡率；人为的港工建设（如修建海堤）会加重海平面上升导致的底栖生境恶化；近岸水域富营养化引起的水体缺氧对海洋生物的生理胁迫会随水温和海水 CO_2 浓度的升高而加剧。而更重要的是，气候变化对海洋的生态影响往往与人类对海洋资源的捕捞压力有关。例如，气候变化使得受到过度捕捞的渔业资源种群的恢复更加困难。此外，过度捕捞海洋中的重要消费者会改变海洋生物的群落格局，这会使得海洋生态系统对气候导致的变化更加敏感。例如，近年来在许多陆架海域发生的水母勃发现象被多数科学家认为是全球变暖与人类对海洋顶级捕食者过度捕捞的综合作用结果。

水母暴发（jellyfish bloom）通常指无经济价值或经济价值极低的大型水母在一定的时间内数量迅速增多的现象。大型水母的连年暴发会对海洋渔业产生巨大的危害：①大量的水母进入渔网，会使网具爆破、网眼堵塞，导致渔获量减少，捕捞成本提高，严重影响正常的渔业生产活动；②水母通过捕食鱼卵和仔鱼，导致渔业资源补充量的下降，影响资源种群的补充和恢复；③水母大量暴发挤占了主要经济鱼类的生存空间，并影响其洄游与分布。鱼类往往规避水母大量出现的海域，使得该海域鱼类丰度极低；④水母大量捕食浮游动物，一方面抢夺了经济鱼类的食物；另一方面又造成植食性浮游动物的减少，降低了浮游植物被捕食的压力，容易引发赤潮。而赤潮发生会引起水体溶氧量降低，低溶氧条件又有利于水母在竞争中取得优势，使这种不良循环继续恶化下去。因此，在水母大量暴发的季节，海域生态恶化，渔业资源锐减。20 世纪 90 年代中后期以来，东海北部及黄海海域发生大型水母连年暴发的现象，其中以 2003 年的发生程度最为严重，主要为沙海蜇（*Rhopilema esculentum*）、霞水母（*Cyanea nozakii*）和沙水母（*Sanderin* sp.）。据推测，这与近年来黄海和东海陆架区水温升高和捕捞压力增大都有密切关系（吴颖等，2008）。

本章提要

1. 随着工农业的发展，海洋环境被污染的程度越来越严重。海洋污染可以分为化学污染、生物污染和能量污染等类型，主要污染物有石油烃、塑料、有机废物和生活污水、持久性有机污染物、重金属、放射性物质、病原体、外来种、基因和生物毒素等，此外，热污染和噪声污染也是沿岸局部海区的重要污染源。海洋污染的特点是：①污染源广；②持续性强、危害大；③扩散范围广；④防治困难。

2. 污染物质入海后通过物理、化学和生物过程在海水、沉积物、大气和生物体之间发生迁移和转化。海洋能通过本身的物理、化学和生物净化机制使污染物质的浓度逐渐降低乃至消失，但海洋的自净能力是有限的。

3. 环境容量是指在人类生存和自然生态不致受害的前提下，某环境所能容纳的污染物的最大负荷量。环境容量决定于环境的空间大小、环境各要素（如潮流、水交换条件等）特征以及污染物本身的理化性质。海洋环境管理的关键是污染物总量的控制。

4. 富营养化、持久性有机污染物、石油和塑料污染以及生物入侵对近岸海洋生态系统的负面影响比较显著。富营养化严重的海域容易发生赤潮和大型海藻藻华，形成底层海水溶解氧长期亏损的缺氧区，还会导致海洋食物网结构简单化，甚至造成海草场、珊瑚礁等重要海洋生境的丧失。持久性有机污染物的毒性高、难降解，易在环境中长期积累，能通过大气等介质实现长距离迁移，主要通过生物富集和沿食物链的生物放大，对人类、高营养级海洋动物乃至生态系统造成严重负面影响。海上交通运输和海水养殖引种是沿海外来种入侵的主要途径，生物入侵可能导致入侵地的群落结构变化、生境退化、生物多样性下降、病害频发甚至导致原有生态系统崩溃的严重后果。

5. 生境即某类生物或生物群落的栖息地环境，具有栖息于其中的生物所必需的各种生存条件。生物性生境中主导生物的消失，会导致以其为基础的生物群落的衰亡。

6. 人类活动对自然生境的破坏会导致生境的退化、丧失和破碎化，使自然生境的质量下降，对生物的支持能力降低，引起地区性物种灭绝和生物群落的崩溃，导致生物多样性的丧失。生境破坏已被普遍认为是导致物种灭绝的最主要原因之一。

7. 滨海湿地、河口区、红树林、珊瑚礁和海草床等与人类关系密切的近岸海洋生境，在净化水质、防灾减灾、调节气候、孕育海洋生物资源、保护生物多样性、提供旅游、科研和文教服务资源等方面发挥重要作用，具有重要的生态、社会与经济价值，但也容易受到人类活动的干扰和破坏。海洋污染、围填海、过度捕捞（利用）、港工建设和人为因素引起的气候变化对这些关键生境构成了严重的威胁。

8. 全球变化包括全球人口增长、土地利用和覆盖的变化、大气成分变化、全球气候变化、生源物质生物地球化学循环的变化和生物多样性丧失等多个方面，这些变化既相互独立，又相互影响。人类活动主要通过排放温室气体导致了以“温室效应”为特征的全球气候变化。过量砍伐森林、破坏植被、改变土地利用方式和污染环境等等都会加剧全球变暖的进程。

9. 全球气候变化会导致海洋环境出现以水温升高、海平面上升和海洋酸化为主要特征的一系列物理和化学的连锁反应，引起海洋环流和上升流发生改变，极区海冰生态系统迅速萎缩和能流主渠道转换，热带海区珊瑚白化，物种分布区极向移动，全球降水模式和风暴频率改变，以及由海平面上升和紫外辐射增强所带来的其他生态效应。人类活动与气候变化之间的协同作用往往加剧了全球气候变化对海洋生态系统的负面影响，据推测近年来在陆架区频繁发生的大型水母爆发事件与气候变暖和人类对顶级捕食者的过度捕捞都有密切关系。

思考题

1. 海洋污染物质有哪些主要类别？海洋污染有什么特点？
2. 举例说明海洋的物理净化、化学净化和生物净化机制。
3. 简述海域富营养化的主要生态影响和产生这些影响的主要原因。
4. 为什么说盲目的引种（生物入侵）会造成引入地区原有生态系统的严重破坏？
5. 持久性有机污染物有哪些特点？它们是如何对海洋生物产生危害的？
6. 为什么生境破坏会导致生物多样性的丧失？
7. 人类活动对近岸海洋生境有哪些主要威胁？各有什么特点？
8. 如何认识人类活动是引起全球气候变化的主要原因？
9. 简述全球气候变化对近岸海洋生态系统的主要影响。

第十四章

海洋生物多样性保护与生态系统管理

第一节　生物多样性的概念及其与人类的关系

一、生物多样性的定义和内涵

生物多样性（biodiversity）是指栖息于一定环境的所有动、植物和微生物物种、每个物种所拥有的全部基因以及它们与生存环境所组成的生态系统的总称。因此，生物多样性包括物种多样性、遗传多样性和生态系统多样性三个基本层次。生物多样性反映生物有机体及其赖以生存的**生态综合体**（ecological complexes）之间的多样性和变异性。生物多样性是人类生存和发展的基础，它与全球变化和可持续发展被列为当代生态学和环境科学的三大前沿领域。

（一）物种多样性

物种多样性（species diversity）是指地球上生命有机体的多样化，它是生态系统的基本组分，也是基因和染色体的载体，在生物多样性三个基本层次中，物种多样性是最明显、最直观的一个层次，既体现了生物之间及与环境之间的复杂关系，又体现了生物资源的丰富性。据估计，地球上现有500万～3000万个物种，而科学家已定名的仅约140万（表14.1）。

表14.1　地球上现存生物已描述的种数（McNeely，1990；Wilson and Peter，1988）

类　别	种数/10^3	类　别	种数/10^3
细菌和蓝藻	4.76	昆虫	751.00
真菌	46.98	其他无脊椎动物	132.46
藻类	26.90	软体动物	50.00
高等植物（苔藓、种子）	267.75	棘皮动物	6.10
原生动物	30.80	硬骨鱼类	16.09
海绵动物	5.00	两栖、爬行类	10.48
腔肠动物	9.00	鸟类	9.20
环节动物	24.00	哺乳类	4.17
甲壳动物	38.00	合计	1432.69

从总的物种数来说，陆地的物种数要远多于海洋。然而，从大的分类单元看，海洋中生活的门类大大超过陆地。地球上动物界共有36门，除了有爪动物门外，其余门类均在海洋中出现，其中13个门是海洋独有的门类，而淡水则没有特有的门，这就表明，海洋的物种多样性比陆地高。海洋中残存着大量古老的孑遗物种，如被称为活化石的矛尾鱼、鲎和海豆芽等，反映了海洋生物在进化过程中的意义。

不管是陆地或海洋，不同门类的种类和数量有很大差别。例如，海洋动物的种类远多于植物种类，小型种类（如海洋中的浮游植物和浮游动物）远多于大型种类（如大型褐藻、红树林、鲨、鲸等）。

物种多样性的另一个特点是多样性水平在纬度分布上有很大差异，热带地区的物种多样性比温带、寒带的高得多。例如，热带海洋的珊瑚礁与陆地的热带雨林一样都是物种最丰富的地区。在热带海洋中，印度—西太平洋（特别是介于菲律宾、印尼和澳大利亚北部之间的区域）物种最为多样化，其次是东太平洋和西大西洋，而物种多样性最低的是东大西洋海区。

当今地球上如此众多的物种是将近 40 亿年的漫长年代通过自然选择、适者生存而发展起来的。在这个发展历史长河中，不断有物种因不能适应环境的变化而灭绝，同时也不断有新的物种形成，总的来说，地球上的物种数量是逐渐增加的，到了近代才由于人为因素（如人类过度利用生物资源以及环境污染和破坏）造成物种灭绝速度大大超过物种形成的速度，导致更多物种面临濒危灭绝的厄运。

（二）遗传多样性

遗传多样性（genetic diversity）也称基因多样性，广义上可以理解为蕴藏于所有动、植物和微生物有机体中的遗传信息的总和；狭义上可以理解为种内不同种群之间或一个种群内不同个体之间的遗传变异的总和。

同一种群内的不同个体通常在基因上是互有差异的，这种具有差异的基因类型称为**等位基因**（allele），任何个体拥有的特定等位基因的组合称为**基因型**（genetype）。个体的特性即**个体表现型**（phenotype）代表其形态上、生理上的特征，个体表现型是受基因型特性和环境影响共同作用所决定的（图 14.1）。

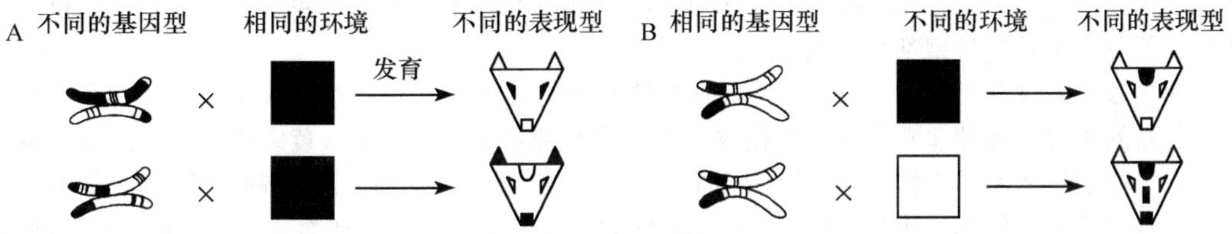

图 14.1　个体基因型在特定环境中的表现（引自 Primack，1993）

在有性繁殖时，后代通过**基因重组**（gene recombination）从双亲那里接受了独特的基因和染色体组合，则其基因变异就可能增加。由于等位基因的存在，某些遗传上不同的个体在生存和繁殖能力方面也有差别。一个物种的遗传变异愈丰富，则它对环境变化的适应性就愈强。反之，遗传多样性贫乏的物种，在进化上的适应性就较差。种群的大小与遗传多样性有密切关系，具有较高遗传杂合性的个体，往往有较强的生命力、抗病力、发育的稳定性和较快的生长速度；而种群由于各种原因而变小易造成近亲繁殖、遗传漂变，使杂合性丧失。因此，保护遗传多样性首先要保护物种多样性和保证各物种有一定的种群大小。另外，分布地域广、寿命长、基因交流频繁，处于演替末期阶段群落中的物种也具有较高的遗传变异水平，影响种群遗传结构最重要的因素是繁育系统和基因交流程度，而一些养殖种类放养（放流）到自然环境则可能使同种生物野生群体的基因完整性受到威胁，所以应当注意对原种种质的保护。

（三）生态系统多样性

地球上存在各种各样的自然环境，各自栖息着差异很大的生物群落。**生态系统多样性**（ecosystem diversity）是指生物群落与生境类型综合体的多样性，它是生物多样性的最高层次，也是物种多样性和遗传多样性存在的基本保证，同时也是人类必不可少的发展空间和生存条件。

生物圈包括海洋、陆地、湖泊（和河流）三大类型的自然环境，适应于其中生活的物种组成差异很大，生态系统包含着很多不同的层次，同一层次也包含很多各有差异的生态系统。陆地生态系统的生产者主要是树、草，而海洋生态系统则主要是单细胞的浮游植物，前者的消费者主要是昆虫、鸟类、兽类以及土壤节肢动物、环节动物和圆口动物，后者主要是原生动物、浮游甲壳类、鱼类和底栖甲壳动物、软体动物。陆地和海洋又各自可划分为一些次级生态类型，如陆地的森林、草原、荒漠等等生态系统，海洋有近岸、大洋、深海、极地等生态系统。即使是相同类型的生态系统，但分别处于不同地理区域，其环境特征和生物组成也有差别。例如，同是海陆交界的河口湾生态系统，就有淹没河口湾、峡湾型河口湾和沙洲河口湾的差别。同样，不同海域的上升流生态系统、红树林生态系统、珊瑚礁生态系统以及各种类型的潮间带生态系统都有各自的环境和生物组成特点。

生态系统的多样性不仅包括环境和生物群落类型的多样化，还包括结构与功能统一的多样性及其动态。不同生态系统的功能过程（能量流动和物质循环途径等）也各有差异。例如，大部分海洋生态系统的生产者主要依靠光合作用制造有机物，而在深海热液喷口的生态系统则完全是依靠细菌的化学合成来生产有机碳。珊瑚礁生态系统的初级生产者是通过有效地反复利用周围稀薄的营养物质来维持较高的初级产量。珊瑚礁生态系统和盐沼生态系统的能流、物流结构也有不同的特点。

生态系统的环境（生境）与其生物组成是统一整体，当一个自然生态系统被破坏或消灭后，其中的物种赖以生存的条件也就恶化或不存在，必然引起物种多样性和基因多样性的下降或消失。

我国海域辽阔、海岸线漫长、曲折，其中包含很多类型的海洋生态系统，诸如河口湿地、红树林、珊瑚礁、近岸上升流等各种近岸浅海生态系统以及各类岛屿生态系统，也就是说，世界海洋的大部分生态系统类型都在我国出现。

我国邻近海域既是印度—西太平洋海洋生物分布的北界，又是一些北太平洋暖温种和少数冷水种分布的南界，物种非常丰富。根据《中国海洋生物种类与分布》（黄宗国，2008）收集的资料，我国已记录的海洋生物达 22 561 种，其中动物界已记录的 24 个门中，超过 2500 种的有节肢动物、脊索动物和软体动物 3 个门，超过 100 种的有腔肠动物、环节动物、扁形动物、苔藓动物、棘皮动物、尾索动物、线虫动物和海绵动物 8 个门。据估计，我国脊椎动物的物种约占全球物种的 1/10，但是，我国海洋生物占全球海洋生物的比例则远远超过 1/10。我国的海洋鱼类有 3000 种左右（淡水鱼类只有 800 种左右），占世界已记录的鱼类种数的 1/6。此外，世界海洋生物门类中，有 13 个门是海洋独有的，我国则有 12 个门类是海洋生境独有的。总之，从总体上看，我国是亚太地区物种最丰富的国家，而海洋的物种就显得更为丰富。

二、海洋生物多样性与人类的关系

生物多样性是人类赖以生存和发展的物质基础，不仅提供人类所必需的各种食品、药物和各种工业原料，同时还具有保护人类生存环境（如气候调节、水调节、养分循环、水土保持、授粉、生物防治和环境净化等）和促进人类教育科学文化发展的功能，具有巨大的商品和公益价值。据估计，全球生物多样性每年为人类创造的生态服务功能价值约为 33 万亿美元，其中 63% 来自海洋（Costanza et al.，1997）。有人认为，人类是完全依赖于其他生物的，我们呼吸的每一口空气、吃的每一口食物、喝的每一滴水都源于生物多样性，其他生物是我们的资源，也是我们赖以生存和繁荣的生命支持系统，这是一个基本事实。下面仅以海洋为例说明生物多样性对人类生活的贡献。

（一）食品、药物和工业原料

海洋为人类提供非常重要的食物来源。虽然大部分海洋初级产品不能被人类作为直接的食物加以利用，它为人类提供的食物总量仅占人类消费总量的2%，但是鱼、虾、贝等海产品却是人类所需动物蛋白的重要来源。根据联合国粮农组织的调查统计，人类消费的高质量蛋白质约有20%来自海洋，在很多发展中国家，这个比例更高（表14.2）。海洋每年水产品总产量（包括动物和大型藻类）已超过1亿t，大部分被人类直接食用，少部分加工作为养殖动物的饲料。

表14.2　不同国家海洋食物在所消耗的动物蛋白中的百分比

国　家	百分比/%	国　家	百分比/%
澳大利亚	6	日本	51
加拿大	10	马达加斯加	15
中国	19	摩洛哥	24
加纳	50	菲律宾	50
印度	13	塞内加尔	38
印度尼西亚	60	联合王国	9
意大利	10	美国	6
象牙海岸	31		

除了动物性蛋白外，很多大型海藻（如海带、紫菜、石花菜等）也被人们作为食品直接消费，特别是在很多地处热带的发展中国家的沿海地区，海藻是重要的食物品种。

很多国家（特别是东方国家）已经从陆地生物获得大量有价值的药物，对于海洋药物的开发利用则较少，实际上，海洋生物可能是一个潜在的药材宝库。例如，人们早已利用海藻提取物（或植物体本身）用于治疗甲状腺病、高血压和肺结核等疾病，将海马（海龙科鱼类）用作止痛、强心、催产的药物。海洋中仅有毒鱼类和蛇类就达数百种，有的毒性比氰化物还要强得多，可作为多种用途的药物原料。近几十年来，海洋药物开发中对一些抗病毒和抗癌药物的开发研究已取得一些很重要的成果。例如，从荔枝海绵（*Tethya crypta*）提取物中发现自然形成的阿拉伯糖苷的化合物，在此基础上开发了抗病毒药物阿拉伯糖苷A和C。一些被囊类海鞘被认为是提取抗癌药物的重要海洋生物，已经从一种*Trididemnum*属的海鞘和一种短腹海鞘（*Aplidium albicans*）中分别提取出didemnins和didemnins B，被囊类还可提取另一类特效抗癌药物ecteinascidins。另外，已从苔藓虫、海兔中分别提取出苔藓斯大丁和海兔斯大丁这类药物。目前已有很多机构正在研究海生药用化合物的开发与利用，希望能不断找到直接使用的药品或加工成药品的化学物质。例如，已经发现海洋中一些固着动物是可利用的化学防卫性生物的重要对象（这种不能动的固着生物在进化中逐渐产生了一些能抵御捕食者、寄生者和其他天敌的化合物，因而引起人们特别关注）。我国的科研人员从东南沿海采集海洋生物标本进行的药物开发研究中，发现15个科和23种海洋生物具有不同程度的抗肿瘤活性，其中叶托马尾藻、铁钉菜和蓝斑背肛海兔的抗癌活性极为明显，先后从这三种化合物中分离出100种化合物，鉴定了其中56种化合物的化学结构，经实验表明，这56种化合物中大部分均有显著的抗肿瘤活性。由此可见，海洋生物作为药物的开发利用前景十分广阔。不过，为了能够达到持续利用的目的，必须注意对那些可开发为药品的海洋生物加强保护和管理，制定开发管理政策，避免一拥而上造成种群衰退直至灭绝的局面。

沿岸海区生长的褐藻、红藻、绿藻是很重要的食品化工原料，例如，产量很高的大型褐藻除被用于家禽家畜饲料外，还可以作为土壤改良剂、化肥，并且是制造在食品、医药领域中有广泛用途的藻蛋白酸盐的重要原料。江蓠、石花菜等红藻类可提取多糖类物质，是生产琼脂和卡拉胶的原料。海洋单细胞藻类的利用较少，但其中有的种类对于补充人类食物来源具有很重要的潜在意义，目前也开始被开发利用，例如，在高盐水中生长的杜氏藻被人工养殖作为生产维生素和食品色素（β-胡萝卜素）的原料；螺旋藻属的一些海产蓝藻（被称为“人类最佳保健食品”）也被大量养殖作为保健品或鱼饲料的添加剂。红树林这类海岸高等植物的用途也很多，除了红树林本身可作为建筑木材或燃料外，还是高级纤维原料以及用来提取单宁，目前对它们的药用价值也在研究中。在动物方面，利用软体动物（如牡蛎）的贝壳制造生石灰用于建筑行业是人们最为熟悉的。还有，甲壳动物的几丁质可广泛应用于农业、生物技术、工业污水净化和食品添加剂，造礁珊瑚的骨骼碎片作为移植骨片可用于外科手术，这种植入的碎片中的碳酸钙还能被吸收并变成骨头成分。总之，海洋生物作为人类食品、药物和工业原料的应用前景是非常广阔的。

（二）保护人类生存环境的作用

从宏观的角度看，全球气候变化是全球变化的重要内容，人们最关心的是大气 CO_2 含量。很多科学家认为，由于大量燃烧化石燃料以及陆地森林面积不断减少，大气 CO_2 含量不断上升，导致出现温室效应，它是关系人类生存环境的重要问题。海洋生态系统能通过生物泵的作用吸收大气中的 CO_2，成为控制大气 CO_2 含量的最重要机制（图 14.2 和第八章）。据估算，从 1800～1994 年间全球海洋对人类活动排放的 CO_2 的净吸收量为（118±19）PgC，相当于该时期全世界化石燃料燃烧和水泥制造业排放到大气的 CO_2 总量的 48%，而同一时期陆地生物圈向大气的 CO_2 净释放量为（39±28）PgC（Harley et al.，2004）。可见，海洋生物泵是调节大气 CO_2 水平、减轻温室效应的最重要途径。

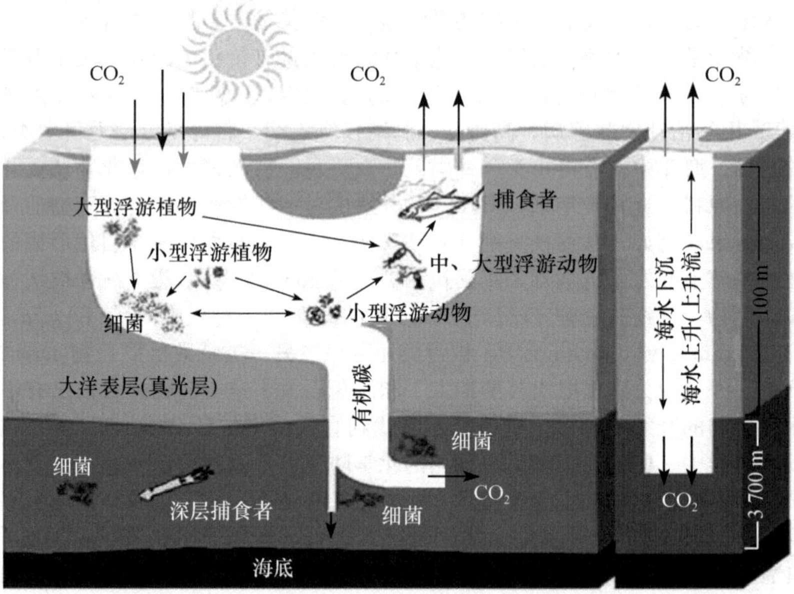

图 14.2 大洋生物泵与海-气碳通量（引自 Chisholm，2000）

海洋浮游植物是生物泵最基础的结构，它们不仅能吸收 CO_2、放出 O_2 和制造有机物，同时通过释放 DMS 到大气中并形成云层以反射太阳辐射能，从而也有缓解温室效应的作用（参见第八章）。假设这些浮游植物由于某种原因减少了，那么生物泵和 DMS 释放的效率也都将下降，地球上的生物（包括人类）就将面临大灾难。从这个意义上说，这些肉眼不易看见的微细生物及其生态功能对人类生存环境有重要意义。

从局部区域看，沿海是人口密集和经济较发达的地区，沿海也是容易遭受海洋灾害（如风暴潮）、海水侵袭的地区，但是，沿海的海草床、红树林和珊瑚礁等生态系统却有保护海岸的作用。例如，许多热带海岸的红树林形成的屏障可以抵御风暴潮及其波浪的袭击，减轻或避免海岸土层流失。同时，红树林的根系、枝叶能减缓水流速度，有助于阻止颗粒的重新悬浮，因而能起固定沉积物的作用，为一些陆生植物的移植创造条件。此外，红树林也有清除溶解营养物质和净化水质的作用。除了红树林外，盐碱滩及海草床生态系统也有类似的功能，珊瑚礁生态系统也有造地和抵御风暴潮的作用。

（三）海洋生物多样性的其他功能

海洋生物多样性还有休闲旅游、科研和教育等各种服务于人类的功能。

随着人们生活水平的提高，生态旅游业成为一个迅速发展的行业，在许多发展中国家，旅游业的收入占国民收入的比例不断提高。生态旅游业的基础就是生物多样性，包括自然生态系统（珊瑚礁生态系统就是突出的例子）、自然保护区以及自然博物馆、水族馆等。这些生态旅游基地也是进行生物多样性研究的基地，科学工作者可以从中进行从基因到生态系统的各个层次的研究。此外，生物多样性的价值还涉及伦理道德的范畴，其中新思想是认为每种生物都有自身的价值和存在意义，保护生物多样性具有呼唤人类天性以及教育人类与自然协调相处的作用。

当前科学技术水平已经可以通过基因工程培育出符合人类需要的动、植物，包括利用基因工程技术实现生长激素基因、抗冻蛋白基因和抗病基因的转移。例如，在海洋生物方面，已有从生长迅速的鱼类（白斑狗鱼和大眼鰤鱼）分离出生长激素基因，将外源生长激素基因重组导入各种鱼的卵中，并整合在鱼的染色体组 DNA 上，在亲体和子代中表达，从而加快生长速度。毫无疑问的是基因工程具有很广阔的应用前景（包括优良品种的选育、医治疾病的药物开发等）。但是，我们也必须预先防范生物技术可能产生的各种风险，生物技术改性活体的生产、转运和释放有可能对环境和生物多样性造成危害。所谓"生物安全"就是指对由现代生物技术的开发和应用可能产生的负面影响所采取的有效预防和控制措施，目的是保护生物多样性、生态环境和人类健康。

三、海洋生物多样性保护的紧迫性

海洋生物多样性是伴随着地球演化，经历了数十亿年海洋生物与海洋环境相互作用和生物间协同进化的结果。海洋生物多样性的自然存在不但具有现实的合理性，而且对人类的生存与持续发展有着极其重要的意义。但是，随着地球上人口的增加、工业和科学技术的发展以及人类不断提高生活水平的愿望，海洋生物多样性与陆地一样面临着严重的威胁。这些威胁除了自然因素外，主要来自人类的干扰，包括过度捕捞、环境污染、生境破坏、外来种入侵、无控制的旅游活动和人类活动引起的全球变暖等。据估计，当前人类活动导致陆地和海洋生物物种灭绝的速度是自然灭绝速度的 1000 倍以上，并已造成世界范围内为数众多的珊瑚礁、红树林、海藻场、海草床、盐沼等各种海洋和海岸生态系统衰亡和难以估量的遗传多样性的丧失。因此，实施科学有效的管理来规范人类行为，并采取合理的保护和恢复措施，减少人类活动对海洋生物多样性的威胁和侵害已经刻不容缓。

对应于生物多样性的三个层次，即基因、物种及生态系统层次，生物多样性的保护也可以从这三个层次上进行。生物多样性的三个层次有着内在和必然的联系，维护生态系统多样性就意味着对组成这个生态系统的物种进行保护，维护物种的多样性也意味着维持种内的基因。如果生态系统是完整的，其中的物流和能流不受妨碍，那么生态系统中的物种和基因多样性就会自动得以保护。而且，离开了适宜的生态系统和动态的生态过程，隔绝的物种和基因多样性就会变得没有价值。可以说，相对于基因和物种水平的生物多样性保护，生态系统的保护是“粗调”管理，只有做到了生态系统的保护，在物种和基因水平上的“微调”管理才是有可能和有功效的（张恒庆，2005）。当今，生态系统水平的保护与管理策略已得到越来越多的肯定。

第二节　生态系统管理的原则与途径

一、生态系统管理的概念与原则

（一）生态系统管理的概念

生态系统管理（ecosystem management）是指在对生态系统组成、结构、功能和动态充分理解的基础上，制定适应性的管理策略，以维持、保护或恢复生态系统结构的完整性和功能与服务的可持续性。

20 世纪中叶以来，全球气候变化、大气污染与酸雨、土地退化和荒漠化、陆地和海洋环境污染、生物多样性丧失等问题日益严重，对全球生态系统和自然资源更新构成了极大的威胁。同时伴随着全球经济一体化和环境问题国际化进程的加速，研究如何科学地管理地球生态系统和自然资源，保护生物多样性，维持生物圈的良好结构和功能以及全球经济的可持续发展，已经成为当代生态学和资源与环境科学研究的主题。在此背景之下，生态系统管理概念的提出是科学家对全球生态、环境和资源危机的一种响应，不仅具有丰富的科学内涵而且具有迫切的社会需求和广阔的应用前景（于贵瑞，2001a）。

生态系统管理是把生态学、资源与环境科学和管理科学等相关学科知识融合起来，在充分认识生态系统组成、结构与生态过程的基本关系和作用规律，生态系统时空动态特征，生态系统结构和功能与生物多样性相互关系基础上，通过实施对生态系统的管理行动，以维持生态系统良好的动态平衡，获得生态系统的产品生产（如食物、纤维和能源）与环境服务功能产出（如资源更新和生存环境）的最佳组合和长期可持续性（图 14.3）。由此可见，生态系统管理是具有明确且

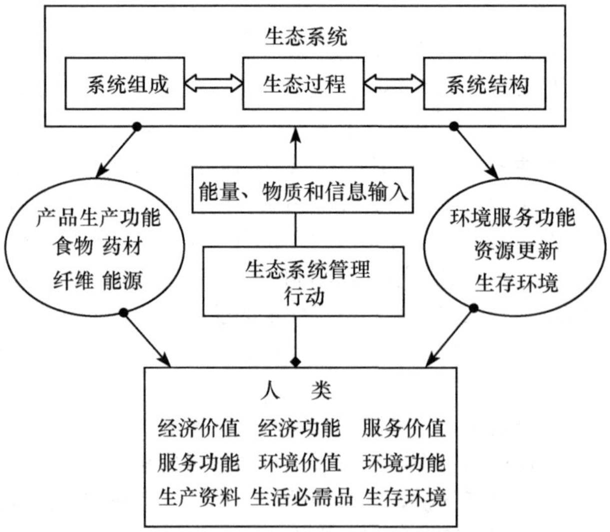

图 14.3　生态系统管理概念（引自于贵瑞，2001b）

可持续目标驱动的管理活动，由政策、协议和实践活动保证实施，并在对维持生态系统组成、结构和功能必要的生态相互作用和生态过程最佳认识的基础上从事研究和监测，以不断改进管理的适应性。(赵士洞和汪业勖，1997)。

(二) 生态系统管理的主要原则

1. 生态完整性原则

人类对生态系统和自然资源进行管理，其目的就是为了长期和更好地获得生态系统的产品与服务，而生态系统的结构与其组成有关，同时生态系统功能是通过各组分之间发生的物理、化学、生物作用实现的，只有保持生态系统结构和功能的完整性，才能实现其管理的目标。因此，生态系统管理的一个重要前提是保持生态系统结构和功能的完整性，同时允许使用生态系统提供的产品和服务。采用生态系统管理方法进行开发活动时，应根据生态系统保持其结构和功能完整性的能力来使用资源。

2. 自然边界原则

生态系统是一定地理范围内动物、植物、微生物和非生物环境组成的有机复合体，生态系统各组分间的相互作用和生态过程发生在其自然的边界的范围内（即生态系统边界的范围内），这一边界常常跨越国界或行政区域的边界。生态系统管理实际上是一种对生态系统中物理、化学、生物过程的调节和控制（Maltby et al.，2003），必须在生态系统自然边界的范围内进行，所以生态系统管理往往需要跨越国界和行政区边界，采取国际或跨地区合作的形式来开展管理活动。目前有关海洋生态系统管理的国际合作框架主要有《生物多样性公约》、《湿地公约》、《迁徙物种公约》、《世界遗产公约》、《国际海洋法公约》和《南极海洋生物资源养护公约》等。

3. 生物多样性原则

生物多样性是人类生存和发展的基础，也是自然界基因、物种、群落、生态系统可持续的基础。因此，生态系统管理的基本原则是保护生物多样性，在管理活动中需要对生物多样性（尤其是物种多样性）实施监测。近年来，对生态系统健康有重要指示作用的特定物种（如大熊猫、鲸、海豚、火烈鸟等）的关注和监测已成为生态系统管理的有效手段之一。

4. 生态系统的动态性原则

生态系统是动态的，它们不断在变化，不会永远处于原始状态或静态平衡。生态系统的变化，一方面，源于系统成分间复杂的相互作用；另一方面，还来自系统外的干扰和人类活动的影响，表现为渐变式的“演替”和突变式的“毁灭”。除了人类活动带来的一些变化之外，人们往往阻止不了其他的许多变化，只能适应这些变化。这就要求生态系统管理者必须认识到生态系统变化的必然性，并据此进行科学合理的规划。当然，采用生态系统管理方法，在一定程度上可以减缓人类活动所引起的某些变化（如全球温室效应），这也是生态系统管理的目标之一。

5. 人类是生态系统重要成分的原则

人和其他物种一样，生存于生态系统之中，并依赖于生态系统提供的基本产品和服务，是许多生态系统的组成部分。几千年来，人与生态系统其他成分的相互作用，在造就我们今天所看到的生态系统格局中扮演了重要而关键的角色。人类具有获取生态系统产品与服务的特殊需求，拥有对生态系统及其管理方法的丰富知识和经验，已将许多文化、伦理和精神价值在长期的相互作用基础上融入了生态系统，同时又是生态系统结构与功能完整性的最大威胁。因此，生态系统管理尤其强调利益相关人群的共同参与，如果离开了利益相关者的合作，即使付出再大的努力也非常容易失败。

6. 适应性管理和预防原则

在理想状态下，生态系统管理应当建立在对生态系统的物理、化学、生物过程和不同组分间的相互作用的透彻了解的基础上。但是，由于生态系统组分之间的相互联系和相互作用极其复杂，而且生态系统是动态变化的，再加上认识手段的局限性，人们对生态系统的理解总是难以达到全面和完整。其次，生态系统复杂性与动态性也导致生态系统对管理行为（也是一种干扰）的生态响应往往不可预知，只能估计它们的幅度和相对重要性，因此具有很强的不确定性。另外，生态系统模型是生态系统管理的重要工具，但准确建模所需的生态学知识和大量的信息、数据常常存在缺陷，这也是造成生态系统管理不确定性的重要原因。实施对生态系统的监测是减少不确定性的基本方法。由于生态效应的滞后性，必须对生态系统进行长期的定位观测，才能为管理决策提供事实依据。可见，生态系统管理只能依赖于我们对于生态系统临时的和不完整的理解来进行，允许管理者对不确定性过程的管理保持灵活性和适应性，即采取**适应性管理**（adaptive management）。适应性管理提供了一种把知识、经验和监测有效地整合到生态系统管理中的科学方法，同时也提供了解决不确定性问题的有效途径。

在适应性管理中常常运用**预防原则**（precautionary principal）来规避风险。它是基于“预防比犯错好”的思想，在对生态系统认识还十分有限却必须做出管理决策时所采取的重要原则。预防原则的特点在于它是明智和负责任的，建立在合乎逻辑的科学研究与分析之上，是一种主动的（或前摄的）而非被动的（或反应性的）管理原则，其基本要求是，如果某项管理决策（特别是对技术的使用）会给生态系统或环境带来某种严重的或不可逆的潜在伤害时，最好不实施该项决策，尽管对于这种潜在伤害的可能性、严重程度或因果联系尚存在着科学上的不确定性。

7. 其他原则

除上述六项原则外，生态系统管理原则还有多部门协作原则、多学科交叉原则、循环利用原则、管理尺度原则等。值得一提的是，近年来以区域生态系统为对象、综合管理为特征的区域生态系统综合管理正在迅速成为生态系统管理科学发展的主流方向。

二、生态系统方法及其应用

（一）生态系统方法的定义及其主要原则

生态系统方法又称生态系统途径，是有效实施生态系统管理的方法或途径。根据《生物多样性公约》的定义，**生态系统方法**（ecosystem approach）是指综合管理土地、水和生物资源，公平促进其保护与可持续利用的战略。它是一种跨学科的，包含参与过程的综合性方法。因此，生态系统方法的应用有助于均衡地实现《生物多样性公约》的 3 个关键目标，即有效保护、可持续利用和公平公正地享有开发基因资源所带来的利益。

2000 年 5 月在肯尼亚召开的《生物多样性公约》第五次缔约方大会上正式采纳了生态系统方法及其 12 条原则。

（1）土地、水和生物资源的管理目标是一个社会选择问题。

（2）应将管理权下放到最恰当的一级。

(3) 生态系统管理者应考虑其活动对相邻和其他生态系统的（实际和潜在）影响。

(4) 考虑到管理可能带来的利益，因此，通常需要从经济的角度理解和管理生态系统：①减少对生物多样性有着不利影响的市场扭曲现象；②调整奖励措施，促进生物多样性的保护和可持续利用；③使特定生态系统的成本和效益内部化，直到实现可行性。

(5) 保护生态系统的结构和功能，以维持生态系统服务，这是生态系统方法的优先目标。

(6) 必须在生态系统的功能限度内管理生态系统。

(7) 应在适当的时空范围内应用生态系统方法。

(8) 由于生态系统过程具有的不同的时间尺度和滞后效应，生态系统管理的目标应当是长期性的。

(9) 管理必须认识到变化的必然性。

(10) 生态系统方法应寻求生物多样性保护和利用的适当平衡与统一。

(11) 生态系统方法应考虑所有形式的相关信息，包括科学知识、乡土知识、创新方法和传统方法。

(12) 生态系统方法应让所有相关的社会部门和学科参与。

尽管这 12 条原则是由《生物多样性公约》制定的，但是其内容并不仅限于生物多样性保护，而是涵盖了自然资源管理和生态系统管理的各个方面，是迄今为止对生态系统方法最系统、最全面的阐述。根据《生物多样性公约》的理解，生态系统方法不是一种具体的自然资源或生态系统管理方法，而是一种综合各种方法来解决复杂的社会、经济和生态问题的生态系统管理策略，它提供了一个将多个学科的理论与方法应用到具体管理实践的科学和政策框架。

2004 年，世界自然保护联盟将生态系统方法的 12 条原则进行了重组，形成了 5 个实施步骤（图 14.4)：①确定主要的利益相关者，划定生态系统管理区域，并建立起二者之间的联系（相关原则有 1、7、11 和 12)；②确定生态系统的结构和功能特征，建立各种生态管理机制和监测机制（相关的原则有 2、5、6 和 10)；③确定影响生态系统及其居住者的重要的经济问题（相关的原则有 4)；④确定管理措施对相邻生态系统可能造成的影响（相关的原则有 3 和 7)；⑤制定长期目标以及实现目标的可行办法（相关的原则有 7、8 和 9)。实际上，在世界自然保护联盟的 5 个实施步骤之前还隐含了一个步骤，就是明确所要解决的问题，这样才能有效地确定解决该问题所涉及的生态系统范围（Shepherd，2004)。

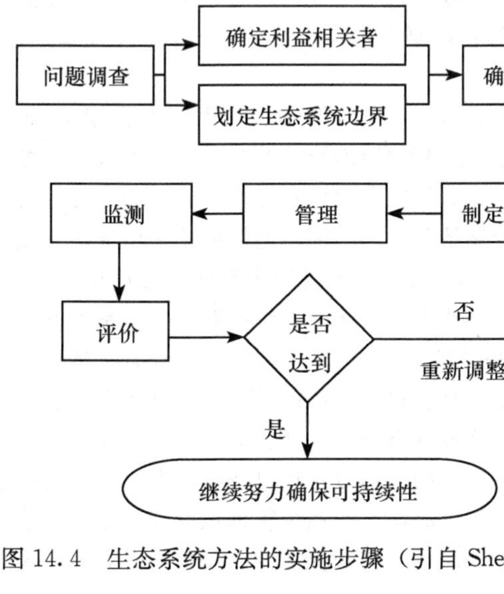

图 14.4　生态系统方法的实施步骤（引自 Shepherd，2004)

总之，生态系统方法要求我们重新认识生态系统，要把生态系统的可持续性看作是人类所必需的。生态系统方法并不排斥其他的管理和保护的方法，比如单一物种保护、建立自然保护区、流域综合管理等方法，它将各种方法综合在一起来有效地处理复杂的现实问题。生态系统方法提供了一个更为广泛的管理基础，所包含的管理单元的范围大小可以通过不同时空尺度来调节，它为政府、社团和私人之间的合作提供了一个更具操作性的政策框架，使综合的、跨学科的、可参与的和可持续的管理成为可能。

（二）生态系统方法的应用

生态系统方法的应用，是将生态系统方法的各项原则纳入到国家和区域层次的生态保护战略和规划中（如生物多样性战略与行动计划），或纳入到政策工具和各个行业部门（如森林、渔业、农业等）的计划中。生态系统方式在实践中有着广泛的应用前景，其应用范围可以小至一块农田的管理，大至一个国家甚至全球生态系统的管理，通过协调社会、单位、个人及各种自然要素之间的相互关系，指导制定各种政策、规划，最终实现双赢或多赢的结果。实际上，生态系统方法已经渗透到渔业管理、流域管理、土地利用规划等众多领域中去了。

早在 20 世纪 70 年代，美国在对五大湖流域治理过程中就逐渐认识到，要解决涉及生态系统组分间复杂的相互作用问题，需要一种更加综合和系统的管理办法，也就是基于生态系统的管理的方法。此时尚未对生态系统方法形成一个统一的概念，只是开始关注生态现象，认识到生态系统会对人类的活动做出响应。生态系统方法在五大湖流域的规划、研究和管理中出现并非偶然，它是管理方式从人类中心主义向资源和环境要素管理再向生态系统管理发展的结果。目前，生态系统方法已经应用到五大湖流域的土地利用规划、污染治理、交通、渔业和野生动物管理、栖息地管理、可持续经济发展和人力资源开发等多个方面。

作为陆地生态系统主体的森林生态系统，人类对其资源的管理历经了单纯的采伐利用阶段，以木材为核心的永续利用阶段，森林多效益永续利用阶段以及森林生态系统管理阶段。基于对森林在全球生态环境中的地位和作用的认识，以及对森林的不合理利用给人类生存环境带来的严重威胁，合理利用森林资源已成为各国的普遍共识。森林生态系统管理作为森林可持续发展的有效手段，已经被广大国家及地区所接受。1992 年美国林业局正式采用了以生态系统为基础的管理方法来管理森林，这在美国是第一次，或许在全世界也是第一次官方采用生态系统管理的方法来管理自然资源。基于生态系统的森林管理坚持保持森林资源开发与保护之间的平衡，强调可持续发展。

在海洋方面，由于对渔业资源进行无节制的开发和利用，20 世纪 70 年代传统渔业资源已出现衰退现象。至 80 年代后期，一些主要的传统渔业资源进一步衰退，有些鱼种的退化甚至达到相当严重的程度。与此同时，近海水域污染和生境破坏也日趋严重。在这样的背景下，人们越来越认识到：渔业资源不能再毫无控制地开发和利用，迫切需要采取养护措施和发展新的渔业管理办法。1994 年，美国鱼类和野生动物管理局开始将生态系统方法应用于鱼类和野生动物的保护。2001 年《雷克雅未克宣言》（Reykjavik Declaration）将渔业的生态系统方法（ecosystem approach to fisheries，EAF）作为渔业管理的框架。EAF 是一种传统渔业管理的延伸，它认识到与利益相关方合作的重要性，致力于协调各种社会目标。EAF 考虑到了人类对生态系统认识的局限性，主张在一个有生态意义的边界内进行渔业综合管理。从长远来看，基于生态系统的渔业管理可以提高海洋生态系统的生产力，使得生态系统能够以一种可持续的方式向人类提供高产量和高质量的食物。另外，海洋自然保护区管理和大海洋生态系统管理也逐渐接受了生态系统管理的理念和生态系统方法，在海洋生物多样性和海洋生物资源保护方面获得了巨大的成效。

三、退化生态系统的恢复与恢复生态学

（一）退化生态系统及其特征

退化生态系统（degraded ecosystem）或称**受损生态系统**（damaged ecosystem）是指在自然因素、人为因素或二者的共同干扰下，导致生态系统要素和生态系统整体发生的不利于生物和人类生存的量变和质变，具体表现为生态系统的基本结构和固有功能的破坏或丧失，生物多样性和生产力下降，系统的稳定性和抗逆能力减弱甚至丧失（章家恩和徐琪，1999）。

造成生态系统退化的原因是多方面的，可归纳为自然的干扰和人类的干扰两大类。自然的干扰包括全球环境变化（大气环境、洋流的变化）或区域性的气候变化和局部自然灾害（如火山爆发、地震等）。人为因素主要包括工农业生产、城市化、商业、旅游、战争等一系列活动或过程。应当指出，一些剧变或突发性的自然干扰往往会导致生态系统的彻底毁坏，但是人类正以前所未有的规模和强度影响环境，损害和改变自然生态系统，使全球生命支持系统的持续性遭到严重破坏，导致原先健康的或一些本来就十分脆弱的生态系统受损、退化。这种损害往往是积累性的、叠加的，因此人为因素干扰的范围更广，对生态系统的危害更大，恢复的难度也更大。实际上，当今生物圈许多生态系统的退化主要是人类活动的结果。在海洋方面，人类活动最频繁的盐沼、红树林、珊瑚礁、河口湾和某些浅海区等生态系统大多数处于不同程度的退化状态。例如，河口湾原来就有来自河流或沿岸带来的污染物质，但可以通过其物理、化学和生物的净化过程加以消除。但是，如果过度发展围垦和网箱水产养殖业，就可能造成大量的有机物积累，加上沿海工业发展和人口急剧膨胀，各种工业废物和生活污水未经任何处理就倾泻入海，就会大大超过海区的自净能力。此外，一些港口建设也破坏了原来的潮流方向和流速，降低其物理净化能力，加速颗粒物质沉积。如果这些人为干扰持续下去，河口湾的水质将不断恶化，底质也会从氧化态转变为还原态（还原层加厚），导致耐污能力差的浮游生物和底栖生物大量死亡，游泳动物因环境恶化和缺乏食物而离开，动物产生的卵孵化率下降或不能孵化，生物多样性下降，耐污能力强或厌氧性的生物大量增殖。与此同时，生产力和生物量也不断下降，原先的食物网结构也被破坏了，能流、物流渠道受阻，其原先的生态功能（高生产力和一定的自净能力）也就逐渐衰退，生态系统异养演替过程超过自养演替过程。

由此可见，退化生态系统的特征从其群落的组成、结构和功能的变化表现出来，或者说可以根据生态系统中的群落结构和功能以及引起的环境特征的变化程度来判断生态系统受损的程度。当生态系统不断受到外界的干扰，并且这些干扰超过其本身的调节能力时，群落结构趋于简单化，相应的功能也不断衰退，生产力下降，正常的能流、物流渠道被阻断，系统的稳定性不断减弱，生态系不断朝着异养演替方向发展。同时，外界干扰的类型、强度在很大程度上决定着生态系统退化的进程和受损的程度。

（二）退化生态系统的恢复

1. 生态恢复与恢复生态学

自然生态系统的健康或完整性受到损害，将对人类生存造成极大的潜在灾难，因此，恢复（或重建）受损生态系统是摆在我们面前的迫切任务。

根据国际恢复生态学会（Society for Ecological Restoration）2004 年的定义，**生态恢复**（ecological restoration）是指旨在促进或加速生态系统恢复其健康、完整性和可持续性的活动。通常将恢复受损生态系统到接近于受干扰前的自然状况称为**恢复**（restoration），而将恢复生态系统的

功能和利用方式称为**重建**（rehabilitation）。

随着生态恢复实践的发展，一门新兴学科——**恢复生态学**（restoration ecology）应运而生，它是以生态学原理为基础，研究生态系统退化的原因、退化生态系统恢复与重建的技术与方法、过程与机理的科学（任海和彭少麟，2001）。恢复生态学往往通过一定时空尺度的现场实验来研究在人类积极干预下退化生态系统的恢复与更新过程及其机理，并借以检验和改进生态恢复的相关技术。因此，恢复生态学既是理论科学，又是应用科学，在一定意义上说，它又是一门生态工程学（ecological engineering）或生物技术学（biotechnology）（陈昌笃，1993）。

2. 恢复退化生态系统的生态学原则与目标

退化或受损生态系统的恢复原则有生态学原则、社会经济技术原则和美学原则等。其中生态学原则最为重要，生态学原则包括生态演替原则、食物链食物网原则、物质循环与转化原则、生物相互作用原则以及生物多样性原则等。总之，必须从受损生态系统结构、功能的恢复作为基本出发点（尽管系统的结构、组分可能与原先状态有所不同），这样恢复后的生态系统才能持续地存在与发展。

受损生态系统恢复的目标是部分或全部恢复其原有的基本生态功能作用。例如，红树林沼泽的主要生态功能包括提供林区鱼、贝、虾、蟹等各种海洋生物（还包括一些陆生动物）的栖息场所和食物以及沿岸浅海区各种食碎屑者的食物，保护红树林海岸，减轻沿海污染的作用等。上述这些生态功能就是恢复已遭破坏的红树林生态系统的目标。

3. 恢复受损生态系统的基本途径

生态系统的保护、恢复和重建是生态系统管理的重要方式，也是恢复生态学的核心内容。对于保存比较完好的自然生态系统，主要任务是保护，如建立自然保护区。而对于受损的生态系统而言，根据生态系统受损的程度，其恢复（或重建）有两种基本途径（图 14.5）。

生态系统 → 没有超负荷 → 消除压力 → 自然恢复过程 → 恢复

生态系统 → 超负荷、不可逆的 → 消除压力 → 人工措施和自然恢复过程 → 恢复

图 14.5　受损生态系统恢复的两种模式（引自 Patt，1977；转引自蔡晓明，2000）

当生态系统受到较大的自然或人为干扰已发生明显退化，但依靠其自身的恢复力还能复原时，主要通过排除干扰，让其自然恢复。如果生态系统已经受损严重，在干扰排除后也无法自然恢复的情况下，则要辅以人工措施，进行生态系统重建，以恢复其生态功能。当前已开展的各大生态系统管理项目（如美国区域森林生态系统管理、荷兰生态网络计划和美国海岸生态系统修复计划等）无一例外地把生态恢复作为了生态系统管理的核心内容。这些项目的实践证明，受损生态系统的恢复工作要取得成功并不容易，离不开生态系统管理原则的指导，采用适应性管理方法，对受损生态系统进行**适应性恢复**（adaptive restoration）是生态恢复的重要途径（Thom，2000）。

恢复受损生态系统的基本步骤包括如下 5 步。

（1）确定生态系统退化的原因。人类活动对不同生态系统的主要干扰方式不尽相同。例如，对于多数近岸内湾，污染（特别是有机质污染）是其主要压力；红树林生态系统主要是受乱砍滥伐的压力；珊瑚礁则既受污染又受盲目开发利用的压力；有些浅海底则主要受底拖网的破坏。确定生态系统受损的主要原因应是修复工程首先要明确的问题。

（2）确定生态系统受破坏的程度。生态系统受损的程度是制定恢复措施的重要依据，当生态系统仅受轻微破坏的情况下，停止人类干扰后其内部有向原先正常状态转变的动力，可以自我恢

复，而人为附加的修复则能进一步缩短恢复所经历的时间。

(3) 制定恢复方案。在以上两项工作的基础上，指定恢复方案，包括确定恢复的目标、生态工程的具体项目、技术关键、可行性论证（有关技术、资金的保证、风险预测等）和具体实施方案。

(4) 实地试验。方案经批准后即可进行实地试验，并在实施恢复方案的过程中定期现场调查研究其恢复的效果，如有必要，可对部分内容作适当修改。

(5) 恢复后的监测与效果评价以及建立管理措施。

第三节　海洋自然保护区

一、海洋保护区与自然保护区的概念

1. 海洋保护区

海洋保护区（marine protected area）是以海洋自然环境和资源保护为目的，依法把包括保护对象在内的一定面积的海岸、河口、岛屿、湿地或海域划分出来，进行特殊保护和管理的海洋或海岸区域，既包括实施全面保护的自然保护区，也包括只采取局部或临时保护措施的其他保护区，如季节性禁渔区、对特定物种的捕捞限制区、禁止采矿区和禁止倾废区等。

面对海洋环境污染、生境破坏和海洋资源过度开发利用导致海洋环境及其资源严重破坏的现实，20 世纪 60 年代以来，世界很多滨海国家为加强保护海洋环境和自然资源，特别是为了拯救特有、稀有和濒危的海洋生物物种，保护典型的海洋生境和特殊的景观遗迹，先后建立相当数量的海洋保护区。这些保护区根据保护对象的不同，大致可分为：海洋生态系统保护区、濒危珍稀物种保护区、自然历史遗迹保护区、特殊自然景观保护区以及海洋环境保护区等。通过海洋保护区建设能比较完整地保存自然环境和自然资源的本来面貌，保护、恢复和发展海洋生物资源，保存海洋生物多样性，消除和减轻人为负面影响，因此保护区的兴起，为人类保护海洋环境与资源，开辟了新的途径。

2. 海洋自然保护区

海洋自然保护区（marine reserve）是指实施全面保护和管理的海洋保护区，自然保护区内禁止任何获取资源（包括生物资源、化石资源或矿物）和破坏生境的活动。

建立海洋自然保护区是保护海洋生物多样性的一项重要措施。例如，建于 1975 年的澳大利亚大堡礁海洋公园，总面积达 35 万 km^2，包括澳大利亚东北海岸外大陆架的 2600 个暗礁、浅滩、岛屿及其他地理构造，是世界上最好的也是最大的海洋自然保护区。公园内有 400 种不同类型的硬、软珊瑚，近 4000 种软体动物，上万种海绵、蠕虫、甲壳类和棘皮动物，还有鲸和海豚也经常出没在此海区。公园还是 6 种海龟和儒艮，240 多种鸟类在园内岛上筑巢垒窝。据称，澳大利亚大堡礁海洋公园是地球上具有世界意义的自然地貌。

我国的海洋自然保护区通常包括核心区（或称绝对保护区）、缓冲区和实验区三部分。核心区保护基本处于自然状态的生态系统以及珍稀、濒危动植物的集中分布地，严禁一切干扰，禁止船舶、单位和个人进入，但经国家主管部门批准，可以进入从事科学研究活动，是人们获得自然本底信息的重要场所。核心区的面积必须满足保护的要求。缓冲区是指环绕核心区的周围地区，允许进入从事非破坏性的科研活动和标本采集。缓冲区外围的一定区域划为实验区，可以进入从事科学试验、教学实习、参观考察、旅游以及驯化、繁殖珍稀、濒危野生动植物等活动。如有需要并经批准，可在自然保护区外再划出一定面积作为外围保护带。

二、我国海洋自然保护区的建设

我国在1963年建立了第一个与海洋有关的自然保护区——渤海蛇岛自然保护区，在此之后，又陆续建立了一批国家级和地方级的海洋自然保护区。据统计，截至2006年，我国共建立了海洋自然保护区139个，其中国家级海洋自然保护区24个（表14.3），地方级海洋自然保护区115个，总保护面积约420.6 $\times 10^4$ hm^2，约占我国海域面积的1.4%。这些海洋自然保护区包括生态系统保护区、物种保护区和自然遗迹与非生物资源保护区3个类别和16个类型（表14.4）。

表14.3 中国国家级海洋自然保护区（据黄宗国，1994；陈清潮，2006）

序号	名称	区域	面积/hm^2	保护对象	批准时间
1	鸭绿江口湿地	辽宁东港市	108 100	滩涂湿地生态系统及水禽候鸟	1997.08.12
2	蛇岛老铁山	辽宁大连市	17 073	蛇岛蝮蛇及其生境、候鸟	1980.08.06
3	大连斑海豹	辽宁大连市	909 000	斑海豹及其生境	1997.12.08
4	辽河口	辽宁盘锦市	80 000	湿地生态系及鸟	1988.05.09
5	黄金海岸	河北昌黎县	30 000	自然景观及海域生态系	1990.09.30
6	古海岸与湿地	天津市	21 180	古海岸遗迹及湿地生态系	1992.10.27
7	黄河三角洲	山东东营市	153 000	湿地生态系及珍禽	1992.10.27
8	庙岛海洋	山东长岛县	5 250	海岛生态系及候鸟	1988.05.09
9	荣成天鹅	山东荣成市	6 700	大天鹅等珍禽及生境	1984.01.01
10	盐城湿地	江苏盐城市	453 000	丹顶鹤等珍禽及湿地	1992.10.27
11	南麂列岛海洋	浙江平阳县	20 160	岛屿及海域生态系	1990.09.30
12	深沪湾海底古森林遗迹	福建晋江市	3 100	海底古森林	1992.10.27
13	厦门珍稀海洋物种	福建厦门市	2 550	中华白海豚、黄嘴白鹭、文昌鱼	2000.04.04
14	漳江口红树林	福建漳州市	2 400	红树林湿地	2003.06.06
15	惠东港口海龟	广东惠州市	400	海龟产卵	1992.10.27
16	内伶仃福田	广东深圳市	782	猕猴、鸟类、红树林	1988.05.09
17	湛江红树林	广东湛江市	19 000	红树林	1997.12.08
18	合浦儒艮	广西合浦县	35 000	儒艮	1992.10.27
19	山口	广西合浦县	8 000	红树林	1990.09.30
20	北仑河口	广西防城港市	11 900	红树林	2000.04.04
21	东寨港	海南海口市	3 337	红树林	1986.07.09
22	大洲岛海洋生态	海南万宁市	7 000	金丝燕及海域生态系统	1990.09.30
23	三亚珊瑚礁	海南三亚市	4 000	珊瑚礁	1990.09.30
24	铜鼓岭	海南文昌市	4 400	猕猴及生境、珊瑚礁等	2003.01.23

表14.4 我国海洋自然保护区类型分布（引自陈清潮，2006）

类别	类型	数量/个	面积/$\times 10^4$/hm^2	占总保护面积的比例/%
海洋和海岸自然生态系统	河口生态系统	3	17.0	4.0
	潮间带生态系统	27	18.0	4.3
	盐沼生态系统	4	12.4	3.0
	红树林生态系统	26	17.8	4.2
	海湾生态系统	3	8.1	1.9
	海草生态系统	3	1.3	0.3
	珊瑚礁生态系统	7	6.0	1.4
	上升流生态系统	1	0.1	0.0
	岛屿生态系统	23	122.6	29.2

续表

类　别	类　型	数量/个	面积 $/\times 10^4/hm^2$	占总保护面积的比例/%
海洋生物物种	海洋珍稀、濒危生物物种	24	17 613	41.9
	海洋经济生物物种	31	5318	12.8
海洋自然遗迹和非生物资源	海洋地质遗迹	8	112	0.3
	海洋古生物遗迹	6	1819	4.5
	海洋自然景观	5	412	1.0

注：有些海洋自然保护区同时对生物物种和生态系统进行保护，因此其数量和面积有重叠。

三、建立海洋自然保护区的意义

保护生物多样性的最佳途径是保护自然群落及其生境，在这种自然条件下，才可能使种群有足够多的数量以避免出现遗传漂变。同时在自然生态系统中物种可以与其他物种及其环境相互作用连续其进化过程，以适应不断变化的环境。因此，建立海洋自然保护区，对保护海洋生物多样性具有重大的战略意义。

（1）海洋自然保护区既能较完整地为人类保存一部分有代表性的海洋生态系统的天然“本底”，成为活的自然博物馆，也可为以后评价人类活动的结果提供比照标准。

（2）海洋自然保护区是野生生物种的天然贮存库，能为大量物种提供栖息、生存和保持进化过程的良好条件，有效地保护生物物种多样性，尤其是保护珍稀、濒危的物种，以便人类可以持续利用。

（3）海洋自然保护区能减少或消除人为的不利影响，使已受人类干扰，但干扰程度不严重的典型海洋环境得以恢复和发展，达到改善海洋环境和维持生态相对平衡的目的。

（4）海洋自然保护区可保护自然历史遗迹和风景名胜等，使其免遭破坏，对促进科学研究、文化教育和旅游事业的发展有重要意义。

四、海洋自然保护区的资源养护功能与溢出效应

（一）保护区内生物资源的恢复

在海洋自然保护区内一切利用生物资源和破坏生境的活动都被禁止，使本来受到过度捕捞和生境破坏双重威胁的海洋生物得以在受保护的自然生境中生息和恢复。在世界范围的大量实践表明海洋自然保护区的建立能显著提高保护区内海洋生物的生物量、物种多样性、生物密度、个体大小和繁殖能力。例如，在加勒比海的萨巴岛和圣卢西亚岛，由于珊瑚礁保护区的建立，1/3 常年栖息于保护区内的鱼种的个体变大、生物量增加，圣卢西亚保护区内的鱼类生物量比保护区外高 50%。

无论是在热带珊瑚礁区，还是在温带河口、海湾和海藻场以及亚热带沿岸水域，受到人类开发利用的物种在自然保护区的丰度和个体大小都增加了。Halpern 对世界范围的 89 项海洋自然保护区研究的相关数据进行了统计，结果显示，在实施全面保护后，保护区内的海洋生物资源得到极大的恢复，资源生物的生物量、生物密度、个体大小和物种多样性分别提高了 431%、200%、82%和 71%（图 14.6）。

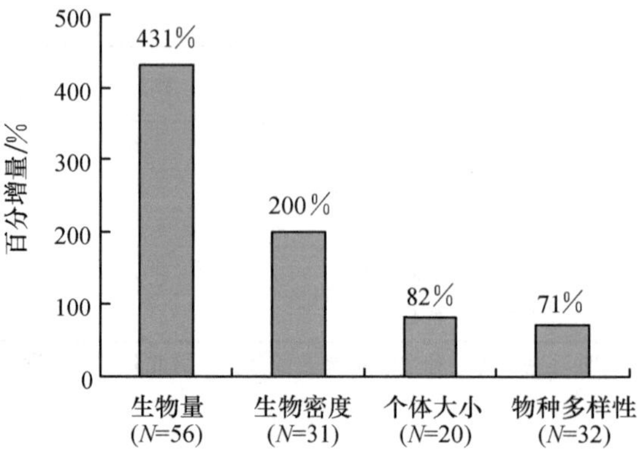

图 14.6 实施全面保护后海洋自然保护区内生物量、生物密度、个体大小和物种多样性提高情况的统计结果（数据来源于 89 项研究，引自 Halpern，2003）

不仅如此，海洋自然保护区内大多受到保护的鱼种，产卵群体的平均年龄和产卵量增加，鱼卵的孵化率和幼鱼的成活率显著提高，繁衍后代的能力明显增强。例如，美国西海岸俄勒冈州的鲸鱼湾（Whale Cove）从 1967 年开始实施保护后，15 种鱼的数量已分别增加了 0.4～6 倍，个体平均大小提高了 13%～25%，产卵量提高了 3～25 倍。这与年龄适中的大个体产卵雌鱼的数量增加有关，因为这些雌鱼的个体大、肥满度高、竞争力强和繁殖季节长，从而保证了高质量的鱼卵、鱼苗生产和种群的恢复。

（二）保护区生物资源的溢出效应和种子效应

海洋自然保护区为生物资源的恢复提供了良好的生境条件，随着保护区内受保护物种个体数量增加，密度增大，保护区内空间不足的问题将会逐渐呈现，这时，部分个体将离开保护区寻求新的生存和发展空间，使保护区外的生物资源增加，这种效应称为**溢出效应**（spillover effect）（图 14.7）。

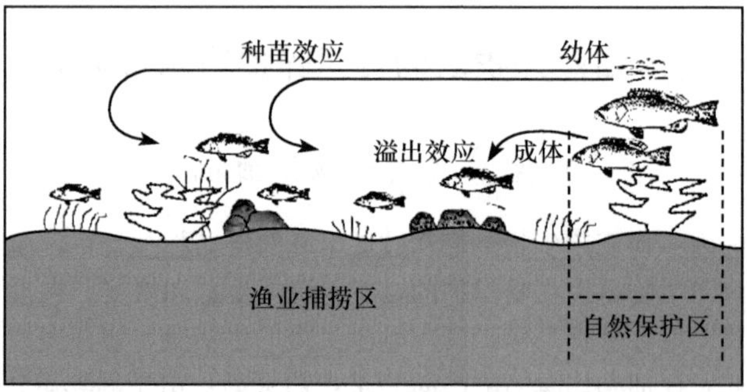

图 14.7 海洋自然保护区的溢出效应

溢出效应是大自然对人类保护野生生物资源的一种回报，如果把自然保护区建设比喻为“贮蓄”，则资源的溢出就是“利息”，是可以年复一年收获的自然回报。加勒比海圣卢西亚岛海域的研究表明，随着自然保护区内鱼类丰度的提高，保护区外的渔获量也同步提高，经过 5 年的保护后，保护区外的渔获量几乎提高了 3 倍。北美洲乔治滩的研究也表明，拖网作业禁渔区设置 5 年后，保护区外的黑线鳕的单网渔获量从 3 kg 提高到 33 kg，增加了 10 倍之多。

以上的溢出效应主要是以资源生物的成体溢出为特征的。自然保护区生物溢出的另一种形式是植物的种子以及动物的卵和幼体的溢出，这种溢出效应也相应被称为**种苗效应**（seeding effect）（图 14.7）。在海洋自然保护区内，大型海藻释放出的孢子、许多海洋鱼类的浮性卵和幼体以及底栖无脊椎动物的浮游幼体，由于缺乏运动能力或运动能力弱，会随海流扩散到保护区外的海域，甚至很远的海区。这些从保护区溢出的种子、卵或幼体对于保护区外自然海区中因受到严重过度捕捞或生境破坏而繁殖力低下的物种资源维持与恢复将发挥极其重要的作用。以前述的乔治滩为例，从 1994 年设立禁渔区以来，在种苗效应的帮助下，保护区外围已形成了密集的扇贝分布区，2002 年的扇贝产量比设区前增加了近 3 倍。此外，海洋自然保护区的种苗效应还有助于保护区外自然生态系统的恢复。

五、海洋自然保护区在恢复退化生境和生态系统中的作用

设立海洋自然保护区不但能够保护那些受干扰小、接近自然状态的海洋生境和生态系统，而且对曾经受到较大干扰已出现退化的自然生境和生态系统的恢复也作用巨大。

一方面，自然保护区的建立排除了人类活动对受保护生境或生态系统的直接干扰（如生态系统过度捕捞和生境破坏），能有效抑制其退化趋势；另一方面，自然保护区的建立同时对保护区内所有物种及其物理环境实施保护，使物种间以及生物与环境之间的自然关系得以恢复，将进而使退化的生境和生态系统逐渐回复其合理的自然状态。

以新西兰的研究为例。在新西兰的某些沿海水域，大量捕获龙虾曾经导致以大型海藻为食的海胆过量增殖，使这些海域的海藻生境几近消失。但在对这些海域实施自然保护禁止捕捉龙虾后，大型海藻又逐渐恢复了，原来栖息于海藻场的各种鱼类也回来了，整个生态系统得以重新建立起来。

六、海洋自然保护区网络

海洋自然保护区网络是在景观生态学和生态系统管理理论指导下新近发展起来的海洋自然保护区建设的新思路和新方法，目前主要用于物种和渔业资源的保护。

一方面，由于自然保护区的面积需要达到一定规模才能取得理想的保护成效，如果面积太小则保护区中受保护的物种无法自我维持，而面积太大则会使渔业资源的生产力被过多地保留在保护区之内，难以发挥保护区资源溢出效应，影响渔业生产和渔获量的提高；另一方面，对洄游性鱼类或大范围迁徙的海洋物种（如鲸、海龟）而言，其生活史过程需要经历不同类型的生境和面积广阔的海区，如果将其洄游或迁徙所经历的整个海区都建设成自然保护区，那人类的很多海洋活动（包括渔业生产）将无法进行，因此，只能在一些对其生活史起关键作用的海区或生境（如产卵场）建立自然保护区。海洋自然保护区网络正是在探索解决以上两方面问题的实践中发展起来的一种折中方法。

目前已在建设的海洋自然保护区网络是由一系列面积相对较小（往往小于海洋生态系统保护区）、彼此接近的自然保护区所组成的。由于单个保护区的面积较小，虽然成体和种苗容易溢出，却难以自我维持足够的种苗生产，但由于相邻保护区彼此接近，保护区间可以相互提供种苗，满足彼此的需要。因此，只要网络中保护区的数量足够多，自然保护区网络就可以全面提高该区域的卵、幼体和成体的产量，不但满足物种保护的要求，而且同时也满足了渔业生产的需要。可见，海洋自然保护区网络是实现海洋生物多样性保护和生物资源可持续利用的重要手段。

第四节 大海洋生态系

一、大海洋生态系的内涵

（一）大海洋生态系的一般概念

近二三十年来，由于世界各国对近海渔业资源的过度利用，很多传统经济种类资源衰退，导致一些小型低值种类增加，渔业资源的结构发生了很大变化。人们逐渐发现，只进行单种鱼类的研究而不考虑海域理化因素的变化以及捕捞对象与其他种类之间的相互关系和影响，资源管理目标往往难以达到预期效果。因此，渔业生态学家开始探讨多物种资源的评估与管理，并提出一些多鱼种渔业资源管理模型（如多鱼种渔业生态系统模型），其特点是将鱼类作为一个海洋生态系统的主要组成部分，研究在复杂的生态环境中多种鱼的数量变动，采取适当管理措施以增加提高渔业产量和经济效益的途径。另一方面，随着海洋许多珍贵鱼种由于过度捕捞而濒临灭绝，一些国家相继制定法规，对这些海洋生物的捕捞量实行限制，以便使这些资源得以恢复。但是，由于很多海洋生物（尤其是鱼类）具有洄游习性，一个国家保护，另一个国家捕捞，单方管理也将收不到预期效果。这种情况使人们逐渐认识到只有通过国际协调、综合管理海洋生物资源，才可能收到效果。大海洋生态系的概念就是在以上两个背景基础上形成的。

1984 年，美国海洋大气局的 K. Sherman 和罗得岛大学的 L. Alexander 首先提出**大海洋生态系**（large marine ecosystem，LME）的概念。大海洋生态系要符合以下条件。

（1）大海洋生态系的面积一般要在 20 万 km^2 以上，主要包括从沿岸到陆架边缘水域；

（2）具有独特的海底深度、海洋学特征和生产力特征；

（3）生物种群具有适宜的繁殖、生长和营养（食物网）的依赖关系，组成一个自我发展的循环系统；

（4）对污染、人类捕捞和海洋环境等因素的压力具有相同的影响和作用。

大海洋生态系是一个新的海洋资源保护、管理的概念，它有利于跨国研究、监测、管理和持续利用海洋生物资源，已引起各国的广泛关注和积极响应，一些国际组织（如联合国粮农组织、联合国环境发展署等）和国家机构（如美国海洋大气局等）已参与相关的行动计划。目前全球已确定 64 个大海洋生态系（表 14.5），这些大海洋生态系全部位于大陆架周围和大洋盆地，提供了全球海洋 95%的初级生产力和 80%的渔业捕捞量，周边从单个国家到几个国家不等。绝大多数大海洋生态系面临捕捞过度、环境污染、生境退化、生物多样性丧失和气候变化等问题的困扰，已到非采取对策不可的地步。与我国相关的大海洋生态系有黄海、东海、南海和黑潮四个大海洋生态系。

（二）影响大海洋生态系质量的因素

影响大海洋生态系质量的因素是多方面的，既有人为的因素，也有自然的因素。

人类的不合理捕捞活动是导致大海洋生态系变化的重要原因。近几十年来，由于对大陆架内海区的过度捕捞，造成经济价值较高的鱼类资源衰退，传统渔业产量不断下降；与此同时，其他经济价值较低的种类则可能繁殖很快，引起原来的资源结构发生变化。

大海洋生态系多处在沿岸大陆架区，也使污染成为系统外部人为影响的另一重要因素。污染物质多种多样，如石油开采、运输中造成的石油污染，工厂产生的各种重金属、有机质污染，沿海城市生活污水以及江河带来的农药、化肥和矿山开采的各种污染物质等。

表 14.5　全球 64 个大海洋生态系统

1	东白令海	23	波罗的海	45	澳大利亚东北部陆架
2	阿拉斯加湾	24	凯尔特-比斯开陆架	46	新西兰陆架
3	加利福尼亚海流	25	伊比利亚沿岸	47	东海
4	加利福尼亚湾	26	地中海	48	黄海
5	墨西哥湾	27	加纳利海流	49	黑潮海流
6	美国东南陆架	28	几内亚海流	50	日本海
7	美国东北陆架	29	本格拉海流	51	亲潮海流
8	斯科舍陆架	30	阿古拉斯海流	52	鄂霍次克海
9	纽芬兰-拉布拉多陆架	31	索马里沿岸流	53	西白令海
10	Insular Pacific-夏威夷	31	阿拉伯海	54	楚科奇海
11	中美洲太平洋沿岸	33	红海	55	波弗特海
12	加勒比海	34	孟加拉湾	56	东西伯利亚海
13	洪保德海流	35	泰国湾	57	拉普捷夫海
14	巴塔戈尼亚陆架	36	南海	58	喀拉海
15	巴西南部陆架	37	苏禄海-西里伯斯海	59	冰岛陆架
16	巴西东部陆架	38	印度尼西亚近海	60	法罗高原（Faroe Plateau）
17	巴西北部陆架	39	澳大利亚北部陆架	61	南极
18	格陵兰西部陆架	40	澳大利亚东北陆架-大堡礁	62	黑海
19	格陵兰东部陆架	41	澳大利亚东-中部陆架	63	哈得逊湾
20	巴伦支海	42	澳大利亚东南陆架	64	北冰洋
21	挪威陆架	43	澳大利亚西南陆架		
22	北海（North Sea）	44	澳大利亚西-中部陆架		

此外，沿岸大型海岸工程建设会导致海区环境改变，包括改变水流方向、加快淤泥沉积和阻断溯河鱼类的洄游通道等都可能影响大海洋生态系的质量。

自然环境的改变是影响大海洋生态系正常运转的另一类基本因素。例如，造成全球气候异常的厄尔尼诺现象，在海洋中表现为大范围水域温度异常增高，对一些大海洋生态系有明显影响（如秘鲁鳀鱼大幅度减产）。

自然环境波动还包括海流流向改变正常轨迹，影响水温分布，在上升流区则会影响真光层下方富营养水涌升的强弱和范围，形成营养盐含量的波动，从而影响初级生产力，进而影响鱼类的资源量。

所谓“自然猎捕”也会对系统内的生物结构产生影响，最突出的例子是澳大利亚大堡礁大海洋生态系。大堡礁除了人类活动造成破坏以外，由于海星大量繁殖，严重破坏了珊瑚礁生态系统，导致优势种被取代，底栖生物群落结构发生变化。

大海洋生态系的质量主要以系统的稳定性和生产力水平为判断的依据。系统的稳定性表示它对外界压力（或干扰）的承受能力。虽然大海洋生态系对外界影响的承受能力比小生态系强，但如果外界压力超过一定的阈限，系统照样会衰退和不稳定，原来维持相对平衡的结构就会改变，生产力水平也会受到影响。

二、大海洋生态系的管理目标与实践

（一）管理目标

世界海洋渔业的管理方向将由过去的开发型向管理型转变，从单种到多种资源管理并向着整体、系统水平发展。一般认为，大海洋生态系管理的基本目标包括如下。

（1）持续利用海洋生物资源，这是最基本的管理目标。为此进行的限制捕捞力量、增大网目孔径、划定禁渔区和禁渔期等，都是为了达到持续开发利用的目的而制定的措施。

（2）保护已衰退的某种渔业资源，使之有生息和恢复的机会，防止生物群落结构发生大的改变。大海洋生态系管理中，各参与国通过补贴或制定法规鼓励渔民捕捞其他鱼类资源，即改变传统的渔业结构，就是为了达到恢复原有重要资源的目的。

（3）通过大海洋生态系的管理，最终实现增加经济效益和渔民收入的目标。

（二）大海洋生态系管理的实践与存在问题

大海洋生态系管理是近二十年来提出的课题，虽已被广泛认可为海洋渔业和其他海洋生物资源管理的重要手段，但由于生态系统本身和国际关系的复杂性，目前尚处初期阶段，而且由于牵涉面很广，迄今尚无完整的成功经验。

从资源保护方面看，已在控制捕捞力量、扩大网目和禁渔期、禁渔区等方面采取一些行动。从资源增殖方面看，已经在种苗放流和保护幼鱼、投放人工鱼礁以吸引鱼类和防止有害的拖网作业等方面采取一些措施。

对于比较易于推行综合管理的单国边界的大海洋生态系也已开始进行生态系统水平的管理，澳大利亚的大海洋生态系就是其中一例，其综合管理的目标是：①捕养并存；持续发展；②逐步消除海星对珊瑚礁的破坏；③防止陆源污染与人为破坏。美国也已为单独管理的大海洋生态系建立了相应的综合生态系统管理机制。另外，南极被认为是最成功的大海洋生态系管理区。在大规模捕捞该海域渔业资源之前，国际社会就共同签署了“保护南极海洋生物资源公约”，并派科学家长期监视监测该海域生物量变化的动态，为资源的持续利用打下基础。

但是在大海洋生态系的管理实践中也遇到了一些困难，主要的问题是如何搞好不同国家之间的合作与协调。例如，美国东北大陆架大海洋生态系的措施虽然已在美国得到执行，但难以控制外国渔船的捕捞，渔业产量仍连续下降，有些种类已濒临灭绝。又如，我国黄海大海洋生态系早已开始对虾放流增殖并取得了可喜的成果，但是，只有中国从事放流工作而周边国家朝鲜和韩国只管捕捞，挫伤了中国从事这一工作的积极性。在大西洋，从 1986～1992 年，各国渔船在大西洋的捕捞量超过商定捕捞量的 15 倍。通过以上的事例，说明了国际有效合作对实现大海洋生态系综合管理目标的重要意义。

除了上述国际协调以外，大海洋生态系的管理还有另外一些必须深入研究的重要课题。例如，一个生态系统内某一物种受到过度捕捞而衰退后，有的种类经过一段时间（如几年）的调整，单产就可能恢复到原来的水平，有的种类则不然。据报道，20 世纪 40 年代，美国加州的沙丁鱼由于过度捕捞，几乎濒临灭绝，虽然以后采取了严格的控制措施，但至今未能形成有商业价值的鱼汛。因此，对于不同的海洋生物资源种类的存活、生长、繁殖和分布的受控因素和受控过程等渔业生态系统的内容都还必须进行更多的研究。还有，在一个已经受到干扰的大海洋生态系，采取限制渔业捕捞量、保护栖息地和防止海洋污染等措施后，能以多快的速度恢复，最终能否保证获得原先系统的良性状态水平，环境的变化或人为的干扰对不同系统产生的生态效应的主要表现是什么，等等，这些问题同样也有待开展更为深入的有关海洋生态系统动态的调查研究。

本章提要

1. 生物多样性包括物种多样性、遗传多样性和生态系统多样性三个基本层次。物种多样性是生态系统的基本组分，也是基因和染色体的载体，基因多样性是保存物种繁衍和生物对环境适应性的重要内在机制，生态系统多样性是保存物种多样性和遗传多样性的基本条件。

2. 海洋生物多样性不仅为人类提供20%左右的动物蛋白质，同时提供各种医药来源（有很大的发展潜力）和工业原料来源，同时还具有保护人类生存环境（包括调节大气CO_2含量）的功能。生物多样性是人类赖以生存和发展的基本条件。

3. 海洋生物多样性面临人类干扰的严重威胁，实施科学有效的管理来规范人类行为，并采取合理保护和恢复措施，减少人类活动对海洋生物多样性的威胁和侵害已经刻不容缓。当前，生态系统水平的保护和管理策略已越来越受到肯定。

4. 生态系统管理是具有明确且可持续目标驱动的管理活动，由政策、协议和实践活动保证实施，并在对维持生态系统组成、结构和功能必要的生态相互作用和生态过程最佳认识的基础上从事研究和监测，以不断改进管理的适应性。生态系统的管理目标是维持、保护或恢复生态系统结构的完整性和功能与服务的可持续性。

5. 生态系统方法是一种综合各种方法来解决复杂的社会、经济和生态问题的生态系统管理策略，它提供了一个将多学科的理论与方法应用到具体管理实践的科学和政策框架。生态系统方法源于生物多样性保护领域，并已经渗透到渔业管理、流域管理、土地利用规划等众多领域，并取得了良好的成效。

6. 退化生态系统是一类受到人类和自然因素干扰，结构和功能退化，生物多样性和生产力下降，系统的稳定性和抗逆能力减弱甚至丧失的生态系统。退化生态系统恢复必须以生态学原理为基础，其恢复的目标是部分或全部恢复其原有的生态功能作用。

7. 海洋自然保护区是以海洋自然环境和资源保护为目的，实施前面保护和管理的海洋保护区，通常包括核心区、缓冲区和实验区，在保护区范围内禁止任何获取资源和破坏生境的活动。建立各类海洋自然保护区对保护海洋生物多样性具有重大战略意义。

8. 海洋自然保护区具有良好的生物资源养护功能，并能通过资源溢出效应和种苗效应提高保护区外的渔业资源量和渔获量，同时还对退化生态系统的恢复有重要的促进作用。海洋自然保护区网络是在景观生态学和生态系统管理理论指导下新近发展起来的海洋自然保护区建设的新思路和新方法，目前主要用于物种和渔业资源的保护。

9. 大海洋生态系是一个新的海洋资源保护、管理的概念。大海洋生态系管理的特点是由过去的开发型管理向管理型转变，从单种到多种资源并向生态系统的水平发展。其管理的基本目标是保证海洋生物资源的可持续利用，并为此确定限制捕捞力量、增大网目孔径、划定禁渔区和禁渔期等相关措施。同时，对已衰退的渔业资源采取措施（包括改变原有的渔业结构）使之有生息和恢复的机会。

思考题

1. 说明生物多样性概念包含的基本层次和它们之间的相互关系。
2. 简要说明海洋生物多样性对人类生存和发展的重要意义。
3. 什么是生态系统管理？如何理解适应性管理和预防原则？
4. 生态系统方法的实施必须遵循哪些主要原则？
5. 什么是退化生态系统？简述恢复退化生态系统的生态学原则和目标。
6. 简要说明建设海洋自然保护区的重大意义。
7. 为什么说海洋自然保护区具有良好的生物资源养成和生态恢复功能？
8. 简述大海洋生态系的基本概念和管理目标。

参考文献

蔡如星，董聿茂，郑锋等. 1985. 寄生蔓足类与寄主甲壳动物的相互关系. 东海海洋，3（3）：38～45

蔡晓明，尚玉昌. 1995. 普通生态学（下）. 北京：北京大学出版社

蔡晓明. 2000. 生态系统生态学. 北京：科学出版社

蔡昱明，宁修仁，刘子琳等. 2002. 莱州湾浮游植物粒径分级叶绿素 a 和初级生产力及新生产力. 海洋科学集刊，44：1～10

陈昌笃. 1993. 持续发展与生态学. 北京：中国科学技术出版社

陈长胜. 2003. 海洋生态系统动力学与模型. 北京：高等教育出版社

陈敏，黄奕普，蔡平河等. 2002. 北冰洋：生物生产力的"沙漠". 科学通报，47（9）：707～710

陈清潮. 2006. 中国海洋生物多样性的保护. 北京：中国林业出版社

陈亚瞿，徐兆礼. 2000. 东海浮游动物生物量与主要种类生态学. 见：唐启升，苏纪兰等. 中国海洋生态系统动力学研究Ⅰ：关键种科学问题与研究发展战略. 北京：科学出版社. 80～87

崔毅，陈碧鹃，陈聚法. 2005. 黄渤海海水养殖自身污染的评估. 应用生态学报，16（1）：180～185

邓景耀，孟田湘，任胜民. 1988. 渤海鱼类的食物关系. 海洋水产研究，9：151～171

高桥正征，古谷研，石丸隆. 1996. 生物海洋学 3：动物プランクン/ 生物サィクル. 东京：东海大学出版社

戈峰. 2002. 现代生态学. 北京：科学出版社

郭丰，黄凌风，周时强等. 2001a. 斑节对虾养殖垦区水质状况的调查研究. 厦门大学学报（自然科学版），40（4）：931～935

郭丰，周时强，黄凌风等. 2001b. 同安湾潘涂对虾养殖垦区不同形态磷的含量与动态. 水产学报，25（5）：443～447.

郭丰，林均民，黄凌风等. 2002a. 厦门潘涂对虾养殖垦区浮游植物的生态特征. 台湾海峡，21（4）：323～328

郭丰，聂鑫，黄凌风等. 2002b. 厦门潘涂虾池及其附近内湾各态氮的季节性变化特征. 海洋科学，（4）：44～48

郭学武. 2000. 底层鱼类对底栖生物和碎屑的摄食. 见：唐启升，苏纪兰等. 中国海洋生态系统动力学研究Ⅰ：关键种科学问题与研究发展战略. 北京：科学出版社. 195～198

国家自然科学基金委员会. 1997. 自然科学学科发展战略调研报告：生态学. 北京：科学出版社

韩希福，王荣. 2000. 浮游动物种群的补充——粒径谱和能径谱的应用. 见：唐启升，苏纪兰等. 中国海洋生态系统动力学研究Ⅰ：关键种科学问题与研究发展战略. 北京：科学出版社. 104～106

洪华生，丘书院，阮五崎等. 1991. 闽南—台湾浅滩渔场上升流区生态系研究. 北京：科学出版社

洪华生. 2006. 海洋生物地球化学的研究动态及展望. 见：黄奕普，胡明辉，李文权等. 海洋化学研究文集. 北京：海洋出版社. 8～20

洪万树，张其永. 2002. 我国海水鱼类养殖的现状与展望. 见：中国水产学会. 中国水产学会学术年会论文集. 北京：海洋出版社

胡建宇. 1995. 物理海洋学基础教程. 厦门：厦门大学出版社

胡文佳，杨圣云，朱小明. 2007. 海水养殖对海域生态系统的影响及其生物修复. 厦门大学学报（自然科学版）. 46（增刊 1）：197～202

黄邦钦. 1999. 微微型浮游植物在台湾海峡和厦门西海域碳磷循环中的作用. 厦门大学博士学位论文. 1～171

黄凌风，李少菁．2000．海洋底栖甲藻研究——国际有害藻华研究的一个重要领域．海洋科学，24（11）：13～15
黄小平，黄良民等．2007．中国南海海草研究．广州：广东经济出版社
黄奕普，陈敏，刘广山等．2006a．同位素海洋学研究文集，第1卷：南海．北京：海洋出版社
黄奕普，陈敏，刘广山等．2006b．同位素海洋学研究文集，第2卷：极地海洋．北京：海洋出版社
黄奕普，陈敏，刘广山等．2006c．同位素海洋学研究文集，第3卷：沿岸海域．北京：海洋出版社
黄奕普，陈敏，刘广山等．2006d．同位素海洋学研究文集，第4卷：海洋放射年代学．北京：海洋出版社
黄奕普，陈敏，刘广山等．2006e．同位素海洋学研究文集，第5卷：核素的测定．北京：海洋出版社
黄宗国．2004．海洋河口湿地生物多样性．北京：海洋出版社
黄宗国．2008．中国海洋生物种类与分布（增订版）．北京：海洋出版社
黄宗国，蔡如星．1984．海洋污损生物及其防除（上）．北京：海洋出版社
焦念志，陈念红．1995．原绿球藻——海洋生态学研究的新领域．海洋科学，4：9～12
焦念志，王荣．1993．海洋初级生产力结构．海洋与湖沼，24（4）：312～354
焦念志，王荣，李超伦．1998．东海春季初级生产力与新生产力的研究．海洋与湖沼，29（2）：135～139
金显仕，唐启升．2002．渤海食物网营养动力学及资源优势种交替——群落结构与生物生产力．见：苏纪兰，唐启升．中国海洋生态系统动力学研究Ⅱ：渤海生态系统动力学过程．北京：科学出版社．312～354
雷霁霖．2006．我国海水鱼类养殖大产业架构与前景展望．海洋水产研究，27（2）：1～9
李纯厚，黄洪辉，林钦等．2004．海水对虾池塘养殖污染物环境负荷量的研究．农业环境科学学报，23（3）：545～550
李纯厚，王学锋，王晓伟等．2006．中国海水养殖环境质量及其生态修复技术研究进展．农业环境科学学报，25（增刊）：310～ 315
李国刚，李红莉．2004．持久性有机污染物在中国的环境监测现状．中国环境监测，24（4）：53～60
李少菁，陈钢．2000．台湾海峡浮游动物生态学．见：唐启升，苏纪兰等．中国海洋生态系统动力学研究Ⅰ：关键种科学问题与研究发展战略．北京：科学出版社．87～97
李松，郑榕．1991．闽南—台湾浅滩上升流区浮游动物产量．见：洪华生．闽南—台湾浅滩上升流区生态系研究．北京：科学出版社．346～355
李学伦．1997．海洋地质学．青岛：青岛海洋大学出版社
林浩然．2004．重要海水养殖鱼类遗传多样性与种质基因组的研究．科学导报，9：4～6
林鹏．1990．红树林研究论文集．厦门：厦门大学出版社
林鹏．2001．中国红树林研究进展．厦门大学学报（自然科学版），40（2）：592～603
林钦，林燕棠，李纯厚等．1999．我国海水网箱养殖环境氮磷负荷量的评估．海洋水产科学研究文集．广州：广东科技出版社．217～225
刘述锡，梁玉波．2004．海水养殖的生态问题．大自然，5：37～40
陆健健．1994．中国水鸟名录（1990～1994）．见：陆健健．中国水鸟研究．上海：华东师范大学出版社．181～185
罗秉征，卢继武，黄颂芳．1983．东海北部带鱼性成熟的研究Ⅰ：雌鱼的成熟过程与特性．海洋与湖沼，14（1）：59～68
罗秉征．1991．带鱼．见：邓景耀，赵传絪等．海洋渔业生物学．北京：中国农业出版社．111～163
马世俊，王如松．1984．社会—经济—自然复合生态系统．生态学报，4（1）：1～9
聂鑫，郭丰，黄凌风等．2001．厦门潘涂对虾养殖垦区水质状况的分析．台湾海峡，20（3）：323～328

宁修仁．1997a．海洋微型和超微型浮游生物．东海海洋，15（3）：60～64
宁修仁．1997b．微型生物食物环．东海海洋，15（1）：66～68
邱雨生，黄奕普，刘广山等．2004．南极普里兹湾及邻近海域初级生产力的时空变异．厦门大学学报（自然科学版），43（5）：676～681
任海，彭少麟．2001．恢复生态学导论．北京：科学出版社
山本護太郎．1981．海洋生态系．赵焕登，孙修勤译．北京：海洋出版社
尚玉昌，蔡晓明．1992．普通生态学（上）．北京：北京大学出版社
邵广昭．1998．海洋生态学．台北：明文书局
沈国英，林均民，黄凌风等．1992．对虾养殖早期虾池初级生产力及其作用的调查研究．厦门大学学报，31（2）：188～193
苏纪兰，唐启升等．2002．中国海洋生态系统动力学研究Ⅱ：渤海生态系统动力学过程．北京：科学出版社
孙儒泳．1992．动物生态学原理．北京：北京师范大学出版社
孙儒泳，李庆芬，牛翠娟等．2002．基础生态学．北京：高等教育出版社
孙耀，王俊．2002．渤海食物网营养动力学及资源优势种交替——高营养层次营养动力学过程．见：苏纪兰，唐启升．中国海洋生态系统动力学研究Ⅱ：渤海生态系统动力学过程．北京：科学出版社．243～263
唐启升．1999．海洋食物网与高营养层次营养动力学研究策略．海洋水产研究，20（2）：1～6
唐启升，苏纪兰等．2000．中国海洋生态系统动力学研究Ⅰ：关键种科学问题与研究发展战略．北京：科学出版社
仝龄．2002．渤海食物网营养动力学及资源优势种交替——生态营养通道模型．见：苏纪兰，唐启升．中国海洋生态系统动力学研究Ⅱ：渤海生态系统动力学过程．北京：科学出版社．289～296
王春生，杨俊毅，张东声等．2006．深海热液生物群落研究综述．厦门大学学报（自然科学版），45（增刊2）：141～149
王建军，黄宗国，郑成兴等．1999．厦门和东山外来物种沙筛贝的种群动态和结构．台湾海峡，18（4）：372～377
王军，丘书院．1991．闽南—台湾浅滩渔场金色小沙丁鱼的食性．见：洪华生．闽南—台湾浅滩渔场上升流区生态系研究．北京：科学出版社．632～637
王荣．2000．粒径谱和生物量谱．见：苏纪兰，秦蕴珊．当代海洋科学学科前沿．北京：学苑出版社．282～286
王荣，焦念志，李超伦等．1995．胶州湾的初级生产力和新生产力．海洋科学集刊，36：181～194
王荣，李超伦，张武昌等．2002a．浮游动物种群动力学及其对生态系统中的调控作用——稳定同位素营养级分析．见：苏纪兰，唐启升．中国海洋生态系统动力学研究Ⅱ：渤海生态系统动力学过程．北京：科学出版社．154～163
王荣，林雅蓉，刘孝贤．1988．太平洋表层水某些生物海洋学要素和颗粒谱的分布规律研究．海洋与湖沼，19（6）：505～517
王荣，孙松，王克等．2002b．浮游动物种群动力学及其对生态系统中的调控作用——浮游动物群落结构与种群动力学．见：苏纪兰，唐启升．中国海洋生态系统动力学研究Ⅱ：渤海生态系统动力学过程．北京：科学出版社．113～141
吴颖，李惠玉，李圣法等．2008．大型水母的研究现状及展望．海洋渔业，30（1）：80～87
伍淑婕，梁士楚．2008．人类活动对红树林生态系统服务功能的影响．海洋环境科学，27（5）：537～542
夏伟生．1984．人类生态学初探．兰州：甘肃人民出版社
徐兆礼，陈亚瞿．1989．东黄海秋季浮游动物优势种聚集强度与鲐鲹渔场的关系．生态学杂志，8（4）：

13～15
徐兆礼. 2006. 中国海洋浮游动物研究的新进展. 厦门大学学报（自然科学版），45（增刊 2）：16～23
杨逸萍，王增焕，孙建等. 1999. 精养虾池主要水化学因子变化规律和氮的收支. 海洋科学，(1)：15～17
杨宇峰，姜胜，王朝晖等. 2004. 中国海水养殖发展状况与养殖海域赤潮生态防治. 海洋科学，24（7）：71～75
叶属峰，吕吉斌，丁德文等. 2004. 长江口大型工程对河口生境破碎化影响的初步研究. 海洋工程，22（3）：41～47
于贵瑞. 2001a. 生态系统管理学的概念框架及其生态学基础. 应用生态学报，12（5）：787～794
于贵瑞. 2001b. 略论生态系统管理的科学问题与发展方向. 资源科学，23（6）：1～4
于贵瑞，谢高地，于振良等. 2002. 我国区域尺度生态系统管理中的几个重要生态学命题. 应用生态学报，13（7）：885～891
张孚允. 1996. 中国湿地和鸟类的保护与监测. 见：林业部野生动物和森林植物保护司. 湿地保护与合理利用——中国湿地保护研讨会文集. 北京：中国林业出版社. 74～79
张恒庆. 2005. 保护生物学. 北京：科学出版社
张其永，林秋眠，林尤通等. 1983. 闽南—台湾浅滩渔场鱼类食物网的研究. 海洋学报，3（2）：275～290
张乔民，余克服，施祺等. 2006. 全球珊瑚礁监测与管理保护评述. 热带海洋学报，25（2）：71～78
章家恩，徐淇. 1999. 恢复生态学研究的一些基本问题探讨. 应用生态学报，10（1）：109～113
赵耕毛，刘兆普，汪辉等. 2009. 滨海盐渍区利用异源海水养殖废水灌溉耐盐能源植物（菊芋）研究. 干旱地区农业研究，27（3）：107～111
赵士洞，汪业勖. 1997. 生态系统管理的基本问题. 生态学杂志，16（4）：35～38
赵淑江，张晓举，李崇德等. 2006. 中国海水养殖鱼类的外来种类. 海洋科学，30（10）：75～80
郑重，李少菁，许振祖. 1984. 海洋浮游生物学. 北京：海洋出版社
中国农业年鉴编辑部. 2006. 中国农业年鉴. 北京：中国农业出版社
周名江，朱明远，张经. 2001. 中国赤潮的发生趋势和研究进展. 生命科学，13（2）：54 ～ 60
周杨明，于秀波，于贵瑞. 2007. 自然资源和生态系统管理的生态系统方法：概念、原则与应用. 地球科学进展，22（2）：171～178
朱小明，沈国英. 1997. 厦门港小型浮游生物对可溶性活性磷（SRP）吸收和再生通量的季节变化. 厦门大学学报（自然科学版），36（1）：145～152
朱小明，沈国英. 1998a. 厦门港浮游生物对可溶性活性磷（SRP）吸收动力学的研究. 厦门大学学报（自然科学版），37（1）：125～131
朱小明，沈国英. 1998b. 厦门港小型浮游生物对可溶性活性磷的吸收和再生通量. 台湾海峡，17（1）：76～87
邹景忠，董丽平，秦保平. 1983. 渤海湾富营养化和赤潮问题的初步探讨. 海洋环境科学，2（2）：41～54
Aioi K, Komatsu T, Morita K. 1998. The world's longest seagrass, *Zostera caulescens* from northern Japan. Aquatic Botany, 61: 87～93
Alexander M. 1977. Introduction to Soil Microbiology. 2nd ed. New York : Wiley
Allendorf F W, Leary R F. 1986. Heterozygosity and fitness in natural populations of animals. *In*: Soule E D. Conservation Biology: The Science of Scarcity and Diversity. Sunderland MA: Sinauer Associates. 57～76
Alongi D M, Robertson A I. 1995. Factors regulating benthic food chains in tropical rever deltas and adjacent shelf areas. Geo-Marine Letters, 15: 145～152

Andersen P, Sorensen H M. 1986. Population dynamics and tropic coupling in pelagic microorganisms in eutrophic coastal waters. Mar Ecol Prog Ser, 33: 99～109

Andreae M O, Ferek R J, Bermond F P. 1985. Dimethyl sulfide in the marine atmosphere. J Geophys Res, 90: 2891～2900

Attrill M J, Power M, Thomas R M. 1999. Modelling estuarine Crustacea populations in response to physico-chemical trends. Marine Ecology Progress Series, 178: 89～99

Attrill M J, Wright J, Edwards M. 2007. Climate-related increases in jellyfish frequency suggest a more gelatinous future for the North Sea. Limnol Oceanogr, 52 (1): 480～485

Attrill M J, Strong J A, Rowden A A. 2000. Are macroinvertebrate communities influenced by seagrass structural comolexity? Ecography, 23: 114～121

Azam F, Fenchel T, Field JG et al. 1983. The ecological role of water-column microbes in the sea. Mar Ecol Prog Ser, 10: 257～263

Barnes R S K, Hughes R N. 1982. An Introduction to Marine Ecology. London: Blackwell Scientific Publication

Begon M J, Harper J L, Townsend C R. 1986. Ecology: Individuals Population and Communities. Boston: Blackwell Scientific Pub

Begon M, Mortimer M. 1981. Population Ecology: a Unfield Study of Animals and Plants. Boston: Blackwell Sci Pub

Benitez-Nelson C R. 2000. The biogeochemical cycling of phosphorus in marine systems. Earth Sci Rev, 51: 109～135

Berger W H, Smetacek V S, Wefer G. 1989. Productivity of the Ocean: Present and Past. New York: John Wiley & Sons Ltd

Berger W H, Fischer K, Lai C et al. 1987. Ocean productivity and organic carbon flux. Part Ⅰ. Overview and maps of primary production and export production. University of California, San Diego, SIO Report, 87～30

Bienfang P K, Ziemann D A. 1992. The role of coastal high latitude ecosystems in global export production. In: Falkowski P G, Woodhead A D. Primary Productivity and Biogeochemical Cycle in the Sea. New York: Plenum Press. 285～297

Biggs D C. 1977. Respiration and ammonium excretion by open ocean, gelatinous zooplankton. Limnol Oceanogr, 22: 108～117

Borg J A, Attrill M J, Rowden A A et al. 2002. A quantitative technique for sampling motile macroinvertebrates in beds of the seagrass *Posidonia oceanica* (L.) Delile. Scientia Marina, 66 (1): 53～58

Boundreau P B, Dickie L M. 1992. Biomass spectra of aquatic ecosystems in relation to fisheries yield. Can J Fish Aquat Sci, 49: 1308～1317

Boyer D C, Boyer H J, Fossen I et al. 2001. Changes in the abundance of the northern Benguela sardine stock during the decade 1990～2000, with comments on the relative importance of fishing and the environment. S Afr J Mar Sci, 23: 67～84

Branch G M. 1975. Intraspecific competition in *Patella cochlear* Born. J Anim Eco, 44: 263～281

Brandes J A, Devol A H, Deutsch C. 2007. New developments in the marine nitrogen cycle. Chem Rev, 107: 577～589

Brett J R, Groves T D D. 1979. Physiological energetics. *In*: Hoars W S. Fish physiology. New York: Academic Press. 279～352

Briggs J C. 2003. Marine centres of origin as evolutionary engines. Journal of Biogeography, 30: 1～18

Brodeur R D, Sugisaki H, Hunt G L. 2002. Increases in jellyfish biomass in the Bering Sea: implications for the ecosystem. Mar Ecol Prog Ser，233：89～103

Broecker W S. 1991. The great ocean conveyor. Oceanography，4：79～89

Brown J H. 1971. Mammals on mountaintops：nonequilibrium insular biogeography. American Naturalist，105：467～478

Bryant A D，Heath M K，Brouekhuizen N et al. 1995. Modeling the predation，growth and population dynamics of fish within a spatially resolved shelf sea ecosystem model. Netherlands Journal of Sea Research，33：407～421

Buesseler K O，Bacon M P，Cochran J K. 1992. Carbon and nitrogen export during the JGOFS North Atlantic Bloom Experiment estimated from ^{234}Th：^{238}U disequilibria. Deep-Sea Research，39：1115～1137

Buesseler K O，Micheal A F，Siegel D A. 1994. A three dimensional time-dependent approach to calibrating sediment trap flux. Global Biogeochem Cycles，8（2）：179～193

Burd B J，Thomson R E. 2000. Distribution and relative importance of jellyfish in a region of hydrothermal venting. Deep-Sea Research I，47：1703～1721

Burdige D J. 2007. Preservation of organic matter in marine sediments：controls，mechanisms，and an imbalance in sediment organic carbon budgets? Chem Rev，107：467～485

Butler E I，Corner E D S，Marshall S M. 1970. On the nutrition and metabolism of zooplankton Ⅶ. Seasonal survey on nitrogen and phosphorus excretion by *Calanus* in the Clyde sea area. J Mar Biol Ass Uk，50：525～560

Cadée G C，González H，Schnack-Schiel S B. 1992. Krill diet affects faecal string settling. Polar Biology，12：75～80

Campbell L，Liu H B，Nolla H A et al. 1997. Annual variability of phytoplankton and bacteria in the subtropical north Pacific ocean at station ALOHA during the 1991～1994 ENSO event. Deep-Sea Res，44（2）：167～191

Caron D A，Lim E L，Miceli G . 1991. Grazing and utilization of chroococcoid cyanobacteria and heterotrophic bacteria by protozoa in laboratory cultures and a coastal plankton community. Mar Ecol Prog Ser，76：205～217

Cary S C，Shank T，Stein J. 1998. Worms bask in extreme temperatures. Nature，391：545～546

Chapman R N. 1928. The quantitative analysis of environmental factors. Ecology，9：111～122

Chavez F P，Barber R T. 1987. An estimate of new production in the equatorial Pacific. Deep-Sea Res，34：1229～1243

Chavez F P，Barber R T. 1987. An estimate of new production in the equatorial Pacific. Deep-Sea Res，34：1229～1243

Chisholm S W. 2000. Oceanography：Stirring times in the Southern Ocean. Nature，407：685～687

Clarke G L. 1954. Elements of Ecology. New York：John Wiley & Sons

Cole J J，Findlay S，Pace M L. 1988. Bacterial production in fresh and saltwater ecosystems：a cross-system overview. Mar Ecol Prog Ser，43：1～10

Comiso J C. 2003. Warming trends in the Arctic. Journal of Climate，16：3498～3510

Connell J H. 1961. The influence of interspecific competition and other factors on the distribution of the barnacle Chthamalus stellatus. Ecology，42：710～723

Costanza R，D'Arge R de Groot R et al. 1997. The value of the world's ecosystem services and natural capital. Nature，387：253～260

Cushing D H. 1971. Upwelling and production of fish. Advances in Marine Biology，9：255～334

Cushing D H. 1975. Marine Ecology and Fisheries. Cambridge：Cambridge University Press

Davis P G, Sieburth J M. 1984. Estuarine and oceanic microflagellate predation of actively growing bacteria: estimation by frequency of dividing～divided bacteria. Mar Ecol Prog Ser, 19: 237～246

Deengan L A, Garritt R H. 1997. Evidence for spatial variability in estuarine food webs. Marine Ecology Progress Series, 147 (1～3): 31～47

Desbruyères D, Almeida A, Biscoito M et al. 2000. A review of the distribution of hydrothermal vent communities along the northern Mid-Atlantic Ridge: dispersal vs. environmental controls. Hydrobiologia, 440: 201～216

Dietrich G. 1963. General Oceanography. New York: Interscience

Dolbeth M, Pardal M A, Lillebø A I et al. 2003. Short- and long-term effects of eutrophication on the secondary production of an intertidal macrobenthic community. Marine Biology, 143: 1229～1238

Domingues C M, Church J A, White N J et al. 2008. Improved estimates of upper-ocean warming and multi-decadal sea-level rise. Nature, 453: 1090～1093

Duarte C M, Cebrian J. 1996. The fate of marine atotrophic production. Limnol Oceanogr, 41: 1758～1766

Duarte C M, Chiscano C L. 1999. Seagrass biomass and production: a reassessment. Aquctic Botany, 65: 159～174

Duarte C M. 2000. Marine biodiversity and ecosystem services: an elusive link. Journal of Experimental Marine Biology and Ecology, 250: 117～132

Duarte C M. 2001. Seagrass ecosystem. *In*: Levin S L. Encyclopedia of Biodiversity. Vol. 5. San Diego: Academic Press

Dugdale R C, Goering J J. 1967. Uptake of new and regenerated forms of nitrogen in primary productivity. Limnol Oceanogr, 12: 196～206

Dugdale R C, Wilkerson F. 1992. Nutrient limitation of new production in the sea. *In*: Falkowski P G, Woodhead A D. Primary Productivity and Biogeochemical Cycle in the Sea. New York : Plenum Press. 107～122

Eastman J T. 2000. Antarctic nototheninoid fishes as subjects for research in evolutionary biology. Antarctic Science, 12: 276～287

Edmond J M, Spivack A, Grant B C et al. 1985. Chemical dynamics of the Changjiang Estuary. Continental Shelf Res, 4: 17～36

Ehrlich P R, Roughgarden J. 1987. The Science of Ecology. New York: The Science of Ecology Macmillan

Elton C. 1966. The Pattern of Animal Communities. London: Methuen

Emmel T C. 1976. Population Biology. New York: Harper & Row

English T S. 1961. Some biological oceanographic observations in the central north Polar Sea, Drift Station Alpha, 1957～1958. Arctic Institute of North America Scientific Report, 15: 1～80

Eppley R W, Peterson B J. 1979. Particulate organic matter flux and planktonic new production in the deep ocean. Nature, 283: 677～680

Eppley R W. 1989. New production: history methods and problem. *In*: Berger W H, Smetacek V S, Wefer G. Production of the Ocean: Present and Past. New York: John Wiley & Sons. 85～97

Estes J A, Duggins D O, Rathbun G. 1989. The ecology of extinctions in kelp forest communities. Conservation Biology, 3: 252～264

Fairbridge R W. 1980. The estuary: its definition and geodynamic cycle. *In*: Olausson E, Cato I. Chemistry and Biogeochemistry of Estuaries. New York: Wiley. 1～35

Feely R A, Sabine C L, Lee K et al. 2004. Impact of anthropogenic CO_2 on the $CaCO_3$ system in the oceans. Science, 305: 362～366

Fenchel T, Harrison P. 1976. The significance of bacterial grazing and mineral cycling for the decomposition of particulate detritus. *In*: Anderson J M, Macfadyen A. The Role of Terrestrial and Aquatic Organisms in Decomposition Processes. Oxford: Blackwell. 285～299

Fenchel T. 1969. The ecology of marine microbenthos Ⅵ: structure and function of the benthic ecosystem its chemical and physical factors and the microfauna communities with special reference to the ciliated protozoa. Ophelia, 6: 1～182

Fenchel T. 1978. The ecology of micro- and meiobenthos. Annual Review of Ecology and Systematics, 9: 99～121

Fisher T R, Carlson P R, Barker R T. 1982. Sediment nutrient regeneration in three North Carolina estuaries. Estuar Coast Shelf Sci, 14: 101～116

Fisher T R, Peele E R, Ammerman J W, et al. 1992. Nutrient limitation of phytoplankton in Chesapeake Bay. Mar Ecol Prog Ser, 82: 51～63

Friedrich H. 1965. Meeresbiologie. Berlin: Borntraeger

Froneman P W, Perissinotto R. 1996. Structure and grazing of the microzooplankton communities of the Subtropical Convergence and a warm-core eddy in the Atlantic sector of the Southern Ocean. Mar Ecol Prog Ser, 135: 237～245

Fuhrman J A. 1980. Bacterioplankton secondary production estimates for coastal waters of British Columbia and California. Appl Environ Microbiol, 39 (6): 1085～1095

Föllmi K B. 1995. 160 m. y. record of marine sedimentary phosphorus burial: coupling of climate and continental weathering under greenhouse and icehouse conditions. Geology, 23: 859～862

Gardner T A, Côté I M, Gill J A, et al. 2003. Long-term region-wide declines in Caribbean Corals. Science, 301: 958～960

Gause G F. 1934. The Struggle for Existence. Baltimore: Williams & Wilkins Baltimore

Gerlach S A. 1978. Food chain relationships in subtidal silty sand marine sediments and the role of meiofauna in stimulating bacterial productivity. Oecologia, 33: 55～69

Giguere L A, St-Pierre J F, Bernier B, et al. 1989. Can we estimate the true weight of zooplankton samples after chemical preservation? Can J Fish Aquat Sci, 46: 522～527

Glibert P M, Lipschultz F, McCarthy J J, et al. 1982. Isotope dilution models of uptake and remineralization of ammonium by marine phytoplankton. Limnol Oceanogr, 27: 639～650

Grassle F J. 1991. Marine biological diversity. Bioscience , 41 (7): 453～457

Grassle J F, Maciolek N J, Blake J A. 1990. Are deep-sea communities resilient? *In*: Woodwell G M. The Earth in Transition. New York: Cambridge University Press. 385～393

Gray J S. 1981. The Ecology of Marine Sediments: An Introduction to the Structure and Function of Benthic Communities. Cambridge: Cambridge Univ Press

Grebmeier J M. 2006. A major ecosystem shift in the northern Bering Sea. Science, 311: 1461～1464

Green E P, Short F T. 2003. World Atlas of Seagrass. Berkeley: University of California Press

Grumbine R E. 1994. What is ecosystem management? Conservation Biology, 8 (1): 27～38

Hall S J. 2002. The continental shelf benthic ecosystem: current status, agents for change and future prospects. Environmental Conservation, 29: 350～374

Hallagraeff G M. 1981. Seasonal study of phytoplankton pigments and species at a coastal station off Sidney: importance of the diatoms and the nanoplankton. Mar Biol, 61: 107～118

Halpern B S. 2003. The impact of marine reserves: do reserves work and does reserve size matter? Ecological Applications, 13 sup: 117～137

Hanski I, Kuussaari M, Nieminen M. 1994. Metapopulation structure and migration in the butterfly *Melitaea cinxia*. Ecology, 75: 747～762

Hanski I, Pakkala T, Kuussaari M, et al. 1995. Metapopulation persistence of an endangered butterfly in a fragmented landscape. Oikos, 72 (1): 21～28

Hanski I. 1991. Single-species metapopulation dynamics: concepts, models and observations. Biological Journal of the Linnean Society, 42: 17～38

Hanski I. 2000. Metapopulation Ecology. Oxford: Oxford University Press

Hardy A C. 1924. The herring in relation to its animate environment Ⅰ: the food and feeding habits of the herring with special reference to the east of England. Fish Invest (Lond Ser 2), 7 (3): 1～53

Harley C D G, Hughes H R, Hultgren K M, et al. 2006. The impacts of climate change in coastal marine systems. Ecology Letters, 9: 228～241

Harrison P G, Mann K H. 1975. Chemical changes during the seasonal cycle of growth and decay in eelgrass (*Zostera marina*) on the Atlantic coast of Canada. J Fish Res Bd Canada, 32: 615～621

Harrison W G. 1978. Experimental measurements of nitrogen remineralization in coastal waters. Limnol Oceanogr, 23: 684～694

Harrison W G. 1992. Regeneration of nutrients. *In*: Falkowski P G, Woodhead A D. Primary Productivity and Biogeochemical Cycle in the Sea. New York: Plenum Press. 385～407

Hatcher B G. 1988. The primary productivity of coral reefs: a beggar's banquet. Trends in Ecology and Evolution, 3: 106～111

Heinbokel J K. 1978. Studies on functional role of tintinnids in the southern California Bight Ⅰ: grazing and growth rates in laboratory cultures. Mar Biol, 47: 177～189

Heip C, Craeymeersch J. 1995. Benthic community structures in the North Sea. Helgolander Meeres Unters, 49: 313～328

Hemminga M A, Duarte C M. 2000. Seagrass Ecology. Cambridge: Cambridge University Press

Hendrickson H M, Griffin W L. 1993. An analysis of management policies for reducing shrimp bycatch in the Gulf of Mexico. N Amer J Fish Manag, 13: 686～697

Hogarth P J. 1999. The Biology of Mangroves. Oxford: Oxford University Press

Honjo S. 1976. Coccoliths: production, transportation and sedimentation. Mar Micropaleont, 1: 65～79

Honjo S. 1980. Material fluxes and modes of sedimentation in the mesopelagic and bathypelagic zones. J Mar Res, 38: 53～97

Hu M H, Yang Y P, Xu C L et al. 1990. Phosphate limitation of phytoplankton growth in the Changjiang Estuary. Acta Oceanologica Sinica, 9 (3): 105～111

Hutchinson G E. 1957. A Treatise on Limnology. Vol. 1. New York: John Wiley & Sons Inc

Ikeda T, Motoda S. 1978. Estimated zooplankton production and their ammonia in the Kuroshio and adjacent seas. Fish Bull, 76: 357～367

Ikeda T. 1985. Metabolic rates of epipelagic marine zooplankton as a function of body mass and temperature. Mar Biol, 85: 1～11

IPCC. 2001. Climate Change 2001, Synthesis Report. A Contribution of Working Groups I, II, and III to the Third Assessment Report of the Intergovernmental Panel on Climate Change. Cambridge: Cambridge University Press

Iverson R L. 1990. Control of marine fish production. Limnology and Oceanography, 35: 1593～1604

Jackson L L, Lopoukhine N, Hillyard D. 1995. Ecological restoration: a definition and comments. Restoration Ecology, 3 (2): 71～75

Johnson P W, Sieburth J M. 1979. Chroococcoid cyanobacteria in the sea: a ubiquitous and diverse phototrophic biomass. Limnol Oceanogr, 24: 928～935

Jones M, Pinn E. 2006. The impact of a macroalgal mat on benthic biodiversity in Poole Harbor. Marine Pollution Bulletin, 53: 63～71

Jones R. 1973. Density dependent regulation of the numbers of cod and haddock. Rapp Proc Verb Reun Cons Int Explor Mer, 164: 156～173

Kaiser M J, Jennings S, Attrill M. 2005. Marine Ecology: Progresses, Systems, and Impacts. Oxford: Oxford University Press

Kanwisher J. 1957. Freezing and drying in intertidal algae. Biol Bull, 113: 275～285

Karl D M, Björkman K M, Dore J E, et al. 2001. Ecological nitrogen-to-phosphorus stoichiometry at station ALOHA. Deep-Sea Res II, 48: 1529～1566

Kelleher K. 2008. 世界海洋渔业中的丢弃物最新情况. 见: FAO. 联合国粮食及农业组织渔业技术文集. 470

Kendeigh S C. 1974. Ecology: with Special Reference to Animals and Man. Engleword Cliffs: Prentice-Hall

Kensley B. 1998. Estimates of species diversity of free-living marine isopod crustaceans on coral reefs. Coral Reef, 17: 83～88

Keuskamp D. 2004. Limited effects of grazer exclusion on the epiphytes of *Posidonia sinuosa* in South Australia. Aquatic Botany, 78: 3～14

Kinne O. 1970. Marine Ecology. Vol. 1. London: Wiley Interscience

Koblentz-Mishke O J, Volkovinsky V V, Kabanova J G. 1970. Plankton primary production of the world ocean. *In*: Woodster W S. Scientific Exploration of the South Pacific. Washington D C: National Academy of Sciences, 183～193

Kohn A J. 1959. The ecology of conus in Hawaii. Ecol Monogr, 29: 47～90

Komai T, Segonzac M. 2005. Two new species of Nematocarcinus A. Milne-Edwards, 1881 (Crustacea, Decapoda, Caridea, Nematocarcinidae) from hydrothermal vents on the North and South East Pacific Rise. Zoosystema, 27 (2): 343～364

Krebs C J. 1978. Ecology: the Experimental Analysis of Distribution and Abundance. 2nd ed. New York: Harper and Row

Lalli C M, Parsons T R. 1997. Biological Oceanography: an Introduction. 2nd ed. Oxford: Butterworth-Heinemann

Lambshead P J D, Boucher G. 2003. Marine nematode deep-sea biodiversity-hyperdiverse or hype? Journal of Biogeography, 30: 475～485

Lande R. 1988. Genetics and demography in biological conservation. Science, 241: 1455～1460

Lapointe B E. 1997. Nutrient thresholds for bottom-up control of macroalgal blooms on coral reefs in Jamaica and southeast Florida. Limnol Oceanogr, 42: 1119～1131

Lawrie S M, Speirs D C, Raffaelli D G, et al. 1999. The swimming behaviour and distribution of *Neomysis integer* in relation to tidal flow. Journal of Experimental Marine Biology and Ecology, 242: 95～106

Lee S Y, Fong C W, Wu R S S. 2001. The effects of seagrass (*Zostera japonica*) canopy structure on associated fauna: a study using artificial seagrass units and sampling of natural beds. Journal of Experimental Marine Biology and Ecology, 259: 23～50

Leventer A. 1998. The fate of Antarctic " Sea ice diatoms" and their use as paleoenvironmental indicators. Antarctic Research Series, 73: 121～137

Levins R. 1969. Some demographic and genetic consequences of environmental heterogeneity for biological control. Bull Entom Soc Am，15：237～240

Levins R. 1970. Extinction. *In*：Gerstenhaber M. Some Mathematical Problems in Biology. Providence，RI：American Mathematical Society，75～107

Li W. 1995. Composition of ultraphytoplankton in the central North Atlantic. Mar Ecol Prog Ser，122：1～8

Lizotte M P. 2001. The contribution of sea ice algae to Antarctic marine primary production. American Zoologist，41：57～73

Longhurst A R. 1971. The clupepod researchs of tropical seas. Oceanog Marine Biol Ann Rev，9：349～385

Lovelock J E. 1992. Gaia as seen through the atmosphere. Atmospheric Environment，6：579，580

Luther G W，Rozan T F，Taillefert M，et al. 2001. Chemical speciation drives hydrothermal vent ecology. Nature，410：813～816

MacArthur R. 1955. Fluctuations of animal populations and a measure of community stability. Ecology，36：533～536

Malone T C. 1980. Algal size. *In*：Morris I. The Physiological Ecology of Phytoplankton. Berkeley：University of California Press. 433～463

Maltby E，Holdgate M，Acreman M. 2003. 生态系统管理——科学与社会问题. 康乐，韩兴国等译. 北京：科学出版社

Mann K H. 1973. Seaweeds：Their productivity and strategy for growth. Science，182：975～981

Marshall N B. 1980. Deep Sea Biology：Developments and Perspectives. New York：Garland STMP Press

Martin J H，Gordon R M，Fitzwater S E，et al. 1989. VEXTEX：phytoplankton/iron studies in the Gulf of Alaska. Deep-Sea Research，36：649～680

Martin J H，Gordon R M，Fitzwater S E. 1990. Iron in Antarctic water. Nature，345：156～158

Martin J H，Gordon R M，Fitzwater S E. 1991. The case for iron. Limnol Oceanogr，36：1793～1802

Martin J H，Knauer G A，Karl D M，et al. 1987. VERTEX：carbon cycling in the northeast Pacific. Deep-Sea Res，34：267～285

Martin J H. 1990. Glacial-interglacial CO_2 change：the iron hypothesis. Plaeoceanography，5：1～13

McGlathery K J. 2001. Maroalgal blooms contribute to the decline of seagrass in nutrient-enriched coastal waters. J Phycol，37：453～456

McManus G B. 1991. Flow analysis of a planktonic microbial food web model. Marine Microbial Food Webs，5：145～160

Mcneely J A. 1990. The future of national park. Environment，32：16～41

Miller C B. 2004. Biological Oceanography. Oxford：Blackwell Science Ltd

Millero F J. 2007. The marine inorganic carbon cycle. Chem Rev，107：308～341

Mills C E. 2001. Jellyfish blooms：are populations increasing globally in response to changing ocean conditions? Hydrobiologia，451：55～68

Mills M M. 2004. Iron and phosphorus co-limit nitrogen fixation in the eastern tropical North Atlantic. Nature，429：292～294

Milne A. 1957. Theories of natural control of insect populations. Cold Spring Habor Sym Quant Biol，22：253～271

Minas H J，Minas M，Packard T T. 1986. Productivity in upwelling areas deduced from hydrographic and chemical fields. Limnol Oceanogr，31：1180～1204

Mumby P J, Edwards A J, Arias-González J E, et al. 2004. Mangroves enhance the biomass of coral reef fish communities in the Caribbean. Nature, 427: 533～536

Murphy L S, Haugen E M. 1985. The distribution and abundance of phototrophic ultraplankton in the North Atlantic. Limnol Oceanogr, 30: 47～58

Murray J W, Downs J N, Storm S, et al. 1989. Nutrient assimilation export production and ^{234}Th scavenging in the eastern equatorial Pacific. Deep-Sea Research, 36: 1471～1489

Nicholson A J. 1933. The balance of animal populations. J Anim Ecol, 2: 132～178

Nicholson A J. 1954. An outline of the dynamics of animal populations. Australian J Zool, 2: 9～65

Nybakken J W. 1982. Marine Biology-An Ecological Approach. New York: Harper & Row Publishers

Odum E P. 1982. 生态学基础. 孙儒泳，钱国桢，林浩然等译. 北京：人民教育出版社

Odum E P. 1989. Ecology and Endangered Life-Support System. Sunderland, M A: Sinauer Associations Inc

Olson R J, Chisholm S W, Zettler E R, et al. 1990. Spatial and temporal distributions of prochlorophyte picoplankton in the North Atlantic Ocean. Deep-Sea Research (1 Oceanogr Res Pap), 37(6A): 1033～1051

Omori M. 1969. Weight and chemical composition of some important oceanic zooplankton in the North Pacific Ocean. Mar Biol, 3: 4～10

Orr J C, Fabry V J, Aumont O, et al. 2005. Anthropogenic ocean acidification over the twenty-first century and its impact on calcifying organisms. Nature, 473: 681～686

Paine R T. 1969. A note on trophic complexity and community stability. Amer Nat, 103: 91～93

Parsons T R, Takahashi M, Hargrave B. 1984. Biological Oceanographic Processes. 3rd ed. Oxford: Pergamon Press

Paytan A, McLaughlin K. 2007. The oceanic phosphorus cycle. Chem Rev, 107: 563～576

Perry A L, Low P J, Ellis J R, et al. 2005. Climate change and distribution shifts in marine fishes. Science, 308: 1912～1915

Petersen C H, Black R. 1987. Resource depletion by active suspension feeders on tidal flats, influence of local density and tidal elevation. Limnology and Oceanography, 32: 143～166

Petersen C H, Black R. 1988. Density-dependent mortality caused by physical stress interacting with biotic history. American Naturalist, 131: 257～270

Peterson B J, Howarth R W, Garritt R H. 1985. Multiple stable isotopes used to trace the flow of organic matter flow in estuarine food webs. Science, 227: 1361～1363

Pew Oceans Commission. 2005. 规划美国海洋事业的航程. 周秋麟，牛文生，杨圣云等译. 北京：海洋出版社

Pitcher T J, Hart P J B. 1982. Fisheries Ecology. Westport C T : AVI publishing

Platt T, Harrison W G. 1985. Biogenic fluxes of carbon and oxygen in the ocean. Nature, 318: 55～58

Platt T, Jauhari P, Sathyendranath S. 1992. The importance and measurement of new production. *In*: Falkowski P G, Woodhead A D. Primary Productivity and Biogeochemical Cycle in the Sea. New York: Plenum Press. 273～284

Platt T, Subba R D V. 1975. Primary production of marine microphytes. *In*: Copper J P. Photosynthesis and Productivity in Different Environments. Cambridge: Cambridge University Press. 249～280

Posey M H. 1986. Changes in a benthic community associated with dense beds of a burrowing deposit feeder, *Callianassa califor-niensis*. Marine Ecology progress series 31: 15～22

Precht W F, Aronson R B. 2004. Climate flickers and range shifts of reef corals. Front Ecol Environ, 2(6): 307～314

Primack R B. 1993. Essentials of conservation biology. Sunderland: Sinauer Associates

Primack R B. 1996. 保护生物学概论. 祈承经译. 长沙：湖南科学技术出版社

Purcell J E, Graham W M, Dumont H J. 2001. Jellyfish blooms: ecological and societal importance. Dordrecht: Kluwer Academic Publishers.

Pérez M T, Dolan J R, Fukai E. 1997. Plankton oligotrich ciliates in the NW Mediterranean: growth rates and consumption by copepods. Mar Ecol Prog Ser, 155: 89～101

Rahmstorf S. 2002. Ocean circulation and climate during the past 120,000 years. Nature, 419: 207～214

Reysenbach A L, Shock E. 2002. Merging genomes with geochemistry in hydrothermal ecosystems. Science, 296: 1077～1082

Rhoads D C, McCell P L, Yingst J Y. 1978. Disturbance and production on the estuarine sea floor. Amer Sci, 66: 577～586

Ried W V, Miller K R. 1989. Keeping Option Alive: the Scientific Basis for Conserving Biodiversity. Washington D C: World Resources Institute

Rose C D, Sharp W C, Kenworthy W I, et al. 1999. Overgrazing of a large seagrass bed by the sea urchin *Lytechinus variegates* in outer Florida bay. Marine Ecology Progress Series, 190: 211～222

Rowe G T, Polloni P T, Headrich R L. 1982. The deep-sea macrobenthos on the continental margin of the NW Atlantic Ocean. Deep-Sea Research, 29: 257～278

Ryther J H. 1969. Photosynthesis and fish production in the sea. Science, 66: 72～80

Sabine C L, Feely R A, Gruber N, et al. 2004. The oceanic sink for anthropogenic CO_2. Science, 305: 367～371

Sanders H L. 1968. Marine benthic diversity: a comparative study. Amer Nat, 102: 243～282

Schmittner A. 2005. Decline of the marine ecosystem caused by a reduction in the Atlantic overturning circulation. Nature, 436: 628～633

Schonbeck M, Norton T A. 1978. Factors controlling the upper limits of fucoid algae on the shore. J Exp Mar Biol Ecol, 31: 303～313

Schramm W, Nienhuis P H. 1996. Marine Benthic Vegetation: Ecological Studies, Vol. 123. Heideberg: Springer-Verlag

Shaffer M L. 1981. Minimum population sizes for species conservation. Bio Science, 31: 131～134

Shelbourn J E, Brett J R, Shirahata S. 1973. Effect of temperature and feeding regime on the specific growth rate of sockeye salmon fry (*Oncorhynchus nerka*) with a consideration of size effect. J Fish Res Bd Canada, 30: 1191～1194

Sheldon R W, Sutcliffe W H, Drinkwater K. 1982. Fish production in multispecies fisheries. Can Spec Publ Fish Aquat Sci, 59: 28～38

Sheldon R W. 1972. The size distribution of particles in the ocean. Limnol Oceanogr, 17: 327～340

Shelford V E. 1911. Physiological animal geography. J Morphol, 22: 551～618

Shepherd G. 2004. The Ecosystem Approach: Five Steps to Implementation. Cambridge: IUCN

Sherr E B, Sherr B F. 1988. Role of microbes in pelagic food web: a revised concept. Limnol Oceanogr, 33: 1225～1227

Small L F, Fowles S W, Unlu M Y. 1979. Sinking rates of natural copepod fecal pellets. Mar Biol, 51: 233～241

Smith C R, Baco A R. 2003. Ecology of whale falls at the deep-sea floor. Oceanography and Marine Biology 41: 311～354

Smith R L. 1980. Ecology and Field Biology 3rd ed. New York: Harper & Row

Smith T J. 1992. Forest Structure. *In*: Robertson A I, Alongi D M. Tropical Mangrove Ecosystems. New York: American Geophysical Union

Smith W O J, Nelson D M. 1990. Phytoplankton growth and new production in the Weddell Sea marginal ice zone. Limnol Oceanogr, 35: 809～821

Spalding M D, et al. 2001. World Atlas of Coral Reefs. Berkeley: University of California Press

Steele J. 1974. The Structure of Marine Ecosystems. London: Blackwell Scientific Publication

Steemann-Nielsen E, Hansen V K. 1959. Light adaptation in marine phytoplankton populations and its interrelation with temperature. Physiol Plant, 12: 353～370

Stozenburg W. 1992. The mussels message. Nature Conservancy, 42 (Nov/Dec): 16～23

Suess E. 1980. Particulate organic carbon flux in the ocean — surface productivity and oxygen utilization. Nature, 288: 260～263

Sverdrup H U. 1953. On conditions for the vernal blooming of phytoplankton. J Cons Perm Int Exp, 18: 237～295

Tait V. 1981. Elements of Marine Ecology. 3rd ed. London: Butterworths Scientific Ltd

Takahashi M, Bienfang P K. 1983. Size structure of phytoplankton biomass and photosynthesis in subtropical Hawiian water. Mar Biol, 76: 203～211

Tang E P Y. 1995. The allometry of growth rates. J Plank Res, 17 (6): 1325～1335

Tang Q. 1993. Effects of long-term physical and biological perturbation on the contemporary biomass yields of the Yellow Sea ecosystem. *In*: Sherman K, Alexander L M, Gold B D. Large Marine Ecosystem: Stress Mitigation and Sustainability. Washington D C: AAAS Press

Tansley A G. 1935. The use and abuse of vegetational concepts and terms. Ecology, 16: 284～307

Tenore K R. 1977. Growth of Capitella capitata cultired on various levels of detritus derived from different sources. Limnol Oceanogr, 22: 936～941

Thom R M. 2000. Adaptive management of coastal ecosystem restoration projects. Ecological Engineering, 15 (3～4): 365～372

Toggweiler J R. 1989. In the downward dissolved organic matter flux important in carbon transport? *In*: Berger W H, et al. Productivity of the Ocean: Present and Past. New York: John Wiley & Sons Ltd

Valiela I, Mcclelland J, Hauxwell J, et al. 1997. Macroalgal blooms in shallow estuaries: controls and ecophisiological and ecosystem consequences. Limnol Oceanogr, 42: 1105～1118

Valiela I. 1984. Marine Ecological Processes. New York: Springer-Verlag

Valiela I. 1995. Marine Ecological Processes. 2nd ed. New York: Springer

Vannini M, Cannicci S, Ruwa K. 1995. Effect of light intensity on vertical migrations of the tree crab, *Sesarma leptosoma* Hilgendorf (Decapoda, Grapsidae). Journal of Experimental Marine Biology and Ecology, 185: 181～189

Veron J E N. 2000. Corals of the World. Queensland: Australian Institute of Marine Science

Walther G, Post E, Convey P, et al. 2002. Ecological responses to recent climate change. Nature, 416: 389～395

Weigert R G. 1979. Ecological processes characteristic of coastal Spartina marshes of the south-eastern USA. *In*: Jefferies R L, Davy A J. Ecological Processes in Coastal Environments. London: Blackwell Scientific Publications. 467～490

Wilson E O, Peter F M. 1988. Biodiversity. Washington D C: National Academy Press

Wu J F, Sunda W, Boyle E A et al. 2000. Phosphate depletion in the western North Atlantic Ocean. Science, 289: 759～762

Yorder J A，Atkinson L P，Bishop S S，et al. 1983. Effect of upwelling on phytoplankton productivity on the outer southeastern U. S. continental shelf. Continent. Shelf Res，1：385～404

Yuan D，Yang D，Wade T L，et al. 2001. Status of persistent organic pollutants in the sediment from several estuaries in China. Environmental Pollutant，114：101～111

Zhang C I，Lee S K. 2004. Trophic levels and fishing intensities in Korean marine ecosystems. J Korean Fish Soc，6：194-206

Ziemann D A，Conquest L D，Fulton-Bennett K W，et al. 1990. Interannual variability in the Auke Bay phytoplankton. *In*：Ziemann D A，Fulton-Bennett K W. APPRISE-Interannual Variability and Fisheries Recruitment. Honolulu：The Oceanic Institute